ADMINISTRATIVE PENALTY PRACTICE AND
CASE COMMENTING

行政处罚实务与判例释解

晏山嵘 著

（第3版）

北京

图书在版编目(CIP)数据

行政处罚实务与判例释解／晏山嵘著．－－3版．－－北京：法律出版社，2023
ISBN 978－7－5197－7540－7

Ⅰ．①行… Ⅱ．①晏… Ⅲ．①行政处罚－研究－中国 Ⅳ．①D922.114

中国国家版本馆 CIP 数据核字（2023）第 024122 号

行政处罚实务与判例释解（第3版）
XINGZHENG CHUFA SHIWU YU PANLI SHIJIE(DI-3 BAN)

晏山嵘 著

策划编辑 李沂蔚
责任编辑 李沂蔚
装帧设计 李 瞻

出版发行 法律出版社	开本 710毫米×1000毫米 1/16
编辑统筹 法律应用出版分社	印张 45.25　　字数 836 千
责任校对 王晓萍　王语童	版本 2023 年 3 月第 3 版
责任印制 刘晓伟	印次 2023 年 3 月第 1 次印刷
经　　销 新华书店	印刷 北京中科印刷有限公司

地址：北京市丰台区莲花池西里 7 号（100073）
网址：www.lawpress.com.cn　　　　　　销售电话:010-83938349
投稿邮箱：info@lawpress.com.cn　　　　客服电话:010-83938350
举报盗版邮箱：jbwq@lawpress.com.cn　　咨询电话:010-63939796
版权所有·侵权必究

书号：ISBN 978-7-5197-7540-7　　　　　定价:158.00 元

凡购买本社图书，如有印装错误，我社负责退换。电话:010-83938349

第三版序言

《行政处罚实务与判例释解》第1版、第2版面世之后,有幸得到国内诸多读者的好评,因而每版均重印多次。2021年是大修后的《行政处罚法》的实施之年,其中很多制度发生了较大改变,故《行政处罚实务与判例释解》一书也很有必要作相应调整及增删。经统计,全书共修订336处。

第3版修订内容主要为:第一,本着一贯秉持的批判风格,本书对《行政处罚法》修正后的新内容进行了重点评述:对其优点仅稍加赞许,对其缺点则进行了深入剖析和探讨。针对该法将过错推定确立为普遍的行政处罚归责模式,笔者从法理、宪法、组织法、诉讼法、行政法、刑法等多个角度出发,提出异议。此外,其他一些制度亦出现某种收缩:如修正前,所有行政处罚决定在作出之前均须经审核,但修正后已调整为限定几类情形需履行该程序,等等。第二,新增补了59个行政处罚典型判例,这些判例主要是我从第2版后增补阅读过的3689个真实判例中筛出,判例来源主要为:最高人民法院公报所载判例、最高人民法院指导性案例、最高人民法院典型判例、《人民法院报》所载判例、各地法院判例,且以2019~2021年的判例为主。同时,本书也加强了对最高人民法院申诉判例的研究。笔者针对这些判例,有的表达了赞同意见,但更多时候则表达了不同见解。第三,对全书所涉法律、法规及规范性文件进行了全面筛查,对其中已废止、删除或修正的,均作了相应调整或说明。

在此次《行政处罚法》大修前后几年间,行政处罚类的学术论文如雨后春笋般多了起来,其中不乏具深刻见解的优秀作品,但部分仍给人短期应景作文的感觉。在我国,真正长达十年、二十年一直坚持体系性地研究行政处罚法的学者并不多见,而多次重印且再版的行政处罚法专著亦屈指可数。学者刘瑜认为,"大部分美式社科学问的特点就是:精致地平庸(相比之下,中国社科学问到目前还大部分停留在"不精致地平庸"这个水平上)。"以当下来看,理论研究者撰写的论著理论性和体系性是其优势,但很多时候与实务仍存相当距离,难以解决实际问题。同时,实务工作者撰写的论著部分很有灵性和创见,但很多时候还停留在零打碎敲、思不出位的状态。鉴于此,我们做实务研究,一方面既要拒绝"精致的平庸"及"不精致的平庸",另一方面又要避免"不成体系"和"本位主义"。这部作品恰好体现出笔者二十余年来在行政处罚研究领域,意图实现理论融合实务的持续性努力。

感谢雨春分社长的大力支持及责编沂蔚的细致工作,感谢我家人一直以来的默默关心!本书法规校正工作(法规截至2021年4月13日),由李悦律师、韦柳中律师、王华永律师三位学术秘书承担,在此一并致谢!若有错漏,仍归笔者。

最后,感谢广大读者一如既往的支持和厚爱,衷心希望你们继续指出本书存在的各种问题、瑕疵和纰漏。同时,也衷心希望市面上能持续不断地出现好的行政处罚法作品。

晏山嵘

2022年4月15日

第二版序言

《行政处罚实务与判例释解》一书于2016年1月问世以来，幸得读者好评，几年内重印了4次，并蝉联数年的京东行政法销量榜冠军。不少法学院教授、法官、律师将其作为案头常用参考书，有些单位如环保部门、农业部门等都将该书列入了本单位执法人员的必读书目，还有些单位一次性添置数百本为本单位执法者人手配备一册，甚至网上有书评称该书为行政处罚法研究领域的"集大成者"，这些都让我倍感欣喜。其间，法律出版社应用出版分社的冯雨春社长也跟我说过几次，让我抓紧修订。这些都激发了我出第2版的兴趣和信心。

第2版修订的内容主要体现在：第一，新增补了106个典型判例（含22个执行判例），这些判例主要是我从一版后增补阅读过的8661个真实判例中筛选而来，判例来源主要为：最高人民法院公报所载判例、最高人民法院指导性案例、最高人民法院公布的典型判例、《人民法院报》所载判例、各地法院的判例，且主要以2016~2019年的判例为主。针对这些判例，我大多进行了深入剖析或扼要点评，对法院观点照例没有一概赞同，而是明确表达了自己的不同见解，甚至友善的批评。仅有个别判例，由于我认为没什么争议，或者虽有争议但我一时尚未研究透彻，故仅陈述了法院观点。第二，新增了部分实务研究成果及法理性内容，对原有内容也作了部分修改。如在"行政处罚对象"这一章中新增了关于"连带行为人"的部分法理性内容。又如，在"行政处罚程序"这一章中新增了关于"法院对行政机关申请强制执行的行政处罚决定应如何确定审查标准"的实务研究成果及大量判例，等等。第三，对全书所涉及的法律法规均进行了全面筛查，对其中全篇规定或具体条文已废止、删除或修正的，均作了相应调整或说明。

写作这本书体现了我一直以来的三个努力：去碎片化、去移植化及去标签化。首先，站在一个理论研究者的角度看，只有不断迭代、倾力构建出稳定的、理性的行政处罚理论框架和模式类型，对我们的行政执法实务及司法实务才具有真正的现实意义和指导价值。任何不能体系化和类型化的知识，用途并不大。其次，站在一个实务者的角度看，我们要去移植化，要主动地将舶来的行政处罚理论及制度进行本土化及主体性的"变造"，同时对国内法学界的很多观点进行深入反思和辨析。我们可以且应当从实务中提炼和梳理出具有中国本土特色的行政处罚问题，最终输出一些理论原则，用以指导实务、反哺学界及域外。最后，站在一个律师的角度看，我们对一部作品应去标签化地来看待，或许有个别读者会觉得律师写的肯定不如教授写的，行政执法者写的肯定不如法官写的，这其实是个极大的误会和偏见，事实证明，律师或行政执法者的研究成果完全可以引领某个研究领域，实务工作者应有这样的理论担当及学术雄心。我们认为，无论作者是什么身份，哪怕不隶属于任何单位，也没有任何头衔，就是一个纯粹的自由研究者，这个完全不重要。我们最重要是要看，也唯一要看的就是作品本身的价值。作品一旦完成，它就会很快拥有自己的生命、名声和命运。

此外，仍想说明的一点是：本书较为注重司法实务及行政执法实务，所引判例及法规文件亦非常丰富，故实践性较强，但本书绝非一部简单的判例汇编或纯实务操作手册。可以这么说，拿掉本书当中的所有判例，它仍是一部体系完整、理论融合实务的行政处罚教科书或专著。当然，这些判例及评述的存在可以进一步增加或提升本书的生命力、实操性和可信度，同时，也为来者种下了激发新思考、孕育新成果的希望。

最后，要感谢冯雨春分社长的大力支持和不断敦促，感谢责编李沂蔚认真负责的工作，感谢我的家人的默默关心！感谢指出本书第一版错漏之处的所有读者，有部分读者还发来了几千字的电子邮件与我探讨！本书所涉法律法规的更新修正部分，均由骆训文律师、李悦律师、王华永律师三位学术秘书负责核查，他/她们的工作非常给力，在此一并致谢！

由于时间关系，导致本书还有些地方未及深思，只能留待将来找机会完善了。感谢广大读者一如既往的支持和厚爱，衷心希望你们继续指出本书存在的各种问题。

晏山嵘
2019 年 3 月 25 日

自　　序

　　理论应提升对行政处罚实务的敏感度和回应性,而实务也应当提升对行政处罚理论的关注度和吸收力。本书的最大特色就是理论紧密联系实务,其中既包含了理论界的各种学说和观点,又包含了诸多社会热点事件、最新行政处罚制度和大量的法院判例。其中社会热点事件包括"夫妻卧室观看'黄碟'案""烟民被拘案""汪建中操纵证券市场案"等;其中最新行政处罚制度包括说理性处罚决定书制度、行政处罚案件群众公议制度、行政处罚说明理由制度、行政处罚案件信息公开等制度;笔者近5年的时间都在通过各种渠道收集判例、阅读判例、分析判例、整理判例、萃选判例,书中判例是从笔者阅读过的法院 23,215 个真实判例中萃选出来的,总共汇集了 632 个典型判例(尚不包括书中论及的部分社会热点事件),时间跨度为 1989~2015 年,其中大部分都是 2010 年之后的判例,判例的主要来源为:最高人民法院公布的指导性案例;《最高人民法院公报》所载判例;最高人民法院"中国裁判文书网"所载判例;最高人民法院行政审判庭编的《中国行政审判指导案例》所载判例;最高人民法院行政审判庭编的《行政执法与行政审判》所载判例;最高人民法院应用法学研究所编的《人民法院案例选》所载判例;《中国审判案例要览》所载判例;各地高级人民法院、各地中级人民法院的官方网站及出版物所载判例,如北京市高级人民法院行政审判庭编的《行政诉讼案例研究》所载判例,还有少量判例来源于学者的论文、专著、教材或网页。

　　围绕判例全书呈现以下六个特点:

　　第一,既重视判例研究,又重视规范分析。"个案—规范"作为一个法学研究的分析框架,是这本书写作过程中始终遵循的一种法学方法。在"个案—规范"的互动中发现行政法的思想,在"个案—规范"的分析框架中解释行政处罚的合法性或非法性。但相当一部分行政处罚法专著缺少法律规范和个案的引证,与行政、司法实务保持了不应有的"距离"。这样的书不仅读者读起来无趣,对法律实践也影响甚微,本书体现了改变这种现状的一种努力。阅读此书,读者会发现其中有密密麻麻的规定和法条,其中引用的法律、法规、规章较多,除此之外,引用最高人民法院、全国人大常委会法工委、国务院法制办的解释、批复、文件及各部委规范性文件、内部文件、各地区行政机关的规范性文件、内部文件数量也极多,比如解释何为"违法所得"的各部委文件,又如解释何为"连续行为"的有关部门复函、何为"继续行为"的有关部门复函,等等。

第二,既重视个案研究,又重视群案研究。本书以个案研究为主,同时也兼顾了群案研究。个案研究是针对某一个具体的个案所展开的"解剖麻雀式"的分析;而群案研究是围绕某一领域的问题为中心所展开的"一网打尽式"的分析。比如本书针对"一事不再罚原则"就进行了群案研究,围绕这一主题一共研究了39个判例,并从中概括抽象出一些基本原则、具体规则和模式类型。

第三,既重视"判决案例",又重视"非判决案例"。判决案例虽然能为研究主体提供基本的分析文本,但受制于当事人主张及相关法律争点拘束,判决范围过窄,甚至根本无法触及行政案件背后的政策争议和利益博弈。相比之下,没有进入法院判例范围的社会热点事件更能充分展现事件背后的政策抉择和利益分布,如"农夫山泉砒霜门"事件、"广州区伯'嫖娼'案"、"上海'钓鱼执法'案"、"杜宝良案"等,遗憾的是,目前学者偏好研究"判决案例",而相对轻视研究"非判决案例"。

第四,既重视最高人民法院公布的各类典型判例,又重视基层法院的新型判例。最高人民法院通过各种渠道公布的判例虽然具有权威性和典型性,但一般都经过了人为的加工裁剪,研究主体很多时候实际上根本就无法掌握案件的全貌,因而未必是最理想的分析范本。而在我国,绝大多数行政案件都是由基层法院审理的,因而大量新类型的案件是最早进入基层法院视野的。一般来说,这些新型的案件在当时往往都具有广泛的社会影响,有的还曾引起媒体的强烈关注,因而案件的全貌更容易掌握,是更为理想的判例素材。如"闯黄灯被交警处罚案""大学教授电话遥控他人赴澳门赌博案"都是绝佳的判例范本,其中蕴藏着极为丰富的研究素材。

第五，既重视主流裁判观点，又重视非主流裁判观点。我国大陆的判决书不同于境外有些国家或地区的判决书，前者判决主文中就只能包含一种观点，而后者在公布判决所持多数法官的观点的同时还公布其他少数法官的不同意见书，让当事人或读者可以从中汲取更多养分。本书受此启发，将同类案件不同法院的判决结果放在一起比较分析，比如《行政处罚法》第42条规定的"行政机关作出责令停产停业、吊销许可证或者执照、较大数额罚款等行政处罚决定之前，应当告知当事人有要求举行听证的权利"中的"等"是"等内等"还是"等外等"？笔者既选取了持"等内等"观点的判例，也选取了持"等外等"观点的判例，然后还阐述了自己的倾向性意见。再如违章建设房屋的行为是属于继续行为还是即时行为？笔者同时选取了持两种观点的不同法院的判例，并分析判断哪一种观点更为合理。诸多此类同时选取持正反观点的不同法院的判例的情形在本书当中可谓俯拾皆是，这对律师代理、学者研究和法官裁判而言无疑极具参考价值。

第六，既重视行政机关胜诉判例，更注重行政机关败诉判例。本书选取的判例大部分都是行政机关败诉的判例，胜诉的判例都是相似的，而败诉的判例则各有各的原因。以往我们研究更多的是"理论行政处罚法学""规范行政处罚法学"，虽然实务类的行政处罚法学书籍及行政处罚案例汇编也有一些，但把理论与实务、判例高度融合起来的专著较为少见，因此，有关"实务行政处罚法学""判例行政处罚法学"的专著恰好可以填补这一空白。透过对行政处罚判例尤其是行政机关的败诉判例的观察和记录，我们可以进一步发现法院眼中的"行政处罚法"究竟是什么样子，而要描摹出这个样子，只有通过研究大样本的行政处罚判例才能厘清轮廓，通过这种研究方法，也能够进一步探寻出行政处罚法学未来发展的走向和脉络。

但本书绝不是一本简单的判例研究汇编，本书不仅从理论上和规范上深入分析了所选取的判例，而且更多的精力和笔墨在于努力构建一个较为系统深入、新颖别致但又不太离经叛道、远离传统的架构和体例，因此可以说这是一部个性鲜明的行政处罚法专著，既继承传统、发扬传统，又有所创新、有所突破。本书与目前市面上的任何一部行政处罚法专著都有较大区别，它的篇章结构之特色在于纳入了许多其他行政处罚法专著较少论及的重要内容，如应受行政处罚行为的构成要件、行政处罚对象、行政处罚合法要件、行政处罚证据、行政处罚证明标准、行政处罚定性与量罚、行政处罚适法解释等内容都被作为专章课题展开研究，得出了一些较系统深入的研究结论，并引入了法释义学、法政策学、法比较学等法学研究方法，同时还借鉴了民事及刑事领域的一些理论成果，提出了独到并实用的立法建议，希望本书能够为广大行政执法人员、司法实务人员、理论研究人员及律师等法律界人士提供较大的参考借鉴作用。

最后，感谢章剑生教授在百忙之中抽出空来阅读了本书的全部书稿并为本书作了宝贵的推荐语，章教授的《现代行政法总论》是笔者极为喜爱的行政法专著，本书从中汲取了丰富的养料。感谢最高人民法院行政审判庭梁凤云法官的关心支持和鼎力推荐，梁法官的著作笔者几乎都读过并获益匪浅。感谢吴友明律师多年来的无私帮助，吴律师渊博的知识和谦和的人品令人景仰，感谢吴律师对本书的创作和出版所给予的诸多关注和充分肯定。同时，还要感谢法律出版社应用出版第二分社冯雨春社长的大力支持，是她的慧眼和决心让本书得以顺利出版。本书编辑李沂蔚对工作既认真负责又耐心细致，在此一并致谢。

晏山嵘
丙申年初春于品墨轩

目 录

第一章 行政处罚的基本理论 ... 1

一、行政处罚的概念 ... 1
　（一）多种行政处罚概念之辨析 ... 1
　（二）本书关于行政处罚的概念 ... 6
二、行政处罚的特征 ... 6
三、行政处罚的法源 ... 10
　（一）成文法源 ... 10
　（二）不成文法源 ... 13

第二章 行政处罚基本原则 ... 23

一、处罚法定原则 ... 23
　（一）法无明文规定不处罚 ... 23
　（二）处罚设定法定 ... 24
　（三）处罚实施主体法定 ... 25
　（四）处罚职权法定 ... 25
　（五）处罚程序法定 ... 25
　（六）处罚对象法定 ... 26
　（七）处罚种类及幅度法定 ... 27
二、公正公开原则 ... 27
　（一）公正原则 ... 27
　（二）公开原则 ... 32
三、比例原则 ... 35
　（一）比例原则在《行政处罚法》中的确立、体现及不足 ... 35

（二）比例原则的具体内涵 ·· 37
四、罚教结合原则 ·· 43
　　（一）行政处罚重在教育 ·· 43
　　（二）行政处罚为辅 ··· 45
五、权利保障原则 ·· 46
六、职能分离原则 ·· 53
　　（一）处罚设定与实施机关分离 ······································ 53
　　（二）查审分离 ·· 54
　　（三）调查与听证人员分离 ··· 54
　　（四）原审与再审人员分离 ··· 55
　　（五）罚缴分离 ·· 55
七、一事不再罚原则 ·· 56
　　（一）一事不再罚原则的理论、规则及例外 ······················· 56
　　（二）涉及一事不再罚原则判例之解析 ···························· 66

第三章　行政处罚的学理分类及法定种类 ···························· 90
一、行政处罚的学理分类 ·· 90
　　（一）申诫罚 ··· 90
　　（二）声誉罚 ··· 91
　　（三）资格罚 ··· 94
　　（四）行为罚 ··· 95
　　（五）财产罚 ··· 96
　　（六）人身自由罚 ··· 97
　　（七）综合罚 ··· 98
二、行政处罚的法定种类 ·· 98
　　（一）警告、通报批评 ·· 98
　　（二）罚款、没收违法所得、没收非法财物 ······················ 105
　　（三）暂扣许可证件、吊销许可证件、降低资质等级 ·········· 139
　　（四）限制开展生产经营活动、责令停产停业、责令关闭、限制从业 ····· 146
　　（五）行政拘留 ··· 154
　　（六）其他行政处罚 ··· 160

第四章　行政处罚的设定 ... 187
一、行政处罚设定概述 ... 187
二、行政处罚设定权的理论依据 ... 188
（一）法律优先原则 ... 188
（二）法律保留原则 ... 191
三、行政处罚设定权的划分 ... 192
（一）法律对行政处罚的设定权 ... 192
（二）行政法规对行政处罚的设定权 ... 192
（三）地方性法规对行政处罚的设定权 ... 193
（四）行政规章对行政处罚的设定权 ... 194
（五）其他规范性文件不得设定行政处罚 ... 197

第五章　行政处罚主体 ... 202
一、行政机关 ... 202
（一）人民政府 ... 203
（二）职能机关 ... 204
（三）派出机关 ... 205
二、被授权组织 ... 206
（一）行政机构 ... 207
（二）事业单位 ... 207
（三）行业协会 ... 207
三、被委托组织 ... 209

第六章　行政处罚的管辖 ... 214
一、行政处罚管辖概述 ... 214
二、职能管辖 ... 217
（一）职能管辖的概念及特点 ... 217
（二）职能管辖的几种模式 ... 218
三、级别管辖 ... 221
（一）级别管辖的概念及特点 ... 221

（二）确定行政处罚级别管辖的几类标准 ……………………………… 222
　　（三）关于级别管辖的五种模式 ………………………………………… 223
　　（四）关于级别管辖的四类特别规则 …………………………………… 225
　　（五）依法经上一级行政机关批准后以自己的名义作出的行政处罚行为应认定为谁管辖？ ……………………………………………… 228
　四、地域管辖 ……………………………………………………………… 230
　　（一）一般地域管辖 ……………………………………………………… 230
　　（二）特殊地域管辖 ……………………………………………………… 233
　五、转移管辖 ……………………………………………………………… 234
　六、移送管辖 ……………………………………………………………… 235
　七、共同管辖 ……………………………………………………………… 237
　八、协商管辖 ……………………………………………………………… 239
　九、指定管辖 ……………………………………………………………… 239
　十、集中管辖 ……………………………………………………………… 240
　十一、职务协助 …………………………………………………………… 241

第七章　应受行政处罚行为的构成要件 ……………………………… 243

　一、积极的违法本体要件 ………………………………………………… 243
　　（一）行政法律规范所保护并已经被违法行为所侵害的合法权益 …… 243
　　（二）违反行政法律中的义务性规范（且罚则完备）的违法行为 …… 244
　　（三）适格的违法主体 …………………………………………………… 246
　　（四）主观过错 …………………………………………………………… 248
　二、消极的处罚排除要件（处罚阻却事由） …………………………… 258
　　（一）正当化的处罚阻却事由 …………………………………………… 258
　　（二）可赦免的处罚阻却事由 …………………………………………… 264
　　（三）可谅解的处罚阻却事由 …………………………………………… 267
　　（四）不需罚的处罚阻却事由 …………………………………………… 268

第八章　行政处罚对象 …………………………………………………… 270

　一、自然人 ………………………………………………………………… 270
　　（一）本行为人 …………………………………………………………… 270

（二）连带行为人 ………………………………………………… 275
　二、单位 …………………………………………………………… 278
　　（一）单位违法的行政处罚责任 ………………………………… 278
　　（二）单位的分支机构违法应由单位还是应由分支机构来承担行政处罚责任？ …………………………………………………… 286
　　（三）船舶能否作为行政处罚对象？ …………………………… 289
　　（四）国家机关能否作为行政处罚对象？ ……………………… 294

第九章　行政处罚合法要件 ……………………………………… 297
　一、行政处罚法律要件 …………………………………………… 297
　　（一）法律本身是合法有效的 …………………………………… 297
　　（二）法律具有明确的定性规定 ………………………………… 299
　　（三）法律具有明确的处罚规定 ………………………………… 299
　二、行政处罚主体要件 …………………………………………… 300
　　（一）行政处罚主体的设立及组成合法 ………………………… 300
　　（二）具有行政处罚权能 ………………………………………… 300
　　（三）具有行政处罚管辖权 ……………………………………… 301
　三、行政处罚主体行为要件 ……………………………………… 304
　　（一）行政处罚的意思表示必须没有缺陷 ……………………… 304
　　（二）行政处罚认定事实必须清楚、证据必须充分、处罚对象必须准确 …………………………………………………………… 304
　　（三）行政处罚适用法律必须有效、正确、完备 ……………… 305
　　（四）行政处罚内容必须定性准确、量罚适当 ………………… 307
　　（五）行政处罚必须不存在处罚阻却事由 ……………………… 311
　　（六）行政处罚程序必须合法 …………………………………… 313

第十章　行政处罚证据 …………………………………………… 316
　一、证据分类 ……………………………………………………… 316
　　（一）法定证据种类 ……………………………………………… 316
　　（二）理论上的证据分类 ………………………………………… 324
　二、证明对象 ……………………………………………………… 328

（一）实体性事实 …… 328
　　（二）程序性事实 …… 331
　　（三）提供规范性文件是否属于证明对象的范围 …… 332
　　（四）不需要证明的事实 …… 332
三、调查取证手段 …… 338
　　（一）查问 …… 338
　　（二）询问 …… 339
　　（三）检查 …… 341
　　（四）录音、录像、拍照 …… 343
　　（五）调取、查阅、复制 …… 345
　　（六）先行登记保存 …… 346
　　（七）抽样取证及鉴定 …… 350
四、举证责任 …… 357
五、学理上的证据规则 …… 362
　　（一）主体法定规则 …… 362
　　（二）调查取证人员与主持听证人员相分离规则 …… 363
　　（三）依法定职权调查规则 …… 363
　　（四）形式合法规则 …… 364
　　（五）遵守法定程序规则 …… 364
　　（六）证据不排斥规则 …… 365
　　（七）案卷排他性规则 …… 366
六、证据排除规则 …… 367
　　（一）非法性排除 …… 367
　　（二）资格排除 …… 367
　　（三）非原本排除 …… 367
　　（四）超期限排除 …… 368
　　（五）程度排除 …… 368
　　（六）根据国家和社会公共利益之排除 …… 368
　　（七）协商和解或调解证据之排除 …… 369
七、证据审查 …… 369
　　（一）审查判断证据 …… 369

（二）法定证据审查规则 377

第十一章 行政处罚证明标准 384
一、行政处罚证明标准概述 384
二、目前关于行政处罚证明标准规定存在的问题 385
（一）标准一元化 385
（二）忽视主观能动性的发挥 385
（三）公正与效率兼顾失衡 386
（四）缺乏系统性 386
三、建立和完善各类案件的行政处罚证明标准 386
（一）根据行政处罚阶段及是否采取行政强制措施区分不同的证明标准 388
（二）根据行政处罚轻重区分不同的证明标准 389
（三）根据是否属于推定责任区分不同的证明标准 399
（四）区分实体性事实还是程序性事实的证明标准 399
四、应当适当降低证明标准的情形 399
（一）证明妨碍 400
（二）证明困境 400
（三）自认 401

第十二章 行政处罚的定性与量罚 403
一、行政处罚的定性 403
（一）主观过错及客观行为影响定性的情形 403
（二）客观行为影响定性的情形 405
（三）用客观行为推定主观方面进而影响定性的情形 406
（四）主观方面影响定性的情形 407
（五）违法行为发生的地点影响定性的情形 407
（六）违法行为是否进入着手阶段影响定性的情形 407
（七）对不确定性法律概念的不同理解影响定性的情形 408
二、行政处罚的量罚 410
（一）不予处罚 412

（二）应当处罚 ·· 415
（三）可以处罚 ·· 416
（四）从轻处罚 ·· 416
（五）减轻处罚 ·· 417
（六）从重处罚 ·· 420
（七）择重处罚 ·· 424
（八）单处 ··· 425
（九）并处 ··· 425
（十）分别处罚 ·· 427
（十一）合并处罚 ··· 427
（十二）组织违法的双罚适用 ··· 427
（十三）行政处罚的竞合适用 ··· 428
（十四）多种情节的竞合适用 ··· 428
（十五）量罚明显不当 ·· 429

第十三章　行政处罚法律适用 ·· 431

一、行政处罚法律适用的通用规则 ·· 431
二、行政处罚法律冲突的适用规则 ·· 431
　（一）层级冲突的适用规则：上位法优于下位法 ·································· 432
　（二）种属冲突的适用规则：特别法优于一般法 ·································· 433
　（三）新旧冲突的适用规则：新法优于旧法 ·· 439
　（四）远近冲突的适用规则：行为时法优于裁处时法 ··························· 440
　（五）地域冲突的适用规则：行为地法优于人地法 ······························ 443
　（六）管辖冲突的适用规则：密切联系法优于一般联系法 ···················· 445
三、行政处罚法律适用的判例及评析 ··· 449
　（一）法律冲突的情形 ·· 449
　（二）与事实有关的法律适用错误的情形 ·· 462
　（三）与定性量罚有关的法律适用错误的情形 ···································· 466
　（四）特定的规定能否作为行政处罚依据适用的情形 ··························· 470
　（五）单纯法律适用错误的情形 ··· 472

第十四章　行政处罚适法解释 ·· 481
一、行政处罚适法解释的标的与目标 ······························ 481
（一）行政处罚适法解释的标的 ································ 481
（二）行政处罚适法解释的目标 ································ 482
二、主要的行政处罚适法解释方法 ·································· 483
（一）文义解释 ·· 483
（二）体系解释 ·· 486
（三）比较解释 ·· 494
（四）目的解释 ·· 495
（五）社会学解释 ··· 498
三、行政处罚适法解释规则 ·· 501

第十五章　行政处罚的时效 ·· 503
一、行政处罚追究时效 ·· 505
（一）违法行为的起算点 ··· 506
（二）何为"行为终了之日"？ ···································· 507
（三）何为"违法行为在二年内未被发现"中的"发现"？ ·· 513
二、行政处罚裁决时效 ·· 517
三、行政处罚执行时效 ·· 522
（一）执行时效的起算点 ··· 522
（二）执行时效的时长 ·· 524
四、行政处罚救济时效 ·· 525

第十六章　行政处罚程序 ·· 528
一、行政处罚决定的条件 ·· 528
（一）查明事实 ·· 528
（二）告知处罚的事实、理由、依据及当事人享有的权利 ·· 529
（三）充分听取意见 ··· 530
二、简易程序 ·· 531
（一）表明执法身份 ··· 531

- （二）告知当事人有关事项 ····· 531
- （三）给当事人陈述、申辩的机会 ····· 532
- （四）当场填写行政处罚决定书 ····· 532
- （五）送达与备案 ····· 532
- （六）行政处罚的执行 ····· 532

三、一般程序 ····· 537
- （一）立案 ····· 537
- （二）调查 ····· 545
- （三）审查 ····· 553
- （四）行政处罚告知与送达 ····· 558
- （五）案卷复核 ····· 587
- （六）行政处罚决定 ····· 595
- （七）违反法定程序作出行政处罚决定的法律后果 ····· 599

四、听证程序 ····· 618

五、执行程序 ····· 638
- （一）行政处罚强制执行措施 ····· 639
- （二）行政处罚主体的自力强制执行程序 ····· 646
- （三）行政处罚主体申请法院强制执行程序 ····· 651
- （四）特别程序 ····· 668

主要参考文献 ····· 671

案 例 目 录

案例 1.1　昆明威恒利商贸有限责任公司诉昆明市规划局行政处罚案 ……… 3
案例 1.2　安徽省皖通艺术品有限公司诉枞阳县住房和城乡建设局行政
　　　　　处罚案 …………………………………………………………………… 6
案例 1.3　李某杰诉山西省临县公安局交通警察大队交通管理行政处罚
　　　　　案 ………………………………………………………………………… 6
案例 1.4　杨普荣诉扶沟县公安局治安行政处罚及赔偿案 ………………… 7
案例 1.5　两民警诉某市公安局行政处罚案 …………………………………… 8
案例 1.6　韩振玺诉辽宁省普兰店市公安局行政纠纷案 ……………………… 8
案例 1.7　北京某公司诉北京市工商局行政处罚案 …………………………… 13
案例 1.8　吴伟雄诉文成县公安局交通巡逻警察大队行政处罚案 ………… 15
案例 1.9　镇平县棉花专业合作社诉镇平县规划局行政处罚案 …………… 15
案例 1.10　姚润生等诉安阳市北关区城市管理行政执法局行政处罚案 ……… 16
案例 1.11　李向荣诉襄樊学院行政处罚案 …………………………………… 16
案例 1.12　谢光友诉宜宾县隆兴乡人民政府行政处罚案 …………………… 17
案例 1.13　王惠民诉郑州大学勒令退学处分案 ……………………………… 19
案例 1.14　吴小琴等诉山西省吕梁市工伤保险管理服务中心履行法定职
　　　　　　责案 …………………………………………………………………… 20
案例 1.15　江苏省澄星国家贸易有限公司诉张家港海关不予行政处罚案 …… 20
案例 1.16　农安县增塬房地产开发有限公司诉农安县住房和城乡建设局
　　　　　　行政处罚案 …………………………………………………………… 21
案例 1.17　周克芳诉宜宾市公安局南溪区分局行政处罚案 ………………… 22
案例 2.1　张某夫妇诉延安市公安局宝塔分局案 …………………………… 24
案例 2.2　建阳市第二建筑公司诉建阳市第二轻工业局处罚案 …………… 24
案例 2.3　顾建祥诉海宁市交通局行政处罚案 ……………………………… 26

案例2.4	鹤壁市蔡庄垃圾处理有限责任公司诉鹤壁市淇滨区渔政监督管理站行政处罚案	27
案例2.5	河南红磨坊食品有限公司诉濮阳市国土资源局行政处罚案	28
案例2.6	张某某诉长沙市公安局芙蓉分局行政处罚案	28
案例2.7	金鑫诉维西县公安局交通警察大队行政处罚案	29
案例2.8	王忠生等诉云南省安宁市烟草专卖局行政处罚案	30
案例2.9	高昂诉华北水利水电大学行政处罚案	31
案例2.10	李钊诉新疆大学行政处罚案	32
案例2.11	杨健荣诉上海市公安局虹口分局、上海市虹口区人民政府行政处罚案	33
案例2.12	哈尔滨市汇丰实业发展有限责任公司诉黑龙江省哈尔滨市规划局行政处罚案	39
案例2.13	苏州鼎盛食品公司诉苏州市工商局行政处罚案	40
案例2.14	郭建军诉诸暨市国土资源局行政处罚案	41
案例2.15	中方县大山牧业专业合作社诉中方县环境保护局行政处罚案	42
案例2.16	郑木群诉陆丰市国土资源局行政处罚案	45
案例2.17	冀幸芬诉辛集市公安局张古庄派出所行政处罚案	46
案例2.18	朱伟诉白银市公安局、白银市人民政府行政处罚及行政复议案	46
案例2.19	沈乃璋诉义乌市国土资源局行政处罚案	48
案例2.20	冯某某诉上海市公安局浦东分局行政处罚案	48
案例2.21	李晓云诉宁德市公安局蕉城分局行政处罚案	50
案例2.22	赵旭峰诉平阳县公安局交通警察大队行政处罚案	50
案例2.23	袁裕来诉北仑海关不履行职责案	52
案例2.24	姚正喜诉新疆维吾尔自治区阿克陶县烟酒专卖事业管理局行政处罚案	53
案例2.25	叶超梅诉北海市国土资源局行政处罚案	54
案例2.26	江思洪诉潜江市卫生和计划生育委员会行政处罚案	54
案例2.27	重庆市云阳车辆配件厂诉重庆市巴南区技术监督局行政处罚案	55
案例2.28	巩掌运诉峪关市卫生局行政处罚案	67
案例2.29	江苏扬阳化工设备制造有限公司诉泰州市住房公积金管理中	

	心行政处罚案 ……………………………………………	67
案例 2.30	赵志勇诉南乐县国土资源局行政处罚案 …………………	67
案例 2.31	梁敏愉诉佛山市南海区安全生产监督管理局行政处罚案	68
案例 2.32	杨惠强诉中山市公安局行政处罚案 ………………………	68
案例 2.33	湘潭高新区双马精品石灰厂诉湘潭市安全生产监督管理局行政处罚案 …………………………………………………	68
案例 2.34	吴华海诉高邮市公安局行政处罚案 ………………………	68
案例 2.35	徐宏树诉江西省公安厅交通警察总队直属三支队行政处罚案 …	69
案例 2.36	宣某某诉上海机场出入境边防检查站行政处罚案 ………	70
案例 2.37	岑溪县康佳药店诉岑溪县卫生局行政处罚案 ……………	70
案例 2.38	王振行诉滑县公安局行政处罚案 …………………………	70
案例 2.39	郭某诉温州市某局行政处罚案 ……………………………	71
案例 2.40	王某某不服安康市国土资源局行政处罚案 ………………	71
案例 2.41	徐某非法行医案 ……………………………………………	71
案例 2.42	高海燕走私普通货物案 ……………………………………	72
案例 2.43	舞阳县金凤予制构件厂诉舞阳县国土资源局行政处罚案	72
案例 2.44	光山县弦城医院诉光山县人口和计划生育委员会行政处罚案	73
案例 2.45	渠国平等诉镇平县国土资源局行政处罚案 ………………	73
案例 2.46	田某与绍兴县交警大队、绍兴市交警支队城区大队及东区大队行政处罚复议案 ………………………………………………	74
案例 2.47	李国诉山东省公安厅高速公路交通警察总队二支队历城二大队行政处罚案 ………………………………………………	76
案例 2.48	通江县卓越房地产公司诉通江县国土资源局行政处罚案	77
案例 2.49	安徽华星化工股份有限公司诉益阳市工商行政管理局资阳分局行政处罚案 ………………………………………………	77
案例 2.50	李某诉某县公安局交通警察支队和某县动物卫生监督所案	78
案例 2.51	福州闽盛贸易公司诉福州市郊区工商行政管理局行政处罚案	79
案例 2.52	李继华诉黄山市黄山区地方税务局行政处罚案 …………	79
案例 2.53	平顶山市尼利亚建材有限公司诉平顶山市环境保护局行政处罚案 ………………………………………………………	80
案例 2.54	郑某某等人销售假冒注册商标的商品案 …………………	80

案例 2.55　郭日泉抢劫案 ·· 80
案例 2.56　汪建中、北京首放投资顾问有限公司操纵证券市场行政处罚
　　　　　案及汪建中操纵证券市场刑事案 ······································ 81
案例 2.57　俞代兴等人盗窃案 ··· 82
案例 2.58　康玉峰等人盗窃案 ··· 82
案例 2.59　朴某危险驾驶案 ·· 82
案例 2.60　王某某危险驾驶案 ··· 83
案例 2.61　刘凤军故意伤害案 ··· 83
案例 2.62　郭金元等人非法经营案 ·· 83
案例 2.63　刘构等人开设赌场、寻衅滋事案 ·· 84
案例 2.64　敖思云诉义县公安局行政处罚案 ··· 84
案例 2.65　赖连兆诉龙岩市地方税务局行政处罚案 ································ 85
案例 2.66　王大峥诉天津海关行政处罚案 ·· 85
案例 2.67　上海鑫晶山建材开发有限公司诉上海市金山区环境保护局行
　　　　　政处罚案 ·· 86
案例 2.68　嵩莹诉武汉市公安局硚口区分局不履行法定职责案 ··············· 87
案例 2.69　范军航诉中山市公安局行政处罚、中山市人民政府行政复议
　　　　　案 ··· 89
案例 3.1　戴治修诉定边县公安局砖井派出所行政处罚案 ······················ 101
案例 3.2　佛山市美家苑物业服务有限公司诉佛山市三水区国土城建
　　　　　和水务局行政通报案 ·· 102
案例 3.3　浙江东南网架股份有限公司诉湖州市住房和城乡建设局行政
　　　　　通报案 ··· 102
案例 3.4　福建省宁德市大众影院诉福建省宁德地区工商行政管理局行
　　　　　政处罚案 ·· 103
案例 3.5　珙县城市信用社诉珙县统计局行政处罚案 ···························· 103
案例 3.6　朱超予与沙县人民政府行政处罚强制执行纠纷案 ·················· 111
案例 3.7　王世仲诉榆树市质量技术监督局行政处罚案 ························ 115
案例 3.8　莫炳弟等人诉河池地区运输管理处行政处罚案 ····················· 118
案例 3.9　唐维宏诉重庆市开县工商行政管理局行政处罚案 ·················· 118
案例 3.10　厦门博坦仓储有限公司诉厦门海关行政处罚案 ···················· 118

案例 3.11	福建省隆泉控股集团有限公司诉建阳市工商行政管理局行政处罚案	120
案例 3.12	罗定市捷龙佳美绒厂有限公司诉云浮市工商行政管理局行政处罚案	121
案例 3.13	严志荣诉松滋市饲料工作办公室行政处罚案	123
案例 3.14	佛山市高明晖隆源燃料有限公司诉佛山市高明区工商行政管理局行政处罚案	123
案例 3.15	连云港市德和电子系统工程有限公司诉江苏省连云港质量技术监督局行政处罚案	124
案例 3.16	王炳现诉范县工商行政管理局行政处罚案	124
案例 3.17	范冬金诉厦门市交通综合行政执法支队行政处罚案	124
案例 3.18	徐州神舟汽车贸易有限公司诉江苏省徐州质量技术监督局行政处罚案	128
案例 3.19	抚顺实诚财税咨询有限公司沈阳分公司诉沈阳市和平区工商行政管理局行政处罚案	128
案例 3.20	苏嘉鸿诉中国证券监督管理委员会行政处罚案	129
案例 3.21	安鹏强诉安阳市公安交通警察支队行政处罚案	142
案例 3.22	林性贻诉福州市公安局交通巡逻警察支队行政处罚案	143
案例 3.23	邢建峡诉三门峡市公安局交通警察管理支队行政处罚案	143
案例 3.24	王国富诉石柱县国土资源和房屋管理局行政强制案	150
案例 3.25	江门市蓬江区鸿业畜牧有限公司诉江门市蓬江区人民政府环保行政命令及行政补偿案	152
案例 3.26	陈忠伟诉福州海关注销报关员资格证书案	161
案例 3.27	大同市北方矿业有限公司诉山西省经济贸易委员会行政处罚案	162
案例 3.28	何小武诉城步苗族自治县城镇规划管理局行政处罚案	162
案例 3.29	罗丽诉潢川县国土资源局行政处罚案	162
案例 3.30	漳平市房地产交易管理所诉龙岩市工商管理局行政处罚案	164
案例 3.31	戴向晖诉湖南省蓝山县人民政府撤销建房行政许可案	165
案例 3.32	檀迪杰诉望江县广播电影电视局行政处罚案	167
案例 3.33	再胜源公司诉上海市卫生局行政强制决定案	167

案例 3.34	永定县电力公司诉龙岩市工商行政管理局行政处罚案 ……………	171
案例 3.35	周艳群诉湘潭市岳塘区水利局行政处罚案 ………………………	172
案例 3.36	汕头市茂佳经贸有限公司诉汕头海关行政管理纠纷案 …………	172
案例 3.37	东安县石期市镇乌沙洲加油站有限公司诉东安县食品药品质量监督管理局行政管理纠纷案 …………………………………	173
案例 3.38	朱顺华诉南通市崇川区城市管理行政执法局行政处罚案 ………	174
案例 3.39	深圳市保利物业管理集团有限公司三亚分公司诉三亚市住房和城乡建设局及海南省住房和城乡建设厅行政命令案 …………	174
案例 3.40	东莞市环境保护局与东莞市虎铃汽车销售有限公司行政执行纠纷案 ………………………………………………………………	176
案例 3.41	杭州市余杭区住房和城乡建设局与浙江万科南都房地产有限公司行政执行纠纷案 ………………………………………………	176
案例 3.42	浙江全金药业股份有限公司诉杭州市卫生局行政处罚案 ………	177
案例 3.43	上海环球生物工程公司诉上海市徐汇区卫生局、上海市徐汇区工商行政管理局行政处罚案 …………………………………	177
案例 3.44	俞建钧诉福清市公安局、福清市人民政府行政处罚案 …………	177
案例 3.45	孙天发诉奉节县规划局行政处罚案 ………………………………	178
案例 3.46	喻细民诉武汉市武昌区城市管理执法局行政处罚案 ……………	178
案例 3.47	湖北龙豪娱乐有限公司诉武汉市城市规划管理局行政处罚案 …	178
案例 3.48	陈磊诉贵州省大方县人民政府、贵州省大方县综合行政执法局(原大方县城乡规划局)行政强制案 ………………………	178
案例 3.49	海南飞腾装饰工程有限公司诉万宁市人民政府行政处罚案 ……	182
案例 3.50	中国教育科技信托投资有限公司清算组诉海口市人民政府行政处罚案 ………………………………………………………………	183
案例 3.51	海南惠普森医药生物技术有限公司诉文昌市人民政府行政处罚案 ………………………………………………………………	183
案例 3.52	武汉兴松房地产开发有限公司诉湖北省武汉市国土资源管理局(原湖北省武汉市土地管理局)行政处罚案 …………………	183
案例 3.53	蔡霞诉北京教育考试院行政处罚案 ………………………………	184
案例 3.54	孙某诉司法部确认司法考试成绩无效行政处罚案 ………………	184
案例 3.55	李敏诉江苏省教育委员会行政处罚案 ……………………………	185

案例 3.56	赵晓涛诉河北科技师范学院行政处罚案	185
案例 3.57	高占国诉长沙市公安局交通警察支队行政处罚案	186
案例 3.58	梁涛诉蒙城县公安局交通管理大队行政处罚案	186
案例 3.59	陈智伟诉广州市公安局交通警察支队高速公路一大队行政处罚案	186
案例 4.1	孙某诉某县水利局行政处罚案	196
案例 4.2	北京市海淀区外语电子职业高中诉北京市海淀区财政局行政处罚案	197
案例 4.3	李某诉某县土地管理局行政处罚案	198
案例 4.4	苏尾柱诉南沙海关行政处罚案	198
案例 4.5	广东省汕尾市汽车配件公司武汉分公司诉武汉海关行政处罚案	198
案例 4.6	龙岩市新罗区东宝石油贸易有限公司诉福建省永定县公安局行政处罚案	199
案例 5.1	某某某诉建昌县城乡规划建设局行政处罚案	208
案例 5.2	彭锋诉哈密市国土资源监察大队行政处罚案	208
案例 5.3	鲁山县科正工程质量检测有限公司诉鲁山县价格管理中心行政处罚案	208
案例 5.4	张少纪诉南阳市水利局行政处罚案	210
案例 5.5	严志荣诉松滋市饲料工作办公室行政处罚案	211
案例 5.6	严志荣诉松滋市饲料工作办公室行政处罚案	211
案例 5.7	毛欣荣诉郑州市城市管理局行政处罚案	213
案例 5.8	李健雄诉广州市公安局交通警察支队花都大队行政处罚案	213
案例 6.1	永州市华创置业发展有限公司诉永州市经济和信息化委员会行政处罚案	214
案例 6.2	何松照诉登封市公安局行政处罚案	215
案例 6.3	邵宏升诉厦门市公安局集美分局行政处罚案	215
案例 6.4	桂林市桂全信息咨询有限公司诉桂林市公安局行政处罚案	215
案例 6.5	沁阳市昊琳纸业有限公司诉沁阳市环境保护局行政处罚案	218
案例 6.6	施宝昌诉通州市卫生局食品卫生管理行政处罚案	219
案例 6.7	魏明亮诉嵊州市农业局行政处罚案	219
案例 6.8	某生物工程公司诉某市某区卫生局及某市某区工商行政管理	

	局联合行政处罚案	220
案例6.9	汝南县城关供销社农资供应中心诉汝南县质量技术监督局行政处罚案	220
案例6.10	厦门维科自控工程有限公司诉龙岩市质量技术监督局行政处罚案	221
案例6.11	薛明华诉行唐县土地管理局行政处罚案	226
案例6.12	刘岩诉西安市国土资源局行政处罚案	226
案例6.13	福建省杭辉建设工程有限公司诉惠州市惠城区安全生产监督管理局行政处罚、惠州市安全生产监督管理局安监行政处复议案	226
案例6.14	江西萍乡矿务局六六一厂诉云南省禄丰县公安局行政处罚案	227
案例6.15	章宜灿诉江西省星子县公路运输管理所行政处罚案	230
案例6.16	大学教授电话遥控他人赴澳门赌博案	231
案例6.17	浙江鹰王科技有限公司诉舟山市市场监督管理局定海分局行政处罚案	232
案例6.18	苏永洪诉福建省泰宁林业检查站行政处罚案	232
案例6.19	李某某诉上海市浦东新区市场监督管理局行政纠纷案	232
案例6.20	张兰钗诉闽侯县公安局行政处罚案	233
案例6.21	赖灿林诉南沙海关行政处罚案	234
案例6.22	上海伟邦实业公司诉上海市普陀区工商行政管理局行政处罚案	234
案例6.23	尚庆风诉天津市滨海新区工商行政管理局不予行政处罚案	236
案例6.24	王勇诉琼中黎族苗族自治县公安局行政处罚案	237
案例6.25	湖北华丰生物化工有限公司诉湖南省常德市质量技术监督局一分局行政处罚案	238
案例6.26	杨树云诉伊春市公安局南岔分局行政处罚案	239
案例6.27	葛武强诉盱眙县城市管理行政执法局行政处罚案	241
案例7.1	刘京信诉山东省沂南县国土资源局行政处罚案	245
案例7.2	刘曙光诉莱西市公安局交通警察大队行政处罚案	247
案例7.3	合肥堃江商贸有限公司第一分公司诉合肥市包河区环境保护局行政处罚案	247

案例 7.4	秦天良等诉通江县规划管理局行政处罚案	248
案例 7.5	浙江全金药业股份有限公司诉杭州市卫生局行政处罚案	255
案例 7.6	朱锦足诉临海市林业特产局行政处罚案	255
案例 7.7	李某诉某公安交通支队行政处罚案	255
案例 7.8	浙江九龙山国际旅游开发有限公司诉中国证券监督管理委员会行政处罚案	256
案例 7.9	张甲玉诉西华县公安局行政处罚案	257
案例 7.10	桂林市金沙河物资仓储有限责任公司诉桂林市象山区安全生产监督管理局行政处罚案	257
案例 7.11	洛阳申华运输有限公司诉渑池县城市管理综合执法局行政处罚案	257
案例 7.12	区成诉九龙海关行政处罚案	258
案例 7.13	张海涛诉济南市公安局市中区分局行政处罚案	259
案例 7.14	范曰强诉安丘市公安局行政处罚案	259
案例 7.15	高伟诉长春市公安交通警察支队汽车产业开发区大队行政处罚案	260
案例 7.16	冀某诉北京市公安交通管理局行政处罚案	260
案例 7.17	高艳军诉临县公安局、临县公安局临泉派出所行政处罚案	261
案例 7.18	桑湉诉淮安市公安局清浦分局行政处罚案	261
案例 7.19	李彩云诉邓州市公安局、河南省公安厅行政处罚案	262
案例 7.20	中山市小榄镇云锋五金厂、李白云诉中山市安全生产监督管理局行政处罚案	263
案例 7.21	王新华诉长春市公安局交通警察支队朝阳区大队行政处罚案	265
案例 7.22	鲍福忠诉顺昌县建设局行政处罚案	265
案例 7.23	邓俊群诉宁乡县公安局行政处罚案	266
案例 7.24	文昌八益置业有限公司诉文昌市人民政府土地管理行政处罚案	266
案例 7.25	白沙黎族自治县商业贸易总公司、白沙黎族自治县供销合作联社诉海口市人民政府土地管理行政处罚案	266
案例 7.26	张福生诉平度市公安局治安行政处罚案	267
案例 7.27	程筠因诉辽阳市公安局宏伟分局治安行政处罚案	268

案例7.28 何利芳诉资兴市食品药品工商质量监督管理局行政处罚及行政赔偿案 ……………………………………………………………… 269

案例8.1 上海拍卖行有限公司诉上海市工商行政管理局虹口分局行政处罚案 …………………………………………………………………… 271

案例8.2 吴汉锋诉柳城县住房和城乡建设局行政处罚案 ………… 271

案例8.3 冯娟诉蓝田县公安局行政处罚案 ……………………… 271

案例8.4 顾建祥诉海宁市交通局行政处罚案 …………………… 272

案例8.5 王新民诉郑州市惠济区国土资源局行政处罚案 ………… 272

案例8.6 王银苔诉宜阳县公安局高村派出所行政处罚案 ………… 272

案例8.7 唐维宏诉重庆市开县工商行政管理局行政处罚案 ……… 273

案例8.8 新乡市北站光强装饰部诉新乡市北站区技术监督局行政处罚案 …… 273

案例8.9 龙岩市新罗区九峰兽药经营部诉龙岩市新罗区卫生局行政处罚案 ……………………………………………………………… 273

案例8.10 宋德新诉郑州市城市管理行政执法局行政处罚案 ……… 274

案例8.11 王乐强诉民权县国土资源局行政处罚案 ……………… 274

案例8.12 某科技股份有限公司诉某市工商行政管理局行政处罚案 ………… 274

案例8.13 赵玲诉重庆市烟草专卖局行政处罚案 ………………… 275

案例8.14 史振江诉兴隆县森林公安局行政处罚案 ……………… 275

案例8.15 琼龙诉舟山市工商行政管理局定海分局工商行政处罚案 ………… 277

案例8.16 贵州鑫顺建筑工程有限公司诉安顺市平坝区国土资源局行政处罚、安顺市平坝区人民政府行政复议案 …………………… 278

案例8.17 李福林诉东营市城市管理行政执法局行政处罚案 ……… 279

案例8.18 通江县卓越房地产有限责任公司诉通江县水务局行政处罚案 …… 280

案例8.19 漯河市大东海饭店有限责任公司诉漯河市城乡规划局行政处罚案 …………………………………………………………………… 280

案例8.20 四川幸运国际旅行社有限公司诉理县旅游市场综合执法局行政处罚案 …………………………………………………………… 281

案例8.21 徐帅诉驻马店市城乡规划局行政处罚案 ……………… 281

案例8.22 楼月秋诉东阳市技术监督局行政处罚案 ……………… 281

案例8.23 辽源市龙山区亨得利食品商贸有限公司诉吉林辽源经济开发区管理委员会安全生产行政处罚案 ……………………………… 282

案例 8.24	叶世清诉海南省公安边防总队海警第二支队公安行政处罚案 …… 282
案例 8.25	海丰县大流服饰实业有限公司诉汕尾市质量技术监督局行政处罚案 …………………………………………………………… 283
案例 8.26	余忠诚诉湖南省长沙地税稽查局案 …………………………… 283
案例 8.27	北京鹤年堂科技发展有限公司诉北京市工商行政管理局丰台分局行政处罚案 …………………………………………… 285
案例 8.28	中国航空器材进出口总公司诉北京市工商行政管理局朝阳分局行政处罚案 …………………………………………… 285
案例 8.29	广西建工集团第三建筑工程有限责任公司合肥分公司诉合肥市包河区安全生产监督管理局案 …………………… 287
案例 8.30	鲁潍盐业(福州)进出口有限公司新乡分公司诉台前县盐业管理局行政处罚案 …………………………………………… 288
案例 8.31	四川省雅安市卫生防疫站诉雅安市药品监督管理局行政处罚案 …………………………………………………………… 289
案例 8.32	上海远洋运输公司诉宁波卫生检疫所行政处罚案 ………… 294
案例 8.33	焦作市道路运输管理局诉焦作市国土资源局行政处罚案 … 295
案例 8.34	绥宁县国家税务局诉绥宁县劳动和社会保障局行政处罚案 … 296
案例 9.1	林建荣诉长汀县公安局交通警察大队行政处罚案 ………… 298
案例 9.2	大连华氏流体设备有限公司诉大连市甘井子区安全生产监督管理局行政处罚案 …………………………………………… 300
案例 9.3	宋立国诉铁岭供电公司郊区农电分公司行政处罚案 ……… 301
案例 9.4	淮安第一美术高级中学诉淮安市淮阴地方税务局行政处罚案 … 301
案例 9.5	周悟权诉北京市工商行政管理局海淀分局行政调查案 …… 302
案例 9.6	上海环球生物工程公司诉上海市徐汇区卫生局、上海市徐汇区工商行政管理局行政处罚案 …………………………… 302
案例 9.7	梁军民诉内黄县公安局行政处罚案 …………………………… 302
案例 9.8	薛明华诉行唐县土地管理局行政处罚案 …………………… 303
案例 9.9	刘波诉西安市公安局交通警察支队曲江大队行政处罚案 … 303
案例 9.10	河北宏泰人造板有限公司诉藁城市人力资源和社会保障局行政处罚案 …………………………………………………… 304
案例 9.11	张继鸿诉天水市公安局麦积分局桥南派出所行政处罚案 ………… 305

案例 9.12	上海秀枫实业公司诉上海市闵行区规划局行政处罚案 ……………	305
案例 9.13	浙江章华保健美发实业有限公司诉台州市工商行政管理局黄岩分局行政处罚案 ……………………………………………	306
案例 9.14	刘长华诉被上诉人江油市城乡规划建设和住房保障局行政处罚案 ……………………………………………………………	306
案例 9.15	庞军田诉沂南县文化市场管理执法局行政处罚案 …………	308
案例 9.16	石少六诉泸州市公安局纳溪区分局行政处罚案 ……………	308
案例 9.17	杭州娃哈哈集团公司诉樟树市工商行政管理局行政处罚案 ………	309
案例 9.18	赵勇兴诉上海市烟草专卖局黄浦分局行政处罚案 …………	309
案例 9.19	刘某某诉兴县公安局行政处罚案 …………………………	309
案例 9.20	肖某平诉隆回县人民政府及隆回县公安局行政处罚案 ……	310
案例 9.21	段迎宾诉偃师市公安局行政处罚案 ………………………	310
案例 9.22	江兆尚诉闸口海关行政处罚案 ……………………………	310
案例 9.23	上海大食综合经营部诉上海市徐汇区环境保护局行政处罚案 ……	311
案例 9.24	刘庆等诉四川省古蔺县公安局行政处罚案 ………………	311
案例 9.25	肖德清诉娄底市公安局娄星分局行政处罚案 ……………	312
案例 9.26	河南骏化宏福实业股份有限公司诉确山县国土资源局行政处罚案 ……………………………………………………………	312
案例 9.27	洛阳腾昊机械设备有限公司诉洛阳市环境保护局行政处罚案 ……	313
案例 9.28	王常群诉卫辉市公安局行政处罚案 ………………………	314
案例 9.29	董恩平诉昆明市公安局交通警察支队行政处罚案 ………	314
案例 9.30	北京贝斯特医用仪器有限公司诉北京市海淀区劳动和社会保障局行政处罚案 ……………………………………………	314
案例 10.1	郭德胜诉卫辉市国土资源局行政处罚案 …………………	317
案例 10.2	申广林诉晋城市公安局交通警察支队行政处罚案 ………	319
案例 10.3	李某某诉西安市公安局某支队行政处罚案 ………………	319
案例 10.4	李永辉诉临高县公安局行政处罚案 ………………………	321
案例 10.5	潼南县巨丰装饰有限公司诉潼南县安全生产监督管理局行政处罚案 ……………………………………………………	321
案例 10.6	辽宁成大佳园商业连锁有限公司诉建昌县工商行政管理局行政强制及行政处罚案 …………………………………	321

案例10.7	珠海市华厦物业发展有限公司诉珠海市斗门区安全生产监督管理局行政处罚案	323
案例10.8	王国平诉南阳市森林公安局行政处罚案	323
案例10.9	安徽华源生物药业有限公司诉津市工商行政管理局行政处罚案	323
案例10.10	平顶山市昌盛建筑安装有限公司诉平顶山市质量技术监督局湛河区分局行政处罚案	325
案例10.11	岳淑红诉偃师市公安局首阳山派出所行政处罚案	326
案例10.12	张兆福诉范县公安局行政处罚案	326
案例10.13	房玉刚诉济南市公安局长清区分局治安行政处罚案	326
案例10.14	刘某诉张掖市甘州区烟草专卖局行政处罚案	327
案例10.15	万向节诉郑州市公安局交通警察支队第十大队行政处罚案	327
案例10.16	王军诉临海市城市管理行政执法局行政处罚案	327
案例10.17	昆明威恒利商贸有限责任公司诉昆明市规划局行政处罚案	328
案例10.18	桂林阳朔城中城房地产开发有限公司诉阳朔县工商行政管理局行政处罚案	329
案例10.19	闫保平诉汤阴县伏道乡人民政府行政处罚案	330
案例10.20	李东明诉安阳市公安局高新分局行政处罚案	330
案例10.21	宋明胜诉沈阳市规划和国土资源局苏家屯分局行政处罚案	330
案例10.22	芦某某诉西安市公安局交通警察支队某某大队行政处罚案	331
案例10.23	金鑫诉维西县公安局交通警察大队行政处罚案	331
案例10.24	刘德明诉天津市公安交通局红桥支队行政处罚案	332
案例10.25	河北卓隆房地产开发有限公司诉栾城县国土资源局行政处罚案	333
案例10.26	林永跃诉莆田市公安局秀屿分局行政处罚案	333
案例10.27	罗满秀诉上杭县公安局行政处罚案	334
案例10.28	刘辉诉西安市公安局交通警察支队新城大队行政处罚案	334
案例10.29	蔡增雄诉拱北海关行政处罚案	335
案例10.30	香港昆利发展有限公司诉湛江海关行政处罚案	335
案例10.31	镇平县棉花专业合作诉镇平县规划局行政处罚案	336
案例10.32	沈建章诉瑞安市公安局交通警察大队行政处罚案	336

案例 10.33	何希光诉汕尾市工商局行政处罚案	336
案例 10.34	胡隆高诉东安县森林公安局行政处罚案	337
案例 10.35	王某诉某派出所不予行政处罚案	337
案例 10.36	郭永玉诉某交警部门行政处罚案	338
案例 10.37	某县某某混凝土有限公司诉某县国土资源局行政处罚案	340
案例 10.38	付凤兰诉滑县公安局行政处罚案	340
案例 10.39	郑永晖诉临高县公安局行政处罚案	341
案例 10.40	艾某诉某区公安局治安管理行政处罚案	341
案例 10.41	张霞诉辽阳市公安局太子河区公安分局行政处罚案	341
案例 10.42	上海味利皇食品有限公司诉上海市卫生局行政处罚案	342
案例 10.43	南阳天虹通讯器材有限公司诉南阳市技术监督局行政处罚案	342
案例 10.44	封丘县电业局诉封丘县卫生局撤销检查笔录案	342
案例 10.45	孟国强诉郑州市公安局交通警察支队第十大队行政处罚案	343
案例 10.46	石艳丽诉郑州市公安局交通巡逻警察支队第六大队行政处罚案	343
案例 10.47	城步苗族自治县济世堂大药房诉城步苗族自治县卫生局行政处罚案	344
案例 10.48	代学会诉洛阳市公安局安乐分局、洛阳市公安局行政处罚案	344
案例 10.49	丁某诉某公安局交通管理局行政处罚案	344
案例 10.50	漳州市聚善堂药业有限公司诉福建省漳州市国家税务局稽查局行政处罚案	345
案例 10.51	周建华诉新化县公安局治安行政管理、新化县人民政府行政复议案	346
案例 10.52	大连齐澼制盐厂诉榆树市盐务管理局先行登记保存通知案	347
案例 10.53	陈人华诉柳州市人民政府行政复议案	347
案例 10.54	洛阳行健外事旅游汽车有限公司诉汝州市交通运输局执法局确认登记行政行为违法案	347
案例 10.55	邱丹妮诉成都市成华区商务局行政处罚案	348
案例 10.56	严志荣诉松滋市饲料工作办公室行政处罚案	348
案例 10.57	涂俊友诉巴东县林业局行政处罚案	349
案例 10.58	李祖宪诉封丘县烟草专卖局行政处罚案	349

案例 10.59	黄世钦诉福州市新闻出版办公室行政处罚案	349
案例 10.60	卢学潜诉深圳市宝安区运输局行政处罚案	350
案例 10.61	广饶县广饶镇学礼植物诊所诉东营市农业局行政处罚案	351
案例 10.62	南通东帝五金有限公司诉绍兴市上虞区工商行政管理局行政处罚案	351
案例 10.63	四川省三台农用化工厂诉三台县农业局行政处罚案	352
案例 10.64	西凯视觉光学技术有限公司诉浙江省标准计量管理局行政处罚案	352
案例 10.65	阙玉华诉永定县公安局行政处罚案	352
案例 10.66	广西壮族自治区公路管理局诉广西百色市林业局行政处罚案	353
案例 10.67	某娱乐有限公司诉某市工商行政管理局行政处罚案	353
案例 10.68	徐素华诉成都市公安局金牛分局行政处罚案	353
案例 10.69	某大酒店诉市工商行政管理局行政处罚案	354
案例 10.70	天津市鑫达伟业商贸有限公司与天津市北辰区国家税务局行政处罚案	354
案例 10.71	珠海强源体育用品有限公司诉拱北海关行政强制案	355
案例 10.72	杨立祥诉南京市公安局交通管理局行政处罚案	355
案例 10.73	郑平灵诉漳平市工商行政管理局行政处罚案	355
案例 10.74	陈炳才诉龙岩市新罗区卫生局行政处罚案	356
案例 10.75	田宪敏诉河南省中原油田公安局直属分局行政处罚案	356
案例 10.76	穆洪福诉济南市公安局交通警察支队天桥区大队行政处罚案	356
案例 10.77	刘占通诉辛集市公安局公安行政处罚案	357
案例 10.78	杨立祥诉南京市公安局交通管理局行政处罚案	357
案例 10.79	黄世钦诉福州市新闻出版办公室行政处罚案	358
案例 10.80	何玉镜诉黑龙江省齐齐哈尔市工商行政管理局行政处罚案	359
案例 10.81	张某诉县国土资源局行政处罚案	359
案例 10.82	马玉平诉单县公安局行政处罚案	370
案例 10.83	文嘉先诉东安县公安局行政处罚案	370
案例 10.84	博罗县园洲镇永兴超级商场诉博罗县烟草专卖局行政处罚案	371
案例 10.85	闫学敏诉嘉峪关市公安局镜铁分局朝阳派出所行政处罚案	371
案例 10.86	温州荣盛贸易有限公司诉温州市工商行政管理局鹿城分局	

	行政处罚案	372
案例 10.87	佟士冬诉易县林业局行政处罚案	372
案例 10.88	刘彦青诉景县国土资源局行政处罚案	373
案例 10.89	赵永红诉郑州市城市管理行政执法局行政处罚案	373
案例 10.90	张某某诉专利复审委员会无效决定案	374
案例 10.91	铃木电梯(深圳)有限公司诉厦门市工商行政管理局行政处罚案	376
案例 10.92	李平利诉蓝田县国土资源局行政处罚案	376
案例 10.93	某市自来水公司诉某市工商局行政处罚案	376
案例 10.94	某医院诉某市药品监督管理局行政处罚案	377
案例 10.95	骆影诉阜南县公安局行政处罚案	378
案例 10.96	王牛诉安阳县公安局行政处罚决定案	378
案例 10.97	张晖诉上海市闵行区城市交通执法大队行政处罚案	382
案例 11.1	福建省霞浦县罗湖湾养殖开发有限公司诉福建省霞浦县安全生产监督管理局行政处罚案	389
案例 11.2	王志江诉迁西县公安局行政处罚案	389
案例 11.3	司付立诉东明县公安局行政处罚案	390
案例 11.4	某信托投资公司诉某海关行政处罚案	390
案例 11.5	肖铁锋诉湖南省攸县公安局收容教育决定案	391
案例 11.6	王桂华诉杭州市公安局拱墅区分局行政处罚案	392
案例 11.7	孟结实诉确山县公安局行政处罚案	392
案例 11.8	连云港美好电子有限公司诉南京海关行政处罚案	392
案例 11.9	李某诉北京市公安局某区公安分局行政处罚案	394
案例 11.10	廖宗荣诉重庆市交警二支队行政处罚案	394
案例 11.11	金国海诉绍兴公安交警支队行政处罚案	395
案例 11.12	彭革中诉仁怀市公安局交通警察大队行政处罚案	396
案例 11.13	苏某诉广州市某区交警大队行政处罚案	398
案例 11.14	苏汇斌诉广州市公安局交通警察支队东山大队行政处罚案	398
案例 11.15	宋英群诉郑州市公安局交通警察支队第十大队行政处罚案	399
案例 11.16	卢某诉某市工商行政管理局某区分局行政处罚案	401
案例 11.17	叶学福诉温州市公安局行政处罚案	401

案例11.18	何希光诉汕尾市工商局行政处罚案	402
案例12.1	蔡玉祥诉上海市公安局松江分局行政处罚案	403
案例12.2	邱鸿盛诉东莞市公安局行政处罚案	404
案例12.3	王磊诉东莞市公安局交通警察支队南城大队行政处罚案	404
案例12.4	何明中诉习水县公安局行政处罚案	405
案例12.5	吉林省鑫鑫源机动车检测有限公司诉长春市工商行政管理局行政处罚案	405
案例12.6	田宝华诉南皮县公安局行政处罚案	406
案例12.7	应唐银诉缙云县公安局行政处罚案	406
案例12.8	耿方方诉洛阳市公安局瀍河分局行政处罚案	407
案例12.9	姜某诉某某县公安局行政处罚案	407
案例12.10	周士健诉江苏省宝应县公安局行政处罚案	407
案例12.11	薛媛诉徐州市公安局泉山分局行政处罚案	408
案例12.12	罗天华诉清镇市卫生局行政处罚案	409
案例12.13	臧君奎诉宿迁市泗阳工商管理局行政处罚案	409
案例12.14	陈超诉济南市城市公共客运管理服务中心客运管理行政处罚案	411
案例12.15	蔺春胜诉蒙城县公安局行政处罚案	414
案例12.16	叶瑞法诉温州市公安局瓯海区分局行政处罚案	414
案例12.17	孙丽冬诉洛阳市公安局瀍河分局行政处罚案	414
案例12.18	葛武强诉盱眙县城市管理行政执法局行政处罚案	415
案例12.19	张香云诉平舆县国土资源局行政处罚案	415
案例12.20	李某某诉密云县公安局行政处罚案	417
案例12.21	谢兵诉怀集县交通运输局行政处罚案	418
案例12.22	刘荣芹诉上海市公安局静安分局石门二路派出所行政处罚案	418
案例12.23	张云达诉上海海事局行政处罚案	419
案例12.24	某城市信用社诉某市工商局行政处罚案	419
案例12.25	王品朝诉临安市林业局行政处罚案	419
案例12.26	林六如诉河间市公安局行政处罚案	422
案例12.27	郭锐诉固阳县公安局金山镇南关派出所行政处罚案	423
案例12.28	蒋于武诉重庆市涪陵区公安局行政处罚案	423

案例 12.29　王翠荣诉栖霞市公安局行政处罚案 423

案例 12.30　季祖庆诉烟台市公安局经济技术开发区分局行政处罚案 424

案例 12.31　王忠生等诉云南省安宁市烟草专卖局行政处罚案 425

案例 12.32　葛红丽诉汝南县烟草专卖局行政处罚案 426

案例 12.33　龙岩墨缘斋实业公司诉福建省龙岩市统计局行政处罚案 426

案例 12.34　罗启林诉汝南县国土资源局行政处罚案 426

案例 12.35　何宝通诉杭州市公安局西湖区分局行政处罚案 429

案例 12.36　安吉县大丰液化气有限公司诉安吉县工商行政管理局行政
　　　　　　处罚案 429

案例 12.37　广州市西纳个人护理产品有限公司诉广州市环境保护局行
　　　　　　政处罚案 429

案例 13.1　无锡美通食品科技有限公司诉无锡质量技术监督局高新技术
　　　　　产业开发区（新区）分局行政处罚案 449

案例 13.2　蔡国强诉无锡市公安局交通巡逻警察支队行政处罚案 449

案例 13.3　鄢克勤诉沅陵县林业局行政处罚案 450

案例 13.4　广东力王起重机械有限公司诉佛山市南海区环境保护局行政
　　　　　处罚、佛山市南海区人民政府行政复议案 450

案例 13.5　苏某诉东兴市渔政大队行政处罚案 450

案例 13.6　杨鑫诉西安市公安局交通警察支队曲江大队交通管理行政处
　　　　　罚案 451

案例 13.7　玉溪市鹏程运输有限公司诉焦作市交通路政管理处行政处罚
　　　　　案 452

案例 13.8　郭剑锋诉厦门市公安局交通警察支队湖里大队、被告厦门市
　　　　　公安局湖里分局交通管理行政处罚案 453

案例 13.9　杨昌松诉珠海市公安局警察支队拱北大队、珠海市人民政府
　　　　　交通管理行政处罚案 453

案例 13.10　刘晓波诉深圳市公安局交通警察支队口岸大队行政处罚决
　　　　　　定、深圳市公安局交通警察局行政复议决定案 454

案例 13.11　李燕诉汉中市工商行政管理局行政处罚案 457

案例 13.12　新密市道路运输总公司诉河南省安全生产监督管理局行政
　　　　　　处罚案 457

案例 13.13	杨某诉西安市公安局某大队行政处罚案	458
案例 13.14	福建省石狮市港塘塑料玩具厂诉石狮市国土规划建设局行政处罚案	459
案例 13.15	薛民胜诉郾城县公安局行政处罚案	459
案例 13.16	赵立功诉青州市城市管理行政执法局行政处罚案	460
案例 13.17	宝惠机械有限公司诉广州海关行政处罚案	460
案例 13.18	广西藤县根宝农业发展有限公司诉藤县工商行政管理局行政处罚案	460
案例 13.19	洞口县人民医院诉洞口县房产局行政处罚案	461
案例 13.20	保康县中药材公司诉保康县环境保护局行政处罚案	461
案例 13.21	东台市东吴生猪养殖场诉盐城市东台生态环境局行政处罚案	461
案例 13.22	喀什市自力汽车修理厂诉喀什市国土资源管理局行政处罚案	462
案例 13.23	王春江诉被告青州市盐务局行政处罚案	462
案例 13.24	福建省霞浦县罗湖湾养殖开发有限公司诉福建省霞浦县安全生产监督管理局行政处罚案	462
案例 13.25	珠海市华厦物业发展有限公司诉珠海市斗门区安全生产监督管理局行政处罚案	463
案例 13.26	刘菊兰诉徽县公安局行政处罚案	463
案例 13.27	石小斌诉潞城市国土资源局、长治市国土资源局行政处罚案	464
案例 13.28	鞠林海诉青岛市交通稽查支队行政处罚案	464
案例 13.29	卫辉市汲水镇辛庄村村民委员会诉卫辉市国土资源局行政处罚案	464
案例 13.30	张俊珍诉汾阳市公安局行政处罚案	465
案例 13.31	广州市荔港南湾房地产开发有限公司诉广州市国土资源局和房屋管理局行政处罚案	465
案例 13.32	秦辉庭诉湖北省宜昌市长阳土家族自治县渔政船检港监管理站行政处罚案	465
案例 13.33	刘彦青诉景县国土资源局行政处罚案	466
案例 13.34	张水荣诉绍兴市住房和城乡建设局行政处罚案	467
案例 13.35	王文礼诉阿克苏地区食品药品监督管理局行政处罚案	467
案例 13.36	福建省力菲克药业有限公司诉龙岩市工商行政管理局行政

　　　　　　处罚案 …………………………………………………………… 467
案例 13.37　王浩诉安阳市公安交通警察支队事故处理一大队行政处罚案 …… 468
案例 13.38　高树仁诉福建省安溪县财政局行政处罚案 ……………………… 468
案例 13.39　余祖根诉商城县公安局行政处罚案 ……………………………… 468
案例 13.40　周浩诉嘉善县环境保护局行政处罚案 …………………………… 469
案例 13.41　福州市仓山区私立长颈鹿幼儿园诉福州市仓山区公安消防
　　　　　　大队行政处罚案 ………………………………………………… 469
案例 13.42　曾政灿诉浙江省宁波市公安局边防分局行政处罚案 …………… 470
案例 13.43　鲁潍（福建）盐业进出口有限公司苏州分公司诉江苏省苏州
　　　　　　市盐务管理局盐业行政处罚案 ………………………………… 470
案例 13.44　邓红星诉三亚市河东区地方税务局行政处罚案 ………………… 471
案例 13.45　福建省东海油脂工业有限公司诉福州市工商行政管理局行
　　　　　　政处罚案 ………………………………………………………… 472
案例 13.46　赵效平诉潢川县公安交通警察大队行政处罚案 ………………… 472
案例 13.47　余劲诉珠海市斗门区安全生产监督管理局行政处罚案 ………… 472
案例 13.48　中种集团承德长城种子有限公司诉河北省成安县工商行政
　　　　　　管理局行政处罚案 ……………………………………………… 473
案例 13.49　梁要诉开封市顺河回族区建设委员会行政处罚案 ……………… 473
案例 13.50　陈洪金诉招远市贸易局行政处罚案 ……………………………… 473
案例 13.51　南阳市汇普新型建筑建材厂诉南阳市国土资源局行政处罚案 …… 474
案例 13.52　黄二林诉安阳县公安局行政处罚案 ……………………………… 474
案例 13.53　周世波诉桐梓县住房和城乡建设局行政处罚案 ………………… 474
案例 13.54　中铁十七局集团第一工程有限公司诉朔州市工商行政管理
　　　　　　局平鲁分局行政处罚案 ………………………………………… 475
案例 13.55　杨永俊诉六盘水市钟山区道路运输局行政处罚案 ……………… 475
案例 13.56　樊恩胜诉南充市阆中工商行政管理局行政处罚案 ……………… 475
案例 13.57　梁涛诉蒙城县公安局交通管理大队行政处罚案 ………………… 476
案例 13.58　刘冠芬诉山东省昌乐县公安局行政处罚案 ……………………… 476
案例 13.59　张卫争诉涿州市公安局刁窝派出所行政处罚案 ………………… 476
案例 13.60　张江河诉沙河市公安局册井派出所行政处罚案 ………………… 477
案例 13.61　邝九胜诉昆山市运输管理处行政处罚案 ………………………… 477

案例 13.62	许本华诉固始县公安局行政处罚案	478
案例 13.63	张明正诉郑州市公安局交通警察支队第十大队行政处罚案	478
案例 13.64	胡文楼等 11 人诉电白县工商行政管理局行政处罚案	478
案例 13.65	苗继发等诉临县公安局曲峪派出所行政处罚案	478
案例 13.66	黄义侗等诉福清市港口镇人民政府行政处罚案	479
案例 13.67	肖金春诉隆回县公安局行政处罚案	479
案例 13.68	刘荣芹诉上海市公安局静安分局石门二路派出所行政处罚案	479
案例 13.69	陈孟君诉辽源市公安局泰安分局行政处罚案	480
案例 13.70	高伟诉灯塔市公安局行政处罚案	480
案例 13.71	李春之诉荣成市公安局青渔滩边防派出所行政处罚案	480
案例 14.1	川村秋华诉上海市长宁区房屋土地管理局行政处罚案	484
案例 14.2	雅芳(中国)有限公司诉周口市工商行政管理局川汇分局行政处罚案	484
案例 14.3	某下岗工人诉某市新闻出版局行政处罚案	485
案例 14.4	宁德市大众电影院诉宁德地区工商局行政处罚案	485
案例 14.5	盐城市奥康食品有限公司东台分公司诉盐城市东台工商行政管理局行政处罚案	486
案例 14.6	阮绮玲诉珠海市工商行政管理局行政处罚案	487
案例 14.7	福州市仓山区景西天籁网吧诉福州市公安局仓山分局治安行政处罚案	488
案例 14.8	施某诉南通市公安局开发区分局、南通市人民政府行政处罚案	489
案例 14.9	时爱民诉漳州市公安局芗城分局行政处罚案	489
案例 14.10	舒江荣诉海盐县公安局交通警察大队行政处罚案	490
案例 14.11	刘燕文诉北京大学学位评定委员会不授予学位案	494
案例 14.12	东云阁大酒店诉安康市汉滨区兽医兽药监督检验所行政处罚案	495
案例 14.13	海南裕泰科技饲料有限公司诉海南省物价局物价行政处罚案	495
案例 14.14	南通协和生物科技有限公司诉南通市食品药品监督管理局行政处罚案	496

案例14.15	路中新诉广东省珠海市城市管理行政执法局行政处罚案	496
案例14.16	胡晓勇诉中国证券监督管理委员会行政处罚案	496
案例14.17	南通北渔人和水产有限公司、南通洋口港实业有限公司诉海安县市场监督管理局行政处罚案	497
案例14.18	某宾馆诉某区国家税务局稽查局行政处罚案	498
案例14.19	路达（厦门）工业有限公司诉厦门市环保局行政处罚案	499
案例14.20	罗三保诉广州市公安局越秀区分局行政处罚案	499
案例14.21	贝汇丰诉海宁市公安局交通警察大队行政处罚案	500
案例14.22	新疆维吾尔自治区高等级公路管理局昌吉管理处诉新疆维吾尔自治区水利厅玛纳斯河流域管理处行政处罚案	501
案例15.1	杨某诉呼玛县畜牧总站行政处罚案	505
案例15.2	王法振诉滑县公安局行政处罚案	506
案例15.3	海口圣宝生物制品有限公司诉海南出入境检验检疫局行政处罚案	506
案例15.4	戚水华诉杭州市江干区笕桥镇人民政府行政处罚案	508
案例15.5	杜某诉甲局行政处罚案	508
案例15.6	吴昌敏诉通道侗族自治县城市管理行政执法局行政处罚案	508
案例15.7	马效永等诉平顶山市城乡规划局行政处罚案	509
案例15.8	大连经济技术开发区铭源科技有限公司诉大连金州新区城市管理与行政执法局行政处罚案	509
案例15.9	柳双喜诉武汉市江岸区城市管理执法局规划行政处罚案	509
案例15.10	张国庆诉舞钢市国土资源局行政处罚案	510
案例15.11	邵淑梅诉吉首市国土管理局行政处罚案	511
案例15.12	某科技发展公司诉某市工商行政管理局行政处罚案	511
案例15.13	山东煤气热力制冷工程公司诉潍坊市环境保护局行政处罚案	512
案例15.14	云浮市建宏医药有限公司诉云浮市食品药品监督管理局行政处罚案	512
案例15.15	北京三维天然数码科技有限责任公司诉北京市工商行政管理局海淀分局行政处罚案	513
案例15.16	王某诉成都市工商局行政处罚案	515
案例15.17	杭州金菱印花有限公司诉上海吴淞海关行政处罚案	515

案例 15.18	钱永军诉阜宁县公安局行政处罚案	516
案例 15.19	李慧丹诉浙江省缙云县公安局行政处罚案	519
案例 15.20	李友贵诉庄河市公安局行政处罚案	519
案例 15.21	刘会敏诉孟津县公安局行政处罚案	519
案例 15.22	沈某、蔡某诉南通市公安局开发区分局不作为案	520
案例 15.23	李金林、郑明亮诉绍兴市公安局越城区分局行政处罚案	520
案例 15.24	徐荣诉涡阳县公安局行政处罚案	521
案例 15.25	李某诉志丹县公安局某派出所行政处罚案	521
案例 15.26	王某诉锦州市公安局凌河分局行政处罚案	521
案例 15.27	潘龙泉诉新沂市公安局治安行政处罚案	521
案例 15.28	姜云霞诉天津市公安局红桥分局行政处罚案	524
案例 15.29	王秀琴诉大连市公安局西岗分局行政处罚案	526
案例 15.30	张咀波诉绿春县林业局行政处罚案	526
案例 15.31	陈其敬诉永川市卫生局行政处罚案	527
案例 15.32	南阳市汇普新型建筑建材厂诉南阳市国土资源局行政处罚案	527
案例 16.1	赵正军诉郑州市管城回族区卫生局行政处罚案	529
案例 16.2	罗新荣等诉罗城仫佬族自治县建设局行政处罚案	529
案例 16.3	刘承昌诉印江自治县林业局行政处罚案	534
案例 16.4	范红诉阳东县贸易局行政处罚案	534
案例 16.5	宋英群诉郑州市公安局交通警察支队第十大队行政处罚案	534
案例 16.6	金鑫诉维西县公安局交通警察大队行政处罚案	535
案例 16.7	黄显胜诉青岛市公安局城阳分局惜福镇派出所行政处罚案	535
案例 16.8	王晓宇诉成都市公安局交通管理局第三分局行政处罚案	535
案例 16.9	刘丽玲诉东乡县公安局交警大队行政处罚案	536
案例 16.10	杜宏远诉偃师市人民政府行政处罚案	536
案例 16.11	樊新喜诉蓝田县国土资源局行政处罚案	537
案例 16.12	艾德拉碳纤维产品(珠海)有限公司诉珠海市环境保护局行政处罚案	537
案例 16.13	王月红诉华阴市国土资源局行政处罚案	538
案例 16.14	昆明凯瑞佳丰贸易有限责任公司诉昆明市工商行政管理局行政处罚案	538

案例 16.15	周瑞清诉延津县综合行政执法局、延津县人民政府行政处罚案 ………………………………………………………………… 538
案例 16.16	周某诉上海市公安局浦东分局交通警察支队行政处罚案 …… 539
案例 16.17	邵仲国诉黄浦区安监局行政处罚案 ………………………… 539
案例 16.18	唐丽诉南宁市公安局行政处罚案 …………………………… 541
案例 16.19	汝南县城关供销社农资供应中心诉汝南县质量技术监督局行政处罚案 …………………………………………………… 542
案例 16.20	高树仁诉福建省安溪县财政局行政处罚案 ………………… 542
案例 16.21	伊尔库公司诉无锡市工商局工商行政处罚案 ……………… 542
案例 16.22	孟秋贞诉辛集市国土资源局行政处罚案 …………………… 543
案例 16.23	钮远超诉杞县建设局行政处罚案 …………………………… 544
案例 16.24	刘后春诉浏阳市国土资源局行政处罚案 …………………… 544
案例 16.25	李某诉邢台市公安局桥西分局行政处罚案 ………………… 544
案例 16.26	张正先诉龙岩市新罗区烟草专卖局行政处罚案 …………… 544
案例 16.27	大连华氏流体设备有限公司诉大连市甘井子区安全生产监督管理局行政处罚案 ……………………………………… 545
案例 16.28	江西南方隧道工程有限公司诉高县水务局行政处罚案 …… 545
案例 16.29	彭华梅诉化州市公安局行政处罚案 ………………………… 546
案例 16.30	A 公司诉某海关行政处罚案 ………………………………… 546
案例 16.31	蕉岭县兴福供销社谢陂门市诉蕉岭县农业局行政处罚案 … 546
案例 16.32	章宜灿诉星子县公路运输管理所行政处罚案 ……………… 546
案例 16.33	崔鹏飞诉东光县公安交通警察大队行政处罚案 …………… 547
案例 16.34	尚广波诉清丰县公安局行政处罚案 ………………………… 547
案例 16.35	王来成诉上蔡县公安局行政处罚案 ………………………… 547
案例 16.36	温岭市心舞机电有限公司诉钟祥市工商行政管理局行政处罚案 ……………………………………………………… 549
案例 16.37	齐淑华诉东港市公安局前阳公安分局行政处罚案 ………… 549
案例 16.38	高廷芳诉安阳县公安局行政处罚案 ………………………… 549
案例 16.39	李文正诉上海市公安局普陀分局长寿路派出所等行政处罚案 …… 549
案例 16.40	郑惠芳等诉长乐市土地管理局行政处罚案 ………………… 550
案例 16.41	田仁勇诉印江土家族苗族自治县公安局行政处罚案 ……… 550

案例 16.42	张一迪诉偃师市公安局行政处罚案	550
案例 16.43	黄廷举诉重庆市大足区公安局行政处罚案	551
案例 16.44	江西南方隧道工程有限公司诉高县水务局行政处罚案	551
案例 16.45	合肥堃江商贸有限公司第一分公司诉合肥市包河区环境保护局行政处罚案	552
案例 16.46	张宏霞诉阿图什市公安局行政处罚案	552
案例 16.47	河南省众昇环保科技有限公司诉桐柏县国土资源局行政处罚案	552
案例 16.48	毛伟诉韶山市自然资源局行政处罚案	554
案例 16.49	李道中诉濮阳市公安局卫都分局行政处罚案	555
案例 16.50	长沙湘水谣食品有限公司诉浏阳市国家税务局稽查局行政处罚案	555
案例 16.51	瞿德富诉十堰市公安局茅箭区分局行政处罚案	556
案例 16.52	仇树英诉平原县公安局行政处罚案	556
案例 16.53	胡裕松、王文平诉海口市人民政府及第三人王海岩收回国有土地使用权案	557
案例 16.54	刘鹏诉长岭县林业局行政处罚案	557
案例 16.55	福建省泉州市敦煌石业有限公司诉泉州市工商行政管理局行政处罚案	557
案例 16.56	某公司诉某区工商分局行政处罚案	561
案例 16.57	某钢铁公司六股东诉某市工商行政管理局行政处罚案	562
案例 16.58	上海浦东宏良危险品仓储有限公司诉上海市规划和国土资源管理局行政处罚案	563
案例 16.59	符忠诉广州市公安局交通警察支队天河大队行政处罚案	563
案例 16.60	李海军诉浙江省台州市公安局路桥分局行政处罚案	563
案例 16.61	佛山市高明晖隆源燃料有限公司诉佛山市高明区工商行政管理局行政处罚案	564
案例 16.62	周宁勤诉郑州市工商行政管理局行政处罚案	564
案例 16.63	曾祥秀诉务川仡佬族苗族自治县人民政府行政处罚案	564
案例 16.64	黎述珍诉三亚市公安局崖城派出所行政处罚案	565
案例 16.65	辽宁成大佳园商业连锁有限公司诉建昌县工商行政管理局	

行政强制及行政处罚案 ·· 565
案例 16.66　张京正诉珠海市公安局交通警察支队行政处罚案 ·············· 565
案例 16.67　陈向阳诉莆田市公安局城厢区分局交警大队行政处罚案 ········ 566
案例 16.68　李崇初等诉苍南县人民政府、苍南县国土资源局行政处罚案 ···· 566
案例 16.69　上海大众汽车南阳销售服务有限公司诉南阳市国家税务局
　　　　　　行政处罚案 ··· 566
案例 16.70　上海久炯贸易发展有限公司诉上海市浦东新区安全生产监
　　　　　　督管理局行政处罚案 ·· 567
案例 16.71　黄火山诉深圳海关行政复议决定案 ····························· 567
案例 16.72　陈淑荣诉滑县公安局牛屯派出所行政处罚案 ···················· 568
案例 16.73　王明霞诉秭归县公安局行政处罚案 ····························· 568
案例 16.74　史彦昌诉内黄县公安局行政处罚案 ····························· 568
案例 16.75　邱华诉宜昌市工商行政管理局行政处罚案 ······················ 569
案例 16.76　鞠林海诉青岛市交通稽查支队行政处罚案 ······················ 569
案例 16.77　彭万雪诉滑县公安局赵营派出所行政处罚案 ···················· 569
案例 16.78　深圳市兄弟能源有限公司诉大铲海关行政处罚案 ··············· 570
案例 16.79　王建新诉洛阳市公安局东关分局行政处罚案 ···················· 570
案例 16.80　齐海涛诉新野县公安局行政处罚案 ····························· 570
案例 16.81　季春阳诉镇赉县盐务管理局行政处罚案 ························ 571
案例 16.82　李结彩诉东兴市渔政大队行政处罚案 ··························· 571
案例 16.83　伟兵诉揭阳市公安局交通警察支队市区一大队交通管理行
　　　　　　政处罚案 ··· 571
案例 16.84　广东省增城市国昌汽车贸易有限公司诉昆明海关行政处罚案 ···· 572
案例 16.85　公主岭市福斯特妇女用品有限公司诉吉林省公主岭市工商
　　　　　　行政管理局行政处罚抗诉案 ······································ 572
案例 16.86　辉县市樊寨房地产开发有限公司诉辉县市工商行政管理局
　　　　　　行政处罚案 ··· 573
案例 16.87　陆某诉上海市公安局国际机场分局交通警察支队行政处罚案 ···· 574
案例 16.88　申广林诉晋城市公安局交通警察支队行政处罚案 ··············· 574
案例 16.89　海南世外桃源休闲农业发展有限责任公司诉海口市国土资
　　　　　　源局行政处罚案 ··· 575

案例 16.90	史彦昌诉内黄县公安局行政处罚案	575
案例 16.91	刘庆等诉古蔺县公安局行政处罚案	576
案例 16.92	范德香诉泰安市公安局泰汶分局行政处罚案	576
案例 16.93	何美兴诉福清市公安局行政处罚案	576
案例 16.94	王世正诉罗山县公安局竹竿派出所行政处罚案	577
案例 16.95	莫文昭诉佛山市顺德区行政执法局行政处罚案	577
案例 16.96	王铭诉秦皇岛市公安局海港分局行政处罚案	577
案例 16.97	三亚市河西区南海造船厂诉三亚市综合行政执法局行政处罚案	578
案例 16.98	董恩平诉昆明市公安局交通警察支队行政处罚案	578
案例 16.99	崔克健诉淄博市环境保护局淄川分局行政处罚案	578
案例 16.100	四川省南充市顺庆区源艺装饰广告部诉四川省南充市顺庆区安全生产监督管理局安全生产行政处罚案	579
案例 16.101	陈小亮诉吴忠市公安局红寺堡区分局行政处罚案	579
案例 16.102	马超诉义乌市道路运输管理局行政处罚案	580
案例 16.103	河南省众昇环保科技有限公司诉桐柏县国土资源局行政处罚案	580
案例 16.104	大同市北方矿业有限责任公司诉山西省经济贸易委员会行政处罚案	580
案例 16.105	祁阳县食品总公司诉祁阳县畜牧水产局行政处罚案	581
案例 16.106	吴木枝诉福建省龙岩市公安局新罗分局行政处罚案	581
案例 16.107	王述彬诉庆云县公安局行政处罚案	581
案例 16.108	陈章英诉攸县建设局行政处罚案	582
案例 16.109	大丰市刘庄镇卫生院诉盐城市大丰工商行政管理局行政处罚案	582
案例 16.110	周文甫诉郑州市公安局交通警察支队行政处罚案	583
案例 16.111	王俊杰诉潍坊市公安局交通警察支队行政处罚案	583
案例 16.112	黄佩珍诉江门市公安局新会分局行政处罚案	583
案例 16.113	杨涛诉淄博市公安局交通警察支队行政处罚案	583
案例 16.114	厦门市同安区汀溪银鹭饲料厂诉福建省厦门盐务局行政处罚案	584

案例 16.115	张松涛诉舞钢市国土资源局行政处罚案	584
案例 16.116	郭先亭诉墨市国土资源局行政处罚案	585
案例 16.117	新县新集星星网吧诉新县文化广电新闻出版局行政处罚案	585
案例 16.118	福建省泉州市敦煌石业有限公司诉泉州市工商行政管理局行政处罚案	585
案例 16.119	陆某诉上海市公安局国际机场分局交通警察支队行政处罚案	586
案例 16.120	任丘市城内公共汽车有限公司诉任丘市工商行政管理局行政处罚案	586
案例 16.121	谢双四诉天津市和平区市容管理委员会市容管理行政处罚案	587
案例 16.122	谭志奎诉静县文体局行政处罚案	589
案例 16.123	彭万雪诉滑县公安局行政处罚案	589
案例 16.124	桂林市金沙河物资仓储有限责任公司诉桂林市象山区安全生产监督管理局行政处罚案	589
案例 16.125	焦志刚诉天津市公安局和平分局行政处罚案	590
案例 16.126	张小利诉北京市公安局丰台分局行政处罚案	590
案例 16.127	周兴高诉上海市公安局长宁分局交通警察支队行政处罚案	591
案例 16.128	王同珍诉行唐县住房和城乡建设局行政处罚案	594
案例 16.129	王洪军诉鸡西市公安局直属公安分局行政处罚案	594
案例 16.130	李小妍诉运城市公安局华信分局行政处罚案	595
案例 16.131	水利部海委漳卫南运河德城河务局诉德州市国土资源局行政处罚案	600
案例 16.132	杨火军诉涉县公安局行政处罚案	601
案例 16.133	张杰诉重庆市綦江区公安局行政处罚案	602
案例 16.134	瞿明玉诉张家界市公安局永定分局行政处罚案	602
案例 16.135	张咀波诉绿春县林业局行政处罚案	602
案例 16.136	李秀清诉舟山市普陀区建设环境保护局行政处罚案	602
案例 16.137	边胜利诉杞县建设局行政处罚案	603
案例 16.138	姚天露诉济源市城乡规划管理局行政处罚案	603
案例 16.139	吕某诉某公安局行政处罚案	603

案例16.140　某国际石材公司诉某市某区税务局行政处罚案 …………… 604

案例16.141　马启业诉潢川县地方税务局稽查局行政处罚案 …………… 604

案例16.142　王秀琴诉大连市公安局西岗分局行政处罚案 ……………… 604

案例16.143　四川蜀威会计师事务所有限公司诉四川省地方税务局稽查
局行政处罚案 ……………………………………………………… 604

案例16.144　肇庆市绿色市政新型环保建材有限公司诉肇庆市环境保护
局行政处罚案 ……………………………………………………… 605

案例16.145　焦志刚诉天津市公安局和平分局行政处罚案 ……………… 605

案例16.146　鹤壁市淇滨区利民商贸有限公司诉鹤壁市房产管理局行政
处罚案 ……………………………………………………………… 607

案例16.147　海口圣宝生物制品有限公司诉海南出入境检验检疫局行政
处罚案 ……………………………………………………………… 607

案例16.148　赵某诉西安市公安局碑林分局行政处罚案 ………………… 608

案例16.149　安康市文武建筑工程公司诉平利县审计局行政处罚案 …… 608

案例16.150　李章国诉兴山县公安局行政处罚案 ………………………… 609

案例16.151　连占文诉交城县公安局行政处罚案 ………………………… 609

案例16.152　高淑君诉易县公安局行政处罚案 …………………………… 609

案例16.153　刘会敏诉孟津县公安局行政处罚案 ………………………… 609

案例16.154　姚富贤诉皋兰县公安局行政处罚案 ………………………… 610

案例16.155　孙秀乾诉临沂市国土资源局行政处罚案 …………………… 610

案例16.156　陈甲诉某市公安局某区分局行政处罚案 …………………… 610

案例16.157　赖立克诉佛山市顺德区地方税务局行政处罚案 …………… 611

案例16.158　李保蛾诉长治县公安局行政处罚案 ………………………… 611

案例16.159　国源公司诉南漳县安监局行政处罚案 ……………………… 611

案例16.160　刘辉诉西安市公安局交通警察支队新城大队行政处罚案 … 612

案例16.161　王铭诉秦皇岛市公安局海港分局行政处罚案 ……………… 612

案例16.162　杨秀芝诉北京市房山区燕山交通管理处行政处罚案 ……… 612

案例16.163　赵洪峰诉南阳市公安局交通警察支队行政处罚案 ………… 613

案例16.164　黄立善诉南宁市交警支队五大队行政强制及行政处罚案 … 613

案例16.165　上海金港经贸总公司诉新疆维吾尔自治区工商行政管理局
行政处罚案 ………………………………………………………… 613

案例16.166 陈超诉济南市城市公共客运管理服务中心客运管理行政处罚案 ……………………………………………………………… 613

案例16.167 新乡市运工贸有限公司诉卫辉市地方税务局行政处罚案 ……… 614

案例16.168 邱肇荣诉梧州市公安局交通警察支队交通管理行政处罚案 …… 614

案例16.169 夏某辉诉汕头市公安局交通警察支队某大队行政处罚案 ……… 614

案例16.170 蔡水宽诉厦门市公安局交通警察支队行政处罚案 ……………… 615

案例16.171 慈吉中学诉慈溪市卫生局行政处罚案 …………………………… 615

案例16.172 宜昌市妇幼保健院诉宜昌市工商行政管理局行政处罚案 ……… 615

案例16.173 王某诉丽水市公安局经济开发区分局行政处罚案 ……………… 616

案例16.174 西华营镇高集行政村五组诉西华县国土资源局行政处罚案 …… 616

案例16.175 薛某甲诉韩城市国土资源局行政处罚案 ………………………… 616

案例16.176 贵德县贵康医院不服诉贵德县人力资源和社会保障局行政处罚案 ……………………………………………………………… 617

案例16.177 焦志刚诉天津市公安局和平分局行政处罚案 …………………… 617

案例16.178 湖北龙豪娱乐有限公司诉武汉市城市规划管理局限期拆除违法建筑行政处罚案 ………………………………………… 625

案例16.179 黄泽富等诉成都市金堂工商行政管理局行政处罚案 …………… 625

案例16.180 霍邱县海山商贸有限公司诉霍邱县国土资源局行政处罚案 …… 627

案例16.181 郭中志诉公主岭市公安局行政处罚案 …………………………… 628

案例16.182 山东阳谷华通汽车运输有限公司诉沧县交通运输局运输管理站行政处罚案 ……………………………………………… 628

案例16.183 北京创基物业管理有限公司诉北京市海淀区人民防空办公室行政处罚案 ……………………………………………………… 629

案例16.184 阮星阳诉宁波市北仑区城市管理行政执法局行政处罚案 ……… 629

案例16.185 马文明诉冕宁县公路运输管理所行政处罚案 …………………… 630

案例16.186 王某诉安康市国土资源局汉滨分局行政处罚案 ………………… 630

案例16.187 河北省平山县劳动就业管理局诉河北省平山县地方税务局行政处罚案 ………………………………………………………… 630

案例16.188 罗满秀诉上杭县公安局行政处罚案 ……………………………… 631

案例16.189 明光市丰华养鸡场诉明光市农业局行政处罚案 ………………… 631

案例16.190 介付超诉舞阳县林业局行政处罚案 ……………………………… 631

案例 16.191　简阳市铃中电线厂诉简阳市技术监督局行政处罚案 …………… 632
案例 16.192　宝丰县恒利洗煤有限公司诉汝州市国土资源局行政处罚案 …… 632
案例 16.193　南郑县军干所福苑饭店诉汉中市卫生局行政处罚案 …………… 633
案例 16.194　马启业诉潢川县地方税务局稽查局行政处罚案 ………………… 633
案例 16.195　杨德明诉重庆市万州区道路交通运输管理处行政处罚案 ……… 633
案例 16.196　高树仁诉福建省安溪县财政局行政处罚案 ……………………… 634
案例 16.197　胡某诉丽水市某某支队行政处罚案 ……………………………… 634
案例 16.198　重庆木本水缘园林景观工程有限公司诉重庆市璧山区国土
　　　　　　　资源和房屋管理局行政处罚案 …………………………………… 634
案例 16.199　宜昌宏业工程项目管理有限公司诉苍南县住房和城乡规划
　　　　　　　建设局行政处罚案 ………………………………………………… 635
案例 16.200　珠海市香洲海怡酒店管理有限公司诉珠海市城市管理行政
　　　　　　　执法局香洲分局行政处罚案 ……………………………………… 635
案例 16.201　联合利华(中国)有限公司诉平顶山市工商行政管理局湛河
　　　　　　　分局行政处罚案 …………………………………………………… 636
案例 16.202　东台市东吴生猪养殖场诉盐城市东台生态环境局行政处罚
　　　　　　　案 ………………………………………………………………… 637
案例 16.203　海南陵水清水湾海尊度假酒店有限公司诉陵水黎族自治县
　　　　　　　人民政府、海南省人民政府无偿收地行政处罚、行政复议案 …… 637
案例 16.204　承德泰达新能源发电有限公司诉平泉县国土资源局土地行
　　　　　　　政处罚案 …………………………………………………………… 638
案例 16.205　黄世钦诉福州市新闻出版办公室行政处罚案 …………………… 639
案例 16.206　肇庆市绿色市政新型环保建材有限公司诉肇庆市环境保护
　　　　　　　局行政处罚案 ……………………………………………………… 639
案例 16.207　哈尔滨仁皇药业有限公司诉哈尔滨市阿城区环境保护局行
　　　　　　　政处罚案 …………………………………………………………… 644
案例 16.208　李爱民诉献县公安局行政处罚案 ………………………………… 645
案例 16.209　安陆市溳安汽车运输有限公司诉安陆市道路运输管理所道
　　　　　　　路运输行政处罚案 ………………………………………………… 645
案例 16.210　王秀珍诉新绛县公安局行政处罚案 ……………………………… 648
案例 16.211　辽源市通讯器材厂诉辽源市规划管理处行政处罚案 …………… 648

案例 16.212　谭永光等诉三亚市人民政府、三亚市规划局行政强制案 …… 648
案例 16.213　重庆市云阳车辆配件厂诉重庆市巴南区技术监督局行政处罚案 …… 649
案例 16.214　洪叶荣诉桐城市公安局行政处罚案 …… 649
案例 16.215　三亚市河西区南海造船厂诉三亚市综合行政执法局行政处罚案 …… 649
案例 16.216　三亚市河西区南海造船厂诉三亚市综合行政执法局行政处罚案 …… 650
案例 16.217　王某诉锦州市公安局古塔分局行政处罚案 …… 650
案例 16.218　杨某诉某县公安局行政处罚案 …… 650
案例 16.219　刘应礼诉浙江省庆元县公安局行政处罚案 …… 651
案例 16.220　赵军福与乐山市国土资源局市中区分局行政处罚强制执行纠纷案 …… 656
案例 16.221　卢元华与惠州市安全生产监督管理局大亚湾经济技术开发区分局行政处罚强制执行纠纷案 …… 656
案例 16.222　新乡市起重机厂有限公司与新乡市人力资源和社会保障局行政处罚强制执行纠纷案 …… 657
案例 16.223　孟祥福与北京市怀柔区园林绿化局行政处罚强制执行纠纷案 …… 657
案例 16.224　深圳市美集国际货运代理有限公司广州分公司与黄埔海关行政处罚强制执行纠纷案 …… 657
案例 16.225　四川省广安盟宇燃气有限公司利民气站与广安市国土资源局行政处罚强制执行纠纷案 …… 658
案例 16.226　徐克远与莱州市住房和规划建设管理局行政处罚强制执行纠纷案 …… 658
案例 16.227　长兴县国土资源局与长兴龙门建材有限公司行政处罚强制执行纠纷案 …… 659
案例 16.228　淄博海关与山东天鹤塑胶股份有限公司行政处罚强制执行纠纷案 …… 659
案例 16.229　深圳市交通运输委员会与李建欣行政处罚强制执行纠纷案 …… 660
案例 16.230　乐清市市场监督管理局与洪建兵行政处罚强制执行纠纷案 …… 660

案例 16.231	深圳市交通运输委员会与蔡旭明行政处罚强制执行纠纷案 ……	661
案例 16.232	咸阳海民面粉有限责任公司与咸阳市食品药品监督管理局行政处罚强制执行纠纷案 ……	661
案例 16.233	宁晋县住房和城乡建设局与宁晋县西城管理区校区行政处罚强制执行纠纷案 ……	662
案例 16.234	大悟县住房与城乡建设局与湖北伟进房地产开发有限公司行政处罚强制执行纠纷案 ……	662
案例 16.235	漳浦县国土资源局与杨志明行政处罚强制执行纠纷案 ……	662
案例 16.236	深圳市交通运输委员会与龚高良行政处罚强制执行纠纷案	663
案例 16.237	肇庆海事局与黄江强行政处罚强制执行纠纷案 ……	663
案例 16.238	葫芦岛市连山区锦郊龙王庙刘志刚熏鸡厂与葫芦岛市连山区畜牧兽医局行政处罚强制执行纠纷案 ……	663
案例 16.239	宋香平与晋城市城市管理行政执法局行政处罚强制执行纠纷案 ……	664
案例 16.240	北京市政建设集团有限责任公司与新郑市水务局行政处罚强制执行纠纷案 ……	664
案例 16.241	陕西省安康市城乡建设局与周瑞智违章建筑行政处罚强制执行纠纷案 ……	665
案例 16.242	兴国县市场和质量监督管理局与刘禹祯行政处罚强制执行纠纷案 ……	665
案例 16.243	孙薇与莱州市住房和规划建设管理局行政处罚强制执行纠纷案 ……	666
案例 16.244	伊通满族自治县国土资源局与陈生行政处罚强制执行纠纷案 ……	667
案例 16.245	安庆市国土资源局与五横小学行政处罚强制执行纠纷案 ……	667
案例 16.246	南某诉甲局行政处罚案 ……	669
案例 16.247	黄佩珍诉江门市公安局新会分局行政处罚案 ……	669
案例 16.248	杨家强诉重庆市南川区国土资源和房屋管理局行政处罚案 ……	670

第一章　行政处罚的基本理论

一、行政处罚的概念

（一）多种行政处罚概念之辨析

关于行政处罚的概念主要有以下观点：

1. 行政处罚是国家行政机关对公民、法人或其他组织尚未构成犯罪的行为依法予以追究行政法律责任的行政执法行为；①

2. 行政处罚是指国家行政机关及法律授权的组织，对违反行政法律规范的相对人实施制裁的具体行政行为；②

3. 行政处罚是指行政机关或法律授权的组织，基于行政管辖职权，对违反行政法律规范的公民、法人或其他组织所实施的一种行政惩戒，对实施惩戒的主体来说，其为一种制裁性行政行为，对承受惩戒的主体来说，其为一种惩罚性的行政法律责任；③

4. 行政处罚是国家特定行政机关依法惩戒违反行政管理秩序的个人、组织的一种行为，属行政制裁范畴；④

5. 行政处罚是指特定的行政机关或法定授权的组织、行政委托组织依法对违反行政管理秩序尚未构成犯罪的个人或组织予以制裁的行政行为；⑤

6. 行政处罚是国家行政机关对违反行政法律规范的行为给予的处罚；⑥

7. 行政处罚是指具有行政处罚管辖权的行政主体，对违反行政法规范的公民、

---

① 参见叶必丰：《行政处罚概论》，武汉大学出版社1990年版，第1页。
② 参见汪永清主编：《行政处罚运作原理》，中国政法大学出版社1994年版，第14页。
③ 参见杨解君：《秩序·权力与法律控制——行政处罚法研究》，四川大学出版社1995年版，第36页。
④ 参见罗豪才主编：《行政法学》（修订本），中国政法大学出版社1999年版，第194页。
⑤ 参见应松年主编：《行政法学新论》，中国方正出版社1999年版，第370页。
⑥ 参见皮纯协主编：《行政处罚法释义》，中国书籍出版社1996年版，第3页。

法人或者其他组织所实施的一种行政制裁;①

8. 行政处罚是指行政主体为达到对违法者予以惩戒,促使其以后不再犯,以有效实施行政管理,维护公共利益和社会秩序,保护公民、法人或其他组织的合法权益的目的,依法对行政相对人违反行政法律规范但尚未构成犯罪的行为(违反行政管理秩序的行为),给予法律制裁的行政行为;②

9. 行政处罚是指具有行政处罚权的行政主体对实施违反行政法律规范、应当承担行政法律责任的公民、法人或其他组织依法进行的法律制裁;③

10. 行政处罚是指特定的行政主体依法对违反行政管理秩序而尚未构成犯罪的行政相对人(公民、法人或其他组织)所给予的行政制裁;④

11. 行政处罚是指行政机关对于公民、法人及其他机关违反行政管理秩序时,所给予的制裁行为,以达成行政目的;⑤

12. 行政处罚是指享有行政处罚权的行政机关依照法定权限和程序对违反行政管理秩序的公民、法人或其他组织给予行政制裁的行政行为;⑥

13. 行政处罚是指行政主体对违反行政法律规范相对人的制裁或惩戒;⑦

14. 行政处罚是指国家行政机关以及其他行政主体,追究违反行政法规的公民或组织行政责任的具体行政行为;⑧

15. 行政处罚是指特定行政机关或组织依法对违反行政法规范的行政相对人进行制裁的行政行为;⑨

16. 行政处罚是指国家行政机关依法对违反行政管理秩序而尚未构成犯罪的公民、法人或其他组织所实施的一种惩戒行为;⑩

17. 行政处罚是指行政机关对公民、法人或其他组织违反行政管理秩序的行为,依法给予的刑罚以外的制裁;⑪

18. 行政处罚是指特定的国家行政机关或法定的其他组织基于行政管辖职权依法对违反行政法律规范尚未构成刑事犯罪的公民、法人或其他组织所实施的行政

---

① 参见王连昌主编:《行政法学》(修订本),中国政法大学出版社1997年版,第199页。
② 参见姜明安主编:《行政法与行政诉讼法》(第2版),法律出版社2006年版,第179页。
③ 参见胡锦光:《行政处罚研究》,法律出版社1998年版,第4页。
④ 参见胡建淼:《行政法学》(第2版),法律出版社2003年版,第289页。
⑤ 参见陈新民:《中国行政法学原理》,中国政法大学出版社2002年版,第205页。
⑥ 参见应松年主编:《行政处罚法教程》,法律出版社2012年版,第1页。
⑦ 参见杨小君:《行政处罚研究》,法律出版社2002年版,第2页。
⑧ 参见冯军:《行政处罚法新论》,中国检察出版社2003年版,第34页。
⑨ 参见肖金明:《行政处罚制度研究》,山东大学出版社2004年版,第47页。
⑩ 参见关保英主编:《行政处罚法新论》,中国政法大学出版社2007年版,第8页。
⑪ 参见曹康泰主编:《行政处罚法教程》,中国法制出版社2011年版,第2页。

制裁。①

上述学者对行政处罚概念的界定虽有差别,但有相当多的共同点。对此,可归纳如下:一是认为实施行政处罚的主体是法定的,即是享有行政处罚权的行政主体或行政机关,或表述为享有行政处罚权的行政机关及法律、法规授权的组织,个别观点还认为应包括受委托的组织;二是大多数观点认为行政处罚主体在适用行政处罚时必须依法进行,即必须依照法定的条件、依据、权限和程序;三是认为行政处罚的对象是违反行政法规范的行政相对人,包括公民、法人或其他组织;四是认为行政处罚的性质是一种行政制裁行为,而从相对人的角度来看,又是其对自己的违法行为所应承担的一种法律责任。

上述观点虽然具有诸多合理成分,但其缺陷也是明显的,具体表现为以下七个方面:

第一,关于行政处罚的实施主体表述不科学。上述大部分观点把行政处罚的实施主体表述为国家特定行政机关或表述为行政机关及法律、法规授权的组织,笔者认为这是不准确的,因为如果仅仅从初罚权的角度来看,有权实施行政处罚的主体的确为国家特定行政机关及法律、法规授权的组织,但如果从变更处罚权或二次处罚权的角度来看,理应包括法院在内。因为法院针对明显不当的行政处罚可以直接变更,因此不能不将其视为一种特定的处罚权。此外,个别观点认为行政处罚的有权实施主体应当包括受委托的组织在内,如观点5,笔者认为这种观点是不正确的,因为受委托组织并不能以自己的名义实施处罚,也不能为此独立承担法律责任,因此应当把受委托组织排除在外。综上,笔者认为,行政处罚的实施主体应直接表述为行政处罚主体(其内涵不仅限于行政机关及法律、法规授权的组织)较妥。

案例1.1　昆明威恒利商贸有限责任公司诉昆明市规划局行政处罚案

被诉具体行政行为在诉讼过程中已由被告昆明市规划局自行撤销,因此,原告"请求判令将昆明市规划局的处罚措施变更为罚款并补办手续"的主张不能成立。②

我们认为,上述案例印证了法院不享有行政处罚权观点的正确性。

第二,认为必须是依法进行的才属于行政处罚的观点不准确。这里的"依法",不仅包括实施处罚的主体、条件、依据、权限和程序等都要符合法律的规定,也包括

---

① 参见王学辉等:《行政处罚法教程》,重庆出版社2001年版,第21页。
② 最高人民法院(2008)行终字第1号行政判决书。

实施行政处罚必须符合法律赋予该权力的原则、宗旨和目的。现实中的行政处罚，很多在这些方面都存在问题。从实施主体上看，不排除没有处罚权的主体行使了行政处罚权或虽然该主体本身有行政处罚权但却行使了别的行政主体的行政处罚权的情形。如一些乡镇人民政府的工作部门，从法律的角度说是没有行政处罚主体资格的，可有时在事实上却行使了行政处罚权，比如以"办学习班"的名义非法限制公民人身自由。同样，有的行政处罚在执法人员资格、处罚依据、处罚程序等方面都可能存在违法行政的问题，但不能说违法的处罚就不属于行政处罚，因此说在行政处罚概念中加上"依法"的限定语毫无必要。

第三，行政处罚对象表述不妥当。行政处罚对象表述为"公民、法人或者其他组织"，其中的"公民"显然是指中国"公民"的意思，但如有必要，对在我国境内的外国人、无国籍人该如何实施行政处罚呢？显然，这里应该叫"自然人"较妥。

第四，行政处罚对象行为表述不周详。从理论逻辑上说，将相对人构成违法行为作为行政处罚概念的另一个要件是不周详的。道理很简单，我国的《行政复议法》和《行政诉讼法》都将行政处罚纳入了法律救济的范围。既然可以申请行政复议，也可以提起行政诉讼，就说明相对人的行为不一定必然构成违法。也即复议机关或法院可能撤销原处罚决定，但不能说被撤销的处罚就不是处罚。由此可见，将行政处罚对象行为表述为行政相对人构成违法行为是不周详的，应当表述为对认定构成违法的相对人实施处罚。①

第五，缺乏行政处罚主观要件不公平。刑事制裁要求犯罪嫌疑人有主观上的过错，或故意，或过失，是其承担刑事责任的主观要件。同样，行政处罚领域也应当如此，行政处罚如果不规定相对人主观上的过错要件是不公平的，因为不具备主观过错的行为即便不符合行政法律规范，也不能对其进行处罚。

第六，认为行政处罚系不加限制条件的制裁方式的理解不合理。上述大部分观点虽然表达了行政处罚是一种行政制裁，但使用该概念无法界分行政处罚与其他制裁方式。因为目前行政制裁方式并不止行政处罚一类，比如公安行政执法或海关行政执法中的收缴也属于行政制裁范畴，但该收缴并不属于行政处罚，显然使用上述观点均无法将收缴排除在外，同样，使用这些观点也无法把内部行政制裁的行政处分排除在外，故不可取。

第七，对应受行政处罚的行为是否必须为尚未构成犯罪的行为问题的认识不深刻。根据《海关行政处罚实施条例》第11条规定，"报关企业、报关人员和海关准

---

① 类似见解，参见杨金玉等：《俄罗斯联邦刑罚立法概念对我国刑罚立法的启示》，载《行政与法》2008年第7期。该文亦认为，刑罚是由特定机关针对被认定有罪的人实施的权利和自由的剥夺与限制。

予从事海关监管货物的运输、储存、加工、装配、寄售、展示等业务的企业,构成走私犯罪或者1年内有2次以上走私行为的,海关可以撤销其注册登记、取消其报关从业资格"。据此,报关企业如果构成走私犯罪的,在法院追究其刑事责任之外,海关还可以对其实施资格罚,即撤销其注册登记、取消其报关从业资格。为何会出现在法院追究了刑事责任之外还要追究行政处罚责任的现象? 这是因为刑事责任与行政责任各自功能不同所致,刑事责任体现了国家对构成犯罪的严重违法行为予以的最严厉制裁,侧重于对生命权利、人身自由权利、政治权利的剥夺或限制,财产刑为附加刑,仅起补充作用,资格刑目前则没有;而行政责任特别是行政处罚责任则体现了国家对违法行为予以较刑罚更为轻缓的制裁,最常见的是财产罚、申诫罚、声誉罚、行为罚、资格罚,人身自由罚使用不多且实施主体仅限于公安机关。总体来讲,行政责任与刑事责任是呈递进关系,呈互补状态的,在绝大多数情形下,两者仅选其一,排斥或折抵①另一种责任。但有时候在对某犯罪人追究刑事责任之后,考虑到仍不足以预防或制止某些社会危害性行为、恢复受损社会秩序、实现国家公法制裁之目的的情形下,可以依法对其再科予行政处罚,这完全是由于两种法律责任功能各异且在某些情形下无法有效衔接所致。此外,虽然走私情节较轻的可能仅构成走私违法行为,而较重的可能构成走私犯罪,但某些类型的行政违法行为如向海关实施的申报不实行为无论情节多严重都不可能构成犯罪,因此从这个角度来说使用"尚未构成犯罪"或"未触犯刑律"等作为行政处罚概念的限定词也不科学。②

新修正的《行政处罚法》第2条将行政处罚定义为"行政处罚是指行政机关依法对违反行政管理秩序的公民、法人或者其他组织,以减损权益或者增加义务的方式予以惩戒的行为"。笔者认为,这个定义仍然存在前文所阐述的大部分问题。同时,根据该条文也难以将其他行政行为剔除:一是难以将行政处分剔除。因为行政机关的内部管理秩序也是一种行政管理秩序,而上述概念没有体现出行政处罚应属一种外部制裁或惩戒。二是难以将部分行政强制剔除。比如"贬值收购"(《金银管理条例》第31条)不也是在减损权益或增加义务吗?不也带有惩戒性吗?三是难以将部分行政管理行为剔除。如"训诫"或"记分",目前主流观点认为它们不是一种行政处罚,但不可否认其也带有一定的惩戒性,也在减损某种权益、增加精神压力。

---

① 根据《行政处罚法》第35条规定,罚款、行政拘留可折抵相应刑责。但反之则不允许。
② 类似见解,参见章剑生:《现代行政法基本理论》,法律出版社2008年版,第224~225页。

(二)本书关于行政处罚的概念

笔者认为,作为一种可诉的行政行为,行政处罚是指行政处罚主体对被认定为因主观过错违反了行政法律规范的自然人、法人或其他组织给予的最严厉①的外部行政制裁。

二、行政处罚的特征

综合行政处罚的概念、法理、法律规定等考量,笔者认为行政处罚应同时具备的主要特征有:

第一,目的性。国家行政权的行使有多种不同的目的,而维持良好的行政秩序是其重要目的之一,为达成这一目的,可以采取的手段很多,比如健全法制、普法教育、实施行政强制等。因行政处罚具有否定性、惩戒性及预防、阻止继续违法的效果,因此经常被作为维持行政秩序的手段,以达到行政目的。目的不正当的行政处罚通常会被判决撤销或确认违法。

案例1.2　安徽省皖通艺术品有限公司诉枞阳县住房和城乡建设局行政处罚案

该案中,法院认为:2015年10月,在案涉工程竣工等待验收两个月后,被申请人在没有查明案涉工程图纸已经变更,亦没有进行质量检测的情况下,仅凭工程前期枞阳县建设工程质量监督站的《工程质量监督检查通知书》、安徽省建筑工程质量监督监测站《整改建议》,即认定再审申请人不按照原设计图纸施工、工程质量存在重大安全隐患,进而进行处罚,不符合行政处罚的目的和基本原则。最终法院以案涉行政处罚目的不具有正当性等理由,撤销了该处罚决定。②

案例1.3　李某杰诉山西省临县公安局交通警察大队交通管理行政处罚案

该案中,法院认为:即便原告违法,被告应当制止并纠正违法行为,相反被告却在作出处罚决定以后让原告继续按照禁行的路线行驶,与行政处罚的目的相违背,

---

① 此处的"最严厉"是指行政处罚属于各种外部行政制裁方式中最严厉的一种方式,以区别于收缴等其他外部行政制裁方式。

② 安徽省高级人民法院(2018)皖行再1号行政判决书。

违反了行政行为的合理性、正当性原则。[1]

第二,行政性。行政处罚是行政处罚主体基于行政关系而作出的行政行为,体现了国家行政权的运行。原则上应以特定行政机关或法律、法规授权的组织为行政处罚主体,但也不排除在特定情形下法院可以作为二次处罚主体。同时,行政性的特征也把刑罚等制裁方式排除了出去。

案例 1.4　杨普荣诉扶沟县公安局治安行政处罚及赔偿案

该案中,法院认为:扶沟县公安局与焦作三建公司、杨普荣因工程欠款和工程交付发生纠纷,在该事件中,扶沟县公安局与杨普荣之间的法律关系属于平等民事主体间的经济纠纷。扶沟县公安局向新办公楼搬迁时的状态属于非办公状态和非执行公务状态。搬迁过程中,扶沟县公安局实施的是将办公家具及物品搬运到新办公楼,该办公楼办公设施尚未具备齐全,扶沟县公安局也未提交证据证明搬迁当天新办公楼已经启用对外办公,或其已在新办公楼开始进行公务活动,应认定扶沟县公安局当时不属于办公和执行公务的状态,故杨普荣阻止扶沟县公安局搬运家具及物品的行为不构成扰乱行政机关办公秩序的法定要件。所以法院撤销了原一审、二审判决及扶沟县公安局的行政处罚决定,并判决扶沟县公安局赔偿杨普荣1423.7 元。[2]

该案中,仅存在民事关系,扶沟县公安局作出的上述行为非基于行政关系,故不具有行政性,不属于行政处罚范畴。

第三,法定性。根据《行政处罚法》的规定,行政处罚的设定权、规定权、主体、对象、行为、罚种、幅度、范围、程序等都必须是法定的。

第四,具体性。行政处罚是行政处罚主体针对特定相对人就特定事项作出处理的一种具体行政行为,行政处罚行为的对象、对象行为及制裁措施均不具有反复适用性。

第五,外部性。行政处罚是一种外部行政行为,是行政处罚主体代表国家对社会的管理,而不是国家行政机关的自身管理。因此,行政机关对其内部人员的记过等处分,不属于行政处罚。

---

[1]　山西省汾阳市人民法院(2017)晋 1182 行初 15 号行政判决书。
[2]　河南省高级人民法院(2018)豫行再 106 号行政判决书。

案例1.5　两民警诉某市公安局行政处罚案

该案中,法院认为:派出所民警何某、吴某两人在执行职务的过程中对船主邹某造成轻微人身侵害,只能是违法的行政行为,而不是违反治安管理的行为。市公安局应依据《国家公务员暂行条例》《行政监察法》等对何某、吴某予以行政处分,而非行政处罚。所以法院依法撤销了市公安局的行政处罚决定。①

该案中,违法行政行为不属于应受行政处罚的违法行为范畴,违法行政的行为人也不属于应受行政处罚的对象范畴。特别是针对本应属于本机关的外部行政处罚职能,如对一般公民对他人实施的轻微人身侵害进行治安管理处罚就属于地方公安机关的职能,但如果上述人身侵害是由于公务员违法或不当执行职务的行为所致,则只能给予内部行政制裁,即行政处分,当然,如果情节严重可能还要追究刑事责任。这里需要注意的是,并非对一切与行使职务有关联的违法行为一概不得实施行政处罚,比如非紧急情况下在执行职务过程中开车闯红灯,虽然该行为与职务有关联,但并不紧密,而且也不属于义务冲突的情形(非紧急情况),所以也得接受行政处罚。

案例1.6　韩振玺诉辽宁省普兰店市公安局行政纠纷案

该案中,普兰店市公安局民警韩振玺因与他人纠纷,被其所在的公安机关处以15天拘留,韩振玺不服,到处申诉,该公安机关以韩某患有精神病为由,将其强制送往当地安康医院进行"监护治疗"。韩振玺向法院起诉。法院将公安局的行为认定为"内部行政行为"并予以维持。②

我们认为,虽然韩振玺是普兰店市公安局公务员,但如果该单位仅仅是将其作为普通行政相对人来处罚的话就应属外部行政行为。

第六,最终性。所谓中间行为,系指这种行为仅构成对某事处理过程中的一个环节,并未对某事作出最终处理。它是为其他行为服务的一种过渡性、临时性的行为,如封存。而最终行为系指对某事的最终处理完毕,有了最终处理结论,如没收。行政处罚系一种最终行为,而不是中间行为。

---

① 参见吴志龙等主编:《专家以案释法·行政法卷》,湖北科学技术出版社2001年版,第95~98页。
② 辽宁省普兰店市人民法院(2000)普行初字第9号行政判决书。

第七,对象一般性。凡是违反行政法规范的相对人都属于行政处罚的对象,包括公务员在内。这与只在行政主体内部适用的行政处分的对象特定性相区别。譬如,某公务员参与赌博被公安机关发现,其与一般涉赌人员一样要依法受到治安行政处罚,唯一不同的是他同时还要受到其所在行政机关作出的行政处分。

第八,否定性。行政处罚首先体现的是行政处罚主体代表国家通过确认违法的方式并对违反行政法规范的行为人给予否定性评价或谴责。

第九,惩戒性。在表明否定性评价、确认违法的同时,行政处罚主体对违反行政法规范的行为人给予行政惩戒使其进一步承担行政违法责任。行政处罚不仅具有不利性,而且具有惩戒性。上述否定性及惩戒性具有五种功能:一是确认功能,即确认相对人的违法行为;二是干涉功能,即使其承担因此而产生的不利后果;三是维护功能,修补和恢复业已遭到破坏的行政管理秩序,并通过责令赔偿损失、没收违法所得等措施来体现;四是教育功能,通过处罚教育违法者及其他相对人明法守法;五是预防功能,即阻吓其将来再度违法,以达到使相对人遵守行政法上义务的目的。

第十,一次性。行政处罚是行政处罚主体对于相对人的某一违反行政法规范行为所作的一次性处理。如果行政主体对于相对人的某一违法行为可以反复、持续地实施下去,那它就不是行政处罚,而有可能构成"执行罚"。行政处罚是对过去违法行为的处罚,而执行罚的目的在于促使行为人未来履行其义务,以实现义务已履行的状态。因此,执行罚着重在于敦促相对人履行其义务,并非行政处罚,而是一种行政强制手段而已。

第十一,可救济性。行政处罚作出后,当事人若不服可以依法提请行政复议、行政诉讼及国家赔偿。而根据我国法律规定,对行政指导及内部行政行为等不服是不能提请行政诉讼的。

此外,还可参照我国台湾地区学者李震山的观点,从以下三个方面来分析行政处罚的特征:(1)行政处罚的原因仅为违反行政法上的义务。因此,行政刑法不属于行政处罚。(2)上述义务行为与行政处罚间应有义务违反的因果关系。因此,单纯不合乎法定要件的行为效果不属于行政处罚。如某人向工商部门申请设立一家有限责任公司,若其不符合《公司法》所规定的相关条件,工商部门有权根据该法对其作出不予批准的决定。该不予批准的决定属于其他类型的不利行政行为,但不属于行政处罚。(3)上述义务行为与行政处罚在时间上是否存在紧密性。如时间过早,有"预防性不利处分"(如责令改正,引者注)或"保全措施"的属性,若时间点过迟,则有"执行罚"的属性。[1]

三、行政处罚的法源

(一)成文法源

1. 宪法

宪法位居我国法律体系之首,具有最高效力,因此必然成为行政处罚的最高法源。特别是其中关于规范保障人民基本权利义务以及损害赔偿等规定,都将影响行政处罚设定及实施的合法性。宪法既可以作为判断其他法源及行政处罚活动的合宪性标准,又可以作为特别情形下处理个案的依据。该特别情形是指在没有其他行政法法源可供援引的情形下才予以考虑。

2. 法律

法律在我国是效力层次仅次于宪法的法源。行政处罚法源不仅包括《治安管理处罚法》《公司法》等实体性法源,也包括《行政处罚法》等程序性法源。就行政处罚的设定层面而言,法律可以设定各种类型的行政处罚,是最基本的行政处罚依据。

3. 行政法规

行政法规的效力要低于宪法、法律,高于规章及规范性文件。根据《行政法规制定程序条例》第5条第1款规定:"行政法规的名称一般称'条例',也可以称'规定'、'办法'等。国务院根据全国人民代表大会及其常务委员会的授权决定制定的行政法规,称'暂行条例'或者'暂行规定'。"行政处罚法源在这一层次体现为《价格违法行为行政处罚规定》《商标法实施条例》《食品安全法实施条例》等。行政法规是我国重要的法源,行政处罚所依据的法律规范,必然包括行政法规中关于行政处罚的规定,例如根据《价格违法行为行政处罚规定》第14条规定:"拒绝提供价格监督检查所需资料或者提供虚假资料的,责令改正,给予警告;逾期不改正的,可以处10万元以下的罚款,对直接负责的主管人员和其他直接责任人员给予纪律处分。"行政法规可以设定除限制人身自由以外的其他行政处罚,这实际上是适用范围最广的行政处罚依据。

4. 地方性法规

地方性法规,只能就人身自由罚、吊销营业执照以外的行政处罚作出规定,如

---

[1] 参见廖义男主编:《行政罚法》,台北,元照出版有限公司2008年版,第30页。

《四川省道路运输条例》第64条规定:"违反本条例规定,未经许可从事公共汽车客运或者出租汽车客运的,由县级以上道路运输管理机构责令停止违法行为,没收违法所得,并处以1万元以上2万元以下的罚款;情节严重的,并处以2万元以上3万元以下的罚款。"地方性法规在本行政区域内具有法律约束力,也是行政处罚的重要法源之一。

在《立法法》修订以前,地方性法规的制定主体为各省、直辖市、经济特区所在地的市及省政府所在地的市及国务院批准的较大的市的人大及其常委会,而根据2015年3月15日修订的《立法法》第72条规定,除上述主体之外的设区的市在城乡建设与管理、环境保护、历史文化保护等方面也有权制定地方性法规,因此其在这些有权制定的地方性法规中也可以设定除人身自由罚、吊销营业执照以外的行政处罚。

5. 自治条例及单行条例

自治条例是指民族自治地方的国家权力机关依照立法程序制定和颁布的仅适用于本自治区域的立法性文件,单行条例是民族自治地方的国家权力机关依照立法程序对某项国家立法所作的变通性或者补充性规定,自治条例及单行条例中有关行政处罚的规定,是民族自治地方行政机关以及行使行政职权的组织在社会公共事务管理过程中实施行政处罚的依据,也是行政处罚的法源之一,如《甘孜藏族自治州实施〈四川省旅游条例〉的变通规定》第23条规定:"未经批准开发、利用旅游资源或者未按照旅游规划实施的,由县级以上人民政府旅游行政管理部门会同相关部门责令限期改正,情节严重的,由工商行政主管部门吊销营业执照。"

6. 规章

规章,即特定行政机关依照法定程序制定的仅适用于本部门或本地区的规范性文件,在我国,有以下两类规章:第一,国务院部门规章,国务院各职能部门包括直属机构在各自行政职权管辖范围内对行政处罚以部委规章的方式进行设定,部委既可以单独颁行规章,亦可与其他部委联合颁行规章;第二,地方政府规章,根据2015年3月15日修订的《立法法》第82条规定,省、自治区、直辖市和设区的市、自治州的人民政府有权就广泛的行政管理事项制定地方政府规章并在其中设定行政处罚,而设区的市、自治州的人民政府仅限于城乡建设与管理、环境保护、历史文化保护等方面有权制定地方政府规章并在其中设定行政处罚。当然,之前已经制定的地方政府规章,涉及上述事项范围以外的,继续有效。地方规章的范例如《武汉市学前教育管理办法》第35条第1款规定:"未经审批举办民办学前教育机构的,由所在区教育行政部门、民政部门在各自职责范围内责令限期改正;逾期仍达不到条件的,由所在区人民政府组织有关部门依法予以取缔;有违法所得的,没收违法所得,并可处 1 万元以上 5 万元以下的罚款。"

7. 国际条约与协定

国家与国家之间缔结的国际条约和协定,除声明保留的条款外,对缔约国和加入国具有法律约束力,由于国家与国家之间交往的增加和全球化的进程,这一类法源有增加趋势,在行政处罚领域内也是如此,如在知识产权保护领域内,TRIPs 的内容对我国行政处罚制度也产生了重要影响,TRIPs 第 41 条及第 49 条明确规定对于知识产权的侵权行为可以启动行政程序采用行政处罚方式解决知识产权纠纷,我国现行知识产权保护的行政处罚机制受其影响也非常深刻。一般来说,国际条约与协定应以适当的形式转化成国内法才能成为行政处罚的直接法源,否则国际条约与协定只可能作为行政处罚的间接法源。①

8. 法律解释

法律解释是指有权国家机关对法律的有关概念、界限以及如何使用所作的阐释、说明或补充。② 1981 年 6 月 10 日第五届全国人大常委会第十九次会议通过的《关于加强法律解释工作的决议》明确:法律解释包括立法解释、司法解释、行政解释和地方解释。③ 笔者认为,立法解释、司法解释、行政解释及地方解释均不能成为行政处罚的单独法源,但可以成为附属法源。比如目前在作出没收违法所得的处罚决定之前赋予当事人申请听证的权利,此举并没有明确的法律规范(包括《行政处罚法》)作为依据,而仅仅是受到《最高人民法院关于没收财产是否应进行听证及没收经营药品行为等有关法律问题的答复》([2004]行他字第 1 号)意见的间接影响所致。凡有权机关依法作出的立法解释、司法解释、行政解释及地方解释中涉及行政处罚内容的均可成为行政处罚的法源。

9. 行政规定

行政规定④是否具有成文法源的效力尚有一定争议。早期出版的行政法教科书认为,行政规定也属于我国行政法法源。⑤ 但在随后出版的很多行政法教科书中,行政规定则没有被赋予行政法法源的地位。⑥ 目前,全国各地行政机关大量制

---

① 参见应松年主编:《行政处罚法教程》,法律出版社 2012 年版,第 32~37 页。
② 参见石佑启主编:《行政法与行政诉讼法》,中国人民大学出版社 2008 年版,第 11 页。
③ 所谓立法解释,是指全国人大及其常委会对法律条文本身所作的解释;司法解释是指最高人民法院及最高人民检察院对相关法律的适用所作的解释;行政解释是指国务院及其有关部门对相关法律、法规所作的解释;而地方解释是指有关地方人大及其常委会、人民政府对地方性法规和规章所作的解释。
④ 行政规定是指由行政机关制定和发布的,除行政法规、行政规章之外的,具有普遍约束力的规范性文件,根据《行政处罚法》第 16 条规定,又称为"其他规范性文件"。
⑤ 如皮纯协主编:《中国行政法教程》,中国政法大学出版社 1988 年版,第 12 页。
⑥ 如姜明安主编:《行政法与行政诉讼法》,北京大学出版社、高等教育出版社 1999 年版,第 31 页。

定了与行政处罚有关的裁量标准、程序规定及案例指导制度等①，如果没有这些行政规定，行政机关作出的行政处罚无疑将更为混乱和恣意。这些规定多数为执行性规定及解释性规定，较少创设性规定。笔者认为，在遵循了"法条授权"的规则下，行政机关制定的行政规定在性质上应定为法的自然延伸。因此，凡与法律、法规和规章不相抵触的行政规定，应当作为法的组成部分——具有实质意义的法。②

案例1.7 北京某公司诉北京市工商局行政处罚案

该案中，法院认为：根据《最高人民法院关于审理行政案件适用法律规范问题的座谈会纪要》的精神，法院经审查认为被诉具体行政行为依据的具体应用解释和其他规范性文件合法、有效并合理、适当的，在认定被诉具体行政行为合法性时应承认其效力。市工商局针对自由裁量幅度制定的规范性文件，与上位法不冲突，且可以起到指导和规范行政机关自由裁量行为的作用。为保证全市工商行政处罚标准的统一性，法院参考市工商局的规定，最终将罚款由10万元变更为2万元。③

而《最高人民法院关于适用〈中华人民共和国行政诉讼法〉的解释》第100条第2款也明确规定，法院审理行政案件，可以在裁判文书中引用合法有效的规章及其他规范性文件。

（二）不成文法源

成文法源与不成文法源是英美法系对法源的两大分类。同时，大陆法系的很多国家如德、法、日等国及我国台湾地区均认可行政法的不成文法源形式，而且德国、法国的一些重要法律原则（如比例原则、信赖保护原则）及重要法律制度（如行政行为无效的理由、行政合同制度）都是从判例中产生的。我国台湾地区诸多学者认为，法源包括成文法源与不成文法源，后者包括习惯法、解释和判例、一般法律原

---

① 如吉林省长春市交通局印发的《长春市交通局规范行政处罚自由裁量权实施细则》、河南省郑州市司法局印发的《行政处罚案例指导制度》，等等。甚至还出现了多个地方的行政机关联合发布的行政规定，如上海、江苏、浙江、山东、广东、安徽、福建和江西七省一市的质监部门联合印发的《七省一市质量技术监督行政处罚裁量基准制度》。
② 参见章剑生：《现代行政法总论》，法律出版社2014年版，第70页。
③ 参见北京市高级人民法院行政审判庭编：《行政诉讼案例研究》，中国法制出版社2008年版，第12～18页。

则与法理。① 我国行政法学界的通说认为不成文法源不能成为我国行政法法源,但仍有少数学者对此发表了不同看法。如罗豪才教授认为,行政法"不仅包括一系列行政法规范,而且理应包括一些重要的行政法原则,它们同样具有法的效力"。行政法的不成文法源包括法律原则,先例、惯例和习惯,法律学说,公共道德,行政政策,比较法。同时特别强调"在法律论据的视角中,不成文法源是开放的",并认为上述列举尚未穷尽其种类。② 叶必丰教授认为,行政法的其他渊源(指不成文法源——笔者注)包括判例、法律原则、行政惯例。③ 而关保英教授则洞见了行政成文法的危机,从反面角度论证了不成文法源的必要性。他认为行政成文法具有自然的先天不足性,包括:第一,行政权不定界限与行政成文法内涵有限性反差所导致的不足;第二,行政关系不定形态与行政成文法设定关系确定性反差所导致的不足;第三,行政事态多变性与行政成文法调整手段恒定性反差所导致的不足;第四,行政行为具体化与行政成文法规则抽象化反差所导致的不足。④ 根据章志远教授的归纳,不成文法源存在的正当性理由有三:第一,能够有效克服成文行政法律规范的局限性;第二,能够主动应对行政裁量日益扩展的挑战;第三,能够积极推动行政法规则的自我更新。⑤ 笔者认为,行政处罚的不成文法源主要有法律原则、政策、典型案例及行政习惯与惯例四类,具体如下:

1. 法律原则

法律原则是指可以作为规则的基础或本源的综合性、稳定性原理和原则。⑥ 法律原则包括三类:⑦第一类法律原则是法律明文规定的,如法律面前人人平等。该类法律原则应当说属于成文法源的范畴。第二类法律原则是没有法律明文规定,而是从行政执法实践中总结抽象出来的带有公认性的基本准则。第三类是指作为法哲学基本价值的法律原则,如正义、自由、秩序等。这里所论述的不成文法源主要是指后两类,尤其第二类在行政法中运用较多。如由法律面前人人平等衍生出来的禁止相同情节不同处罚,虽然法律没有明确规定为行政处罚原则,但显然其可以作为行政处罚的不成文法源。再如"先取证、后裁决"的处罚原则,当然不排除可以从多个法律或条文抽象得出该原则,但毕竟法律没有明确规定出来,显然该原则也

---

① 参见吴庚:《行政法之理论与实用》,中国人民大学出版社2005年版,第34页;陈清秀:《行政法的法源》,载翁岳生编:《行政法》,中国法制出版社2009年版,第119~182页。
② 参见应松年主编:《当代中国行政法》,中国方正出版社2005年版,第15~69页。
③ 叶必丰:《行政法学》,武汉大学出版社2003年版,第49~52页。
④ 关保英:《行政法教科书之总论行政法》,中国政法大学出版社2005年版,第100~103页。
⑤ 参见章志远:《略论行政法的不成文渊源》,载《河南司法警官职业学院学报》2007年第1期。
⑥ 吴汉东主编:《法学通论》,北京大学出版社2008年版,第15页。
⑦ 参见黄茂荣:《法学方法与现代民法》,中国政法大学出版社2001年版,第509页。

应作为行政处罚的不成文法源。可作为行政处罚法源的此类原则还有很多,主要为:正当程序原则、诚实信用原则、比例原则、信赖保护原则、明确性原则、公益原则、行政自我拘束原则、禁止恣意原则、不当联结禁止原则等。在有正式法源可以适用时,一般不得直接适用法律原则(确定性规则优先于不确定性规则)。① 但如果严格适用法律规则本身将导致不正义时,则可直接适用法律原则。"将原则引入法律体系中,既是补成文规则之不足的需要,也是限缩自由裁量权之需;它既为司法能动性提供了依据,也为司法能动性界定了合理的范围"。②

案例1.8 吴伟雄诉文成县公安局交通巡逻警察大队行政处罚案

该案中法院引入了合目的性原则,法院认为:在处罚决定书中认定违章停车妨碍其他车辆、行人通行的,应根据《道路交通安全法》第93条的规定令其驶离、罚款、拖移车辆,确保道路疏通,被告作出的处置措施仅是罚款,未对妨碍道路通行作出处理,属于执法目的不明确。③

案例1.9 镇平县棉花专业合作社诉镇平县规划局行政处罚案

该案中法院引入了正当程序原则的精神及内涵,法院认为:镇平县规划局在勘验检查时应通知利害关系人对事实问题表达意志,该表达与作出行政处罚前听取利害关系人陈述申辩性质相同,均属于当事人发表意见的基本权利,均可能对处罚结论产生基础性的影响,故勘验检查前通知利害关系人到场属于正当程序。从《行政处罚法》第37条第2款的规定来看,勘验检查前通知利害关系人到场也是该法条的应有之义。本案中,镇平县规划局应当通知镇平县棉花专业合作社到场参与勘验检查,在拒不到场时应注明不到场的情况,而其未履行基本的通知义务,应属重

---

① "先正式法源,后非正式法源"实际上是说,不管法律的内容实质上正确与否,均须优先适用实在法上的规则和原则;而不是首先在实在法之外寻求法律适用的根据(法理、公共政策或国家政策、道德信念、社会倾向)。假如实在法规则和原则在内容上尚无明显的不正确性,那我们只能假定其"大体看来是合理的",符合正义标准的。在没有遇到实在法之法性判断的难题时,其基本使命是最大限度地实现实在法的规范,不作添加或删减,以维护法律之安定性。只有在实在法出现所谓的"漏洞",甚至出现了实定法律原则的缺位(当某个案件发生时,不仅没有相应的法律规则,而且也无明文的法律原则予以适用)时,才可以在现行法律秩序(实在法)之外寻求适用的依据,这些依据当然包括非实定的法律原则。在这里,非实定的法律原则可能作为非正式的法源起作用,作为法律解释的资料或材料,弥补实在法规则和原则之不足。参见舒国滢:《法律原则适用的困境——方法论视角的四个追问》,载《苏州大学学报》2005年第1期。

② 周佑勇主编:《行政法专论》,中国人民大学出版社2010年版,第73页。

③ 浙江省文成县人民法院(2013)温文行初字第16号行政判决书。

大程序违法。①

案例 1.10　姚润生等诉安阳市北关区城市管理行政执法局行政处罚案

该案中法院明确导入了正当程序原则,法院认为:北关区行政执法局对于姚润生、雷胜利向其提交的三份邻居同意其盖房子的证明,既未进行调查核实,也未将其装订入卷,不符合正当程序原则。②

上述法院均认为违反法律原则属于违法,笔者认为是妥当的。但也有法院认为违反法律原则如违反正当程序原则仅属程序瑕疵,笔者认为值得商榷。

案例 1.11　李向荣诉襄樊学院行政处罚案

该案中,法院认为:原国家教育委员会发布施行的《普通高等学校学生管理规定》第 64 条规定,对学生的处分决定应当"允许本人申辩、申诉和保留不同意见。对本人的申诉,学校有责任进行复查"。由于襄樊学院未严格执行上述程序规定,其处分决定亦未经校长办公会集体研究,原审判决认定其处分决定存在程序瑕疵并无不当。《襄樊学院学生学籍管理实施细则》是根据国家教育行政主管部门的有关规定制定,襄樊学院适用该细则的规定对违纪学生作出勒令退学处分,并未违反法律规定,对李向荣提出的襄樊学院在作出处分决定时适用法律错误的上诉理由,法院未予采纳。③

同时必须指出的是,干涉行政行为并非一律需要按照正当程序原则事先听取当事人意见,如情况紧急等情形可例外,再如"涉及利益甚小的程序并不需要按照程序正义的要求进行设计"。④ 如《日本行政程序法》第 13 条第 2 款第(1)项及第(5)项分别规定"因公益上,有紧急为不利益处分之必要,而不能采行前项规定陈述意见之程序时""将为不利益处分,其所课之义务内容明显轻微,依政令无预先听取将为相对人意见之必要者"。我国台湾地区"行政程序法"及"行政罚法"亦有类似规定且更为详尽。

---

① 河南省高级人民法院(2014)豫法行终字第 00087 号行政判决书。
② 河南省安阳市中级人民法院(2014)安中行终字第 56 号行政判决书。
③ 湖北省高级人民法院(2000)鄂行终字第 41 号行政判决书。
④ 陈瑞华:《程序正义原理》,中国法制出版社 2010 年版,第 296 页。

2. 政策

行政作为一种管理活动被认为是对国家意志的一种执行,而政治则是对国家意志的一种表达。所以,政治与行政具有天然的联系,且二者的关系极为复杂,有时行政甚至承担着政治的职能。但从总体上讲,行政从属于政治,这便决定了各种政治力量对行政的渗入和左右,突出表现在对行政政策的决定和影响上。当政治施加于行政而产生的政策还没有被立法机关以法律形式认可时,这一行政政策就是行政法的一种非正式渊源。① 笔者认为,执法政策应主要着眼于法律不明确的领域,对法律起补充作用,如果明显与法律原则或法律的强制性条款相违背,则其有无不成文法效值得商榷。有时政策在认定行政处罚中能起到确认构成要件事实的作用。

案例 1.12　谢光友诉宜宾县隆兴乡人民政府行政处罚案

该案中,法院认为:宜宾县隆兴乡人民政府在谢光友持有的以农村村民身份承包的集体组织所有的山林退回集体组织后,作出谢光友所持林证(81)字第 1885 号林权证应自其林地收回之日起自动失效的行政处罚决定。法院认为,1992 年谢光友全家按照政策"农转非"后,享受了农村村民没有的城镇居民的待遇,如国家供应的粮油等。从谢光友全家农转非后其身份发生变化时起,即从农村村民转变为城镇居民,其持有的以农村村民身份承包的集体组织所有的山林,退回集体组织后,证明该山林权属的林权证就失去了效力。因此法院维持了该行政处罚决定。②

3. 典型案例

在英美法系国家及大多数大陆法系国家都认为判例是行政法的渊源。判例在英美法系国家的重要性自不待言,因此我们还是重点关注一下大陆法系国家。如王名扬教授指出法国"行政法的重要原则几乎全由行政法院的判例产生"。③ 对此,法国本土学者也持相同见解,如法国学者古斯塔夫·佩泽尔认为:"行政法的一般理论源自判例,而非立法者所为。"④ 又如日本学者盐野宏认为判例的法源性并不存在和其他法领域特别不同之处,而且在行政法中判例所发挥的机能实际上是极其

---

① 关保英:《行政法教科书之总论行政法》,中国政法大学出版社 2009 年版,第 141 页。
② 四川省宜宾市中级人民法院(2014)宜行终字第 55 号行政判决书。
③ 王名扬:《法国行政法》,中国政法大学出版社 1988 年版,第 21 页。
④ [法]古斯塔夫·佩泽尔:《法国行政法》,廖坤明、周洁译,国家行政学院出版社 2002 年版,第 8 页。

重要的。① 我国学者一般不主张判例法,但同时也认为在两大法系差别越来越小的情况下,应加强研究如何更好地利用判例,发挥判例的作用。而且认为法院审案时应遵循先前判例中适用的原则和规则,而不是整个判决内容。②"实际上,较高审级法院所作的判决,哪怕是孤立的判决,也总是让人感到敬畏,而且这是一种即时发生的,而不是经过一段时间之后才产生的敬畏。"③这说明了人们普遍具有接受典型判例法效的心理基础。有学者进一步主张用判例取代目前我国的司法解释④,笔者不赞同这种全面建立判例法的观点,因为这对于我国的司法传统和目前法官素质来说恐怕过于激进。笔者认为,应认可典型案例的不成文法效,由最高人民法院公布的"典型案件"可以分为"地方法院典型案件"和"最高人民法院典型案件"(具体应包括最高人民法院公布的指导案例、《最高人民法院公报》及最高人民法院行政庭在《行政执法与行政审判》及《行政审判指导》公布的典型案例),它对下级法院审理类似案件有参考、指导等事实上的效力,地方各级法院乃至行政处罚主体都应当自觉参照,否则将有可能在诉讼过程中或指标考核过程中受到否定性的评价。⑤ 为了适应"典型案件"指导制度的实施,应当适当扩大"典型案件"的核准权限,废除案件请示制度和合并"典型案件"形成方式。尽管"典型案件"指导制度并不是比较法意义上的判例法,但它发展的基本方向应当是判例法。⑥ 近年来,各地行政机关也纷纷出台了案例指导制度,如《湖南省规范行政裁量权办法》第 14 条规定,"实行行政裁量权案例指导制度。县级以上人民政府应当选择本行政区域内行政机关行使行政裁量权的典型案例向社会公开发布,指导行政机关行使行政裁量权。行政机关处理相同的行政事务,除法律依据和客观情况变化外,应当参照本级人民政府发布的典型案例"。第 15 条规定,"县级以上人民政府应当每年至少组织一次典型案例发布。典型案例发布应当遵守政府信息公开的有关规定。县级以上人民政府工作部门应当按照要求及时向本级人民政府报送案例"。《湖南省行政执法案例指导办法》第 22 条规定,"县级以上人民政府工作部门处理与行政执法指导案例相同的行政事务,除法律依据和客观情况变化以外,应当参照本级人民政府发布的行政执法指导案例,作出与行政执法指导案例基本相同的处理决定"。此外,其他类型的

---

① 参见[日]盐野宏:《行政法》,杨建顺译,法律出版社 1999 年版,第 45 页。
② 参见沈宗灵主编:《法理学》,北京大学出版社 2000 年版,第 415 页。
③ [德]罗伯特·霍恩等:《德国民商法导论》,楚建译,中国大百科全书出版社 1996 年版,第 67 页。
④ 参见叶必丰:《行政法学》,武汉大学出版社 2003 年版,第 49 页。
⑤ 当然,如果在指导性案例及典型案例公布之后其所关涉的法规范被制定机关修改或废止,则该案例也就失去了它的指导功能。
⑥ 参见章剑生:《作为行政法上非正式法源的"典型案件"》,载《浙江大学学报》2007 年第 3 期。

案例也可作为法律程序中的争辩论据而使用。值得关注的是,目前国内有些地方行政机关专门发布了关于先例制度的规定,如《抚顺市交通系统行政处罚先例制度(试行)》第 3 条规定,"交通行政执法部门对行政管理相对人的违法行为做出的行政处罚决定,应当作为同一时期本行政机关对同类违法行为进行行政处罚的先例"。该制度第 5 条规定,"适用先例制度的对象,应当是事实、性质、情节、社会危害程度和行政管理相对人主观过错相当的违法行为。适用先例制度的结果,应当使相当的违法行为受到的行政处罚的种类、幅度以及程序一致或基本一致。参照先例,不妨碍交通行政执法部门在说明特殊理由的前提下做出例外的裁量"。

举例来说,虽然勒令退学的事由不同,但是对于被处分者来说都是失去了受教育的权利。

案例1.13　王惠民诉郑州大学勒令退学处分案

该案中,法院认为:勒令退学涉及被处分者的受教育权利,从充分保障当事人权益的原则出发,作出处分决定的单位应当将该处分决定直接向被处分者本人宣布、送达,允许被处分者本人提出申辩意见。郑州大学没有按照上述程序办理,忽视了当事人的申辩权利,属程序违法。最后,法院认为被告郑州大学对原告王惠民作出的处分决定事实不清,主要证据不足,适用法律错误,程序违法。故法院依法判决撤销被告郑州大学 2004 年 9 月 23 日对原告王惠民作出的处分决定,判令被告郑州大学让原告王惠民返校学习。

如果我们熟悉"田永诉北京科技大学拒绝颁发毕业证书及学位证书决定案",那么我们就可以清楚地看到,上述法院这一判决理由直接来自此案。[①]

4. 行政习惯与惯例

行政习惯指的是行政过程中的惯常做法,并未有充分的成文法上的依据;惯例是指行政机关在处理先前行政案件时一贯遵循的准则。[②] 博登海默认为法律在一个社会中得以产生,乃是经由不断演化的过程而不是根据政府命令。只有认可这一点,我们才有充分理由赋予习惯以法律性质,而且我们也不能因为某一习惯被宣布为无效或被修改而否认习惯在整体上的不成文法源之地位。如果一定要把充分明确肯定作为承认其具有法效的条件,那么我们社会中的法律范围就被缩小到了

[①] 参见章剑生:《作为行政法上非正式法源的"典型案件"》,载《浙江大学学报》2007 年第 3 期。
[②] 关保英:《行政法教科书之总论行政法》,中国政法大学出版社 2009 年版,第 142 页。

一个极不合理的范围。① 笔者认为,这里所说的习惯法应当涵盖了行政习惯与惯例。在法治国家,行政习惯与惯例的存在必须符合法律、不得与法律相抵触。一旦行政习惯与惯例形成之后,行政机关在处理同类事务作出相应决定时就必须受其约束。同时,相对人基于对行政习惯与惯例的合理信赖所产生的利益也需要得到保护。② 因此,行政自我拘束原则和信赖保护原则可以被视为行政习惯与惯例法源的"效力依据"。③

案例 1.14　吴小琴等诉山西省吕梁市工伤保险管理服务中心履行法定职责案

最高人民法院行政审判庭在编发该案的"裁判要旨"时明确指出:行政机关对特定管理事项的习惯做法,不违反法律、法规的强制性规定且长期适用形成行政惯例的,公民、法人或其他组织基于该行政惯例的合理信赖利益应予适当保护。④

案例 1.15　江苏省澄星国家贸易有限公司诉张家港海关不予行政处罚案

该案中,法院认为:信赖利益保护原则成立的基础是相应的行政处分已经产生信赖利益,并且这种信赖利益应当具有正当性。审查本案的证据材料可以看出,各海关在上诉人提及的三十余次查验出口许可放行中,并未对上诉人出口商品归类是否符合法律规定进行过查验。由于之前不存在相应的行政处分行为,故本案缺乏适用信赖利益保护原则的基础和前提条件。同时,基于海关现场监管的局限性,进出口货物被许可放行并不代表其进出口行为完全符合海关监管要求,《海关法》第45条和《海关稽查条例》第2条就海关对进出口货物被放行后的后续监管作了明确规定,海关在进出口货物放行后的法定时限内,仍可以对其实施稽查,对于发现的违法行为,仍然有权依法处理。因此,澄星国家贸易有限公司所主张应适用信赖保护原则的观点,法院未予采纳。⑤

---

　　① 参见[美]E.博登海默:《法理学:法律哲学与法律方法》,邓正来译,中国政法大学出版社1999年版,第471页。
　　② 参见章志远:《行政法学总论》,北京大学出版社2014年版,第56页。
　　③ 参见周佑勇:《论作为行政法之法源的行政惯例》,载《政治与法律》2010年第6期。
　　④ 参见最高人民法院行政审判庭编:《中国行政审判案例》(第4卷),中国法制出版社2012年版,第77~79页。
　　⑤ 江苏省高级人民法院(2014)苏行终字第71号行政判决书。

案例1.16 农安县增塬房地产开发有限公司诉农安县住房和城乡建设局行政处罚案

该案中,法院认为:行政执法应遵循行政法的基本原则,即合法性原则、合理性原则、适当性原则、诚实守信原则、效率原则、责任原则。同时必须符合立法宗旨和目的,不得有不良动机,行政处罚的目的在于纠正违法行为,教育违法者,预防违法行为发生,发现违法行为应及时处理,而不是放任不管,待违法行为实施终了再处罚,此种行为有违立法目的和公正、适度原则。被告对原告提供的关于工程建设过程中行政单位实施的定点、验线、监督管理等行为的证据无异议,应认定在工程施工前行政单位工作人员到施工现场实施了四角定点、放线、验线和施工后进行现场安全、质量检查、监督的执法行为。并在作出行政处罚前收取了原告工程测绘费、规划设计费。依照《吉林省城乡规划条例》第39条的规定,被告单位工作人员在工程施工前到现场放线、验线的前提条件之一就是工程需取得建设工程规划许可证,既然被告为该工程到施工现场进行了放线、验线,就是对建设工程要进入施工阶段的一种许可。行政机关工作人员给予验线的行为是属于施工许可的一个重要环节,原告认为此行为是对其施工建设的认可,也不无道理。且此时行政机关已明知原告要进行违法建设,不但不加以纠正,且予以了验线,待违法行为完成后,给予较重的行政处罚,与执法的原则与目的不符。原告在刚放线时违法行为刚实施,此时情节尚属轻微,且能及时纠正,不至于造成危害后果,被告此时应予及时制止。本案中,行政机关没有对原告的放线行为进行制止,且给予了验线。并在工程施工开始后,不间断地实施了安全检查、质量监督、检查等行政监管行为,在此种情况下,在工程建设完成后,又对原告实施处罚,明显违背了行政执法的原则,该处罚决定明显不当。法院遂予以撤销。①

当然,习惯法在内容上还是应当尽可能充分、确定。因为内容上的相对确定虽然不是习惯法产生的条件,但却是其有效性的条件。② 笔者认为,行政处罚主体可以在法律无明确或无法明确规定的情形下,使用内部文件的形式在一定范围内统一相关做法,但前提是不能设定当事人义务或不当影响当事人权利的行使,而且限于自由裁量的范围,由此可以形成统一明确的行政习惯和惯例,以此发挥不成文法源的作用。

---

① 吉林省农安县人民法院(2018)吉0122行初43号行政判决书。
② 参见[德]哈特穆特·毛雷尔:《行政法学总论》,高家伟译,法律出版社2000年版,第62页。

这里需要说明的是,在将上述四类不成文法源作为处理行政处罚案件的理由或事实上的依据时,其承担着载明依据或说明理由的义务,而且不成文法源一般只能作为附属法源,而不能作为单一法源出现。

此外,有时候某种公众习惯或公序良俗也能够在认定违法事实的过程中发挥作用,起到附属法源的作用。

案例1.17　周克芳诉宜宾市公安局南溪区分局行政处罚案

该案中,法院认为:周克芳挖掘的虽然是坟头,但参照本地区的公序良俗,坟头也是坟墓的组成部分。根据《治安管理处罚法》第65条第1款规定,"故意破坏、污损他人坟墓或者毁坏、丢弃他人尸骨、骨灰的,处五日以上十日以下拘留;情节较重的,处十日以上十五日以下拘留,可以并处一千元以下罚款"。因此,法院认为该案被告对违法事实的认定是合法的。[1]

---

[1] 四川省宜宾市南溪区人民法院(2014)南溪行初字第1号行政判决书。

第二章 行政处罚基本原则

一、处罚法定原则

处罚法定原则,指的是处罚主体及职权、处罚程序、处罚对象、违法行为、主观过错、应否处罚、罚种、幅度及如何设定或规定处罚等内容均由法律①明文规定。这一原则源于《行政处罚法》第4条的规定,"公民、法人或者其他组织违反行政管理秩序的行为,应当给予行政处罚的,依照本法由法律、法规、规章规定,并由行政机关依照本法规定的程序实施。"处罚法定原则主要包含以下内容:

(一)法无明文规定不处罚②

法无明文规定不处罚是指公民、法人或其他组织的行为,只有在法律明确规定了应予处罚及给予何种处罚的情况下才能给予处罚。国外处罚立法亦遵循这一原则。如《奥地利行政罚法》规定:"违反行政义务行为之处罚,以行为前已有处罚决定者为限。"又如《德国违反秩序罚法》规定:"一项行为,只有在其实施之前,其处罚性已经由法律予以规定,方可将其作为违反秩序行为处罚。"该原则类似于刑法当中的法无明文规定不为罪,因此对没有法律明文规定的行政处罚,当事人有权不予接受。该原则包含四层意思:(1)何种行为属于违法事项是法律规范应当明确的。(2)何种违法行为应受行政处罚应由法律规范明确,因为有的违法行为如无罚则也不能处罚。(3)应受行政处罚的行为将受的处罚种类及幅度应当明确。前者指的是罚款,还是没收违法所得,还是其他处罚种类或可几选一或可多选应当明确;后者中如给予的是财产罚,其要么明确一个固定的数额,要么明确一个比例幅度,如果给予的是资格罚,也应明确相应时间或期限。(4)行政处罚要遵循"法不溯及既

---

① 本章所称"法律"在单独出现时,如无特别说明一般是指广义的"法律",即包含法律、行政法规、规章等有权设定或规定行政处罚的成文法。

② 参见崔卓兰主编:《行政处罚法学》,吉林大学出版社1998年版,第30页。

往"原则及从中引申出来的实体上的"从旧兼从轻"等原则。综上,不仅处罚种类必须是法定的,而且处罚构成要件也必须是法定的。①

案例2.1　张某夫妇诉延安市公安局宝塔分局案

该案中,学者在"法理分析"中认为:夫妻在卧室观看"黄碟"的行为,包括《治安管理处罚法》在内的任何规定都没有明确禁止,因此认为该行为不属于应受行政处罚的违法行为。②

(二)处罚设定法定

上文阐述的是违法行为应受行政处罚必须有法律明确规定,而处罚设定法定是指该项法律规定本身的设定是合法的,即法律规定本身不能违法设定或越权设定处罚。比如由规章在无上位法作依据的情形下设定某一行为应受资格罚,就明显属于违法设定,应归于无效,因为《行政处罚法》第13条第2款规定:"尚未制定法律、行政法规的,国务院部门规章对违反行政管理秩序的行为,可以设定警告、通报批评或者一定数额罚款的行政处罚。罚款的限额由国务院规定。"目前我国有权设定行政处罚的机关包括:第一,全国人大及其常委会;第二,国务院及组成部门、直属机构;第三,设区的市及以上级别的地方人大及其常委会;第四,设区的市、自治州及以上的地方人民政府。上述主体有权按照《立法法》及《行政处罚法》等规定设定或规定行政处罚。

案例2.2　建阳市第二建筑公司诉建阳市第二轻工业局处罚案

该案中,法院认为:建阳市第二轻工业局有权依照国办通〔1992〕31号文件(该文件没有规定罚则——引者注)监管,但由于中国轻工总会的轻总室〔1996〕4号文件不是部委规章,而南平市(地区)人民政府的《南平市室内装饰行业管理规定》也不是地方政府规章,因此建阳市第二轻工业局依据《南平市室内装饰行业管理规定》处以罚款属于适用法律错误。③

---

① 参见林锡尧:《行政罚法》,元照出版有限公司2005年版,第31页。
② 参见徐文星编:《行政机关典型败诉案例评析》,法律出版社2009年版,第1页。
③ 福建省建阳市人民法院(1997)潭行初字第01号行政判决书。

根据《行政处罚法》,上述《南平市室内装饰行业管理规定》设定处罚即属于无权设定处罚的情形。

(三)处罚实施主体法定

在我国,行政处罚权是一种特定的行政权力。因此,谁有权行使行政处罚权,有多大的行政处罚权,都必须由法律、法规、规章规定。根据《行政处罚法》的规定,除下列机关和组织外,其他任何机关、组织和个人,不得行使行政处罚权:第一,法律、法规、规章规定具有行政处罚权的行政机关;第二,法律、法规授权的组织;第三,受委托实施行政处罚的组织。受委托实施行政处罚的组织必须具备以下法定条件:依法成立并且具有管理公共事务职能;具有熟悉有关法律、法规和业务且已取得行政执法资格的工作人员;具有相应的检查、鉴定等技术条件;能独立承担法律责任。

(四)处罚职权法定

具有行政处罚权的主体应当在法定的职权范围内行使处罚权,不得超越或滥用处罚权。所谓超越职权,就是指行使行政处罚权的主体超出了自身的管辖边界或职权领域执法。主要包含两种情形:(1)超越管辖地域。比如 A 市林业部门到 B 市林业部门的辖区内进行执法,这就构成超越职权。(2)超越职权领域。例如公安实施执法时不当侵入国税或工商部门的职权领域,就属于超越职权执法。所谓滥用职权,主要是指行政处罚主体在行使处罚权时,不考虑行政处罚目的,或考虑了不相关的因素,随意处置处罚权。超越职权及滥用职权的区别在于:前者明显违法,后者形式合法但实质违法,因其权力的行使已违背行政处罚之本来目的。

(五)处罚程序法定

处罚程序法定是指行政处罚主体对处罚案件的立案、调查取证、审理、告知、复核与听证、决定、送达、执行等行为都必须符合法定的方式、方法、步骤、时限和顺序。对当事人违法行为需要给予处罚的,《行政处罚法》第4条明确应由行政机关依照《行政处罚法》规定的程序实施。《行政处罚法》第38条第2款规定,违反法定程序构成重大且明显违法的行政处罚无效。

(六)处罚对象法定

某种行为构成违法且应受处罚,仅规定违法事项、处罚主体、处罚种类、处罚幅度等内容是不够的,相应的处罚对象也应当予以明确。行政处罚对象从一般意义上说是普通对象,即违法行为在中国大陆法域范围内发生并属于行政主体管辖的行政处罚案件所涉及的公民、法人及其他组织,既可能是境内的违法主体,也可能是境外的违法主体。但法律如果仅仅明确到上述程度是远远无法操作的,具体到每一个行政处罚案件、每一个应受行政处罚行为的处罚对象应该是何种对象同时更应当明确。如《海关行政处罚实施条例》第11条规定:"报关企业、报关人员和海关准予从事海关监管货物的运输、储存、加工、装配、寄售、展示等业务的企业,构成走私犯罪或者1年内有2次以上走私行为的,海关可以撤销其注册登记、取消其报关从业资格。"上述条文关于应受行政处罚行为的处罚对象之表述就相当明确,即仅限于报关企业、报关人员及相应特定企业。但同时我们也应当看到,绝大多数应受行政处罚行为的处罚对象在法律规定中是不明确的,这似乎有违处罚法定原则,[1]同时也容易引发争议,如《海关行政处罚实施条例》第15条规定的申报不实违法主体是仅限于海关法意义上的"收发货人",[2]还是也包括国内的实际收货单位或发货单位[3]就很有争议。因此建议立法部门在立法时应当更加注重明确规定处罚对象以减少争议及条文含义的不明确性。

案例2.3 顾建祥诉海宁市交通局行政处罚案

该案中,法院认为:根据《行政处罚法》第3条第1款规定,行政处罚的对象是违反行政管理秩序的行为人即违法行为人。海宁市交通局所作的现场笔录中录明确写明,戴冲在2000年3月6日下午违法从事客运出租活动并当场查获,所以本案违法行为人是戴冲。上诉人顾建祥确实是浙FC1259夏利车的车主,但顾建祥不论从客观上还是从主观上都没有实施违反道路运输行政管理的行为和故意,在二审庭审中,被上诉人也不能提供若行为人与车主不一致时,应处罚车主的法律依据。

---

[1] 当然每条罚则——规定处罚对象与立法的简洁性原则会有所冲突,笔者认为多个条文属于同类处罚对象的可另用一条予以阐述,如规定第几条至第几条的处罚对象或违法主体为何种类型的对象或主体,如果不便合并规定的则应在每个具体条文中规定何种对象有何种违法行为应受何种处罚。

[2] 即具有进出口经营权的单位,属于海关正面监管法律关系的管理相对人,出现在报关单上的"经营单位"一栏。

[3] 即境内实际的收货或发货单位,不一定出现在报关单上。

所以,被上诉人认定戴冲从事违法经营活动,却处罚车主上诉人顾建祥,违反了法无明文规定不处罚的原则,属处罚对象错误。①

(七) 处罚种类及幅度法定

处罚种类及幅度法定是指如果处以的行政处罚种类或幅度是没有法律依据的,就不得擅自实施。或者该类处罚种类或幅度从来没有法律予以规定过,也或者虽然有法律予以规定过,但不适用于该特定行政处罚主体或该特定处罚对象或该特定行为的情形。

案例 2.4　鹤壁市蔡庄垃圾处理有限责任公司诉鹤壁市淇滨区渔政监督管理站行政处罚案

该案中,法院认为:该《行政处罚决定书》第2、3、4项内容均非法律、法规和规章规定的行政处罚的种类,故第2、3、4项属于超越职权的行政违法行为。②

此外,笔者认为行政处罚的行为人主观状态、归责原则、证明标准、裁量基准及处罚阻却事由等内容也应当由法律明确规定。

二、公正公开原则

(一) 公正原则

处罚公正原则就是说行政处罚主体在处罚时,必须以事实为根据,以法律为准绳。对待无违法事实者,不应给予处罚;对当事人应当平等对待,禁止相同情况不同对待以及不同情况相同对待,禁止滥用自由裁量权,禁止量罚畸轻畸重,禁止宽严失范,禁止不听取当事人陈述、申辩,禁止对申辩意见或听证申请不加复核或听证而偏听偏信、片面武断地作出处罚。具体而言,公正原则应当包含以下意思:

1. 相同情况同等对待,不同情况区别对待

同一案件中的几个违法者如果情节相当,作用相当,或不同案件的总体情节都

---

① 浙江省嘉兴市中级人民法院(2000)嘉行终字第3号行政判决书。
② 河南省鹤壁市淇滨区人民法院(2011)淇滨行初字第17号行政判决书。

相当的情形下,就应当遵循公正原则作出相同或基本相同的处罚。反之,如果上述案件或违法者的情节基本不同或完全不同,则应当区别对待,而不能对不同情况作出相同对待。为保障实现处罚结果公正,《行政处罚法》第5条第2款规定:"设定和实施行政处罚必须以事实为依据,与违法行为的事实、性质、情节以及社会危害程度相当。"

案例2.5　河南红磨坊食品有限公司诉濮阳市国土资源局行政处罚案

该案中,法院认为:被告作出的濮国土监(2011)队罚字01号行政处罚决定对原告有失公平公正。2010年11月5日《濮阳市人民政府关于汇元药业等八家企业工业用地遗留问题的批复》(濮政文〔2010〕263号),主要内容是:"因高新区管委会土地管理权限上收以及政策调整等因素,汇元药业等八家企业用地手续没有完善,形成遗留问题,根据有关文件规定,结合当时高新区管委会的相关经济管理权限,从维护政府诚信和全市发展大局出发,主要批复意见是:同意汇元药业等八家企业工业用地按遗留问题处理,八家企业工业用地出让金按原来的收缴政策、收缴渠道执行,即按11.2万元价格交高新区财政,市国土局办理相关用地手续。"从高新区管委会关于汇元药业等十五宗用地的检查中所述十五家工业用地情况来看,红磨坊公司与汇元药业等八家企业属同一时期用地,均属高新区招商引资项目,项目单位建设均得到了高新区招商引资时的承诺,且项目的建设经过了批准立项、规划选址等程序,用地情况基本相同。高新区管委会在本案诉讼及协调过程中,均明确表示红磨坊公司所使用土地符合当时的用地政策及程序规定,其行为没有超越职权,应给予办证。从本院查明的事实可以认定,红磨坊公司按照当时的规定对该宗土地申请使用,办理了相关用地手续,并缴纳了土地出让金,其自身并无过错。市国土局仅对红磨坊公司用地行为进行处罚,同等情况不同对待,不符合行政许可的信赖保护及行政处罚的公平原则。[①]

但在其他类似案件中,法院却又持另一种态度。

案例2.6　张某某诉长沙市公安局芙蓉分局行政处罚案

该案中,法院认为:张某某诉称芙蓉分局马王堆派出所向其核发《长沙市出租房屋旅馆业经营治安责任书》及未对类似经营的家庭旅馆予以处罚,属另一法律关

---

① 河南省濮阳市中级人民法院(2011)濮中法行初字第01-1号行政判决书。

系,不属本案行政诉讼审理范围。①

案例2.7　金鑫诉维西县公安局交通警察大队行政处罚案

该案中,法院认为:原告关于另一驾驶员的处罚情况与自己相比显失公平的观点,与本案争议的事实无关联,本院不予确认。②

违法当事人以其他人违法未受查处而进行的抗辩能否成立呢? 虽然上述"河南红磨坊食品有限公司诉濮阳市国土资源局行政处罚案"的判决对此持肯定态度,但笔者认为这种观点是难以成立的。主要理由为:第一,从法的价值来看,法律的终极意义便在于提供一种良好的秩序来实现人们对于自由的追求。行政执法过程中,若一人违法便要求同其他没有被处罚的人一样主张自己不应受罚,那么法律的作用何在? 第二,行政机关的执法活动要遵循法律法规的规定,一个违法的行为本身会影响正常的生活秩序和社会安定,是不受法律保护的,行政机关有权力也有义务将其排除。第三,无论多么完善的行政权力执行体系,都不能保证百分之百查处所有的不法行为,如果可以主张不法的平等,那么将排除行政处罚行为存在的可能性。第四,行政行为的先例,可以作为行政法的法源,在一定情境下对行政执法和行政法律的适用产生实际影响,如果允许不法的平等适用,行政机关便可以通过违法的行政先例随意排斥或变更法律法规的适用。第五,违法当事人对于其他未受处罚的违法者可以向有权机关举报并进行监督。有学者认为:"平等不处理"不是平等原则(与公平原则或公正原则同属一个意思——引者注)题中应有之义。③ 在德国行政法上,人们"不得对错误的法律适用行为主张平等性要求。平等性要求不是维护非法做法或者只有例外情况下才允许的做法的正当理由,不存在不法的平等性"。④ 我国台湾地区学者洪家殷教授也认为,平等原则不应适用于违法事件,不得因其他人违法未受处罚而主张对其不法行为亦不得加以处罚。⑤ 同样,台湾地区李惠宗教授亦认为,不法不得主张平等权,即认为行政处罚主体未能查处其他人的违

---

① 湖南省长沙市芙蓉区人民法院(2013)芙行初字第37号行政判决书。
② 云南省维西傈僳族自治县人民法院(2008)维行初字第1号行政判决书。
③ 参见章剑生:《"选择性执法"与平等原则的可适用性》,载《苏州大学学报》2014年第4期。
④ 参见[德]沃尔夫等:《行政法》(第1卷),高家伟译,商务印书馆2002年版,第420页。
⑤ 在我国台湾地区"最高行政法院"91年度判字第373号有关入出境事件的判决中,法院认为:"被告并非仅就原告进入大陆地区予以处罚而不处罚其他违法者,无违反平等原则可言,况原告亦无从就其违法行为主张平等原则而免罚。"参见洪家殷:《行政罚法论》,台北,五南图书出版股份有限公司2006年版,第87页。

法行为固违反了平等原则,但违法行为人不得主张侵害了自己的平等权而免受处罚。① 我国大陆学者章剑生教授指出:基于行政成本等客观因素的限制,某些时候选择性执法具有正当性,因此并非所有的选择性执法都是违法行政,它的合法性取决于它不得损害平等权所保护的法益。同样,行政相对人基于平等权所保护的法益(平等处理),可以在行政程序、诉讼程序中抗辩选择性执法的违法性,维护自己的合法权益。在涉及选择性执法的行政案件中,法院不宜以"非本案审查对象"为由,对当事人提出的诉答理由一概置之不理。它应当根据当事人的诉称理由("平等处理"抑或"平等不处理"),结合个案的具体情况决定是否要加以审查,从而提升行政裁判的可接受性。②

笔者大体赞同上述学者的观点,但必须指出的是另一种情形应当单独考虑,假如违法等各种情节均相同的甲和乙先后违法(期间法律、政策等均未发生变化),对甲已经立案处罚,这时对乙的处罚就不能不考虑甲的情形而作出明显更重或更轻的处罚,否则便违反了公正原则、平等原则、诚实信用原则、行政自我拘束原则③、信赖保护原则及禁止恣意等原则,最后可能会被法院认定为明显不当(在《行政诉讼法》修改之前为"显失公正")而予以变更,当然如果对甲的量罚本身是违法的则应当将其撤销重作,在此种情形下不能为了追求平等进而再作出第二个违法的处罚。正如我国台湾地区学者陈新民教授所言:"平等权固然是公民的基本权利之一,但是法律并不承认不法之平等,因为不法本身并非权利,当然不受法律保障。因此违法的行政先例并不能成为平等原则的基础,也没有所谓的要求重复错误的请求权。"④

案例2.8　王忠生等诉云南省安宁市烟草专卖局行政处罚案

该案中,法院认为:被告以原告王忠生等人无证运输卷烟,对原告处以运输卷

---

① 参见李惠宗:《行政罚法之理论与案例》,台北,元照出版有限公司2005年版,第206页。
② 参见章剑生:《"选择性执法"与平等原则的可适用性》,载《苏州大学学报》2014年第4期。笔者认为,在此种情形下对法院而言,案外人并未被查处,因而未形成案件更未诉至法院,其又不是本案当事人的利害关系人,要让法院去审查的确有技术困难、法律障碍及事权限制。
③ 参见尚海龙:《论行政自我拘束原则》,载《政治与法律》2007年第4期。该文认为行政自我拘束原则通过行政惯例使行政机关"作茧自缚",既发挥了行政裁量权的积极作用,又控制了行政裁量权的消极影响,对于保障公民的平等与自由,构建稳定而又公正的行政裁量秩序具有重要的价值。该原则的适用以行政惯例的客观性与合法性为前提条件。笔者认为,行政惯例本身属于自由裁量事项而非羁束事项也应当作为行政自我拘束原则得以适用的一个前提条件。
④ 参见陈新民:《平等原则拘束行政权的问题》,载台湾行政法学会主编:《行政法争议问题研究》(上),台北,五南图书出版股份有限公司2001年版,第69~78页。

烟总价值45%的罚款。根据《烟草专卖法实施条例》第55条的规定,无准运证运输卷烟的,处以违法运输的卷烟价值20%以上50%以下的罚款。原告因此认为云南省安宁市烟草专卖局的处罚显失公正,并提交了被告此前对9名案外人无证运输卷烟行为的处罚决定书。虽然被告所作的罚款在法定处罚幅度内,且原告也是在全国严厉打击制售假冒商标卷烟活动期间实施的无证运输卷烟行为,具有从重处罚的情节。但是,被告在作出处罚决定时,应当考虑以前和近期对同种情况的违法行为给予的行政处罚程度的因素,然而被告对9名案外人的情节与本案相同,本案未予考虑,且处罚幅度相差较大,与处罚公正原则相悖,显失公正。为此,将处罚数额变更为按违法运输卷烟总价值的30%。①

案例2.9 高昂诉华北水利水电大学行政处罚案

该案中,法院认为:高昂与吴小康同属于同类违纪事项,按上诉人的《学生纪律处分暂行规定》应同样给予开除学籍处分,但上诉人对二者的处分并不一致,违反比例原则,对被上诉人高昂处分失当,显失公正。②

从上述法院的判决中我们可以看到,相对人在具体行政行为中是否被平等对待,虽然目前还不能成为单独的诉讼理由,但是在行政处罚明显不当或显失公正案件中,依托于由此导致的实质权利减损,使其足以成为法院审查模式中应该加以重视的考量因素之一。因为是否平等对待的审查与法规范或处罚结果相比,在操作上更为简便,因此法院在实质性审查程序中可以作为第一步。如果存在未受到平等对待、没有正当理由等情形,法院则应进一步考量处罚结果的"差别待遇"是否已经明显过度,且因为这种差别对待使所涉制度之本来目的被破坏与违背。如果就相同或相似的个案作出差异过大的处罚,不仅违反了宪法的平等原则,亦与个案正义所追求的内容不相符合。

2.处罚程序应当公正

公正既指结果的公正,也指过程的公正。前者犹如实体正义,后者也即程序正义。公正处罚程序的实现首先有利于树立行政处罚主体的良好形象,增强其公信力;其次有利于舒缓当事人的不满对抗情绪;最后有利于培植公众的法律信仰。一个结果再公正的处罚决定,如果程序不公正也是违反公正原则的。公正的处罚程序包括禁止单方接触制度、回避制度等。这里重点探讨一下回避制度。英国自然公

---

① 云南省昆明市中级人民法院(2001)昆行终字第36号行政判决书。
② 河南省郑州市中级人民法院(2013)郑行终字第200号行政判决书。

正原则要求"任何人都不得在与自己有关的案件中担任法官"。要贯彻该原则就必须去除行政执法人员与案件之间的利害关系,这有赖于回避制度的建立和执行。实行回避制度有利于树立当事人的行政处罚案件能够得到公正处理的信心。有观点对行政机关执法当中的利害关系作了进一步研究,认为"利害关系应不仅限于这一种形式(指执法人员与当事人有直接利害关系——引者注),例如,罚款如果能给处罚机关带来财政上的利益,该机关的罚款处罚都属于有利害关系"。① 笔者对此深表赞同,因为这种制度安排无疑会激励趋利式执法方式的"繁荣",违反了"不当联结之禁止原则"。②

案例 2.10 李钊诉新疆大学行政处罚案

该案中,法院认为:程序法定是行政活动的原则,即便法律没有明确规定,也应当遵循程序公开、正当原则。《普通高等学校学生管理规定》第 55 条规定,学校对学生的处分,应当做到程序正当、证据充分、依据明确、定性准确、处分适当。本案中,被告新疆大学在做出纪律处分审批单过程中,新疆大学学籍科于 3 月 19 日作出的对原告李钊予以开除学籍的意见、新疆大学教务处于 4 月 15 日作出的同意开除原告李钊学籍意见均未向原告李钊告知,原告李钊在纪律处分审批单签字日期为 2013 年 3 月 18 日,无从知晓其签字日后的批示内容,且被告新疆大学无证据证实向原告李钊告知批示内容;被告新疆大学孟姓校长在纪律处分审批单中加盖私章后无日期记载的行为,有违行政程序的一般做法。故新疆大学在作出上述开除原告李钊学籍具体行政行为过程中,未遵循行政程序公开、正当原则。③

(二)公开原则④

处罚公开原则是指设定和作出处罚的依据、程序、结果等全过程应当要公开,是处罚法定原则、处罚公正原则及罚教结合原则的外在表现。是有效控制行政处罚权,保证行政执法人员公平公正、合法合理、高效便民地作出实施处罚的一个过滤器。正义不仅要伸张,而且要以被看见的方式伸张。公开原则不仅能进一步保障当事人的知情权,方便其行使申辩及救济权利,消除其对行政处罚决定的不信任

---

① 杨小君:《行政处罚研究》,法律出版社 2002 年版,第 48 页。
② "不当联结之禁止原则"是指行政处罚时已渗入与立法目的无关的考量。参见李惠宗:《行政罚法之理论与案例》,台北,元照出版有限公司 2005 年版,第 92 页。
③ 新疆维吾尔自治区乌鲁木齐市天山区人民法院(2014)天行初字第 3 号行政判决书。
④ 部分内容参见关保英主编:《行政处罚新论》,中国政法大学出版社 2007 年版,第 27~48 页。

感,有利于其监督行政执法过程,同时也能促进公众知法守法,起到普法宣传教育之功用。公开是确保权利正当行使的基本条件,是防止权力滥用的最佳手段。处罚公开原则内容包括:

1. 处罚依据应当公开

处罚依据公开的内涵包括:(1)设定处罚的依据及理由应当向社会公开。我国大陆立法目前只是将有关法律修改意见的报告连同正式法律文本予以公布,当然部分草案会向社会征求意见,笔者认为这还是远远不够的。关于这一点我国台湾地区的做法就值得借鉴,其立法草案、历次讨论的记录、各种观点及立法理由书(包含每个条文的立法理由)等资料都是向公众公开的,这将有助于公众了解立法原意及起草定稿的全过程。(2)处罚的依据应当事先向社会公开。公开是法的本质所在,是法生效不可缺少的条件之一。法的规范作用必须以公众了解为前提,否则就失去了其存在的理由和基础。因此,《行政处罚法》第5条第3款规定:"对违法行为给予行政处罚的规定必须公布;未经公布的,不得作为行政处罚的依据"。(3)处罚依据必须向受罚人公开。行政处罚主体在作出处罚决定之前,应当告知当事人作出处罚决定的事实、理由和依据。依据从广义上说包括了事实性依据、合法性依据及正当性依据。正当性依据指作出处罚的理由,主要指影响处罚的政策因素等。行政处罚决定不仅要载明事实性依据及合法性依据,更要注重公开行政处罚的理由,增强逻辑论证及说理性,证明处罚的正当性。

2. 处罚程序应当公开

处罚程序公开的内涵主要包括:(1)表明执法身份制度。行政执法人员在执法之始应主动出示有效执法证件,公开表明执法身份,使相对人了解其执法身份及执法内容。(2)告知制度。行政处罚主体在作出处罚决定之前,应通过行政处罚告知单的形式载明事实、理由及依据,并告知当事人享有的权利。告知单与决定书的内容要保持一致。(3)复核、听证制度。当事人在被送达行政处罚告知单之后在法定的期限内享有向行政处罚主体陈述、申辩的权利,可要求复核或听证。

案例 2.11　杨健荣诉上海市公安局虹口分局、上海市虹口区人民政府行政处罚案

该案中,法院认为:《治安管理处罚法》第5条第2款亦规定,实施治安管理处罚,应当公开、公正,尊重和保障人权,保护公民的人格尊严。因此,"公开"作为"程序正当"的应有之义,已然成为实施治安管理处罚的基本原则之一,其要求公安机关办理治安案件的程序公开,保障违反治安管理行为人依法参与行政程序的权利。

对此,《治安管理处罚法》第 94 条第 1 款进一步明确了公开原则的具体内容,即公安机关在作出治安管理处罚决定前,应当告知违反治安管理行为人作出治安管理处罚的事实、理由及依据,并告知违反治安管理行为人依法享有的权利,以保障违反治安管理行为人在公安机关可能作出对其不利的治安管理处罚决定前享有陈述和申辩权,参与治安管理处罚决定的作出,切实维护自身合法权益。本案中,虹口公安分局对杨健荣作出的虽然是不予行政处罚决定,但该不予行政处罚决定认定杨健荣实施了殴打他人的违法行为,显然对杨健荣的人身权、财产权等合法权益具有不利影响,属于对杨健荣的不利决定,故虹口公安分局应当秉执程序正当理念,遵循公开原则,参照上述法律规定,在作出该不予行政处罚决定前,告知杨健荣作出不予行政处罚决定的事实、理由及依据,并告知其依法享有的权利。现虹口公安分局未予告知,属程序违法。法院遂判决确认违法。[1]

3. 处罚结果应当公开

行政处罚主体无论是采取《行政处罚法》规定的简易程序还是普通程序予以处罚的案件,最终都必须作出书面形式的处罚决定书,再通过法定形式送达当事人。有学者认为,对公众权益影响较大的特定违法行为在处罚后应将处罚结果向社会公布,如对生产有毒食品行为人的处罚,公开该类处罚结果既能保护其他合法生产者的权益,更是对购买者及公众健康权、知情权的保障。[2] 笔者认为,对上述违法行为予以公布的行为属性是属于声誉罚还是发布公共警告还是行政强制执行手段,还需要进一步研究。[3] 还有学者认为,处罚公开应包括案例公开,也即行政处罚形成的案例应当以一定的形式和途径对外公开发布,以达到处理一案教育一片的目的。[4] 事实上,目前全国各地的行政机关已经制定了大量的案例公开制度,如海南省卫生厅印发的《海南省卫生系统行政处罚信息公开实施办法》第 3 条规定:"各级卫生行政主管部门应当主动公开行政处罚信息。信息公开主要通过政府网站、公告栏、新闻发布会以及报刊、广播、电视等便于公众知晓的方式进行,鼓励采取微博、微信等方式进行长期公开。"第 4 条规定:"行政处罚信息的具体内容:(一)行政处罚决定书文号;(二)被处罚对象的名称及法定代表人(负责人)姓名;(三)违反法律、法规或规章的主要事实;(四)行政处罚的种类和依据;(五)行政处罚的履行方

---

[1] 上海铁路运输法院(2016)沪 7101 行初 123 号行政判决书。
[2] 参见李修琼:《论行政处罚的结果公开》,载刘茂林主编:《公法评论》(第 4 卷),北京大学出版社 2007 年版,第 226~258 页。
[3] 更详细阐述请参阅本书第三章关于"声誉罚"部分的内容。
[4] 参见张朝霞编:《行政处罚法学与行政许可法》,甘肃人民出版社 2006 年版,第 29 页。

式和期限;(六)做出处罚决定的行政执法机关名称和日期;(七)其他依法应当公开的内容。"①《行政处罚法》第 48 条规定:"具有一定社会影响的行政处罚决定应当依法公开。公开的行政处罚决定被依法变更、撤销、确认违法或者确认无效的,行政机关应当在三日内撤回行政处罚决定信息并公开说明理由。"

三、比例原则

(一)比例原则在《行政处罚法》中的确立、体现及不足

1. 比例原则在《行政处罚法》中的确立

《行政处罚法》第 5 条第 2 款规定:"设定和实施行政处罚必须以事实为依据,与违法行为的事实、性质、情节以及社会危害程度相当。"学界关于从这一条款抽象概括出来的处罚原则的名称至少有以下七种:(1)错罚相当原则;②(2)过罚相当原则;③(3)以事实为根据,罚当其过的原则;④(4)责罚相当原则;⑤(5)处罚与违法相一致原则;⑥(6)处罚与违法行为相适应原则;⑦(7)比例原则。⑧

笔者认为,上述名称的确定是受到刑事责任理论中的"刑事责任与犯罪相适应的原则"或"罪刑相适原则"名称的影响。追究刑事责任与认定犯罪都是受主客观相统一的认定或归责原则支配,因此仅从上述名称来看就已经可以解读出主客观相统一的含义。行政处罚法关于何种认定或归责原则,与刑法并不完全一致。行政法应当尽可能发展或保留具有自己学科特色的名称,当然前提是要保证名称与所蕴含内容的高度一致性,而不能容易致人误解。观点(1)采错罚相当原则,"错"本身既可以指生活意义上的错误,也可以指法律意义上的过错,此处究竟是指错误还

---

① 类似的规定还有常州市农委印发的《常州市农业行政处罚案件信息公开办法》及泉州市城市管理行政执法局印发的《泉州市城市管理行政处罚公开制度》,等等。
② 应松年主编:《行政法学新论》,中国方正出版社 1999 年版,第 373 页。
③ 崔卓兰主编:《行政处罚法学》,吉林大学出版社 1998 年版,第 33 页;皮纯协等:《行政处罚法原理与运作》,科学普及出版社 1996 年版,第 68~72 页;刘莘:《行政法热点问题》,中国方正出版社 2001 年版,第 232 页;杨小君:《行政处罚研究》,法律出版社 2002 年版,第 49~55 页;王成栋等编:《行政处罚法概论》,中国人民公安大学出版社 1996 年版,第 41~43 页;杨琼鹏等主编:《行政处罚法新释与例解》,同心出版社 2000 年版,第 22 页。
④ 杨炳芝等主编:《行政处罚法实用教程》,中国法制出版社 1996 年版,第 12 页。
⑤ 姜明安:《行政违法行为与行政处罚》,载《中国法学》1992 年第 6 期。
⑥ 叶必丰:《行政法学》,武汉大学出版社 2003 年版,第 253 页。
⑦ 汪永清主编:《行政处罚运作原理》,中国政法大学出版社 1994 年版,第 44 页;杨解君:《秩序·权力与法律控制——行政处罚法研究》,四川大学出版社 1995 年版,第 214 页。
⑧ 陈新民:《中国行政法学原理》,中国政法大学出版社 2002 年版,第 218 页。

是过错还是两者都包含并不容易看出,所以笔者认为观点:(1)并不可取。观点(2)采过罚相当原则,可以说该观点是抽象概括前述条文内容的通说,但同时我们要看到多数学说都认为行政违法是主客观归责或客观归责,而过罚相当原则的提法似乎让我们觉得行政处罚应当采取主观归责原则,即只要主观故意明显、主观恶性大或过失重大,即便造成的危害较小或没有造成危害后果,也要给予重罚。所以笔者认为这一通说的名称应该弃用。观点(3)为笔者所不取的理由同上。而且观点(1)、(2)、(3)容易让人觉得只要有违法就一定得受处罚,所谓相当,就是严重违法就重罚,轻微违法就轻罚,但不罚的情形似乎难以涵盖。其较难解释有的违法因情节显著轻微不应受罚及有的违法是因为没有罚则规定而不应受罚等情形。观点(4)采责罚相当原则,我们知道责任本身就有原因或义务、负担的意思,而用责罚相当原则就变成了"应负的责应与应受的罚相当"或"应负的不利负担应与应受的处罚相当",导致过于抽象的事物与具体的事物结合,或造成同义反复,所以该名称也不妥。笔者认为观点(5)、(6)是比较妥当的,特别是观点(6)几乎就是比例原则的具体化,比较准确地体现了立法原意和条文精神。但如前所述,行政处罚法学应当尽可能发展或保留具有自己学科特色的名称,故而笔者认为选用观点(7)的名称即比例原则较为妥当,而且从条文含义来分析,可以认为比例原则在《行政处罚法》中已然确立。

2. 比例原则在《行政处罚法》中的体现及不足

《行政处罚法》中比例原则的体现主要表现在以下几个方面:第一,行政处罚原则与目的体现了比例原则。《行政处罚法》第5条、第6条明确了行政处罚的原则和终极目的。而这也正是比例原则所追求的,比例原则同样以公正、公平为原则,坚持处罚与教育相结合,以教育公民守法为最终目的。否则,必将导致执法手段粗暴,偏离公平与正义。这是适当与必要的。第二,行政处罚的管辖原则体现了比例原则。《行政处罚法》第22条明确了以违法行为发生地行政机关为主的管辖原则,体现了妥当性原则,而且一般情况下在这种管辖原则下所发生的调查成本与处罚结果相比将符合均衡原则。第三,可设定处罚种类的法规层次体现了比例原则。如果不是由适当的法规规章制定各层级可设定的处罚种类,那么必然导致下级规章争相规定其本无权设定的处罚种类。比如,地方性法规就可能设定限制人身自由的行政处罚,地方规章就可能设定吊销企业营业执照的处罚等,必将导致行政处罚系统无序、混乱。第四,行政处罚的模式类型体现了比例原则。《行政处罚法》将案件类型区分为简易程序案件类型、一般程序案件类型(如果被提请听证的还可能要经过听证程序),是根据案件的大小及拟作出处罚的轻重所作出的合比例划分,有利于提高办案效率和节约办案力量。第五,行政处罚的具体程序体现了比例原则。任何实体性的结果都必须经过一定的程序而达到,所以,程序合比例是实体合比例的保障,实体合比例是程序合比例的最终体现。行政处罚法规定了行政机关的表明身份、说明理由、听取陈述申辩、作出处罚决定等程序规定。这些程序中的合比例性,决定了最终行政处罚行为的效力。[1]

综观整部《行政处罚法》,我们可以发现,行政处罚法重点规定了行政处罚行为的种类、程序,但是对行政处罚幅度的具体裁量仅仅规定了从轻处罚、减轻处罚及不予处罚的情节,其缺陷较多,具体体现在:第一,对于从轻处罚与减轻处罚的情节规定在同一条文中,过于原则且呈混杂状态,在适用起来不好区分,容易造成行政处罚自由裁量权的误用和滥用;第二,对从重处罚情节未予规定,造成实践中各行政机关对此把握极不统一;第三,对于诸多处罚阻却事由未予规定,如不可抗力、正当防卫及紧急避险等,亟待完善。

(二)比例原则的具体内涵

比例原则,又称禁止过度原则,是指设定处罚时及在处罚过程中所采取的调查手段、决定处予的处罚种类及幅度的履行方式、采取的执行措施,都必须要有法律依据,在能达到同样目的的前提下应选择侵害当事人权益较小的方式。即调查手段、处罚手段或执行手段与目的之间,应该存在一定的比例关系,而不能为达到目的而不择手段,甚至把手段异化成目的,都是公正原则与比例原则所不允的。传统学说认为广义的比例原则包含三个次要原则:妥当性原则、必要性原则及均衡原则。

1. 妥当性原则

所谓妥当性原则,是指行政处罚主体所采用的手段和措施必须适当和有助于所追求的目的。如果行政处罚主体的手段和措施,能够轻易达成所追求的目的,那么这些措施和手段对于该目的是妥当的;如果妥当性不明确,则要慎重使用这些手段和措施;如果事后发现不妥当时,行政处罚主体应当立即放弃该手段并撤销已经采取的措施。在此过程中,必须结合当时所处的自然条件和社会环境,运用经验和知识,对手段和措施运用的效果,甚至是否与相关法律目的相冲突等因素进行判断。如交警面对酒后驾车肇事的司机,命令其立即驾车到交警队接受处理,而不是等其酒醒或先用拖车将汽车拖走,肇事司机喝了酒怎么能再令其开车呢? 这显然

---

[1] 参见黄志宇:《行政处罚中比例原则的适用》,载《法制与社会》2009 年 7 月(上)。

违反了妥当性原则。[1]

2. 必要性原则

必要性原则,又称损害最少原则,即行政处罚中采取的行政措施所选择之手段,不可逾越达成目的之必要限度。换言之,不得使当事人受到不必要之侵害。因此,在无其他更为适当的手段可供选择的前提下,才认为现有措施是必要。这里注重的是手段的选择。考察行政处罚实践可以从两方面来看:一类是在有无必要处罚或采取强制措施等手段时考量。如对一个情节显著轻微且已及时纠正,没有造成危害后果,就可以采取教育的方式,行政处罚主体就没有必要施予行政处罚。如旅客在没有主观故意的情形下携带少量零星的违禁书籍进境被查获后自愿放弃的,海关就不必再处予收缴或处罚。海关如果给予处罚就违背了必要性原则。如果为了增加罚没收入而在法律依据模糊、有明显漏洞隐患的情形下强行予以处罚亦是违反必要性原则。另一类是在有必要处罚或采取强制措施等手段的前提下施予何种强度才有必要。如果对当事人有多种处罚种类或幅度可选择时,应在可以达到行政处罚目的的范围内,选择最轻的处罚种类或幅度。如采用警告就可以达到处罚目的的,行政处罚主体就没有必要处以罚款。超出必要范围的财产扣押或担保收取就违背了必要性原则。

3. 均衡原则

均衡原则,又称狭义的比例原则,即决定给予的处罚与处罚所意欲达到的目的之间作一个衡量,行政处罚主体不可以给当事人超出行政目的之侵害。这个原则更着重于价值、法益上的权衡,即处罚力度应与违法行为的社会危害性相适应。《行政处罚法》第5条第2款规定就体现了这一原则。在谈到必要性原则与均衡原则之区别时,德国学者Mayer/Kopp曾援引弗莱纳教授之名言,改编了一个例子:警察为了驱逐樱桃树上的小鸟,已别无他法(如无鸟枪),只得用大炮时,虽可达到驱鸟之目的,手段也属必要,但使用大炮之后果不堪设想,所以违反比例原则不得为之。[2] 上述例子中大炮驱小鸟不违反必要性原则但违反了均衡原则。如果对一种违法行为的处理只能在要么没收货物或要么将货物退运境外之间由行政处罚主体自由裁量,那么笔者认为这种罚则设定本身就有违均衡原则。

综上,比例原则可引申为两层含义:一是行政处罚与否与处罚力度及配合之手段应与制裁当事人违法行为的社会危害性所欲达到的行政处罚目的成比例;二是行政处罚成本应与行政处罚案件的大小、性质等情形成比例。叶必丰教授指出当

---

[1] 参见贺荣主编:《行政执法与行政审判实务——行政处罚与行政强制》,人民法院出版社2005年版,第4页。

[2] 参见陈新民:《中国行政法学原理》,中国政法大学出版社2002年版,第44页。

调查费用与当事人违法行为所损害的公益不相当时,应停止调查。① 洪家殷教授亦认为行政处罚"不得为了达到目的,而不计代价的采行所有可采行之手段。其仍须考虑到相对人是否承受过多的不利益,以及耗费此种代价是否值得"②。倘若行政机关之调查取证,在投入之行政成本与事实之厘清间是不成比例时,则该调查必须被终止。③

近年来,已经有一些法院在判案时不仅导入了比例原则的精神及内涵,甚至将"比例原则"明确写入了判决书。

案例2.12　哈尔滨市汇丰实业发展有限责任公司诉黑龙江省哈尔滨市规划局行政处罚案

该案中,法院认为:被上诉人哈尔滨市汇丰实业发展有限责任公司未全部取得建设工程规划许可证即在哈尔滨市中央大街108号地段建成面积为9964平方米的9层商服用房,违反了《城市规划法》第29条、第32条和《黑龙江省实施〈中华人民共和国城市规划法〉办法》第23条的规定,应予处罚。被上诉人提出其没有办理有关规划手续与上诉人未依法在法定期限内对被上诉人提出的规划申请作出答复有关,但上诉人是否存在不履行法定职责的问题,不是本案审查的内容,且上诉人是否存在不履行法定职责的事实,不影响被上诉人违法建设的性质。根据《城市规划法》第37条、第40条的规定,上诉人有权对哈尔滨市汇丰实业发展有限责任公司违法建设行为进行查处。上诉人作出的哈规罚决字(1996)第1号行政处罚决定中,虽然没有明确认定被上诉人违法建设行为属于对城市规划有一定影响尚可采取改正措施的情形,但从其作出部分拆除部分罚款保留的处罚内容看,上诉人已在事实上认定哈尔滨市汇丰实业发展有限责任公司违法建设行为,属于城市规划法第40条规定的对城市规划有一定影响尚可采取改正措施的情形。诉讼中上诉人称哈尔滨市汇丰实业发展有限责任公司所建商服楼严重影响城市规划,与其处罚决定自相矛盾,且未提供足够的证据证明。"哈尔滨市城市总体规划"中对中央大街规划的要求是:"在建设中,要从整体环境出发,使新旧建筑互相协调,保证完美的风貌",该规划中没有关于中央大街建筑物规模、体量和高度的规定。规划局提供的1996年10月修编后的哈尔滨市总体规划,有对中央大街建筑物的体量、高度的具

---

① 参见叶必丰:《行政处罚概论》,武汉大学出版社1990年版,第85页。
② 洪家殷:《行政罚法论》,台北,五南图书出版股份有限公司2006年版,第79页。
③ 参见洪家殷:《论行政调查中职权调查之概念及范围——以行政程序法相关规定为中心》,载《东吴法律学报》2010年(第21卷)第3期。

体规定,但该规划尚未经国务院批准,根据《城市规划法》第21条第3款的规定,不具有法律效力。诉讼中,上诉人提出哈尔滨市汇丰实业发展有限责任公司建筑物遮挡中央大街保护建筑新华书店(原外文书店)顶部,影响了中央大街的整体景观,按国务院批准的"哈尔滨市总体规划"中关于中央大街规划的原则规定和中央大街建筑风貌的实际情况,本案可以是否遮挡新华书店顶部为影响中央大街景观的参照标准。规划局所作的处罚决定应针对影响的程度,责令哈尔滨市汇丰实业发展有限责任公司采取相应的改正措施,既要保证行政管理目标的实现,又要兼顾保护相对人的权益,应以达到行政执法目的和目标为限,尽可能使相对人的权益遭受最小的侵害。而上诉人所作的处罚决定中,拆除的面积明显大于遮挡的面积,不必要地增加了被上诉人的损失,给被上诉人造成了过度的不利影响。原审判决认定该处罚决定显失公正是正确的。原审判决将上诉人所作的处罚决定予以变更,虽然减少了拆除的面积和变更了罚款数额,但同样达到了不遮挡新华书店顶部和制裁哈尔滨市汇丰实业发展有限责任公司违法建设行为的目的,使哈尔滨市汇丰实业发展有限责任公司所建商服楼符合哈尔滨市总体规划中对中央大街的规划要求,达到了执法的目的,原审所作变更处罚并无不当。①

案例2.13　苏州鼎盛食品公司诉苏州市工商局行政处罚案

该案中,法院认为:行政处罚显失公正一般是指行政处罚虽然在形式上不违法,但处罚结果明显不公正,损害了公民、法人或者其他组织的合法权益。我国《行政处罚法》第4条第2款规定,实施行政处罚必须以事实为依据,与违法行为的事实、性质、情节以及社会危害程度相当。因此,行政主体在实施行政处罚时,应当遵循该条规定的"过罚相当原则"。如果行政机关作出的行政处罚明显违背"过罚相当原则",使行政处罚结果与违法程度不相适应,则应当认定属于行政处罚显失公正。我国《商标法》第53条规定,工商行政管理部门在处理侵犯注册商标专用权纠纷时,认定侵权行为成立的,责令立即停止侵权行为,并可处以罚款。对该条款的正确理解应当是工商行政机关对商标侵权行为作出行政处罚时,在责令立即停止侵权行为的同时,可以对是否并处罚款作出选择。因此,工商行政机关在行使该自由裁量权时,应当根据《行政处罚法》第4条第2款确立的"过罚相当原则",综合考虑处罚相对人的主观过错程度、违法行为的情节、性质、后果及危害程度等因素,决定是否对相对人并处罚款。本案中,上诉人鼎盛公司使用的诉争标识与被上诉人东

---

① 最高人民法院(1999)行终字第20号行政判决书。

华公司的"乐活LOHAS"注册商标构成近似商标,其行为构成商标侵权,苏州工商局作为查处侵犯注册商标专用权行为的行政机关,有权依据我国《商标法》对其违法行为予以查处并作出处罚,但其在责令鼎盛公司停止侵权行为的同时并处50万元罚款,并未考虑以下应当考虑的因素:第一,在"乐活LOHAS"注册商标核准之前,上诉人鼎盛公司就进行了相应的包装设计并委托生产,鼎盛公司不存在攀附被上诉人东华公司注册商标声誉的主观恶意。第二,"乐活LOHAS"商标于2009年7月核准注册,被上诉人苏州工商局对上诉人鼎盛公司的侵权行为于2009年9月查处、2010年6月作出行政处罚决定。因鼎盛公司的侵权时间非常短暂,且涉案注册商标尚未实际使用,故鼎盛公司的侵权行为对商标权人东华公司并未造成实际损害后果。第三,从"I will 爱维尔"与"乐活LOHAS"连用的标识使用情况来看,上诉人鼎盛公司仅是在2009年中秋月饼的促销活动中使用该标识,且作为该年度中秋23款系列月饼中的一款,鼎盛公司并未对使用该标识的月饼进行专门、广泛、大量的宣传,其对商品的销售模式也仅限于其专卖店销售或直接推销。加之"乐活LOHAS"注册商标因未使用不存在市场知名度,尚未造成市场中相关公众实际的混淆和误认,故其侵权行为和情节显著轻微。基于以上因素,被上诉人苏州工商局在对上诉人鼎盛公司进行行政处罚时,责令其停止侵权行为即足以达到保护注册商标专用权以及保障消费者和相关公众利益的行政执法目的,但苏州工商局未考虑鼎盛公司上述主观上无过错,侵权性质、行为和情节显著轻微,尚未造成实际危害后果等因素,同时对鼎盛公司并处50万元罚款,使行政处罚的结果与违法行为的社会危害程度之间明显不适当,其行政处罚缺乏妥当性和必要性,应当认定属于显失公正的行政处罚。[①]

案例2.14 郭建军诉诸暨市国土资源局行政处罚案

该案中,法院认为:《浙江省实施〈中华人民共和国土地管理法〉办法》第40条规定:"已建的建筑物、构筑物,需要重建、扩建的,应当符合土地利用总体规划确定的用途和城市规划、村庄和集镇规划,并依法重新办理规划、用地审批手续。不改变土地用途并在规定的占地面积范围内重建的,应当简化手续,及时批准。"《土地管理法》第77条第1款规定:"农村村民未经批准或者采取欺骗手段骗取批准,非法占用土地建住宅的,由县级以上人民政府土地行政主管部门责令退还非法占用的土地,限期拆除在非法占用的土地上新建的房屋。"被上诉人在《浙江省实施〈中华

[①] 载《最高人民法院公报》2013年第10期。

人民共和国土地管理法〉办法》第40条的补办手续规定与《土地管理法》第77条第1款的拆除规定中选择时,应当考虑上述特定的基本情况,首先选择最小侵害的方式,在此方式不具备条件时,可再考虑更严厉的制裁措施。也就是说,在涉及农村村民宅基地原拆原建时,不改变土地利用性质,不扩大土地利用面积,不违反城市规划、村庄和集镇规划,虽未经审批,但其违法行为的事实、性质、情节以及社会危害程度相比于其他未经审批非法占地行为相对轻微,应有所区别。被上诉人在行政处罚决定中已经引用了《浙江省实施〈中华人民共和国土地管理法〉办法》第40条和《土地管理法》第77条第1款之规定,就这两个相关法律法规裁量时,被上诉人应首先考虑违法行为的事实、性质、情节以及社会危害程度,从更有利于行政相对人的利益保护角度选择处置方式,在该条件不能符合时,再选择更严厉的处罚措施,否则属于行政处罚不符合比例原则。因此,被上诉人适用《土地管理法》第77条规定对上诉人作出的行政处罚决定属于适用法律错误。最终法院撤销了该行政处罚决定。[①]

案例2.15　中方县大山牧业专业合作社诉中方县环境保护局行政处罚案

该案中,法院对比例原则的阐述更为详尽:上诉人自2005年建成投入生产七年时间内,亦未对上诉人未办理环评文件的违法行为进行过查处。鉴于本案上诉人已取得工商营业执照并从事种养殖生产多年,且种养殖业系国家惠农政策予以扶植的项目,该项目在中方县属有一定规模的民生企业,有关职能部门疏于监管等实际情况,被上诉人在作出行政处罚之前,应告知其限期补办环评手续,或者责令其限期整改,对拒不补办、整改的再依法进行处罚,更符合环保法规的立法精神和行政法的比例原则。行政法的比例原则是指行政主体实施行政行为应兼顾行政目的的实现和保护相对人的权益,如果行政目的的实现可能对相对人的权益造成不利影响,则这种不利影响应被限制在尽可能小的范围和限度之内,二者应处于适当的比例。该原则是行政法着眼于法益的均衡,以维护和发展公民权为最终归宿,是控制行政主体自由裁量权行使的一项重要原则。因此在本案中被上诉人中方县环境保护局一方面应积极履行职责,依法监管并查处上诉人未办理环评文件的违法行为,或者对上诉人经营的企业如发生影响环境事故,应依法进行责任追究和处罚;另一方面在查处环保违法行为,实现环境保护目的的同时,应兼顾企业利益,促进民生企业依法生产经营和发展,可责令上诉人限期补办环评文件和限期整改。因

---

① 浙江省绍兴市中级人民法院(2008)绍中行终字第37号行政判决书。

此,被上诉人在未查明上诉人经营范围和要求上诉人补办环评文件的情况下,直接对上诉人有多个经营项目的企业作出责令停止生产和罚款18万元的具体行政行为,于事于法于理不符,本院不予支持。[①]

四、罚教结合原则

(一)行政处罚重在教育

人不应成为手段,应始终作为目的。因而处罚仅是手段,其最终目的只能是规范,帮助当事人达成一个守秩序、讲诚信、有尊严的行政活动参与主体,而不能将当事人当作一个可以"不教而诛"的客体。行政处罚应当从压服走向说服,从以力服人走向以理服人。行政处罚的目的既有制裁又有矫正,而法律手段并不是万能的,要矫正违法行为、恢复受损的社会秩序必须同时借助非法律手段的教育才能实现。为此,《行政处罚法》第6条规定:"实施行政处罚,纠正违法行为,应当坚持处罚与教育相结合,教育公民、法人或者其他组织自觉守法。"同时笔者认为,《行政处罚法》还有部分内容也体现了罚教结合原则,如第5条第1款明确行政处罚必须遵循公开原则;第44条明确行政机关在作出行政处罚决定之前,应当告知当事人作出行政处罚决定的事实、理由及依据;第28条第1款规定:"行政机关实施行政处罚时,应当责令当事人改正或者限期改正违法行为。"第30条规定:"不满14周岁的未成年人有违法行为的,不予行政处罚,责令监护人加以管教;已满14周岁不满18周岁的未成年人有违法行为的,应当从轻或者减轻行政处罚。"第32条规定:"当事人有下列情形之一,应当从轻或者减轻行政处罚:(一)主动消除或者减轻违法行为危害后果的;(二)受他人胁迫或者诱骗实施违法行为的;(三)主动供述行政机关尚未掌握的违法行为的;(四)配合行政机关查处违法行为有立功表现的;(五)法律、法规、规章规定其他应当从轻或者减轻行政处罚的。"第33条第1款规定:"违法行为轻微并及时改正,没有造成危害后果的,不予行政处罚。"《治安管理处罚法》第9条规定:"对于因民间纠纷引起的打架斗殴或者损毁他人财物等违反治安管理行为,情节较轻的,公安机关可以调解处理。经公安机关调解,当事人达成协议的,不予处罚。经调解未达成协议或者达成协议后不履行的,公安机关应当依照本法的规定对违反治安管理行为人给予处罚,并告知当事人可以就民事争议依法向人民法院提起民事诉讼。"《治安管理处罚法》第21条规定:"违反治安管理行为人有下列情

[①] 湖南省怀化市中级人民法院(2014)怀中行终字第27号行政判决书。

形之一,依照本法应当给予行政拘留处罚的,不执行行政拘留处罚:(一)已满14周岁不满16周岁的;(二)已满16周岁不满18周岁,初次违反治安管理的;(三)70周岁以上的;(四)怀孕或者哺乳自己不满1周岁婴儿的。"

从上述条文可以看出:(1)行政处罚公开进行能够实现程序权利对当事人实体权利的保障作用,可以使当事人在参与行政过程中体会到实体原则如公正原则、比例原则所发挥的作用,从而认识这些是对其人性尊严及基本权利的尊重。(2)处罚决定合法合理地作出才能真正起到教育当事人的作用,而表现其合法合理的说明理由制度可以进一步舒缓当事人的不满对抗情绪,处罚主体通过辨法析理达到定分止争的作用。不仅使当事人知其然,而且知其所以然,增加行政处罚的可理解度及可接受度。(3)行政处罚制度对未成年人及有较轻情节违法者的特别条款,更加侧重于教育保护功能而不是惩罚功能的发挥,区分不同情形分别不予处罚或从轻、减轻处罚。(4)处罚主体在遇到违法行为时,有条件纠正的应及时纠正或责令当事人在一定期限内改正违法行为。既可以采取先纠正再考虑是否处罚的方式,也可以采取边纠正边处罚的方式,当然法律明确规定必须处罚后才补办手续的情况除外。(5)教育与处罚要同时并举,而不能偏废。既不能用教育来代替处罚,也不能用处罚来代替教育。特殊情形下对弱者要体现体恤弱者、重在教育感化的精神。(6)在处罚的过程中应始终贯穿教育手段和内容,即寓教于罚,而不能认为教育最多只是处罚前或处罚后应履行的一个程序而已。而且行政处罚本身对于受罚主体来说就是一种教育。从另一个角度理解,处罚了当事人也就是对广大相对人的一种教育,对意图违法的对象起到警戒作用,从而实现处罚的一般预防功能。

在实施行政处罚、纠正违法行为及实施一般性的教育的同时,我们还应当通过向人大、政府提出一些实实在在解决群众生产生活困难的提案,比如在城市行政执法中既要取缔占道经营的违法行为,又要会同有关部门解决经营用地,联系有关部门对群众进行就业培训,增强对群众如何开展经营的行政指导,这样才能取得群众的理解和支持。

《湖南省规范行政裁量权办法》在这方面的规定较为先进值得借鉴,该法第30条规定,行政机关应当采取发布信息、提醒、建议、引导等行政指导方式,预防公民、法人或其他组织可能出现的违法行为。严禁行政机关采取利诱、欺诈、胁迫、暴力等不正当方式,致使公民、法人或其他组织违法并对其实施行政处罚。第31条规定,行政机关对违法行为应及时采取措施予以纠正,不得先放任违法行为,再实施行政处罚;不得因已实施处罚而放任违法行为持续存在。

2009年八九月,全国各地相继发生了多起"烟民被拘案"。在具有火灾、爆炸危险的场所吸烟的,根据《消防法》第63条规定,处警告或者500元以下罚款;情节严重的,处5日以下拘留。但根据公安部在2009年8月20日发布的通知要求,在具备火灾、爆炸危险的场所吸烟的,一律拘留5日。① 笔者认为,认定只要在60周年国庆期间发生的特定场所吸烟案件就一概构成"情节严重"并作顶格处罚的观点并不妥当,该通知显然与上位法形成冲突,将造成裁量怠惰,体现了行政机关执法的"重罚主义",违反了罚教结合原则,其结果自然难以为当事人和公众接受。而《宿迁市沭阳质量技术监督局"首违不罚"暂行规定》②则较好地体现了罚教结合原则中教育功能的发挥。

(二)行政处罚为辅

在教育当事人的同时,注重教育的手段和保证是必要的行政处罚。如果在行政执法过程中一味强调空洞的批评教育,不仅会丧失行政处罚的严肃性,而且也不利于维护整个社会秩序和公众的自觉守法。易言之,行政执法不仅需要教育的"软化"作用,同时也需要处罚的"硬性"作用。尤其是当前我国食品安全、环境污染、交通管理等诸多行政领域社会治理乱象纷呈的背景下,如果片面而僵化地突出教育功能,非但不能实现社会治理水平的提升,反而可能恶化现有的社会治理状况。因此,在强调不能"不教而诛"的同时,也要避免"以教代罚"的现象出现。

案例2.16 郑木群诉陆丰市国土资源局行政处罚案

该案中法院即引入了罚教结合原则,法院认为:本案经现场勘查,郑跃哺、郑木群现建设房屋位于其祖屋的前面,周围有其他村民建好的住房,对尚未建设的潭头农民市场的整体规划影响有限。虽然郑跃哺、郑木群没有依照《土地管理法》第62条的规定办理用地手续,但根据农村的实际情况,普遍存在不按规定办理用地手续的情形。简单以擅自占地建房责令拆除房屋,退还非法占用土地的处理方法,不符

---

① 在"烟民被拘案"中,多数法律专家对上述公安部的通知是否符合《消防法》立法精神、是否符合比例原则提出质疑。参见施燕燕等:《烟民被拘案:一个裁量,三种疑问》,载《检察日报》2009年9月3日,第3版。

② 《宿迁市沭阳质量技术监督局"首违不罚"暂行规定》第2条规定:"质量技术监督部门在查处涉及产品标识、组织机构代码、计量、生产许可、3C认证、特种设备安全等方面21类确定系非制售假冒伪劣产品、不涉及人体健康和人身财产安全的违法行为时,对行为轻微且相对人及时纠正,没有造成危害后果,相对人首次且非主观故意违法、能积极配合执法的案件,推行'首违不罚'制度。"第3条规定:"对符合本规定第二条规定要求的违法行为,可以'首违不罚'。包括:1.企业未在产品或者产品说明书、包装物上标注所执行的标准编号,或者标注过期标准编号的。2.企业执行已被废止的产品标准的。3.企业产品标准未按照复审并上报备案的。"

合当前农村的客观情况,也不利于稳定和谐的政策落实。且陆丰市国土局对郑跃哺、郑木群一家进行处罚违背公平原则,难以叫人信服。土地管理部门要确保土地管理法的贯彻落实,可责成村民补办手续。据此,判决撤销陆丰市国土局的行政处罚决定。①

案例2.17　冀幸芬诉辛集市公安局张古庄派出所行政处罚案

该案中法院也引入了罚教结合原则,并明确指出对于因家庭矛盾而引起且情节显著轻微的违法行为应以批评教育为主,法院认为:被上诉人冀幸芬与原审第三人杨香荣系姑嫂关系,双方在家中因家庭琐事发生争吵,进而相互揪拽,二人行为虽然违反《治安管理处罚法》的相关规定,但其违法情节显著轻微。二人系亲属关系,行为又发生在家中,并非公共场所,为化解矛盾,巩固亲情,促进家庭和谐,应以批评教育为主。上诉人辛集市公安局张古庄派出所依据《治安管理处罚法》第43条规定,对双方进行处罚欠妥,原审判决撤销其所作处罚决定正确,应予维持。②

案例2.18　朱伟诉白银市公安局、白银市人民政府行政处罚及行政复议案

该案中,法院认为:该案对非法收购生产性废旧金属的行为在立案侦查8年后撤销刑事案件转为行政案件进行行政处罚不符合行政处罚法关于教育与惩罚相结合的原则。该案在启动刑事侦查后,违法行为就已经终止,违法行为已经不再具有社会危害性,白银市公安局在刑事侦查期间也已经给予朱伟30日刑事拘留,在长达8年的侦查中,行政关系和社会管理秩序在新的条件下也已经得到了修护,故对此行为再进行行政处罚已经不具有教育警示、纠正违法行为的目的,有违行政处罚的立法目的。一审判决撤销了处罚决定及复议决定,二审法院对此予以了维持。③

五、权利保障原则

法国《人权宣言》宣示了这样的真理:对人权的无知、忘却或者蔑视,是公众不幸和政府腐败的唯一原因。这句话用在行政处罚领域也不为过。这里要论述的权利包括了基本人权、实体权利与程序权利。如行政处罚时不得非法拘禁或超期拘

---

① 广东省高级人民法院(2010)粤高法行终字第49号行政判决书。
② 河北省石家庄市中级人民法院(2014)石行终字第00077号行政判决书。
③ 甘肃省高级人民法院(2019)甘行终68号行政判决书。

留当事人,否则就侵犯了当事人的基本人权。再如滥用行政处罚裁量权,对属于一般情节的当事人却按照从重情节进行罚款,即侵害了当事人部分合法财产权。《行政强制法》第 23 条规定,不得查封、扣押公民个人及其所扶养家属的生活必需品。《行政强制法》第 43 条第 2 款规定,行政机关不得对居民生活采取停止供水、供电、供热、供燃气等方式迫使当事人履行相关行政决定。以上内容虽然没有出现在《行政处罚法》中,但行政处罚主体在调查取证及强制执行环节是必须遵守的。权利保障原则还体现在对精神病人及未成年人的减免责任制度上,体现了对弱势群体的特殊保护。《行政处罚法》第 30 条规定:"不满 14 周岁的未成年人有违法行为的,不予行政处罚,责令监护人加以管教;已满 14 周岁不满 18 周岁的未成年人有违法行为的,应当从轻或者减轻行政处罚。"该法第 31 条规定:"精神病人、智力残疾人在不能辨认或者不能控制自己行为时有违法行为的,不予行政处罚,但应当责令其监护人严加看管和治疗。间歇性精神病人在精神正常时有违法行为的,应当给予行政处罚。尚未完全丧失辨认或者控制自己行为能力的精神病人、智力残疾人有违法行为的,可以从轻或者减轻行政处罚。"因此笔者不同意把该原则理解为仅仅是保障当事人程序权利的观点。[①] 由上可见,行政处罚首先要保障当事人的平等权、人身自由权、财产权等基本人权和实体权利,如《行政处罚法》第 1 条就明确,制定该法的理由之一就是保护公民、法人或其他组织的合法权益,当然该规定是比较笼统的。其次才是程序权利保障的问题。在法理学上,权利和义务具有对应性的特点,笔者认为这种对应性不仅表现在行政机关的义务即为相对人的权利,而且还表现在权利是义务的目的和基础,相对人需要履行一定的义务的同时也意味着其必然应当享有由此衍生出来的权利,反之亦然。如行政处罚的当事人既有接受处罚的义务,也有在特定情形下拒绝执行处罚的权利,如果行政处罚主体罚款时不出具专用票据,当事人就有权根据《行政处罚法》第 70 条规定行使拒绝缴纳罚款的程序抵抗权。又如当事人既有对行政处罚所施加的谴责或否定性评价的忍受义务,也在此过程享有陈述、申辩权利。再如当事人既有接受行政处罚的义务,也有提请复议、诉讼的救济权利。上述法理在处罚领域具体来说,即"无救济便无处罚"的理念,因为关于救济的法定程序权利是无论如何都不能剥夺的,哪怕是对非行政处罚领域的死刑犯也不能。"无救济便无处罚的原则包括两层内容:其一,在立法阶段,不设立救济途径,即不得设立行政处罚;其二,在施行阶段,不提供救济途径,即不得实施行政处罚,并且实施行政处罚之前或者实施行政处罚过程中,必须告知相对人

---

① 持权利保障原则仅为保障程序权利的观点的书较多,如胡锦光主编:《行政法专题研究》,中国人民大学出版社 2006 年版,第 209 页;关保英主编:《行政处罚新论》,中国政法大学出版社 2007 年版,第 30~31 页。

有关权利救济的途径。"① 此外,笔者认为要实现当事人的程序权利,还必须进一步完善权利实现的配套操作规定及明确侵犯程序权利的法律后果。有判例体现了权利保障原则而且体现的是实体权利的保障。

案例2.19 沈乃璋诉义乌市国土资源局行政处罚案

该案中,法院认为:涉案土地已符合土地利用总体规划且被上诉人的旧房已由溪田村委会收回,现被处罚的房屋是被上诉人在农村的唯一居住用房,但上诉人在重新作出处罚决定时未综合考虑上述情况,对涉案房屋作出"没收"的处罚不妥。②

案例2.20 冯某某诉上海市公安局浦东分局行政处罚案

该案中,法院认为:原告虽然未取得机动车驾驶证驾驶机动车,但其系为了生活、生产需要使用电动三轮车,且系初次查获,根据原告违法行为的情节、造成的社会危害性,被告在交通警察支队对原告的上述违法行为已经作出过罚款处罚的情况下,根据《道路交通安全法》第99条第2款规定,对其并处行政拘留5日的处罚决定与原告的违法情节不相适应,属于适用法律错误,应予撤销。③

根据《行政处罚法》等规定,当事人在行政处罚过程中享有获得通知权、陈述权、申辩权、复议、诉讼、申诉等救济请求权等多项程序性权利,而且有些权利环环相扣,其中一项权利没有得到保障,直接影响下一项或几项权利的实现。如行政处罚之前没有向当事人送达处罚告知单,那么其就无法行使陈述、申辩权。再如行政处罚主体在执法中不向当事人履行告知执法人员身份的义务,那么其就无法享有申请回避的权利。而"对相对人程序权利的确认、尊重和保障,能够有效地驱使行政处罚权运作的理性化,从而增强行政处罚决定的可接受性"。④ 具体来说,权利保障的必要性体现在:(1)从行政处罚的权源来说,行政处罚权源于人民的权利让渡,系一种间接民主管理方式,而某些权利为让渡的保留,属于直接民主的范畴,一般来说行政处罚过程中当事人的某些重要程序权利如陈述、申辩权笔者认为属于一种直接民主权利,法律即便不规定当事人也应当享有,而且处罚事关剥夺、限制其人身财产权利或义务的增加(紧急情况或微小权益等情形可例外),理应允许其参与

---

① 姜明安主编:《行政法与行政诉讼法》,法律出版社2006年版,第182页。
② 浙江省金华市中级人民法院(2013)浙金行终字第112号行政判决书。
③ 上海市浦东新区人民法院(2013)浦东初字第28号行政判决书。
④ 杨海坤等:《中国行政法基本理论研究》,北京大学出版社2004年版,第265页。

该过程;(2)从行政处罚的目的来说,权利保障可以使"违法行为人和相关人受到教育"[1];(3)从行政处罚的性质来看,行政处罚是对当事人的最严厉的外部行政制裁。未经申辩,不听取意见就处罚有悖公正;(4)从行政法律关系来看,在行政处罚中行政机关处于优势地位,可以凭借权力处罚,不可避免地存在主观性和差错率,因此需要赋予当事人用以保护自身合法权益的救济权利;(5)从行政监督机制来看,赋予当事人程序权利,能促进行政机关依法行政。[2]

如果从保障当事人程序权利的角度出发,权利保障原则的具体要求主要体现在以下九个方面:

第一,获得通知权。

获得通知权是指相对人的合法权益可能遭到行政处罚主体权力行使的不利影响时,享有获得行政处罚主体及时通知的权利。现代行政程序的核心是"参与",只有亲身参与到行政程序的过程之中,相对人才能更好地与行政处罚主体交涉,从而更好地维护自身合法权益。然而,参与的前提是相对人已经知晓行政程序的发动。因此,及时获得行政处罚主体的通知对于相对人能否参与行政程序来说至为关键。与获得通知权有关的三个附随问题是:通知的时间、内容及方式。(1)通知必须在法定或合理的时间内进行。根据《行政处罚法》第64条规定,行政机关应当在听证的7日前,通知当事人举行听证的时间、地点。(2)通知必须包含与相对人权益有关的充分信息。根据《行政处罚法》第44条规定,行政机关在作出行政处罚决定之前,应当告知当事人作出行政处罚决定的事实、理由及依据,并告知当事人依法享有的权利。根据《行政处罚法》第55条规定,行政机关在调查或者进行检查时,应当主动向当事人出示执法证件。(3)通知应当以适当的方式直接送达相对人。鉴于通知在行政程序中的重要性,原则上行政处罚主体应当采取直接送达的方式,确保相对人能否及时收到通知,只有在直接送达确实难以进行的时候,才能够依法采取其他通知方式。

第二,陈述权。

根据《行政处罚法》第7条、第45条的规定,当事人享有陈述权。陈述权是指相对人在参与行政程序的过程中,享有向行政处罚主体就案件陈述事实并发表自己看法的权利,目的在于影响案件的处理。陈述既可以书面形式进行,也可以口头方式进行,既包括对案件事实的认可或否认,也包括对行政处罚主体未发现事实的补充。同时还包括对行政处罚主体适用法律的看法。

---

[1] 肖峋等:《行政处罚法实用问答》,中国社会出版社1996年版,第60页。
[2] 参见杨解君主编:《行政法学》,中国方正出版社2002年版,第289页。

第三,申辩权。

根据《行政处罚法》第7条、第45条、第63条的规定,当事人享有申辩权。申辩权是指相对人针对行政处罚主体所提出的不利指控,享有依据其掌握的事实和法律进行辩解和反驳的权利。行政处罚决定的作出,必须建立在事实认定清楚、法律适用准确的基础之上。否则,行政处罚决定的公正性及可接受性就无法维系。而事实清楚、法律适用准确的前提就是双方能够进行充分的质证、辩论之后,行政处罚主体在"兼听"的基础上才可能得出比较客观准确的判断,其随后作出的行政处罚决定也就更容易获得相对人的内心认同。

案例2.21　李晓云诉宁德市公安局蕉城分局行政处罚案

该案中,法院认为:《行政处罚法》第41条规定:"行政机关及其执法人员在作出行政处罚决定之前,不依照本法第31条、第32条的规定向当事人告知给予行政处罚的事实、理由和依据,或者拒绝听取当事人的陈述、申辩,行政处罚决定不能成立"。本案在原告要求陈述和申辩的情况下,被告没有听取陈述和申辩就送达处罚决定书,可视为拒绝听取当事人的陈述和申辩,行政处罚决定不能成立。①

但有些法院却认为行政处罚主体在行政处罚告知单中未告知陈述权、申辩权仅为程序瑕疵,笔者认为该结论是不正确的。

案例2.22　赵旭峰诉平阳县公安局交通警察大队行政处罚案

该案中,法院认为:根据2008年修订的《道路交通安全违法行为处理程序规定》第42条规定,适用简易程序处罚的,要口头告知违法行为人违法行为的基本事实、拟作出的行政处罚、依据及其依法享有的权利。被上诉人通过手机短信的方式告知了上诉人违法行为的基本事实,虽未能提供证据证明其已完全履行上述其他事项的告知义务,但鉴于上诉人已实际行使陈述、申辩权,其实体权利未受影响,被上诉人未完全履行告知义务属于程序瑕疵。②

---

① 福建省宁德市中级人民法院(2007)宁行终字第19号行政判决书。参见国家法官学院、中国人民大学法学院编:《中国审判案例要览(2008年行政审判案例卷)》,中国人民大学出版社、人民法院出版社2009年版,第175~181页。

② 浙江省温州市中级人民法院(2013)浙温行终字第72号行政判决书。

第四,举证权。

虽然《行政处罚法》没有明确规定当事人享有举证权,但该法第7条、第45条、第63条关于陈述权、申辩权的内容里面已经隐含了举证权的意思,但举证权并不能为陈述权、申辩权所完全涵盖。笔者认为,相对人在整个行政处罚过程中特别是在行政处罚决定做出之前都享有举证权,如果相对人在处罚决定做出之前因为正当理由未能及时举证的,允许在事后的相关程序中举证,同时,相对人在执行过程中还可以通过举证权的行使来主张执行异议权。

第五,申请权。

申请权是指相对人就自身的权益向行政处罚主体提出请求的权利。这种请求权虽是程序性的,但其目的却可以是多样的,如请求得到某种实体权益、请求进入某种程序等。因此,申请权实际上是一类权利,主要表现为:(1)申请书面复核权。根据《行政处罚法》第45条,当事人有权进行陈述和申辩。行政机关必须充分听取当事人的意见,对当事人提出的事实、理由和证据,应当进行复核。(2)申请听证复核权。根据《行政处罚法》第63条规定,行政机关作出责令停产停业、吊销许可证或者执照、较大数额罚款等行政处罚决定之前,应当告知当事人有要求举行听证的权利;当事人要求听证的,行政机关应当组织听证。(3)申请回避权。根据《行政处罚法》第43条规定,执法人员与当事人有直接利害关系的,应当回避。该条文虽然没有明确规定相对人的申请回避权,但蕴含了这个意思。(4)申请处罚执行变通权。根据《行政处罚法》第66条规定,当事人确有经济困难,需要延期或者分期缴纳罚款的,经当事人申请和行政机关批准,可以暂缓或者分期缴纳。

第六,委托代理权。

委托代理权是指相对人在参与行政处罚程序的过程中,有权委托代理人代为主张权利、参与有关活动的权利。相对人亲自参与程序虽然能够有效维护自身合法权益,但考虑到有的程序复杂性、专业性比较高,而且比较费时费力,鉴于此,基于便民原则及更好地维护相对人权益等原因的考虑,除了某些必须亲身参与的环节以外,相对人可以委托代理人代为参与。如《行政处罚法》第64条就规定了当事人可以委托1至2名代理人代为参与行政处罚听证程序。

第七,卷宗阅览权。

卷宗阅览权是指相对人有权向行政处罚主体申请并依照法定程序查阅了解自己所涉及的案件材料及其他相关信息的制度。保障相对人卷宗阅览权是实现相对人参与行政程序、有针对性地提出陈述、申辩、听证申请及影响行政处罚决定形成、有效救济自身合法权益的前提条件。

案例 2.23　袁裕来诉北仑海关不履行职责案

该案件就是一起因为卷宗阅览权纠纷引发的诉讼案,该案中,法院认为:根据《律师法》的立法目的和有关规定,作为职业律师的原告袁裕来接受鼎升公司的委托为听证代理人,其享有法律规定的独立的执业权利,故原告具有对被告拒绝提供材料查阅、复制的行为提起行政诉讼的资格。被告不同意原告查阅、复制材料的依据是《海关关于当事人查阅行政处罚案件材料的暂行规定》第 5 条和第 6 条的规定,这两条规定明确了被告可以通过审查当事人及其委托人提供的书面申请,从而进一步确定查阅范围等事项的职权,该规定符合行政管理在文书手续上的基本要求,属于程序意义上的制度设置,故并未对当事人及其委托人查档的实体权利进行否定,所以《海关关于当事人查阅行政处罚案件材料的暂行规定》并未与《行政处罚法》所确立的"公开原则"相违背,也不存在与海关总署之后制定实施的《海关关务公开办法》相互抵触的情形,故原告在未符合《海关关于当事人查阅行政处罚案件材料的暂行规定》所规定的申请条件以及被告已经及时告知原告不予同意的理由并提供依据的前提下,原告要求被告提供材料查阅、复制的诉讼请求难以成立,本院不予支持。①

第八,拒绝权。

拒绝权是指相对人在行政处罚程序的进行过程中,享有拒绝服从明显违反法定程序而作出或执行行政处罚决定的权利。就本质而言,拒绝权属于程序抵抗权的一种。在大陆法系国家和地区的行政法学理上,相对人的程序抵抗权是行政行为无效的法律后果之一,无效制度"实际上是在法律上赋予人们直接根据自己对法律的认识和判断,公开无视和抵抗国家行政管理的权利"。② 一般认为,对于具有重大而明显瑕疵的行政行为,相对人无须等到有权机关予以撤销即可实施"正当防卫"——拒绝合作、不予配合。如我国《行政处罚法》第 70 条规定:"行政机关及其执法人员当场收缴罚款的,必须向当事人出具国务院财政部门或者省、自治区、直辖市人民政府财政部门统一制发的专用票据;不出具财政部门统一制发的专用票据的,当事人有权拒绝缴纳罚款。"该法第 77 条规定:"行政机关对当事人进行处罚不使用罚款、没收财物单据或者使用非法定部门制发的罚款、没收财物单据的,当事人有权拒绝……"此处的"拒绝缴纳罚款""拒绝处罚"就是我国立法对公民程序抵抗权的初步认可,实现了其由应有权利向法定权利的飞跃,标志着相对人主体性

---

① 浙江省宁波市中级人民法院(2006)甬行初字第 3 号行政判决书。
② 于安:《德国行政法》,清华大学出版社 1999 年版,第 127 页。

的回归。①

案例 2.24 姚正喜诉新疆维吾尔自治区阿克陶县烟酒专卖事业管理局行政处罚案

该案中,法院认为:被告的工作人员在对原告进行行政处罚时未出示行政执法证件,收取罚款时未出具财政部门统一印发的罚款收据,且在未作出处罚决定的情况下,即强行搬走六箱酒,这些行为亦均属违法。②

第九,行政救济权。

《行政处罚法》第 7 条规定:"公民、法人或者其他组织对行政机关所给予的行政处罚,享有陈述权、申辩权;对行政处罚不服的,有权依法申请行政复议或者提起行政诉讼。公民、法人或者其他组织因行政机关违法给予行政处罚受到损害的,有权依法提出赔偿要求。"该法第 75 条第 2 款规定:"行政机关实施行政处罚应当接受社会监督。公民、法人或者其他组织对行政机关实施行政处罚的行为,有权申诉或者检举;行政机关应当认真审查,发现有错误的,应当主动改正。"此外,相对人还应当享有执行异议权、补偿权等救济权利。③

六、职能分离原则

(一)处罚设定与实施机关分离

行政机关既设定行政处罚,又实施行政处罚,是行政处罚在种类上、幅度上、实施主体上、处罚程序上存在问题的主要原因。行政处罚根据行政处罚权的不同内容将其分解为设定权及实施权。即行使行政处罚权的行政机关原则上不实施行政处罚,而实施行政处罚的行政机关原则上也无权设定行政处罚。实行处罚设定与实施机关相分离的制度能在一定程度上避免运动员为自己制定规则的情形出现。

---

① 参见章志远:《行政法上的公民拒绝权研究——以人权三种存在形态理论为分析视角》,载《苏州大学学报》2010 年第 3 期。
② http://www.lawyee.org/Case/Case_Display.asp? ChannelID = 2010100&RID = 13832& keyword = ,最后访问日期:2013 年 1 月 30 日。
③ 参见应松年主编:《行政处罚法教程》,法律出版社 2012 年版,第 57~64 页。

(二)查审分离

查审分离即针对较大案件或普通程序的处罚案件现场检查、调查取证及案件审理、裁处的职能分别由不同的机构及人员来行使,保障当事人合法权益不受侵犯的制度。查审分离制度的意义在于:(1)可以防止由一方将案件跟到底,形成先入为主的处理意见;(2)可以发挥各自的专业优势,调查人员致力于如何发现案件、收集证据,而审理人员则致力于发挥查缺补漏、审查把关的法制职能作用;(3)职能分离可以实现权力制衡、互相监督,以有效减少执法差错和降低廉政风险。

应当指出,在行政处罚实践中如果过多地适用审理部门对调查部门查办的案件提前介入或联合办案都是一种违背查审分离制度的做法,应当将此类情形的适用控制在一个合理适度的范围。

案例2.25 叶超梅诉北海市国土资源局行政处罚案

该案中,法院认为:根据《国土资源违法行为查处工作规程》第10.1条审理基本要求"承办人员提交《国土资源违法案件调查报告》后,执法监察工作机构或者国土资源主管部门应当组织审理人员对案件调查报告和证据等相关材料进行审理。审理人员不能为同一案件的承办人员"的规定,在同一案件中,审理人员不能与承办人员为同一人。本案中,《立案呈批表》《违法案件调查报告》显示行政处罚案件的承办人员是林源、吴小蓓,但《违法案件审理记录》显示吴小蓓既是审理(会审)人员也是承办人员,违反了该工作规程的规定。依法应予以撤销。①

(三)调查与听证人员分离

调查、听证人员分离是指行政处罚案件如果需要听证的,必须由非本案的调查人员的审理部门人员担任听证主持人。根据《行政处罚法》第64条的规定,听证应当由行政机关指定的非本案调查人员主持。

案例2.26 江思洪诉潜江市卫生和计划生育委员会行政处罚案

该案中,法院认为:本案中,被告卫计委收到原告江思洪申请听证的书面材料

---

① 广西壮族自治区北海市中级人民法院(2018)桂05行终53号行政判决书。

后,只提前了一天通知原告江思洪听证时间、地点,并指定本案调查人员郭华担任听证会的主持人。被告卫计委作出的处罚决定程序违法,应予撤销。①

(四)原审与再审人员分离

如果一个行政处罚案件在处罚决定做出后由行政处罚主体决定按照审理监督程序或申诉程序对该案件重新审理的,原审理人员不得担任再审人员。申言之,该程序还应包括一种情形:经当事人陈述、申辩后行政处罚主体决定对经处罚告知的案件进行复核,原审人员不得担任复核人员,但履行简易程序经原审人员当场复核的除外。

(五)罚缴分离

罚缴分离即作出罚款决定的行政处罚主体与直接将罚款收取上缴的单位相分离。根据《行政处罚法》第67条规定:"作出罚款决定的行政机关应当与收缴罚款的机构分离。除依照本法第68条、第69条的规定当场收缴的罚款外,作出行政处罚决定的行政机关及其执法人员不得自行收缴罚款。当事人应当自收到行政处罚决定书之日起15日内,到指定的银行或者通过电子支付系统缴纳罚款。银行应当收受罚款,并将罚款直接上缴国库。"

案例2.27　重庆市云阳车辆配件厂诉重庆市巴南区技术监督局行政处罚案

该案中,法院认为:区技监局于2000年11月1日对云阳配件厂作出的行政处罚决定之前,两次收取云阳配件厂的罚款人民币5万元和扣押云阳配件厂的桑塔纳2000型时代超人小轿车一辆折抵罚款20万元的行为,违反了《行政处罚法》的规定和程序,在行政处罚决定未作出之前收缴罚款既无收缴罚款的执行依据即行政决定亦无法律规定,并且违反了《行政处罚法》第46条规定的作出罚款决定的行政机关应当与收缴罚款的机关分离的规定。因此,属处罚程序严重违法。②

---

① 湖北省潜江市人民法院(2015)鄂潜江行初字第00005号行政判决书。
② http://www.lawyee.org/Case/Case_Display.asp? ChannelID = 2010100&RID = 26999& keyword = ,最后访问日期:2013年11月8日。

七、一事不再罚原则[①]

（一）一事不再罚原则的理论、规则及例外

1. 一事不再罚原则的理论基础[②]

第一，人性尊严。

对于违法当事人来说，国家公权力制裁手段应是一体的，公民不能因一次违法而长期反复地受到惩处，否则人性尊严难以得到维护。我国台湾地区有学者甚至将"人性尊严"视为"所有行政法制之最高指导原则"，理由为"人本身即为最高价值"，而"一切人类社会法制皆应以实践人性尊严为目标"。[③] 康德认为先于国家而存在之人，应为国家之目的。如今，人性尊严已被视为宪法上之最高价值。[④] 联系大陆法制，笔者认为允许对一行为多次惩处从根本上违反了我国《宪法》第38条规定的"中华人民共和国公民的人格尊严不受侵犯"。

第二，自由权。

如果允许一事再罚，必定影响公民自由权的行使，导致公民基本自由权无从保障，而且这种影响是随时存在的，并不受追究时效制约。因此，笔者认为允许对一行为多次惩处从根本上违反了我国《宪法》第33条第3款规定的"国家尊重和保障人权"。纵观人类发展史，国家对待基本人权的态度实质上成为判断国家是否民主与文明的主要标志。法治首先是保护个人权利、自由和合法利益的手段，以防止受到来自国家、国家机关的个人专断及其他公民违法行为的侵害。[⑤]

第三，比例原则。

一事不再罚即系基于对行为人的违法行为作出充分且不过度、不重复之评价而来。[⑥] 就目的之达成而言，当公民之行为既已受到国家之处罚，则就该违法行为

[①] 需说明的是：这里研究的一事不再罚范围限于行政处罚之后再作行政处罚及刑事处罚之前或同时或之后作行政处罚两种情形。

[②] 有学者认为一事不再罚原则的价值目标主要体现在两方面：一是对可能膨胀的公权力——行政权进行约束来保障公民个人权利的行使；二是使行政活动具有较高的效率。参见袁森庚：《从法理层面对一事不再罚原则的认识》，载《江苏社会科学》2003年第2期。对此，笔者表示赞同，但本文主要从上述第一个方面阐述该原则的理论基础。

[③] 黄桂兴：《浅论行政法上的人性尊严理念》，载城仲模主编：《行政法之一般法律原则》（一），台北，三民书局1999年版，第26页。

[④] 参见赖建豪：《一行为不二罚原则在行政罚上之适用》，台湾淡江大学2008年硕士学位论文。

[⑤] 参见刘春萍：《俄罗斯联邦行政法理论基础的变迁》，法律出版社2006年版，第69页。

[⑥] 参见钟瑞兰：《行政罚法中一行为不二罚原则适用之研究》，台湾大学2007年硕士学位论文。

应已达到处罚及赎罪之目的,若再施以新的处罚,将超过达到处罚目的之必要程度。就手段与目的间之比例而言,单一行为受到双重处罚,在行为与处罚之间亦不成比例。① 因此,允许一事再罚一定程度地违反了《行政处罚法》第4条第2款明确的比例原则,即"设定和实施行政处罚必须以事实为依据,与违法行为的事实、性质、情节以及社会危害程度相当"。

第四,法安定性原则。

法安定性之要求,可表现在判决之确定力与行政处分之存续力上,在法治国原则中,亦肯定判决确定后即生法安定性,不宜任意破坏。② 而且,基于"法律和平"之要求,禁止国家在合法程序所为之制裁,任意地甚至在较长时间后再度提起或在内容上予以变更。易言之,只有当国家之制裁在程序上结束后获得终局确定,才会具有权威。允许一事再罚对法安定性原则必将构成伤害,法律社会生活将呈不稳定状态,公民内心必定忧惧惶恐而难以安宁,其自由将受到较大侵害。有学者也指出:"法的安定性要求缘起于它的深层次需求(如对自然法则之理念的需求):这种需求渴望将现实既定的纷乱纳入秩序之中,渴望对纷乱有事先的防范,并使之在人的控制之内"。③ 实质正义绝不可能导致事实上的法律和平,虽然再罚之本意是为了追求实质正义,但由于人性之不圆满而导致实质正义永远无法达到,只能无限接近,而公权力不能不讲诚信、不顾效率、反复地对同一行为再给予处罚或撤销此前有瑕疵的处罚而给新的处罚,如万一需要这样得有异常充分的理由和非常严格的限制,否则将破坏法的安定性。而且,基于人性尊严及人格自由发展之权利来考量,一事不再罚原则也体现了对违法者的保护,否则公民就将被沦为可随时任意处置的公权力客体。因此从这个意义来说,法的安定性甚至比实质正义还要居于优越地位。

第五,诚实信用原则。

诚实信用原则原为私法领域的一项道德性准则,民众与国家实质上也是一种契约关系,所以诚实信用原则在行政法领域也有存在空间,一事不再罚原则正是这种精神的体现。④ 因为制裁本身不能成为执法的终极目的,其只能成为促进公民规范自身行为和追求个人自由、权利和幸福的手段,而针对同一行为反复施以处罚则

---

① 参见洪家殷:《行政罚法论》,台北,五南图书出版股份有限公司2006年版,第128页。
② 参见邵曼璠:《论公法上之法安定性原则》,载城仲模主编:《行政法之一般法律原则》(二),台北,三民书局1999年版,第306页。
③ [德]古斯塔夫·拉德布鲁赫:《法律智慧警句》,舒国滢译,中国法制出版社2001年版,第17页。
④ 参见朱新力:《论一事不再罚原则》,载《法学》2001年第11期。

容易将手段异化为目的,因此允许一事再罚也违背了以善意和公平[1]为核心内容的诚实信用原则。

第六,信赖保护原则或合理期待原则。

公民在接受国家公法制裁之后会产生相信自己不会因为同一行为再受到追究的信赖利益[2]或合理期待,对这种投诸国家的合理信赖或期待应予保护,故此时亦有信赖保护原则或合理期待原则之适用。

2. 一事不再罚原则例外之规制

由于几种公权力制裁手段之间功能、目的皆有不同且存在法律衔接不紧密周延的问题,如果过于绝对地强调一事不再罚原则有可能造成公法制裁之某些国家目的有落空之虞,更何况某些行政处罚除制裁外还有制止或预防、矫正违法的直接功用。而从法安定性角度思考,如果能同时作出多次处罚或在比较短的时间内相继作出,那么对于法安定性的侵害将较小。而且某些适切的法律条文基于某种法律观点,在处罚裁决时自始未纳入考量及评价范围的话,此时对违法行为未评价部分再行处罚,可以说对信赖保护原则的违反程度较低。而从追求实质正义的角度出发,如果再罚是为了维护明显较大公益,从处罚目的、处罚必要及处罚程度上衡量也不违反比例原则时,可允许有条件的再罚。我们必须看到,法的安定性、信赖保护、诚实信用原则、比例原则等并非绝对的最高价值,这些价值在与实质正义等价值冲突时必须在个案中进行利益权衡,如果后者为大时得允许再罚的例外情形存在。因此笔者认为,应坚持相对的一事不再罚原则,而允许有严格限制的例外情形存在。[3] 一事不再罚原则是指在法律明文规定允许再罚的情形之外,对一个行为只

---

[1] 其中"善意",要求公权力的行使应顾及相对人权利;而其中"公平",则要求公权力在行使过程中必须保证公共利益和相对人权益之间实现一种适当的平衡,达到结果的公正。参见闫尔宝:《行政法诚实信用原则研究》,人民出版社2008年版,第194页。

[2] 我国台湾地区有学者认为,信赖利益保护不仅在授益处分上适用,于负担处分上亦可能发生。其认为主要有两种情形:一是违法负担处分,由一对人民更不利之合法处分所取代。二是相对人由于遵守处分内容,已消费或处置标的物,以致无法或很难再回复。参见吴坤城:《公法上信赖保护原则初探》,载城仲模主编:《行政法之一般法律原则》(二),台北,三民书局1999年版,第253~254页。笔者基本赞同上述观点,但认为就同一行为在依法科处相对人处罚的基础上再予行政处罚的情形下也存在信赖利益保护的问题。

[3] 根据《行政处罚法》第28条、《道路交通安全法》第101条第1款规定可知,我国大陆立法机关针对行政处罚与刑事处罚可否同时追究的问题是持合并适用的态度,但具体适用情形及相关程序并不明确。学界关于此问题亦有选择适用、附条件并科、合并适用三种观点。而关于行政处罚与行政处罚之间是否允许再罚的问题,根据《行政处罚法》第24条可知,我国大陆关于一事不再罚原则就立法来说仅为一事不再罚款原则。但学界就此问题的争论并未停止,如关于不同处罚主体对同一违法行为可否再罚?赞同者的理由在于维护各种行政管理秩序的必要性。而反对者的理由则是从过罚相当、处罚公正、被处罚人权利保障及控权、提高行政效率的角度来说的。

能给予一次公法上的外部制裁。笔者认为关于例外的规制具体应为:

第一,允许再罚的情形应在法律中明文限制在以下较窄的范围。也即当行政处罚与刑罚发生竞合时应以择一主义(吸收主义)为原则,以并处主义为例外。笔者认为刑罚之后再予行政处罚的范围应仅限于:资格罚①、对屡犯的声誉罚(如通报批评或公布"黑名单")、对特定危险行为②(指行为人的生产、活动、行为本身或者其产出物具有危险性、损害性、污染性、危及生命、健康、环境安全或公共安全的,如生产危及生命、健康的假药劣药或建造、利用危险建筑物等)的行为罚③及声誉罚、对违禁品④、特定违法媒介物⑤的没收处罚。罚款、没收违法所得和拘留这三种罚种无论如何都不能纳入再罚范畴。而行政处罚之后再予刑罚应无罚种的特别限制,但可能会发生要求行政机关撤销此前的行政处罚或实施折抵等情形。

第二,在程序上一般应坚持刑事程序优先,即发现有犯罪嫌疑的应中止行政处罚程序,移交刑事部门办理,但特殊情形⑥除外。如果先对涉嫌犯罪的案件作行政处罚后再将其移交给司法机关追究刑事责任的,原则上应当先撤销先前的行政处罚。⑦ 如《德国违反秩序罚法》不允许针对同一行为在作出行政处罚后再追究刑事责任,也不允许采取罚款、行政拘留折抵相应刑事责任的变通做法。该法第84条明确,具法确定力罚锾判决,不得对同一行为以犯罪行为追诉。而如果对一个行为需要追究刑事责任但已经被行政处罚的情形,《德国违反秩序罚法》第102条第(2)项明确:"依第86条第(1)、(2)项之规定,在刑事诉讼程序中,应废弃科处罚锾之裁决者,此项决定应由法院补充为之"。德国有观点认为还有两种情形属于刑事优先原

---

① 笔者认为,资格罚是指已经取得行政许可的相对人,因违法行为而被行政处罚主体依法予以吊销、中止或限制许可的处罚。

② 对特定危险行为的处罚可归入行为罚一类,当然处予资格罚的违法行为内也可能存在致险的情形,而且是在对特定危险行为缺乏预防或排除危险的有效强制措施的情形下才应及时予以处罚。

③ 这里所说的行为罚,是指行政处罚主体科处当事人惩罚性的作为义务负担或令其在一定期限、一定范围内不得从事某项活动的不作为义务负担,但不包括对已经取得许可资格处以的资格罚。而后文观点中的行为罚是指行政处罚主体针对某特定行为作出的处罚,其中"行为"专指不发生实际偷漏税款后果的行为,请读者注意区别。

④ 指禁止进出口、流通、使用或持有的违法货物、物品。

⑤ "媒介物"一词系参照美国法规的专有名词,笔者认为该名称较之"违法工具"更科学,比如专门利用出租屋违法,我们很难将其归入违法工具,但用"媒介物"则可涵盖。美国甚至将租借而来从事某些违法活动的不动产也作为"媒介物"予以没收。参见蔡震荣等:《行政罚法逐条释义》,台北,新学林出版股份有限公司2008年版,第38页。

⑥ 关于特殊情形的具体阐述请参见本章倒数第二段内容。

⑦ 因为从实体上来看,刑事责任与行政处罚责任的目的、功能及严厉程度均有较大差异,不得互相代替,行政处罚机关无权决定犯罪行为的惩处,而法院一般也无权决定行政违法行为的惩处。而从程序上来看,司法机关并不参与行政处罚程序,同时行政主体的裁罚权亦有其内在界限,且刑事程序较为严谨,其程序正当性显较行政处罚程序为高。

则之例外:其一,当违反行政法上义务行政罚构成要件可认其系犯罪之刑罚构成要件之特别规定时,行政罚优先适用;①其二,如法律先就某一行为设刑罚规定,其后又设与刑罚规定相同之行政罚规定,则亦可依后法优于前法之原则,适用行政罚。②虽然《行政处罚法》第 35 条规定:"违法行为构成犯罪,人民法院判处拘役或者有期徒刑时,行政机关已经给予当事人行政拘留的,应当依法折抵相应刑期。违法行为构成犯罪,人民法院判罚金时,行政机关已经给予当事人罚款的,应当折抵相应罚金。行政机关尚未给予当事人罚款的,不再给予罚款。"既然法律允许罚款、拘留和罚金、拘役或者有期徒刑折抵,那似乎就可以推出启动刑事诉讼程序并不以撤销行政处罚决定为前提条件。又如,《行政执法机关移送涉嫌犯罪案件的规定》第 11 条第 2 款规定:"行政执法机关向公安机关移送涉嫌犯罪案件前已经作出的警告、责令停产停业、暂扣或者吊销许可证、暂扣或者吊销执照的行政处罚决定,不停止执行。"不过,若从"越权无效"理论角度看,司法机关如要求行政机关先行撤销作出的行政处罚决定,然后再移送司法机关追究刑事责任,并非没有说服力。实务中也并非没有这样的个案。如 2006 年 5 月,张某因无证运输卷烟,案值 26000 元左右,被某市烟草部门以无证运输卷烟作出行政处罚决定。后查明张某于 2003 年 3 月、7月曾因无证运输卷烟,被烟草专卖主管部门处罚两次,两次案值分别都在 13,000 元左右。某市检察机关根据《关于办理假冒伪劣烟草制品等刑事案件适用法律问题座谈会纪要》中关于非法经营烟草制品行为适用法律问题的规定,认为张某 2006 年 5 月的无证运输卷烟行为已经触犯《刑法》第 225 条,应以涉嫌非法经营罪追究刑事责任,要求烟草专卖机关撤销 2006 年 5 月对张某作出的行政处罚决定,追究其刑事责任。③

第三,应设立一个行政处罚再罚协调部门,但其本身并无处罚权。可考虑设置在地方政府的法制办或法制局。应允许第一个发现并有权处罚的主体(以下简称初罚主体)对违法行为予以处罚,因为等待把所有有权处罚的主体召集来协调完毕之后再考量用从一重处断或别的方法确定处罚主体,可能调查取证时机早已丧失。而且均采取从一重处断的方法会使某些特别法几无适用之机会,因此笔者认为此论并无实际可操作性。初罚主体处罚过程中,认为有可能存在需要其他主体再罚情形的应在立案后及处罚决定书制发后的一定时间内区分为这两个阶段将必要的

---

① 如我国《刑法修正案(八)》第 27 条明确规定,1 年内曾因走私被 2 次行政处罚后又走私的,应追究刑事责任。此时前 2 次行政处罚即成为在第 3 次走私行为案发后认定行为人走私犯罪的构成要件要素,作为前提问题必须优先处理。
② 参见林锡尧:《行政罚法》,台北,元照出版有限公司 2005 年版,第 49~50 页。
③ 参见章剑生:《违法行政法义务的责任:在行政处罚与刑罚之间——基于〈行政处罚法〉第 7 条第 2 款之规定而展开的分析》,载《行政法学研究》2011 年第 2 期。

基本材料送交协调部门,由协调部门考量是否存在还需要作出上述资格罚或没收违禁品等特定处罚而未作出的情形,再在一定期限内移交给有权部门。同时要明确规定定期对移交工作进行监督检查,如果移交不及时或不移交导致无法追究其他处罚责任时,要区分情形追究初罚主体或协调部门的法律责任。同时再罚部门是罚还是不罚及再罚的有关决定及法律文书,以及协调部门向再罚主体的移交情况或认为不存在需要再罚情形的也应及时反馈初罚部门。刑事案件在立案及追究刑事责任之后也应参照以上程序,在一定时间内分两次将必要的基本材料或已生效的法院追究刑事责任的判决书送交协调部门,由协调部门考量,如果属于需要先作行政处罚的则应移交有关部门作出,如果不属于则只能考虑事后行政再罚。当然综合执法也是一条路径,但终归有法律地位不明确、责任归属不明晰及联合处罚范围有限等弱点,不能从根本上解决问题。

第四,再罚一般只能一次,但特殊情形可例外,但必须符合比例原则、信赖保护原则等法律原则。

3. 行为数的认定标准

"一事"或"一个行为"系指一个法律意义上的行为,即符合法律规定构成要件的行为,该违法行为可能因为违法意识的中断、受到改正之命令或限期改正之命令[①]或被查获、时间的中断、空间或距离的中断而中断。既包括违反一种行政法律规范中不同条文的违法行为,也包括违反几种行政法律规范的违法行为,还包括违反刑法的犯罪行为。此外,对某些专属性重大法益的侵害可因违反的义务、侵害的法益或被侵害人均属于可量化个数而成立数行为。而且,法律亦可将动作的可量化次数拟制为多个行为,如我国台湾地区"食品卫生管理法"第32条明确"对其违规广告,并得按次数连续处罚"。反观前述我国大陆及台湾地区提出的行为数的几种认定标准则各有其缺陷,如主观过错行为说,笔者认为该说过于关注主观过错,无疑使客观行为要件沦为较次要的地位,且无法解释结合犯等情形;而构成要件说也无法解释法规竞合、连续行为等情形;条件制约说脱离法律拟制及违法意识等重要前提来谈易流于空幻;时空过错行为说则脱离了实定法及构成要件理论。还有学者提出,应先确定一罚或多罚之后再来判定是一行为还是多行为,该说貌似合理,实际

---

① 受到限期改正之命令的情形仅适用于继续行为,在该情形下应以改正期限届满之时为中断标志。参见胡锦光:《行政处罚研究》,法律出版社1998年版,第134~135页。有的案件应当当事人改正期限而不给,紧接着就进行第二次处罚,是不妥当的。如王孝生诉广元市公安局交警支队案中,交警部门在对驾驶无牌照摩托车的王孝生处罚之后,第二天又对他进行处罚,有学者认为应当给王孝生一定期限去补领牌照,在此期间不应再处罚同类行为,笔者对此表示赞同。参见高文英:《从一起交通处罚案谈"一事不再罚原则"的适用》,载《公安大学学报》2002年第3期。

上是倒果为因,不具逻辑理性。① 我国台湾地区的自然行为说也脱离了法律拟制及构成要件理论等重要前提,故不可取,法律行为说的缺陷与前述构成要件说类同。笔者主张对上述多种学说作进一步改造,提出以法律行为说或构成要件说为基础的行为数的综合认定标准。详言之,笔者认为就如何认定行为数应考虑以下因素:

第一,应遵循有关拟制行为个数的法律规定,并以违法构成要件为行为数的判定基础。

如有法律拟制的情形存在,应遵其规定,并以违法构成要件为行为数的判定基础。如法律规定将每6分钟及以内的超速视为一个违法行为,超过6分钟则开启第二个违法行为,那么连续12分钟的超速,则应认定为两个违法行为。此外,符合数个构成要件或违反数个法定义务的情形还需要看对一个违法行为的法律评价是否已经包含了对另一违法行为的法律评价。如果能得出肯定结论,则原则上应认定为一行为。如为了实现强拿硬要之目的而实施了追逐、拦截他人且强拿硬要行为的虽然同时违反了《治安管理处罚法》第26条第(2)项及第(3)项规定,但对追逐、拦截他人行为的法律评价已经包含在对强拿硬要行为的法律评价当中,故应以一行为论处。

第二,在法律无明确规定的情形下应遵循有关立法目的、法律原则、政策、法理及社会通念。

如酒后驾车且超速行驶的,笔者认为应认定为两个行为。因为从立法目的来看,虽然禁止上述两行为总体目的都是预防和减少交通事故,保护人身安全,保护公民、法人和其他组织的财产安全及其他合法权益,但细究其两者的规制目的仍有差别,规定禁止酒后驾车是为了避免危险行为主体出现,而规定禁止超速行驶是为了避免行为主体的危险行为出现。而且,考察社会通念也可得出:酒后驾车并不一定伴随超速行驶,而超速行驶也不一定系酒后驾车所致,两者无必然联系。再从宽严相济的执法政策观之,对该类危险行为理应从严惩处。当然,如果法律规定:"行为人酒后驾车、超速行驶或者以其他危险方式驾驶的,应当处以……"笔者认为可考虑按一行为论处,因为此时法律已经明确将该两种方式评价为同质的危险方式。但目前我国《道路交通安全法》并未如此规定,而认为酒后驾车及超速行驶属两种不同质的违法行为,分别规定在第91条及第99条当中,且处罚力度亦有较大区别。但如果从时空紧密联系的角度观察,酒后驾车与超速行驶似乎又应认定为一行为。此时,认定行为数的两类规则发生竞合,笔者认为应当优先考虑有关立法目的、执

---

① 参见陈无风:《穿行于一罚与多罚之间——论"一事不再罚"原则之内涵》,载《行政法学研究》2006年第2期。

法政策及社会通念,故笔者仍认为构成两个行为。此外,一般法律原则及公认法理也是判断行为数应当充分考量的因素。

第三,应考虑受侵害的法益属性及个数、法益之间的重合性及包容性、行为人的违法主观状态。

我国台湾地区"劳工安全卫生法"第 5 条明确雇主有防止坠落、崩塌等之虞之作业场所引起危害的义务。如某雇主同时未给多数劳工此类保护,应视为多个行为。"否则未给予一位劳工安全设备,仅罚一个行政罚;未给予一百个劳工安全设备,亦属一个违反行政法义务行为,行为之价值轻重显然失衡"。[①] 对此,笔者认为上述法益应归属于生命、健康、名誉等类型的法益,由于其具有高度的个人专属性,宜认定上述行为系多个行为,应分别处罚。此时即便是出于单一或概括的故意针对不同对象而为具有时空紧密关联的数行为,亦不宜评价为一行为。而关于财产类的法益侵害是一行为还是多行为则不能一概而论。如盗窃财物后又毁坏的行为,由于实质上仅侵害一个财产所有权,被侵害的财产法益具有重合性,故应以一行为论处。而如果侵害了数个法益,是否成立数行为还须结合其他因素综合权衡。法益之间的包容性是指对法益的同一侵害过程中如果存在数种法益,其中一种法益被包容于另一种更大的法益之中的情形。如擅自发运行为侵害了海关监管货物的占有权,擅自转让行为侵害了海关监管货物的所有权进而侵害了国家税收或禁限管理,构成擅自转让行为很多时候也同时构成擅自发运行为,此时由于前者可包容于后者之中,即具备法益包容性,因此仅以擅自转让一行为论处。此外,违法主观状态即对违法行为及相关法益是持一个决意还是多个决意也是必须考量的因素。

第四,应考虑违法意识的中断情形、是否受到改正之命令或限期改正之命令或被查获等情形、行为的时间间隔、空间距离等紧密关联因素。

如行车超速虽然仅持续 1 分钟,但此时发生事故,行为人在停车查看后继续实施超速行为。笔者认为,即便没有法律拟制行为数的规定,亦应认为前一超速行为因为发生事故及当事人停车查看等动作而中断,其与后一超速行为已丧失时空紧密关联性,行为人的违法意识此时也已中断,而其主观状态也呈现出 2 个过错,故其后的超速应当认为已开启了第二个违法行为。

第五,应考虑是否构成继续行为、吸收行为、法规竞合。

一般认为,在法无特别规定的情形下,一事不再罚原则适用于继续行为、吸收

[①] 李惠宗:《行政罚法之理论与案例》,台北,元照出版有限公司 2005 年版,第 102~103 页。

行为、法规竞合①等情形,上述情形原则上应以一行为处罚。

4. 再罚的适用规则

第一,再罚法定规则。

行政处罚后需要再追究刑事责任的,一般情形下法院应撤销行政处罚决定,只有在特定情形下才允许认可行政处罚主体先行作出的行政处罚。法律就应明确规定:"对涉嫌犯罪的在××情形下可依法先予行政处罚再同时移交刑事部门,其他情形下应一律中止行政处罚程序先移交刑事部门。"而追究刑事责任后需要行政处罚的,也必须是法律明确规定的。法律应明确规定:"某行为因构成犯罪,在被依法追究刑事责任之后还可由某主体依法对之作出某种行政处罚"或"某行为在被依法行政处罚之后还可由某主体依法对之再作出某种特定的行政处罚"。如《道路交通安全法》第 91 条第 5 款规定:"饮酒后或者醉酒驾驶机动车发生重大交通事故,构成犯罪的,依法追究刑事责任,并由公安机关交通管理部门吊销机动车驾驶证,终生不得重新取得机动车驾驶证。"而且再罚的违法行为、处罚主体、罚种、幅度都应由法律明确规定,如此才符合明确性原则的要求。② 该再罚还必须是全国人大或其常委会通过的法律才有权规定,因再罚事关重大应纳入法律保留原则的范畴。

第二,再罚适用不同类型法律条文规则。

再罚依据的法律既不能是属于同一层次的法律条文甚至同一法律中不同条文之间发生竞合的情形,也不能是不同层级的同一类法律条文的情形(如 A 机关根据某法条文予以处罚,A 机关或 B 机关再根据执行该条文的实施细则予以处罚,笔者认为亦是不妥当的)。而且在特定情形下,不同机关亦不得适用同一法律的同一法条进行再罚。如《水污染防治法》第 46 条(目前该法条已修正——笔者注)规定:"违反本法规定,有下列行为之一的,环境保护部门或者交通部门的航政机关可以根据不同情节,给予警告或者处以罚款……"根据该条文,如果环境保护部门处罚了,就不允许交通部门的航政机关再罚。

第三,再罚主体限于不同类型主体规则。

同一类型的处罚主体③不管是适用同一类型还是适用不同类型的法律条文,对同一违法行为均不得再罚。不同类型主体在符合其他各项条件及比例原则等法律原则、立法目的、政策、法理的情形下,应当允许再罚。

---

① 亦有学者认为,法规竞合表面上看似乎有多个条文可以引用,但实质上仅有一个条文合适引用,因此在此种情形下不生衡量是否应适用一事不再罚原则的问题。参见钟瑞兰:《行政罚法中一行为不二罚原则适用之研究》,台湾大学 2007 年硕士学位论文。

② 关于明确性原则的更详细阐述,参见姜悌文:《行政法上之明确性原则》,载城仲模主编:《行政法之一般法律原则》(二),台北,三民书局 1999 年版,第 253~254 页。

③ 该同一类型处罚主体是指同一系统的主体,既包括横向同级单位,也包括纵向不同级别的单位。

第四,再罚罚种限于特定异质类型规则。

如前所述,笔者认为,相同或类似目的的处罚种类应当禁止再罚,再罚的罚种仅限于前述行政处罚或刑事责任所没有追究过的其他类型的罚种,即特定异质类型的处罚,且仅限于:针对屡犯的声誉罚、针对特定危险行为的行为罚及声誉罚、针对违禁品、特定违法媒介物的没收或对其处以的其他处罚。但行为罚及资格罚的某些情形属该规则的例外。[①] 而且笔者建议上述内容在修订《行政处罚法》或在将来的行政程序法中予以明确,同时在各单行法的总则或具体条文中也得明确,即规定:"某行为因构成违法,在被 A 行政主体行政处罚后还可由 B 主体依法对之作出某种行政处罚"。

第五,再罚不受行政处罚追究时效限制规则。

《行政处罚法》第 36 条规定:"违法行为在 2 年内未被发现的,不再给予行政处罚;涉及公民生命健康安全、金融安全且有危害后果的,上述期限延长至 5 年。法律另有规定的除外。前款规定的期限,从违法行为发生之日起计算;违法行为有连续或者继续状态的,从行为终了之日起计算。"如果严格按照这一规定,很多需要再罚的情形将无法进行。比如,很多由海关刑事侦查部门立案侦办的走私犯罪案件,到法院判决下来并生效都已经超过 2 年。而行政处罚的发现主体笔者认为不包括海关刑事侦查部门,这样在追究了刑事责任之后依法应由海关再作资格罚等处罚就不可能再行作出,因为发现距离违法行为发生时已超过 2 年。同样,一个行政机关在距离违法行为发生时快要届满 2 年时立案处罚后再由协调机关将相关处罚决定等材料送达至另一法定再罚机关时,后者也会因发现时已超过 2 年而不得实施再罚。但上述情形的出现已违背法定再罚设置之本意,法定再罚按笔者设计已经限制在相当狭小的空间,其设置的目的就是弥补刑事处罚或某行政处罚罚种之不足,发挥必要的补充制裁功能,而不应当强调初罚与再罚主体都必须遵循该 2 年的发现时效限制。因此笔者认为,应当建立法定再罚不受行政处罚追究时效限制的原则,可作为特别规定,而《行政处罚法》第 36 条中也明确"法律另有规定的除外",并不绝对要求所有需处罚情形都必须在 2 年内或 5 年发现。但确立该原则并不意味着再罚之作出可以无限期地拖延,再罚同时必须严格遵循下一原则即再罚裁决限时原则。

---

① 特定情形下,对一事几个处罚主体均可给予不同种类资格的资格罚。如针对某饭店违法进行不卫生食品的经营,工商部门与卫生部门可分别吊销其营业执照、卫生许可证。如前一主体吊销了营业执照,不管其有无并处罚款,后一主体都仅能吊销卫生许可证,不得再行罚款,但如果还存在违禁品需要没收或需要作声誉罚的,则后一主体还可依法没收或给予声誉罚。再如前一处罚主体给予了暂停 3 个月营业或暂扣 3 个月证照处罚的,后一处罚主体可以再责令停业或吊销同一证照,但反之则不应允许亦无必要。

第六,再罚裁决限时规则。

再罚应当有极为严格的时间要求,这也可较小程度地损害法安定性。笔者认为,应当由法律明确规定在生效的法院刑事判决或协调部门有关处罚决定等材料送达后的60日内作出再罚决定为宜,如超过规定时限既未获移交也未主动查获,或者在接受生效裁判或处罚决定送达之后的60日内未能作出再罚决定的,即丧失再罚权。这样设计主要是考虑:一是初罚部门已经作了很多调查取证工作,许多证据可以直接使用,这无疑可节省很多时间;二是再罚的情形相当有限,判断起来相对不会太过复杂。其他部门对于初罚部门立案后就通知并送交有材料的危险行为的先行处罚期限也可参照以上期限确定。因此,笔者认为,再罚裁决时效应比《行政处罚法》第60条规定的一般处罚裁决时效——90日更短为妥。至于再罚裁决作出之后的执行时效则可与初罚一致,并无必要特别规定。

5. 不适用一事不再罚原则的情形

第一,屡犯。指一行为被处罚后继续违法的。但处罚后要让当事人有条件纠正,如果缺乏期待可能性的,不能再罚。如在高速公路上因超载被交警处罚,必须让其有就近卸货的合理时间和路径选择。在此途中再被查获超载则不应再罚。第二,并处。指法律明确规定对某一违法行为予以某种处罚,同时并处其他罚种的情形。如根据《公司法》第205条规定予以警告并处没收违法所得。第三,双罚。指对组织违法的,同时给予组织及相关负责人、直接责任人处罚。如根据《海关行政处罚实施条例》第32条规定除处罚该法人或者组织外,对其主管人员和直接责任人员予以警告且并处5万元罚款。第四,易科。即处罚决定科处某罚种之后,在难以执行时依法改处的另一罚种。如《外国人入境出境管理法实施细则》(目前已失效——笔者注)第48条第2款规定:"外国人无力缴纳罚款的,可以改处拘留。"第五,重作。是指原处罚决定被依法撤销后重新作出处罚决定的情形。第六,执行罚。即针对不履行义务的当事人使用让其负担连续不断的义务的方式促使其履行义务,是间接强制执行手段的一种。

(二)涉及一事不再罚原则判例之解析

1. 严格来说不属于一事不再罚原则范畴的情形

(1)明显不涉及一事不再罚原则的情形

第一,分别对两个性质相同的违法行为实施处罚的情形。

案例 2.28　巩掌运诉嘉峪关市卫生局行政处罚案

该案中,法院认为:根据《行政处罚法》的规定,对当事人的同一个违法行为,不得给予两次以上罚款的行政处罚。因原告在 2012 年的非法行医行为与本次诉讼即 2014 年的非法行医行为系被处罚的两次违法行为,并非同一个违法行为,故不符合一事不再罚的原则。①

案例 2.29　江苏扬阳化工设备制造有限公司诉泰州市住房公积金管理中心行政处罚案

该案中,法院认为:原告认为被告违反《行政处罚法》"一事不再罚"的规定系对"同一个违法行为"与"同一类违法行为"的混淆。相对人的违法行为被处罚完毕后,又继续重复与之相同的违法行为,则实际上是相对人又实施了新的违法行为,是与之前被处罚行为系同类违法行为,而不能认定为同一违法行为。对同一个违法行为只能处罚一次,但对相对人实施的同一类违法行为则可以继续处罚。②

案例 2.30　赵志勇诉南乐县国土资源局行政处罚案

该案中,法院认为:本案被告 2004 年作出的处罚决定,被处罚单位是启蒙双语幼儿园占地面积 1085 平方米。2009 年作出的处罚决定,被处罚人变为了赵志勇,占地面积也变成了 1095 平方米。根据《行政处罚法》第 24 条的规定,对当事人的同一违法行为,不得给予两次以上的罚款的行政处罚,被告两次作出罚款的行政处罚违反法定程序应予撤销。③

笔者认为该法院的结论值得商榷,因为该案并不涉及一事不再罚原则,因为 2004 年以前针对启蒙双语幼儿园的处罚是一个非法占地的继续行为,但该违法行为因为被查处而中断了,导致这之后一直到 2009 年再次被查处之间又发生了另外一个非法占地的继续行为,因此笔者认为南乐县国土资源局第二次作出的行政处罚并不违反一事不再罚原则。而且,第二次的处罚对象也应当认定为单位比较妥当。

---

① 甘肃省嘉峪关市中级人民法院(2014)嘉行终字第 5 号行政判决书。
② 江苏省泰州市海陵区人民法院(2012)泰海行初字第 28 号行政判决书。
③ 河南省南乐县人民法院(2010)南法行初字第 04 号行政判决书。

第二,在处罚之前或同时依法作出责令纠正违法行为或行政强制措施的情形。

案例2.31　梁敏愉诉佛山市南海区安全生产监督管理局行政处罚案

该案中,法院认为:上诉人还主张被上诉人已作出(南)安监现决(2012)3号《现场处理措施决定书》对其进行了处罚,被上诉人再作出(南)安监管罚(2012)127号《行政处罚决定书》违反一事不再罚的原则,但《现场处理措施决定书》只是针对黄岐涌中停车场存在违规存放危险化学物品的情况而责令该停车场负责人将违规存放危险化学物品清空、搬走,尚未对上诉人的违法行为进行处罚,故被上诉人对上诉人作出行政处罚不属于一事再罚的违法情形。①

案例2.32　杨惠强诉中山市公安局行政处罚案

该案中,法院认为:对杨惠强在实施行政拘留15天的行政处罚后实施收容教育的行政强制措施,符合国务院《卖淫嫖娼人员收容教育办法》第7条第1款的规定,收容教育作为一种行政强制措施,法定可以在行政处罚的基础上并处,并不属于行政处罚法所禁止的"一事二罚"的情形。②

第三,因单位违法而对单位及单位负责人、直接责任人给予双罚的情形。

案例2.33　湘潭高新区双马精品石灰厂诉湘潭市安全生产监督管理局行政处罚案

该案中,法院认为:被告据此对原告单位及其主要负责人刘铁明分别作出处罚决定,未违反一事不再罚之法律原则。③

案例2.34　吴华海诉高邮市公安局行政处罚案

该案中,法院认为:关于高邮市公安局对高邮市迎财浴室作出本次行政处罚是否违背了《中华人民共和国行政处罚法》中"一事不再罚"原则的问题。所谓"一事不再罚",是指行政机关基于同一事实对同一当事人作出两次或两次以上罚款的行

---

① 广东省佛山市中级人民法院(2014)佛中法行终字第90号行政判决书。
② 广东省中山市中级人民法院(2013)中法行终字第172号行政判决书。
③ 湖南省湘潭市中级人民法院(2014)潭中行终字第17号行政判决书。

政处罚。2399号处罚决定是针对高邮市迎财浴室单位进行的处罚,而2400号处罚决定是针对高邮市迎财浴室单位直接负责的主管人员吴华海进行的处罚。高邮市公安局则认为2399号处罚决定处罚的主体是高邮市迎财浴室,而不是吴华海个人,且高邮市迎财浴室虽是个体工商户,但雇工在7人以上,按照劳动部1995年8月4日下发的《关于贯彻执行〈中华人民共和国劳动法〉若干问题的意见》第1条的规定,高邮市迎财浴室应以个体经济组织论。对此原审法院认为,根据《最高人民法院关于贯彻执行〈中华人民共和国民法通则〉若干问题的意见(试行)》第41条规定的"起字号的个体工商户,在民事诉讼中,应以营业执照登记的户主(业主)为诉讼当事人,在诉讼文书中注明系某字号的户主"。由此可见,本条对个体工商户的诉讼地位作了明确规定,即不能以个体工商户的字号作为诉讼当事人,而只能以业主作为诉讼当事人。因此,本案所列的原告是吴华海(高邮市迎财浴室业主),而不是高邮市迎财浴室。但该规定仅对个体工商户的诉讼地位作了明确限定,并未对个体工商户承担行政责任的主体作出限定,诉讼主体和行政责任主体是两个不同的概念。故高邮市公安局依据相关的规章对高邮市迎财浴室以单位进行处罚没有违反相关的法律规定,并无不当。既然2399号处罚决定针对的是单位,2400号处罚决定针对的是个人,那么就不构成对吴华海个人的两次处罚。实践中,业主与负责经营、治安管理人员有可能是同一人员,也有可能不是同一人员。因此,高邮市公安局作出的2399号和2400号处罚决定不符合《行政处罚法》所规定的"一事不再罚"情形。[①]

第四,并处或并罚的情形。

案例2.35 徐宏树诉江西省公安厅交通警察总队直属三支队行政处罚案

该案中,法院认为:根据公安部《道路交通安全违法行为处理程序规定》第48条第2款、第49条的规定,一人只有一种违法行为,依法应当并处两个以上处罚种类且涉及两个以上处罚主体的,应当分别制作行政处罚决定书。对原告的行政处罚因涉及两个处罚主体,被告和其所属第二大队分别制作行政处罚决定书符合行政法规规定,并不违反《行政处罚法》第24条"对当事人的同一违法行为,不得给予两次以上罚款的行政处罚"的规定。[②]

[①] 江苏省扬州市中级人民法院(2007)扬行终字第0050号行政判决书。
[②] 江西省鹰潭市月湖区人民法院(2013)月行初字第002号行政判决书。

案例 2.36　宣某某诉上海机场出入境边防检查站行政处罚案

该案中,法院认为:原告另坚持认为,被告针对原告的违法行为,同时作出了收缴护照及罚款 2000 元的行政处罚,违反了行政处罚一事不再罚原则,并以其出示的两份证据来证明上述意见的成立。对此本院认为,《行政处罚法》第 24 条规定:对当事人的同一个违法行为,不得给予两次以上罚款的行政处罚。事实证据同样证明,本案被告未对原告作出过两次以上罚款的行政处罚,故原告的质证意见,系原告对《行政处罚法》法律条款的理解错误。①

案例 2.37　岑溪县康佳药店诉岑溪县卫生局行政处罚案

该案中,法院认为:被上诉人于 1994 年 9 月 3 日在 8 月 12 日作出"立即停止药品批发业务,没收库存批发药品,罚款 1000 元"的处罚决定后,又作出"没收违法所得 1 万元"这一处罚决定,被上诉人没有越权,也未构成重复处罚。《药品管理法实施办法》第 51 条规定,"对未取得《药品经营企业许可证》而经营药品的,卫生行政部门除责令其立即停业外,没收全部药品和违法所得,并根据情节,处以其经营药品正品价格的五倍以下的罚款"。该法规定的各项处罚是并处的。本案卫生行政主管部门在作出第一个处罚后,发现应同时适用没收违法所得而遗漏未适用,因而作出没收违法所得的第二个处罚决定。依照该法规定,既没有越权也不属于重复处罚。上诉人诉称被上诉人所作的两个处罚决定越权,违背了"一事不再罚原则"的理由不能成立。②

但必须指出的是,遗漏处罚的情形反映出执法人员工作责任心不强、水平不高导致的执法工作瑕疵,情节严重的甚至还可能被认定为侵犯了法的安定性及相对人的信赖利益。

第五,撤销重作的情形。

案例 2.38　王振行诉滑县公安局行政处罚案

该案中,法院认为:滑县公安局在滑公(慈)决字(2009)第 1283 号公安行政处罚决定被滑县人民法院判决撤销后作出本案被诉公安行政处罚决定,属于依职权

---

① 上海市浦东新区人民法院(2013)浦行初字第 88 号行政判决书。
② 广西壮族自治区梧州地区中级人民法院(1995)梧地行终字第 7 号行政判决书。

作出的新的具体行政行为。①

案例 2.39　郭某诉温州市某局行政处罚案

该案中,法院认为:被告虽然于 2010 年 12 月 25 日曾对原告破坏选举的行为作出行政处罚。但因查清事实后认为原告有其他违法行为应予处罚,故依据《行政处罚法》第 54 条第 2 款关于"行政机关发现行政处罚有错误的,应当主动改正"的规定,自行撤销了原行政处罚决定。被告在此后根据查明的事实和相关法律规定,依法定程序作出被诉行政处罚决定,不属于就同一事实和理由对原告重复进行处罚的情形,也没有损害原告的合法权益,故并不违反"一事不再罚"原则。②

第六,对遗漏行为及新行为实施行政处罚的情形。

案例 2.40　王某某不服安康市国土资源局行政处罚案

该案中,法院认为:被告虽依法对王某某违法占地建房行为作出过决定,但对具体建筑物有遗漏,结合王永强新的违法占地行为,被告依照法律规定,对王某某原违法占地处罚遗漏部分和新产生的违法占地行为查处,并决定将拆除后的土地交由集体经济组织,是新的行政处罚,依法不属于一事再罚范畴。③

(2)依照法律规定两次违法被行政处罚后再次违法即入罪的情形

案例 2.41　徐某非法行医案

该案中,法院认为:关于被告人徐某的辩护人提出徐某的非法行医行为已被卫生行政部门行政处罚过,其受到的处罚次数作为确定刑事责任的要件或者量刑情节,有违"一事不再罚"处罚原则的辩护意见。本院认为,根据《最高人民法院关于审理非法行医刑事案件具体应用法律若干问题的解释》规定,非法行医被卫生行政部门行政处罚两次以后,再次非法行医的,应认定为《刑法》第 336 条第 1 款规定的"情节严重"。徐某由于非法行医分别于 2011 年 10 月 25 日、2012 年 9 月 17 日受到行政处罚,之后再次非法行医的行为,才纳入刑法处罚的范围,并不违反"一事不再

---

① 河南省安阳市中级人民法院(2012)安中行终字第 24 号行政判决书。
② 浙江省温州市鹿城区人民法院(2011)温鹿行初字第 17 号行政判决书。
③ 陕西省安康市汉滨区人民法院(2010)安汉行初字第 19 号行政判决书。

罚"的原则。①

案例 2.42　高海燕走私普通货物案

该案中,法院认为:高海燕一年内曾因走私被给予二次行政处罚后,又逃避海关监管,走私普通货物入境,其行为已构成走私普通货物罪。公诉机关指控的事实、罪名成立,予以支持。②

因为《刑法修正案(八)》已将《刑法》第153条第1款内容修改为:"走私本法第一百五十一条、第一百五十二条、第三百四十七条规定以外的货物、物品的,根据情节轻重,分别依照下列规定处罚:(一)走私货物、物品偷逃应缴税额较大或者一年内曾因走私被给予二次行政处罚后又走私的,处三年以下有期徒刑或者拘役,并处偷逃应缴税额一倍以上五倍以下罚金。"有观点认为,上述规定违背了一事不再罚原则,认为刑法将已经受过行政处罚的偷税行为再次予以了评价。③ 笔者认为,这种观点值得商榷,因为上述规定中的两次违法被行政处罚的作用仅仅在于让当事人获得了一个身份而已,拥有这个特殊身份的人在一定期限内再次违法即被法律拟制为犯罪,而前面两次违法的数额等情节是不会在第三行为中再次予以评价的,因此并不违反一事不再罚原则。

(3)貌似一事不再罚问题实际上只是行政处罚主体其他违法的情形

第一,行政处罚主体程序违法的情形。

案例 2.43　舞阳县金凤予制构件厂诉舞阳县国土资源局行政处罚案

该案中,法院认为:根据原告非法占用土地的行为,被告分别于2011年4月26日对原告作出舞国土资监字(2011)01号行政处罚决定书,2014年3月14日被告作出舞国土资(2014)43号撤销行政处罚决定书,2014年3月31日被告作出舞国土资监字(2014)48号行政处罚决定书。其中,被告作出的舞国土资(2014)43号撤销行政处罚决定书未向原告送达,便作出了舞国土资监字(2014)48号行政处罚决定书,属于程序违法。④

---

① 重庆市云阳县人民法院(2014)云法刑初字第00127号刑事判决书。
② 珠海市中级人民法院(2013)珠中法刑初字第88号刑事判决书。
③ 参见冯殿美等:《行政处罚与刑罚折抵研究——以一事不再罚原则为视角》,载刘远等主编:《行政执法与刑事执法衔接机制论要》,中国检察出版社2006年版,第298页。
④ 河南省舞阳县人民法院(2014)舞行初字第10号行政判决书。

第二,对单位违法行政处罚主体不该给双罚而给予了双罚的情形。

案例 2.44　光山县弦城医院诉光山县人口和计划生育委员会行政处罚案

该案中,法院认为:《河南省禁止非医学需要胎儿性别鉴定和选择性别人工终止妊娠手术条例》第 19 条规定:"医疗保健机构、计划生育技术服务机构的工作人员违反本条例规定,未查验、登记有关证明施行手术或手术记录虚假的,按非法施行终止妊娠手术处理。"本条的责任主体是相关医疗服务机构的工作人员,被告光山县人口和计划生育委员会在湖北省麻城市计生局有关计划生育违法案件调查取证和行政处罚的基础上,通过进一步对计划生育当事人龚学丽等夫妻二人的调查以及龚学丽的现场指认,认定原告单位职工陈良凤为外地孕妇龚学丽施行终止妊娠手术,属于非法实施非医学需要的选择性别人工终止妊娠手术,并对责任主体陈良凤作出了处罚。现被告以同一违法事实、基于同一理由,又对原告作出行政处罚决定,违背了《行政处罚法》"一事不再罚"的原则,依法应予撤销。①

笔者认为,该案并不涉及一事不再罚的问题,而是处罚对象不适格的问题,虽然该案系光山县弦城医院构成单位违法,但《河南省禁止非医学需要胎儿性别鉴定和选择性别人工终止妊娠手术条例》第 19 条并没有规定可以同时处罚单位及其负责人或直接责任人,而是仅规定处罚后者,因此该案实际上涉及的是对单位违法不该给双罚而给予了双罚或处罚对象不适格的问题。

(4) 已经被行政机关或司法机关的处理决定作了实质性处分的标的,行政处罚主体不宜对该标的的所有权再次处分

案例 2.45　渠国平等诉镇平县国土资源局行政处罚案

该案中,法院认为:2005 年 11 月 15 日镇平县人民法院作出(2005)镇卢执字第 084 号执行裁定,将本案涉及的宗地及房屋抵偿给申请人渠学文,并办理过户手续。因群众阻拦,该执行案件未实际执行终结。因此本院认为,上诉人所作行政处罚决定所涉及的土地及房产(没收在非法占用的土地上所建的建筑物和其他设施并按照每平方米 10 元的标准处以罚款 22,700 元),早在 2005 年 11 月 15 日已由生效的镇平县人民法院(2005)镇卢执字第 084 号执行裁定所羁束,国土局在该裁定未经

---

① 河南省光山县人民法院(2011)光行初字第 20 号行政判决书。

依法撤销的情况下,径行作出处罚决定再作处分不当,显属事实不清。[1]

笔者认为,由于该案中的土地及房产的实质性权利已经被此前因其他案件法院作出的执行裁定所羁束,行政处罚主体不宜对该标的的所有权再作出没收处理,但罚款应该是可以的。主要理由有二:其一,因为两个都是生效决定,处分的同一个标的的权利属于不可重叠的情形,因此在没有依法撤销前一个处理决定之前,不宜再作出第二个处理决定,强行作出则不当侵犯了第一个决定的既判力和拘束力。但如果处分的权利是可以分割的情形,再次处理应无问题,比如前一个机关对某相对人作出暂扣许可证3个月的处罚,后一个机关因为其他违法行为又作出暂扣许可证3个月的处罚,这是没有问题的,完全可以在第一个决定执行完毕之后再继续执行第二个决定。其二,正因为两个处理决定针对同一个标的的权利不可重叠,因此无法执行第二个决定,而客观上无法执行的行政处罚决定本身就属于无效行政行为。

2. 属于一事不再罚原则范畴的情形

(1)违法行为数的认定应如何确定标准?

案例2.46　田某与绍兴县交警大队、绍兴市交警支队城区大队及东区大队行政处罚复议案[2]

该案中,复议机关内部出现了以下两种不同的处理意见:第一种观点认为应当一罚,也有观点认为应当多罚。按照我国大陆学者的构成要件说来认定,则该案行为均符合《道路交通安全法》第99条第1款第(4)项的构成要件,可以分别给予3次处罚,并不违反一事不再罚原则。但如果按照连续行为或继续行为的理论来说,该案行为又构成一个行为,只能给予1次处罚,此案应适用一事不再罚原则。因此第二种观点认为:"本案中,证据为3张监控照片,但3张监控照片无法证明行为人的超车行为属于3次间隔短暂的连续超车还是6分钟内(指案件中的15时19～25分——笔者注)的连续超车行为。若属于前者则应为连续行为,若属于后者则属于继续行为,但不管属于何种都隶属于一个行为的范畴,因此本案应当适用'一事不

---

[1] 河南省南阳市中级人民法院(2009)南行终字第112号行政判决书。

[2] 基本案情为:2004年8月,田某驾驶小型客车途经104国道线时,因超速行驶分别被绍兴县交警大队、绍兴市交警支队城区大队及东区大队的监控设备拍照记录,时间分别为15时19分、15时23分、15时25分。三个执法部门分别对其处以罚款200元的行政处罚。田某不服,遂申请行政复议。参见陈无风:《穿行于一罚与多罚之间——论〈一事不再罚〉原则之内涵》,载《行政法学研究》2006年第2期。

再罚'原则"。①

笔者认为,因为目前我国大陆法律没有就连续或继续行为如何才能中断予以规定,因此适用相关理论是妥当的,且鉴于行为间的"时空紧密关联",因此笔者赞同后一种处理方式。笔者认为,上述案例中的行为属于一行为还是多行为的认定应当参考前述连续行为、继续行为理论,并参考时过过错行为说,充分考量行为间的"时空紧密关联",并建立比较有可操作性的认定判别标准,同时将实现比例原则、信赖保护、尊重人性尊严与公平正义等价值的动态平衡作为制定判别标准的基础。笔者认为,我国台湾地区针对有关超速行驶或类似违法的立法及执法实践值得借鉴。如其"道路交通管理处罚条例"第7条明确可连续举发的超速行驶情形:"……违规地点相距6公里以上、违规时间相隔6分钟以上或行驶经过一个路口以上,但其违规地点在隧道内者,不在此限。"笔者认为此即违法行为因时间的中断、地点或距离的中断而中断的情形。再如"道路交通管理处罚条例"第85条明确"……经举发后,不遵守交通勤务警察或依法令执行交通稽查任务人员责令改正者,得连续举发之"。笔者认为此即违法行为因受到责令改正的命令或受到处罚而中断,如果该违法行为能纠正而拒不纠正或再犯类似行为则属于依法可连续处罚的情形。而台北县单行规章更为明确,对超速行驶或无照行驶的干脆就规定一天内不可开出罚单超过3张。② 而且,笔者认为,连续或继续行为也可因违法意识的中断而构成数个行为,如闯红灯或对速限有明显的标牌提示且超速之后有令人感知的拍照,此类行为也可以成立数个行为,可不受上述地点相距6公里以上、违规时间相隔6分钟等标准的限制,当然因压实线或超速被市民秘密拍照或被无提示、无法感知的监测设备拍照不在此列。同时,笔者认为上述时间、距离的中断是采用6分钟还是8分钟间隔,是采用1公里距离还是3公里距离还可以研究,这属于技术性问题,但前提是要保证当事人有条件纠正其违法,法律不强人所难,例如规定每100米为一个中断间隔,每隔100米就装一个监控拍照设备就会令当事人不可能在一个超速形成之后有条件减速下来,就必然因令当事人丧失期待可能性而成为一个不合理不正当的规定,而使本来只可能算一个行为的不当地成为几个行为。所以制度上设计多长时间或距离的间隔为一个中断及相应装设监控设备的密集程度不仅是法律技术或工程技术问题,而且还是一个重要的法理问题。同时笔者认为在行政执法领域一般不应当提倡秘密执法、诱惑调查等方式。综上,笔者认为,我国

---

① 陈无风:《穿行于一罚与多罚之间——论〈一事不再罚〉原则之内涵》,载《行政法学研究》2006年第2期。

② 参见蔡志方:《行政罚法释义与运用解说》,台北,三民书局2006年版,第104~105页。

大陆法律可对上述台湾地区的法规予以适当借鉴,明确规定连续行为、继续行为可作多次处罚或连续处罚的具体情形,即明确违法行为可因时间的中断、地点或距离的中断、受到改正之命令或查处而中断、违法意识的中断而中断,此情形可以再罚,而对于未明确规定的则一般应按一般行为论处。

考察我国大陆的规定,目前也出现了一些关于行为数认定标准的规范。

案例2.47　李国诉山东省公安厅高速公路交通警察总队二支队历城二大队行政处罚案

该案中,法院认为:公安部《关于规范查处机动车违反限速规定交通违法行为的指导意见》第5条第4款规定:"同一辆机动车在同一道路的同一行驶方向,违反限速规定交通违法行为处于持续状态,被同一县(市、区)公安交通管理部门或者高速公路交警大队辖区的测速取证设备记录多次的,选择一次最为严重地违反限速规定行为实施处罚。"该规定在当前高速公路管理中既有其合理性,又不违反上位法的规定。首先,上述规定根据行政辖区的划分,确定违法行为的次数和处罚规则,既有助于防止行政执法机关以罚款为目的实施处罚,也给违法行为设定了合理的成本。其次,若不根据行政辖区确定违法行为的次数,既不便于管理,亦可能形成对超速行为的逆向激励,造成违法行为人长时间持续超速违法的问题,势必影响高速公路上人员的人身和财产安全。综上,上述规定可以作为行政执法的依据。为此,上诉人在枣庄、济宁两个行政区域内,被交警部门的两个节点设备记录超速,应属两次违法。[①]

笔者认为,从公安部《关于规范查处机动车违反限速规定交通违法行为的指导意见》第5条规定来看,超速行驶只有发生在不同辖区才可能被认定为数个违法行为,比上述我国台湾地区的法规来说标准更为宽松,也不失为规范违法行为数认定标准的一个渐进的办法,但不足之处在于效力层次太低。

(2)此行政处罚与彼行政处罚之间能否并存?

第一,不同系统的两个行政机关就同一违法行为根据不同的法律分别作出行政处罚的情形。

部分法院认为不同系统的两个行政机关就同一违法行为根据不同的法律分别作出行政处罚的情形违背了一事不再罚原则。

[①] 山东省济南市中级人民法院(2014)济行终字第347号行政判决书。

案例2.48　通江县卓越房地产公司诉通江县国土资源局行政处罚案

该案中，法院认为不同系统两个行政机关就同一违法行为根据不同的法律分别作出行政处罚的情形违背了一事不再罚原则。法院认为：通江县规划和建设局已就上诉人超建筑面积同超建筑容积率其本质系同一违法事实，通江县规划和建设局已先期分别作出了巴通建（2007）罚规字D018号和巴通建（2008）罚规字09号行政处罚决定，被上诉人作出的行政处罚行为违反了《行政处罚法》第24条规定，不能对同一违法事实作出二次以上罚款的行政处罚，尽管建设局和国土局是基于不同的法律对本质相同的违法行为作出行政处罚，但仍然不能违背一事不再罚的原则，故被上诉人对上诉人的行政处罚应予撤销。①

案例2.49　安徽华星化工股份有限公司诉益阳市工商行政管理局资阳分局行政处罚案

该案中法院亦持与上述判例类似的观点，法院认为：原告安徽华星化工股份有限公司在其生产的农药"草甘膦"10%水剂的包装瓶贴上扩大产品用途的宣传，同时违反了《农药管理条例》和《反不正当竞争法》，其行为应受处罚，且农业行政主管部门和工商行政主管部门都有权对其违法行为进行处罚，但《行政处罚法》第24条规定，对当事人的同一违法行为，不得重复罚款。本案中，益阳市资阳区农业局先于被告作出了罚款处罚，被告资阳工商分局不能就原告的同一违法行为再次进行罚款处罚。②

但也有法院直接将表面上属于一个违法行为的情形直接认定为两个违法行为，然后认定案件中两个行政处罚主体分别作出的两个处罚行为并不违反一事不再罚原则。

---

① 四川省巴中市中级人民法院（2010）巴行终字第3号行政判决书。
② 湖南益阳市资阳区人民法院（2009）资行初字第1号行政判决书。

案例 2.50　李某诉某县公安局交通警察支队和某县动物卫生监督所案[①]

该案中,法院认为:李某实施的行为表面上看是一个违法行为,实际上是两个违法行为,分别违反了《道路交通安全法》和《动物防疫法》的有关规定,于是驳回了李某的诉讼请求,维持了某县公安局交通警察支队和某县动物卫生监督所分别对李某作出的处罚决定。[②]

分析上述三个案件:案例 2.48 即通江县卓越房地产公司案的违法行为是超建筑面积同超建筑容积率,尽管建设局和国土局是基于不同的法律对之予以处罚,但上述违法行为属于本质相同的违法行为且行为之间紧密联系,而且建设局和国土局在此行为中的规范意图及制裁目的也是类似的,因此作为一个违法行为且仅处罚一次既符合比例原则,也能满足执法目的。案例 2.49 即安徽华星化工股份有限公司案的行为本属于一个行为,但《农药管理条例》和《反不正当竞争法》属于两部关联性不大的规定,考虑到行为的危害性程度及侵害的法益属性,仅由益阳市资阳区农业局给予一次罚款是符合比例原则的。而案例 2.50 即李某案则与上述两个案例有较为明显的区别,当事人李某超载钢材与运载未经检疫的生猪表面上看也属于同一个运输行为或好像有点牵连关系,但实际上两者之间并无紧密而必然的联系,运载生猪也不是超载钢材的通常伴随行为,不符合一般人的社会通念。而且,如果李某不运载生猪,其运载钢材的行为依然构成违法超载,同样,如果李某不运载钢材,仅仅运输生猪也依然构成未检疫的违法行为,因此,笔者认为案例 2.50 中两个行政机关的分别处罚并不违反一事不再罚原则。

第二,同一系统的不同行政机关就同一违法行为分别作出行政处罚的情形。

[①] 该案基本案情为:2008 年 8 月 16 日,公安执法人员发现某货运车辆只运输了 8 头生猪,遂要求其接受检查。经检查发现该车辆同时装载了钢材,检测后认定超过核定载质量的 30%。经询问,驾驶员李某称为了逃避超载检测,不引起交警的注意,在运输的钢材上又装载了 8 头生猪。某县公安局交通警察支队认为驾驶员李某的行为违反了《道路交通安全法》第 48 条关于机动车载物应当符合核定载质量,严禁超载的规定,根据《道路交通安全法》第 92 条之规定,给予驾驶员李某罚款 800 元的行政处罚。同时将其运输生猪的行为通报某县动物卫生监督所。某县动物卫生监督所接到通报后,立即赶赴现场进行检查,发现驾驶员李某运输的生猪没有检疫证明。于是根据《动物防疫法》第 25 条第(3)项及《动物防疫法》第 78 条的规定,给予李某 3600 元罚款的行政处罚。同时对李某运输的生猪进行了补检,经补检合格出具了检疫证明。李某对某县公安局交通警察支队和某县动物卫生监督所的行政处罚不服,分别向某县法院提起诉讼,诉称:两个执法机关同时对同一个违法行为进行罚款,违反了一事不再罚原则,请求法院予以撤销。参见陈向武等:《浅析卫生行政处罚中一事不再罚原则的适用》,载《中国动物检疫》2013 年第 12 期。

[②] 参见陈向武等:《浅析卫生行政处罚中一事不再罚原则的适用》,载《中国动物检疫》2013 年第 12 期。

案例2.51　福州闽盛贸易公司诉福州市郊区工商行政管理局行政处罚案

该案中,法院认为:上诉人无权对本案已被罚没的并经有关国家工商行政机关允许进入流通渠道的同一物品,以另行确定品质和属性的方法,再次作出结果相同的处理。上诉人如认为其他工商行政管理机关的具体行政行为不当,依法应当报请双方的共同上级(国家工商局)解决。①

第三,同一行政机关就同一违法行为或牵连行为根据不同类型的法律分别作出行政处罚的情形。

案例2.52　李继华诉黄山市黄山区地方税务局行政处罚案

该案中,法院认为:原告李继华认为,其开具收据和发票是一个违法行为造成偷税,被告黄山市黄山区地方税务局依据《税收征收管理法》第40条规定处以3822.27元罚款;依据《发票管理办法》第36条规定,又处以9800元罚款。违反了《行政处罚法》第24条规定,一个违法行为不得给予两次以上罚款的行政处罚。被告黄山市黄山区地方税务局认为,原告李继华系两个违法行为,应当依据两个法律、法规规定,分别处以罚款是有事实和法律依据的。依照《行政处罚法》第24条规定,一个违法行为不得给予两次以上罚款的行政处罚;依照《发票管理办法实施细则》第55条规定,违反发票管理规定造成偷税的适用《税收征收管理法》第40条规定,处以罚款是正确的。法院最终认定原告李继华观点正确,应予采纳。②

笔者认为,对于牵连行为,一般应当"重罚吸收轻罚"的原则按照一个较重的违法行为给予处罚,但如果法律明文规定要作两次处罚或仅给予一次处罚明显不符合比例原则的可以例外。上述案件中无论是发票管理还是税收征收管理其主要目的或最终目的都是确保税款应受尽收,其立法及执法目的都是比较统一的,因此按照一个违法行为来处罚是合适的。我国台湾地区"大法官会议"释字第503号解释对这一问题亦持类似观点,该解释认为:"纳税义务人违反作为义务而被处行为罚,仅须其有违反作为义务之行为即应受处罚;而逃漏税捐之被处漏税罚者,则须具有处罚法定要件之漏税事实方得为之。二者处罚目的及处罚要件虽不相同,唯其行为如同时符合行为罚及漏税罚之处罚要件时,除处罚之性质与种类不同,必须采取

---

① 福建省福州市中级人民法院(1994)榕行终字第26号行政判决书。
② 安徽省黄山市黄山区人民法院(1999)黄行初字第06号行政判决书。

不同之处罚方法或手段,以达行政目的所必要者外,不得重复处罚,乃现代民主法治国家之基本原则。是违反作为义务之行为,同时构成漏税行为之方法而处罚种类相同者,如从其一重处罚已足达成行政目的时,即不得再就其他行为并予处罚,始符宪法保障人民权利之意旨。本院释字第356号解释,应予补充。"①

第四,同一行政机关就同一违法行为根据相同的法律分别作出行政处罚的情形。

案例2.53　平顶山市尼利亚建材有限公司诉平顶山市环境保护局行政处罚案

该案中,法院认为:环保局于2008年8月29日对尼利亚公司作出平环罚(2008)28号行政处罚决定,并已于2008年9月5日邮寄送达的情况下,又于2008年10月14日以同一事实对尼利亚公司作出平环罚(2008)42号行政处罚决定,属重复处罚行为。故平环罚(2008)42号行政处罚决定应为无效行政行为。②

(3)行政处罚与刑罚之间竞合时能否并存?

第一,行政机关作出行政处罚或行政处理后再移送给司法机关追究刑事责任的情形。

一是行政机关越权作出行政处罚后再移送给司法机关追究刑事责任的情形。

其一,法院认为可以在行政处罚的基础上再对该同一事实追究刑事责任的情形。

案例2.54　郑某某等人销售假冒注册商标的商品案

该案中,法院认为:关于被告人郑某某的辩护人提出起诉书对2013年2月1日郑某某已被成都市双流工商行政管理局行政处罚的行为追究刑事责任违反"一事不再罚"原则的辩护意见,本院认为,"一事不再罚"系行政处罚原则,对被告人郑某某销售假冒注册商标的商品的违法行为处以行政处罚,与构成犯罪后处以刑事处罚并不矛盾。③

案例2.55　郭日泉抢劫案

该案中,控、辩、审三方的观点如下:赣州市人民检察院认为,行政处罚与刑事处

---

① 参见黄俊杰:《行政罚法》,台北,翰芦图书出版有限公司2006年版,第119~120页。
② 河南省平顶山市中级人民法院(2009)平行初字第10号行政判决书。
③ 成都高新技术产业开发区人民法院(2014)高新刑初字第18号刑事判决书。

罚是两个不同性质的概念,郭日泉触犯了刑法,就必须受到刑法的制裁,原判并未违反"一事不再罚"原则。综上,原判认定事实清楚,证据确实充分,定性准确,量刑适当,请驳回上诉,维持原判。郭日泉认为,他在2009年因本案被处拘留10日和罚款2000元的行政处罚数年后,原判再对他处以刑事处罚有违"一事不再罚"的法律原则。法院对此问题则根本没有回应,也即法院认为上述做法不违反一事不再罚原则。①

案例2.56 汪建中、北京首放投资顾问有限公司操纵证券市场行政处罚案及汪建中操纵证券市场刑事案②

该案件中,中国证监会在明知道其操纵证券市场的行为已经超过起刑点需要移送司法机关追究刑事责任的前提下还先对汪建中处以没收违法所得125,757,599.5元、罚款125,757,599.5元的处罚及撤销北京首放投资顾问有限公司的证券投资咨询业务资格,并对汪建中处以终身的证券市场禁入的行政处罚后再移送司法机关。法院裁判如下:一、被告人汪建中犯操纵证券市场罪,判处有期徒刑7年(刑期自判决执行之日起计算;判决执行以前先行羁押的,羁押1日折抵刑期1日,即自2009年9月28日起至2016年3月18日止),罚金人民币125,757,599.5元(已被中国证券监督管理委员会申请强制执行并上缴国库的罚款人民币54,626,119.99元予以折抵,余款于判决生效后三个月内缴纳)。二、随案移送的财物分别予以充抵罚金、发还、存档备查和退回北京市人民检察院第二分院。二审法院维持了上述判决。③

分析上述三个案件,笔者认为,上述案例2.54即郑某某等人的案件中工商部门已经对其销售假冒注册商标的商品的部分违法行为进行了没收违法货物及罚款200,000元的处罚,法院将该部分事实纳入刑事评价范围是不妥的,而且在判决中上述200,000元罚款未能折抵成罚金,就更不应该了。而在案例2.55即郭日泉案件中,行政处罚主体对其涉嫌犯罪的行为作出拘留及罚款的行政处罚,有越权之嫌,事隔几年之后司法机关再对此事予以刑事追究也必然会伤害法的安定性,侵犯郭日泉的信赖利益,而且违背了一事不再罚原则。在案例2.56即汪建中、北京首放投资顾问有限公司的案件中,笔者认为中国证监会在移送司法机关之前对汪建中作

---

① 江西省赣州市中级人民法院(2013)赣中刑二终字第4号刑事判决书。
② 中国证监会(2008)42号《行政处罚决定书》及(2008)23号《市场禁入决定书》。
③ 北京市第二中级人民法院(2010)二中刑初字第1952号刑事判决书及北京市高级人民法院(2011)高刑终字第512号刑事裁定书。

出终身的证券市场禁入的行政处罚、对北京首放投资顾问有限公司作出撤销证券投资咨询业务资格是妥当的,①但在移送司法机关之前对汪建中作出没收违法所得、罚款则有越权之嫌,因为法院可以利用追缴违法所得的一切财物及判处罚金等制裁手段,其足以涵盖这一处罚内容。

其二,法院对已经作出行政处罚的事实不再纳入刑事评价范围的情形。

案例2.57　俞代兴等人盗窃案

该案中,法院认为:公诉机关还指控俩被告人在连江县凤城镇盗窃陈梅英的闽A2×××C尼桑天籁小车的左后轮(未遂),因俩被告人的上述行为已经由连江县公安局作出行政处罚,根据禁止重复评价的原则,本院不再审理。②

案例2.58　康玉峰等人盗窃案

该案中,法院认为:关于2009年5月27日第一起犯罪事实已被行政处罚,不应重复处罚。对公诉机关指控第一起犯罪事实不予支持。③

案例2.59　朴某危险驾驶案④

该案中,检、法机关认为:一审检察院起诉认定朴某醉酒驾车撞伤被害人并逃逸,一审法院仅认定为将被害人撞伤,而未认定朴某有逃逸情节,二审法院坚持了一审法院的观点,认为朴某在道路上醉酒驾驶机动车,并致二人受伤及车辆损坏,在事实认定上并未采用逃逸情节,是对原行政处罚决定的认同。⑤

笔者认为,该案中法院认为不能将逃逸情节在行政处罚程序及刑事处罚程序

---

① 笔者认为,行政机关如果明知道案件涉嫌犯罪在移送司法部门之前认为有必要可以依法作出声誉罚及资格罚,但财产罚或人身自由罚是绝不允许的。
② 福建省闽清县人民法院(2009)闽刑初字第130号刑事判决书。
③ 河南省巩义县人民法院(2009)巩刑初字第861号刑事判决书。
④ 该案基本案情为:2011年10月1日,朴某醉酒驾车撞伤人、撞坏对方车辆后逃逸,交警部门在酒精检验报告未出来之前对林某处以拘留15日、罚款1800元的行政处罚,等酒精检验报告出来之后证实是醉酒驾车于是将案件移送给司法机关追究刑事责任。参见黄金枝等:《朴某危险驾驶案——醉酒驾驶行为既行政处罚又判处拘役是否违反一事不再罚以及危险驾驶罪中自首的认定》,载《中国检察官》2013年第10期。
⑤ 参见黄金枝等:《朴某危险驾驶案——醉酒驾驶行为既行政处罚又判处拘役是否违反一事不再罚以及危险驾驶罪中自首的认定》,载《中国检察官》2013年第10期。

中重复使用,否则便违反了禁止重复评价的原则及一事不再罚原则,这种观点具有一定的合理成分。但最妥当的做法应当是要求交警部门撤销其行政处罚决定,然后把所有情节都纳入刑事评价当中,而该案中将交通肇事后逃逸的情节及醉酒驾车的情节分别运用在行政处罚程序及刑事处罚程序中,有人为肢解案件事实、割裂法律适用之嫌。2013年出台的《最高人民法院、最高人民检察院、公安部关于办理醉酒驾驶机动车刑事案件适用法律若干问题的意见》第2条第(5)项规定也印证了笔者观点的正确性。根据该规定,醉酒超速驾驶机动车的,应当依照《刑法》第133条之一第1款的规定,从重处罚。

在其后的类似案件中,有的法院采取了与上述案件截然不同的做法。

案例2.60 王某某危险驾驶案

该案中,法院认为:被告人王某某无证醉酒驾驶,应从重处罚,但鉴于其能自动投案,如实供述自己罪行,有自首情节,依法予以从轻处罚。被告人王某某因本案曾被行政拘留15日,根据一事不再罚原则,依法予以折抵刑期。①

应当指出,该案的做法也不完全符合一事不再罚原则的要求,笔者认为最妥当的做法应当是撤销先前作出的行政处罚,将所有事实、情节纳入刑事案件中,虽然最终结果也是要把已经执行完毕的拘留期限折抵拘役。

其三,法院认为应当撤销已经作出的行政处罚再追究刑事责任的情形。

案例2.61 刘凤军故意伤害案

该案中,公安机关就先撤销了作出的行政处罚决定。②

其四,法院直接认定已经作出的行政处罚属于越权无效行为的情形。

案例2.62 郭金元等人非法经营案

该案中,法院认为:国务院2001年7月9日公布的《行政执法机关移送涉嫌犯罪案件的规定》,对行政机关发现犯罪应移交公安机关处理作了具体规定,但阎良

---

① 福建省罗源县人民法院(2015)罗刑初字第36号刑事判决书。
② 北京市第二中级人民法院(2006)二中刑终字第01007号刑事裁定书。

区烟草局仍依据国家烟草专卖局的有关行政法规的规定对郭金元作出行政处罚，显属违法，没有法律效力。①

二是行政机关基于认识问题的原因在先作出行政处罚后再移送给司法机关追究刑事责任的情形。

其一，由公安机关自己撤销行政处罚决定。

案例 2.63　刘构等人开设赌场、寻衅滋事案

该案中，法院认为：公安机关对被告人刘构于 2008 年 10 月殴打唐某某和 2009 年 12 月 17 日殴打田某某的行为，虽均已处以行政处罚，但后因发现涉嫌犯罪，遂撤销了已作出的行政处罚决定，并未违反"一事不再罚"的原则，被告人刘构行政拘留已执行日期可以折抵刑期。②

其二，由法院直接撤销行政处罚决定。

案例 2.64　敖思云诉义县公安局行政处罚案

该案中，法院认为：侵权行为人因其侵权行为导致他人遭受损害的，应对导致的损害结果承担责任。本案中，义县公安局瓦子峪派出所就本案未进行更加深入的调查、取证，后经当事人上访，义县公安局对张丽进行审讯后张丽予以交代，并已认罪，经法院审理，认定张丽犯故意伤害罪事实清楚，证据确实充分，公诉机关指控罪名成立。因此，法院撤销了义县公安局对张丽作出的《不予处罚决定书》。③

有观点认为，《行政处罚法》第 35 条关于罚款折抵罚金、拘留折抵拘役和有期徒刑的规定推不出行政处罚先行的理由，毋宁说它是对人的判断力局限性的一种补救性规定。④ 对此，笔者予以赞同。

三是行政机关在行政处罚后又发现了新的违法行为再移送给司法机关追究刑

---

① 参见最高人民法院刑事审判第一、第二、第三、第四、第五庭编：《刑事审判参考》(2006 年第 1 辑，总第 48 辑)，法律出版社 2006 年版，第 1 页。
② 湖南省株洲市石峰区人民法院(2011)株石法刑初字第 67 号刑事判决书。
③ 辽宁省义县人民法院(2012)义行初字第 00010 号行政判决书。
④ 参见章剑生：《违法行政法义务的责任：在行政处罚与刑罚之间——基于〈行政处罚法〉第 7 条第 2 款之规定而展开的分析》，载《行政法学研究》2011 年第 2 期。

事责任的情形,应当说这是一种较为常见的情形。

第二,行政机关在刑事案件办理期间对同一行为作出行政处罚的情形。

案例2.65　赖连兆诉龙岩市地方税务局行政处罚案

该案中,法院认为:本案中,上诉人明知被上诉人倒买倒卖假发票的行为已被公安机关刑事立案侦查,上诉人本应依法待司法机关作出处理后,再决定是否追究行政责任,可上诉人却在刑事司法程序尚未对被上诉人处理的情况下,就先行对被上诉人作出罚款30,000元的行政处罚,明显违反法律规定。①

第三,在法院定罪判刑之后,行政机关对同一行为作出行政处罚的情形。

案例2.66　王大峥诉天津海关行政处罚案

该案中,最高人民法院在对天津市高级人民法院的答复中认为:你院《关于王大峥不服海关行政处罚决定上诉一案适用法律问题的请示》收悉,经研究,答复如下:在走私行为构成犯罪的情况下,海关对走私行为人作出没收走私货物的行政处罚,缺乏法律依据。②

笔者认为,行政机关在法院对犯罪案件作出刑事判决之后如认为有必要可以依法对同一行为作出声誉罚及资格罚,但财产罚或人身自由罚是绝不允许的。当然法院在判决中免除当事人刑事责任或刑罚的情形可以例外。

行政处罚与刑罚竞合时程序应当如何履行?笔者认为原则上应当将涉嫌犯罪的案件先移送刑事司法机关,特别是不能对这类案件先处以罚款、没收违法所得、没收非法财物或拘留的行政处罚,只有以下特殊行政处罚种类可以例外:如"责令停产停业、暂扣或吊销证照",因为除达到制裁目的外,更重要的是及时制止行为人违法行为的继续。涉嫌犯罪的行为一经发现并被确证,应优先考虑采用行政强制措施的方式制止其继续违法然后将案件移送司法机关,如果没有合适的行政强制措施可使用时,则应当及时作出责令停产停业或暂扣、吊销证照等行政处罚。因为如果实行刑事优先原则,等待经过漫长的刑事诉讼程序,被法院确认有罪后,再由行政执法机关作出停产、停业之类的行政处罚,则不可能及时而有效地制止这种违

---

① 福建省龙岩市中级人民法院(2005)岩行终字第8号行政判决书。
② 参见2001年12月7日最高人民法院行政审判庭作出的《对〈关于王大峥不服海关行政处罚决定上诉一案适用法律问题的请示〉的答复》(〔2001〕行他字第11号)。

法行为的继续。况且,我国现行《刑法》对行政犯罪的法定刑也没有配置停产停业、吊销证照之类的刑种。因此,对行政违法犯罪案件处理,一律实行"刑事优先"是不现实的。① 但以下两种情形应当单独考虑:第一种,法律明确规定应当在追究刑事责任之后才能给予的行政处罚则应从其规定;第二种,在单位犯罪的刑事案件中对单位如果还需要实施吊销证照的行政处罚则应当在刑事裁判之后较妥,因为如果吊销证照在刑事程序之前实施,就无法追究单位的刑事责任了。《最高人民检察院关于涉嫌犯罪单位被撤销、注销、吊销营业执照或者宣告破产的应如何进行追诉问题的批复》规定,涉嫌犯罪的单位被撤销、注销、吊销营业执照或者宣告破产的,应当根据刑法关于单位犯罪的相关规定,对实施犯罪行为的该单位直接负责的主管人员和其他直接责任人员追究刑事责任,对该单位不再追诉。

根据《行政处罚法》第27条,对依法不需追究刑责或免予刑罚,但应给予行政处罚的,司法机关应及时将案件移送给有关行政处罚主体,行政处罚主体仍应处罚。当然,需要指出的是,并非所有被免除刑事责任或刑罚的犯罪者一概都要给予行政处罚,是否给予相应的行政处罚,应当根据各种犯罪案件的具体客观情况及行为人的主观过错程度等情形来确定。② 2021年修正的《行政处罚法》第29条在原有内容基础上新增了一句:"同一个违法行为违反多个法律规范应当给予罚款处罚的,按照罚款数额高的规定处罚。"笔者认为,上述规定可考虑适用于无法比较和区分一般法和特别法的场域,否则就应严格适用特别法优先的原则,而非重罚优先原则。同时,上述规定亦没有排除可区分上位法和下位法场域的情形,一味从重处罚亦可能违背上位法优先适用的原则,这也是一个明显的立法缺陷。如以下这个最高人民法院的指导案例虽然从结果上看好似从一重罚款了,但这只是巧合,支撑其裁判的理念还是特别法优先的原则。

案例2.67　上海鑫晶山建材开发有限公司诉上海市金山区环境保护局行政处罚案

该案中,企业事业单位和其他生产经营者堆放、处理固体废物产生的臭气浓度超过大气污染物排放标准,环境保护主管部门适用处罚较重的《大气污染防治法》对其进行处罚,企业事业单位和其他生产经营者主张应当适用《固体废物污染环境防治法》对其进行处罚的,人民法院未予支持。法院认为:该案核心争议焦点在于

---

① 参见谢治东:《行政执法与刑事执法衔接机制中若干问题理论探究》,载《浙江社会学刊》2011年第4期。
② 参见曹福来:《论税务行政处罚与刑事处罚的衔接》,载《江西社会科学》2006年第8期。

被告适用大气污染防治法对原告涉案行为进行处罚是否正确。其中涉及《固体废物污染环境防治法》第68条第1款第7项、第2款及《大气污染防治法》第99条第2项之间的选择适用问题。前者规定,未采取相应防范措施,造成工业固体废物扬散、流失、渗漏或者造成其他环境污染的,处1万元以上10万元以下的罚款;后者规定,超过大气污染物排放标准或者超过重点大气污染物排放总量控制指标排放大气污染物的,由县级以上人民政府环境保护主管部门责令改正或者限制生产、停产整治,并处10万元以上100万元以下的罚款;情节严重的,报经有批准权的人民政府批准,责令停业、关闭。前者规制的是未采取防范措施造成工业固体废物污染环境的行为,后者规制的是超标排放大气污染物的行为;前者有未采取防范措施的行为并具备一定环境污染后果即可构成,后者排污单位排放大气污染物必须超过排放标准或者重点大气污染物排放总量控制指标才可构成。该案中无证据可证实臭气是否来源于任何工业固体废物,且被告接到群众有关原告排放臭气的投诉后进行执法检查,检查、监测对象是原告排放大气污染物的情况,适用对象方面与大气污染防治法更为匹配;《监测报告》显示臭气浓度超过大气污染物排放标准,行为后果方面适用《大气污染防治法》第99条第2项规定更为准确,故被诉行政处罚决定适用法律并无不当。法院遂判决驳回了原告的诉讼请求。[①]

案例2.68　蒿莹诉武汉市公安局硚口区分局不履行法定职责案

根据该案判决,2015年7月6日16时37分许,蒿莹拨打110电话报警,称在武汉市硚口区人民法院开庭审理时被前夫李涛打伤头部。法院认为:本案中,李涛的行为违反了《民事诉讼法》第111条第1款第(4)项的规定,同时也违反了《治安管理处罚法》第43条的规定,属于一个违法行为同时违反了两个不同的法律规范,硚口法院可以以妨害民事诉讼对违法行为人实施司法处理,硚口公安分局也可以按照《治安管理处罚法》的相关规定实施行政处理。蒿莹报警后,硚口公安分局及时出警,积极调查,符合《人民警察法》《110接处警工作规则》的相关规定。由于本案的特殊性,硚口公安分局通过与硚口法院的协调,明确对李涛打人一事由法院来进行处理,硚口公安分局对蒿莹的报警事项不予处理,不属于不履行法定职责的情形。

该案颇值研究,原一审法院认为,硚口公安分局所属长丰派出所在调查完毕之后,以该案发生在法院内,应由法院处理为由拒绝作出行政处理决定则没有法律依

[①] 最高人民法院指导案例139号——上海市金山区人民法院(2017)沪0116行初3号行政判决书。

据。硚口公安分局在接到蒿莹的报案后,以该案发生在硚口法院而拒绝作出处理,属于不履行法定职责的违法行为,蒿莹的诉讼理由成立。但该案原二审法院完全否定了原一审法院意见,其认为,无论蒿莹是否向公安机关报警,李涛在诉讼过程中殴打对方当事人的行为依法应由受理该民事案件的人民法院管辖,不存在管辖重合由当事人选择管辖的问题。因此,无论硚口法院对李涛如何处理,甚或不予处理,当地公安机关无权另行处理。硚口公安分局在了解事情原委后,对蒿莹的报警事项不予处理,不属于不履行法定职责的情形。该案一审对诉讼过程中殴打对方当事人的行为定性模棱两可,对"一事不再罚"原则的理解存在偏差,未厘清行政机关与司法机关各自的职能权限,导致实体处理错误,应予纠正。再到上述再审阶段,再审法院秉持的又是第三种观点,其认为李涛的行为同时违反了《民事诉讼法》及《治安管理处罚法》的规定,在硚口法院与硚口公安分局沟通协调后,最终决定由硚口法院来进行司法处理是合法妥当的。[①]

笔者认为,从上述蒿莹案来看,也体现了特别法优先适用的原则,虽然司法处理并不属于行政处罚,但从更广的法律空间来看,也应归入一事不再罚原则的探讨范围。笔者认为,在法条竞合的情况下,应按特别法处理而不是从一重处断。我们不妨借用刑法中的例子来分析比较,如交通肇事罪在致人死亡的情况下,与过失致人死亡罪是法条竞合关系。交通肇事致一人死亡,法定刑为3年以下有期徒刑、拘役;按照过失致人死亡罪,首选法定刑为3年以上7年以下有期徒刑。但不能因此而选择适用过失致人死亡罪。同理,交通肇事致一人重伤负全部责任,在没有特定情节的情况下,不构成交通肇事罪。此时,就不能转而按照过失致人重伤罪论处。笔者认为,特别法设置的原因就在于针对一些特别类型的违法犯罪设计较高的认定违法、定罪条件或量罚、量刑升格条件以达到限制处罚的目的,也即,立法者认为此时其社会危害性或法益侵害性才达到了违法犯罪的程度或量罚、量刑升格的程度,对此,如果允许按照普通法来认定违法及量罚、定罪处罚则会使特别法的立法失去其本来的用意,这样势必会架空特别法的存在,导致行政权力或司法权力的恣意和滥用。唯一的例外应当仅限于立法本身的例外规定,也即此情形下的法条竞合才允许按照重法优于轻法的原则来处理,我国《刑法》中只有第149条第2款的规定属于这种情形——非常明确地规定了同时违反具体此一条及彼一条的情况下,应按照较重的规定来处罚。而不是笼统地说违反不同法律规范的,统一从一重处罚。无论是刑法还是行政法,如果仅仅是笼统的规定,仍不得对抗特别法优先原

---

① 湖北省高级人民法院(2018)鄂行再3号行政判决书。

则的适用。再以行政法为例,某人有盗窃井盖行为,同时违反了《治安管理处罚法》第37条第(3)项(关于盗窃井盖的条文)及第49条(关于盗窃一般财物的条文)规定且都构成两条规定的情节严重,除拘留外,根据前一条可罚款500元,根据后一条可罚款1000元。笔者认为,在该情形下,仍应优先适用特别法。又如原环境保护部《规范环境行政处罚自由裁量权若干意见》第1.2条规定,"同一机关制定的环保法律、行政法规、地方性法规和规章,特别规定与一般规定不一致的,适用特别规定"。这与《立法法》第92条"同一机关制定的法律、行政法规、地方性法规、自治条例和单行条例、规章,特别规定与一般规定不一致的,适用特别规定"的阐述是一致的。因此,在前述鑫晶山案的具体案情的场景中,《大气污染防治法》属特别法,应优先适用,而《固体废物污染环境防治法》则属一般法。由此来看,《环境行政处罚办法》第9条"当事人的一个违法行为同时违反两个以上环境法律、法规或者规章条款""效力等级相同的,可以适用处罚较重的条款"的规定值得商榷,其与《行政处罚法》第29条规定类似,均未考虑特别法优先适用的原则。

案例2.69　范军航诉中山市公安局行政处罚、中山市人民政府行政复议案

该案中,一审法院认为:《治安管理处罚法》第50条第1款规定的"有下列情形之一的,处警告或者200元以下罚款;情节严重的,处5日以上10日以下拘留,可以并处500元以下罚款……(二)阻碍国家机关工作人员依法执行职务的……"第43条第1款规定:"殴打他人的,或者故意伤害他人身体的,处5日以上10日以下拘留,并处200元以上500元以下罚款;情节较轻的,处5日以下拘留或者500元以下罚款。"从上述两条规定可以看出,《治安管理处罚法》第50条属于特别规定,第43条属于一般规定,既然范军航属于国家机关工作人员范畴,其依法执行职务过程中被阻碍以致遭到殴打,对郑坚辉的处罚就应适用特别规定的《治安管理处罚法》第50条第1款第(2)项。由此可见,市公安局对郑坚辉处罚时适用法律错误,遂确认处罚决定违法。二审法院对此予以维持。[1]

---

[1] 广东省中山市中级人民法院(2018)粤20行终17号行政判决书。

第三章　行政处罚的学理分类及法定种类

一、行政处罚的学理分类

关于行政处罚的分类,行政法学界基于不同角度作过多种划分,主要有以下几种:一是基于处罚适用的领域不同,可分为治安管理处罚、工商管理处罚、海关处罚等;二是基于处罚的性质不同,可分为限制或剥夺权利的处罚、科处义务的处罚和影响声誉的处罚;三是基于处罚内容的不同,可分为人身罚、财产罚、行为罚及申诫罚。[①] 前两种分类学界争议不大,因此以下内容主要探讨第三种分类。基于处罚内容的不同而作的分类既有"四分法""五分法",还有"六分法"。"四分法"即申诫罚、财产罚、能力罚、人身罚或称为人身罚、行为罚、财产罚、精神罚或申诫罚、财产罚、行为罚、人身罚。"五分法"即申诫罚、财产罚、能力罚、人身罚、救济罚或人身自由罚、声誉罚、财产罚、资格罚、行为罚。"六分法"即人身自由罚、声誉罚、财产罚、资格罚、责令作为或不作为罚、其他行政制裁。[②]

笔者认为,基于处罚内容的不同,应该分为申诫罚、声誉罚、资格罚、行为罚、财产罚、人身自由罚及综合罚。

(一)申诫罚

申诫罚即行政处罚主体对当事人给予的一种申斥和告诫,是对当事人行为的一种否定性评价及对当事人的强制性教育和谴责。主要为警告。但目前大部分学

[①] 参见肖金明:《行政处罚制度研究》,山东大学出版社2004年版,第55~57页。
[②] 参见杨小君:《行政处罚研究》,法律出版社2002年版,第22页;周佑勇:《行政法原论》,中国方正出版社2005年版,第303页;应松年等编:《中国行政法学20年研究报告》,中国政法大学出版社2008年版,第340页;杨解君:《秩序·权力与法律控制——行政处罚法研究》,四川大学出版社1995年版,第51~54页。

者都认为警告属于一种声誉罚,会对当事人声誉、名誉、信誉造成一定损害。① 笔者认为上述通说值得商榷,单纯给予警告处罚既不需要对外公告、登报或在其他公共传媒上告示,也不需要同时通知其工作单位或家庭成员,因此笔者认为,申诫罚如警告根本不会带来名誉、声誉的必然受损。笔者了解到单纯受到警告处罚的人群,几乎没有人会认为这给其带来了声誉下降,因为声誉仅存于人与人交往的社会关系特别是熟人关系当中,不进入这种关系的处罚自然不会影响声誉,当然其本人精神上的不悦感是接受任何处罚都或多或少会产生的,因此有关警告属于声誉罚或精神罚的提法是不科学的。我国台湾地区"行政罚法"第 2 条明确规定"影响名誉之处分:公布姓名或名称、公布照片或其他类似之处分"。② 此规定认为只有公布当事人姓名或名称、公布照片等的处罚才会带来声誉之影响,与笔者观点类同。

总之,申诫罚并不等于声誉罚,有必要单列出来,申诫罚处罚内容的受众一般仅为当事人本人,而声誉罚处罚内容的受众并不仅限于当事人本人,而为一定范围的人群,通常还是靠近当事人生活工作之外围环境的人群及其他更广范围的公众。申诫罚的功能主要在于教育,而制裁性较少。有观点认为"警告处罚应建立起必要的公开制度,以发挥有效的威慑力"。③ 笔者不赞同这一观点,因其混淆了申诫罚与声誉罚的区别,使警告与通报批评的功能趋同。

(二) 声誉罚④

声誉罚是指行政处罚主体对违法者的名誉权、荣誉权及其精神权益造成不利损害的行政处罚。主要有剥夺荣誉称号(同时还要满足在一定范围内公布的条件,如果不公开地剥夺荣誉称号则不属于声誉罚,如《国家科学技术奖励条例实施细则》第 92 条规定:"对通过剽窃、侵夺他人科学技术成果,弄虚作假或者其他不正当手段谋取国家科学技术奖的单位和个人,尚未授奖的,由奖励办公室取消其当年获奖资格;已经授奖的,经国家科学技术奖励委员会审核,由科学技术部报国务院批准后撤销奖励,追回奖金,并公开通报……")等。声誉罚所涉及的内容表现为一种精神权益,体现在以下三方面:一是名誉权益,是以人的名誉所受利益为内容的权

---

① 参见罗豪才主编:《行政法学》,中国政法大学出版社 1999 年版,第 199 页;应松年主编:《行政法学新论》,中国方正出版社 1999 年版,第 374 页;姜明安主编:《行政法与行政诉讼法》,北京大学出版社、高等教育出版社 1999 年版,第 223 页;关保英:《行政处罚新论》,中国政法大学出版社 2007 年版,第 41 页。
② 蔡志方:《行政罚法释义与运用解说》,台北,三民书局 2006 年版,第 20 页。
③ 张清等:《试论申诫罚的设定规则》,载《海关执法研究》2010 年第 7 期。
④ 参见杨小君:《行政处罚研究》,法律出版社 2002 年版,第 22 页。

利,是社会对公民的思想品德、信誉才干、行为等方面的评价。二是荣誉权益。这种权益就是一种好名声的权益。特定荣誉称号被授予之后受到剥夺或取消则会造成其荣誉受损。三是其他精神权益。如荣誉称号之派生物——奖金,还包括派生的精神利益及可期待利益。声誉为公民的第二生命,所以行政处罚应慎用声誉罚,但对于屡教不改等主观恶性较大或客观危害较大的违法行为则可以考虑使用。

至于声誉罚的制裁严厉程度是否一定比财产罚为轻,笔者认为不能笼统论之。海关行政处罚实践中经常遇到企业宁愿缴纳一定数额的罚款也不愿意被列入黑名单予以公布。因为一旦被列入黑名单则意味着商业信誉下降,而且一般这类企业也已经被海关降级,一些便捷通关优惠政策不能享受,甚至还需承担更多的义务。因此笔者认为公布企业黑名单不仅仅属于海关行政管理手段。

这里我们重点探讨一下行政违法事实的公布是否算一种声誉罚呢?对此问题,有观点认为应当从形式上对"醉驾曝光"是否属于声誉罚进行判断,如在2012年3月举行的第5期金杜—明德法治沙龙上,有观点认为可以对《行政处罚法》第9条规定的"警告"作广义解释,直接包含违法事实公布这种"公共"警告的形式。不过,笔者认为警告是否具有这种"广而告之"的含义,法律意图是不明显的。但如果从实质判断角度出发,就更易得出某些行政违法事实公布属于一类声誉罚的结论。首先,违法事实公布中的信息是行政机关在实施监督检查活动过程中所收集、获得的信息,显然涉及公权力的运作,其行政性毋庸置疑;其次,违法事实公布不是行政机关内部的情况通报,其受众是普通的社会成员,具备外部性的要求;再次,行政机关公布相对人的违法事实能够对其产生巨大的心理压力,使其迫于社会舆论压力不敢再犯,个中蕴含的制裁性十分明显;最后,违法事实的"公之于众"就等于"示丑""揭短",势必会减损行为人的声誉,从而达到社会治理的效果。由此可见,行政违法事实公布与声誉罚的一般特征是完全吻合的。在比较法意义上,我国大陆日益盛行的行政违法事实公布与境外的相关做法具有同样的功效。例如,我国台湾地区"行政罚法"所规定的"其他种类行政罚"就包括"影响名誉之处分"(公布姓名或名称、公布照片或其他相类似之处分)。综上,因为行政违法事实的公布会带来相对人声誉下降甚至隐私受到不利影响,其中醉驾曝光、公布企业黑名单等举措,笔者认为都应属于声誉罚的范畴。

鉴于目前公共安全、食品安全、生态安全、环境保护等领域的违法情形日益增多,公益保护的形势日益严峻,因此在上述特殊行政领域内,为了实现公益保护的目的,一定时期内适度克减私益实属必要。但在公益保障与私益侵害之间的权衡上,也需要对违法者的身份加以考虑,避免对普通公民的隐私造成过度侵害。从这个意义上来说,深圳公安机关在扫黄行动中对失足女游街示众的做法就应当被叫停。至于济南交警新政中针对公职人员、知名人士要加大曝光力度的做法,则并非没有存在的必要。因为,公职人员是行使公权力的主体理应接受更高要求的监督,而知名人士在社会上居于强势地位占有更多社会资源,因此适当弱化对他们的隐私权保护正是为了平衡其权利与义务。同时,违法事实予以公布也是在社会诚信日益缺失的背景下,传统法律文化中耻感文化在行政执法中的延伸,更与信息规制工具在现代社会治理中的广泛运用息息相关,因为这对于行政处罚主体来说是一种成本较低的执法方式,行政处罚主体通过对不利信息的公开,利用社会的"排斥"来实现对违法者的惩罚,最终达到违法者及潜在违法者的自律,进而提升整个社会的守法水平。

目前,作为声誉罚的行政违法事实公布还存在诸多需要改进的地方,主要体现在以下几点:第一,法律依据缺失。如海关公布企业黑名单的做法就存在法律效力层级过低(仅有内部文件)的问题,再如三亚工商部门在"宰客"摊点前悬挂"黑心店"牌匾的做法也是缺乏法律依据的。第二,适用范围不明。目前行政处罚主体在行政违法事实公布的适用范围方面享有极大的自由裁量权,如果对主观恶性不大、客观危害较小的违法事实予以公布是不符合比例原则的。第三,法律程序缺失。实践中,很多行政处罚主体在实施声誉罚时形式多样、五花八门,并不符合法律要求。第四,救济手段缺失。实践中,很多行政处罚主体在公布行政违法事实的时候并没有告知当事人相应的救济权利。针对上述问题,笔者认为应当采取以下措施予以改进:第一,就完善法律依据来说,应当在修改《行政处罚法》及其他法律时明确将行政违法事实公布列为一种法定的行政处罚种类。第二,就完善适用范围而言,笔者认为首先应当将行政违法事实公布区分为声誉可逆转的及声誉不可逆转的两种,前者如公布醉驾者的信息,其社会评价并不会因为此类事件而显著下降,而且消除不良影响也较快,后者如公布卖淫嫖娼者的信息,其社会评价会因为此类事件而显著下降,而且极难恢复。因此类似第二种违法事实的公布应更为慎重,适用范围应更窄小,立法应设计更为严格的条件和程序。而且尊重人道、生存照顾、人格尊严及尊重核心隐私等重要人权不可克减,是否侵犯这些重要人权就成为判断一个行政行为是否具有正当性的最重要边界。第三,就完善法律程序而言,应当严格按照《行政处罚法》规定的《行政处罚决定书》的法定形式和要求来制作,并且还要同时送达一份《行政处罚决定书》给当事人。第四,就完善救济手段来说,应当赋予其要求复核及提请复议、诉讼等权利,甚至可以赋予当事人申请听证的权利及建立起一种预防性行政诉讼救济机制。[1]

此外,需要指出的是,并非所有的行政违法事实公布都属于声誉罚或行政处罚,比如"农夫山泉砒霜门"事件[2]中的"行政违法事实公布"就属于公共警告;[3]再如"全国网上封堵'老赖'"事件[4]的"行政违法事实公布"及依据《税收征收管理法》第 45 条第 3 款规定作出的"对纳税人欠缴税款的情况定期予以公告"就属于行政强制执行行为,因此我们在遇到具体情况时必须根据该行为的本质属性及主要特征予以区分。

(三)资格罚

一般认为,资格罚是指"剥夺、终止或限制被处罚人从事一定职业与活动的权

---

[1] 参见章志远等:《作为声誉罚的行政违法事实公布》,载《行政法学研究》2014 年第 1 期;章志远:《行政法学总论》,北京大学出版社 2014 年版,第 199~205 页。

[2] 2009 年 11 月底,海口市工商局发布警示:农夫山泉广东万绿湖有限公司的 30% 混合果蔬饮料与水溶 C100 西柚汁饮料、统一企业(中国)投资有限公司的蜜桃多汁等 3 种饮料总砷含量超标。但数日后,送往中国检验检疫科学研究院综合检测中心复检的抽检产品全部合格,海口市工商局承认之前因程序不当致使检验结果有误。这一事件给商家带来了数以亿计的经济损失和品牌形象损失,也使公众对政府的公信力产生怀疑。参见章志远等:《作为公共警告的行政违法事实公布》,载《河南司法警官学院学报》2012 年第 2 期。

[3] 公共警告是指行政主体在权限范围内,将其所获得的相对方危险信息(包括行政违法事实)向公众公开,提醒公众注意的一种预防性信息公开行为,常用于食品安全监管、产品质量监督、环境保护、药品安全监管等领域。一般而言,若将行政法中的管理行为分为两类——行政行为和事实行为,那么"公共警告"行为是一种行政行为。目前学术界对"公共警告"行为是事实行为还是行政行为还存在争议,传统德国行政法理论认为"公共警告"行为是一种事实行为,其理由是该行为没有运用行政权力,而且是以某种事实结果而不是法律后果为目的的。笔者认为这种说法值得商榷。首先,就是否运用行政权力而言,"公共警告"行为的实施中是运用了行政权力的。虽然"公共警告"行为的效果取决于公众的广泛接受,但我们不能否认行政机关的行政权力对公众的接受程度影响非常大,"公共警告"之所以能够起到行政管理的效果正是基于公众对于行政权力的信任,这也是公共警告和一般的主体发布信息的行为的一个根本区别。易言之,我们判断一个行为的实施并不能机械地从行政机关是否直接运用行政权力上来判断,而要从行政机关是否运用了行政权力及其派生的有利地位等多方面考虑。其次,"公共警告"行为也并不一定是以某种事实结果为目的的。从法律的角度来看,"公共警告"比较类似于"禁止令"或"命令"。在实践中,行政机关作出公共警告的行为时有可能对行政相对人(接受警告的公众)没有产生法律后果的目的,但对于和警告内容有关的第三方主体来讲,行政主体是有产生法律后果(这里的法律后果和前面讲的法律后果不一样)的目的的。基于以上两个原因,笔者倾向于将"公共警告"行为归于行政行为的范围内,只不过"公共警告"行为和一般的行政行为有些区别罢了,目前仍属于一种非型式化的行政行为。参见钞天真等:《试论〈公共警告〉行为》,载《理论界》2005 年第 10 期。

[4] 在重庆、广东、湖南等地,都有公布"老赖"(指不履行法律赋予的义务或逃避责任的个人、组织)名单的做法。行政机关或法院将"老赖"的信息发布出去,呼吁市民在发现被曝光"老赖"的行踪、可供执行的财产时可及时打电话举报,通过发动群众来解决"执行难"的问题。参见章志远等:《作为公共警告的行政违法事实公布》,载《河南司法警官学院学报》2012 年第 2 期。

利资格为内容的处罚"。① 笔者认为,这种表述的范围太广,导致与职业、活动有关的一切权利资格都被纳入资格罚范畴。笔者认为,资格罚是指已经取得行政许可的相对人,因违法行为而被行政处罚主体依法予以吊销、中止或限制许可的处罚。具体而言,一是吊销许可,即让当事人完全丧失从事许可活动能力的资格。如《食品安全法》第130条规定的"由原发证部门吊销许可证",等等。二是中止许可,即中止当事人一定期限内从事许可活动能力的资格。如《律师法》第50条规定的"停业整顿1个月以上6个月以下",等等。三是限制许可,即对原先的许可范围、等级依法给予的限制、缩小、降低。资格罚的作用在于可以严惩违法者,并使其在一定程度上丧失或减少继续违法可利用的法定资格或条件。

(四)行为罚

行为罚是指行政处罚主体科处当事人惩罚性的作为义务负担或令其在一定期限、一定范围内不得从事某项活动的不作为义务负担,但不包括对已经取得许可资格处以的资格罚。如《森林法》第39条规定的"补种盗伐株数3倍的树木"就属于行为罚,但如果只是补种1倍的树木则不构成行为罚,也不属于行政处罚,因为其仅具有补救性质。但目前该类行为罚的立法还存在诸多问题亟待完善。②

对于本应取得许可资格的事业,当事人未取得许可就从事该种特定活动的被行政主体依法处罚的,笔者认为属于行为罚,即对其作出的令其不得从事某项活动的不作为义务负担。例如,《证券法》第180条规定:"违反本法第九条的规定,擅自公开或者变相公开发行证券的,责令停止发行,退还所募资金并加算银行同期存款利息,处以非法所募资金金额百分之五以上百分之五十以下的罚款;对擅自公开或者变相公开发行证券设立的公司,由依法履行监督管理职责的机构或者部门会同县级以上地方人民政府予以取缔。……"笔者认为,这包含了行为罚内容而并未包含资格罚内容。反之,如果是合法取得许可资格后当事人因违法行为而行政主体

---

① 杨小君:《行政处罚研究》,法律出版社2002年版,第26页。
② 就以"补种树木"为例,目前立法至少存在以下问题:①履行时间问题:补种树木并非什么时间都方便履行,如我国北方冬季土壤上冻后几乎不能存活,那么究竟当事人应当在什么期限内自觉履行呢?逾期未履行是应当立即代履行呢还是应当有其他变通做法呢?②处罚主体及强制执行主体的权限问题。根据事权划分,林业行政主管部门才有造林规划权,森林公安机关只是一个单纯的执法单位,要后者来承担"补种树木"的地块,是否有超越职权之嫌?③"补种树木"的地块适宜度、树种、密度、苗木规格及等级等方面如何才能符合要求等问题均是需要明确的。④"补种树木"的相关程序及代履行程序目前立法均未明确。这些问题应如何解决亟待《森林法》《森林法实施条例》《林业行政处罚程序规定》等规定予以明确。参见冯锦华:《补种树木行政处罚设定欠妥》,载《森林公安》2008年第6期。虽然存在上述问题,但笔者认为行为罚还是有存在必要的,不能轻言取消。

取缔的,则包含了资格罚内容。

近年来,我国一些地方也出现了"社会服务罚"的变通做法:让抓获的违反交通规则的自行车驾驶人在接受罚款处罚与做一小时左右的义务交通协管员之间选择,有些地方甚至干脆只要求做一小时左右的义务交通协管员。尽管这些类似行为罚的变通做法还存在争议,但现实中确实发挥了一定的积极作用。笔者建议在我国治安管理处罚、交通管理处罚等领域内设定社会服务为内容的行为罚,既可以拓宽行政管理及行政处罚思路,完善行政管理及行政处罚类别,又可以增强行政管理及行政处罚的层次性和适应性,既有利于增进社会服务,教育违法行为人转变成为守法公民,又有利于维护社会秩序,具有一定的现实意义。

(五)财产罚

财产罚,是"使受罚人的财产权利和利益受到损害的行政处罚"。[①] 具体来说,是指行政处罚主体强制让违法者无偿缴纳一定数额金钱或一定数量物品给国家的一种制裁性手段。行政处罚中常见的财产罚手段有:罚款、没收非法财物、没收违法所得等。罚款与没收非法财物、没收违法所得的最大区别在于前者是行政处罚主体依法对当事人合法财产的剥夺,而后者是对其非法财产的剥夺。财产罚的对象可分为三类:一是合法财产;二是非法财物;三是违法工具或媒介物。

财产罚的优点在于:(1)具有财政作用。可以增加国家及地方的财政收入。(2)是制裁违法行为的有效方法。既可以剥夺其违法获利、非法财物等,又可以降低其继续再犯的经济能力。(3)财产罚几乎可适用于一切违法行为,因为财产是所有人生产生活的前提条件和物质基础,因此使用财产罚可以达到一定的制裁目的,同时也能警戒教育当事人本人及他人不要实施违法行为,以免遭受财产损失。(4)不直接影响相对人活动。当然有的论者会说财产减少自然就会导致无钱购物或从事其他活动,但这种影响还是相对间接的,而人身自由罚或资格罚对相对人活动的影响则更为直接和明显。(5)财产罚基本能反映出违法行为的危害性大小,一般来说,财产罚数额越高说明违法行为的危害性越大,财产罚数额越低说明违法行为的危害性越小。(6)财产罚发生错误容易纠正。财产罚一旦发生错误,比如罚款错误可以申请退库再返还错误部分的金额及利息。但资格罚或人身自由罚出错的话,如果已执行的则难以恢复,只能给予经济上的赔偿。但同时也要看到财产罚也存在可能难以执行、不平等性等缺点。比如同样5万元罚款,对富者来说可能无关痛

[①] 崔卓兰主编:《行政处罚法学》,吉林大学出版社1998年版,第48页。

痒,对穷者来说可能令其倾家荡产。无论如何,财产罚在行政处罚领域中仍是最为常见的,甚至是最为有效的罚种。

同时,我们也要看到财产权是公民生命权、自由权发挥作用的物质基础和条件,是公民三大基本人权之一。美国经济学家格瓦特尼认为,在这个星球上,私有财产最受重视的地方,也就是个人自由最为安全、专制国家最不可能出现的地方。[①]因此,对违法者的处罚不得侵害当事人的合法财产权,行政处罚既要注重执行《行政处罚法》《治安管理处罚法》等规定,也要注意不得违背其他法律如《民法通则》《物权法》《担保法》等法律中的强制性规定,做到既要依法处罚,又要慎重保护当事人合法财产。因此,诸多法律为解决公权与公权冲突及公权与私权冲突等问题就确立了以下适用规则:第一,给付性金钱债权优先于惩罚性金钱债权规则。如《税收征收管理法》第 45 条第 2 款规定:"纳税人欠缴税款,同时又被行政机关决定处以罚款、没收违法所得的,税收优先于罚款、没收违法所得。"第二,民事赔偿责任优先于行政处罚责任规则。如《消费者权益保护法》第 58 条规定:"经营者违反本法规定,应当承担民事赔偿责任和缴纳罚款、罚金,其财产不足以同时支付的,先承担民事赔偿责任。"[②]第三,受害人财物所有权优先于非法财物、违法所得没收权规则。如《治安管理处罚法》第 11 条第 2 款规定:"违反治安管理所得的财物,追缴退还被侵害人;没有被侵害人的,登记造册,公开拍卖或者按照国家有关规定处理,所得款项上缴国库。"

此外,基于人道主义及基本人权保障,笔者认为财产罚的决定与执行应以不影响被处罚人最低限度的生活及法律上赡养、抚养、扶养义务的履行为限。

(六)人身自由罚

人身自由罚是行政处罚主体对违法的公民的人身自由权利进行限制或剥夺的行政处罚。人身自由罚,用"人身罚"或"自由罚"来概括是不确切的,因为"人身罚"可以说是对人身权利的限制或剥夺,"自由罚"可以说是对自由权利的限制或剥

---

① [美]詹姆斯·L.多蒂等编著:《市场经济——大师们的思考》,林继红等译,江苏人民出版社 2000 年版,第 88~102 页。

② 类似的还有《食品安全法》第 147 条规定,违反本法规定,应当承担民事赔偿责任和缴纳罚款、罚金,其财产不足以同时支付时,先承担民事赔偿责任。《公司法》第 214 条规定,公司违反本法规定,应当承担民事赔偿责任和缴纳罚款、罚金的,其财产不足以支付时,先承担民事赔偿责任。《证券法》第 220 条规定,违反本法规定,应当承担民事赔偿责任和缴纳罚款、罚金、违法所得,违法行为人的财产不足以支付的,优先用于承担民事赔偿责任。《证券投资基金法》第 150 条规定,违反本法规定,应当承担民事赔偿责任和缴纳罚款、罚金,其财产不足以同时支付时,先承担民事赔偿责任,等等。

夺,而人身权利与自由权利是有区别的。人身权的内容十分广泛,包括生命健康权、姓名权、肖像权、荣誉权和名誉权、人身自由权、婚姻自主权等,可见人身权并不仅限于人身自由权。而自由权除人身自由权之外还有言论、出版、集会、结社、游行、示威、宗教信仰等自由权利,可见自由权也并不仅限于人身自由权。因此,该种处罚最确切的概括应为"人身自由罚"。[①] 人身自由罚具有矫正性、伸缩性、隔离性等特点。人身自由罚主要是指行政拘留。鉴于人身自由罚是行政处罚中较为严厉的一种,因此目前仅有公安机关有权依法适用。

(七)综合罚

综合罚是指包含了上述两种或两种以上处罚内容的处罚。较为常见的是取缔。《安全生产法》第60条规定:"负有安全生产监督管理职责的部门依照有关法律、法规的规定,对涉及安全生产的事项需要审查批准(包括批准、核准、许可、注册、认证、颁发证照等,下同)或者验收的,必须严格依照有关法律、法规和国家标准或者行业标准规定的安全生产条件和程序进行审查;不符合有关法律、法规和国家标准或者行业标准规定的安全生产条件的,不得批准或者验收通过。对未依法取得批准或者验收合格的单位擅自从事有关活动的,负责行政审批的部门发现或者接到举报后应当立即予以取缔,并依法予以处理。对已经依法取得批准的单位,负责行政审批的部门发现其不再具备安全生产条件的,应当撤销原批准。"其中"取缔"既包含了申诫罚、声誉罚,又包含了行为罚,甚至还包含了财产罚内容。由于综合罚能克服单独罚种的诸多缺点,因此笔者认为,在未来的处罚实践中其必定还会有较大的发展空间。

二、行政处罚的法定种类

(一)警告、通报批评

警告是指行政处罚主体对情节轻微的违法者给予书面形式的警示、告诫及谴责,是行政处罚法定种类中最为轻缓的制裁方式。警告重在提醒当事人认识自己行为的违法性质,并教育其下次不得再犯,使其精神上产生某种压力,属于申诫罚的一种,单纯表达行政处罚主体对其行为的否定性评价和对当事人的谴责,而不具

[①] 参见杨解君:《秩序·权力与法律控制——行政处罚法研究》,四川大学出版社1995年版,第51页。

有人身自由或财产等其他制裁内容。

实践中,警告通常适用于以下情形:第一,警告适用于违法最轻微但又应需要给予处罚的情形。认定违法最轻微是在同类行政管理领域,并与其他处罚种类相比较而言的。第二,没有造成具体的损害结果。有些违法行为并没有造成具体的损害结果,或损害结果微小,而又没有其他从重情节的,应当适用警告。第三,有减轻处罚情节,从其他处罚种类减轻处罚至警告的情形。如对某当事人本应处以罚款(法律规定罚款没有下限的情形),因有减轻情节而减至警告处罚。第四,对未成年人不宜选择其他处罚形式的时候,可以适用警告。对未成年人的处罚主要是为了警示教育,帮助其树立起正确的是非观念,教育他们不要再犯。对于没有经济来源的未成年人处以罚款,收不到良好的社会效果。当然,如果对于严重违法行为适用警告起不到教育惩戒作用且不符合比例原则的时候,则需要依法适用其他处罚种类。①

有学者认为,有必要建立警告登记及转换制度,即将当事人每次因同类违法行为受到的警告记录在案,累计达到一定次数后即可转换为更严厉的处罚,②否则当事人一再轻微违法,却只能多次对其警告,警告多了也就麻木了,产生不了精神压力及预防再犯之功效。也有学者对此提出了反对意见,认为实行转换制度在理论上是行不通的,并提出了三点理由:首先,转换制度有违一事不再罚原则。就前一行为而言,行政机关已经作出警告处罚,也就是说,行政机关已经对该行为进行了处理。在后一行为出现后,行政机关也已经作出警告处罚的基础上,将采取更严厉的处罚对当事人进行制裁。这种"秋后算账"式的做法将会使一个行为受到两次或两次以上的处罚,从而与一事不再罚原则相背离。其次,转换制度的实行同样有违公正的要求。根据《行政处罚法》第5条之规定,行政处罚遵循公正原则。该原则要求行政机关实施行政处罚时,必须以事实为依据,与违法行为的事实、性质、情节以及社会危害程度相当。转换制度的实施意味着本应受到警告处罚的违法行为将会受到比警告更严厉的处罚。这是公正原则所不允许的。因此,实行转换制度在理论上缺乏有力的证据支持。最后,转换制度的实行将与行政处罚的目的相违背。从行政处罚的性质和作用上看,行政处罚本身不是目的,而是法律所设定的一种手段。行政处罚的目的在于通过行政处罚这种手段促使当事人遵守国家法律法规。如果非要强行把行政处罚与人身权、财产权直接联系起来不可(因为警告处罚是针对当事人的名誉权、声誉权。警告以上处罚则是针对人身权、财产权的),则行政处罚必

---

① 参见杨小君:《行政处罚研究》,法律出版社2002年版,第181页。
② 参见何建贵:《行政处罚法律问题研究》,中国法制出版社1996年版,第153~155页。

然造成人身权、财产权的损害,将陷入"为处罚而处罚"的境地,从而"异化"行政处罚的目的。①

笔者认为,上述两种观点各有一定道理,或可明确规定一年内两次或者三次被警告之后再实施同种类型轻微违法行为且需要处罚的,量罚时应当依法适用警告以外的罚种,这样就把上述观点的优点糅合起来了,有关刑法规定②所持观点也与此类似。警告登记及转换制度不应该设计成一年内攒满了3次警告之后没有再实施新的违法行为的时候再额外给一个其他类型的罚种,这样设计的话就违反了一事不再罚原则。

根据法律规定,警告既可以单处,也可以并处,如《律师法》第47条规定:"律师有下列行为之一的,由设区的市级或者直辖市的区人民政府司法行政部门给予警告,可以处5000元以下的罚款……"但笔者认为警告还是单处比较合适,因为任何比警告更严厉的其他罚种也必然包含了某种告诫、谴责、否定的意思及功用在内,因此处以罚款或没收再并处警告实在没有多大意义。③ 单处警告的可以适用简易程序,且由于警告无给付内容,因此一经送达,即告执行完毕。

有观点认为,如果单处警告则应当将其公布在政府信息公开网上去接受社会的监督,目的是想给违法行为人一定的精神压力及声誉压力,因为如果仅仅私下的警告,其震慑力是远远不够的。④ 笔者认为这种观点值得商榷,因为警告是典型的申诫罚而不是声誉罚,该观点的错误在于混淆了申诫罚与声誉罚的界限,如果对轻微违法处以的警告都要对全社会公布,那么可能很多人会选择罚款几百元但不要公布其违法行为,因为很多时候声誉罚带来的影响比财产罚还要严重。

还有观点认为,《道路交通安全法》第87条第2款规定的"口头警告"的属性为行政处罚种类⑤,笔者对此不予认同,主要理由有三:第一,这里的"口头警告"应理解为一种教育手段,其体现了罚教结合原则,因为它所针对的对象是"情节轻微,未影响道路通行的"轻微违法行为,按照《行政处罚法》第33条第1款⑥规定是可以将其列入不予处罚范畴的,虽然它的"及时纠正"是在交警的帮助下实现的。第二,《道路交通安全法》第88条规定:"对道路交通安全违法行为的处罚种类包括:警

---

① 参见谢祥为等:《行政处罚法定种类评析》,载《江西社会科学》2003年第2期。
② 类似于《刑法修正案(八)》第27条规定,即1年内曾因走私被2次行政处罚后又走私的,应追究刑事责任。
③ 类似见解参见余凌云:《行政法讲义》,清华大学出版社2010年版,第289页。
④ 参见应松年主编:《行政处罚法教程》,法律出版社2012年版,第68页。
⑤ 参见应松年主编:《行政处罚法教程》,法律出版社2012年版,第69~70页。
⑥ 《行政处罚法》第33条第1款规定:"违法行为轻微并及时改正,没有造成危害后果的,不予行政处罚。初次违法且危害后果轻微并及时改正的,可以不予行政处罚。"

告、罚款、暂扣或者吊销机动车驾驶证、拘留。"该法第 89 条规定："行人、乘车人、非机动车驾驶人违反道路交通安全法律、法规关于道路通行规定的,处警告或者 5 元以上 50 元以下罚款;非机动车驾驶人拒绝接受罚款处罚的,可以扣留其非机动车。"考察上述规定,我们可以看出,该法第 88 条在罗列交警行政处罚种类时并没有把"口头警告"列入,而且考察该法第 87 条及第 89 条(也包括第 90 条等条文)有关内容,既然该法有意识地将"口头警告"与"警告"区别开来表述用以匹配不同的违法情形,就说明"口头警告"与"警告"是互不包容互不交叉的关系;而且从立法活动所要遵循的比例原则来看,违法行为较轻的应配置较轻的手段,而违法行为较重的应配置较重的手段,上述第 87 条规定的违法行为显然比第 89 条、第 90 条等条文规定的违法行为要轻,这也可以反向推断"口头警告"比"警告"还要轻,而"警告"已经是最轻的处罚种类了,那么比"警告"还要轻的就只能是教育手段了,相信这也是立法者的观点。第三,诸多实务部门也认为"口头警告"不属于行政处罚种类,如甘肃省陇南市公安局交警支队《关于对轻微交通违法行为适用口头警告教育放行的公告》即认为该公告是针对"轻微交通违法"而实施的"不予处罚、教育放行规定"。同理,该法第 93 条第 1 款规定的"口头警告"也不属于行政处罚种类。

案例 3.1　戴治修诉定边县公安局砖井派出所行政处罚案

该案中,法院认为:上诉人因原审第三人在其住宅后墙安装篮球筐而引发矛盾,被上诉人接到报案后对双方进行了调解处理,经调解未达成协议,被上诉人根据查明的事实,情节以及社会危害程度认为,该案属于一般民事侵权案件,不属于该所的职责范畴,故仅对原审第三人进行了口头警告,该口头警告行为系其在履行治安管理职责中的批评教育方式,并非行政处罚。因此,该口头警告行为不具有可诉性。[1]

通报批评在行政执法实践中运用较多,其属性是否为行政处罚也一直争议较大,有些法院认为其不属于行政处罚。

---

[1] 陕西省榆林市中级人民法院(2020)陕 08 行初 214 号行政裁定书。

案例 3.2　佛山市美家苑物业服务有限公司诉佛山市三水区国土城建和水务局行政通报案

该案中,法院认为:本案被诉的行为是被告在通报中对原告予以通报批评,对其诚信扣 10 分,并要求其将限期整改措施报被告的行为。经查,原告未按照上述要求如期向被告上报整改措施并不需要承担相应的法律责任;原告的资质等级延续也获得审批通过,并未因上述行为受到不利影响。因此,本案被诉的行为仅仅是被告对原告作出的一种不具有强制力的评价行为,不属于《行政诉讼法》第 11 条规定的行政诉讼受案范围中的任何一项,不具有可诉性,原告的起诉依法应予以驳回。法院遂驳回了原告的起诉。①

案例 3.3　浙江东南网架股份有限公司诉湖州市住房和城乡建设局行政通报案

该案中,法院认为:根据《建筑市场诚信行为信息管理办法》第 3 条的规定:"不良行为记录是指建筑市场各方主体在工程建设过程中违反有关工程建设的法律、法规、规章或强制性标准和执业行为规范,经县级以上建设行政主管部门或其委托的执法监督机构查实和行政处罚,形成的不良行为记录。"原告向被告投诉的第三人于 2013 年 4 月 24 日,因 2012 年度建筑施工安全生产标准化达标考核不合格被上海市建设工程安全质量监督总站通报,并非行政处罚,并不属于不良行为记录;2013 年 9 月 6 日,第三人因在中国南方电网有限责任公司超高压输电公司试验检修大厅工程施工中的危险性较大的分部分项工程方案未按照规定流程审批、论证,被广州市城乡建设委员会和广州建设市场监督管理平台不良行为公示,系广州市综合诚信评价体系管理内容,并非不良行为记录;2012 年 3 月 5 日,因未按时上报《外地建筑企业入青经营情况》被青岛市建筑工程管理局扣分处理以及 2012 年 8 月 13 日,因《外地建筑业企业入青信用证》未延期被青岛市建筑工程管理局取消入青资格并非行政处罚,不能视为不良行为记录。②

但在另外一些判例中,部分法院认为通报批评属于行政处罚。

---

① 广东省佛山市三水区人民法院(2014)佛三法行初字第 45 号行政裁定书。
② 浙江省湖州市南浔区人民法院(2014)湖浔行初字第 20 号行政判决书。

案例3.4 福建省宁德市大众影院诉福建省宁德地区工商行政管理局行政处罚案

该案中,宁德地区中级人民法院认为:大众影院以营利为目的的广告将《寡妇村》影片认定为"我国首部性电影",言过其实,内容确属荒诞,其行为直接违反了广告内容必须真实的原则要求,应当承担法律责任。但是,被告对大众影院之处罚也有错误之处,被告"责成该影院写出深刻的书面检查",于法无据,应当予以撤销;"通报有关单位",没有依法使用规范的法律用语,易发生歧义,应当予以变更。依照《广告管理条例》及其施行细则的有关规定,该院作出判决:(1)撤销复议决定第1项即责成原告写出深刻的书面检查;(2)维持复议决定的第2项即罚款2000元;(3)变更复议决定的第3项即通报有关单位变更为通报批评。大众影院不服一审判决,提出上诉。福建省高级人民法院终审判决如下:(1)维持一审判决中的第1项、第3项;(2)撤销其第2项即罚款2000元,变更为免予罚款。[①]

案例3.5 珙县城市信用社诉珙县统计局行政处罚案

该案中,法院判决如下:将被告珙县统计局作出的统法罚通字(1997)第02号《处理通知书》中对原告珙县城市信用社处罚款4000元行政处罚变更为"责令改正,通报批评"。[②]

学界关于通报批评是否属于行政处罚也有两种观点:第一种,认为通报批评不属于行政处罚。其理由主要是:一是因为通报批评是通过实际影响当事人的声誉、名誉的方式,以社会影响和社会压力来达到制裁的效果和目的,因此它与申诫罚的本义不一致;二是通报批评并不向当事人本人作出,而是在一定范围内甚至全社会公开;三是通报批评的实际结果不仅影响当事人的声誉、名誉,还会影响其经济利益,通报批评的影响要强于其他种类的行政处罚,因而不符合行政处罚的公正原则;[③]四是认为不能盲目扩大解释行政处罚种类,且认为实践中行政机关对生产不合格食品的企业进行公告由于是对一批企业或一批产品进行而不是对单个企业作出的,故其性质不是行政处罚,而是政府发布信息的行为。[④] 第二种,认为通报批评

---

① 参见最高人民法院应用法学研究所编:《人民法院案例选》(行政卷),中国法制出版社2000年版,第231~235页。
② 四川省珙县人民法院(1998)珙行初字第002号行政判决书。
③ 参见胡锦光:《行政处罚研究》,法律出版社1998年版,第47~48页。
④ 参见应松年主编:《行政处罚法教程》,法律出版社2012年版,第70~71页。

属于行政处罚。其理由主要是：一是认为行政处罚的基本特点就是具有惩戒性，以上理由没有否认通报批评具有惩戒性，因而断定通报批评不是行政处罚，似乎理由不够充分；①二是通报批评虽不是对被处罚人的物质和财产上的利益进行剥夺和限制或造成损害，但其制裁的后果必然影响被处罚人物质上的利益，特别是对从事商品生产、经营的企业法人或者其他营利性组织，给予通报批评甚至比给予财产罚要严重得多，因为企业的生命在于信誉、荣誉，如果信誉、名声不佳，势必影响其生产、经营活动，丧失在市场中的有利竞争地位，造成不可估量的损失。②

笔者认为，上述案例中的通报批评应为行政处罚，主要理由是：一是这些通报批评涉及公权力运作，其行政性毋庸置疑；二是这些通报批评不是行政机关内部的情况通报，其受众是普通的社会成员，具备外部性的要求；三是这些通报批评等于已经给相对人的行为定了性，具有终局性的特点；四是行政机关通报相对人的违法事实能够对其产生巨大的心理压力，使其迫于社会舆论压力不敢再犯，个中蕴含的否定性及制裁性十分明显；五是罚款、没收的属性均为行政处罚种类，而效果影响甚至比罚款、没收更严重的通报批评不作为行政处罚种类似乎不合理，也不利于相对人的权益保护；六是违法事实的"公之于众"，势必会减损行为人的声誉，从而达到行政管理的效果；七是不能因为目前通报批评的操作不太规范就否定其行政处罚的属性，应当从实质法治的角度来为其定性。③ 由此可见，这些通报批评与声誉罚的一般特征是完全吻合的。在比较法意义上，我国大陆日益盛行的通报批评与境外的相关做法具有同样的功效，如我国台湾地区2005年公布的"行政罚法"更是明确将公布违法事实确立为一种行政处罚措施来对待。该法第2条规定："本法所称其他种类行政罚，指下列裁罚性之不利处分：……三、影响名誉之处分：公布姓名或名称、公布照片或其他相类似之处分……"此外，在"儿童及少年福利法"第57条、"公职人员财产申报法"第11条、"道路交通管理处罚条例"第43条等法律、法规中，广泛地存在利用公布违法事实对相对人进行处罚的规定。鉴于"行政罚法"等法律规范上的普遍规定，当前我国台湾地区法学界的主流观点将通报批评定性为行政处罚。同时，最高人民法院法官也主张将其视为行政处罚。④

虽然2021年修正的《行政处罚法》第9条已将"通报批评"明确为行政处罚种类，但仍需指出的是，并非所有关于行政违法事实的通报都属于声誉罚或行政处

---

① 参见冯军：《行政处罚新论》，中国检察出版社2003年版，第120页。
② 参见杨解君：《秩序・权力与法律控制——行政处罚法研究》，四川大学出版社1995年版，第58页。
③ 关于通报批评应如何立法完善请参见本书本章中的"声誉罚"部分。
④ 江必新等：《行政诉讼法理论与实务》，北京大学出版社2011年版，第159页。

罚,比如前述"农夫山泉砒霜门"事件中的"行政违法事实公布"就属于公共警告;依据《税收征收管理法》第 45 条第 3 款规定作出的"对纳税人欠缴税款的情况定期予以公告"则属于行政强制执行行为,这需要我们具体情况具体分析,而如《审计法》第 43 条及《广告管理条例施行细则》(已废止)第 17 条规定的"通报批评"就属于声誉罚。

(二)罚款、没收违法所得、没收非法财物

1. 罚款

罚款即行政处罚主体强制违法当事人承担一定数额的金钱给付义务,是行政处罚主体依法对当事人合法财产予以剥夺的制裁手段。它具有适用主体最多、适用范围最广、适用频率最高、适用幅度最大等特点,同时也是最容易出现问题的一种处罚种类,因此可以说如何合法合理地控制罚款幅度是对执法者要求最高的一种自由裁量权。执法实践中,针对一个案件开出的罚单数额小的有几十元的,数额大的有几十亿元甚至上百亿元的都有,如近期国家市场监督管理总局认定阿里巴巴集团控股有限公司违反《反垄断法》第 17 条第 1 款第(4)项规定,构成"没有正当理由,限定交易相对人只能与其进行交易"的滥用市场支配地位之违法行为,根据《反垄断法》第 47 条、第 49 条开出了 182.28 亿元的罚单。[1] 虽然如此,但有些情况是不适宜处以罚款的,这些情况主要有:违法行为人是未成年人且无经济来源的;违法行为人经济状况不佳的。可供判断的大致标准是:对仍需国家救济的领取最低生活保障的人群,应规定不适用罚款,[2]这也体现了现代国家的生存照顾义务及人道主义精神。

(1)罚款设定的类型

根据对目前有效的实定法的考察,罚款的设定分为以下七种类型:

第一,固定数值式,指将罚款设定为某一固定数额,如《丰宁满族自治县草地管理条例》第 22 条第(8)项关于未经批准私自占用草地的,"每亩罚款 300 元"的规定;

第二,固定倍率式,指将罚款设定为某特定基数的某个倍率,如《互助土族自治县森林管护条例》第 27 条第 1 款规定的"处违法所得 2 倍的罚款";

第三,数值数距式,指将罚款设定为某数值区间,即以数值明确罚款数额的上限和下限,如《治安管理处罚法》第 75 条规定的"处 200 元以上 500 元以下罚款";

---

[1] 国家市场监督管理总局"国市监处〔2021〕28 号"《行政处罚决定书》。
[2] 参见杨小君:《行政处罚研究》,法律出版社 2002 年版,第 185 页。

第四,倍率数距式:指将罚款设定为某特定基数的倍率区间,即以倍率设置罚款数额的上限和下限,如《外资银行管理条例》第 63 条规定的"处违法所得 1 倍以上 5 倍以下罚款";

第五,数值封顶式,指将罚款设定为某特定数额以下,即罚款数额只设上限不设下限,如《海关行政处罚实施条例》第 13 条规定的"处 100 万元以下罚款";

第六,倍率封顶式,指将罚款设定为某特定基数的某特定倍率以下,即倍率设置罚款数额只设上限不设下限,如《北京市盐业管理若干规定》第 13 条规定的"处该盐产品价值 3 倍以下的罚款";

第七,概括式,指仅规定要罚款但没有明确具体数额和标准,如《政府采购法》第 71 条规定的"可以并处罚款"。

(2)罚款设定类型的具体适用

上述七种类型既有单独使用,也有组合使用的情况,其中组合使用的可以区分为并用、选用和复用。

第一,并用,指同时使用数种设定方式确定罚款数额,如《安徽省文化市场管理条例》第 42 条就"并用"了"固定数值"和"数值封顶"两种设定方式,规定对互联网上网服务营业场所首次接纳未成年人的,"按每接纳 1 名未成年人罚款 2000 元的标准处罚","但罚款总额最高不得超过 15000 元";

第二,选用,指罚款数额在若干设定方式中选择确定,如《上海城市道路桥梁管理条例》第 49 条第(2)项规定允许执法者在"数值数距式"和"倍率数距式"两种方法中"选择"并确定罚款数额,对造成城市道路、桥梁损坏的,"处 5 千元以上 2 万元以下或者修复费 3 至 5 倍的罚款";

第三,复用,指罚款数额因处罚对象可能出现"违法情节轻重""责任主体差异""违法所得有无""如期改正与否"等不同情况而衔接数种设定方式予以确定,如《民用航空法》"复用"了有违法所得时的"倍率数距式"和无违法所得时的"数值封顶式"两种罚款方式,第 201 条规定对民用航空器无适航证书而飞行的,"可以并处违法所得 1 倍以上 5 倍以下的罚款;没有违法所得的,处以 10 万元以上 100 万元以下的罚款"。

(3)几种罚款类型的优缺点

第一,关于固定数值式或固定倍率式的优缺点。这种设定形式的优点在于直接明确,适用方便,由于没有自由裁量空间,不用担心因裁量不当造成的处罚不当。但这种设定形式也明显存在僵硬的弊病,面对各种各样的违法情节,按一个标准处罚,有时显得不合理。如北京市人大常委会制定的《实施〈中华人民共和国道路交通安全法〉办法》第 101 条第(1)项规定,违反规定停放车辆的,处 200 元罚款。违章停车因停放地点不一样,对交通秩序的影响是不相同的,不分是城市中心地区还是边缘地区,违章停车一律都处同样数额的罚款,不符合比例原则。

第二,关于数额封顶式的优缺点。这种设定形式的优点在于执法人员在办案的过程中对案件的罚款数额能够有所把握,在收取罚款担保时也能心里有数,较少出现处罚畸重的情形。但这种设定形式的缺陷在于有时候无法彰显"罚款应比违法成本或违法所得或危害后果高"的过罚相当理念,因此我们认为对于有违法所得的,应采取倍率数距式,无违法所得的则采取数值封顶式,而不是一律采取数额封顶式。

第三,关于倍率封顶式的优缺点。这种设定形式的优点在于有较大的自由裁量空间,如果执法水平较高的话可以较好地做到过罚相当,且罚款的基数具有相对稳定性,较少受经济发展、物价变动的影响。因为这种设定形式的基数金额对物价等因素十分敏感,经济发展或者物价浮动,基数也会随之浮动,据以确定罚款额度也随之浮动。因此,以这种设定形式作出的罚款规定,可以适用较长时间。这种设定形式的缺点在于:没有下限容易造成处罚畸重畸轻的现象出现,而执法实践中最高与最低可能罚款数额之间的巨大差异更是常常成为危及行政处罚公信力的隐形杀手,比如《进出口商品检验法实施条例》第47条规定的"并处商品货值金额等值以下罚款",假如涉案商品货值金额为1000万元,那么对该类违法既可以罚款1万元,也可以罚款1000万元,这里面就有1000倍的裁量空间,要保证不滥用自由裁量权是不容易做到的。而且基数有时候不好掌握,比如有时候作为基数的违法所得难以确定,而且关于违法所得有很多未解决的问题存在,比如预期利润是否计入违法所得等问题就极具争议。

第四,关于数值数距式的优缺点。这种设定形式符合充分授权和自由裁量原则;设定罚款相对明确具体、适用方便;赋予了执法主体一定的自由裁量空间,克服了定额罚款僵硬的弊病,便于执法部门在处理个案时,根据违法行为的情节和其他需要考虑的因素,合理确定处罚数额,能更好地实现处罚的目的。这种设定形式也存在不足,主要体现在:一是把握适度的自由裁量空间难度较大,自由裁量空间过大,易造成处罚权的滥用,反之又限制了处罚权的行使,不能适应执法的需要。比如,《海关行政处罚实施条例》第15条第(2)项规定,影响海关监管秩序的申报不实行为,处1000元以上3万元以下的罚款,罚款上下限相差30倍;这些规定,自由裁量空间较大,如果执法水平不高、业务不精,极有可能造成滥用自由裁量权。二是易受经济发展、物价变动等因素的影响。额度罚款是一种规定处罚上限或者既规定上限也规定下限的设定形式,立法时设定的罚款上下限可能是合理的,但若干年以后,随着经济发展、情况变化,原有规定可能变得不合理、不能适应需要了,往往出现原处罚上下限规定显得偏低、处罚力度不够的问题,如果不及时修改法律,罚款处罚就不能发挥应有作用,但启动修改程序又受到各方面条件的限制,往往滞后实际需要。因此也有学者提出实施罚款时应当与经济水平挂钩,如李先龙律师提出,应当规定执法主体在实施处罚时,结合国家统计机关每年公布的国民经济有关指标(上年或法律生效年职工日平均工资,或上年国民经济行业平均收入水平等),结合上年或法律生效年的定基物价指数,来具体计算罚款限额,确定罚款幅度。[①]

第五,关于倍率数距式的优缺点。与额度罚款形式相比较,这种设定形式的优点在于:不用规定过大的处罚幅度即能适应处理不同情节违法行为的需要。因为这种设定形式通常是以一定违法金额(如违法所得、非法收入、非法进出口货物的货值金额等)为基数,按基数的倍数或比例数确定罚款额度;而基数是一个变量,基数越大,违法情节越重,据以确定罚款的额度越高。因而,这种设定形式的裁量幅度不需要考虑基数反映的违法情节,只需考虑基数以外的其他情节即可,这样自由裁量空间就可以得到有效控制,避免畸轻畸重处罚。这种设定形式的缺点在于:一是适用条件有限,适用这种处罚形式,必须有基数依据,否则就不能适用,而实践中,许多违反行政管理的行为是没有基数依据的,如违反治安管理的行为、妨碍行政执法人员依法履行职务的行为等。二是适用对象有限。有些违法行为性质比较严重,需要规定处罚下限,即相对较高的起罚点。而在这种设定形式下,如果违法基数较小,依此确定的处罚数额往往偏轻,不能有效实现罚款目的。如我国《煤炭法》曾规定,煤矿投入生产前,煤矿企业应当依法申请领取煤炭生产许可证。这是加强煤炭生产管理、保证生产安全、防止安全事故的重要措施。按照该法规定,违反规定未取得煤炭生产许可证,擅自从事煤炭生产的,没收违法所得,并处违法所得一倍以上五倍以下罚款。按照这个规定,如果没有违法所得就不能处罚;如果违法所得较低如5000元,最高才能处罚2.5万元。这样的处罚数额较该种违法行为的性质和处罚要实现的目的,是不合比例的,目前该规定已删除。

第六,关于概括式的优缺点。这种方式优点较少,它们大量存在于20世纪80年代制定的法律、行政法规当中,然而,立法上的粗疏不仅使相关法律规范应有的适用效力大打折扣,还衍生出"实施细则"之类众多的补充解释,人为造成了法律体系不必要的庞杂、重复和矛盾,更重要的是导致了行政自由裁量权的无限扩张,与法制公开化的原则有较大差距。因此,笔者认为,在今后的行政处罚立法及相关法律修订过程中对这种方式的适用要严格进行限制。

[①] 参见徐向华等:《行政处罚中罚款数额的设定方式——以上海市地方性法规为例》,载《法学研究》2006年第6期。

(4)完善罚款类型的相关建议

第一,对于存在赖以确定罚款数额基数的经营性违法行为和其他违法行为,以使用额度罚款与倍比额度罚款结合的设定形式为原则,以使用倍比额度罚款的设定形式为例外。详言之,就是在设定这类违法行为的罚款处罚时,一般应采取额度罚款与倍比额度罚款相结合的设定形式,只有当这类违法行为有较轻的情节、不需要规定处罚下限时,可以使用倍比额度罚款的处罚形式。

第二,对于不具有赖以确定罚款数额基数的违法行为,以使用额度罚款的设定形式为原则,以使用定额罚款形式为例外。具体来说,在设定上述违法行为的罚款处罚时,一般应该使用额度罚款的设定形式,只有对那种潜在危险较大、需要严格禁止、不需要考虑时间、地点、情节等其他因素的违法行为,处罚目的重在警示预防的,可以适用定额罚款的处罚形式。关于定额罚款,考虑到国内各地区的情况千差万别,今后全国性立法(包括法律和行政法规)仍应坚持从严把握的原则,尽量少用这种设定形式。但地方立法(包括地方性法规和规章)和部门规章,因适用的范围相对较小,调整的行为规范也比较具体,则可以相对较多地使用这种设定形式,但也要严格标准,防止用得过多过滥。

第三,对于不需要规定处罚下限的违法行为,可以在同一法律责任的条(或款)中,同时使用额度罚款和倍比额度罚款的设定形式。如《公路法》第74条的规定,"违反法律或者国务院有关规定,擅自在公路上设卡、收费的,由交通主管部门责令停止违法行为,没收违法所得,可以处违法所得3倍以下的罚款,没有违法所得的,可以处2万元以下的罚款……"

第四,立法设定行政罚款处罚,以不使用概括式罚款为原则,以使用概括式罚款为例外。具体来说,只有出现以下两种情况,法律可对罚款处罚只作原则规定:一是法律对罚款处罚数额作统一规定,确实不能适应各地不同情况,各地方需要根据本地方的实际情况作出具体规定的;二是相关配套的"实施条例"或"实施细则"已经规定得比较成熟。

第五,对于数值封顶式罚款类型,其作用在于根据立法在经济利益、公平正义等价值冲突之间调和的结果,对违法行为人可能承担的最高法律风险作出合理的戒断,从而保证罚款多维立法目的的均衡实现与总体效益最优。因此,这一设定方式不宜单独采用,否则将不适当地增加行政裁量权的制度供给,而应将其作为利益衡量的实施工具,与其他设定方式组合运用。[1]

第六,对于倍率数距式或倍率封顶式的罚款类型,为了防止有时候出现罚款过

---

[1] 参见程雨燕:《环境罚款数额设定的立法研究》,载《法商研究》2008年第1期。

低的情况,可以考虑"复用"倍率数距式或倍率封顶式和数值保底式,如《西藏自治区环境保护条例》第50条规定:"违反本条例第41条规定的,责令其停止生产或者使用,并处以建设项目总投资的0.5%以上3%以下的罚款,但不得低于5000元。"

第七,有时候考虑到倍率数距式的罚款基数可能出现过小情形,在立法设计时也可以"复用"倍率数距式和数值数距式,也就是说,在一定数额的基数以下,采取数值数距式;而一定数额的基数以上,则采取倍率数距式。如《安全生产法》第89条规定:"承担安全评价、认证、检测、检验工作的机构,出具虚假证明的,没收违法所得;违法所得在10万元以上的,并处违法所得2倍以上5倍以下的罚款;没有违法所得或者违法所得不足10万元的,单处或者并处10万元以上20万元以下的罚款……"[1]

第八,应当调整倍率数距式或倍率封顶式中的罚款基数标准,改变目前主要以营业收入或违法所得为罚款基数的较为单一的现状,有学者提出:"违法所得"与罚款之间不存在必然的联系,且"违法所得"在其来源上具有复合性、范围上具有非对应性、内容上具有不确定性,这些决定了违法所得固然需要没收,但将其作为基数与行政罚款捆绑在一起,其可操作性不强,因此其建议不应当再以违法所得作为罚款基数。通常可以选择违法行为造成的环境损害、直接损失、治理费用等与罚款更具关联性的因素作为罚款基数。[2] 笔者认为,该观点具有一定道理,如果涉及人身伤害、物质损害、环境污染的违法行为在做罚款立法设计时可以考虑采用这一模式,其他情形仍可继续以营业收入或违法所得作为罚款基数。

(5)适用罚款处罚时应避免的不良倾向

行政处罚主体实施罚款处罚时要避免"以罚代教""以罚代税""以罚代证""以罚代管""以罚代刑"等现象出现,力戒"处罚疲软""罚款至上""重罚主义"等倾向,妥善行使罚款的自由裁量权,使其功效最大化,否则便会丧失其正当性。正如有的学者在分析罚款普遍化现象时指出的,除罚款具有的优点等原因外,一些非正当化的立法取向,也可能成为罚款设定普遍化的原因。根据以往政策,某些执法部门的收入与他们罚款、收费有直接关系。然而罚款设定及实施必须服务于公共目的。该学者进一步指出,当处罚与特定利益集团的利益相衔接,如增加单位收入、弥补财政收入不足时,罚款的正当性便丧失殆尽。应当认识到罚款不是万能的,罚款仅仅是国家行政管理的一种手段,不能针对任何领域的任何违法行为都一律规定或实施罚款,要认真研究不能适用罚款的领域和情形,同时还必须协调配置好罚款与其

---

[1] 参见赵惜兵:《行政罚款处罚的立法研究》,中国政法大学2006年硕士学位论文。
[2] 参见徐以祥等:《论环境罚款数额的确定》,载《法学评论》2014年第6期。

他罚种的最佳搭配关系或适用规则,充分发挥申诫罚、声誉罚、资格罚、行为罚及综合罚等其他罚种的作用,不能仅仅追求"罚款优先",认为"罚款万能"。甚至让罚款成了每个月的"管理费",只罚款不教育不纠正违法行为①不帮助弱势群体解决实实在在的生活困难。笔者认为,上述理念不仅在罚款中适用,在其他财产罚中也同样适用。要去除罚款充当财政手段发挥财政功能的错误理念及思想,改变将罚款数额作为行政机关的硬性工作任务或政绩评定指标的现状,同时还要加大对不作为的监督力度,要进一步研究如何才能实现既积极查发案件又同时避免片面追求罚没收入的面貌。

虽然征兵行为属不可诉的国家行为,但违反征兵管理规定而引发的罚款仍属行政处罚,依法应当允许对之提起行政诉讼。

案例3.6　朱超予与沙县人民政府行政处罚强制执行纠纷案

该案中,法院认为:申请人沙县人民政府征兵办公室对被执行人朱超予逃避服兵役的行为,作出的(沙)征告(2012)12号兵役行政处罚决定书在行政主体、行政权限、行为根据和依据方面完全合法。被执行人朱超予在法律规定的期限内既不起诉又不履行,申请人沙县人民政府征兵办公室于2013年12月25日申请我院强制执行,符合法律规定。法院遂裁定准予强制执行。②

2.没收违法所得、没收非法财物

没收是指行政处罚主体将违法当事人所有或占有的财物收归国有的行政行为。从理论上说,笔者认为没收可分为四类:一是没收指向物。即没收违法行为所直接指向的原始物,如《药品管理法》第115条规定的"没收违法生产、销售的药品"。二是没收转化物。即由应没收的违法标的物经交易转化而成的货款。如《国务院对禁止非法拼(组)装汽车、摩托车通告的批复》第3条规定的没收非法拼(组)装车辆的销货款。三是没收衍生物。如《航道法》第43条第2款规定的"没收违法所得",该法条所指违法所得即为违法行为直接衍生出来的利润或收益。四是没收媒介物。如《海关行政处罚实施条例》第9条第2款规定的"专门用于走私的运输工具或者用于掩护走私的货物、物品,2年内3次以上用于走私的运输工具或者用于掩护走私的货物、物品,应当予以没收……"根据实定法,没收包括没收违法所得及没收非法财物两个法定种类。

---

① 参见阎锐:《行政处罚罚款设定普遍化研究》,载《行政法学研究》2005年第2期。
② 福建省沙县人民法院(2014)沙执审字第2号行政裁定书。

没收违法所得与没收非法财物的联系主要有四个方面:一是都具有违法性;二是都为违法行为人事实占有,不包括可期待性利益;三是为有效维护财政经济秩序,都应依法予以没收;四是特定条件下可以转化。如某国企走私货物,该货物是非法财物;后将走私货物卖出,则转化为违法所得。而两者的区别主要有两方面:一是二者存在时间差别,在违法行为中所处地位不同。获取违法所得是行政相对人实施违法行为的目的或结果,违法所得获取的经济利益在行为之前是没有的,既是违法行为的结果,也是违法行为的转化物或衍生物。非法财物一般是行政相对人在实施违法行为时已经占有的财物,该财物或为相对人实施违法行为提供便利或创造条件,或为违法行为的指向物或标的物。二是它们的外在表现形式不同。违法所得既可以表现为具体的财物,也可以表现为具有法律属性的可以转换为具体财物的权利凭证等。而非法财物的存在形态一般为具有一定经济价值的实体物。对于同一财物而言,其所处环节不同或来源不同会导致其属性也可能不同。就违禁品而言,如果是以非法手段如盗窃获得的,应视为违法所得,如果是由购买而取得的,则应视为非法财物。

(1)没收违法所得

①没收违法所得的法律属性

有人认为,行政处罚是以行为人的人身权、财产权、声誉权为对象的,行政机关处罚相对人也就是通过对相对人权利施加某种影响促使其改正违法行为。但是,对权利的影响又往往转化为相对人的义务,如罚款是剥夺相对人的财产权,而罚款意味着相对人承担了交纳罚款的义务。然而,行政处罚要求的是相对人承担一种特定的义务。其特定性表现在以下几点:一是行政处罚所确定的义务必须是违法行为人额外承担的,"凡是守法者和违法者都应履行的义务,不能认为是惩罚性义务,只有违法者承担的新的义务,且较守法者为多时,才是行政处罚"。① 二是对相对人的权利和义务施加影响必须具有惩罚性,也就是说,相对人通过特定义务的履行,确实使其合法权益受到了一定程度的损害,才是行政处罚。三是相对人通过义务之履行所遭受损害的权益必须是其合法权益。凡是本身就不具有合法性质的权益之损害都不应被视为是行政处罚的范畴。由此看来,在没收违法所得的行政处罚过程中,相对人的"违法所得"本身就因为其不法性质而自始就不具有行政处罚的性质,相对人没有因为违反行政法律规范而承担额外的义务。充其量只是国家对其违法所得的一种"追缴",而不是对相对人实施的行政处罚。还有观点提出,因

---

① 参见应松年:《行政法学新论》,中国方正出版社 1998 年版,第 374 页。

为没收违法所得不具有独立适用性,因而不实行政处罚种类。①

笔者不同意上述观点,虽然违法所得不是合法财产,但在被查处之前实际处于当事人的控制和支配之下,对之予以剥夺必然会对当事人产生惩戒和制裁的效果,也必然会对当事人的精神造成强制和压力,从而使当事人意欲从违法行为中获利的愿望落空。如果说必须针对当事人的合法权益造成额外的损失或负担才能称为行政处罚的话,那么责令停产停业、没收违法工具也都不叫行政处罚了,之所以会责令停产停业,肯定是进行了违法生产或开展了违法业务,而违法工具也很难说是完全合法的财产。同时,是否具有独立适用性并不是判断一个行政制裁手段是否为行政处罚种类的标志,因为刑罚可分为主刑和附加刑,同样,行政处罚也可分为主罚和附加罚,譬如《治安管理处罚法》第10条第2款规定的"限期出境"或者"驱逐出境"就属于附加罚,我们显然不能说它因为没有独立适用性因而不属于行政处罚种类,实际上违法所得就具有附加罚的特征。综上,笔者认为没收违法所得的法律属性为行政处罚。况且行政处罚程序比起其他程序更为成熟完备,按照行政处罚程序去没收违法所得对当事人来说更能保障其合法权益不受侵犯。

②关于违法所得应如何认定的三种观点

第一种观点为"包含成本说",其认为违法所得是指包括成本和利润在内的全部总收入。例如,卫生部在2004年11月8日做出的《关于对如何认定食品生产经营违法所得的批复》中认为:食品生产经营违法所得一般包括成本和利润两部分。如食品售出后尚未收到货款,此款仍计入违法所得。又如,《广东省盐业管理条例》第47条第2款规定:"本条例所称的违法所得是指:(一)违法销售盐产品的收入或者按政府规定的销售价计算违法所得收入;(二)违法运输盐产品的运输费收入或者按规定的运费计算违法所得收入;(三)违法制售假冒包装物、商标标识收入或者按规定的价格计算违法所得收入。"再如,《餐饮服务食品安全监督管理办法》第44条规定,违法所得指的是违反《食品安全法》及其实施条例等食品安全法律法规的规定,开展餐饮服务活动所获得的相关营业性收入。其主要理由为:其一,单纯从违法所得的语义来看,应指违法行为的获利部分,成本应从中扣除。但作为法律术语来说,该说认为并不要求其法律含义与通常语义完全相同,完全可以根据实际情况予以规定。并且从法律解释的角度来看,法律解释的方法除文义解释外,还存在历史解释、目的解释等多种解释方法,因此,包含成本说违法所得的通常语义不能成为扣除成本的理由。其二,最高人民法院在《关于审理非法出版物刑事案件具体应用法律若干问题的解释》中规定违法所得必须扣除成本,但该份文件所针对的对象为

---

① 参见谢祥为等:《行政处罚法定种类评析》,载《江西社会科学》2003年第2期。

刑事案件,因此认为其对行政案件的处理不具有当然的指导作用。③在行政处罚中,当事人有违法主观故意的,方可认为行为违法与物质收益间存在紧密的因果关系,此时方可认定违法所得,如扣除违法成本,有纵容违法之嫌。④就技术操作的角度而言,扣除违法成本操作难度大,标准不明,实践可操作性较差。具体存在以下问题:一是违法成本的范围难以确定;二是就取证的角度而言,扣除成本加大了行政机关的取证负担。

第二种观点为"扣除成本说",其认为违法所得即扣除成本后的利润部分。例如,全国人大常委会法制工作委员会《关于申请解释〈固体废物污染环境防治法〉第77条有关规定的答复意见》中提到:《固体废物污染环境防治法》第77条对无经营许可证或者不按照经营许可证规定从事收集、贮存、利用、处置危险废物经营活动规定的"没收违法所得",是指没收违法行为人违法收集、贮存、利用、处置危险废物所获得的收益;又如,工商行政管理机关《行政处罚案件违法所得认定办法》第3条至第5条规定:"违法生产商品的违法所得按违法生产商品的全部销售收入扣除生产商品的原材料购进价款计算;违法销售商品的违法所得按违法销售商品的销售收入扣除所售商品的购进价款计算;违法提供服务的违法所得按违法提供服务的全部收入扣除该项服务中所使用商品的购进价格计算。"再如,国家质量技术监督局在《关于实施〈中华人民共和国产品质量法〉若干问题的意见》中也规定:"本法所称违法所得是指获取的利润。"该说认为违法所得不应当包含违法成本的主要理由为:其一,就字面而言,"违法所得"中最为突出的是"得"字,而成本是当事人付出的,不是得到的。因而,违法所得中的"所得"只能指获利部分。其二,从法理上讲,违法所得的理论基础为"不能允许任何人从自己的错误中获得利益",因此此处的所得应当指额外的收益。其三,就法律术语的统一性角度而言,行政处罚中的"违法所得"应当与司法收缴中的"违法所得"含义一致,应当扣除成本。

第三种观点为"折中说",其认为该说认为应当具体情况具体分析,视情形决定是否扣除成本。其主要类别为:有观点从主观故意角度出发,认为对于相对人故意违法的违法所得,应当不扣除成本,对于非故意违法的违法所得,应当扣除成本。还有观点从行为的特征出发,提出违法所得原则上应当扣除成本,但有几种例外情况不应当扣除,例如行为是单纯的违法行为并无合法因素复合的不应当扣除,从法律规定能够明确推定不予退还的不应当扣除等。还有观点认为对于主观恶性大、社会危害性大的故意违法案件,在认定违法所得时应不予扣除成本,充分体现对这类案件打击上的坚决性和惩戒上的严厉性,而对于当事人无主观故意或主观故意不明显的一般案件,在有充分证据证明存在合理成本的情况下,可予以扣除。由于这种观点分裂了违法所得的概念,基本上不被学界认可。但在执法实践中仍有实务部门持这种观点,甚至有的案件还得到了法院的认可。

案例 3.7　王世仲诉榆树市质量技术监督局行政处罚案

该案中,法院认为:国家技术监督局《关于违法所得如何计算的批复》规定:……经查证属实后确认行政相对人有下列情况之一的可以确定其全部经营额为"违法所得""非法收入"(1)行政相对人故意违法的……原告当庭没有提出营业额为18,240元的证据和按利润计算违法所得的法律依据。被告提供的证据有效。[①]

笔者认为违法所得具有五个方面的特性:一是非法性,这部分财物在来源和取得方式上都具有明显的违法性;二是物质性,必须存在物质收益或财产利益,包括金钱但不仅限于金钱,但不包含精神利益或无形财产;三是附属性,违法所得必须与违法行为之间有直接因果关系;四是实际所有性,财物必须被违法行为人实际所有;五是应受没收性、收缴性、追缴性或退赔性(退还或赔偿)。非法获取的精神利益或无形财产如违法获得免验通关待遇等就不具有应受没收性、收缴性、追缴性或退赔性,故不能纳入违法所得的范畴,而应当通过其他方式予以处置。笔者基本赞同前述"扣除成本说"的观点,也认为违法所得不应包含违法成本,主要理由为:

第一,没收违法所得是罚种之一,主要适用于违法行为人因违法行为而获得物质利益的情况。一般而言,在对于某一名词缺乏法定解释的情况下,文义解释是法律解释的首选方法,否则法律就会失去确定性、稳定性和统一性。从文义上讲,违法所得中的"所得"不应包括成本,因为成本在违法所得成立之前就已经属于行为人所有或实际持有。

第二,对于违法所得的认定有观点坚持二分法,即在行政执法中,对于主观恶性大、社会危害性大的案件,在认定违法所得时应不予扣除成本;对于当事人无主观故意或主观故意不明显的一般案件,在有充分证据证明存在合理成本的情况下,可予扣除。扣除成本说认为上述观点形似合理,实则不当。从法律特征上分析某一法律概念,其内在本质所包括的内容是恒定的,而且同样的法律文本中一个法律概念应具备相同的法律意义和构成要件,无论是故意违法还是过失违法,所对应的违法所得应当是一致的。

第三,以销售假药、劣药为例,法律责任首先就是要没收销售或使用的假药、劣药,而从法律文本规定来看,立法者是将"违法所得"与假药、劣药并列的,二者系并

[①] 吉林省榆树市人民法院(2000)榆行初字第4号行政判决书。

列关系,互不涵括,既然假药、劣药要被依法没收,"违法所得"就不包括假药、劣药,实际上有关行政法规中的"违法所得"看上去是指违法销售收入,没有扣除成本,但实际上"违法所得"仅只包括了获利部分,并未包括违法成本在内。与此同时,最高人民检察院在1993年12月1日公布的《关于假冒注册商标犯罪立案标准的规定》(已废止)中指出,违法所得即销售收入,也是同样的道理。此处的"违法所得"的概念范围就相对广泛一些。海关法律、行政法规关于走私、违规的立法与上述法律、行政法规的规定不完全一致,海关立法中,没收走私的货物、物品(无法没收的追缴等值价款)的同时没收违法所得,显然在违法所得中不包括走私的货物、物品;对于违规案件而言,违规的货物、物品并不没收,所以没收的只能是扣除成本的违法利润。

第四,从最高司法机关关于违法所得的司法解释来看,大多倾向于将违法所得定位于违法行为的获利部分。当然也有将违法所得界定为包含违法成本的,比如《最高人民法院、最高人民检察院、海关总署关于办理走私刑事案件适用法律若干问题的意见》(法〔2002〕139号)第24条规定:"在办理走私普通货物、物品犯罪案件中,对于走私货物、物品因流入国内市场或投入使用,致使走私货物、物品无法扣押或不便扣押的,应当按照走私货物、物品的进出口完税价格认定违法所得予以追缴;走私货物、物品实际销售价格高于进出口完税价格的,应按照实际销售价格认定违法所得予以追缴。"另外,在当前刑事法律规范中,比如侵犯著作权犯罪、组织或运送他人偷越国边境罪等都有违法所得的规定,如何理解违法所得,有观点认为:其一,必须是行为人已经获得的全部非法收入,没有获得的违法收入,不能视为违法所得数额;其二,违法所得一般不应当包括行为人实施犯罪投入的成本,否则难以计算。前述司法解释对刑事案件计算违法所得的规定,虽属刑事规范,其所针对的对象为刑事案件,其性质与行政违法案件并不相同,但这些刑事规范对于行政案件的处理还是有一定的参照作用的。在海关法律、法规关于违法所得的立法中,走私的货物、物品、运输工具都是首先纳入没收范畴,违法所得不能幸免。上述139号文件中,对于涉嫌走私的货物、物品,其本身没有刑事没收的规定,所以为防止违法犯罪嫌疑人因为犯罪行为而获益特别规定了"应当按照走私货物、物品的进出口完税价格认定违法所得予以追缴或者应当按照实际销售价格认定违法所得予以追缴",其实该规定与海关立法关于没收走私货物、物品与没收违法所得并不矛盾。

第五,针对包含成本说中取证难的问题该说认为如何计算违法所得是一个法律问题,其构成范围虽然在一定程度上取决于调查取证的广度和深度,但调查取证毕竟是一个技术操作问题,它是为法律规定服务的,如果因为调查手段的限制,难以将违法所得计算清楚,可以不予没收,而不能因此将违法所得构成范围简单化。而且,坚持扣除成本说有助于违法行为人妥善保存有关证据,因为他会希望行政处罚主体扣除其违法成本多一些,如此将会便于行政处罚主体取证。如果坚持包含成本说,违法行为人在内心进行利益比较之后往往会倾向于销毁、转移或拒不提供有关违法所得的证据,反而不利于行政处罚主体取证。

第六,在其他部门法领域内诸多学者也基本认同"扣除成本说",值得借鉴。在众多刑法学者中,虞建成等人的学说具有一定的代表性,他们认为,在刑法中,将违法所得解释为违法行为获利数,不仅符合立法文字原意,而且实践操作可行,不影响经济法、行政法与刑法对非法利益认定处理的合理有效衔接,并且刑事司法实践也逐渐认可了这一点。① 当然,也有刑法学者认为不能忽略违法所得在现实中存在的多样性,认为应当坚持具体情况具体分析,反对"一刀切"。违法所得在民法中还有一个比较普遍的存在形式,那就是商品销售中的"标低卖高"行为,如一家超市将某一商品的标价定为 119 元,但是顾客结账时结账单却变成了 199 元,这一案例中,超市的违法所得一般会被认定为 80 元而返还给消费者,不可能会是 119 元。又如在"'振鼎鸡'雄鸡剪纸形象被判侵权案"中,上海知名餐饮店振鼎鸡的招牌广告上有一只红色公鸡形象,但是,已故剪纸名家王子淦的子女认为这只雄鸡的形象抄袭了他们父亲的剪纸作品《一唱雄鸡天下白》,将振鼎鸡公司告至法院,请求被告停止侵权,并赔偿经济损失 50 多万元,最终法院判决振鼎鸡赔偿 8 万元。从法院的判决可以看出,振鼎鸡的全部销售收入并不是侵犯著作权的违法所得,故而权利人主张的高额索赔没有获得支持。②

当然,现实中有的情形因为违法成本极其微小,故按照违法成本为零或无违法成本来对待,但这并没有否认的"扣除成本说"的正当性。如国家食品药品监督管理局《关于〈药品管理法〉、〈药品管理法实施条例〉"违法所得"问题的批复》中认为,一般情况下,《药品管理法》《药品管理法实施条例》中的"违法所得",是指"实施违法行为的全部经营收入"。《药品管理法》第 122 条(伪造、变造、买卖、出租、出借许可证或者药品批准证明文件的——笔者注)、第 138 条(药品检验机构出具虚假检验报告的——笔者注)规定的"违法所得"是指"实施违法行为中收取的费用"。再如《工商行政管理机关行政处罚案件违法所得认定办法》第 6 条规定,违反法律、法规的规定,为违法行为提供便利条件的违法所得按当事人的全部收入计算。

司法实践中持"扣除成本说"的判例较多。

---

① 参见虞建成等:《"违法所得"探析》,载《法制与社会》2008 年第 4 期。
② http://news.cntv.cn/20120316/118398.shtml,最后访问日期:2012 年 5 月 8 日。

案例3.8 莫炳弟等人诉河池地区运输管理处行政处罚案

该案中,法院认为:被上诉人河池地区运输管理处在没收上诉人莫炳弟、莫国都的违法所得时,没有考虑扣除上诉人的经营成本,该处罚不符合公正原则。①

案例3.9 唐维宏诉重庆市开县工商行政管理局行政处罚案

该案中,法院认为:开县工商局针对唐维宏适用国家工商总局规定的违法所得认定办法认定其违法所得,其计算方法是正确的。唐维宏所举示的开县地方税务局、开县地方税务局稽查局确定的应缴营业等税在工商部门作出处罚决定时并未实际发生,不应从违法所得中扣除。一审法院对此的认定不当。但是,对于兴业佳苑项目向各相关主管部门办理施工许可证等手续的费用应属合理支出,理应扣除,而开县工商局仅以唐维宏未提供相应证据不予计算,是不当的。②

但实践中也有较高级别的法院甚至是最高人民法院在某些判例中主张"包含成本说"。

案例3.10 厦门博坦仓储有限公司诉厦门海关行政处罚案

该案中,最高人民法院认为:《最高人民法院关于审理非法出版物刑事案件具体应用法律若干问题的解释》,是对人民法院审理非法出版物刑事案件中存在的法律适用问题进行解释,仅限于人民法院审理此类刑事案件时适用。国家工商行政管理局《关于投机倒把违法违章案件非法所得计算方法问题的通知》,亦仅限于工商行政管理机关处理投机倒把违法违章案件时适用。上述两个文件均与认定走私案件的违法所得无关。海关总署政法司的复函,既不是法律、法规和规章,也不是海关总署为具体应用法律、法规和规章作出的解释,仅是海关总署内设机构对相关法律问题表达的一种观点,依法不能作为行政案件的审判依据。况且对违法行为人投入的经营费用应否从违法所得中扣除,这三份文件也没有明确、统一的标准,不具有参考价值。《海关法行政处罚实施细则》第6条第2款只规定对知情不报并为走私人提供方便的人要没收违法所得,没有规定还要将违法行为人投入的经营费用从违法所得中扣除。上诉人博坦公司认为审理本案应当参照前述三份文件,主

---

① 广西壮族自治区河池地区中级人民法院(1999)河地行终字第33号行政判决书。
② 重庆市第二中级人民法院(2014)渝二中法行终字第00047号行政判决书。

张其投入的经营费用应当从违法所得中扣除,没有法律依据,理由不能成立。[1]

笔者认为,上述最高人民法院的观点值得商榷,理由有三:其一,博坦仓储有限公司走私案是厦门远华系列案的最后一案,处理该案除具有法律指导意义之外,政治色彩较浓;其二,该案在适用法律时比较特殊,一般而言,行政机关执法没收违法所得应当有明确的法律依据,且如何认定违法所得,其举证责任应当在海关,是否应当扣除或不扣除投入成本,海关应负责提供法律依据但事实上并没有提供该方面依据;其三,《海关法行政处罚处罚实施细则》已经被《海关行政处罚实施条例》取代,现在关于违法所得的适用语境与过去也发生了很大的变化,该说认为该案虽然法院判决违法所得不扣除投入经营成本,也仅具个案意义。同时,如果违法所得不与违法成本相分离来认定,按照《海关行政处罚实施条例》第9条没收走私货物、物品的同时,又没收违法所得,会造成"重复没收"的执法后果,对当事人不公平。《行政处罚法》第28条第2款规定,"违法所得是指实施违法行为所取得的款项。法律、行政法规、部门规章对违法所得的计算另有规定的,从其规定"。据此,2021年修正的《行政处罚法》总体上采取了"包含成本说",而"扣除成本说"仅在有例外规定时才适用。如前所述,我们不赞同这一观点。

③关于违法所得其他值得探讨的问题

第一,违法所得应包含有合法请求权在内的既得利益。

违法所得,应为违法行为人因违法而直接得到的扣除成本之外的所有利润或收益,其中理应包含有合法请求权在内的利益,如某教育机构违规多收的学费虽然属于有合法请求权的利益,但不能改变其对于违法行为人的违法属性,正因为该部分违法所得属于违法的,有请求权的人才能主张返还,就像不当得利一样,不能因为需要返还就否认其违法性或否认其为不当得利。相反,如果不承认其为违法所得,那么认定教育机构违法并处罚就失去了基础,因为没有导致违法后果或后果并不具备违法属性,至于该违法所得最终是应当没收的违法所得还是应当返还有请求权人的违法所得则是另一个问题。而且认为违法所得不应包含有合法请求权在内的利益还会导致两个问题:一是导致违法所得定性处于不稳定状态,随时可能变化。1999年8月1日实施的《价格违法行为行政处罚规定》(目前已修改——笔者注)第14条规定:"经营者因价格违法行为致使消费者或者其他经营者多付价款的,责令退还;难于查找多付价款的消费者、经营者,责令公告查找;公告期满仍无法查找的价款,以违法所得论处。"上述规定出现了一个"拟制的违法所得",即"公告

---

[1] 载《最高人民法院公报》2006年第6期。

期满仍无法查找的价款"。违法所得应为违法行为一经查获就应确定的事实,当然证明过程需要时间。但不能说查获时违法所得本身就是不确定的事实,要靠公告查找有请求权的人的结果慢慢确定,仿佛违法行为与公告查找的过程还在同时继续发生,这不符合违法行为定性的客观规律。难道公告期满后出现的请求权人就不享有请求权吗?公告期能否定民事诉讼起诉期限吗?二是导致量罚处于不稳定状态,随时可能变化。因为上述违法的罚款数额是以最后认定的违法所得的比例或倍数为罚基的,因此必然也导致量罚处于随时变化的状态。要解决上述问题,笔者认为,其一,应承认违法所得包含有合法请求权在内的利益;其二,应丰富违法所得的后续处理方式,并不一定单纯依靠没收或收缴,就海关立法而言首先应当确立3种方式:除没收、收缴之外,对于有合法请求权在内的利益,应参照《治安管理处罚法》的规定设置返还程序;其三,应将量罚尤其是罚款幅度与违法所得数额脱钩,而应与涉税额或案值等更为确定且能全面反映案件危害性的数据挂钩。2021年修正的《行政处罚法》第28条第2款已明确,"当事人有违法所得,除依法应当退赔的外,应当予以没收。"

案例3.11　福建省隆泉控股集团有限公司诉建阳市工商行政管理局行政处罚案

该案中,法院即认为已经退还的款项不能计入应当没收的违法所得数额。法院认为:本案中原告隆泉公司在销售商品房时承诺给购房者3万元优惠之后与购房者签订一份《补充协议书》,以缴纳税收为理由,在承诺给予的3万元优惠中予以扣除部分税款,而原告并未用扣除优惠数去交纳税费。原告与购房者签订《补充协议书》的行为是不履行承诺,不诚信的行为。原告在被告的行政处罚决定作出前,已将扣除购房者的优惠款全部返还给购房者。根据《福建省实施〈消费者权益保护法〉办法》第27条第1款第(3)项规定,经营者向消费者提供商品或者服务所使用的格式条款,不得有免除或者部分免除经营者应当承担的合同基本义务,在本案中,原告隆泉公司和购房者是房屋买卖关系,被告建阳市工商局未能提供原告免除或者部分免除其应承担合同基本义务事实的证据。同时,国家工商总局对如何认定经营者违法所得也有相关的规定。本案中,原告隆泉公司利用《补充协议书》减少应当返还购房者的优惠款是减少购房者应得利益的行为。以签订《补充协议书》中的标的额(减少购房者应得利益的数额,类似减少折头)视为原告隆泉公司的违法所得缺乏依据,同时也违背行政处罚法定原则。[①]

---

① 福建省建阳市人民法院(2014)潭行初字第6号行政判决书。

第二,违法所得应指违法行为直接产生的利益。[1]

笔者认为,违法所得可分为直接违法所得和间接违法所得两种类型。如某人非法骗贷获得资金5000万元用于投资房地产开发,获利3000万元,又将该3000万元存入银行获得利息30万元。上述3000万元即为直接违法所得,而利息30万元则属于间接违法所得,间接违法所得的一个重要特征就是自始不存在权利请求人。也有观点将其区分为违法所得与违法收益,或称为原生的违法所得与派生的违法所得。[2] 为了打击某些违法犯罪的需要,相当多的法律明确规定将间接违法所得纳入没收、追缴的处置范畴,但笔者认为,无论如何规定,对间接违法所得的处置都应当划定一个明确的限度和边界。如某人利用盗窃(立案后一直未查获)所得1万元作为本金从事合法生意,苦心经营几年以后成为百万富翁,此时立案的行政机关要将该行为人的百万资产全部认定为间接违法所得予以没收或追缴,如此处理既违反了比例原则,也必然侵害到公民合法财产的内核。笔者认为,如果非法财产进入合法流通领域,应当限定经过多少次流通以后的增值部分不能继续作为违法所得对待,此前的增值如果法律有明确规定仍可以认定为违法所得。国家与行政处罚主体都应合理划定并谨守自身执法权力的边界,这既是实现宪政与法治的必然要求,也是保护相对人合法权益不受公权力非法侵害的现实需要。

案例3.12　罗定市捷龙佳美绒厂有限公司诉云浮市工商行政管理局行政处罚案

该案中,法院认为:市工商局对捷龙公司作出行政处罚决定的第(1)项没收毛毯340条及包装袋147只和第(3)项没收销货款111,112元(未含定金在内),合法有据,应予支持。吴乙深付给捷龙公司的50,000元押金属于合同定金性质,依《合同法》的规定在合同履行完毕后未折抵货款的定金应予返还,所以该50,000元押金不属于非法所得。[3]

笔者认为,上述案件中未折抵货款的定金虽然与违法行为有关,而且也为违法行为人所实际控制,但因其不属于违法行为直接产生的利益,故不能计入违法所得。

第三,违法所得不应当包括预期利润。

有观点认为,违法行为人所获得的非法利益可以是一种请求权。认为违法所

---

[1] 类似见解参见李惠宗:《行政罚法之理论与案例》,台北,元照出版有限公司2005年版,第22页。
[2] 参见时延安等:《违法所得和违法收益的界定》,载《中国检察官》2007年第2期。
[3] 广东省云浮市中级人民法院(2000)云中法行终字第10号行政判决书。

得并非完全要求违法行为人物理意义上的实际掌握,也还可以是法律意义上的掌握,是一种可以实现的,并受法律保护的权利。该观点还举了一个实例:海关监管企业 A 将进口免税设备租借给国内企业 B 加工产品,约定租借期限为 1 年,租借期限届满之日支付租金。海关下厂核查免税设备时案发,案发之日正好是租借期限届满之日,但因为各种原因租金暂时未支付给 A 企业。此时,A 企业违法所得的形态就是尚未兑现的租金,租借设备的 B 企业不能以违法行为人违法租借海关监管免税设备为由拒绝支付租金。因为对于 A 企业和 B 企业来说,他们之间的租借合同完全是受到民事法律保护的,租借人 B 企业完全处于一种"善意的不知情状态",当然不能主张租借合同无效从而拒绝应当支付的租金。因此,认为上述预期利润应列入违法所得的范畴。

笔者认为,应当以违法行为发生时即海关行政立案时已经实际发生并为行为人所有的既得利润作为违法所得。这里涉及一个违法所得成立时间的标准问题。实践中主要有如下三种观点:一为行为说。该说认为违法所得是以行为人实施违法行为的时间为违法所得的成立时间。但实践中"违法行为"与"违法所得"具有时间上的不同性,而且通常是行为在先,所得在后,因此该说不当缩小或扩大了违法所得成立的空间范围。二为占有说。该说认为应以行为人实际控制违法所得标的物的时间为违法所得的成立时间。该说由于没有体现违法所得的本质特征故也不合适。如某加工贸易公司将保税料件擅自外发到某厂(海关监管企业)加工,某厂虽然通过付出劳务等成本占有了该批保税料件,但不能说该批保税料件就属于其违法所得。三为合同说。合同说认为应以合同成立的时间或将约定的劳务完成或产品提供给对方并产生金钱给付义务的时间为准。前一主张即以合同成立的时间为标准的观点的逻辑错误与行为说类似。后一主张认为上述案例中的预期利润应纳入违法所得的范畴。笔者主张实际所有说,笔者认为预期利润既然还没有被行为人所有,仅处于金钱或其他财物等债权义务的待履行状态,因此该类债权不能成为行为人的违法所得。主要理由在于:一是因为债权处于不稳定状态,既可能实现,也可能无法实现,并非已经发生并为行为人所实际控制的金钱或财物,不具有违法所得的实际所有性和物质性等特征,就违法所得来说不具有客观实在性,属于尚未发生的违法事实。当然物权实现后也可能出现被盗、被抢、灭失等不稳定状态,但那是实现后的事情,只要曾经实现过,就足以成立违法所得。二是境外有关立法对此态度也相当明确。如我国台湾地区"行政罚法"第 21 条规定:"没入之物,除本法或其他法律另有规定者外,以属于受处罚者所有为限。"又如《奥地利行政罚法》第 17 条规定:"宣告没入之物,以属于行为人或共犯或所有处分权人所交付者为限。如行政法规另有规定时,从其规定。"因此笔者认为,该案中租借人 B 企业应当支付而尚未支付给 A 企业的租金不能构成 A 企业的违法所得。或许有人要说,不把预期利润纳入违法所得范畴将放纵某些违法,使其得不到应有制裁。笔者认为无须担心,如果一旦发生处罚决定生效之后租金再支付的情况,完全可以通过非处罚手段,再另行立案对之予以收缴,这样也不会与一事不再罚原则冲突,但这需要修改立法对之进行完善。

但在司法实践中,仍有不少法院认为预期利润可以计入违法所得。

案例3.13　严志荣诉松滋市饲料工作办公室行政处罚案

该案中,法院认为:"销售额"并不等同于"违法所得"。"违法所得"的前提是已经得到或者可能得到,而且不应包含前面所述"责令召回"的116包饲料。[①]

案例3.14　佛山市高明晖隆源燃料有限公司诉佛山市高明区工商行政管理局行政处罚案

该案中,一审法院认为预期利润不应计入违法所得,但二审法院则持相反观点。一审法院认为:参照《工商行政管理机关行政处罚案件违法所得认定办法》第4条的规定,违法销售商品的违法所得按违法销售商品的销售收入扣除所售商品的购进价款计算。而"销售收入"是指出卖人将商品的所有权转移买受人,收到货款或者取得索取价款凭证,而认定的收入。二审法院认为:《工商行政管理机关行政处罚案件违法所得认定办法》第4条规定,违法销售商品的违法所得按违法销售商品的销售收入扣除所售商品的购进价款计算。同时依据财政部出台的《企业会计准则第14号——收入》第4条、第5条"企业应当按照从购货方已收或应收的合同或协议价款确定销售商品收入金额……"的规定,销售收入应包括"实收货款"和"应收货款"。因此,上诉人直接以被上诉人已经履行的供货数额及其单价计算出"销售金额"作为"销售收入",再扣减相应的成本后得出违法所得并无不当,本院予以支持。[②]

而其他一些法院则认为预期利润不应计入违法所得。

[①] 湖北省松滋市人民法院(2013)鄂松滋行初字第00019号行政判决书。
[②] 广东省佛山市中级人民法院(2014)佛中法行终字第99号行政判决书。

案例3.15　连云港市德和电子系统工程有限公司诉江苏省连云港质量技术监督局行政处罚案

该案中,法院认为:被告对原告处以没收违法所得的行政处罚,因工程款至今尚未结清,因此被告认定原告非法所得10,702元并处以没收违法所得的处罚缺少事实依据。[1]

案例3.16　王炳现诉范县工商行政管理局行政处罚案

该案中,法院认为:原告销售给第三人的水泥货款至今未收回,其违法所得不成立。[2]

案例3.17　范冬金诉厦门市交通综合行政执法支队行政处罚案

该案中,法院认为:依据《道路运输条例》第64条、《道路旅客运输及客运站管理规定》第84条及《行政处罚法》第27条规定,对原告作出罚款10,000元的行政处罚决定。对此,本院认为,《道路旅客运输及客运站管理规定》第84条规定,"违反本规定,有下列行为之一的,由县级以上道路运输管理机构责令停止经营;有违法所得的,没收违法所得,处违法所得2倍以上10倍以下的罚款;没有违法所得或者违法所得不足2万元的,处3万元以上10万元以下的罚款……"本案中,原告未实际取得违法所得,根据该条款规定,应处以"3万元以上10万元以下罚款",原告即使存在从轻或减轻情节,亦应在此幅度内酌情进行处罚。因此,被告作出的行政处罚决定,适用法律错误。[3]

第四,违法所得并非仅限于案件当事人所有才能成立。

违法所得是否仅限于案件当事人所有才能成立?如果属于其他人所有在符合特定情形时能否成立违法所得?如我国台湾地区"行政罚法"第20条规定:"为他人利益而实施行为,致使他人违反行政法上义务应受处罚者,该行为人因行为受有财产上利益而未受处罚时,得于其所受财产上利益价值范围内,酌予追缴。行为人违反行政法上义务应受处罚,他人因该行为受有财产上利益而未受处罚时,得于其

---

[1] 江苏省连云港市新浦区人民法院(2002)新行初字第23号行政判决书。
[2] 河南省范县人民法院(2009)范行初字第00003号行政判决书。
[3] 福建省厦门市思明区人民法院(2014)思行初字第23号行政判决书。

所受财产上利益价值范围内,酌予追缴。前二项追缴,由为裁处之主管机关以行政处分为之。"再如《德国违反秩序罚法》第 29 条明确:"行为人为第三人从事应受罚锾之行为,致第三人获得利益时,得对第三人宣告最高至第一项所称数额之替代金('最高至相当于其所获得利益之替代金'——引者注)。"上述立法比较彻底地贯彻了"不能允许任何人从自己的错误中获得好处"的自然正义法则,根据该规定非本案当事人的其他人因当事人的违法而得益的,应予追缴,但应注意的是,上述追缴是以不利之行政处分作出的,而不是作为行政处罚的形式作出的,但大陆立法尚未将上述情形作为违法所得纳入处置范围,应予完善。如甲为 C 企业负责运输特定减免税设备至 D 企业,甲明知道运过去是将设备擅自移作他用仍为了牟取非法利益而实施,发生上述情形甲一般不作为案件当事人予以处罚,而且其获得的扣除成本后的违法利益也无法处理,因为目前我国大陆尚缺乏这方面规范,因此亟待完善。有学者为论述前述规定而举例:乘客为了赶飞机,而教唆计程车司机超速驾驶,导致其超速被罚,而乘客获得及时搭上飞机的利益。该观点认为,该乘客获得及时搭上飞机的利益属于应予追缴的违法所得。[1] 笔者认为该观点值得商榷,因为搭乘飞机很难说完全属于物质或财产利益,而且飞机票也是付出了成本的,没有获得超成本的额外利润仅是损失的减少是否属于违法所得,还值得进一步研究。

第五,在权利请求人自始不存在或难以查找、难以证实的情形下如何认定违法所得?

一是自始缺少权利请求人。例如,某人非法集资 100 万元后投资一定领域,收益 20 万元。此种情况下,非法集资的 100 万元应该退还给投资者,非法集资人对其不享有所有权,不是违法所得。对该 20 万元的收益,投资者同样不能主张权利。而与非法集资人进行一定领域交易的行为人也不能主张权利,因为不论 100 万元资金来源如何,非法集资人与交易行为人之间的交易行为合法就应受法律保护,他们之间的法律关系不受源法律关系(投资者和非法集资人之间的法律关系)影响,虽有联系,但独立且具有无因性。同样,交易行为人同样不能以非法集资人用于交易的 100 万元系非法集资为由而主张交易行为违法,从而对其产生的 20 万元收益享有所有权。此种情况下,投资者、非法集资人、交易行为人自始都不是 20 万元收益的权利请求人。

二是因侵害法益导致丧失权利请求人。此种情形下的违法所得,原本是存在相应的权利请求人,只是由于侵害受国家保护的法益,权利请求人出现空缺,才使原本还不是违法所得,但由于违法行为人的行为违法,基于"违法行为人不得因违

---

[1] 参见蔡志方:《行政罚法释义与运用解说》,台北,三民书局 2006 年版,第 86 页。

法行为获益"而丧失权利请求人。例如，根据《人口与计划生育法》第 39 条第(3)项规定，国家机关工作人员在计划生育工作中，有索取、收受贿赂的行为，有违法所得的，没收违法所得。假设某人为超生第 2 胎向计划生育主管部门的工作人员行贿 1 万元，由于行贿人的违法行为导致其对行贿数额不再享有请求权，而受贿人同样对此 1 万元自始不享有所有权。此种情况下，1 万元构成违法所得，国家依法予以没收。

三是因法律事实导致权利请求人丧失。此种情况下，"违法行为人所获得的利益原本存在相应的权利请求人，只不过由于权利请求人以作为或不作为放弃权利或者死亡而无相应的权利继承人时，导致对违法行为人的非法利益处于无人请求的状态"。

四是权利请求人因客观原因无法查找而推定为违法所得。经营者因价格违法行为导致消费者或者其他经营者多付价款，一般会责令限期退还；难以查找多付价款的消费者、经营者的，责令公告查找；公告期满仍无法退还的价款，则权利请求人因客观原因无法查找，其价款以违法所得论处。

五是权利请求人因无法证实而推定为违法所得。此种情况下，从纯粹的事实意义上来说，是存在权利请求人的，但由于无法用法律证据有效证实其存在时，法律就视其为无权利请求人，将违法行为人所拥有的利益界定为违法所得，予以没收。例如，街头流动小商贩，以假充真、以次充好的经营行为已构成质量、价格等欺诈行为，但由于其具有较强的流动性，购买者亦不能提供所付价款的销售凭证或者收费单据，使其价格欺诈中的大部分违法行为无法得以证实。如果在某次行政执法过程中，经行政执法人员发现或有人举报，有欺诈行为的流动小商贩受到行政处罚。然而，对无法证实多数购买者所涉及的那一部分价款，由于无法确定法律意义上的权利请求人，此种情况就构成违法所得。

第六，违法所得中是否存在善意取得？

笔者认为，行政机关在确定违法行为人的违法所得过程中，遇到"违法所得范畴内的善意取得"情形时，可以而且有必要适用违法所得制度，理由如下：

一是民法与行政法一致的价值功能决定了违法所得中可以适用善意取得制度。从民法财产取得和保护理论上看，法律应当保护善意第三人的利益，这一价值取向正是善意取得制度产生和存在的原因；《行政处罚法》自然也要秉持这一立法取向。据此，笔者认为，在财产取得及保护上，行政法虽有不同于民法的规则和纠纷解决机制，但民法与行政法在法理和价值取向上是一致的，因而在面临二法冲突的时候可以通过相关制度的适用取得平衡，即违法所得中可以适用善意取得制度。

二是违法所得中适用善意取得制度符合"私权、公权平等保护"的原则。行政机关代表国家对违法行为人的违法所得进行没收,此时国家对违法所得之标的物享有"债权"(违法行为人需对国家承担行政责任),是财产性公权的体现;而善意第三人在善意的前提下与违法行为人为民事行为,取得了对违法所得之标的物的物权(违法行为人需对善意第三人承担民事责任),是财产性私权的体现。责任的承担和权利(权力)的实现必然有先后顺序之分,由于行政责任是由公权力机关依法予以追究的,而民事责任是基于民事行为由民事主体予以主张,二者间权利(权力)行使的主体并不对等,因而造成"绝对的平等即是不平等"的状况,使私权利往往难以得到实现。只有行政机关在确定违法所得时先依法适用善意取得制度对善意第三人的权利予以确认和保护,之后再予以行政处罚方能体现"私权、公权平等保护"的立法原则和法治理念。

三是域外立法实践为违法所得中适用善意取得制度提供了技术支持。承认善意第三人对违法所得之标的物的物权,然后善意第三人将此物权实现,从而致使行政机关无从对原本的违法所得加以没收,如此行政机关未能对违法行为人处以该类行政处罚,造成的后果是:其一,行政处罚未得以有效实施;其二,会给违法行为人假借善意取得的运用处理其违法所得从而逃脱处罚的空间。这一担忧成为善意取得制度适用的障碍。然而,这一障碍并非难以克服,相反地,它极易通过一些立法手段加以解决,我国台湾地区的"行政罚法"和《德国违反秩序罚法》对此种情况都有较好的解决机制。我国台湾地区"行政罚法"第 23 条规定:"得没入之物,受处罚者或前条物之所有人于受裁处没入前,予以处分、使用或以他法致不能裁处没入者,得裁处没入其物之价额;其致物之价值减损者,得裁处没入其物及减损之差额。得没入之物,受处罚者或前条物之所有人于受裁处没入后,予以处分、使用或以他法致不能执行没入者,得追征其物之价额;其致物之价值减损者,得另追征其减损之差额。前项追征,由为裁处之主管机关以行政处分为之。"《德国违反秩序罚法》第 26 条第(2)项和第 28 条亦有类似的规定。通过对外国立法例的借鉴,我们可以构建违法所得中适用善意取得制度的机制:第三人以有偿方式"善意取得"违法行为人的违法所得之标的物的,行政机关的对其没有追及力,非为补偿和第三人同意,不能将违法所得之标的物从第三人处予以没收。填补的措施是,如果违法行为人处分违法所得物,可对违法行为人没收相当于其转让违法所得之标的物价值相等额的价款;如果对违法所得之标的物价值有争议的,则以违法所得标的物的评估或鉴定价值,从违法行为人处执行没收。[①]

[①] 参见孙峰:《行政法下的违法所得研究》,复旦大学 2012 年硕士学位论文。

第七,违法所得是否包含已缴税款?

根据《税收征收管理法》第 45 条第 2 款规定,纳税人欠缴税款,同时又被行政机关决定处以罚款、没收违法所得的,税收优先于罚款、没收违法所得。根据"税收优先缴纳原则"可以得出,违法所得的没收不能替代税收,尚未缴税的,应优先缴税。《工商行政管理机关行政处罚案件违法所得认定办法》第 9 条规定:"在违法所得认定时,对当事人在工商行政管理机关作出行政处罚前依据法律、法规和省级以上人民政府的规定已经支出的税费,应予扣除。"综上所述,笔者认为,违法所得不应包含已缴税款。有些法院也持这种观点。

案例 3.18　徐州神舟汽车贸易有限公司诉江苏省徐州质量技术监督局行政处罚案

该案中,法院认为:关于违法所得的计算问题,所谓违法所得是指当事人违法所获取的利润,被告仅以销售价和进价计算违法所得,于法无据,依法应予变更。原告销售额为 $(172,000+173,300) \div (1+17\%) = 295,128.2$ 元,销项税额为 $295,128.2 \times 17\% = 50,171.79$ 元,进项税额为 $23,974.36+23,611.11=47,585.47$ 元,应纳税额 2586.32 元,原告进销价之差 17,800 元,扣除应纳税额 2586.32 元,违法所得为 15,214 元。①

案例 3.19　抚顺实诚财税咨询有限公司沈阳分公司诉沈阳市和平区工商行政管理局行政处罚案

该案中,法院认为:关于被诉处罚决定认定违法数额问题,因根据《工商行政管理局机关行政处罚案件违法所得认定办法》第 9 条的规定,已经支出的合法税费应予以扣除,故该项问题的审查系行政机关的职责,而非行政相对人的抗辩情节。本案中上诉人提供的 2 号证据中包含部分合法发票,上述发票所含的税款应予以扣除,上诉人未予以扣除而直接将全部款项认定为违法所得系事实不清,故原审判决结论并无不当。②

第八,违法所得的计算标准是否应当清晰明确并对外公布?

---

① 江苏省徐州市泉山区人民法院(2007)泉行初字第 21 号行政判决书。
② 辽宁省沈阳市中级人民法院(2014)沈中行终字第 361 号行政判决书。

案例3.20　苏嘉鸿诉中国证券监督管理委员会行政处罚案

该案中,法院认为:行政处罚不仅要合法,还要公正,而且公正不仅要实现,还要以当事人看得见、容易接受的方式实现。违法所得的计算标准和方式,不仅涉及行政处罚的合法性和公正性问题,也直接影响被处罚人的重大财产权益,理当标准明确、方式清晰,并公之于众,具有可验证性,以提升当事人对违法行为制裁后果的预期,也有利于对行政处罚进行事后监督。本案中,尽管中国证监会主张其制定的《证券市场内幕交易行为认定指引(试行)》为内部参考性文件,不具有法律效力,且较为陈旧,执法中已不再参考该指引的内容,但本院注意到,该指引能通过互联网等公开渠道查询到,且其中包括违法所得计算标准和方式等直接涉及相对人权利义务的内容,在没有证据表明该指引已被明确废止的情况下,即使该指引不具有法律效力,对被处罚人而言,在一定程度上也是评价行政处罚违法所得计算是否合法公正的重要标准,因此,苏嘉鸿在本案中主张适用该指引具有一定的合理性,中国证监会如果要否定苏嘉鸿的该主张,仅有该认定指引属于内部参考文件、违法所得的计算惯例以及证券交易所计算专业统计作为答辩理由,显然是不够的,而且计算惯例以及专业统计的合法性本身,同样需要清晰、公开的标准加以衡量。被诉复议决定认为"本案违法所得的计算符合法律规定,计算数据准确",只有寥寥数语,没有相应的理由说明,看不出中国证监会认真审慎履行法定复议监督职责,这样的决定也很难让人信服。[1]

此外,从实定法要求来看,认定当事人有违法所得的,举证责任在行政处罚主体。行政处罚主体作出行政处罚,要有充分的证据证明违法行为人有违法所得。作为被处理人,在调查取证的过程中,应当积极配合行政处罚主体对违法所得的认定,提供翔实客观的数据证明违法行为实际获得的总收入和投入的经营成本,包括原材料成本、工人工资、设备折旧、水电费用等。如果违法行为人无法在行政处罚主体调查取证过程中提出令人信服的证据证明其投入的生产成本,行政处罚主体可将违法行为实际获得的收入(扣除已缴税款)视为违法所得予以没收;如果违法行为人能够在行政处罚主体调查取证过程中提出令人信服的证据证明其投入的生产成本,可以将其扣除之后剩余的利润作为违法所得予以没收。但上述违法所得的认定或估定却并非易事。成本核算是一门专业性较强的科学。根据《会计法》《税收征收管理法》规定,现代企业应当办理会计手续,进行会计核算,其对象包括企

---

[1] 北京市高级人民法院(2018)京行终445号行政判决书。

业、事业单位等,而不同的企事业单位,其计算商品、机器设备的折旧率、无形资产、营业外收入、未分配利润等均不相同。行政处罚主体较缺乏精通企业会计、成本核算、生产管理等方面的人才,让办案人员去估定违法所得恐怕非常困难。

公安部、最高人民法院、最高人民检察院、国家计委《关于统一赃物估价工作的通知》规定,国家计委及地方各级物价部门是赃物估价的主管部门,其依法设立的价格事务所是赃物估价的指定机构;公安、法院、检察院在办理刑事案件时,对价格不明或难以确定的赃物应该进行估价;需要估价时,应该出具委托书,委托该刑事案件的管辖地的价格事务所来进行估价;委托机关将审查后正确的《赃物估价书》用于定案的依据。公安部、最高人民法院、最高人民检察院、国家计委《扣押、追缴、没收物品估价管理办法》第1条规定,对于公安、法院、检察院各自管辖的刑事案件,各类物品价格不明或难以确定,应该委托指定的估价机构来进行估价。上述规定比较成熟,笔者认为值得借鉴。因此,行政法上的没收违法所得也可以效仿刑事案件中关于赃物扣押、追缴、没收的委托评估制度,实现违法所得定性和定量的分离,并应当简繁分流,分为两类:第一类是比较简单且被处置人无异议类的;第二类是复杂类的。对于第二类违法所得的数额估定应由法律明确规定委托具有中立地位的社会中介机构如会计师事务所等机构进行,行政处罚主体仅负责对之"定性",而不负责对之"定量"。该类违法所得的估定应当严格按照法定的鉴定程序进行,得出的估定结果应为。而凡涉及鉴定的问题,一般都应当委托中立第三方进行,这样也避免了行政处罚主体既做裁判员又做运动员的现象,符合公平、公正、公开的执法原则。

(2)没收非法财物

①没收非法财物的分类

有观点认为,没收非法财物可分为没收违禁品及没收违法工具两类。[①] 笔者认为,该观点并不全面,没收非法财物应分为没收违禁品(如枪支弹药、淫秽物品等)、没收违法工具(用于盗窃的刀片、用于伤人的棍棒等)及没收其他非法财物(非法贩卖的烟酒、走私的普通应税货物、物品)三类。考察实定法,从是否具有一定的裁量余地来看,没收非法财物可分为两类:第一类是必须没收的,属于羁束行政行为,没有裁量余地。如《药品管理法》第115条规定的"没收违法生产、销售的药品"。第二类是没收与其他罚种甚至非处罚的行政管理措施并列一起,是否没收具有一定的自由裁量性、选择性及适用的顺序性。如果使用其他手段能达到同样行政目的的时候,则应当采用比没收更为轻缓的处理方式。如《海关行政处罚实施条例》第

[①] 参见王仰文:《行政没收的理论困境与现实出路》,载《行政与法》2007年第7期。

20条规定:"运输、携带、邮寄国家禁止进出境的物品进出境,未向海关申报但没有以藏匿、伪装等方式逃避海关监管的,予以没收,或者责令退回,或者在海关监管下予以销毁或者进行技术处理。"

②没收非法财物的法律属性

目前,对于非法财物没收法律属性主要有三种学说:第一,"行政处罚说"。多数学者认为,非法财物没收是一种行政处罚,而且属于财产罚。这种看法为我国多数行政法学教材吸收,主要受到《行政处罚法》将非法财物没收作为一种法定的处罚类型的影响。第二,"行政强制措施说"。也有学者不同意行政处罚说,其认为"作为行政强制措施的没收(违禁品和违法工具),通常是一种义务,一种必要没收。客观的法律秩序、公共利益与安全要得到维护,必须要求严格的执法,所以为了防止对公共利益的随意处分,通常不给予行政主体以自由裁量权。"第三,"二元说"。有学者认为没收非法财物的法律属性不能一概而论,没收违法工具属于行政处罚,因为违法工具属于相对人来源合法的财产,因违法使用而被没收,给相对人施加了额外的负担,是对其违法使用行为的处罚。而违禁品没收不是行政处罚,也不是行政强制措施,而是保安处分。准确地说,违法工具没收是"对人"的处罚,而违禁品没收是"对物"的保安处分。[①] 笔者不赞同后两种观点,理由如下:

第二种观点的问题在于没有看到对违禁品的处理其实可以有两种走向。第一种,没收违禁品。如《海关行政处罚实施条例》第20条规定:"运输、携带、邮寄国家禁止进出境的物品进出境,未向海关申报但没有以藏匿、伪装等方式逃避海关监管的,予以没收……"而其中所列的"国家禁止进出境的物品"很多都是违禁品,如淫秽物品、赌博用的筹码等,但这个"没收"仅适用在有过错且属于有行政处罚责任能力及达到了责任年龄的行为人的情形,当然如果属于紧急情况,也可以采取行政强制措施予以处理而不采取没收处罚。第二种,收缴违禁品。如《海关行政处罚实施条例》第62条第1款规定:"有下列情形之一的,有关货物、物品、违法所得、运输工具、特制设备由海关予以收缴:(一)依照《中华人民共和国行政处罚法》第25条、第26条规定不予行政处罚的当事人携带、邮寄国家禁止进出境的货物、物品进出境的;(二)散发性邮寄国家禁止、限制进出境的物品进出境或者携带数量零星的国家禁止进出境的物品进出境,依法可以不予行政处罚的;(三)依法应当没收的货物、物品、违法所得、走私运输工具、特制设备,在海关作出行政处罚决定前,作为当事人的自然人死亡或者作为当事人的法人、其他组织终止,且无权利义务承受人的;

[①] 参见刘运毛:《论行政法上的没收——行政权和财产权相对化的产物》,载《公法研究》2005年第1期;孙煜华:《非法财物没收制度之精准化构想——从其二元化法律性质与法律构成入手》,载《行政法学研究》2013年第4期。

(四)走私违法事实基本清楚,但当事人无法查清,自海关公告之日起满三个月的;(五)有违反法律、行政法规,应当予以收缴的其他情形的。"这里的收缴如果在情况较为紧急的情况下就是一种行政强制措施,如果不属于紧急情况,则前第(一)、(二)项可归入行政制裁行为,第(三)、(四)项可归入行政事实行为的范畴。① 或许有人会提出,行政强制措施不是只能暂时性控制财物吗?这里为何又可以实际处置财物呢?笔者认为这种观点完全是受了《行政强制法》第2条关于行政强制措施定义的误导,实际上大量的行政强制措施是该条定义无法解释的,比如强制购买②是暂时性的吗?是控制吗?同样的还有根据《金银管理条例》第31条规定实施的强制收购或者贬值收购是暂时性的控制吗?紧急情况下的强制销毁仅仅是对财物的控制吗?因此笔者认为,从实质法治的意义来说,行政强制措施系指法定的行政强制主体,在行政管理过程中,为制止违法行为、防止证据损毁、避免危害发生、控制危险扩大等情形,对自然人的人身自由实施暂时性限制或矫治性限制,或者对自然人、法人或者其他组织的财物或其他利益、权利、自由或公共场所实施暂时性控制或紧急性剥夺的行为。③ 因此,可以说海关行政执法在没收非法财物方面的规定是比较科学的,反观《治安管理处罚法》的规定就还有待完善,根据该法第10条规定,治安管理处罚的种类仅有警告、罚款、行政拘留、吊销公安机关发放的许可证及对违反治安管理的外国人附加适用的限期出境或者驱逐出境这几种,笔者认为起码还应该把没收规定进去,因为在非紧急情况下,针对有过错且属于有行政处罚责任能力及达到了责任年龄的违法当事人所有或持有的违禁品、违法工具完全可以采取没收的行政处罚手段,而没必要统统根据《治安管理处罚法》第11条④予以收缴。

  同样,第三种观点也值得商榷,该观点认为而没收违法工具属于行政处罚,这一点笔者表示赞同。但该观点认为违禁品没收是保安处分,提出的理由是因为违禁品无论为谁持有,也无论持有者是否具有责任能力或过错行为,都会给社会带来危险,没收旨在永久地排除这种危险,不是对违禁品暂时性的强制措施,也不是针对持有人违法行为剥夺其合法财产权的行政处罚。笔者认为,该观点把对违禁品

---

  ① 参见晏山嵘:《海关行政强制研究》,中国海关出版社2013年版,第116页;晏山嵘:《海关行政处罚实务指导》,中国法制出版社2011年版,第478~482页。
  ② 2007年,北京市地税局出台文件要求全市需要缴纳营业税且有固定经营场所的纳税人必须强制购买税控收款机。参见于建嵘等:《行政强制立法:展望与批评》,传知行社会经济研究所2011年版,第9页。
  ③ 参见晏山嵘:《海关行政强制研究》,中国海关出版社2013年版,第24~25页。
  ④ 《治安管理处罚法》第11条规定:"办理治安案件所查获的毒品、淫秽物品等违禁品,赌具、赌资,吸食、注射毒品的用具以及直接用于实施违反治安管理行为的本人所有的工具,应当收缴,按照规定处理。"

的处理模式简单化了,如前所述,笔者认为在符合行政处罚条件下时,应当对违禁品作出没收的行政处罚,如果不符合行政处罚条件的,如当事人只有 13 岁,或者发现一批无主的违禁品,这时完全可以视情形采取收缴或其他措施予以处理。

综上所述,笔者认为,没收非法财物的法律属性为行政处罚。同时,必须强调的是,立法时不应混淆没收与收缴、追缴的界限,不应出现名为没收,实为收缴或名为收缴,实为没收的情形。

③没收非法财物的修正构成

笔者认为,除目前法律规定的一般没收外,修法时还应当完善以下三种没收方式:

第一种,比例没收。

非法财物是否不问价值大小均可被没收,实践中做法非常不统一,特别是当非法财物的价值相对较大时,不同做法的矛盾就尖锐起来。笔者认为有必要在没收的构成中引入比例原则:第一,适当性原则,即违法工具没收应有助于行政目的之达成。须考虑两个方面:违法工具与违法行为的关联度以及违法行为的严重程度。违法工具没收是一种典型的"因人罚物",因为违法工具本属于合法财物,与违法行为有关联才被没收,所以此类财物与违法行为的关联度越高,越应被没收。相反,关联度越低,越不应被没收。对与违法行为的发生具有决定性的密切联系物,可以考虑作为非法财物予以没收,但对于不具备这种密切联系的财物,哪怕在违法活动中发挥了一定的作用,也不能没收。如为赌博提供的小汽车以及场所(房屋),就不宜算作赌具或其他非法财物予以没收。第二,必要性原则,即在达成目的前提下,采取干预最轻之措施。《德国违反秩序罚法》有两项降低处罚强度的没收措施——没收保留和部分没收。前者实际上在没收决定作出前,给相对人一个补救的机会,如果相对人能消除违法状态,则不予没收;后者则根据违法情节轻重灵活把握没收范围,不"一刀切"地予以全部没收。第三,法益权衡原则,没收在维护公共利益的同时会使相对人利益减损,这两种法益之间应当保持适当的平衡。没收所维护的公共利益既包括对过去损失的抵补,又包括对未来行政秩序利益的保障。没收所需补救的损失有两个方面:一方面是补救违法行为给国家或其他私主体造成的直接损失,譬如偷税带来的税收损失、偷盗带来的财物损失;另一方面是补偿执法或救助成本带来的间接损失,譬如执法人员的工资支出、救助受害者的行政救助支出。相对而言,相对人因没收造成的损失是十分明显的,主要包括违法工具本身的价值。当然,价值的大小不仅要从绝对价值上衡量,还要考虑相对价值。相对价值主要体现在其对相对人生存的重要性。相对人的生存价值未必比行政秩序的价值低。最高人民法院 1996 年第 16 号复函区分了高价值的渔船与价值相对较低的渔船以外的渔具,对前者不予没收,笔者认为虽然该复函将渔船排除出渔具的解释有利于相对人,但是解释并不科学。譬如某渔业公司的渔船一直用于非法捕鱼,获利巨大,非法所得远超过渔船价值,没收非法捕鱼的船只对公司影响很小。而某渔民的渔船偶尔一次从事非法捕鱼,获利甚微,若没收,则面临生存危机。按照该复函,两者的渔船均不可没收。但是,如果按照法益衡量的原则,显然应对两者区别对待。对前者而言,公益损害较大而违法成本相对较小,没收能够在一定程度上弥补公益损失并起到惩戒和预防作用,并且完全在相对人的承受能力范围之内,可予没收。对后者而言,公益损害较小而违法成本较大,没收尽管能较充分地实现各种行政目的,但也给相对人的生存权造成很大影响,明显超出相对人的承受能力范围,不能没收。

我国台湾地区学者陈清秀亦认为,基于比例原则衡量决定是否没入时,应就其整体行为,综合评估考虑下列因素:一是没入之必要性;二是没入标的物之价值;三是该标的物之危害性;四是整体观察可据以没入之违规行为的严重程度;五是可归责之程度;六是特殊的或一般的预防违规行为之观点。[①]

第二种,扩张没收。

作为非法财物的使用人,我们要其承担处罚责任时一般会要求其有过错。但使用人以外的物主是否具有过错呢?有无过错对于其是否承担不利后果又有何影响呢?笔者以为需要分情况看待:①物主有可能没有任何过错或仅具有一般过失:或者无过错或因一般过失不知道其财物被违法使用,又或者无过错或因一般过失不知道违法者的非法财物已被没收或可被没收而从违法者处受让该物;此时,善意物主的财物即使被非法使用,也不应予没收,而应返还物主。如此规定旨在保护善意物主、落实责任自负原则。②当物主有恶意时,也可没收其非法财物,因为此时物主存在严重的过错行为,没收其非法财物并不违反责任自负原则。物主的"恶意"主要有两种表现形式:其一,对其财物被违法使用有故意、专业过失(专业主体)或重大过失(普通主体);[②]其二,明知违法者的非法财物已被没收或可被没收而从违

---

① 参见陈清秀:《行政罚法》(修订2版),台北,新学林出版股份有限公司2014年版,第278页。

② 另有我国台湾地区学者借鉴有关民法理论将行政法上的过失分为重大过失、具体轻过失及抽象轻过失三种。重大过失是指违反"一般人之注意义务"的过失,该义务是指稍加注意即可避免事件发生之义务,不以具有专业能力为要件;具体轻过失是指违反"与处理自己事务同一之注意义务"的过失,该义务所要求的注意能力因人而异;抽象轻过失是指违反"善良管理人之注意义务"的过失,履行该义务须具备高度之能力(专业能力)始能注意及之。参见李惠宗:《行政罚法之理论与案例》,台北,元照出版有限公司2005年版,第64页以下。笔者并不完全同意上述观点,笔者认为行政法上的专业过失从广义上说应纳入重大过失的范畴,从狭义上说应与重大过失并列,但专业过失不应列为轻过失或一般过失的一种。

法者处受让。值得注意的是物主的过错程度,《德国违反秩序罚法》第 23 条规定了两类情形:"(1)至少是轻率地导致该物或该项权利成为违反秩序行为或者准备该行为的手段或者物品,或者(2)明知存在准予没收的情形,仍以应受谴责的方式取得该物品。"我国台湾地区也有类似规定,"行政罚法"第 22 条规定:"不属于受处罚者所有之物,因所有人之故意或重大过失,致使该物成为违反行政法上义务行为之工具者,仍得裁处没入。物之所有人明知该物得没入,为规避没入之裁处而取得所有权者,亦同。"对此,笔者以为,当财物被违法使用时,由于物主没有直接实施违法行为,只是协助违法行为或规避没收决定;所以承担责任的过错程度要高于违法者本人,若只有一般过失或无过失,则不足以对之财物作出没收决定,其过错程度应为故意、专业过失(专业主体)或重大过失(普通主体)。至于受让违法财物,由于此时违法行为已结束,所以其可谴责性更低,仅在过错程度上达到明知即可。

第三种,追征没收。

在没收前后,如因违法者或第三人的原因导致非法财物的价值减损或灭失,执法部门该如何应对?笔者以为可采取追征没收的方式避免没收目的落空。追征没收是指当非法财物被处分、使用或以其他方法导致不能被没收,从而没收与该财物等值的价额或财物减损的价值相应的差额。追征没收针对物主规避没收的行为,能够避免没收制度被架空,并能保证执法的公平性。不仅如此,该制度还与善意物主保护制度相得益彰,譬如当非法财物被善意取得时,执法机关仍可对受处罚人没收与非法财物等值的价额,进而在保护物主利益的同时兼顾国家利益。《德国违反秩序罚法》第 25 条规定了追征没收制度:"(1)如果行为人将在行为时属其或为其所有的、应被下令没收的物品在没收令颁布之前予以利用,尤其是予以转让或消费,或者行为人以其他方式使没收无法进行,则可以下令对行为人没收一笔其数额最高可与该物品的价值相当的折价款。(2)如果行为人在没收令颁布之前,在该物品上增加第三人的权利,致使解除此种权利必须给予补偿或者如果没收将无法下令解除时,上述命令也可以同没收物品命令一并颁布或者取代没收令颁布;如果上述命令与没收令一并颁布,则作价款的数额按该物品上增加权利的价值计算。(3)物品价值和所增加权利的价值可以估计。(4)如果在没收物品令颁布之后,又出现或获悉本条第(1)款或第(2)款所称的前提条件,致使该没收令无法执行或无法充分执行,则可以补发没收作价令。(5)批准减轻缴付措施适用本法第 18 条。"我国台湾地区也有类似规定,"行政罚法"第 23 条第(1)项及第(2)项规定:"得没入之物,受处罚者或前条之所有人于受裁处没入前,予以处分、使用或以他法致不能裁处没入者,得裁处没入其物之价额;其致物之价值减损者,得裁处没入其物及减损之差额。得没入之物,受处罚者或前条之所有人于受裁处没入后,予以处分、使用或以他法致不能执行没入者,得追征其物之价额;其致物之价值减损者,得另追征其减损之差额。"我国亦可借鉴德国立法增加追征没收规定,以没收决定是否作出为标准,将追征没收主要分为两种类型:①没收价额或差额:没收决定作出前,非法财物已经被物主处分、使用或以其他方法导致不能被没收,可没收其物的价额;如物主的行为导致物的价值减损,可没收其减损的差额。②追缴价额或差额:没收决定作出后、执行前,物主对非法财物予以处分、使用或以其他方法导致没收执行不能,可追缴其物的价额;如物主的行为导致物的价值减损,可另追缴其减损的差额。追缴价额或差额无须另行作出新的没收决定。同时需要注意的是,本着处罚性没收主客观要件统一的原则,要想实施追征没收,物主不仅要有导致没收不能的行为,还要有规避没收的意图。① 笔者认为,《海关行政处罚实施条例》第56条规定的追缴等值价款即借鉴了上述境外的规定。

④一个值得研究的问题

关于多次用于走私的运输工具应如何认定其性质,海关执法实践中存在一定争议。《海关行政处罚实施条例》第9条第2款把《海关法》第82条"多次用于走私的运输工具"的"多次"解释为"2年内3次",没有明确该"2年内3次"是指向"人"还是"物"。

第一种观点认为"2年内3次"仅是指向"物",该运输工具被用于走私达3次,即可没收。海关在2001年之后的几年间是按照总署2001年第12号公告(目前已废止)的规定执法的,该公告第2条规定将《海关法》第82条"多次用于走私的运输工具"解释为"2年内2次用于走私的运输工具,属于多次用于走私的运输工具",可由海关依法予以没收。其理由在于:如果认为必须达到"人"的"同一"才能没收,就会存在打击"两地牌"车辆走私的盲点。在现行管理制度下,出入大陆和港澳的"两地牌"车辆是"牌""车"分离的,拥有该"牌"的车主可以随时换车。当该车达到2次走私被查获后,车主可以将该车开至港、澳地区,办理相关手续后,将该"牌"换挂在其他的车辆继续从事走私入境活动,逃避"2年内3次用于走私"被没收的打击。而且在海上运输中轮流租船走私、几个船员轮流做船长(在无法查获幕后货主时,海关处罚海上走私或偷运多数仅以船长为当事人)的现象较为常见,如果认为只有"人"的"同一"才能没收,将很难有效打击海上违法行为。

第二种观点认为"2年内3次"应当是"人"和"物"达到"同一",方可没收。主要是随着《海关行政处罚实施条例》的出台,执法实践逐渐转而认为"2年内3次"

---

① 参见孙煜华:《非法财物没收制度之精准化构想——从其二元化法律性质与法律构成入手》,载《行政法学研究》2013年第4期。

应当是同时指向"人"和"物","人"和"物"须达到"同一",方可没收。甚至有的海关还认为应确认该"物"的所有权属于该"人",方可没收。其理由在于:如果认为只需要"物"达到"同一"就有可能造成第1次实施走私行为的当事人使用被第3次用于走私的运输工具,要承受其他走私人的责罚后果,而且刑法上对犯罪分子财物的没收也限于其本人所有的财产剥夺。即使是多次用于走私的运输工具,也并不是"走私标的物"的范畴,它只是实施违法的"工具",平时是处于合法财产的状态的,所以行政处罚对其没收也应参照刑法理论来执行。但在这样严格的条件限制下,不同"人"多次用于走私的同一运输工具基本上是不能没收的。

笔者赞同第一种观点,并认为上述被废止的第12号公告中这一内容有其合理性。理由在于:一是《海关法》《海关行政处罚实施条例》规定"多次用于走私的运输工具"或"2年内3次以上用于走私的运输工具"主要是着重于从符合特定媒介物的特征上来规定的,只要达到"2年内3次以上"就符合了"多次"用于走私的"特定媒介物"特征,因其频繁用于走私可以认定行为人使用该运输工具的主要目的在于走私。这在美国执法实践中也是常见的,如果租用一间房屋专门用于生产毒品等违法活动,只要能认定具有"专门"性,即可没收该出租屋,而不管是谁在生产毒品,或经常更换毒品生产者或租客,也不论该房屋是否属于生产者所有。二是该规定与"专门用于掩护走私的货物、物品""藏匿走私货物、物品的特制设备、夹层、暗格,应当予以没收或者责令拆毁"出现在同一条文中,也表明了立法者一以贯之的立法意图在于体现特定媒介物的特征,而不注重要同一当事人,而且专门掩护走私的货品或藏匿走私物品的特制设备、夹层、暗格也并不要求所有权必须归属于当事人。三是关于特定物的没收而不注重当事人可罚性的规定在《海关行政处罚实施条例》第62条体现得就更为明显。在该收缴的条文中对于违禁品、运输工具等媒介物、辅助物的没收也可从另一方面来证实第一种观点的正当性。笔者进而认为只要符合"2年内3次以上用于走私的运输工具"的特征,即便当事人下落不明或当事人因年龄或辨认控制能力等原因而不具有可罚性,符合收缴条件的便可依法收缴。四是参照我国台湾地区有关规定及相关法理,该种没收属于"扩张没入"。如"行政罚法"第22条第(1)项明确,不属于受处罚者所有之物,因所有人之故意或重大过失,致使该物成为违反行政法上义务行为之工具者,仍得裁处没入。再如"海关缉私条例"第23条规定:"船舶、航空器、车辆或其他运输工具,违反第8条规定而抗不遵照者,处船长或管领人2万元以上4万元以下罚锾;经查明以载运私货为主要目的者,并没入该运输工具。"同法第24条规定明确,船舶、航空器、车辆或其他运输工具,未经允许擅自驶入非通商口岸者,没入之(但有不可抗力或有其他正当理由的除外——笔者注)。同法第27条第(2)项亦规定,前项运输工具以载运枪炮、弹药或毒品为主要目的者,得没入之。只要符合上述规定情形的,不问运输工具是否属于行为人所有,均可没入相应违法工具或运输工具。五是可参照我国台湾地区的司法实践。台湾"行政法院"53年度判字第67号判决认为"'海关缉私条例'第14条所谓未经海关核准,以船舶私运货物进口,固不以船舶所有人知情而以船舶供给私运为必要,要应以船舶实际管领之人知情供给使用,且确系以私运货物进口为其使用之主要目的,方足当之"。① 据此,既不需要确认运输工具是否属于行为人所有,也不需要确认是否属于同一行为人多次实施,只要能确认走私为运输工具使用之主要目的即可。六是第二种观点认为该运输工具平时是处于合法财产的状态的,而《刑法》没收财产也仅限于当事人所有的合法财产。但这里运输工具并不能说还处于合法状态,《刑法》也并不排斥对违禁品的没收。而且在特定情形下,海关可依法对被追究刑事责任的当事人予以再罚,因此该理由是站不住脚的。虽然有以上理由,但笔者认为从处罚法定原则的角度出发,如果能把"2年内3次以上用于走私的运输工具"解释为不要求同一当事人所为或所有并依法定程序对外公布无疑是最好的选择。

但笔者在坚持"2年内3次以上用于走私的运输工具"仅指向"运输工具"而非指向"同一行为人"故应对运输工具予以没收的观点之同时,也认为在特殊情形下,应当对船舶有关所有人或管领人(皆非走私行为人,下同)予以适当补偿。笔者认为,只有在船舶所有人或管领人对于用其船舶走私的状况具有一般过失(普通主体)或无过失时才允许对之进行适当补偿,对于故意、专业过失(专业主体)或重大过失(普通主体)等主观状态下的所有人或管领人均不得补偿。国外有类似的立法例,如《德国违反秩序罚法》第28条规定:"(1)物之所有权或有关之权利,于裁决发生确定力时属于第三人所有或曾为第三人在标的物设定负担时,而其权利因裁决而消失或受有损害者,应斟酌交易价值给予第三人相当之现金补偿。此项补偿属于受让物之所有权或有关权利之国库或社团或公法上营造物之义务。(2)如有下列情形,则不补偿:①显因轻率欠缺注意,致其物或权利成为其行为或其准备行为之标的物或手段者。②知悉标的物有得被没入之情况,而不法取得者。③依构成没入之情况,且基于违反秩序罚法以外之法规,得不经补偿而对第三人继续剥夺该标的物者。(3)前项之情形,如不予补偿显失公平者,仍得予补偿之"。注意这里所说的"物之所有权或有关之权利"是指在违法行为发生之前就属于合法有效的所有权或其他权利,而不能是违法或非法的,如违禁品被他人租借从事违法行为,即便违禁品"所有人"对该物品用于违法行为的状况仅具有抽象轻过失,也不得主张补偿。

---

① 参见李开远等主编:《实用关务法令汇编:缉私法规》,实用税务出版社1983年版,第111页。

有学者在论及如何妥善解决行政权与私权冲突的问题时建议"适当扩大行政赔偿范围,适当引入行政补偿制度,进一步减轻由于'正常'的行政执法行为给公民、法人或其他组织造成的损失"①。对此观点笔者深表赞同。如果在补偿机制尚不健全的情况下,笔者认为应当对无过失或仅具有一般过失的船舶有关所有人或管领人的运输工具不予没收,而改为针对走私行为人采取追征没收的办法,当然这还需要立法加以完善。

(三)暂扣许可证件、吊销许可证件、降低资质等级

1. 暂扣许可证件、吊销许可证件

暂扣许可证件、吊销许可证件,是指行政处罚主体暂时扣押或者取消违法行为人已经取得的从事某项活动的权利或资格证书,限制或剥夺被处罚人从事某项活动的权利或资格的处罚种类。企业法人的营业执照亦是一种行政许可类型。根据《最高人民法院关于企业法人营业执照被吊销后,其民事诉讼地位如何确定的复函》规定,吊销企业法人营业执照,是工商行政管理机关依据国家工商行政法规对违法的企业法人作出的一种行政处罚。企业法人被吊销营业执照后,应当依法进行清算,清算程序结束并办理注销登记后,该企业法人才归于消灭。因此,企业法人被吊销营业执照后至被注销登记前,该企业法人仍应视为存续。据此,行政处罚主体只要在单位的营业执照尚未被注销之前都可以依法对其作出行政处罚决定。

(1)暂扣许可证件、吊销许可证件的特点

第一,暂扣许可证件、吊销许可证件是对已授予的某项权利或资格的限制或剥夺。某项权利或资格的限制或剥夺,必须以相对人拥有这项权利或资格为前提,否则暂扣许可证件、吊销许可证件就无从谈起。在社会公共生活的某些领域从事一些活动需要得到国家的许可,因为这些领域关系到社会公共利益,如果国家不加以控制而任由公众从事这些活动,则很可能对公共利益造成损害。比如采矿领域就需要国家颁发的《采矿许可证》,如果该领域的行为国家不加以控制,就会造成环境污染、资源枯竭等严重损坏社会公共利益的后果。而许可证件就是国家允许相对人从事类似这些活动的法律凭证。暂扣许可证件、吊销许可证件的法律意义就在于国家使相对人的这些权利或资格暂时性丧失或永久性丧失。

---

① 参见成卉青:《完善财产权保护行政法律机制的一些思考——从十六起海关行政案件谈起》,载成卉青:《海关法与海关执法研究论文集》,中国海关出版社2009年版,第68页。

第二,暂扣许可证件、吊销许可证件针对的对象是合法取得的行政许可。如果行政机关违法发放行政许可证件,或者相对人采取欺骗、贿赂等非法手段获取的行政许可证件,就应该由行政主管部门根据《行政许可法》第69条规定撤销该行政许可(但撤销会导致公共利益重大损害的情形除外),而不是使用暂扣许可证件、吊销许可证件的手段。关于这个问题目前法律规定比较混乱,很多法律仍规定为吊销,如《公司法》第198条规定:"违反本法规定,虚报注册资本、提交虚假材料或者采取其他欺诈手段隐瞒重要事实取得公司登记的,由公司登记机关责令改正,对虚报注册资本的公司,处以虚报注册资本金额百分之五以上百分之十五以下的罚款;对提交虚假材料或者采取其他欺诈手段隐瞒重要事实的公司,处以5万元以上50万元以下的罚款;情节严重的,撤销公司登记或者吊销营业执照。"再如《企业法人登记管理条例施行细则》第60条第1款第(2)项规定:"……伪造证件骗取营业执照的,没收非法所得,处以非法所得额3倍以下的罚款,但最高不超过3万元,没有非法所得的,处以1万元以下的罚款,并吊销营业执照。"上述规定中的"吊销"应当修改为"撤销"为妥。

第三,暂扣许可证件、吊销许可证件并无溯及力,其仅向后发生法律效力。如某诊所已经与某患者签订了医疗合同,并进行了部分医疗,合同得以部分履行。此时该诊所因为其他违法行为被有权部门吊销了医疗许可证,该诊所与患者签订的医疗合同仍然成立,诊所因自身的资质问题影响了患者的继续治疗,系因己方的重大过错导致合同履行不能,依法应当承担违约责任,其不能将国家吊销许可证件的行为推说成"不可抗力"而借故不承担违约责任。

(2)"暂扣驾驶证"与"先予扣留驾驶证"的区别

《道路交通安全法》第91条第1款规定:"饮酒后驾驶机动车的,处暂扣六个月机动车驾驶证,并处一千元以上二千元以下罚款……"该法第110条规定:"执行职务的交通警察认为应当对道路交通违法行为人给予暂扣或者吊销机动车驾驶证处罚的,可以先予扣留机动车驾驶证,并在二十四小时内将案件移交公安机关交通管理部门处理。"前一个条文中出现了"暂扣驾驶证",后一个条文中出现了"先予扣留驾驶证",表面上看两者有点类似,但经仔细分析就可以看出:前一个条文中的"暂扣驾驶证"的目的在于一段时间内限制相对人驾驶车辆的权利或资格,系对相对人违法行为的否定、谴责和对相对人的制裁、惩戒,属于资格罚的范畴,而后一个条文中的"先予扣留驾驶证"的目的是制止违法行为、有利于进一步办案取证及将来给予处罚的执行,因此其法律属性应为行政强制措施。

(3)吊销许可证件与收缴许可证件的区别

收缴许可证件不是行政处罚种类,也不具备行政处罚的性质。但是,收缴许可证件却是吊销许可证件这一行政处罚手段的执法效果能够落到实处的重要保证。如果行政机关作出吊销许可证件的行政处罚后,并没有将相对人的许可证件予以收缴,那相对人很可能出于经济利益的考量无视行政处罚主体的行政处罚决定,而擅自利用已经被吊销的许可证件继续经营。许可证件是从事某种业务的法律凭证,善意第三人判断相对人有无从事某种业务的权利或资格通常是看悬挂于营业场所的许可证件。收缴许可证件是为了保证吊销许可证件的行政处罚落到实处的手段之一。[①] 因此,《企业法人登记管理条例施行细则》第49条规定:"登记主管机关核准注销登记或者吊销执照,应当同时撤销注册号,收缴执照正、副本和公章,并通知开户银行。"笔者认为,为了保护善意第三人的利益,应当在修法时明确行政处罚主体应当将企业被吊销的信息以一定的形式向社会公布[②],或者给社会公众提供一个全国联网查询的互联网平台。

考察实定法,笔者发现有少数一些法律混淆了吊销与收缴的区别,如《包头市动物诊疗管理条例》第24条规定:"违反本条例第9条第2款规定,伪造、涂改或者转让《动物诊疗许可证》的,由兽医行政管理部门没收其违法所得,收缴证照,可以并处1000元以上3000元以下罚款,违法所得超过5000元的并处违法所得1倍以上3倍以下的罚款。"再如《陕西省城市燃气管理办法》(已废止)第19条规定:"液化石油气贮灌站定点合格证有效期为四年,在此期间,发生重大事故或停业的,由发证机关吊销或收缴证照。有效期满后,持证单位应向发证机关申请换证。否则注销定点资格。"笔者认为,前一个规定中的"收缴证照"应当修改为"吊销证照",后一个规定中的"收缴证照"应当予以删除。

(4)吊销许可证件与责令停产停业的区别

吊销许可证件,是指对取消违法行为人已经取得的从事某项活动的权利或资格证书,剥夺被处罚人从事某项活动的权利或资格的处罚种类,并且是永久性的取消和剥夺。而责令停产停业是有期限的,在期限届满之后如果违法状态已经消除,是有可能重新恢复生产、经营的。而且,责令停产停业有的是全范围的,有的是一部分范围的,如果是一部分范围的停产停业,则其他部分还是可以继续生产、经营的,而吊销许可证件一般来说是在证照所批准的全范围内禁止生产、经营。

(5)业务禁入是否应当写入《行政处罚决定书》中

笔者认为,吊销许可证件应当随着一定期限的业务禁入,否则相对人在被吊销许可证件之后马上又重新申请许可证件的话,其制裁作用必定会大为削弱,如《道

---

① 应松年主编:《行政处罚法教程》,法律出版社2012年版,第79~81页。
② 参见杨小君:《行政处罚研究》,法律出版社2002年版,第196页。

路交通安全法》第91条第2款规定:"醉酒驾驶机动车的,由公安机关交通管理部门约束至酒醒,吊销机动车驾驶证,依法追究刑事责任;5年内不得重新取得机动车驾驶证。"严重违法的甚至导致终生的业务禁入,如《道路交通安全法》第91条第5款规定:"饮酒后或者醉酒驾驶机动车发生重大交通事故,构成犯罪的,依法追究刑事责任,并由公安机关交通管理部门吊销机动车驾驶证,终生不得重新取得机动车驾驶证。"有观点认为,不必将该业务禁入的内容写入《行政处罚决定书》中,而只需在日后的行政许可申请受理过程中,不予受理或不予许可就行了。笔者认为,业务禁入作为一种资格罚,其内容理应出现在《行政处罚告知单》及《行政处罚决定书》中。否则,相对人可能会因不知情或因以为自己情节较轻被免除了该项制裁而在禁入期内投入资金、时间等资源以重新申请行政许可,遭到拒绝后必然会引发不必要的争讼。

关于《道路交通安全法》吊销驾驶证的判例比较多,里面涉及一些疑难问题,这里主要探讨两个:第一个问题,虽然持有驾驶证,但所驾车辆与准驾车型不符,能否吊销其名下所有准驾车型的驾驶证?

案例3.21 安鹏强诉安阳市公安交通警察支队行政处罚案

该案中,法院认为:安鹏强虽持有C1汽车驾驶证,但未按驾驶证载明的准驾车型驾驶车辆,其发生交通事故系无摩托车驾驶证而驾驶摩托车造成的,在经法院刑事判决之后,安阳市公安交通警察支队作出行政处罚,将其C1驾驶证予以吊销,属于适用法律不当。国务院法制办秘书行政司于2005年12月发布的《关于对〈道路交通安全法〉及其实施条例有关法律条文的理解适用问题的函》(以下简称《关于〈道路交通安全法〉及其实施条例的函》)的答复第1条"驾驶与驾驶证准车型不符的机动车,在性质上应当属无证驾驶"。安阳市公安局交通警察支队吊销安鹏强的C1驾驶证违背了行政法的合理性原则。最终,法院判决撤销安阳市公安局交通警察支队作出的行政处罚决定书。[①]

第二个问题,持有多种准驾车型的驾驶证,驾驶一种准驾车型时违法,需吊销驾驶证时能否吊销整本驾驶证,剥夺其驾驶其他任何准驾车型的驾驶资格?

[①] 河南省安阳市中级人民法院(2011)安行终字第57号行政判决书。参见最高人民法院行政审判庭编:《中国行政审判案例》(第4卷),中国法制出版社2012年版,第94~97页。

案例 3.22　林性贻诉福州市公安局交通巡逻警察支队行政处罚案

该案中,法院认为:《道路交通安全法》第 100 条规定:"驾驶拼装的机动车或者已达到报废标准的机动车上道路行驶的,公安机关交通管理部门应当予以收缴,强制报废。对驾驶前款所列机动车上道路行驶的驾驶人,处二百元以上二千元以下罚款,并吊销机动车驾驶证。……"没有相关立法或解释对上述法条规定中的"吊销机动车驾驶证"如何适用予以阐释。被告提供的 2012 年 5 月 9 日国务院法制办《对〈中华人民共和国道路交通安全法〉有关条款适用问题的意见》(以下简称《对〈道路交通安全法〉的意见》)系针对《道路交通安全法》第 91 条第 2 款、第 101 条第 1 款"醉酒驾驶驾驶机动车"以及"发生重大交通事故,构成犯罪的"作出的适用意见,本案原告驾驶已达报废标准的二轮摩托车上道路行驶,违反了《道路交通安全法》第 100 条第 2 款规定,但不属于上述两种情形,被告因此根据《道路交通安全法》第 100 条第 2 款规定,对原告所持驾驶证中的准驾车型 C1(小汽车)和 E(2 轮摩托车)一并吊销,依据不足。此外,行政处罚应当与相对人实施违法行为的事实、性质、情节以及社会危害程度相当,本案被告因原告驾驶已达报废标准的二轮摩托车上道路行驶,对原告作出吊销包括 C1、E 在内的所有准驾车型的行政处罚,不符合上述行政处罚"过罚相当"原则。故法院撤销了该行政处罚决定。①

案例 3.23　邢建峡诉三门峡市公安局交通警察管理支队行政处罚案

该案中,法院认为:根据《道路交通安全法》第 91 条第 2 款之规定,邢建峡醉酒驾车,应吊销其驾驶证。关于吊销驾驶证的种类,2012 年 5 月 9 日国务院法制办《对〈中华人民共和国道路交通安全法〉有关条款适用问题的意见》第 1 条规定:"《中华人民共和国道路交通安全法》规定的吊销机动车驾驶证是一种剥夺持证人驾驶任何机动车上道路行驶的资格的处罚,不是只剥夺某一准驾车型的处罚。"被告对原告作出吊销 C1 型驾驶证的处罚决定,符合相关法律法规的规定。②

从当时的规定来说,上述案例一中安鹏强的 C1 驾驶证不应被吊销。具体理由如下:一是交警支队在安鹏强因"无证驾驶"被定罪后,又以"有证"作出吊销驾驶证的行政处罚决定,存在一定的逻辑矛盾;二是交警支队吊销 C1 驾驶证没有明确的法律依据,违反了处罚法定原则及明确性原则。当法律条文对涉及相对人的重要

---

① 福州市鼓楼区人民法院(2014)鼓行初字第 54 号行政判决书。
② 河南省三门峡市湖滨区人民法院(2014)湖行初字第 06 号行政判决书。

权利的问题上存在多种理解时,应采取有利于保护相对人权益的限缩性解释;三是交警支队吊销与造成事故无关的C1驾驶证,违反了不当联结禁止原则,考虑了不应当考虑的因素。

2012年5月9日,国务院法制办经研究并征求了全国人大常委会法制工作委员会和公安部的意见后,作出《对〈道路交通安全法〉的意见》,明确指出《道路交通安全法》规定的吊销机动车驾驶证是一种剥夺持证人驾驶任何机动车上道路行驶资格的处罚,不是只剥夺某一准驾车型资格的处罚。同时,国务院法制办意见还指出,持有驾驶证驾驶与准驾车型不符的机动车发生重大交通事故构成犯罪的,应当吊销其持有的机动车驾驶证。上述后两个案件的法院判决完全符合《对〈道路交通安全法〉的意见》的规定。然而,国务院法制办是否有权对《道路交通安全法》的相关条款中的法律用语进行解释,有关吊销机动车驾驶证的解释是否违背行政合理性原则,是否对相对人构成反向歧视而加重对相对人的处罚? 这需要详细分析探讨国务院法制办该批复的合法性与合理性。

笔者认为:第一,从程序是否合法的角度来看。根据《全国人民代表大会常务委员会关于加强法律解释工作的决议》第3条规定:"不属于审判和检察工作中的其他法律、法令如何具体应用的问题,由国务院及主管部门进行解释。"根据2008年实施的《国务院工作规则》第24条规定,提请国务院讨论的法律草案和审议的行政法规草案由国务院法制机构审查或组织起草,行政法规的解释工作由国务院法制机构承办。由此可见,国务院负责进行行政法规解释的部门是国务院法制机构。而根据国务院机构设置,国务院法制办是国务院的专门法制机构,负责起草或者组织起草若干重要的法律草案、行政法规草案,承办行政法规的立法解释工作。按照《行政法规制定程序条例》第33条规定,对属于行政工作中具体应用行政法规的问题,省、自治区、直辖市人民政府法制机构以及国务院有关部门法制机构请求国务院法制机构解释的,国务院法制机构可以研究答复。由此,国务院法制办有权以答复形式对公安交通执法过程中出现的争议进行细化解释规范。因此,国务院法制办(笔者认为其不属于国务院的主管部门,而仅仅属于内设机构)有权以自己的名义对《道路交通安全法实施条例》作出具体适用方面的解释,但其不宜以自己的名义直接对《道路交通安全法》作出具体适用方面的解释,因此从合法性的角度来看,上述《关于〈道路交通安全法〉及其实施条例的函》及《对〈道路交通安全法〉的意见》均具有一定的瑕疵。

第二,从合理性的角度来看,如果规定凡发生违法需要吊销驾驶证的,一律吊销整本驾驶证,这样的规定无疑违反了比例原则,因为每种驾驶资格对应不同的车型,代表了相对人不同的驾驶能力及水平,而且不区分相对人的违法、犯罪情形,一律吊销整本驾驶证,可能违背行政合理性原则中的平等对待,对持有多种准驾车型驾驶证的相对人,形成反向歧视。实施同样违法行为的相对人,则由于持有的驾驶证所包括的准驾车型的多少,而遭受反向的不公平对待。由于一律吊销整本驾驶证,相同情形下,相对人持有的驾驶证包括的准驾车型越多,则相对人所遭受的处罚越重,如果没有其他需要考虑的法律因素,显然,如此处罚会造成同一违法行为却使相对人遭受轻重不同的处罚,这也是与过罚相当原则背道而驰的。[①] 比如驾驶城市公交车、大型货车发生事故构成犯罪的,要连同他的摩托车驾驶资格一起吊销,这合理吗?有必要吗?不违背不当联结禁止原则吗?因此笔者建议取消"一刀切"的规定,可以考虑作以下规定:

其一,相对人属于虽然持有驾驶证,但所驾车辆与准驾车型不符,且2年内能够重新取得机动车驾驶证的一般违法情形,可不吊销其驾驶证,其他违法、犯罪情形,应当吊销其整本驾驶证。之所以这里制度设计的更为严厉是因为在此情形下相对人本无驾驶该种类型车辆的资格而强行驾驶,反映出更大的主观恶性和客观危险性,特别在导致严重后果时应当处以更为严厉的制裁,可以考虑在特定情形下吊销其整本驾驶证。类似规定如《企业法人登记管理条例施行细则》第60条第1款第(4)项规定:"超出核准登记的经营范围或者经营方式从事经营活动的,视其情节轻重,予以警告,没收非法所得,处以非法所得额3倍以下的罚款,但最高不超过3万元,没有非法所得的,处以1万元以下的罚款。同时违反国家其他有关规定,从事非法经营的,责令停业整顿,没收非法所得,处以非法所得额3倍以下的罚款,但最高不超过3万元,没有非法所得的,处以1万元以下的罚款;情节严重的,吊销营业执照。"因此,笔者认为国务院法制办关于"持有驾驶证驾驶与准驾车型不符的机动车发生重大交通事故构成犯罪的,应当吊销其持有的机动车驾驶证"的意见并非全无道理,只是需要做上述调整而已。

其二,5年内能够重新取得机动车驾驶证且在持证状况下发生的一般违法、犯罪情形,仅吊销与其违法行为相对应的驾驶资格,其他违法、犯罪情形,可以视情节吊销其整本驾驶证。类似规定如卫生部《关于实施吊销〈医疗机构执业许可证〉有关问题的批复》规定:"根据《医疗机构管理条例》第47条、第48条的规定,对医疗机构诊疗活动超出登记范围或者使用非卫生技术人员从事医疗卫生技术工作情节严重的,卫生行政部门可以根据实际情况吊销医疗机构相关诊疗科目的执业许可。"

---

① 参见田红星:《吊销机动车驾驶证的法律适用分析——与国务院法制办的商榷》,载《河北法学》2013年第4期。

2. 降低资质等级

根据2021年修正的《行政处罚法》,"降低资质等级"首次被正式纳入行政处罚范畴。该罚种主要体现在建筑、规划、测绘等领域的法律、行政法规当中,如《城乡规划法》第63条规定,城乡规划编制单位取得资质证书后,不再符合相应的资质条件的,由原发证机关责令限期改正;逾期不改正的,降低资质等级或者吊销资质证书。类似规定还有《建筑法》第65条、《节约能源法》第79条、《地图管理条例》第51条等。

通常,降低资质等级还可能同时伴随着通报或通报批评。如原广东省建设厅于2004年将《关于广东省第七建筑集团有限公司被给予降低资质等级处罚的通报》(粤建管函〔2004〕第360号)以公开形式通报给了全省所有的建筑施工企业。该通报是属于行政处罚还是公共警告或其他行政管理方式呢?这要具体考察发布该通报的行政机关是什么用意、目的及通报主要是哪方面内容。如果该公文主要是常规通报某企业被降级了这一事实,其性质可能是行政处罚中的通报批评,这就涉及需履行行政处罚程序的问题。如果更多用意是为了公共警示、减少事故、堵塞漏洞和杜绝隐患,并且通报用了大篇幅要求广大施工企业采取一些具体防范事故的刚性管理措施或新型强力手段,那么其性质则可能是一种公共警告或其他行政管理方式。

此外,降低资质等级还与"信用扣分"这种行政管理行为有关。目前大多数意见认为尚未导致降低资质等级的"信用扣分",与交管领域的记分类似,不属行政处罚。若单次"信用扣分"(非累积的情形)可直接导致降低资质等级的后果,那么可以考虑将其纳入行政处罚范围来考察。

(四)限制开展生产经营活动、责令停产停业、责令关闭、限制从业

1. 限制开展生产经营活动、责令停产停业、责令关闭

限制开展生产经营活动是指行政处罚主体命令当事人在法定核准的营业事项或业务领域内限缩其类别、数量、规模或时空范围,但并不停止生产经营活动的一种处罚。

责令停产停业主要是指行政处罚主体命令当事人在一定期限内暂停某项生产或某种业务。责令停产停业有两种:一种针对行政许可事项的,属于资格罚。对已经取得的行政许可项目的,在依照处罚程序实施之外,还应当遵循《行政许可法》的相关要求办理,如对采矿企业暂停其采矿业务;另一种如果不属于行政许可的,比如对进出口收发货人海关作准予海关注册登记仅属备案性质,而无须遵循行政许

可程序,则属于行为罚,但这类生产或业务依法必须要通过政府部门的登记、核准、备案、审核等手续。责令停产停业,是在保留当事人生产、营业资格的前提下,暂时停止某一段时间的生产或营业,使其蒙受经济上及信誉上的损失以达到惩罚制裁目的的罚种。责令停产停业必然影响到当事人的财产利益,但影响的财产利益却不一定是确定的,且当事人可以通过积极实施整改措施而减少损失,这一点与罚款、没收非法财物等确定数额的处罚有明显区别。一般来说,该种处罚的严厉程度相当于对公民处以的人身自由罚,较之财产罚来说更重。因此,行政处罚主体在给予该项处罚时要尤其慎重,一方面要给当事人充分的时间、机会纠正整改,另一方面又要把握处以停业时间长短的自由裁量幅度。但如果违法行为持续得不到纠正,则可以考虑吊销其有关资格或者责令关闭。

(1)责令停产停业处罚的特点。

第一,责令停产停业是限制实际生产或营业能力的一种处罚,也即其针对的是单位或自然人的行为能力,这种处罚区别于暂扣许可证件、吊销许可证件是针对单位或自然人的权利能力。

第二,责令停产停业的施罚主体既可能是拥有许可或批准权限的行政主管部门,也可能是其上级机关。前者如《食品安全法》第132条规定:"违反本法规定,未按照要求进行食品贮存、运输和装卸的,由县级以上人民政府食品药品监督管理等部门按照各自职责分工责令改正,给予警告;拒不改正的,责令停产停业……"后者如《消防法》第70条第4款规定:"责令停产停业,对经济和社会生活影响较大的,由住房和城乡建设主管部门或者应急管理部门报请本级人民政府依法决定。"

第三,责令停产停业的对象既包括单位,也包括自然人。前者如《律师法》第47条规定针对律师在特定违法情形下可给予"给予停止执业3个月以下的处罚",后者如该法第50条规定针对律师事务所在特定违法情形下可给予"停业整顿1个月以上6个月以下的处罚"。

第四,责令停产停业是科以单位或自然人不作为义务的处罚。单位或自然人不得在现有条件下从事某方面生产或营业方面的作为。但在停产停业期间单位或自然人可以积极创造条件对违法或不合规之处加以整改。有观点认为积极整改也是责令停产停业施加于相对人的法定义务[1],对此笔者不能认同,因为如果相对人不履行不作为义务,也就是说其在责令停产停业期间偷偷运营了,那么行政主管部门可以依法自力强制执行或申请法院强制执行,强制其停产停业,但如果其在责令停产停业期间拒不整改,行政主管部门最多就是依法给予其更严厉的处罚,但并不

---

[1] 参见杨小君:《行政处罚研究》,法律出版社2002年版,第190页。

能强制其整改。当然,如果是责令停产停业整改则应例外。

第五,责令停产停业必须附有明确的期限,如果期限届满其违法或不合规之处已经完全消除,就可以继续恢复生产或营业。目前大部分法律条文中并未写明责令停产停业的期限,只有少数法律有明确,如《海关行政处罚实施条例》第28条规定的"暂停其6个月以内从事报关业务或者执业"。但不管法律是否明确规定期限,行政处罚主体都必须在《行政处罚决定书》中给出一个明确的期限,而不能笼统地写一个"责令停产停业",否则将可能因为处罚内容不明确也无法执行而面临败诉风险。我国台湾地区就有类似判例,如"高雄高等行政法院"93年度诉字第275号判决即对于命令原告停业部分,因未附加期限,而认为违反明确性原则及比例原则而撤销原处分。①

第六,责令停产停业应当是全范围的,其功能与作用与暂扣许可证件非常类似。

第七,责令停产停业一般适用于较为严重的违法行为。

(2)责令停产停业处罚的适用情形。

第一,出现特定违法行为时直接适用。《四川省固体废物污染环境防治条例》第57条规定:"违反本条例第30条规定,擅自倾倒、堆放危险废物的,由县级以上地方人民政府环境保护行政主管部门责令停产停业、限期改正,并处以5万元以上20万元以下的罚款。"

第二,出现特定违法行为且情节严重或后果严重时适用。如《深圳市亚硝酸盐监督管理若干规定》第21条规定:"……情节严重的,依法责令停产停业,直至吊销许可证。"再如《吉林省食品生产加工小作坊和食品摊贩管理条例》第41条第1款规定:"……情节严重的,处以2千元以上5千元以下罚款;造成严重后果的,责令停产停业。"

第三,对违法行为逾期未改正或拒不改正或改正不到位时适用。如《青岛市轨道交通建设管理办法》第46条规定:"……逾期未改正的,按照《中华人民共和国安全生产法》的规定责令停产停业。"

(3)责令停产停业处罚的单用、选用及并用情形。

第一,单用情形。如《武汉市燃气管理条例》第52条规定:"……存在重大安全隐患的,责令停产停业整改……"

第二,选用情形。如《宁夏回族自治区清真食品管理条例》第45条第2款规定:"……情节严重的,责令停产停业或者暂扣《清真食品准营证》。"

---

① 参见蔡震荣等:《行政罚法逐条释义》,台北,新学林出版股份有限公司2008年版,第156页。

第三,并用情形。如《上海市生猪产品质量安全监督管理办法》第52条规定："……有多次违法行为记录的,或者造成严重后果的,由市或者区县食品药品、农业、工商等部门按照各自职责,依法责令停产停业,暂扣、吊销许可证或者营业执照。"

(4)《安全生产法》第62条第(3)项中的"责令暂时停产停业"是否属于行政处罚种类?

《安全生产法》第62条第(3)项规定："对检查中发现的事故隐患,应当责令立即排除;重大事故隐患排除前或者排除过程中无法保证安全的,应当责令从危险区域内撤出作业人员,责令暂时停产停业或者停止使用相关设施、设备;重大事故隐患排除后,经审查同意,方可恢复生产经营和使用。"笔者认为,这里的"责令暂时停产停业"不应属于行政处罚种类,而是一种行政强制措施,因为它是在紧急情况下行政主管部门依法对有关单位的生产或经营活动实施的暂时性控制的行为,主要目的是避免危害发生、控制危险扩大,完全符合行政强制措施的特征。但为了避免产生歧义,建议将此处的"责令暂时停产停业"修改为"责令暂时停止生产、经营"。

(5)责令停产停业与限期治理的关系。

行政立法中除规定责令停产停业以外,还有限期整改、限期治理措施,这些措施并不停止相对人的生产或经营行为。如《海洋环境保护法》第73条规定的"违反本法有关规定,有下列行为之一的,由依照本法规定行使海洋环境监督管理权的部门责令停止违法行为、限期改正或者责令采取限制生产、停产整治等措施,并处以罚款……"这类措施与责令停产停业处罚的性质完全不同,它不属于行政处罚,不限制或剥夺相对人从事生产或经营活动,即其既没有限制或剥夺相对人的权利能力,也没有限制或剥夺相对人的行为能力,相对人在整改期间仍然可以继续生产或经营,其完全可以边整改边生产或经营。所以,它不具备行政处罚的最终性,恰恰相反,它只是一种类似指出违法所在的告诫措施,如果期限届满仍不能达到整改目标或合规条件的,则可能要遭受处罚。[①] 但必须指出的是,《安全生产法》第94条规定的"责令停产停业整顿"的属性应为行政处罚种类。

(6)责令停产停业是否适用于未经许可或不具备任何手续的违法行为?

对于依法应经许可或其他登记、备案等合法手续但未经许可或不具备任何合法手续的违法行为应当如何处理,有的规定采取了适用责令停产停业的模式,有的规定则没有采取这种模式。前者如《放射性废物安全管理条例》第38条第(1)项规定,对"未经许可,擅自从事废旧放射源或者其他放射性固体废物的贮存、处置活动

---

① 参见杨小君:《行政处罚研究》,法律出版社2002年版,第190~191页。

的","由省级以上人民政府环境保护主管部门责令停产停业"。后者如《外资银行管理条例》第 63 条规定:"未经国务院银行业监督管理机构审查批准,擅自设立外资银行或者非法从事银行业金融机构的业务活动的,由国务院银行业监督管理机构予以取缔,自被取缔之日起 5 年内,国务院银行业监督管理机构不受理该当事人设立外资银行的申请;构成犯罪的,依法追究刑事责任;尚不构成犯罪的,由国务院银行业监督管理机构没收违法所得,违法所得 50 万元以上的,并处违法所得 1 倍以上 5 倍以下罚款;没有违法所得或者违法所得不足 50 万元的,处 50 万元以上 200 万元以下罚款。"

笔者认为,相对人应当首先具备许可或其他登记、备案等合法手续,如果相对人不具备上述手续,则属于无证非法从事生产或经营活动,应当由有关主管部门责令其停止违法行为并予以罚款或取缔,而不应当适用责令停产停业的处罚种类。① 如《企业法人登记管理条例施行细则》第 49 条第 1 款第(1)项规定,"未经核准登记擅自开业从事经营活动的,责令终止经营活动,没收非法所得,处以非法所得额 3 倍以下的罚款,但最高不超过 3 万元,没有非法所得的,处以 1 万元以下的罚款"。因此,上述《放射性废物安全管理条例》的规定是不妥当的,应当予以修改。同时,还必须指出的是,责令停止违法行为属于预防性不利处分行为,并不具有制裁性,属于责令改正的范畴,不能将其与责令停产停业混为一谈。

案例 3.24　王国富诉石柱县国土资源和房屋管理局行政强制案

该案中,法院认为:王国富所办理的《采矿许可证》的有效期届至 2005 年 8 月。期限届满后没有得到续展,故其已经丧失在黎场乡望江村小地名"砖瓦溪"处采砂、取石的权利。其继续从事开采行为违法。石柱县国土资源和房屋管理局对其继续实施开采行为予以制止,并通过向其发放《责令停止违法行为通知书》,责令"立即停止矿产违法行为,听候处理",促使行为人王国富结束继续开采砂石的行为,保持其不作为行为状态。该行政措施为要求相对人王国富停止违法行为,修复违法行为状态所必需,即只要其结束违法行为状态,保持不作为状态即可,无须王国富付出更多的代价,故该责令停止违法行为不具制裁性质,属行政强制措施之一种,不符合行政处罚的性质,非为《行政处罚法》第 8 条规定的行政处罚。②

---

① 类似见解,参见李佑标:《消防法中的责令停产停业研究》,载《武警学院学报》2002 年第 1 期。
② 重庆市第四中级人民法院(2008)渝四中法行再终字第 1 号行政判决书。参见国家法官学院、中国人民大学法学院编:《中国审判案例要览》(2009 年行政审判案例卷),中国人民大学出版社、人民法院出版社 2010 年版,第 214~223 页。

笔者认为,因为行政主管部门对王国富颁发的《采矿许可证》业已届满未再续展,王国富已经没有采矿的资格或权利了,其所实施的行为完全就是一种无证开采行为,因此行政主管部门向其发出的《责令停止违法行为通知书》实际上是一种责令停止其违法行为的行政命令,该命令的作出不是要王国富将违法行为整改到位之后就可以让其恢复开采,而是仅仅要直接终结其开采行为。因此,笔者赞同上述法院认为制发《责令停止违法行为通知书》不属于行政处罚的结论,但不同意法院认为其属于行政强制措施的观点。

责令关闭,一般是指行政处罚主体宣布永久性关停有关组织或个人生产经营活动的处罚,是对前者正在从事的生产经营活动在事实上的彻底否定。如郑尧进诉江苏省建湖县人民政府不履行法定职责案中,最高人民法院指出:"停产是阶段性的,关闭是永久性的,采取何种处理措施,应视具体情况而定。"[①]责令关闭也不同于吊销许可证件,责令关闭是对生产经营活动在事实层面的剥夺和否定,按规定一般由一级政府作出,而吊销许可证件更多的是一种法律要件和手续上的剥夺和否定,按规定一般由许可证件的颁发机关作出。

责令关闭、责令停产停业与取缔三者的区别主要体现在:

第一,行政处罚对象不同。责令关闭既可以针对有合法资质的生产经营主体,也可以针对无资质的生产经营主体,前者如《职业病防治法》第77条规定的"用人单位",后者如《烟草专卖法》第30条第1款规定的"无烟草专卖生产企业许可证生产烟草制品的"主体。责令停产停业针对的应当是有合法资质的生产经营主体,如《疫苗管理法》第83条规定的"疫苗上市许可持有人"。而取缔则专门针对无资质的生产经营主体,如《安全生产法》第60条规定的"未依法取得批准或者验收合格的单位擅自从事有关活动的,负责行政审批的部门发现或者接到举报后应当立即予以取缔"。

第二,行政处罚主体不同。有权作出责令关闭的处罚主体绝大多数规定为一级政府,如《水污染防治法》《职业病防治法》等。仅有个别规定规定为行政主管部门,如《烟草专卖法》。有权作出责令停产停业的处罚主体一般为行政主管部门,如《森林法》第80条。而有权作出取缔的处罚主体也一般为行政主管部门,如《保险法》第173条。仅有个别规定规定为一级政府,如《证券法》第180条及第200条。

第三,能否复工复产不同。停产停业应当是有一定期限的,期限届满后如处罚对象已整改到位的,应允许其复工复产。如《安全生产法》第95条第(1)项规定,生产经营单位"未按照规定对矿山、金属冶炼建设项目或者用于生产、储存、装卸危险

---

① 最高人民法院(2017)最高法行申62号行政裁定书。

物品的建设项目进行安全评价的'","责令停止建设或者停产停业整顿,限期改正;逾期未改正的,处 50 万元以上 100 万元以下的罚款……"而责令关闭及取缔则是不可逆转的永久性关停。

值得注意的是,虽然《行政处罚法》明确了责令关闭的属性为行政处罚,但在某些法律场景中其代表了依法作出行政征收或撤回行政许可证件的意涵,当然它可能是以行政命令的形式出现的。也即,该"责令关闭"依法不属于行政处罚,如政府基于规划原因,根据《畜禽规模养殖污染防治条例》第 25 条作出的责令关闭行为。

案例 3.25　江门市蓬江区鸿业畜牧有限公司诉江门市蓬江区人民政府环保行政命令及行政补偿案

该案中,法院认为:《畜牧法》第 40 条规定:"禁止在下列区域内建设畜禽养殖场、养殖小区:(1)生活饮用水的水源保护区,风景名胜区,以及自然保护区的核心区和缓冲区;(2)城镇居民区、文化教育科学研究区等人口集中区域;(3)法律、法规规定的其他禁养区域。"《广东省环境保护条例》第 49 条第 1 款规定:"除法律、法规规定的禁止养殖区域外,县级以上人民政府有关主管部门可以根据当地环境承载能力和污染物排放总量控制要求,划定畜禽禁养区和限养区,报同级人民政府批准后实施,并向社会公布。"本案中,蓬江区政府为了区域生态环境保护和污染整治工作需要,于 2015 年 4 月 8 日制定《关于印发划定蓬江区畜禽养殖区域规定的通知》(蓬江府办[2015]11 号),在辖区范围内划定禁养区,并规定"禁养区内现有牲畜养殖场,必须在 2015 年 8 月 1 日起开始自行搬迁或关闭,至 2016 年底禁养区内的牲畜养殖场实现全部清除,逾期未搬迁或关闭的牲畜养殖场,按照属地管理的原则,由当地镇政府(街道办)协调区环保、城管和农业等相关部门配合区政府依法进行拆除或清理",符合前述法律、法规的规定。鸿业公司经营的案涉养猪场位于蓬江区政府划定的禁养区内,因其拒不停止生猪养殖行为,蓬江区政府在履行了告知限期关闭等程序后,于 2017 年 8 月 25 日作出《责令关闭决定》,并给予养猪场合理的退养期限,没有违反法律、法规的规定。鸿业公司提出养猪场未办理相应手续并非法定关停事由,并据此主张《责令关闭决定》违法。但是,本案双方均认可《责令关闭决定》系因环境保护需要,在划定禁养区后作出的行政命令,而非行政处罚,《责令关闭决定》的理由也并非案涉养猪场未办理相应手续,故鸿业公司该主张不能成立。……国务院《畜禽规模养殖污染防治条例》第 25 条规定:"因畜牧业发展规划、土地利用总体规划、城乡规划调整以及划定禁止养殖区域,或者因对污染严重的畜禽养殖密集区域进行综合整治,确需关闭或者搬迁现有畜禽养殖场所,致使畜禽养殖者遭受经济损失的,由县级以上地方人民政府依法予以补偿。"……从合理行政、平等对待相对人的角度出发,蓬江区政府在后续作出行政补偿时,对于鸿业公司案涉养猪场的补偿标准,不得低于其他同类情形养猪场的补偿标准。[①]

2. 限制从业

限制从业,是指针对行业准入有特殊要求的领域,依法限制处罚对象在一定期限内或终身不得从事或不得担任一定职务、级别以上的领导、高管或不得担任某种特定职位的处罚方式。如根据《食品安全法》第135条,被吊销许可证的食品生产经营者及其法定代表人、直接负责的主管人员和其他直接责任人员自处罚决定作出之日起五年内不得申请食品生产经营许可,或者从事食品生产经营管理工作、担任食品生产经营企业食品安全管理人员。因食品安全犯罪被判处有期徒刑以上刑罚的,终身不得从事食品生产经营管理工作,也不得担任食品生产经营企业食品安全管理人员。又如《证券法》第221条规定:"违反法律、行政法规或者国务院证券监督管理机构的有关规定,情节严重的,国务院证券监督管理机构可以对有关责任人员采取证券市场禁入的措施。前款所称证券市场禁入,是指在一定期限内直至终身不得从事证券业务、证券服务业务,不得担任证券发行人的董事、监事、高级管理人员,或者一定期限内不得在证券交易所、国务院批准的其他全国性证券交易场所交易证券的制度。"

应当指出的是,限制从业与业务禁入具有一定区别,前者范围较小,仅针对与生产经营有关的事项,而后者范围更广,既包括与生产经营有关的事项,也包括仅仅与生活有关的事项。其实,业务禁入如果修改为事务禁止更妥。比如根据《道路交通安全法》第91条,酒驾发生重大交通事故被追究刑责后,不仅要吊销机动车驾驶证,且终生不得重新取得驾驶证。该"终生禁驾"的对象就既包括以开车作为谋生手段的人,也包括不以开车为业、更多是在生活中需要开车的人。因此很难说,"终生禁驾"一定属于限制从业。但可以肯定地认为,"终生禁驾"属于业务禁入或事务禁止。

此外,有些行政行为看起来很像限制从业或业务禁入,但实际上仅为一般的行政管理行为或不予行政许可的行为,需仔细辨别和具体分析。如《公务员法》第107条规定,公务员辞去公职或者退休的,原系领导成员、县处级以上领导职务的公务员在离职3年内,其他公务员在离职2年内,不得到与原工作业务直接相关的企业

---

① 最高人民法院(2020)最高法行申3924号行政裁定书。

或者其他营利性组织任职,不得从事与原工作业务直接相关的营利性活动。又如《企业法人法定代表人登记管理规定》第4条规定,个人负债数额较大且到期未清偿的,"不得担任法定代表人,企业登记机关不予核准登记"。再如《律师法》第7条规定,对于被开除公职的申请人,不予颁发律师执业证书。

(五)行政拘留

行政拘留,是指行政处罚主体对相对人实施的在短期内限制人身自由的行政处罚。行政拘留是最严厉的行政处罚种类之一,通常是适用于比较严重但尚不构成犯罪的行政违法行为。通常情况下,行政拘留适用于两类领域的违法行为:第一类是治安管理领域的违法行为,《治安管理处罚法》中就对严重扰乱公共秩序、妨害社会管理秩序、违反消防管理、违反交通管理等行为作出了行政拘留的规定。第二类是非治安管理领域的违法行为。涉及拘留的法律主要有《集会游行示威法》《枪支管理法》《消防法》《居民身份证法》《人民警察法》等。这些法律规定领域的违法行为尚不构成犯罪,但是该违法行为有较大的社会危害性。如《消防法》第63条规定:"违反本法规定,有下列行为之一的,处警告或者五百元以下罚款;情节严重的,处五日以下拘留:(一)违反消防安全规定进入生产、储存易燃易爆危险品场所的;(二)违反规定使用明火作业或者在具有火灾、爆炸危险的场所吸烟、使用明火的。"行政拘留的设定及实施均比较严格,在设定方面仅有法律有权设定,在实施方面仅有县级以上公安机关才有权决定并实施。行政拘留最长期限不超过15日,但针对两个或两个以上违法行为合并执行的最长不超过20日。根据《公安机关办理行政案件程序规定》第174条的规定:"对县级以上的各级人民代表大会代表予以行政拘留的,作出处罚决定前应当经该级人民代表大会主席团或者人民代表大会常务委员会许可。对乡、民族乡、镇的人民代表大会代表予以行政拘留的,作出决定的公安机关应当立即报告乡、民族乡、镇的人民代表大会。"作出行政拘留处罚决定的,公安机关应及时将处罚情况和执行场所或者依法不执行的情况通知被处罚人家属。被处理人拒不提供家属联系方式或者不讲真实姓名、住址,身份不明的,可以不予通知,但应当在附卷的决定书中注明。对被决定行政拘留的人,由作出决定的公安机关送达拘留所执行。对抗拒执行的,可以使用约束性警械。对被决定行政拘留的人,在异地被抓获或者具有其他有必要在异地拘留所执行情形的,经异地拘留所主管公安机关批准,可以在异地执行。根据《治安管理处罚法》第21条及《公安机关办理行政案件程序规定》第164条规定:"违法行为人具有下列情形之一,依法应当给予行政拘留处罚的,应当作出处罚决定,但不送拘留所执行:(一)已满14周岁不满 16 周岁的；(二)已满 16 周岁不满 18 周岁,初次违反治安管理或者其他公安行政管理的。但是,曾被收容教养、被行政拘留依法不执行行政拘留或者曾因实施扰乱公共秩序,妨害公共安全,侵犯人身权利、财产权利,妨害社会管理的行为被人民法院判决有罪的除外；(三)70 周岁以上的；(四)孕妇或者正在哺乳自己婴儿的妇女。"这是出于罚教结合原则及人道主义的考虑,才对年龄或身体存在特殊情形的违法行为人不执行拘留处罚。被处罚人不服行政拘留处罚决定,申请行政复议、提起行政诉讼的,可以以书面或口头形式向公安机关提出暂缓执行行政拘留的申请。公安机关认为暂缓执行行政拘留不致发生社会危险的,由被处罚人或者其近亲属提出符合《治安管理处罚法》第 108 条规定条件[①]的担保人,或者按每日行政拘留 200 元的标准交纳保证金,行政拘留的处罚决定暂缓执行。公安机关应当在收到被处罚人提出暂缓执行行政拘留申请之时起 24 小时内作出决定。对同一被处罚人,不得同时责令其提出保证人和交纳保证金。被处罚人已送达拘留所执行的,公安机关应当立即将暂缓执行行政拘留决定送达拘留所,拘留所应当立即释放被处罚人。该制度得到了《行政处罚法》的进一步确认,《行政处罚法》第 73 条第 2 款规定,当事人对限制人身自由的行政处罚决定不服,申请行政复议或者提起行政诉讼的,可以向作出决定的机关提出暂缓执行申请。符合法律规定情形的,应当暂缓执行。对决定给予行政拘留处罚的人,在处罚前因同一行为已经被采取强制措施限制人身自由的时间应当折抵,限制人身自由一日,折抵行政拘留一日,但询问查证和继续盘问时间不予折抵。被采取强制措施限制人身自由的时间超过决定的行政拘留期限的,行政拘留决定不再执行。行政拘留与某些行政行为看起来十分类似,如《海关法》第 6 条第(4)项规定的人身"扣留"、《集会游行示威法》第 27 条第 2 款规定的"立即予以拘留"、《出境入境管理法》第 60 条规定的"拘留审查",因为人身"扣留"、"立即予以拘留"及"拘留审查"具有限权性、临时性、辅助性等特点,因而其属性应当归入行政强制措施。[②]

(1)行政拘留制度的缺陷

第一,行政拘留由公安机关决定。因为拘留是限制人身自由的最严厉行政处罚种类之一,全世界绝大部分国家、地区都是由司法机关决定,如我国台湾地区在 1991 年以前,一直沿用 1943 年"违警罚法"的规定,由警察官署自行决定拘留,这一做法一直以来遭到我国台湾学者的批判,直到 1991 年的"社会秩序维护法"才终于

---

① 《治安管理处罚法》第 108 条规定:"担保人应当符合下列条件:(一)与本案无牵连;(二)享有政治权利,人身自由未受到限制;(三)在当地有常住户口和固定住所;(四)有能力履行担保义务。"

② 参见郭春青:《警察行政强制措施之概念探析》,载《山西警官高等专科学校学报》2009 年第 17 卷第 4 期,该文亦认为"立即予以拘留"的属性为行政强制措施。

将行政拘留的决定权交给地方法院裁定。而目前我国大陆仍由公安机关自己一个部门完成拘留案件的立案调查、审查、决定、执行的全过程,容易出现裁量怠惰、裁量逾越等滥用自由裁量权的现象,不利于公民权益的维护保障。而且由于救济途径有限、不及时、被处罚人普遍不懂法、不信任救济机关等原因,往往导致复议机关或法院决定受理时,行政拘留已经执行完毕,即使最终处罚决定被撤销也很难将公民受损权益复原。

第二,行政拘留未纳入听证范围。不少观点认为行政拘留不需纳入听证范围的一个主要理由在于:法律已经为行政拘留设计了暂缓执行制度,因此限制人身自由的行政处罚不必纳入听证范围。[①] 有些人认为,实施行政拘留的暂缓执行制度可以维护公安机关的管理秩序,又可以使无辜的人免受囹圄之苦,还可以避免因拘留的实际执行可能引发的国家赔偿。但行政复议或行政诉讼显然不能替代听证制度,从听证制度所代表的行政参与原则来看,参与行政肯定比不参与行政能使行政处罚决定更具有公正性,能增强其可接受程度;而从公民参与权的最佳方案的选择来看,事先参与显然优于事后参与,预防性参与显然优于追惩性参与。

第三,行政拘留暂缓执行制度在适用条件及适用程序等方面存在缺陷。一是适用条件方面存在缺陷:①遇有被拘留人招工、升学考试或遇有妻子生育、近亲属病危、丧葬、子女需要扶养而家中无其他亲人等特殊情况需要暂缓执行进行处理的。虽然《治安拘留所管理办法(试行)》第13条对此种情形作了规定,被拘留人在拘留期间,因为招工、升学考试或者遇有妻子生育、近亲属病危、丧葬等特殊情况需要离所时,由本人或者其近亲属提出申请,担保人出具保证书,经原裁决机关批准后离所,并在规定的期限内返回,逾期不归的按违反所规处理。被拘留人离所期间,不计入执行拘留时间。但此规定仅限于被拘留人在拘留期间提出,担保方式仅限于人保,且公安机关无须对被拘留人的社会危险进行审查,这与《治安管理处罚法》第107条规定的暂缓执行的条件不完全一致,不能算得上是真正意义上的暂缓执行的情形之一。此种情形可考虑设计为行政拘留暂缓执行的前提条件之一。②遇有被拘留人患有传染病、精神病和其他严重疾病等情况需要暂缓执行进行治疗的。虽然《治安拘留所管理办法(试行)》第10条、第20条对此情况做了规定,拘留后发现被拘留人患有传染病、精神病和其他严重疾病的,应当通知原裁决机关另行处理。对患严重疾病必须出所治疗的,可以由担保人出具保证书,经原裁决机关或者县级以上公安机关主管领导批准出所治疗,其尚未执行的拘留日期可以宣布不再

---

① 参见王聚涛:《论将人身自由罚纳入行政处罚听证程序的必要性》,载《金陵科技学院学报》2004年第4期。

执行。此规定中原裁决机关另行处理,是改变处罚种类或者不再执行行政拘留处罚,究竟如何处理,无明确规定。从法律层面来讲,大部分违法行为改变处罚种类不太现实,由于《治安管理处罚法》绝大部分条文规定了行政拘留的处罚种类,能选择单处罚款、警告等处罚种类的条文较少。再说,患有传染病、精神病和其他严重疾病等情况,不执行拘留处罚的法律依据何在。此种情形可考虑设计为行政拘留暂缓执行的前提条件之一。③虽然《治安管理处罚法》第 21 条规定,已满 14 周岁不满 16 周岁的;已满 16 周岁不满 18 周岁初次违反治安管理或者其他公安行政管理的。但是,曾被收容教养、被行政拘留依法不执行行政拘留或者曾因实施扰乱公共秩序,妨害公共安全,侵犯人身权利、财产权利,妨害社会管理的行为被人民法院判决有罪的除外;70 周岁以上的;孕妇或者正在哺乳自己婴儿的妇女,依法应当给予行政拘留处罚的,不执行行政拘留处罚。被实务部门称为"法律白条"的此条规定的确在保护未成年人、老年人、妇女合法权益方面发挥了积极作用。但对于那些以此条文作为"尚方宝剑",进行肆无忌惮违反治安管理的人,法律显得苍白无力。法律既要保护违反治安管理行为人的合法权益,同时也要保护被侵害人的利益和社会公共利益。在实践中,因被拘留人不执行行政拘留处罚,没有达到教育的目的,致使被侵害人因为得不到法律保障而对公安机关产生不满,从而引发新的社会问题,影响社会稳定。此种情形可考虑转化行政拘留暂缓执行或易科为罚款的前提条件之一。二是行政拘留暂缓执行适用条件中的"社会危险性"缺乏具体标准。适用行政拘留暂缓执行应当同时具备的关键条件是公安机关认为对被拘留人暂缓执行行政拘留不致发生社会危险性。在这个表述中"社会危险性"的具体标准应该如何界定在《治安管理处罚法》中并没有给出明确的说明,导致自由裁量权过大。三是不准予暂缓执行未明确规定应当告知被处罚人相关理由。

  第四,法律未明确保障律师在行政拘留案件中的会见权及阅卷权等权利。在"广州区伯'嫖娼'案件"中,受其委托的蔡瑛、隋牧青两位律师想会见正在被执行治安拘留处罚的区伯,但遭到长沙市拘留所的拒绝。① 应该说这样的案例很多,其中还有部分诉至法院被法院以"不符合《行政诉讼法》的有关规定"而裁定不予受理。笔者认为,这既不合法也不合理,主要理由为:①有观点认为,从执业许可的角度来看律师无权介入行政拘留程序,理由是没有法律明确许可,《律师法》仅明确规定律师代理当事人参加诉讼的权利,并没有作出介入行政拘留程序的明确许可。笔者认为,该观点值得商榷。《律师法》第四章"律师的业务和权利、义务"在对律师业务范围与权利内容进行分配的过程中根据业务特点进行了区分:一是对于刑事程序

---

① 载 http://news.sina.com.cn/c/zg/lrs/2015-03-31/2032866.html,最后访问日期:2015 年 4 月 9 日。

中的辩护律师权利,采用具体授权原则,辩护律师应当在法律规定的具体权力范围内行使会见权、阅卷权及调查取证权等;二是对于非刑事程序中的律师业务与权利,采用概括授权原则,执业律师有权在《律师法》概括性的范围内行使与法律法规的禁止性规范不相抵触的权利。《律师法》第28条概括性地规定律师可以接受行政案件及非诉讼法律事务当事人的委托,可以由此推论律师有权介入行政拘留程序,在不妨碍行政程序的前提下,为被拘留人提供法律意见,代理提起申诉、控告、复议、诉讼。②根据现行法律规定,被处罚人不服行政拘留处罚决定,有权申请行政复议、提起行政诉讼,同时也可以提出暂缓执行行政拘留的申请,公安机关认为暂缓执行不致发生社会危险的可以暂缓执行。这一程序的设定,使暂时享有人身自由的被处罚人获得亲属或律师法律帮助的愿望成为可能。但如果暂缓执行未被批准,申请会见律师又不被受理,被处罚人在此期间获得法律帮助的权利就意味着被剥夺,被处罚人将只能采取复议、诉讼、求偿等事后救济手段,从而丧失了及时制止违法行政行为、避免和减少合法权益受损的机会,事前法律救济就会成为空谈。而且,被限制人身自由的被处罚人在这种时候往往最希望也最需要获得法律帮助。从这个意义上来看,会见权必须得到相关法律的保障。③举重以明轻,刑事犯罪比治安违法的社会危害性要大得多,刑事犯罪嫌疑人都有权获得律师帮助,凭什么剥夺行政拘留被处罚人及其代理律师的相应权利呢?或许有人会说,刑事案件与行政案件性质不同,不好作比。那么就拿以前的劳动教养案件来说吧,实践中同为行政案件的劳动教养案件都能够有效保障律师在被处罚人羁押期间的会见权及阅卷权等,为何更为轻微的行政拘留案件反而不能保障这些权利呢?根据《治安拘留所管理办法(试行)》第15条第2款规定,被拘留人的家属和单位领导有权会见被拘留人,律师作为被处罚人的代理人,依法行使被代理人的权限,拒绝律师会见于法于理显然是讲不通的。④律师及时介入可以更加有效地监督公安机关依法办案。律师作为社会法律服务者,受当事人或其家属委托,从委托人的角度考虑问题,作为行政执法机关相对方的角色参与到治安管理处罚案件程序中,可以有效防止和制约公安机关滥用职权及随意释法。

(2)行政拘留制度的完善

第一,建议建立由地方基层法院或检察院主导的行政拘留审查制度。笔者认为,可以考虑与世界上大多数国家或地区通行做法接轨,在修法时明确将行政拘留的决定权赋予地方基层法院或检察院,由基层法院或检察院设立治安审判庭或治安监察科,由治安法官或治安检察官独任审查批准,程序可以仿照《刑事诉讼法》规定的简易程序进行设计,形成后具有我国大陆特色的行政拘留审查制度,以获得公正与效率、公益维护与私权保障的动态平衡。

第二，建议将行政拘留纳入听证范围。从人身自由权的重要性来看，人身自由权是公民享受和行使其他权利的基础和前提，如果一个人丧失了人身自由，那么他的其他权利和自由必定受到影响。从行政拘留这种处罚的严厉程度和对被处罚人权益的影响程度来看，既然被处以较大数额罚款、吊销证照的被处罚人都能拥有听证权利，处以行政拘留的为何不能赋予其听证权利呢？制裁越重给予当事人抗辩的权利也应当越充分。而且将行政拘留纳入听证范围也是行政处罚公正公开原则的内在要求，只有这样才能使私权与公权的关系更为协调和平衡，增强处罚决定的公正性及说服力。从国际通行立法惯例来看，大多数国家及地区均将剥夺或限制自由的处罚纳入听证的范围。此外，将行政拘留纳入听证范围也将进一步提高行政效率，降低行政成本，因为通过听证程序有望纠正一些违法或者不当的行政处罚决定，这样必定会减少行政复议、行政诉讼、国家赔偿等程序的发生率、撤销率及赔偿率。因此建议将行政拘留纳入听证范围的制度由全国人大常委会以发布决定的形式或在修改《行政处罚法》或《治安管理处罚法》时予以明确。

第三，建议进一步完善行政拘留暂缓执行制度在适用条件及适用程序等方面的规定，并进一步提高这些规定的层级效力。一是行政拘留暂缓执行适用的前提条件应当具体。不再将申请行政复议或者是提起行政诉讼作为暂缓执行行政拘留的必要条件，而应该作为暂缓执行行政拘留或易科为罚款的事项之一。对于暂缓执行行政拘留应该考虑被拘留人和公安机关两个方面，因此具体的事由应该包括：①被拘留人不服行政拘留决定，申请行政复议或者是提起行政诉讼的。②被拘留人由于遇有招工、升学考试或者遇有妻子生育、近亲属病危、丧葬、子女需要扶养而家中无其他亲人等特殊情况需要暂缓执行进行处理的。③被拘留人由于已满14周岁不满16周岁的；已满16周岁不满18周岁初次违反治安管理或者其他公安行政管理的。但是，曾被收容教养、被行政拘留依法不执行行政拘留或者曾因实施扰乱公共秩序，妨害公共安全，侵犯人身权利、财产权利，妨害社会管理的行为被人民法院判决有罪的除外；70周岁以上的；孕妇或者正在哺乳自己婴儿的妇女。④被拘留人遇有患有传染病、精神病和其他严重疾病等情况需要暂缓执行进行治疗的。⑤其他应当暂缓执行行政拘留或易科为罚款处罚的。对那些违反治安管理情节轻微的人，不具备从轻、减轻、不予处罚条件，依法应当给予行政拘留处罚，公安机关经审查认为不执行行政处罚不致发生社会危险性的，暂缓执行行政拘留处罚，以观后效，再决定是否执行。或者因某种原因不能执行行政拘留的，这里指的"某种原因"应该表述为地震或者是天灾等不可抗力或者是不能预见的自然事件，导致公安机关暂时没有办法继续执行行政拘留。除以上第④种情形外，其他情形都要经过公安机关对不至于发生社会危险性的审查。二是"社会危险性"的含义及表现特征应当具体。《现代汉语词典》中的"社会危险性"指的是"共同生活或工作的一种群体，或由一定的经济基础和上层建筑构成的整体有遭到损害或失败的可能的内在因素或者可能性",而具体到《治安管理处罚法》中的社会危险性,笔者认为应该是可作为具体行政处罚的法定依据的,有证据证明被处罚人可能实施扰乱公共秩序、危害公共安全、侵犯人身权利和财产权利、妨害社会管理的行为的可能性。而在具体的案件中应该联系违反治安管理行为的具体类型和性质,被拘留人对于所实施的违法治安管理行为的认识态度、之前有无类似的违法治安管理的行为记录在案、被拘留人的一贯表现、是否有固定的住所和稳定的工作等综合判断。例如,暂缓执行行政拘留后,被处罚人可能干扰、阻碍证人作证、串供、毁灭、伪造证据的;暂缓执行行政拘留后,被处罚人可能再次实施违法犯罪的;等等。三是应当将不准予暂缓执行的相关理由详细告知被处罚人。①

第四,建议法律明确规定律师在行政拘留案件中有会见权及阅卷权等权利。具体应当作如下规定:①被处罚人,可以委托1名至2名代理人代为行使提起申诉、控告、行政复议、行政诉讼、国家赔偿等权利。②代理行政拘留案件的律师,可以依照规定查阅本案有关材料,可以向有关组织和公民调查,收集证据。对涉及国家秘密和个人隐私的材料,应当依照法律规定保密。③在违法嫌疑人自被公安机关第一次询问或者采取行政强制措施之日起,有权委托代理人;在调查期间,只能委托律师作为代理人。被处罚人有权随时委托代理人。公安机关第一次询问或者采取行政强制措施的时候,应当告知违法嫌疑人有权委托代理人。被处罚人在被拘留期间要求委托代理人的,公安机关应当及时转达其要求。被处罚人被拘留的,也可以由其监护人、近亲属代为委托代理人。代理人接受被处罚人委托后,应当及时告知办理案件的公安机关。

(六) 其他行政处罚

1. 撤销或注销行政许可的法律属性是否为行政处罚?

在实践中,针对授益行政行为的撤销、废止的行为比较复杂,是否属于行政处

---

① 参见金琳:《浅析行政拘留暂缓执行制度的完善》,载《学习月刊》2010年第1期下旬刊。

罚要视具体情形而定。① 法院对这一问题也常观点不一。

案例 3.26　陈忠伟诉福州海关注销报关员资格证书案

该案中,法院认为:报关员资格考试和注册登记属于海关行政许可项目之一,对于不具备申请资格或不符合法定条件的申请人准予行政许可的行政机关有权予以相关资格。被告福州海关针对原告陈忠伟不具备申请资格、不符合法定报考条件的事实作出注销原告陈忠伟报关员资格证决定,是其依职权作出的具体行政行为。被告福州海关作出的"关于收回陈忠伟报关员资格证书注销其报关员资格的通知"未认定原告陈忠伟是以何种行为取得报关员资格全国统一考试准考证,被告福州海关在庭审中解释原告陈忠伟是"以其他欺骗行为参加考试取得报关员资格证书",但其既不能举出当年的报考材料也没有提交对原告陈忠伟所做的调查笔录予以证实,其提交的 3 号证据仅证明原告陈忠伟属于"福州六中高中未毕业学生",而不能直接证明原告陈忠伟是"以其他欺骗行为参加考试取得报关员资格证"的事实。被诉"关于收回陈忠伟报关员资格证书注销其报关员资格证通知"无直接证据佐证。注销行政许可是对违法行为人的一种处罚,其实质应是《行政处罚法》中的吊销许可证行为,依法应受《行政处罚法》调整。在本案中,被告福州海关未举证证明其在作出"关于收回陈忠伟报关员资格证注销其报关员资格的通知"行政处罚决定前,按照《行政处罚法》规定法定程序、告知当事人作出行政处罚决定的事实、理由及依据和告知原告陈忠伟依法享有陈述权、申辩权、要求听证等权利。因此,被告福州海关作出的被诉具体行政行为行政程序不合法。②

---

① 我国台湾地区对此问题也争议较大,"行政院法规会"曾于 1994 年 12 月 23 日召开咨询会议,其先归纳现行法律条文所定"撤销"或"废止"之事由或要件,分为九类:1. 具有瑕疵原因:如提示虚伪不实资料;2. 基于国家安全等公益目的所需:如因国防需要或水产资保育等目的而撤销渔业权之核准;3. 逾期未履行作为义务:如受领证照后,未于一定期限内开始营业或届期未办理变更登记或自行停业 3 个月以上等;4. 丧失行为能力、身份(资格):如受禁治产宣告、成为破产人或丧失执行业务能力或死亡等;5. 违反特许目的:如特许实施权人违反特许实施之目的时,得撤销其特许实施权等;6. 经法院判刑确定者;7. 因违反义务,单以罚款处分未能达到制裁效果,经行政机关裁量后,复处以限制或禁止行为或剥夺或消灭资格、权利处分;8. 违反行政上作为义务:如规避、拒绝、妨碍检查等;9. 其他类型。并建议上述之 1、2、3、4、5、6 类属不利行政处分,7、8 类属裁量处分,9 类则难以判断。经会中讨论后,意见相当分歧,无法获致明确之标准,并无结论。唯上述之分类,仍具相当之参考价值。参见洪家殷:《行政罚法论》,台北,五南图书出版股份有限公司 2006 年版,第 27 页。

② 福建省福州市中级人民法院(2004)榕行初字第 4 号行政判决书。参见国家法官学院、中国人民大学法学院编:《中国审判案例要览》(2005 年行政审判案例卷),中国人民大学出版社、人民法院出版社 2006 年版,第 284 页。

案例 3.27　大同市北方矿业有限公司诉山西省经济贸易委员会行政处罚案

该案中，被告辩称，吊销北方公司的许可证是自行纠正不当发证的行为，不属行政处罚；"吊销"一词系"用词不当"。法院认为：吊销许可证是《行政处罚法》明确规定的一种行政处罚。被告辩称"吊销许可证"是误用，却不予纠正，其辩解不能成立。①

但在另一些类似的案件中，法院却认为撤销行政许可不属于行政处罚。

案例 3.28　何小武诉城步苗族自治县城镇规划管理局行政处罚案

该案中，法院认为：该案中被告实施的依据《行政许可法》第69条规定撤销行政许可行为为行政撤销而不是行政处罚，不受《行政处罚法》调整，因此，原告提出被告作出具体行政行为前未履行告知程序，剥夺了原告的陈述、申辩权，被告作出该具体行政行为程序违法的观点，法院不予采纳。②

案例 3.29　罗丽诉潢川县国土资源局行政处罚案

该案中，法院认为：被告县国土局作出本案具体行政行为适用法律错误。被告作出的潢国土资罚字(2011)040号《土地违法行为处罚决定书》处罚内容的第1项："《关于城关镇崔井村李夹空村民组罗丽等两户居民补办征地手续的批复》潢国土资建(2002)27号文件无效"，不是《行政处罚法》第8条所规定的法定处罚种类。根据该法规定，其他规范性文件不得设定行政处罚。被告县国土局在处罚决定中援引的《豫土(1994)112号文件》虽系规范性文件，但依法不能设定行政处罚。从该文件内容来看，其第1部分第(2)项是对"骗取批准非法占地行为"认定条件的规定，并没有将"宣布批准文件无效，收回批文"设定为一种行政处罚。如被告县国土局调查认定原告系以欺骗手段取得该批复，应当依照有关法律规定予以处理，而不应以行政处罚的方式宣告该批复无效。③

笔者认为，要想知道上述案件具体应当如何认定，首先应当弄清撤销、撤回、吊销、注销行政许可的具体含义：①撤销行政许可是指因行政机关在审查批准行政许

---

① 最高人民法院(1999)行终字第11号行政判决书。
② 湖南省城步苗族自治县人民法院(2009)城行初字第14号行政判决书。
③ 河南省潢川县人民法院(2011)潢行初字第5号行政判决书。

可中违反有关规定,或者被许可人在申请许可过程中使用了欺骗、贿赂、提供虚假资料、隐瞒真相等手段,导致被许可人已经取得的行政许可被终止。撤销行政许可要向前发生溯及力,被撤销的行政许可自始无效,并要追究有关人员的责任。②撤回行政许可指行政机关无过错,因行政许可所依据的法律、法规、规章修改或者废止,或者准予行政许可所依据的客观情况发生重大变化,导致被许可人已经取得的行政许可被终止。撤回行政许可不发生溯及力,自撤回行政许可送达之日起开始生效。③吊销行政许可指被许可人在合法获得行政许可之后从事行政许可的生产经营活动过程中有违法行为,导致其已经取得的行政许可被终止。④注销生产许可指行政许可机关终止被许可人已经获得的行政许可后,由于法定的原因办理注明记载等相关的手续。其中法定的原因是指,行政许可有效期届满未延续的、赋予特定资格的行政许可的公民死亡或者丧失行为能力的、法人或者其他组织依法终止的、行政许可依法被撤销、撤回、或者行政许可证件依法被吊销的、因不可抗力导致行政许可事项无法实施的,等等。

  吊销与注销区别甚大,吊销是一种行政处罚行为,引发吊销的违法行为必须发生在合法获得行政许可之后,属于在实施行政许可的过程中发生的作为或不作为违法行为。而注销主要适用于当有权机关作出撤销、废止、吊销等决定或其他法定条件成就时,原发证机关予以记录并宣示的情形,它既非一种纠错,也不是一种行政处罚,其法律后果是使许可最终丧失效力。引发注销的行为不是违法行为,而是一些导致行政许可不能再继续实施的客观事由,比如,赋予特定资格的行政许可的公民死亡或者丧失行为能力。再如,实施行政许可的过程中发生特定的违法行为会导致行政许可被吊销,但是该吊销行为又会成为注销的原因,也就是说不会因为特定违法行为直接导致注销,但行政许可有可能因为合法的原因直接导致注销,比如法人或者其他组织依法终止的。

  撤销与吊销是明显不同的,两者的目的、根本出发点和性质是截然不同的,从理论上说是应该能够区分开的。撤销是纠正许可违法发放,《行政许可法》的立法说明中明确撤销不是行政处罚的种类,吊销的性质是行政处罚,是对违法行为的行政制裁手段,即目的和出发点不是纠正违法,而是使违法者受到应有的惩罚和付出相应代价。但是撤销有时候还是会被误用,原因是"撤销"这个词的本身含义太广泛,用法既有正式的又有口语化的,在《行政许可法》中撤销的规定显然是特定的,仅指发生在特定时间段里的几种情况:就是正式颁发许可证之前出现的违法情形或者错误。可能是被许可人实体条件不合格,不符合被许可的条件,也可能虽然符合实体条件但是程序严重违法,比如应该经过拍卖程序而没有经过,还有可能是符合条件但是许可机关超越或者滥用权力。但是依据《行政许可法》制定的,有关领域的实施细则仍然把撤销作为行政处罚的种类,比如《司法行政机关行政许可实施与监督工作规则(试行)》第 26 条第 2 款规定:"被许可人在作出行政许可决定的司法行政机关管辖区域外违法从事行政许可事项活动的,违法行为发生地的司法行政机关应当依法立案查处,并将查处情况书面告知作出行政许可决定的司法行政机关。需要给予停止执业、停业整顿、吊销执业证书或者撤销行政许可处罚的,应当提出处罚建议,移送作出行政许可决定的司法行政机关处理。"该规定将吊销执业证书处罚和撤销行政许可作为并列的两种处罚形式,很明显这是一种误解,撤销行政许可的性质可以说是一种不利行政处分,但绝不是行政处罚。[①]

根据以上分析,我们可以推出,在上述案例 3.20 即陈忠伟案中,海关作出注销行政许可的行为是不妥的,而法院认为海关的行为实质上属于行政处罚行为也是不妥的,因为海关认定的违法行为是发生在正式批准行政许可之前,故而海关正确的做法应当是作出撤销行政许可的决定,当然,至于该案的证据是否充分则是一个需要另外探讨的问题。在案例 3.21 即北方矿业案中,因为行政处罚主体的解释应受诚实信用原则的限制,并且要受到国民对某一特定法律用语公认或约定俗成的理解之约束。而针对"吊销"一词,无论是公权力机关还是普通国民,一般都理解为一种行政处罚。在后两个案件即案例 3.22 何小武案和案例 3.23 罗丽案中,相关法院的判决是正确的。但吊销并不会导致企业主体资格消灭,也不会导致其自动丧失作为处罚对象的资格。

案例 3.30 漳平市房地产交易管理所诉龙岩市工商管理局行政处罚案

该案中,原告漳平市房地产及交易管理所系漳平市政府同意成立的事业单位法人,与漳平市房地产价格评估事务所合署办公,承办本区域内房地产估价业务。2000 年,因为建设部发文要求事业性的房地产价格评估机构不得以营利为目的面向社会承揽房地产价格评估业务,漳平市房地产价格评估事务所未再办理企业年检手续,企业法人营业执照被吊销。但原告为了开展房地产评估工作,与第三人均恒公司签订协议,约定由原告接受房地产评估业务,并以均恒公司名义出具评估报告,收入分成。协议签订后,原告实际进行了房地产价格评估活动。被告以原告无照经营,对其作了责令停止房地产中介服务业务、没收违法所得和罚款的处罚。在诉讼中,原告提出,其与均恒公司之间属于劳务委托关系,应处罚的是均恒公司,被告对其作出的处罚决定对象错误。法院认为:原告从事的房地产评估业务虽然以

[①] 参见杨晓玲:《终止性行政许可行为——撤销、撤回、吊销、注销许可辨析》,中国政法大学 2005 年硕士学位论文。

均恒公司的名义进行,实际是原告对外进行评估并收取评估费的经营活动行为。被告认定原告从事无照经营,对其作出行政处罚合法正确。①

案例 3.31　戴向晖诉湖南省蓝山县人民政府撤销建房行政许可案

该案中,法院认为:戴向晖主张,颁证建房已超过 15 年,远远超过 2 年行政处罚追诉时效。但是,《行政处罚法》第 29 条第 1 款规定的 2 年处罚时效,是对行政机关追究行政相对人违法行为法律责任、实施行政处罚的追诉时间限制,本案蓝山县政府作出被诉撤证决定,是对行政机关违法行政行为的自我纠错,并非对行政相对人违法行为的行政处罚,以此为由申请再审,理由亦不能成立。②

2. 取缔的法律属性是否为行政处罚?

考察现行法律规定,取缔主要在以下四种情形下使用:

第一种情形,直接单独规定取缔,未规定取缔措施具体内容。例如,《商业银行法》第 81 条第 1 款规定:"未经国务院银行业监督管理机构批准,擅自设立商业银行,或者非法吸收公众存款、变相吸收公众存款,构成犯罪的,依法追究刑事责任;并由国务院银行业监督管理机构予以取缔。"上述"取缔"是作为一种单独的行政措施予以规定的,没有一并规定其他行政措施;但是取缔作为一种行政措施,其实施形式、内容等均不明确。

第二种情形,直接规定取缔,未规定取缔措施的具体内容,但同时与行政处罚一并规定。现行法律规范中,此类形式最多。例如,《保险法》第 158 条规定,违反本法规定,擅自设立保险公司、保险资产管理公司或者非法经营商业保险业务的,由保险监督管理机构予以取缔,没收违法所得,并处违法所得 1 倍以上 5 倍以下的罚款;没有违法所得或者违法所得不足 20 元的,处 20 万元以上 100 元以下的罚款。在此类规定中,取缔措施与没收违法所得和罚款是包含关系还是并列关系,并不明确。如果是并列关系,取缔就是一种"其他法律"规定的行政处罚种类;如果是包含关系,取缔就是一种包括"没收违法所得和罚款"在内的行政处罚的上位概念。

第三种情形,直接规定取缔,未规定取缔措施的具体内容;但同时与行政强制措施一并规定。例如,《国务院关于特大安全事故行政责任追究的规定》第 13 条规定:"对未依法取得批准,擅自从事有关活动的,负责行政审批的政府部门或者机构发现或者接到举报后,应当立即予以查封、取缔……"此条规定中的"取缔",与"查

---

① 福建省龙岩市中级人民法院(2006)岩行终字第 17 号行政判决书。
② 最高人民法院(2019)最高法行申 4439 号行政裁定书。

封"并列表述,似将取缔视为一种行政强制措施。

第四种情形,直接规定实施取缔时可行使的职权,但相应职权并非取缔的具体内容,在这里"取缔"成了一个泛化的行政管理概念,而并非一个严谨的法律用语。例如,《无照经营查处取缔办法》(已废止)第9条规定:"县级以上工商行政管理部门对涉嫌无照经营行为进行查处取缔时,可以行使下列职权:(1)责令停止相关经营活动;(2)向与无照经营行为有关的单位和个人调查、了解有关情况;(3)进入无照经营场所实施现场检查;(4)查阅、复制、查封、扣押与无照经营行为有关的合同、票据、账簿以及其他资料;(5)查封、扣押专门用于从事无照经营活动的工具、设备、原材料、产品(商品)等财物;(6)查封有证据表明危害人体健康、存在重大安全隐患、威胁公共安全、破坏环境资源的无照经营场所。"根据此条规定,工商行政管理部门在查处取缔无照经营行为时,可行使上述六种职权,但上述措施明显不是取缔措施本身的内容。也正是基于这个原因,其后取代该办法的《无证无照经营查处办法》(2017年10月1日生效)无论是规定的标题还是法律条文均调整了该表述方式,删除了"取缔"二字。

在行政执法实践中,"取缔"一词主要在以下三种意义上使用:

第一种,认为取缔为行政强制措施。如国家工商行政管理总局在《关于严厉打击非法收购拆解拼装汽车行为迅速取缔报废汽车拆解拼装市场的通知》中对取缔报废汽车拆解拼装市场作了规定:"一般地讲,依法取缔包括没收非法财物、吊销营业执照、行政罚款等行政处罚措施,依法取缔只能通过其他行政处罚措施表现出来,并得以实现,按现有的法律法规规定,依法取缔不是行政处罚,只是一种行政强制措施。"再如《治安管理处罚法》第54条第2款规定:"有前款第3项行为的,予以取缔。"因为该法条中的取缔并没有纳入《治安管理处罚法》第10条规定的处罚种类的范围。因而可以推出该法并不认为取缔属于行政处罚种类。

第二种,认为取缔为行政处罚。如卫生部在《关于在食品卫生监督中如何理解和适用"取缔"问题的复函》中指出:"《中华人民共和国食品卫生法》第40条所称'取缔',系指卫生行政部门依法对未取得卫生许可证或者伪造卫生许可证的食品生产经营者,采取收缴、查封和公告等方式,终止其继续从事非法的食品生产经营活动的行政处罚,它的实施方式主要包括:①收缴、查封非法生产经营的食品及原料、食品用工具、设备;②查封非法的生产经营场所;③公告某种食品生产经营活动违法,明令予以禁止。"

第三种,还有将取缔视为强制性的行政行为或限制措施的,如国务院法制局在1997年10月给广东省人民政府法制局的复函中认为,取缔属于制止违法行为的行政措施。上海市人大财经委亦认为取缔是一种强制性的行政行为。①

在司法实践中,有的法院认为取缔的法律属性为行政处罚。

案例3.32 檀迪杰诉望江县广播电影电视局行政处罚案

该案中,二审法院及再审法院认为:二审时法院曾判决维持望江县广播电视局广发行决字(2007)第1号行政处罚决定中关于对檀迪杰架设的有线电视传输覆盖网络予以取缔,没收其活动设备部分并处罚款的内容。再审时法院也未对此提出任何异议。②

有的法院认为取缔的法律属性为行政强制(执行)决定。

案例3.33 再胜源公司诉上海市卫生局行政强制决定案

在该案"裁判摘要"中,法院认为:根据《献血法》第8条和第18条的规定,血站是国家法定的采集、提供临床用血机构,除卫生行政部门依法定职权批准的血站外,任何单位和机构从事采集、提供临床用血的都构成违法,卫生行政部门有权予以取缔。③

学界对此问题主要存在以下九种观点:

第一种,认为取缔不是一种行政处罚,其认为取缔并没有特定的内容,非法组织被依法取缔以后仍然继续存在,并不能使其消灭。依法取缔不过是一种外在的形式,而实际内容应当是没收非法财物。如果行政机关仅仅做出依法取缔的决定,而不没收当事人的非法财物,当事人仍然可以进行非法活动。没收当事人的非法财物也就实际上取缔了非法组织。因此,把依法取缔作为行政处罚是一种误解。④

第二种,认为取缔是一种行政强制措施,其认为取缔不具有行政处罚的制裁性质,因为被取缔的行为或组织本身就是非法的,取缔仅能视为实现行政补救性功能的具体手段,是行政机关依职权要求违法行为人对不法状态予以纠正的一种措施。其认为取缔不具有行政处罚的终局性质,取缔仅是一种辅助性行政行为,而对无照

---

① 参见李孝猛:《取缔的法律属性及其适用》,载《杭州师范学院学报(社会科学版)》2007年第5期。
② 安徽省安庆市中级人民法院(2014)宜行再终字第00001号行政判决书。
③ 载《最高人民法院公报》2005年第1期。
④ 参见胡锦光:《行政处罚研究》,法律出版社1998年版,第53页。

经营行为作出没收违法所得并处罚款,才是终局性具体行政行为。其认为取缔不具有行政处罚法律责任的性质,因为其不受"一事不再罚原则"的限制,有时需要对非法组织或非法活动进行多次取缔。①

第三种,认为取缔行为具有行政强制措施与行政处罚的双重性,是以行政处罚手段为主,兼有行政强制措施的集合行政行为。有学者将取缔与行政处罚和行政强制措施的定义及基本要素特征上加以比较,分析异同得出取缔是集合性行政行为。其认为,在基本要素特征上,三者的区别是显而易见的:①从立法设定编排上来看,行政处罚和取缔均列为"法律责任"或"罚则"的条款,而行政强制措施则多列在"监督"章内。②从违法行为的确定程序来看,行政处罚和取缔都是以相对人违法肯定为前提;而行政强制措施则多为违法可疑,有时相对人并无违法,而是行政机关出于维护公共利益之紧急需要,对相对人的人身、财产行为采取临时应急处置。③从执法手段及其性质来看,行政处罚其有明显的惩戒制裁性;行政强制措施集中表现为强制限制性;而取缔则兼有上述两者的特征。④从实施程序、环节来看,行政处罚和取缔都属于最终性处理,处罚或取缔决定执行后,执行过程即告结束;而行政强制措施则是紧急情况下的暂时性处置,待查清事实或危险消除后,需进一步作出处罚或解除强制的行政决定。⑤从执行方式来看,行政处罚一般是责令相对人执行,而行政强制措施、取缔则多为即时直接执行。

第四种,认为取缔行为接近于行政强制执行。这是以取缔行为的外部特征来说的。行政相对人不遵守行政法的规定或不履行行政法科以的义务,而在没有许可的情况下从事某种活动或实施某种行为。行政机关对这些未经许可的活动或行为依法取缔,直接强制相对人停止该活动或行为,并达到未进行活动或行为之前的相同状态,这就是取缔行为的外部特征。从这个层面上看,完全可以把取缔行为视为行政强制执行。

第五种,认为取缔行为是一种刑事强制措施。全国人大常委会发布《关于取缔邪教组织、防范和惩治邪教活动的决定》对邪教组织冒用宗教、气功或者其他名义,采取各种手段扰乱社会秩序的行为予以取缔,明显具有刑事强制措施的特征。因此,从这个意义上来说,取缔行为也是一种刑事强制措施。

第六种,认为取缔行为是一种强制限权性的具体行政行为。其主要理由是,行政机关执意否认取缔是行政处罚,而作为行政强制措施又不太符合。因为行政强制措施本身不是目的,只是行政主体为了预防或制止违法行为所采取的手段,而取缔则是行政主体所追求的强制无许可行为的人立即停止违法行为这样一种期望,

---

① 参见华道伟:《论取缔法律制度》,南京师范大学 2004 年硕士学位论文。

是对一种未经许可的经营权、生产权或行为权的剥夺,因此,应该将取缔看作一种强制限权性的具体行政行为。①

第七种,认为取缔是一种行政命令。取缔是对违法违规行为的禁止令,为了制止、控制、防范违法行为对国家、公共利益造成的危害,实现行政主体实施行政管理职能,行政主体只有依法实施取缔行为,才能维护社会主义市场秩序,才能建立公平诚信的市场环境。②

第八种,认为取缔不是一个具体的行政法律概念和术语;而是一个表达"消灭非法组织或者制止非法行为"目的性的综合概念;取缔是行政机关针对特定的非法组织或者特定的非法行为作出的旨在解散或者消灭此种组织或者行为的非单个性的行为;是各种具体行政行为的集合。③

第九种,认为取缔是一种行政处罚,其认为取缔是指对非法主体及非法活动予以解散终止的处罚形式,是一种严厉的处罚措施。④

从目前的实定法来看,关于学界第一种观点,笔者认为有一定道理,但取缔也并非完全没有具体内容,比如卫生部《关于在食品卫生监督中如何理解和适用"取缔"问题的复函》中就明确了要公告其违法行为明令予以禁止。再如民政部《取缔非法民间组织暂行办法》第9条规定:"对经调查认定的非法民间组织,登记管理机关应当依法作出取缔决定,宣布该组织为非法,并予以公告。"但类似规定存在层级效力不高的问题。

关于学界第二种观点,笔者认为其理由站不住脚,因为不管是合法还是非法,要禁止其开展非法活动取消其组织并公告无疑是具有制裁惩戒性质的,而且也属于终局性的行为,该观点关于"一事不再罚原则"的说法更是值得商榷,因为就是对违法行为进行其他种类的行政处罚之后当事人要再违法也得再处罚,这并不违反"一事不再罚原则"。

关于学界第三种观点,笔者认为取缔不属于"集合"性行政行为。此种观点是一种折中了的观点,但实际上并不符合行政法的基本理论。行政处罚和行政强制是两类性质不同的具体行政行为,一种行为要么是行政处罚,要么是行政强制行为,而不可能既是行政处罚又是行政强制,不同性质和功能的行为不可能共存于同一个行为中。另外,对取缔的此种定性更加使原本属性就不清的它更加模糊,使行

---

① 参见崔巍等:《取缔行为法律属性探微》,载《行政法学研究》2002年第4期。
② 参见董晓文:《浅析"取缔行为"的性质》,载《法制与社会》2014年8月(中)。
③ 参见李孝猛:《取缔的法律属性及其适用》,载《杭州师范学院学报(社会科学版)》2007年第5期。
④ 参见杨小君:《行政处罚研究》,法律出版社2002年版,第205~206页。

政执法更加混乱,严重地影响了法制的统一。

关于学界第四种观点,行政强制执行,是指作为义务主体的行政相对人不履行其应履行的义务,有权主体依法采取行政强制执行措施,迫使其履行义务或者达到与履行义务相同状态的活动。从此定义可以看出,"取缔"之前必须要有一个载明了行政相对人履行义务的基础决定存在,而且要行政相对人逾期仍不履行该义务,但执法实践中取缔之前一般没有类似的基础决定存在。因此,笔者认为取缔并非一种行政强制执行行为。

关于学界第五种观点,取缔从法律类型上可以分为行政取缔与刑事取缔。由于取缔属于国家公权力对取缔对象采取的强制性措施,因此取缔只可能存在于行政法律领域和刑事法律领域当中。但需要注意的是,刑事法律讲究严格的罪刑法定,尽管在刑事法律领域中确实存在取缔的法律事实,但往往被更为标准化的罪名所替代。比如对触及刑法的传销组织的取缔,以非法经营罪进行定罪量刑。取缔实际上更广泛地存在于行政法律领域,大家在言及取缔的时候,主要指称的也多为行政取缔。①

关于学界第六种观点,笔者认为值得商榷。在行政法学理论上,具体行政行为有行政赋权、行政限权、行政确认、行政裁决、行政救济五类行为。行政限权行为是以剥夺与限制行政相对人一定权利、科以其一定义务为内容的行为,具体包括行政处罚、行政强制措施、行政强制执行、行政命令等。由此可见,行政限权行为包括许多性质不同的具体行政行为,将取缔定性为强制限权性行政行为其结果仍然是没有讲清楚取缔的性质。因为行政限权行为包括许多种性质不同的具体行政行为,此种对取缔的定性从本质上来讲,并没有让人们明白取缔行为究竟是什么性质的行政行为,不利于行政执法的统一。

关于学界第七种观点,笔者认为是无法成立的。行政命令是指行政主体根据法律规范对行政相对人的义务性规定作出的强制要求相对人为或不为一定行为,相对人应当依照命令遵循义务,如果违反行政命令,才会进入行政强制或行政处罚的程序。② 而取缔明显带有某种直接强制性或制裁性、处分性,因此不属于行政命令。

关于学界第八种观点,笔者认为是比较符合目前实定法规定的,有学者建议立法者放弃使用取缔这一概念。其认为取缔概念在立法及执法实践中不仅存在法律属性定位困难,还由于其独特的目标导向性,缺乏对过程和内容的规范。因此建议

---

① 参见王波:《无证经营取缔制度的法理研究》,载《政府法制研究》2010年第7期。
② 参见晏山嵘:《海关行政强制研究》,中国海关出版社2013年版,第93页。

取而代之以责令停止经营活动,并与包括罚款、没收违法所得、冻结财物、拘留等其他行政处罚与行政强制措施并列使用。① 笔者认为这也不失为一种较有道理的方案。

关于学界第九种观点,笔者认为有一定道理,但目前的确存在法律对取缔的处罚内容规定的不够清晰的问题。从目前有些执法实践来看,取缔至少带有了声誉罚的内容,如民政部《关于取缔法轮大法研究会的决定》"依照《社会团体登记管理条例》有关规定,认定法轮大法研究会及其操纵的法轮功组织为非法组织,决定予以取缔",并将其对外公布。而且取缔的直接后果是取消和剥夺非法主体及其进行非法生产、经营和商业活动的能力,它与取得许可证的主体违法而给予责令停产停业、吊销证照的行政处罚的作用殊途同归,因此包含有行为罚的意思,同时也具备了否定性、制裁性、最终处分性等行政处罚的特性。笔者赞同冯军教授的一个观点,就是"在性质不甚明了的处罚形式的认定上,鉴于《行政处罚法》向当事人提供了较为完备的法律保护,笔者主张应尽可能将其解释为属于行政处罚",基于这种理念,其也认为取缔的法律属性应为行政处罚。②

笔者建议,应在法律层面上确立"取缔"的行政处罚地位及相关处罚程序,而且在法律上要进一步明确其应当包含以下内容:(1)驱散人员,并告诫其不得再从事类似违法活动,这具有行为罚内容;(2)解散组织,并命令其以后不得以该组织名义存在及从事应受取缔处罚的违法活动,这也具有行为罚内容;(3)终止目前的非法活动,未完结的活动也不得再完成,这同样具有行为罚内容;(4)没收非法财物、违法所得、媒介物或辅助物、违禁品等,这具有财产罚内容;(5)应将被取缔的组织及处罚情形予以登报或在门户网站上公告,以免有人继续相信其并加入或委托其办理相关业务,这具有声誉罚的内容。

3. 责令改正、销毁、责令拆除、监督销毁的法律属性是否为行政处罚?

有些法院认为责令改正的法律属性为行政处罚。

案例 3.34　永定县电力公司诉龙岩市工商行政管理局行政处罚案

该案中,法院认为:被告作出的处罚决定仅有罚款这一处罚种类,而《反不正当竞争法》第 23 条规定工商行政管理机关对公用企业实施限制竞争行为的,应当责令停止违法行为,并可以根据情节处以 5 万元以上 20 万元以下的罚款。所谓"应当责令停止违法行为",首先在法理上意味着义务性规则,具有强制性的特征,它所规

---

① 参见王波:《无证经营取缔制度的法理研究》,载《政府法制研究》2010 年第 7 期。
② 参见冯军:《行政处罚新论》,中国检察出版社 2003 年版,第 120 页。

定的行为方式不允许任何人或机关随意变更或违反。其次推究立法本意,责令停止违法行为包含对行为的负面评价(违法行为)和对行为持续状态的否定(责令停止)。因此,被告在行使行政处罚权的过程中,不适当地行使自由裁量权,放弃责令停止违法行为这一处罚种类,仅对原告处以罚款,而未对原告限定交易的行为作出法律评价和予以禁止,有违《反不正当竞争法》的立法本意,属于适用法律错误,依法应予撤销。①

但在其他一些案件中,法院认为责令改正的法律属性为行政命令。

案例3.35　周艳群诉湘潭市岳塘区水利局行政处罚案

该案中,法院认为:责令停止违法行为是行政命令而不是行政处罚,其目的不在于惩罚而在于促使违法当事人恢复到守法的状态,所以责令停止违法行为的作出不需要遵从行政处罚法中关于行政处罚的相关规定。②

有的法院认为行政主体作出责令改正决定应受正当程序原则的约束,但同时又认为未遵守这一原则的行为仅仅是个程序瑕疵。

案例3.36　汕头市茂佳经贸有限公司诉汕头海关行政管理纠纷案

该案中,一审法院认为:责令退运行为的法律属性为行政处罚;二审法院未正面回应这一问题,只是说上诉人作出责令退运时未再次听取被上诉人的陈述申辩意见仅为行政程序瑕疵,本院予以指出,上诉人在今后的执法过程中应当按照更高的正当程序标准作出行政行为。但上述程序瑕疵并不足以导致涉案责令退运决定的行为程序违法并被撤销,原审法院以程序违法为由撤销上诉人作出的涉案责令退运决定理由不充分,本院予以纠正。③

有的法院甚至认为责令改正决定不具可诉性。

---

① 福建省龙岩市新罗区人民法院(2000)龙新行初字第27号行政判决书。
② 湖南省湘潭市中级人民法院(2012)潭中行终字第6号行政判决书。
③ 广东省高级人民法院(2015)粤高法行终字第440号行政判决书。

案例 3.37　东安县石期市镇乌沙洲加油站有限公司诉东安县食品药品质量监督管理局行政管理纠纷案

该案中,法院认为:《责令改正通知书》是被告东安县食药质监局依职权在行政执法过程中针对乌沙洲加油站销售不合格车用汽油产品的行为而实施的过程性、阶段性行政行为,对原告的合法权益明显不产生实际影响。根据行政诉讼法理论上的行政行为成熟性原则,行政程序中对相对人权利义务未产生实际影响的过程性、阶段性行政行为,司法权不应过早介入进行司法审查,以避免司法权破坏行政权行使的独立性和完整性。被告在《责令改正通知书》上告知原告提起诉讼的权利及其期限缺乏法律依据,故于 2018 年 3 月 15 日驳回了原告的起诉。①

法院之所以认为责令改正不具可诉性,主要基于:(1)认为责令改正通知书不对行政相对人产生实际权利义务影响,其是形成行政处罚行为的过程性、阶段性行为,在行政机关作出一个行政处理行为尚未终结之时,根据行政行为成熟原则,司法机关不应过早介入,以免破坏行政行为的独立性和完整性。而且,食药局在其后亦作出了正式的行政处罚决定,故该份行政责令改正通知书作出之时,原告的权益受损尚未处于完全确定的状态。(2)认为责令改正通知书一旦可诉将造成司法资源的大量浪费。结合分析 1996 年《行政处罚法》第 23 条"行政机关实施行政处罚时,应当责令当事人改正或者限期改正违法行为"之规定,责令改正通知书应视为行政机关作出行政处罚行为的一个前置阶段行为。一个行政处罚行为的作出可能会经过多个阶段,倘若类似于行为责令改正通知书的阶段行为能够提起诉讼,那么一个成熟的行政处罚行为将面临被行政相对人在不同阶段多次起诉的困境,造成同一处罚行为的循环诉讼,不仅可能引发以司法权拖累行政权的嫌疑,还有违"一事不再理"的裁判规则,且极大地浪费司法资源。(3)认为责令改正通知书不可诉有明确法律依据。虽然该案中的责令改正通知书向相对人交代了诉讼权利,但该交代应视为一种疏忽或瑕疵,根据有关司法解释,行政机关为作出行政行为而实施的准备、论证、研究、层报、咨询等过程性行为不属于人民法院受案的范围。本案就属于这种情形。(4)认为相对人具有充分救济权益途径保障。加油站如对行政行为不服,仍具有多种救济途径,如可在收到产品检验报告后申请复检,可对责令改正通知书行使陈述、申辩权或提起行政复议,可对涉嫌非法的行政处罚行为提起诉讼,对违法行政造成了自身损害的可申请国家赔偿,因此,相对人在本案中仍具有

---

① 湖南省永州市零陵区人民法院(2018)湘 1102 行初 4 号行政裁定书。

充分的救济途径。①

类似判例还有不少。

案例 3.38 　朱顺华诉南通市崇川区城市管理行政执法局行政处罚案

该案中,二审法院认为:本案被上诉人崇川城管局以上诉人朱顺华未经规划许可进行违法搭建、违反法律、法规规定而发出《责令改正通知书》,责令其立即停止上述行为并自行拆除,这是被上诉人崇川城管局依照职权在行政执法过程中针对上诉人朱顺华的搭建行为而实施的阶段性行为,是整个行政处理行为的一个环节。虽然被诉《责令改正通知书》要求上诉人朱顺华立即停止上述搭建(建设)行为,但因该搭建(建设)行为早于 2001 年即完成,故被上诉人崇川城管局所作的"立即停止上述行为"对上诉人朱顺华的合法权益不可能产生实际影响。被诉《责令改正通知书》所载"逾期未改正的,本机关将依法予以行政处罚"的相关内容,也表明可能对上诉人朱顺华产生实际影响的是行政机关依照调查结果最终作出的行政处理等具体行政行为,而非行政调查行为。故上诉人朱顺华对《责令改正通知书》提起行政诉讼,起诉时机尚不成熟。一审法院以被诉《责令改正通知书》不属行政诉讼的受案范围而裁定驳回上诉人朱顺华的起诉,适用法律正确。上诉人朱顺华的上诉理由不能成立,不予采信。遂裁定驳回上诉,维持原裁定。②

也有法院对此持不同看法。

案例 3.39 　深圳市保利物业管理集团有限公司三亚分公司诉三亚市住房和城乡建设局及海南省住房和城乡建设厅行政命令案

该案中,二审法院认为:关于三亚住建局作出的〔2014〕482 号《通知》是行政处罚还是行政命令,该行政行为是否具有可诉性及是否合法的问题。首先,依据《物业管理条例》第 5 条第 2 款规定,县级以上地方人民政府房地产行政主管部门负责本行政区域内物业管理活动的监督管理工作,故三亚住建局有职责对本区域内的物业管理活动进行监管。本案中,三亚住建局作出〔2014〕482 号《通知》,责令保利物业于 2014 年 6 月 25 日前移交凤凰水城 C 区项目物业管理用房和物业管理资料;如逾期不办,三亚住建局将按相关法规依法进行处理等内容。从《通知》的内容来

---

① 载《人民法院报》2018 年 5 月 24 日,第 6 版。
② 江苏省南通市中级人民法院(2017)苏 06 行终 624 号行政裁定书。

看,并无《行政处罚法》第 8 条规定的行政处罚种类,但本质上却有行政命令的属性,即行政机关依法要求行政相对人必须为一定行为的意思表示。行政命令行为一经作出便为行政相对人设定了义务,如行政相对人不执行行政主体的命令,就有可能受到行政处罚或行政强制执行的后果,但不是必然的。故行政命令行为与行政处罚行为是相互独立的两种行政行为,三亚住建局根据新城公司的投诉,责令保利物业限期改正部分不当物业管理活动而作出的〔2014〕482 号《通知》是一种独立的行政命令行为,而非行政处罚行为,不应适用行政处罚的程序性规定。因此,原审判决认定三亚住建局作出的〔2014〕482 号《通知》属于行政处罚行为的定性错误,同时适用《行政处罚法》来认定〔2014〕482 号《通知》违法属于适用法律错误,均应依法予以纠正。其次,根据《行政诉讼法》第 2 条规定,公民、法人或其他组织认为行政机关和行政机关工作人员的行政行为侵犯其合法权益,有权依照本法向人民法院提起诉讼。本案中,三亚住建局作出〔2014〕482 号《通知》是基于新城公司未依法通过招投标方式而直接选聘保利物业作为其开发凤凰水城 C 区的前期物业公司的事实,以及根据新城公司的投诉而作出的。对于新城公司与保利物业之间的前期物业服务合同的效力确认,依法属于民事诉讼的范畴,不属于本案诉请和审理的范围,原审判决对此合同效力进行审理违反了不诉不理原则,本院依法予以纠正。鉴于保利物业和新城公司之间的物业服务合同在未经生效的法律文书确认违法或无效的情形下,三亚住建局作出该行政命令使保利物业的行为受到了限制,对保利物业的权利义务产生了实际影响。因此,保利物业对本案的行政命令行为具有可诉性。三亚住建局主张其作出〔2014〕482 号《通知》的行政行为不具有可诉性的上诉理由不成立,法院不予采纳。①

我们认为,上述海口中院的判决是妥当的。责令改正不同于行政处罚的事先告知行为,前者的确是一种独立完整的行政命令行为,而后者可以说是一种不成熟的阶段性、中间性行为。由于责令改正为相对人增设了义务,将对其权益产生实质性影响。而且,如果其中有责令拆毁、责令拆除的内容,该行政命令将与《行政处罚法》规定的其他行政处罚行为发生兼容关系。同时,如果责令停止某一类业务,则该行政命令将与《行政处罚法》规定的责令停产停业的行政处罚行为发生兼容关系。以前述东安县石期市镇乌沙洲加油站有限公司案为例,如行政处罚主体仅是责令相对人停止销售其认定的不合格 92 号汽油,但未禁止相对人销售其他合格的 92 号汽油,则不构成责令停产停业;但如果不管合格不合格,责令相对人一律停止

---

① 海南省海口市中级人民法院(2017)琼 01 行终 111 号行政判决书。

销售92号汽油,则构成责令停产停业的行政处罚(停止某项业务)。在后一种情形下,该责令改正的行政命令同时还是一种行政处罚行为。

针对责令改正或责令整改行为是否允许申请法院强制执行又是另一个有争议的问题。有的法院认为可以申请。

案例3.40　东莞市环境保护局与东莞市虎铃汽车销售有限公司行政执行纠纷案

该案中,法院认为:东环违改(虎)(2014)109号《责令整改违法行为决定书》事实清楚、程序合法,已发生法律效力。申请执行人的申请符合《行政诉讼法》第66条,《行政强制法》第53条、第54条,《最高人民法院关于执行〈中华人民共和国行政诉讼法〉若干问题的解释》第86条之规定。依照《行政强制法》第57条的规定,裁定准予强制执行。①

有的法院认为不能申请。

案例3.41　杭州市余杭区住房和城乡建设局与浙江万科南都房地产有限公司行政执行纠纷案

该案中,法院认为:申请执行人杭州市余杭区住房和城乡建设局作出的余建罚字〔2015〕20号《行政处罚决定书》,主体适格,事实清楚,程序合法,但该行政处罚决定书责令整改内容不具体明确,强制执行申请书申请执行的内容为整改擅自将没有防水要求的房间改为卫生间的行为,但整改的指向不明,法院认为不具有可执行内容,遂裁定不准予强制执行。②

我们认为,上述杭州市余杭区法院的观点基本正确,但应指出该责令整改行为不属行政处罚,而属行政命令,因此的确不具备强制执行性。而且,如前所述,如果多数法院都认为责令整改行为不可诉,那么,又为何允许对之申请强制执行呢?我们认为,司法对行政主体及对相对人不宜采取双重标准,否则不仅不公平,而且逻辑上也未能自洽。同时,我们认为,即便对于可归属于行政处罚的责令拆除或责令

---

① 东莞市第二人民法院(2015)东二法行非诉审字第162号行政裁定书。
② 浙江省杭州市余杭区人民法院(2016)浙0110行审179号行政裁定书。

拆毁而言,立法机关在法条设计时也应增加诸如"如果相对人未在法定履行期限内拆除或拆毁的,由某某行政机关强制拆除、拆毁或者申请法院强制拆除、拆毁"的内容为妥。

有的法院认为销毁的法律属性不属于行政处罚。

案例 3.42 浙江全金药业股份有限公司诉杭州市卫生局行政处罚案

该案中,法院认为:根据《行政处罚法》第 8 条规定,被告作出的《卫生监督意见书》中责令原告整改以及销毁涉案问题产品的卫生监督意见不是法定行政处罚种类。(《卫生监督意见书》中的销毁决定单独出现在制发《行政处罚决定书》之前)[①]

有的法院虽然没有对监督销毁的法律属性作出评述,但根据行文可以看出其在该判例语境下属行政事实行为。

案例 3.43 上海环球生物工程公司诉上海市徐汇区卫生局、上海市徐汇区工商行政管理局行政处罚案

该案中,上海市徐汇区卫生局、上海市徐汇区工商行政管理局对上诉人上海环球生物工程公司作出处罚决定(另一当事人和桥医院已另行处理):责令上诉人停止生产"人α-干扰素";没收已查获的"人α-干扰素"61 瓶,由卫生行政机关监督销毁;没收非法所得 51,353.04 元;罚款 356,655 元。法院虽然撤销了被上诉人之一上海市徐汇区工商行政管理局在该行政处罚决定中的处罚主体资格,但对上述处罚决定的内容仍予以了认可和维持。[②]

案例 3.44 俞建钧诉福清市公安局、福清市人民政府行政处罚案

该案中,法院认为:被告福清市公安局对原告作出拘留 5 日但不执行予以释放以及追缴非法所得 260 元上缴国库、收缴捕鱼机两台并销毁的行政处罚,认定事实清楚,程序合法,适用法律正确,处罚幅度亦在裁量范围内。原告请求撤销被告福清市公安局制作的融公(音西)行罚决字〔2016〕00325 号行政处罚决定书,被告福清市

---

① 浙江省杭州市上城区人民法院(2011)杭上行初字第 66 号行政判决书。
② 载《最高人民法院公报》1989 年第 4 期。

人民政府制作的融政行复决〔2016〕008号行政复议决定书的主张,不予支持。①

有些法院认为责令拆除的法律属性不属于行政处罚。

案例3.45　孙天发诉奉节县规划局行政处罚案

该案中,法院认为:国务院法制办公室秘书行政司《关于"责令限期拆除"是否是行政处罚行为的答复》明确指出,"责令限期拆除"不应当理解为行政处罚,因此本案被上诉人作出的《限期拆除违法建筑决定书》不是行政处罚决定,可以不适用《行政处罚法》规定的程序。②

而其他法院甚至是最高人民法院认为责令拆除的法律属性为行政处罚。

案例3.46　喻细民诉武汉市武昌区城市管理执法局行政处罚案

该案中,法院认为:武昌城管局以上诉人喻细民在位于武汉市武昌区柴林头新湘村92号房屋前搭建一处一层房屋涉嫌违法建设为由,向其发出《违法通知书》,并作出《违法建设限期拆除决定书》,该行为应属行政处罚行为。③

案例3.47　湖北龙豪娱乐有限公司诉武汉市城市规划管理局行政处罚案

该案中,法院认为:按照《行政处罚法》的规定,"限期拆除违法建筑"的行政处罚不属于必经听证程序的范围。被上诉人未告知上诉人申请听证的权利,不违反《行政处罚法》的有关规定。被上诉人作出行政处罚时未告知上诉人复议申请权和提起诉讼的权利,但事实上未影响上诉人权利的行使。④

案例3.48　陈磊诉贵州省大方县人民政府、贵州省大方县综合行政执法局(原大方县城乡规划局)行政强制案

该案中,原大方县城乡规划局对陈磊进行处罚,于2012年11月26日向陈磊下

---

① 福建省福州市鼓楼区人民法院(2016)闽0102行初326号行政判决书。
② 重庆市第二中级人民法院(2014)渝二中法行终字第00131号行政判决书。
③ 湖北省武汉市中级人民法院(2014)鄂汉中行终字第00095号行政判决书。
④ 最高人民法院(1998)行终字第4号行政判决书。

达方规罚字〔2012〕第1102号《行政处罚决定书》,责令陈磊户自行拆除上述的违法建筑,逾期将进行强制拆除。对被告将责令拆除纳入处罚决定的做法,最高人民法院在判决中未表异议。①

有观点认为自然资源主管部门依据《土地管理法》作出的责令拆除属行政处罚,而城乡规划主管部门依据《土地管理法》作出的责令拆除则不属行政处罚。② 但根据前述最新判例来看,最高人民法院在司法实践中似未同意这一观点。

在我国大陆地区的行政实践中,发布规范性文件,施行强制性措施、嘉奖单位人员等都被称为行政命令。总体上看,行政命令可分为作为抽象行政行为的行政命令和作为行政执法方式的行政命令两种,又称规范性行政命令及补救性行政命令。本书主要从后一种意义上来探讨行政命令。作为行政执法方式的行政命令又可以分为内部行政责令行为及外部行政责令行为两种。责令停止违法行为属于预防性不利行为,并不具有制裁性,是一种责令改正行为,属于外部行政责令行为的范畴,与责令停产停业这种行政处罚方式具有较大区别,不能混为一谈。

第一种,内部行政责令行为规范及表现形式。

内部行政行为是行政主体代表国家对隶属于自身的组织、人员和财物的一种管理。命令是行政机关内部贯彻行政任务、实现行政目标的重要途径。内部行政责令行为主要包括以下几种:责令作出行政决定(如《城乡规划法》第56条)、责令辞职(如《公务员法》第87条第4款)、责令退回(如《港口法》第58条)、责令作出行政措施(如《突发事件应对法》第44条)等。

第二种,外部行政责令行为规范及表现形式。

外部行政责令行为规范是指包含"责令"并规制针对特定行政相对人的行政决定的法律规范,此类规范是责令行为规范中数量最多的一种类型,主要包括以下几种:责令改正(如《行政强制法》第66条)、责令停止施工(如《建筑法》第64条)、责令停止违法行为(如《建筑法》第65条)、责令限期改正(如《煤炭法》第57条)等。

显然,我们这里研究的案例是指外部行政责令行为。有观点认为外部"责令改正"属于行政处罚③,笔者认为该观点值得商榷。外部"责令改正"与行政处罚的区别在于:首先,责令改正重在责令当事人恢复其应有的合法状态,并未科处新的义务,目的是纠正违法,带有补救性质,而行政处罚重在否定谴责当事人的违法行为

---

① 最高人民法院(2020)最高法行再305号行政判决书。
② 参见江必新等主编:《中华人民共和国行政处罚法条文解读与法律适用》,中国法制出版社2021年版,第29~30页。
③ 胡锦光:《行政处罚研究》,法律出版社1998年版,第49页。

并加以惩戒,目的是制裁违法,带有惩罚性质;其次,责令改正一般适用于比较轻微且有改正空间的违法行为,而行政处罚一般适用于相对更重一点的违法行为;再次,责令改正很多时候可以作为行政处罚的前置程序,如果当事人不服从命令则将引起行政处罚程序的启动,而行政处罚不会成为责令改正的前置程序;最后,对责令改正的命令当事人拒不履行的,行政机关可以依法强制执行或依法予以行政处罚,但处罚并不能免除责令改正的义务内容,而行政处罚当事人拒不履行的,行政机关只能依法强制执行。

还有观点认为,外部"责令改正"类的行为属于行政强制措施。[1] 笔者认为,"责令改正"类的行为属于行政命令而非行政强制措施,责令改正与行政强制措施的区别在于:首先,是否仅能期待当事人自动履行不同。责令改正是一种意思表示行为,通过指令相对人为或不为一定行为而实现行政目的,其自身并不实际进行一定的作为或者不作为。责令改正期待当事人自动履行,其实施有赖于相对人的主动配合,才能产生恢复行政管理秩序的法律效果,其本身并未赋予行政主体强制权。行政机关必须给出一定期限让相对人自行履行,不能直接采取强制。而行政强制措施是行政机关在社会危害事件或者违法行为的发生、存在时,依照法律法规的规定,针对特定公民、法人或者其他组织的人身、行为及财产进行临时处置的限权性强制行为,行政强制措施赋予了行政机关直接采取强制行动的权力,是一种实力行为,即行政主体通过力的动作对相对人所为的一种行为,一般不必期待当事人自动履行。以责令退运为例,行政机关作出责令退运的决定时,必须给相对人一个自动履行的期限,让其主动退运,不能一开始就由行政机关强制退运。其次,从适用的阶段分析,责令改正也不应属行政强制措施。如《城乡规划法》规定行政执法机关对拒不履行改正义务的可以查封施工现场,而查封施工现场又属于行政强制措施。由此可以看出,责令改正与行政强制措施的适用存在先后关系,因此责令改正是有别于行政强制措施的。正如有学者指出:"责令行为一般是终局性行政行为",[2]而行政强制措施则区分为终局性行为及非终局性行为两类。最后,强制力不同。责令改正仅为一种行政命令,并没有实施实力或强制执行的意思在内,其仅有"决意",但行政强制措施既包含了行政强制措施决定也包含了可用实力实现的意思在内,既需将"决意"表示送达当事人,又可用"实力"行为施加于当事人,比如说冻结,静态来讲也是一种行政命令,固化为决定冻结的法律文书,动态来讲就包含了制作送达法律文书、通知金融机构等实施资金暂停流动的一系列行为或动作在内,上述行

---

[1] 参见郝成刚:《质量技术监督行政处罚概论》,中国计量出版社 2007 年版,第 66 页。
[2] 高波:《海事行政法研究》,国防工业出版社 2010 年版,第 170 页。

政命令及实施行为是紧密联系的,而在法律意义上也应认为是没有分离的,仅认为其构成行政强制措施即可。但就单纯的行政命令而言,如责令改正就不是"实力"行为,仅为下命令而已,如果当事人不服从也不能用实力直接实现该命令赋课的义务,而至多只能依法另行采取行政强制措施或给予行政处罚,也即该情形下必须借助于其他手段来辅助实现义务或给予制裁,这种缺乏实现义务的手段或动作的行政行为既不可能构成行政强制措施,也不可能构成行政强制执行行为;而行政强制措施则不必借助其他手段,遭到拒绝就可用该措施本身自有的"实力"排除障碍。笔者认为,外部"责令改正"既不是行政强制措施也不是行政强制执行行为,不应将其纳入行政强制的范畴。正如《最高人民法院办公厅关于对〈关于请解决劳动监察决定强制执行问题的函〉的答复》(法办〔1998〕69号)所指出的,"劳动监察限期改正指令书不属于可申请人民法院强制执行的具体行政行为,当事人不履行该指令书确定的义务的,劳动和社会保障部门可依照《劳动监察规定》的规定处理或者处罚"。

此外,笔者认为,责令拆除、销毁、监督销毁一般应为行政处罚。具体分析如下:责令拆除之所以应当被认为属于行政处罚是因为对特定货物、物品、设备等予以拆毁处理必定会严重削弱其违法能力及耗损其财产权益,所以构成较严厉的处罚形式,不宜作行政强制措施行使。而国务院法制办公室秘书行政司《关于"责令限期拆除"是否是行政处罚行为的答复》虽然认为"责令限期拆除"不应当理解为行政处罚,但笔者认为因其不属于国务院的主管部门,因此无权对法律作出解释。销毁问题比较复杂:一是销毁可以成为行政强制措施,因为"强制销毁是行政主体在行政管理过程中,为预防、控制、消除某种社会危险事态的发生与蔓延,依照法律、法规或者规章的规定,直接或间接地对某种具有特殊社会危害性地物体予以焚毁、深埋或者破坏的一种行政强制手段"。[①] 如《进出境动植物检疫法》第29条第2款规定:"携带、邮寄前款规定的名录所列的动植物、动植物产品和其他检疫物进境的,作退回或者销毁处理。"二是销毁可以成为行政事实行为,如行政处罚部门依法没收的货物之后按规定销毁的情形。三是销毁可以作为行政处罚行为,如海关在未设关地点发现涉嫌走私但需要检疫的动植物及其他检疫物,根据《进出境动植物检疫法实施条例》第30条规定:"海关、边防等部门截获的非法进境的动植物、动植物产品和其他检疫物,应当就近交由口岸动植物检疫机关检疫。"在检测出紧急疫情检疫部门应依法作出相应处置,海关不能擅自先行处置。至于正常进出境需要检疫的动植物及其他检疫物,是在检疫合格后才到海关来办纳税通关手续。因此等待案

---

① 参见胡建淼主编:《行政强制》,法律出版社2002年版,第216页。

件调查终结时再作出销毁处罚决定是不会造成重大社会危险蔓延的,所以在一般情形下,在海关监管下销毁不构成行政强制措施,而属于行政处罚。同理,笔者认为上述浙江全金药业股份有限公司案中的"销毁"从实质意义上来说也属行政处罚。

综上所述,笔者认为上述永定县电力公司案、汕头市茂佳经贸有限公司案、东安县石期市镇乌沙洲加油站有限公司案、朱顺华案、浙江万科南都房地产有限公司纠纷案及浙江全金药业股份有限公司案中法院判决所持观点值得商榷,其余几个案例中法院判决所持观点是正确的。

4. 无偿收回土地的法律属性是否为行政处罚?

有些法院认为无偿收回土地不是行政处罚。

案例3.49　海南飞腾装饰工程有限公司诉万宁市人民政府行政处罚案

该案中,法院认为:国土资源部《闲置土地处置办法》(以下简称《办法》)第4条第2款规定:"在城市规划区范围内,以出让等有偿使用方式取得土地使用权进行房地产开发的闲置土地,满2年未动工开发时,可以无偿收回土地使用权。但是,因不可抗力或者政府、政府有关部门的行为或者动工开发必需的前期工作造成动工开发迟延的除外。"由《办法》该条规定可以看出,因动工开发必需的前期工作造成动工开发迟延的,不属可以无偿收回土地使用权的情形。被告认定原告取得土地使用权后,未开发建设造成土地闲置满2年以上,并决定予以无偿收回,显然认定事实错误,也与上述《办法》的规定不相符。被告辩称东和农场已对涉案土地上的农场职工进行了安置补偿,但没有能够提供证据予以证实,且事实上东和农场农八队几户职工至今仍居住在涉案土地上,故被告的辩解理由不能成立。同时,被告无偿收回原告的土地使用权,程序上也存在违法之处。上述《办法》第3条规定:"市、县人民政府土地行政主管部门对其认定的闲置土地,应当通知土地使用者,拟订该宗闲置土地处置方案,处置方案经原批准用地的人民政府批准后,由市、县人民政府土地行政主管部门组织实施。"《办法》第5条同时规定:"依照本办法第4条规定收回国有土地使用权的,由市、县人民政府土地行政主管部门报经原批准用地的人民政府批准后予以公告,下达《收回国有土地使用权决定书》,终止土地有偿使用合同或者撤销建设用地批准书,注销土地登记和土地证书",但被告认定原告闲置土地,既未通知原告,又未拟订闲置土地处置方案,既以公告形式决定收回原告的国有土地使用权,显然违反了《办法》规定的法定程序,也不符合《办法》规定的形式要求。综上所述,被告决定无偿收回原告49.46亩国有土地使用权,认定事实不清、适用法律错误、程序违法,依法应予撤销。①

案例3.50　中国教育科技信托投资有限公司清算组诉海口市人民政府行政处罚案

该案中,法院认为:实业总公司虽然在1993年10月12日与原琼山县土地管理部门签订了《国有土地使用权出让合同》,但在1998年11月7日,原琼山市规划土地管理局作出批复,同意实业总公司将其土地使用权转让给中教信托公司,原琼山市人民政府也于同年12月31日给中教信托公司颁发了《国有土地使用证》,至此,中教信托公司才取得该土地的使用权。而后,中教信托公司于2000年8月3日被中国人民银行决定撤销,并于同年8月7日宣布进入清算程序,由中华人民共和国教育部成立清算组对该公司的财产进行清算处置,该公司从取得该土地使用权至其被撤销未满2年时间。由于上述原因致使中教信托公司不能对该地进行开发,符合《城市房地产管理法》第25条规定的但书情形,因此,原琼山市人民政府以中教信托公司取得土地使用权后未动工开发,造成土地闲置时间超过2年以上,无偿收回该地使用权无事实根据和法律依据,所作出的112号决定应予撤销。②

但也有部分较高层级的法院甚至最高人民法院认为无偿收回土地是行政处罚。

案例3.51　海南惠普森医药生物技术有限公司诉文昌市人民政府行政处罚案

该案中,法院认为:文昌市政府的无偿收地行为为行政处罚行为,应当依照《行政处罚法》第40条的规定,按照我国《民事诉讼法》的有关规定送达137号《收地决定》,但文昌市政府在惠普森公司有明确的地址和联系方式的情况下,直接在《海南日报》上公告送达该决定,剥夺了惠普森公司陈述和申辩的权利,送达程序亦违法。③

案例3.52　武汉兴松房地产开发有限公司诉湖北省武汉市国土资源管理局(原湖北省武汉市土地管理局)行政处罚案

该案中,法院认为:武汉市土地局与兴松公司签订的《批租合同》合法有效,合

---

① 海南省第一中级人民法院(2011)海南一中行初字第48号行政判决书。
② 海南省高级人民法院(2006)琼行终字第191号行政判决书。
③ 海南省高级人民法院(2011)琼行终字第119号行政判决书。

同双方应依照合同的约定履行合同义务。兴松公司在发出拆迁线2年内未能完成还建安置，违反了《批租合同》第4条的约定，根据《城镇国有土地使用权出让和转让暂行条例》第17条第2款关于"未按合同规定的期限和条件开发、利用土地的，市、县人民政府土地管理部门应当予以纠正，并根据情节可以给予警告、罚款直至无偿收回土地使用权的处罚"的规定，武汉市土地局可以根据兴松公司违反合同情节的程度作出相应的处罚。收回土地使用权的处罚实际上是解除合同的行为，属于最严厉的制裁措施，应当是在一方严重违约，致使合同目的不能实现时，另一方采取的制裁措施。①

笔者赞同后一种观点，即认为无偿收回土地的法律属性为行政处罚。如果从行政许可的角度来看，因为上述案例中无偿收回土地的原因均为相对人在合法取得土地使用权之后发生的违法行为，因此无偿收回土地其实也相当于吊销证照的行政处罚行为。

当然，如果是因为土地使用权出让合同约定的使用年限届满，土地使用者未申请续期或虽申请续期但依照法律规定未获批准而被无偿收回土地的，不在前述讨论范围。也即，这种例外情形不属行政处罚。为避免产生不必要的混淆和误会，修法时可考虑称为"未续期收回土地"或"期限届满收回土地"。

5. 取消考试成绩或开除学籍的法律属性是否为行政处罚？

部分法院认为取消考试成绩或开除学籍是一种行政处理措施。

案例3.53　蔡霞诉北京教育考试院行政处罚案

该案中，法院认为："取消考试成绩"与"宣布考试无效"两者同属对在国家教育考试中有作弊行为的考生的一种行政处理措施。②

案例3.54　孙某诉司法部确认司法考试成绩无效行政处罚案

该案中，法院认为：行政处罚的实质是剥夺相对人的权利、对相对人科处义务。而考试实施机构确认有违纪行为的应试人员考试成绩无效，是对违纪应试人员的一种行政处理方式，没有产生剥夺应试人员的人身或财产权利、科处义务的后果，不具有行政处罚的特征。因此，司法部作出的确认孙某司法考试成绩无效的行为，

---

① 最高人民法院(2002)行终字第7号行政判决书。
② 北京市海淀区人民法院(2003)海行初字第58号行政判决书。

不属于行政处罚,应该属于行政处理行为。①

而另一部分法院则明确认为取消考试成绩是一种行政处罚。

案例3.55 李敏诉江苏省教育委员会行政处罚案

该案中,法院认为:被告对原告实施的"当次考试各科成绩作废(三门功课),一年内不准报考",以及对第三人孙敏敏实施的"当次考试功课成绩作废(两门功课)"的具体行政行为具有一定的惩戒性,并且对原告及第三人的权益进行了一定的限制与剥夺,被告是具有管理职能的教育行政部门,被告对原告及第三人实施的管理行为符合行政处罚的必备要件,被告依据的苏教考(1993)1号"江苏省自学考试违纪处罚暂行规定"第五条规定及被告出具的苏教复告字(1999)1号告知书也说明了被告的行为构成行政处罚而不是行政处理。被告称原告的复议申请尚在中止阶段的抗辩理由,因未提供相应的证据证明,本院不予支持,被告实施的行政处罚行为,应严格按照《行政处罚法》规定的程序办理,《行政处罚法》第31条规定"行政机关在作出行政处罚决定以前,应当告知当事人作出处罚决定的事实,理由及依据,并告知当事人依法所享有的权利"。被告作出该行政处罚行为未履行告知程序,属于程序违法。②

有的判例确认了开除学籍属于行政处罚种类。

案例3.56 赵晓涛诉河北科技师范学院行政处罚案

该案中,法院认为:教育部《普通高等学校学生管理规定》第56条规定:"学校在对学生作出处分决定之前,应当听取学生或者其代理人的陈述和申辩。"第57条规定:"学校对学生作出开除学籍处分决定,应当由校长会议研究决定。"第58条规定:"学校对学生作出处分,应当出具处分决定书,送交本人。开除学籍的处分决定书报学校所在地省级教育行政部门备案。"第59条规定:"学校对学生作出的处分决定书应当包括处分和处分事实、理由及依据,并告知学生可以提出申诉及申诉的期限。"被告未提供证据证明是经校长会议研究决定,又未向原告送达处分决定书,

---

① 参见北京市高级人民法院行政审判庭编:《行政诉讼案例研究》,中国法制出版社2008年版,第7~26页。
② 江苏省南京市鼓楼区人民法院(2000)鼓行初字第31号行政判决书。

更未告知学生可以提出申诉及申诉期限,被告作出的开除学籍的处分决定程序违法,应予撤销。①

笔者认为,取消考试成绩、开除学籍的法律属性应为行政处罚,因为其严重程度及对相对人的影响已经超过了一般的教育行政管理措施。

6.交通行政管理中记分的法律属性是否为行政处罚?

部分法院认为交通行政管理中记分不是行政处罚。

案例3.57　高占国诉长沙市公安局交通警察支队行政处罚案

该案中,法院认为:被上诉人长沙市公安局交通警察支队认为记2分并非处罚措施,是对驾驶证的管理措施,罚款100元并记2分适用简易程序并无不妥,法院对此予以认可。②

但也有部分法院认为交通行政管理中严重的记分可以成为行政处罚。

案例3.58　梁涛诉蒙城县公安局交通管理大队行政处罚案

该案中,法院认为:该公安交通行政处罚给予原告记15分行为的法律属性应为行政处罚种类。③

案例3.59　陈智伟诉广州市公安局交通警察支队高速公路一大队行政处罚案

该案中,法院认为:对上诉人记12分将导致扣留驾驶证及注销最高准驾车型即降级的后果,对上诉人权益影响重大,因此被上诉人对上诉人记12分适用简易程序不符合法律规定。④

---

① 河北省秦皇岛市海港区人民法院(2013)海行初字第135号行政判决书。
② 湖南省长沙市中级人民法院(2014)长中行终字第00168号行政判决书。
③ 安徽省蒙城县人民法院(2014)蒙行初字第00016号行政判决书。
④ 广东省广州市中级人民法院(2014)穗中法行终字第89号行政判决书。

第四章　行政处罚的设定

一、行政处罚设定概述

行政处罚的设定,是指在其他法律、法规或者其他规范性文件尚未对行政处罚作出规定的情况下,某个法律、法规或者其他规范性文件率先对行政处罚的行为、种类、幅度作出规定,这种规定就是行政处罚的设定。简言之,就是一种创制行政处罚的活动。其特点在于:第一,行政处罚的设定属于立法的范畴,行政处罚的设定权属于立法权的范畴。设定权属于立法权的核心。英国思想家洛克说:"立法权是享有权利来指导如何运用国家的力量保障这个社会及其成员的权力。"[①]他还说:"立法权是最高的权力","因为它有权为社会的一切组织和每个成员制定法律,制定他们的行为的准则",而"谁能够对另外一个人制定法律就必须在他之上"。同时,立法权也是其他一切权力的渊源,"社会的任何成员或社会的任何部分所有的其他一切权力,都是从它获得和隶属于它的"。[②] 行政处罚属干涉行政,其内容为剥夺、限制相对人权益或增加义务或影响声誉等,这应归入立法的范畴,而行政处罚的设定权也应归入立法权的范畴。第二,行政处罚的设定是设定应受行政处罚的行为、行政处罚的种类及行政处罚的幅度的活动,也即行政处罚的设定就是设定违法行为的构成要件、罚种及罚幅的立法活动。所谓应受行政处罚的行为,是指行政处罚主体认定相对人违反行政法律规范且应对其作出行政处罚的行为。如《药品管理法》第133条规定:"违反本法规定,医疗机构将其配制的制剂在市场销售的,责令改正,没收违法销售的制剂和违法所得,并处违法销售制剂货值金额2倍以上5倍以下的罚款;情节严重的,并处货值金额5倍以上15倍以下的罚款;货值金额不足5万元的,按5万元计算。"其中医疗机构将其配制的制剂在市场销售的行为就是应受行政处罚的行为,而且没有其他规定比它更早规定其为违法行为的,这就是设定。所谓行政处罚的种类,是指某个规定率先规定行政处罚的具体措施或种类、方

[①] [英]洛克:《政府论》(下篇),瞿菊农等译,商务印书馆1986年版,第89页。
[②] [英]洛克:《政府论》(下篇),瞿菊农等译,商务印书馆1986年版,第92页。

式。如《治安管理处罚法》率先规定治安拘留的处罚种类,就是设定。所谓行政处罚的幅度,就是指某一规定率先规定出行政处罚的某一种类在具体数额、期限等方面的刻度或区间。如《食品安全法》第124条规定:"违反本法规定,有下列情形之一,尚不构成犯罪的,由县级以上人民政府食品药品监督管理部门没收违法所得和违法生产经营的食品、食品添加剂,并可以没收用于违法生产经营的工具、设备、原料等物品;违法生产经营的食品、食品添加剂货值金额不足1万元的,并处5万元以上10万元以下罚款……"其中,"5万元以上10万元以下罚款"就是设定的处罚幅度,但并非所有的罚种都有幅度,比如吊销营业执照就没有幅度。第三,行政处罚的设定不同于行政处罚规定。"设定"就是创制,是指规定从来没有规定过的内容才叫"设定",是制定"原创性的法律规范"的行为,而"规定"是指在上位法已经对行政处罚作出了原创性规定的条件下,在上位法所设定的行政处罚行为、种类及幅度内再作出具体规定的活动。① 可以说,"设定"是"规定"的来源,"规定"是"设定"的衍生。

二、行政处罚设定权的理论依据

(一)法律优先原则

法律优先原则,又称法律优越原则及法律优位原则,实际强调的是法律的位阶关系,是指法律对于行政法规和规章的优先地位。法律优先具有以下含义:第一,在已有法律规定的情况下,任何其他法律规范,包括行政法规、地方性法规及规章,都不得与法律相抵触,凡有抵触,都以法律为准。凡是上一位阶的法律规范已经对某一事项作出规定,下一位阶的法律规范不得与之相抵触。第二,在法律尚未规定,其他法律规范作了规定时,一旦法律就此事项作出规定,法律优先,其他法律规范都必须服从法律;同样,在上位阶法律规范尚无规定,下位阶法律规范作了规定时,一旦上位阶规范就此事项作出规定,下位阶规范必须服从。② 根据《行政处罚法》第11条至第14条的规定,行政处罚设定中的法律优先原则包含以下两方面的内容:

一是较高层级的法律规范对行政处罚作出规定时,较低层级的法律规范只能在较高层级的法律规范设定的行政处罚行为、种类和幅度的范围内做出进一步的具体规定,而不能越权创设。如《行政处罚法》第11条规定,法律对违法行为已经

---

① 关保英主编:《行政处罚法新论》,中国政法大学出版社2007年版,第58~72页。
② 参见应松年主编:《行政法学新论》,中国方正出版社1999年版,第45~50页。

作出行政处罚规定,行政法规需要作出具体规定的,必须在法律规定的给予行政处罚的行为、种类和幅度的范围内规定。又如《行政处罚法》第 12 条规定,法律、行政法规对违法行为已经作出行政处罚规定,地方性法规需要作出具体规定的,必须在法律、行政法规规定的给予行政处罚的行为、种类和幅度的范围内规定。《最高人民法院对〈关于秦大树不服重庆市涪陵区林业局行政处罚争议再审一案如何适用法律的请示〉的答复》(〔2001〕行他字第 7 号)再次强调了上述规定的内涵,该答复内容为:"根据《中华人民共和国行政处罚法》第 11 条第 2 款关于'法律、行政法规对违法行为已经作出行政处罚规定,地方性法规需要作出具体规定的,必须在法律、行政法规规定的给予行政处罚的行为、种类和幅度的范围内规定'的规定,《重庆市林业行政处罚条例》第 22 条第 1 款第(1)项关于没收无规定林产品运输证的林产品的规定,超出了《中华人民共和国森林法》规定的没收的范围。人民法院在审理有关行政案件时,应当适用上位法的规定。"2021 年修正的《行政处罚法》为行政法规及地方性法规新增了两个关于行政处罚"补充设定权"的条款:第 11 条第 3 款明确,法律对违法行为未作出行政处罚规定,行政法规为实施法律,可以补充设定行政处罚。第 12 条第 3 款明确,法律、行政法规对违法行为未作出行政处罚规定,地方性法规为实施法律、行政法规,可以补充设定行政处罚。关于上述新增"补充设定权"的条款应如何理解——是仅针对罚责可补充设定还是针对行为模式及罚责均可补充设定,目前尚存一定争议。一种观点认为,"补充设定权"是指上位法已有考虑,但仍有漏洞需要填补的情形。比如上位法中已明确规定了某种行为必须禁止,但对此又未规定行政处罚责任的情形。如《行政强制法》第 30 条第 2 款规定,金融机构接到行政机关依法作出的冻结通知书后,应当立即予以冻结,不得拖延,不得在冻结前向当事人泄露信息。违反该规定仅能依据《行政强制法》第 65 条给予处分,而未规定行政处罚责任。全国人大宪法和法律委员会副主任江必新认为,行政法规及地方性法规仅仅在这种情形下,才有权补充设定行政处罚。① 也即,"补充设定权"仅指补充设定罚责而不包含行为模式。该观点亦可从原全国人大法律委员会主任乔晓阳的一次讲话中得到某种印证:"法律作了禁止性规定但未规定相应行政处罚,地方性法规增加规定行政处罚。这种情形属于少数。法律中只作禁止性规定往往是有考虑的,如违法原因较为复杂,行政处罚实践中难以执行,社会效果不一定好等,对此要进一步区分情况研究。如果随着时间推移,地方同志在实

---

① 参见江必新等主编:《中华人民共和国行政处罚法条文解读与法律适用》,中国法制出版社 2021 年版,第 35 页。

践中发现情况发生变化,需要增加的,可以提出修改法律的建议。"[1]也即,乔晓阳主张认为在2021年《行政处罚法》修正之前,法律作了禁止性规定但未规定罚责的,下位法不允许补充增设罚责,如有增设了的,则属立法不规范。现在我们修正《行政处罚法》正是要将这个罚责的"补充设定权"明确下来。另一种观点认为,"补充设定权"针对行为模式及罚责均可补充设定。其认为"单行法律制定时没有研究过有关问题,行政法规可以补充设定行政处罚"。[2] 许安标于2020年6月在第十三届全国人大常委会第二十次会议上所作的《关于〈中华人民共和国行政处罚法(修订草案)〉的说明》这样阐述:"为充分发挥地方性法规在地方治理中的作用,增加规定:地方性法规为实施法律、行政法规,对法律、行政法规未规定的违法行为可以补充设定行政处罚。"但我们注意到:该说明中的"法律、行政法规未规定的违法行为"与《行政处罚法》中的"法律、行政法规对违法行为未作出行政处罚规定"在表述上略有不同,其含义可能是有差别的。通过以上分析,立法机关原本可能有意将行政法规、地方性法规的补充立法权扩得更大一些,但从最终公布的法律文本来看,这种用意似乎又不明显了。笔者认为,赋予行政法规、地方性法规行政处罚的补充设定权宜循序渐进,不应一次性扩张太大,故宜将上述"补充设定权"限缩解释为仅指补充设定罚责而不包含行为模式为妥。

二是当较高层级的法律规范尚未设定行政处罚,较低层级的法律规范可以在法定授权范围内新设定行政处罚,但行政处罚设定权将随着法律规范层级的下降而受到限制。根据《行政处罚法》的相关规定,其具体内容包含:(1)法律的效力层级最高,可以设定各种行政处罚;(2)法律未规定但应当予以行政处罚的,行政法规可以设定行政处罚,但只能设定限制人身自由以外的行政处罚;(3)法律、行政法规未规定但应当予以行政处罚的,地方性法规可以设定除限制人身自由、吊销营业执照以外的行政处罚;(4)尚未制定法律、行政法规的,国务院部门规章对违反行政管理秩序的行为享有行政处罚的设定权,但仅局限于对相对人影响较小的警告、通报批评及一定数额的罚款三种罚种,而且罚款限额要由国务院规定;(5)尚未制定法律、行政法规、地方性法规的,享有行政立法权的省级人民政府及较大的市人民政府有权通过地方政府规章对违反行政法律规范的行为设定行政处罚,但仅局限于对相对人影响较小的警告、通报批评及一定数额的罚款三种罚种,而且罚款限额要

---

[1] 乔晓阳:《如何把握〈行政处罚法〉有关规定与地方立法权限的关系——在第二十三次全国地方立法工作座谈会上的讲话》,载《地方立法研究》2017年第6期。

[2] 参见《中华人民共和国行政处罚法新旧对照与重点解读》,中国法制出版社2021年版,第19页。

由所属的省级人大常委会作出明确规定。① 由此可以看出,一方面层级效力越低的法律规范所享有的行政处罚设定权越小;另一方面法律优先原则对行政立法(授权立法)的要求明显严格于地方人大立法(职权立法),这当然符合法治行政的基本要求。

(二)法律保留原则

法律保留原则,是指凡属宪法、法律规定只能由法律规定的事项,则只能由法律规定,或必须在法律明确授权的情况下,才能由行政机关作出规定。② 法律优先仅有消极意义,行政行为只要不抵触法律即可,在法律没有规定的情况,法律优先就失去了作用。而法律保留原则不同,是积极意义的依法行政原则,它要求行政机关只有在取得法律授权的情况下才能实施相应的行为。也就是说,行政行为必须具有法律依据,法律保留的要求显然比法律优先严格。法律保留原则严格区分了国家立法权与行政立法权,是法治精神在行政立法领域的当然要求,法律保留原则的目的在于保证国家立法的至上性与统一性,具体划定立法机关与行政机关在设定规范和行为方面的权限。行政处罚作为一种负担性行政行为,其设定权必须严格遵循法律保留原则的基本要求。理论上,只有全国人大及其常委会以法律的形式才能够对公民基本权利产生不利影响的行政处罚作出规定,这才是严格意义上的"处罚法定原则"。然而,鉴于一方面我国行政管理事务的复杂性、广泛性及专业性,使其在实践中不得不借助大量的行政法规、地方性法规及行政规章来细化和补充法律规定;另一方面由于我国国土面积大,各地经济社会发展不平衡,因此很多问题不宜由法律"一刀切",只能依靠各地人大、政府因地制宜地去解决,因此,行政处罚设定权的多层次性就显得非常必要。当然,上述细化及补充必须以法律的明确授权为前提,并且只能局限在法定授权目的和范围内进行。

根据《行政处罚法》的相关规定,行政处罚中的法律保留原则又可分为两种形式:一是绝对保留,即特定重要事项只能由法律作出规定,如《行政处罚法》第10条第2款就明确规定只有法律享有限制人身自由的专属设定权,即使法律没有规定时,全国人大及其常委会也不得授权其他国家机关以法律之外的其他形式就此率先作出规定;二是相对保留,即某些事项的设定权原本仅属于法律,但在某些特殊情形下,法律可以通过授权特定国家机关对部分事项先行制定法律以外的规范,如

---

① 但根据2015年3月15日发布的《立法法》来看,上述《行政处罚法》的内容与之存在某种程度的矛盾冲突,笔者将在后文中分析。
② 参见周佑勇:《行政法基本原则研究》,武汉大学出版社2005年版,第187~213页。

《行政处罚法》第 11 条至第 14 条对法律以外的行政法规、地方性法规、部门规章及地方政府规章有关行政处罚设定权的规定。

应当说,《行政处罚法》设定权制度有效回应了行政法基本理论的要求,解决了我国行政处罚实践中遇到的一些难题,并且为其后的《立法法》进一步确立法律保留制度奠定了基础。①

三、行政处罚设定权的划分

(一)法律对行政处罚的设定权

法律可以设定所有形式的行政处罚,包括限制人身自由,而其他所有法律以外的规定均不得设定限制人身自由的行政处罚。法律是全国人大及其常委会制定的法律规范,在我国法律体系中,其效力仅次于《宪法》。政治生活、经济生活、文化生活和社会生活等当面的基本关系应当由法律来调整,涉及相对人基本权利和义务的有关事项,应当由法律来规范。这是维护社会主义法制统一的基本要求。行政处罚是一项重要的国家权力,与公民、法人和其他组织的合法权益关系密切,一方面,设定行政处罚必须有严格的限制,以维护行政处罚的统一和权威;另一方面,社会关系的复杂性又要求最主要的法律规范——法律要设定适应实际需要的行政处罚形式。

(二)行政法规对行政处罚的设定权

行政法规可以设定除限制人身自由以外的行政处罚。法律对违法行为已经作出行政处罚规定,行政法规需要作出具体规定的,必须在法律规定的给予行政处罚的行为、种类和幅度的范围内规定。行政法规是国务院依法制定的法律规范,而且国务院也只能依照《立法法》《行政法规制定程序条例》《行政处罚法》等规定的要求以行政法规的形式来制定要设定行政处罚,行政法规在我国法律体系中具有重要地位。行政法规一方面为经济生活、社会生活及时提供法律规范,促进社会的有序发展;另一方面又为全国人大及其常委会制定法律提供了经验。行政法规的效力仅次于法律,其行政处罚设定权要高于除法律、行政法规以外其他形式的法律规范。立法实践中,在非行使补充设定权的情形下,行政法规突破法律的情形并不少

---

① 应松年主编:《行政处罚法教程》,法律出版社 2012 年版,第 87~88 页。

见,比如:①下位法超越上位法的处罚种类。如《海关法》第85条规定"可以处以罚款",但《海关行政处罚实施条例》第19条第(2)项、第(3)项却增加了"警告""没收违法所得"的处罚种类。②下位法超越上位法规定的处罚幅度。如《固体废物污染环境防治法》第78条规定,违反本法规定,将中华人民共和国境外的固体废物进境倾倒、堆放、处置的,进口属于禁止进口的固体废物或者未经许可擅自进口属于限制进口的固体废物用作原料的,由海关责令退运该固体废物,可以并处10万元以上100万元以下的罚款。而《海关行政处罚实施条例》第9条第1款(1)项、第13条分别规定,进出口国家禁止进出口的货物的,可并处100万元以下罚款。显然,《海关行政处罚实施条例》的处罚幅度没有下限,可能会低于《固体废物污染环境防治法》规定的10万元底线。③上位法规定"可以"为一定行为,下位法规定为"必须"为该行为。《海关法》第86条规定:"违反本法规定有下列行为之一的,可以处以罚款……"与该条第(3)项、第(10)项、第(12)项相对应的《海关行政处罚实施条例》第15条规定:"分别依照下列规定予以处罚",第18条第(1)项、第(3)项规定:"处货物价值5%以上30%以下罚款。"

(三)地方性法规对行政处罚的设定权

地方性法规可以设定除限制人身自由、吊销企业营业执照以外的行政处罚,即警告、罚款、责令停产停业、暂扣许可证、暂扣执照、吊销许可证、吊销除企业营业执照以外的执照、没收违法所得、没收非法财物。法律、行政法规对违法行为已经作出行政处罚规定,地方性法规需要作出具体规定的,必须在法律、行政法规规定的给予行政处罚的行为、种类和幅度的范围内规定。详言之,就是法律、行政法规已经对应受行政处罚行为作了设定的,地方性法规就不能再增设新的处罚行为;法律、行政法规已经对行政处罚种类作了设定的,地方性法规就不能增加罚种,如法律只规定警告的,地方性法规就不得增加罚款;法律、行政法规已经对行政处罚幅度作了设定的,地方性法规就不能突破该幅度。在立法实践中,在非行使补充设定权的情形下,地方性法规突破法律的现象也较为常见,以《吉林省实施〈中华人民共和国道路交通安全法〉办法》(以下简称《吉林省交通办法》)为例。根据《道路交通安全法》第91条规定:"饮酒后驾驶机动车的,处暂扣六个月机动车驾驶证,并处一千元以上二千元以下罚款。因饮酒后驾驶机动车被处罚,再次饮酒后驾驶机动车的,处十日以下拘留,并处一千元以上二千元以下罚款,吊销机动车驾驶证。醉酒驾驶机动车的,由公安机关交通管理部门约束至酒醒,吊销机动车驾驶证,依法追究刑事责任;五年内不得重新取得机动车驾驶证。饮酒后驾驶营运机动车的,处十五日拘留,并处五千元罚款,吊销机动车驾驶证,五年内不得重新取得机动车驾驶证。醉酒驾驶营运机动车的,由公安机关交通管理部门约束至酒醒,吊销机动车驾驶证,依法追究刑事责任;十年内不得重新取得机动车驾驶证,重新取得机动车驾驶证后,不得驾驶营运机动车。饮酒后或者醉酒驾驶机动车发生重大交通事故,构成犯罪的,依法追究刑事责任,并由公安机关交通管理部门吊销机动车驾驶证,终生不得重新取得机动车驾驶证。"该法条起码规定了六种违法情形即六种不同的应受行政处罚的违法行为,而且处罚种类也分别有以下几种:罚款、拘留、暂扣驾驶证、吊销驾驶证、一定期间禁驾或终身禁驾。但《吉林省交通办法》第 88 条仅将上述六种违法行为简化为一种违法行为,即"饮酒后驾驶机动车的"违法行为,处罚种类也变更为一种,即"处二千元罚款",而且由具有一定幅度区间的罚款变更为不能自由裁量的定额罚款。

在《立法法》修订以前,地方性法规的设定主体为各省、直辖市、经济特区所在地的市及省政府所在地的市及国务院批准的较大的市的人大及其常委会[①],而根据 2015 年 3 月 15 日修订的《立法法》第 72 条规定,除上述主体之外的设区的市在城乡建设与管理、环境保护、历史文化保护等方面也有权制定地方性法规,因此其在这些有权制定的地方性法规中也可以设定除人身自由罚、吊销营业执照以外的行政处罚。

(四)行政规章对行政处罚的设定权

根据《行政处罚法》的规定,国务院各部委、经国务院授权的具有行政处罚权的直属机构[②]制定的规章可以在法律、行政法规规定的给予行政处罚的行为、种类和幅度的范围内作出具体规定。尚未制定法律、行政法规的,上述机构制定的规章对

[①] 这些地方人大机构共有 80 个,具体包括两大类:第一类:省(22 个)、自治区(5 个)、直辖市(4 个)人大及其常委会;第二类:较大的市及其常委会,包括三种:省会市(22 个 +5 个);经国务院批准的较大的市(18 个),具体为:齐齐哈尔、吉林、抚顺、鞍山、大连、本溪、唐山、邯郸、大同、包头、青岛、淄博、洛阳、淮南、无锡、宁波、徐州、苏州;经济特区所在地的市(4 个):深圳、珠海、汕头、厦门。

[②] (1)国务院的所有组成部门都享有规章制定权,包括 21 部、3 委、1 行及 1 署,具体为:外交部、国防部、国家发展和改革委员会、教育部、科学技术部、工业和信息化部、国家民族事务委员会、公安部、国家安全部、民政部、司法部、财政部、人力资源和社会保障部、自然资源部、生态环境部、住房和城乡建设部、交通运输部、水利部、农业农村部、商务部、文化和旅游部、国家卫生健康委员会、退役军人事务部、应急管理部、中国人民银行、审计署;(2)国务院直属特设机构只有国资委;(3)国务院直属机构又分为正部级及副部级两类,具体包括:海关总署、税务总局、市场监督管理总局、广电总局、体育总局、统计局、国际发展合作署、医疗保障局、参事室、机关事务管理局,但要注意并不是所有的直属机构都享有规章制定权,如参事室就无权制定部门规章;(4)经过特别授权而享有规章制定权的国务院直属事业单位主要是指:中国气象局、中国银行保险监督管理委员会、中国证券监督管理委员会等。

违反行政管理秩序的行为,可以设定警告或者一定数量罚款的行政处罚。部门规章的罚款限额由国务院规定,地方政府规章设定罚款的限额,由省、自治区、直辖市人大常委会规定,可以不受上述规定的限制。

省、自治区、直辖市人民政府和省、自治区人民政府所在地的市人民政府以及经国务院批准的较大的市人民政府[①]制定的规章可以在法律、法规规定的给予行政处罚的行为、种类和幅度的范围内作出具体规定。尚未制定法律、法规的,上述机构制定的规章对违反行政管理秩序的行为,可以设定警告或者一定数量罚款的行政处罚。罚款的限额由省、自治区、直辖市人民代表大会常务委员会规定。

在立法实践中,规章突破上位法的现象也较为常见,以《海关进出境印刷品及音像制品监管办法》(以下简称《办法》)为例,《办法》第19条第1款规定:"运输、携带、邮寄国家禁止进出境的印刷品及音像制品进出境,如实向海关申报的,予以收缴,或者责令退回,或者在海关监管下予以销毁或者进行技术处理。"其上位法《海关行政处罚实施条例》中最接近的法条是第20条,其具体内容为:"运输、携带、邮寄国家禁止进出境的物品进出境,未向海关申报但没有以藏匿、伪装等方式逃避海关监管的,予以没收,或者责令退回,或者在海关监管下予以销毁或者进行技术处理。"通过比较可以发现,《办法》把"运输、携带、邮寄国家禁止进出境的印刷品及音像制品进出境"并"如实申报"的行为创设为违法行为(而《海关行政处罚实施条例》中的行为模式是"未向海关申报……"),而且搭配了"在海关监管下予以销毁"的处罚种类,属于规章无权创设违法行为类型及罚种的情形。

根据2015年3月15日修订的《立法法》第82条规定,省、自治区、直辖市和设区的市、自治州的人民政府有权就广泛的行政管理事项制定地方政府规章并在其中设定行政处罚,而设区的市、自治州的人民政府仅限于城乡建设与管理、环境保护、历史文化保护等方面有权制定地方政府规章并在其中设定行政处罚。当然,之前已经制定的地方政府规章,涉及上述事项范围以外的,继续有效。

这里必须指出的是,《行政处罚法》第13条第2款关于部门规章行政处罚的创设权与《立法法》有所冲突,《立法法》第80条第2款规定:"部门规章规定的事项应当属于执行法律或者国务院的行政法规、决定、命令的事项。没有法律或者国务院的行政法规、决定、命令的依据,部门规章不得设定减损公民、法人和其他组织权利或者增加其义务的规范,不得增加本部门的权力或者减少本部门的法定职责。"根据法律冲突的解决规则:如果从特别法优于一般法的规则来看,《行政处罚法》与

---

① 这些地方人民政府共有80个,参见本章节中关于"地方性法规对行政处罚的设定权"这一部分的注释。

《立法法》可以说是互为特别法。如果从新法优于旧法的规则来看,可以得出《立法法》要优于《行政处罚法》的结论(2021年《行政处罚法》修正时亦未对该条款的创设权本体作实质性修改)。从上位法优于下位法的规则来看,虽然《行政处罚法》与《立法法》都是全国人大审议通过的,同属基本法的范畴,但原全国人大法律委员会的有关领导讲话及有关部委文件认为《立法法》还是"宪法相关法"或"宪法性法律"[1]。据此,宪法性法律的效力与包括《行政处罚法》在内的其他非宪法性法律似乎应有高下之分,特别在针对包括处罚权在内的立法权限该如何划分的重要问题上。此外,2004年的《行政许可法》对地方规章及部门规章就采取了区别对待的方式,根据该法省级政府的地方规章有权设定临时性行政许可,但部门规章就无权设定行政许可,由此可以看出一种立法趋势,而且从执法实践来看,取消部门规章对行政处罚的设定权也不会带来无法执法的情况发生。综上,根据上述《立法法》规定,部门规章不得自主性地设定任何行政处罚,哪怕是轻微的违法行为及与之相搭配的警告和一定数额的罚款,而只能根据上位法(不限于法律,也包括国务院的决定、命令)制定一些执行性的规定。正如有学者所言:首先,其规定的具体内容范围,不超过上位法规定的内容;其次,部门规章是将上位法的原则性规定或比较概括性的规定"细化"为比较具体的、可操作性的规定;最后,部门规章的实施性体现在它所规定的内容不能超出其职权范围。根据《立法法》的规定,"部门规章一定要有上位法才能制定,是非常明确的了"[2]。这应当是从《立法法》范畴内对我国部门规章立法权限的直接诠释,也是我们从基本立法制度的角度认识部门规章立法权限的逻辑起点,更是部门规章在立法过程中必须遵循的"限度"[3]。

案例4.1 孙某诉某县水利局行政处罚案

该案中,法院认为:《河道管理条例》第44条第(4)项规定:"未经批准或者不按照河道主管机关的规定在河道管理范围内采砂、取土、淘金、弃置砂石或者淤泥、爆破、钻探、挖筑鱼塘的",县级以上地方人民政府河道主管机关除责令其纠正违法行为、采取补救措施外,"可以并处警告、罚款、没收非法所得"。而水利局的处罚依据

---

[1] 参见王维澄:《关于有中国特色社会主义法律体系的几个问题》,载http://www.npc.gov.cn/npc/c541/199904/637bd07b3c1045bcaeb8cb70c28699b8.shtml,最后访问日期:2021年4月8日。另见乔晓阳主编:《中华人民共和国立法法讲话》,中国民主法制出版社2008年版,第17页。《教育部关于在国家宪法日深入开展宪法学习宣传教育活动的通知》(教政法〔2014〕12号)。

[2] 参见刘莘:《行政立法研究》,法律出版社2003年版,第72~85页。

[3] 参见沈福俊:《部门规章行政处罚设定权的合法性分析》,载《华东政法大学学报》2011年第1期。

为某省人民政府《关于河道管理的若干规定》第 18 条规定:"未经批准或者不按照河道主管机关的规定在河道管理范围内采砂、取土、淘金、弃置砂石或者淤泥、爆破、钻探、挖筑鱼塘等,由河道主管机关除责令其纠正违法行为、采取补救措施外,可以并处警告、罚款、没收非法所得和用于违法行为的工具。"《关于河道管理的若干规定》所设定的行政处罚种类超出了国务院《河道管理条例》的规定,因此判决撤销了水利局关于没收马车的决定,维持了罚款决定。①

(五)其他规范性文件不得设定行政处罚

其他规范性文件主要包括:无法律或者地方性法规制定权的人大及其常委会制定的规范性文件,无行政法规或者规章制定权的行政机关制定的具有普遍约束力的决定、命令、通知,军事机关、审判机关、检察机关制定的规范性文件,社会团体、行业组织章程,政党的文件等。这些规范性文件不得增加相对人义务,限制相对人权利,因此不得设定行政处罚。但是,规范性文件可以在上位法赋予的自由裁量权范围内,对行政处罚的行为、种类和幅度作出具体规定。② 需要指出的是,有权主体如果不按照法定程序制定的规定也不能称为法律规范。

案例 4.2　北京市海淀区外语电子职业高中诉北京市海淀区财政局行政处罚案

该案中,法院认为:《行政处罚法》第 9 条、第 10 条、第 11 条、第 12 条、第 13 条、第 14 条规定,法律、法规或者规章可以设定行政处罚,其他规范性文件不得设定行政处罚。国务院于 1996 年 4 月 15 日发布的《关于贯彻实施〈中华人民共和国行政处罚法〉的通知》明确规定:"其他规范性文件设定的行政处罚,自行政处罚法施行之日起,一律无效。"区财政局对外语电子职高予以处罚的依据是财监字[1995]29 号文件,这一文件是财政部、审计署、中国人民银行根据国务院办公厅国办发[1995]29 号《关于转发财政部、审计署、中国人民银行联合制定的〈关于清理检查"小金库"的意见〉的通知》所制定,从上述两部文件的文号、颁布形式可知,上述两部文件不属于行政规章的范畴,应属其他规范性文件。上述两部其他规范性文件规定了私设"小金库"行为的构成要件,设定了相应的行政处罚;在《行政处罚法》施行之后,这两部其他规范性文件设定的行政处罚已属无效。根据《会计法(修订草案)》起草者向立法机关所作的说明,现行《会计法》第 16 条关于禁止私设会计账簿

---

① 参见曹康泰主编:《行政处罚法教程》,中国法制出版社 2011 年版,第 40～42 页。
② 参见曹康泰主编:《行政处罚法教程》,中国法制出版社 2011 年版,第 31～33 页。

的规定,就是针对一些单位私设"小金库"的情况而专门增设的条款,《会计法》第42条亦设定了相应的行政处罚。在现行《会计法》对私设"小金库"行为已有专门规定的情况下,区财政局仍直接适用已属无效的财监字〔1995〕29号文件第4条第(2)项设定的行政处罚对外语电子职高作出处罚决定,属适用法律错误,本院不予支持。最终法院撤销了该行政处罚决定。①

案例4.3 李某诉某县土地管理局行政处罚案

该案中,法院认为:被告依党政机关联合下发的《关于严肃查处党政机关干部违纪建私房的暂行规定》对原告处以罚款是不正确的,该规定属于内部规范性文件,依《行政处罚法》不得设定行政处罚,而且《土地管理法》第46条并没有规定罚款的行政处罚。上述暂行规定与《土地管理法》相冲突,因而无效。②

笔者赞同上述法院的判决。此外,国务院有关部门发布或者经过国务院常务会议批准的有关规定是否为行政法规?这一问题在司法实践中争议极大。

案例4.4 苏尾柱诉南沙海关行政处罚案

该案中,法院认为:被诉行政处罚决定所依据的《海关总署、发展改革委、公安部、商务部、工商总局、国务院法制办关于严格查禁非法运输、储存、买卖成品油的通知》(署厅发〔2003〕389号)系海关总署、发展改革委、公安部、商务部、工商总局、国务院法制办根据国务院第15次常务会议精神,并经国务院批准下发的,其中第3条明确规定:"任何单位和个人在内海、领海、界河、界湖和海关附近沿海沿边规定地区运输、储存、买卖成品油无合法、齐全手续的,由海关、公安(边防)、工商行政管理部门依照本通知的规定,对无合法、齐全手续的成品油依法予以没收,不得罚款放行。"被上诉人依据该通知对上诉人作出被诉行政处罚决定并无不当。③

案例4.5 广东省汕尾市汽车配件公司武汉分公司诉武汉海关行政处罚案

该案中,法院认为:《国务院办公厅关于执行国办发〔1993〕55号文件有关问题

---

① 北京市海淀区人民法院(2003)海行初字第41号行政判决书。
② 参见吴志龙等主编:《专家以案释法·行政法卷》,湖北科学技术出版社2001年版,第119~136页。
③ 广东省高级人民法院(2014)粤高法行终字第295号行政判决书。

的复函》(国办函〔1994〕86号)明确指出:"国办发〔1993〕55号文件(指《国务院办公厅关于加强进口汽车牌证管理的通知》——笔者注)是国务院批准下发的,应当作为国家行政机关的执法依据";国办函〔1997〕33号文件即《国务院办公厅关于执行国办发〔1993〕55号和国函〔1996〕69号文件有关问题的复函》〔国函〔1996〕69号文件系指《国务院对禁止非法拼(组)装汽车、摩托车通告的批复》——笔者注〕又明确指出:"这两个文件是经国务院批准发布的,具有行政法规效力,可以作为行政机关实施行政处罚的依据。"上诉人认为国办发〔1993〕55号文件不具有法律、法规效力,海关无权查处被扣车辆的理由亦不能成立。[1]

而有的法院则持相反观点。

案例4.6　龙岩市新罗区东宝石油贸易有限公司诉福建省永定县公安局行政处罚案

该案中,法院认为:根据《行政处罚法》第3条的规定,只有法律、法规和规章才能作为行政处罚的依据,其他规范性文件不能作为行政处罚的依据。根据《行政处罚法》第4条的规定,对违法行为给予行政处罚的规定必须公布,未经公布的,不得作为行政处罚的依据。国务院办公厅1999年9月15日发给各省、自治区、直辖市人民政府,国务院各部委,各直属机构的《关于严格查禁非法进口"红油"的紧急通知》(国办发明电〔1999〕13号)不是法规、规章,更不是法律,且未经公布,不能作为行政处罚的依据。被上诉人做出的行政处罚决定没有法定依据,应确认为无效。[2]

上述判例中所涉及的文件主要是于20世纪90年代由国务院办公厅以自己的名义颁行的一些规范性文件,如《国务院办公厅关于加强进口汽车牌证管理的通知》(国办发〔1993〕55号)、《国务院办公厅关于严格查禁非法进口"红油"的紧急通知》(国办发明电〔1999〕13号),至今仍然作为行政处罚的依据。但上述文件究竟具有什么层级的法律效力?是属于行政法规?还是部门规章?我们可以参阅当时有效的《行政法规制定程序暂行条例》,该条例第3条第1款明确行政法规的名称为条例、规定和办法。对某一方面的行政工作作比较全面、系统的规定,称"条例";对某一方面的行政工作作部分的规定,称"规定";对某一项行政工作作比较具体的

---

[1] 最高人民法院(1999)行终字第8号行政判决书。
[2] 福建省龙岩市中级人民法院(2000)岩行终字第19号行政判决书。

规定,称"办法";第14条明确行政法规草案由国务院常务会议审议,或者由国务院总理审批;第15条明确经国务院常务会议审议通过或经国务院总理审定的行政法规,由国务院发布,或由国务院批准、国务院主管部门发布。而根据1982年《国务院组织法》第5条规定:"国务院发布的决定、命令和行政法规,向全国人民代表大会或者全国人民代表大会常务委员会提出的议案,任免人员,由总理签署。"而上述文件无法证明经过了国务院常务会议审议或经过了国务院总理审批及总理签署,名称上也不符合上述规定的要求,发布主体也不符合规定(国务院办公厅不属于国务院主管部门,其仅属于内设机构),因此不属于行政法规;同时,国务院办公厅并没有行政处罚权,因此上述以其名义颁行的文件也不属于部门规章。因此,笔者认为上述文件既不是行政法规,也不是部门规章,而且也不符合行政解释的特征,因此仅仅属于普通规范性文件。而根据1996年《行政处罚法》规定,法律、行政法规、地方性法规、规章之外的其他规范性文件不得设定行政处罚。根据1996年《行政处罚法》第64条第2款的规定:"本法公布前制定的法规和规章关于行政处罚的规定与本法不符合的,应自本法公布之日起,依照本法规定予以修订,在1997年12月31日前修订完毕。"令人遗憾的是,在《行政处罚法》1996年颁行后1年多的修订期内上述文件没有得到及时废止或合法转换,而且在超出原定修订期长达20余年的今天仍在发挥作用。同时,国务院办公厅在由有关部门转达相对人对上述文件效力的质疑后仍在一些文件中坚持上述文件的有效性,如《国务院办公厅关于执行国办发〔1993〕55号文件有关问题的复函》(国办函〔1994〕86号)第1条就明确55号文是国务院批准下发的,应作为国家行政机关的执法依据。可是,执法实践因此遭到的质疑包括司法机关的诘问仍然不断,建议有关部门依照《行政处罚法》《立法法》等规定对之予以清理。再接着看2003年《海关总署、发展改革委、公安部、商务部、工商总局、国务院法制办关于严格查禁非法运输、储存、买卖成品油的通知》(署厅发〔2003〕389号,以下简称389号文)的效力如何? 根据2001年《行政法规制定程序条例》第4条第1款的规定,行政法规的名称一般称"条例",也可以称"规定""办法"等。国务院根据全国人民代表大会及其常务委员会的授权决定制定的行政法规,称"暂行条例"或者"暂行规定"。第27条第1款规定,国务院法制机构应当根据国务院对行政法规草案的审议意见,对行政法规草案进行修改,形成草案修改稿,报请总理签署国务院令公布施行。根据2000年《立法法》第60条,行政法规的决定程序依照中华人民共和国国务院组织法的有关规定办理。根据1982年《国务院组织法》第5条规定:"国务院发布的决定、命令和行政法规,向全国人民代表大会或者全国人民代表大会常务委员会提出的议案,任免人员,由总理签署。"同样2000年《立法法》第61条也规定"行政法规由总理签署国务院令公布"。由此可见,

389号文不符合名称的要求,也不是以国务院为制定及发布主体,更没有以国务院令的形式公布实施,因此,笔者认为其不属于行政法规,仅属于普通的规范性文件。综上所述,笔者不赞同上述案例4.4苏尾柱案及案例4.5广东省汕尾市汽车配件公司案中法院的观点,笔者认为上述案例4.6龙岩市新罗区东宝石油贸易有限公司案中法院的观点是正确的。

此外,对于下位法屡屡突破上位法的现象,主要是由于立法监督乏力、改变或者撤销制度运行不畅、部门利益和地方利益倾向严重、立法责任制度缺失等原因造成的。笔者认为,应当通过建立规章的司法审查制度,用司法权平衡制约过于庞大的行政立法权;遏制部门和地方利益倾向,进一步规范财政运行;建立科学的立法考核评估机制,建立健全行政立法责任追究机制等途径加以解决。

第五章 行政处罚主体

行政处罚主体即行政处罚实施主体,是指有权以自己的名义对所认定的违反行政法律规范的相对人运用行政处罚权作出行政处罚的具有相对独立性的组织。其中的行政处罚权具有积极性、主动性、强制性、侵益性、直接性、单方性、广泛性、经常性等特点。而行政处罚主体则具有以下三个特点:第一,必须享有行政处罚权利;第二,必须能够以自己的名义作出行政处罚决定,虽然有权对所认定的违反行政法律规范的相对人作出行政处罚,但不能以自己的名义作出行政处罚的不能成为行政处罚主体;第三,必须能够独立承担因实施行政处罚权而产生的法律责任。这里的法律责任是指行政处罚主体要能够独立承担行政复议被变更、撤销或行政诉讼败诉,承担国家赔偿等法律后果。上述特点表明:要成为一个适格的行政处罚主体,不仅要有行政处罚的权利能力和行为能力,还要有诉讼主体资格和赔偿能力。

一、行政机关

行政机关,是指法律规定行使国家行政管理职能,执行法律,组织管理国家行政事务的国家机关。所谓行政机关,必须具备下列条件:一是其成立获得了有权法定机关批准;二是获得了有效法律文件的确认;三是有独立明确的行政管理职能权限;四是有法定的编制和人员;五是有独立的行政经费;六是能够独立承担法律责任。

行政机关虽然都具备一定的行政管理职能,但并非所有的行政机关都具有行政处罚主体资格。具备行政处罚权的行政机关还必须同时具备以下三个条件:

第一,必须具有外部行政管理职能。行政处罚具有外部性,是给予违反了外部行政法律规范的相对人的一种制裁。它所针对的对象不是正在履行行政管理职能及公务的国家机关及其工作人员,而是一般意义上的相对人。凡是不具备外部管理职能的行政机关均不得成为行政处罚主体,如人事部门、机关事务管理部门、内部协调部门、决策咨询机构等都不能作为行政处罚主体。

第二,必须依法得到法定明确授予的行政处罚权。具备外部行政管理职能的行政机关并非都天然地享有行政处罚权,还必须法律明文规定其享有行政处罚权才行。比如某个行政机关虽然具有外部行政管理职能,但是它所执行的所有法律中均没有明确规定相对人违法时所应承担的行政处罚责任,就不能说它具备了行政处罚权。再如某部法律虽然明确规定了相对人违法时所应承担的行政处罚责任,但并没有明确由哪一个行政机关去实施,也不能断定那一个行政机关就具备了行政处罚权。

第三,法定授权的行政处罚权应当小于或等于其外部行政管理职能。行政处罚权属于单行法授权的行政权,未经法定明确授权并在法定范围内,行政机关不得实施行政处罚,易言之,违反行政法律规范,侵犯行政管理秩序的行为只能由主管行政机关依职权给予行政处罚,并非任何行政机关对任何行政违法行为都有权实施行政处罚,比如违反检验检疫方面法律的违法行为不能由公安部门去实施行政处罚。而且,每个行政机关具体能实施什么种类、幅度的行政处罚,也都是由法律明确规定的,比如行政拘留就只能由公安机关去决定和执行,其他任何行政机关都无权成为该种行政处罚主体。

(一)人民政府

从理论上来说,各级政府都有可能成为行政处罚主体,包括国务院。因为《宪法》规定了国务院拥有立法权、采取行政措施权以及广泛的行政管理权,不排除其可以通过行政立法的形式赋予自己实施行政处罚权,但从执法实践来看,国务院目前还没有作为行政处罚主体。而且从法理上分析,层级越高的政府亲自实施行政处罚的可能性越小,其主要是把握宏观方面的管理、指导和协调。在实践中,各级政府作为行政处罚主体主要有以下三种情形:

第一,通过直接管理途径成为行政处罚主体。如《大气污染防治法》第102条第2款规定:"违反本法规定,开采含放射性和砷等有毒有害物质超过规定标准的煤炭的,由县级以上人民政府按照国务院规定的权限责令停业、关闭。"

第二,通过间接管理途径成为行政处罚主体。这种行政处罚主体是指由各级政府组建的临时性综合执法机构实施行政处罚,但由于该类综合执法机构本身不具有独立承担责任的能力,依法应由组建它的政府承担责任,如市政府组建的民用煤市场清理整顿领导小组就是由若干个职能机关组成,没有编制和经费,不是独立的行政主体,在这种情形下组建它的政府就成为又一种行政处罚主体。

第三,通过后续救济途径成为行政处罚主体。根据《行政复议法》第28条规定,如果行政处罚明显不当的,作为行政复议机关的政府有权直接变更。而《行政诉讼法》第 26 条规定,经复议的案件,复议机关决定维持原行政行为的,作出原行政行为的行政机关和复议机关是共同被告;复议机关改变原行政行为的,复议机关是被告。也就是说,无论政府是维持还是变更原行政处罚决定,都会成为行政诉讼被告。因此,可以说政府在行政复议中如果变更了原行政处罚就等于作出了一个新的行政处罚决定。如果仅仅从初罚权的角度来看,这里有权实施行政处罚的主体也许不包括政府,但如果从变更处罚权或二次处罚权的角度来看,理应将政府包括在内。①

(二)职能机关

职能机关,是指宪法和组织法中所规定的各级政府的行政职能管理部门。国家权力机关按照事务性质、管理对象、专业领域等因素将政府划分为若干不同的职能部门系统,如专门承担质量检测监督及检验检疫的机关系统,专门承担市场经济活动职能的工商行政管理机关系统,等等。按照层级来分,职能机关可分为国务院的职能机关及地方政府的职能机关两大类。

国务院的职能机关包括作为国务院组成部门的部、委等机关、国务院直属机构及某些特定的监管机构。国务院职能机关主管全国范围内的相关职能领域事项,主要承担领导、组织、指挥、监督、协调等职能,较少直接实施行政处罚。笔者注意到,目前有的国务院的职能机关作为一个行政处罚主体存在法律依据不足的情形,亟待完善。如作为一个拥有广泛行政管理权限的机构——中国证监会(类似的情形还有中国保监会、中国电监会、中国银监会等)的法律地位就比较尴尬:一方面,作为中国证监会组建依据的《中国证券监督管理委员会职能配备、内设机构和人员编制规定》(1998 年国务院办公厅发布)仅仅是国务院的一个规范性文件而非行政法规,且其对中国证监会的定位为"国务院直属事业单位",因而中国证监会既不是正式的行政机关,也不是法律、法规授权的组织;另一方面,中国证监会的权力又远远大于一般意义上的"法律、法规授权的组织",它不仅享有制定规章及创设行政处罚的权力,而且还拥有直接实施行政调查及行政处罚的权力。②

地方政府的职能机关是指县级以上政府所设立的各个行政职能管理部门,其中县级政府的各行政职能管理部门是最基层的职能机关,也是基层一线执法机关,直接面对相关专业领域事项及相对人实施管理活动,包括对其违法行为实施行政

---

① 参见杨小君:《行政处罚研究》,法律出版社 2002 年版,第 91~102 页。
② 参见章志远:《行政法学总论》,北京大学出版社 2014 年版,第 132 页。

处罚。县级以上政府的行政职能管理部门依照所管理领域事项的差异性以及相关专业法律制度规定的不同,既在领导、决策、指挥、协调、监督等方面采取逐级递增模式行使相应权力,也在对行政违法案件的查处方面采取逐级递减模式行使一定的行政处罚权。

在国务院的职能机关与地方政府的职能机关以及各职能机关之间,由于各自所承担的专业事项在性质、范围、对象、专业要求及其规律性等方面以及在考虑全国统一执法尺度还是侧重地方性执法自主方面存在差异等因素的影响,既存在各级政府中不同性质的职能机关之间的横向专业职能划分与相互协作关系,也存在各级政府中相同职能机关之间的纵向隶属关系,如工商系统,也存在国务院职能机关之下的全国垂直隶属关系,如海关系统,还存在省级政府职能机关之下的地方垂直关系,如地税系统。

《行政处罚法》第18条第1款规定:"国家在城市管理、市场监管、生态环境、文化市场、交通运输、应急管理、农业等领域推行建立综合行政执法制度,相对集中行政处罚权。"据此,依法行使相对集中行政处罚权的机关也是一类具有独立法律地位的行政处罚主体。根据《国务院办公厅关于继续做好相对集中行政处罚权试点工作的通知》(国办发〔2000〕63号),"集中行使行政处罚权的行政机关应当作为本级政府的一个行政机关,不得作为政府一个部门内设机构或者下设机构"。根据《国务院关于进一步推进相对集中行政处罚权工作的决定》(国发〔2002〕17号),"对集中行使行政处罚权的行政机关作出的具体行政行为不服提出的行政复议申请,由本级人民政府依法受理;上一级人民政府设立集中行使行政处罚权的行政机关的,申请人也可以选择向上一级人民政府设立的集中行使行政处罚权的行政机关提出行政复议申请,由该行政机关依法受理"。

(三)派出机关

派出机关,是指县级以上政府依法设立的代表本级政府在一定区域内行使行政管理权的机关,具体包括省级政府设立的行政公署、县级政府设定的区公所、市辖区及不设区的市级政府设立的街道办事处。派出机关作为行政机关的法律地位已被相关法律制度予以认可,如《行政复议法》第15条第1款第(1)项规定:"对县级以上地方人民政府依法设立的派出机关的具体行政行为不服的,向设立该派出机关的人民政府申请行政复议。"派出机关代表其设立的政府机关履行管理职能,但其并不是以设立的政府机关名义行使职权职责,而是以自己的名义实施与其相当一级的政府机关的事项管理范围及活动。派出机关经单行法律制度赋予一定行政处罚权的,也可以成为行政处罚主体,如《流动人口计划生育工作条例》就直接赋予了街道办事处一定的行政处罚权。

二、被授权组织

《行政处罚法》中的"授权",是指特定的国家机关按照法定的形式把某些行政管理权授予行政机关以外的组织行使,使该组织具有行政管理的主体资格,可以以自己的名义行使行政管理权及行政处罚权,并独立承担由此产生的法律责任。要注意,授权是一种立法行为,而不是一种行政行为。凡是在法律条文中出现明确出现的"授权"或相当于"授权"意思的字样及明确写出被授权单位的名称来的,才叫"授权",否则就可能是委托。如《野生动物保护法》第40条规定:"省、自治区、直辖市人民政府野生动物保护主管部门或者其授权的单位批准",根据上述判断标准,由于该法条并没有写出被授权单位的具体名称来,因此只能是委托。又如《公路法》第8条规定"县级以上地方人民政府交通主管部门可以决定由公路管理机构依照本法规定行使公路行政管理职责。"根据上述判断标准,由于该法条明确写出了相当于"授权"意思的"决定",而且也指明了被授权单位的名称,因此属于《行政处罚法》意义上的"授权"。根据《行政处罚法》第17条的规定:"法律、法规授权的具有管理公共事务职能的组织可以在法定授权范围内实施行政处罚。"这就意味着能够作为授权的法律依据只能是法律、法规。但《最高人民法院关于适用〈中华人民共和国行政诉讼法〉的解释》第20条规定:"……法律、法规或者规章授权行使行政职权的行政机关内设机构、派出机构或者其他组织,超出法定授权范围实施行政行为,当事人不服提起诉讼的,应当以实施该行为的机构或者组织为被告。没有法律、法规或者规章规定,行政机关授权其内设机构、派出机构或者其他组织行使行政职权的,属于行政诉讼法第26条规定的委托。当事人不服提起诉讼的,应当以该行政机关为被告。"而《行政诉讼法》第2条第2款也规定"前款所称行政行为,包括法律、法规、规章授权的组织作出的行政行为"。如果以上述司法解释及《行政诉讼法》为依据,规章实际上也可以作为授权的依据。至于我们日常生活中经常听到行政机关说我单位授权某单位去干什么,如果不符合上述判断标准,就很有可能是委托甚至是非法委托。从授权的条件来看主要有五个:一是主体条件。必须是具有立法权的主体才有资格通过立法形式规定授权。二是内容条件。授出的行政处罚职权应具有可转让性,专有权力如限制人身自由权就不得从公安机关手中转而授予其他组织。授权范围必须明确具体,不得超出自身职权范围和法定范围授权。同时也不得转授权。三是对象条件。被授权组织必须是管理公共事务的组织。四是形式条件。从形式上来说,行政处罚权的授权必须通过法律、法规、规章规定,其他规范性文件不得规定授权。具体授权时,必须以公开的书面公告的方式对外发布。五是次数条件。授权只能实施一层,而不能转授权或再授权。授权是赋予非行政机关行政处罚主体资格的行为。常见的被授权组织包括行政机构、企事业单位、基层群众性自治组织和社会团体等。

(一)行政机构

1. 派出机构

派出机构主要是指县级以上政府行政管理职能部门按照一定区域设立的代表其行使职权的工作机构,如公安派出所、税务所、财政所等,其中有些经依法授权取得了行政处罚主体资格。如《税收征收管理法》第74条规定"罚款额在2000元以下的,可以由税务所决定"。再如《治安管理处罚法》第91条规定"警告、500元以下的罚款可以由公安派出所决定"。

2. 内设机构

内设机构,是指行政机关在机关内部设置的承担一定事务的工作机构,其中部分职能性机构经依法授权取得了行政处罚主体资格。如《道路交通安全法》就规定了由公安机关交通管理部门实施交通行政处罚。再如《消防法》第70条规定"除本法另有规定的外,由公安机关消防机构决定"。[①]

(二)事业单位

如《教育法》第29条规定"学校及其他教育机构"有权"对受教育者进行学籍管理,实施奖励或者处分",其中某些处理措施如开除学籍、取消考试成绩就属于行政处罚种类,因此说学校及其他教育机构属于行政处罚主体。

(三)行业协会

如《反兴奋剂条例》第46条第1款规定:"运动员违反本条例规定的,由有关体育社会团体、运动员管理单位、竞赛组织者作出取消参赛资格、取消比赛成绩或者禁赛的处理。"笔者认为取消参赛资格、取消比赛成绩或者禁赛的处理属于行政处

[①] 参见应松年主编:《行政处罚法教程》,法律出版社2012年版,第108~127页。

罚种类,因此说有关体育协会也属于行政处罚主体。

在实践中,有很多内设机构或下属机构在没有法定授权的情形下以自己的名义作出行政处罚。

案例5.1　某某某诉建昌县城乡规划建设局行政处罚案

该案中,法院认为:行政机关在行政执法活动中要严格依法行政,只有法律、法规的明确授权才可对行政相对人作出相应的行政处罚。本案建昌县城乡规划建设监察大队系被告内设机构,因其没有法律、法规之明确授权而不能以自己名义对行政相对人作出具体行政行为,故对原告作出了行政处罚系超越职权的行为。①

案例5.2　彭锋诉哈密市国土资源监察大队行政处罚案

该案中,法院认为:行政机关应当在法律、法规赋予的职权范围内实施具体行政行为,否则其行政职权就无法律依据,构成越权。而越权无效是行政法的基本原则。根据《土地管理法》第76条的规定,对非法占用土地等违法行为有权实施处罚的主体应当是县级以上政府土地主管部门,哈密市国土资源监察大队在没有法律依据、法规授权的情况下,以自己的名义对外行使行政处罚权,属超越职权的具体行政行为,应予撤销。②

案例5.3　鲁山县科正工程质量检测有限公司诉鲁山县价格管理中心行政处罚案

该案中,法院认为:涉案具体行政行为是由鲁山县价格管理中心物价监督检查所作出。物价监督检查所是被告的下属机构。法律、法规、规章并未授权物价监督检查所可以以自己名义独立作出具体行政行为。《行政处罚法》规定行政处罚由具有行政处罚权的行政机关在法定职权范围内实施,行政处罚决定书必须盖有作出行政处罚决定的行政机关的印章,而非其内设或下属机构。行政机关下属机构以自己的名义对外执法,主体资格欠缺,属超越职权。③

---

① 辽宁省建昌县人民法院(2013)建行初字第00004号行政判决书。
② 新疆维吾尔自治区哈密地区中级人民法院(2009)哈中行终字第5号行政判决书。参见最高人民法院行政审判庭编:《中国行政审判案例》(第4卷),中国法制出版社2012年版,第155~158页。
③ 河南省鲁山县人民法院(2011)鲁行初字第325号行政判决书。

三、被委托组织

《行政处罚法》中的"委托"是指具有行政处罚权的行政机关将其行政处罚权委托某个组织实施。它具有以下特征：第一，委托人必须是行政机关；第二，委托人所委托的行政处罚权，必须是其本身具有的职权；第三，委托必须有法律依据，否则不得委托；第四，被委托的组织可以是其他行政机关、社会组织，但不能是个人；第五，专项权力不得委托，如限制人身自由的处罚不得委托其他组织实施；第六，委托不发生职权职责、法律后果及行政主体资格的转移。在实践中，委托处罚主要是指：①行政机关直接处罚有一定困难；②行政处罚事项及相关管理事项因具有变动性、专业性、临时性和群众性，而不宜由行政机关直接处罚；③处罚较轻的情形。

委托与授权均属于行政法上的职权转移。但是，受委托组织与授权组织在行政法上的地位有四点不同：第一，权力来源不同。委托关系中的权力来源于行政机关的命令，而授权中的权力来源于法律、行政法规或者地方性法规规定的直接授予。第二，权力的性质不同。委托关系中所获得的权力是不能独立行使的，受委托人只能以委托人的名义行使，不能以自己的名义行使；而授权组织所获得的权力可以以自己的名义行使。第三，法律地位不同。受委托人不具有独立的处罚主体资格，因此其行使委托的权力所产生的法律后果，由委托的行政机关承担；授权组织具有处罚主体资格，因而其行使法律、行政法规或者地方性法规授予的权力所产生的法律后果，由自己承担。第四，行为性质不同。通过委托获得的行政处罚权的行使具有诸多限制，如不能以自己的名义实施行政处罚，权限也随时可能被委托机关收回并且不得转委托。而通过授权获得的行政处罚权往往比较完整。委托一般还要征得被委托方同意。而授权是单方行为，不以被授权方同意为要件。

根据《行政处罚法》第 20 条和有关法律、法规的规定，行政机关委托实施行政处罚权应遵循下列五个规则：第一，法定规则。行政机关委托组织实施行政处罚，必须是法律、法规及规章明确规定可以委托实施的行政处罚。必须是法律明确规定可以委托的，才能进行委托，而不能认为凡是法律没有禁止的就可以委托委托组织的，还必须符合《行政处罚法》第 21 条规定的条件。第二，有限规则。行政机关可以将其自己权限内的行政处罚权中的某一部分委托组织实施。笔者认为将自己的权力全部委托出去的做法是不妥当的。第三，书面规则。委托必须是书面方式。委托书中应当载明：委托组织和受委托组织的名称，具体委托行政处罚的种类、事项范围和权限，委托的期限，滥用委托的行政处罚权的法律责任等。第四，监督规则。委托行政机关对受委托组织实施行政处罚应当负责监督，应当定期或者不定期地进行检查,一旦发现受委托行政机关或者组织违法实施行政处罚,应当及时予以纠正;对有关违法执法人员应当建议有关机关或者组织处理;对违法实施行政处罚严重的受委托的行政机关或者组织,可以解除委托。第五,责任规则。委托行政机关对受委托组织在委托权限范围内,实施的行政处罚所产生的法律后果承担法律责任。这里所讲的法律责任包括承担复议被申请人的责任、行政诉讼的被告责任,承担违法行使行政处罚权的行政赔偿责任等。

在实践中,行政处罚委托出现的问题较多,主要集中在以下几个:一是委托方违法委托,有的没有法律依据就委托,有的不符合委托的必要性就委托,有的不考虑受委托方的条件就委托;二是受委托方滥用委托权限,滥用职权主要体现在超越委托的或法定的罚种、幅度等;三是受委托方乱罚款、乱收费现象较为严重,主要原因是其可以从罚款或收费里面直接"提成"作为执法经费及工资福利待遇,难以保证执法公正;四是委托后责任不明;五是监控力量薄弱,委托前缺乏论证,委托中缺乏明细的责任分配,委托后缺乏监督追责。笔者认为,为解决以上问题,应当采取以下几项措施:一是实行追责制度;二是建立委托前的必要性、可行性论证机制;三是建立委托公示制度;四是在委托协议中明晰法律责任;五是建立受委托人的利益与罚款、收费分离机制,但前提是要从财政预算中确保受委托人的正常执法所需经费及工资福利待遇;六是限制受委托人的自由裁量权,细化自由裁量标准;七是建立健全全方位的监督机制。

在实践中,有的机关以法律、法规、规章之外的其他规范性文件为本源性依据并据此进行授权委托,应当指出这属于无效授权或无权委托。

案例5.4　张少纪诉南阳市水利局行政处罚案

该案中,法院认为:被告作出的豫水罚字〔1997〕第01号处罚决定,依据《水法》第45条、《河南省水法实施办法》第48条之规定,确认原告无证采砂,缺乏法律依据,其理由不能成立。被告称河南省水利厅豫水管字〔1995〕24号批复规定,唐河、白河属省管河道,授权南阳市水利局直接管理,因此第三人(南阳市宛城区水利局)不是白河的主管机关,无权就白河的采砂进行许可发证。根据《行政处罚法》第18条第1款之规定,被告在该处罚决定中引用的《水法》《河南省水法实施办法》均无授权委托的规定。而省水利厅豫水管字〔1995〕24号批复不属于法律、法规、规章。该授权委托属于无效行为。根据《水法》第9条、《河南省水法实施办法》第8条、第9条、第24条第4款之规定,县级以上水行政主管部门是本辖区的河道主管机关,有权对辖区内的河道采砂实施管理。原告持证采砂在有效期内,并缴纳了河道采砂管理费,其行为合法。被告以原告无证采砂为由予以处罚,缺乏法律支持。①

实践中,有的行政机关因委托行政执法程序违法导致被委托方不具备委托执法资格。

案例 5.5　严志荣诉松滋市饲料工作办公室行政处罚案

该案中,二审法院认为:松滋饲料办辩称:松滋市畜牧兽医局、松滋饲料办与松滋市动物卫生监督所之间的《行政执法授权委托书》,虽然没有列明饲料执法,但其内部实际已将所有的畜牧综合执法权都委托给松滋市动物卫生监督所,饲料执法属于畜牧执法,畜牧兽医执法人员也就具有合法的执法主体资格。本案具体涉及行政强制与行政处罚,行政强制权与行政处罚权的委托,法律规定必须依法明确授权。上述《行政执法授权委托书》,并未明确授权松滋市动物卫生监督所可以行使饲料管理行政执法权。松滋饲料办内部认可,对外不具有法律约束力。松滋饲料办认为畜牧兽医执法包括饲料执法,畜牧兽医执法人员,因此也就具有合法的执法饲料主体资格的观点,无事实与法律依据。松滋饲料办对涉案饲料实施证据登记保存和抽样取证,是为了防止证据损毁而采取的暂时性限制措施,属于行政强制措施。在本案中,松滋市动物卫生监督所无权替代松滋饲料办行使行政强制措施权。该所行政执法主体要件不合法。②

需要注意的是,虽然根据《行政处罚法》第 20 条等规定可以委托行政处罚,但这并不必然导致被委托组织就拥有了行政强制权,因为根据《行政强制法》第 17 条规定,行政强制措施权不得委托。

案例 5.6　严志荣诉松滋市饲料工作办公室行政处罚案

该案中,一审法院认为:被告市饲料办公室对涉案饲料实施证据登记保存和抽样取证,是为了防止证据损毁而采取的暂时性限制措施。该行为符合行政强制措施行政性、强制性、暂时性、阶段性等主要特征,属于行政强制措施。《行政强制法》第 17 条第 1 款规定,行政强制措施权不得委托。本案中,松滋市动物卫生监督所无权替代被告市饲料办公室行使行政强制措施权。松滋市动物卫生监督所对涉案饲

---

① 河南省南阳市卧龙区人民法院(1997)宛龙行初字第 94 号行政判决书。
② 湖北省荆州市中级人民法院(2014)鄂荆州中行终字第 00020 号行政判决书。

料实施证据登记保存,行政执法主体要件不合法。[1]

根据《行政处罚法》第 21 条的规定,被委托组织实施行政处罚还必须同时具备以下三个条件:第一,必须是依法成立的具有管理职能的事业组织。具有管理职能的事业组织,是指为国家创造或者改善生产条件,从事为工农业生产服务活动,为满足人民文化、教育、卫生等管理需要设立,不以营利为目的的组织。具有管理职能的事业组织只有是依法成立的,才能够授予其行政执法权。为防止不正当竞争行为,以权谋私,不能委托具有营利性质的事业组织实施行政处罚。第二,有熟悉有关法律、法规、规章和业务并取得行政执法资格的工作人员。行政处罚是一项严肃的执法工作,执法人员必须熟悉有关的法律、行政法规、地方性法规和规章,具有较强的专业知识,才能做好这项工作。而且,执法人员还必须具备行政执法资格,这无疑可在一定程度上提升执法人员素质。因此,有熟悉有关法律、行政法规、地方性法规、规章和业务并取得行政执法资格的正式人员,也是授权的必要条件。第三,应当具有相应的技术检查或者技术鉴定等条件。这是对受委托组织的技术条件的要求。只有具有受委托处理的违法行为需要进行技术检查或者技术鉴定等条件的,才具有对这类违法行为处理的能力,才能保证其作出的处罚决定的正确性。

根据《行政处罚法》第 20 条的规定,受委托的组织行使行政处罚权应当遵守下列三个规则:第一,名义规则。必须以委托的行政机关的名义实施行政处罚权,如果以自己的名义实施行政处罚权,属于无效行为,所产生的法律后果,不是由委托的行政机关承担,而是由其自己承担。第二,有限规则。不得超出委托的权限。受委托人只可以在具体委托可以实施的行政处罚种类和可以适用的条件内,实施行政处罚。受委托人不能超出委托的权限,凡是超出委托权限的行政处罚权的行为,所产生的法律后果亦由其自己承担。第三,禁止再委托规则。受委托的组织不得将行政机关委托其行使的行政处罚权再委托其他任何组织或者个人行使。凡是再委托其他组织或者个人行使行政处罚的,均是违法委托行为,所作的行政处罚决定属于无效,由此产生的法律后果,只能由其自己承担。[2]

根据《行政处罚法》第 20 条的规定,被委托组织不得以自己的名义实施行政处罚,但在实践中仍有不少被委托组织擅自以自己的名义实施行政处罚。

---

[1] 湖北省松滋市人民法院(2013)鄂松滋行初字第 00019 号行政判决书。
[2] 参见蔡小雪:《试论实施行政处罚的主体》,载《法律适用》1996 年第 5 期。

案例5.7 毛欣荣诉郑州市城市管理局行政处罚案

该案中,法院认为:《郑州市城市环境卫生管理条例》第11条规定,市人民政府城市管理行政执法部门负责本市市区违反本条例行为的查处工作。市人民政府城市管理行政执法部门根据需要可以设派出机构或委托有关单位实施对违反本条例行为的查处。在本案中,高新城管执法分局是受被告郑州市城市管理局委托对其管辖范围内的城市管理行使行政执法权。《行政处罚法》第18条规定:"行政机关依照法律、法规或者规章的规定,可以在其法定权限内委托符合本法第十九条规定条件的组织实施行政处罚。行政机关不得委托其他组织或者个人实施行政处罚。委托行政机关对受委托的组织实施行政处罚的行为应当负责监督,并对该行为的后果承担法律责任。受委托组织在委托范围内,以委托行政机关名义实施行政处罚;不得再委托其他任何组织或者个人实施行政处罚。"高新城管执法分局作出的罚款决定是以自己的名义对原告实施的行政处罚,而不是以委托行政机关即本案被告的名义实施的行政处罚,不符合上述法律规定,属超越职权。①

根据《行政处罚法》第19条及第20条等规定可知,一般情况下个人不属于法定授权或法定委托行政处罚的适格主体。

案例5.8 李健雄诉广州市公安局交通警察支队花都大队行政处罚案

该案中,法院认为:本案原告认为对其作出行政处罚决定的执法主体是协警,不是交通警察,因此不具有执法资格,对此被告并未否认,并据此作出《撤销公安交通管理简易程序处罚决定书》,以执法主体不适格为由,主动撤销对原告的处罚决定。因此,本院认定被告对原告作出的处罚决定存在执法主体不适格的情形,违反《行政处罚法》第34条的规定,鉴于原告不撤诉,遂判决确认被告的处罚决定违法。②

---

① 河南省郑州市中原区人民法院(2012)中行初字第16号行政判决书。
② 广州市花都区人民法院(2014)穗花法行初字第8号行政判决书。

第六章 行政处罚的管辖

一、行政处罚管辖概述

行政处罚的管辖,是指依法享有行政处罚权的行政处罚主体之间对行政处罚案件进行最初查处的分工与权限。确定行政处罚管辖的目的是解决究竟应当由哪一级与哪一个行政处罚主体来具体行使行政处罚权的问题。这里所说的管辖要强调的是查和处的统一归口管理,而非单指其一,故实践中几个行政处罚主体如果同时办理一个案件,但最后只是仅由其中一个行政处罚主体作出处罚的,不能称为联合管辖,只能称为联合办案或联合调查。

行政处罚权与行政处罚管辖权密切相关。行政处罚权是行政处罚管辖权的前提和基础,行政处罚管辖权是行政处罚权的存在方式和必然表现。可以这么说,行政处罚权代表着一种行政处罚的权利能力和抽象权利,而行政处罚管辖权则代表了一种行政处罚的行为能力和具体行为。而对行政处罚案件的具体查处正是通过实施行政处罚管辖权来具体落实和体现的,实施行政处罚管辖权既意味着行使公权力还意味着该主体应承担起因此而生发出来的法律义务及法律责任。

凡不属于行政处罚权范围的事项,行政处罚主体都无权管辖,比如刑事案件要移交给司法机关处理,而民事案件一般来说也要移交给其他机构处理。关于一件事项如果要在行政处罚主体与非行政处罚主体之间划分分工与权限的问题,应当属于主管范畴的问题,而非这里探讨的管辖的问题。但如果行政处罚主体处理了应当由非行政处罚主体管辖的事务也同样应归入越权行政,当属无效。

在实践中,部分行政处罚主体违反了行政处罚主体与非行政处罚主体之间关于分工和权限的规定,有的行政处罚主体不当侵入了民事领域。

案例6.1　永州市华创置业发展有限公司诉永州市经济和信息化委员会行政处罚案

该案中,法院认为:被上诉人华创置业公司所欠电费是属于民事法律关系,属于民事审判范畴,上诉人市经信委将此也作出行政处罚,是超越职权行为。①

案例6.2 何松照诉登封市公安局行政处罚案

该案中,法院认为:原告何松照与颍南建筑安装有限公司联合开发豫龙花园因发生民事纠纷,何松照诉至登封市法院,该案在审理期间已裁定该工程停止施工。颍南建筑安装有限公司不按裁定履行继续施工并出售部分房屋,原告的行为属民事诉讼案件受理后的侵权行为,且对水、电路双方已在承包合同中已有约定。因目前该民事案件尚在审理之中,故原告的行为不能定性为故意毁坏公私财物。综上所述,被告对原告作出的行政处罚属超越职权适用法律、法规错误。②

案例6.3 邵宏升诉厦门市公安局集美分局行政处罚案

该案中,法院认为:被告所提交的证据中,均无被投诉人即叶雄志本人要求保护其名誉权的意思表示,仅有"集美交警大队要求对该举报人进行严肃处理"的表述。然而,名誉权因其所具有的人身权性质,与特定的公民或者法人的人格尊严相互关联,密不可分,不能转让亦不能由他人代为行使,集美交警大队不能代替叶雄志提出保护其名誉权的要求。被告在叶雄志本人未提出申请的情况下,未尽注意义务,受理了不应当受理的案件,并介入调查,对原告施以处罚,属滥用职权。③

还有的行政处罚主体不当侵入了刑事执法领域。

案例6.4 桂林市桂全信息咨询有限公司诉桂林市公安局行政处罚案

该案中,法院认为:被上诉人桂林市公安局以上诉人桂全公司行为违法,对上诉人作出没收非法所得128万元人民币,罚款30万元的行政处罚决定适用的法律依据均属行政管理方面的法律规范,没有适用刑事法律规范,且公安机关在刑事侦查阶段没收违法所得无法律依据。被上诉人桂林市公安局的行为符合具体行政行为的特征,是行政处罚行为,而不是刑事侦查行为。国务院证券委员会《关于禁止证券欺诈行为暂行办法》第18条、第19条,国家外汇管理局《关于处理非法从事外汇期货交易机构的意见》的通知第6条,中国证监会、国家外汇管理局、国家工商

---

① 湖南省永州市中级人民法院(2012)永中法行终字第42号行政判决书。
② 河南省登封市人民法院(2005)登行初字第36号行政判决书。
③ 福建省厦门市集美区人民法院(2003)集行初字第2号行政判决书。

局、公安部《关于严厉查处非法外汇期货和外汇按金交易活动的通知》第1条、第2条、第3条、第4条等规定已明确,对非法经营股票、期货的行为由外汇管理部门、证券监督管理部门、工商行政管理部门依据各自的职权进行处罚,行为构成犯罪,应追究刑事责任的,由以上有关部门移送公安机关侦查。但以上规定均未明确授权公安机关对非法经营股票、期货行为可以行使行政处罚权,被上诉人桂林市公安局对桂全公司作出行政处罚,违反了《行政处罚法》第15条的规定,超越了职权。[①]

行政处罚管辖主要是要解决三方面的问题:由何类主体、何级主体、何地主体来最初查处行政处罚案件的问题,相应地分别由职能管辖、级别管辖及地域管辖具体来解决。附带还要探讨的管辖问题有:转移管辖、移送管辖、共同管辖、协商管辖、指定管辖、集中管辖、职务协助等。

根据我国具体情况及长期的行政处罚实践,确定行政处罚管辖应当遵循以下原则:

第一,效率原则。即行政处罚管辖的确定应当便于行政处罚主体及时迅速地查处行政处罚案件。这一原则是行政处罚管辖确立的首要原则。其作用在于只要有行政违法案件发生,就有相应的主体及时予以查处,能够有效地防止因管辖不明而导致违法行为得不到追究。因此,行政处罚管辖的确定应当有利于行政处罚主体发现及查处违法行为。

第二,适应行政处罚主体职权范围和案件性质的原则。管辖的分工首先考虑的是各行政处罚主体的职权范围,即违法行为一般由履行最相近业务的职能部门予以查处,这也是专业化、规范化、精细化的要求。该原则要求明确划分各行政执法部门的职能、权限和业务性质。职能交叉时根据"在先原则"和"优先归属原则"确定管辖权,即原则上由先查获的行政处罚主体管辖。在根据职能划分部门管辖的基础上,还要考虑案件性质、危害程度、影响大小来确定管辖。一是要根据案件大小划分出上下级的管辖标准,二是要根据不同的业务门类划分出专属管辖的标准,如制造假药的行为由药监部门去查处,广告违法行为由工商部门去查处。

第三,保证案件得到公正公开查处的原则。这是行政处罚公正公开原则在管辖上的具体体现。行政处罚权的行使必须建立在公正公开的基础上,而职能管辖、级别管辖、地域管辖、指定管辖的设定,正是公正公开的具体化。我们知道,行政处罚必须以事实为根据,量罚必须与违法行为的事实、情节、性质以及社会危害程度相当,处罚时所依据的规定也必须是公布实施的,要做到这些,就必须保证处罚权

---

① 广西壮族自治区高级人民法院(1999)桂行终字第3号行政判决书。

的行使是公正公开的才行,而按照管辖权限分工受理违法案件,正是保证案件得到公正公开查处的先决条件。

第四,原则性与灵活性相结合原则。行政处罚管辖是一个复杂的问题,除了一般性原则规定外,还需要有一定的灵活性,以便及时适应和解决实践中出现的一些特殊问题,防止发生管辖重复或者出现管辖真空。一是对发生管辖权争议的处理。有些职能划分和案件性质相同或相近的情况,使行政执法发生管辖争议,需要通过一定方式解决。二是对上下级之间案件管辖的灵活处理,给了一些行政处罚主体在管辖权上的机动权力,可以做到灵活应变。确定行政处罚管辖既要坚持原则性,又要注重灵活性,使两者有机结合。

二、职能管辖

（一）职能管辖的概念及特点

职能管辖,是指同一行政区域内的不同行政处罚主体依据各自法定的职权在最初查处行政处罚案件方面的权限与分工。职能管辖主要是根据各行政处罚主体的专业主管范围来划分的。

职能管辖的特点在于:一是行政处罚职能管辖与行政处罚主体的管理职能密切相关。行政处罚主体都有特定的管理和执法领域,各行政处罚主体在各自的管理及执法领域内享有管理权及执法权,任何一个行政处罚主体都不得擅自突破自己的权限,进入其他领域进行管理和执法。如果允许擅自进入其他领域管理和执法,势必导致权力冲突,因此必须建立越权无效的规则。二是行政处罚案件由享有法定权限的行政处罚主体管辖。法定的行政处罚主体,其管理领域及权限的确定具有一定的专业性质。这样的主体实施行政处罚,才能做到专业对口,熟悉业务,才能使行政处罚具有针对性和有效性,才能进一步提高行政处罚的效能。三是行政处罚职能管辖要以单行法、行政组织法、行政管理体制及"三定方案"等为依据,单行法及行政组织法往往对各行政处罚主体的职责权限、行使主体范围、管理事项范围、实施条件及方式等进行了具体规范,同时在政府职能转变及行政体制改革的今天,某些行政处罚主体的职能会不时发生变更,因此同时还要结合各级政府及其工作部门有关职能划分与机构设置的"三定方案",才能将专业法律制度中的相关规定内容具体转化为现实的行政处罚案件管辖主体。四是既要按照共同管辖原则即"在先原则"进行处理,更要遵循"一事不再罚原则"。

（二）职能管辖的几种模式

根据我国相关法律制度，可以将职能管辖概括为下列几种模式：

第一类，规定某类事项由特定行政处罚主体专属管辖。这是从其专业事项性质的特定属性上进行规定。如《海关法》规定，走私行为和违反海关监管规定的行为由海关进行查处；再如《税收征收管理法》规定，对纳税义务人、扣缴义务人等存在违反税法行为的，由税务机关实施行政处罚；又如《治安管理处罚法》规定，对违反治安管理的行为，由公安机关实施行政处罚。

第二类，规定某类事项由几个不同职能的行政处罚主体分别管辖。如《农产品质量安全法》第52条第1款规定："本法第四十四条、第四十七条至第四十九条、第五十条第一款、第四款和第五十一条规定的处理、处罚，由县级以上人民政府农业行政主管部门决定；第五十条第二款、第三款规定的处理、处罚，由市场监督管理部门决定。"再如《金融违法行为处罚办法》第3条第1款规定："本办法规定的行政处罚，由中国人民银行决定；但是本办法第二十四条、第二十五条规定的行政处罚，由国家外汇管理机关决定。"

第三类，规定某类事项由两个以上的行政处罚主体共同管辖。如《航道法》第41条规定："在通航水域上建设桥梁等建筑物，建设单位未按照规定设置航标等设施的，由负责航道管理的部门或者海事管理机构责令改正，处五万元以下罚款。"再如《邮政法》第72条第1款规定："未取得快递业务经营许可经营快递业务，或者邮政企业以外的单位或者个人经营由邮政企业专营的信件寄递业务或者寄递国家机关公文的，由邮政管理部门或者工商行政管理部门责令改正，没收违法所得，并处五万元以上十万元以下的罚款；情节严重的，并处十万元以上二十万元以下的罚款；对快递企业，还可以责令停业整顿直至吊销其快递业务经营许可证。"

第四类，规定中没有具体指明具体的行政处罚主体。如《旅游法》第107条规定："旅游经营者违反有关安全生产管理和消防安全管理的法律、法规或者国家标准、行业标准的，由有关主管部门依照有关法律、法规的规定处罚。"

在实践中，有的行政处罚主体是违反职能管辖规定，不当侵犯了政府的职权，有的是不当侵犯了其他专业职能机关的职权。

案例6.5　沁阳市昊琳纸业有限公司诉沁阳市环境保护局行政处罚案

该案中，法院认为：根据《环境保护法》第7条第2款规定："县级以上地方人民政府环境保护行政主管部门,对本辖区的环境保护工作实施统一监督管理。"第39条规定:"对经限期治理逾期未完成治理任务的企业事业单位,除依照国家规定加收超标准排污费外,可以根据所造成的危害后果处以罚款,或者责令停业、关闭。前款规定的罚款由环境保护行政主管部门决定。责令停业、关闭,由作出限期治理决定的人民政府决定;责令中央直接管辖的企业事业单位停业、关闭,须报国务院批准。"被告沁阳市环保局具有对本辖区环境保护工作实施统一监督管理的职责,但对经限期治理逾期未完成治理任务的企事业单位,除依照国家规定加收超标准排污费外,可以根据所造成的危害后果处以罚款或者责令停业、关闭。其中罚款由环保行政部门决定。责令停产、关闭,应由作出限期治理决定的人民政府决定。本案被告作出的行政处罚决定书,责令原告昊琳纸业停止生产,违反了《环境保护法》的有关规定,属超越职权。[1]

案例6.6 施宝昌诉通州市卫生局食品卫生管理行政处罚案

该案中,法院认为:《动物防疫法》第4条明确划分了"已经检疫合格作为食品的动物产品"与"未经检疫或经检疫不合格的动物产品"两种情形下行政机关管辖权的范围,食品卫生主管部门只有在前一种情形下,才有管辖权,后种情形只能依《动物防疫法》的规定办理,该法第49条明确规定"经营依法应当检疫而没有检疫证明的动物、动物产品的,由动物防疫监督机构责令停止经营,没收违法所得",按此规定,针对被告的违法事实只能由动物防疫监督机构处理。被告实际行使的是《动物防疫法》授予动物防疫监督机构行使的职权,即属于越权行使了其他行政机关管辖权的行为。[2]

案例6.7 魏明亮诉嵊州市农业局行政处罚案

该案中,法院认为:被告对原告作出的处罚是依据《种子管理条例农作物种子实施细则》第73条的规定,而农业部、国家工商局于1996年4月16日发布的《农作物种子生产经营管理暂行办法》第22条第(1)项明确规定,未按规定申请领取农作物种子生产许可证、农作物种子经营许可证和营业执照而生产、经营农作物种子的,按《种子管理条例》第36条处理。《种子管理条例》第36条规定,未依照本条例规定取得种子经营许可证和营业执照经营种子的,由工商行政管理机关责令停止

---

[1] 河南省沁阳市人民法院(2013)沁行初字00026号行政判决书。
[2] 江苏省通州市人民法院(2000)通行初字第39号行政判决书。

经营;对前款行为,可以并处罚款、没收违法所得。由此可见,条例规定无证经营种子的,由工商行政管理机关作出具体行政行为,故被告的处罚决定属于超越职权的具体行政行为。①

还有的行政处罚决定由具有职能管辖权的行政处罚主体及没有职能管辖权的行政处罚主体联合作出的。

案例6.8　某生物工程公司诉某市某区卫生局及某市某区工商行政管理局联合行政处罚案

该案中,法院认为:被上诉人之一的工商行政管理局非药品监督部门,不具备实施处罚的主体资格,在对上诉人处罚时,违背了《药品管理法》第45条第1款关于卫生行政部门行使药品监督权的规定,属越权行政,上诉人的起诉理由正确,但不影响行政处罚的正确性,于是维持了处罚决定,但撤销了工商行政管理局的在该行政处罚决定中的处罚主体资格。②

在实践中,关于质量技术监督系统与工商行政管理系统应如何区分行政处罚管辖权的判例也颇具典型意义。

案例6.9　汝南县城关供销社农资供应中心诉汝南县质量技术监督局行政处罚案

该案中,法院认为:根据《产品质量法》第8条第2款及河南省人民政府办公厅豫政办〔2000〕51号文的规定,被告享有查处生产和流通领域的产品质量违法行为的职权。国办发〔2001〕56号文件③是在机构改革中对国家质量技术监督检验检疫总局与国家认证认可监督管理委员会、国家标准化委员会三个职能部门进行合并,并对新成立的机构的职能作界定。下级政府及部门对该文件的贯彻执行需要一个过程,在此过程中,各有关部门按原来的职能履行职责符合规定和要求。被告有职权对原告作出处罚。(该案中,汝南县质量技术监督局于2001年8月24日开始调

---

① 浙江省嵊州市人民法院(1998)嵊行初字第1号行政判决书。
② 参见刘善春:《行政诉讼原理及名案解析》,中国法制出版社2001年版,第308~312页。
③ 2001年8月7日由国务院办公厅发布。

查,2001年10月26日作出处罚决定。——引者注)①

案例 6.10　厦门维科自控工程有限公司诉龙岩市质量技术监督局行政处罚案

　　该案中,法院认为:行政职权的行使必须遵循合法原则,《产品质量法》第8条规定县级以上地方产品质量监督部门主管本行政区域内的产品质量监督工作,县级以上地方人民政府有关部门在各自的职责范围内负责产品质量监督工作。国务院办公厅国办发〔2001〕56号、57号文件规定:国家质量监督检验检疫总局负责生产领域的产品质量监督管理,国家工商行政管理总局负责流通领域产品质量监督管理。而中共福建省委办公厅闽委办〔2000〕145号《福建省质量技术监督局职能配置、内设机构和人员编制规定》规定:省质量技术监督局负责组织查处生产和流通领域中产品质量违法行为,省工商行政管理局负责组织查处市场管理和商标管理中发现的经销掺假及冒牌产品等违法行为。且中共福建省委机构编制委员会办公室于2001年12月3日下发的闽委编〔2001〕228号《关于省以下质量技术监督系统机构编制的批复》再次明确了全省市县质量技术监督机构职能参照闽委办〔2000〕145号文执行。由此福建省2份文件,与国务院办公厅文件的规定不尽一致。根据《地方各级人民代表大会和地方各级人民政府组织法》第55条的规定,地方各级人民政府都是国务院统一领导下的国家行政机关,都服从国务院。各级质量技术监督部门应按照国办发〔2001〕56号、57号文件的规定不再对流通领域产品质量违法问题行使查处职权,所以,龙岩质监局对厦门维科公司经销变频器的质量问题没有法定的查处职权,其作出行政处罚属越权行为。故上诉人对被上诉人作出处罚违法,本院依法应予撤销。②

三、级别管辖

（一）级别管辖的概念及特点

　　级别管辖是指具有隶属关系的上下级行政处罚主体之间最初查处现在行政处罚案件的权限与分工。《行政处罚法》对于级别管辖没有明确规定,该法第22条只是简单规定了"行政处罚由县级以上地方人民政府具有行政处罚权的行政机关管辖。法律、行政法规另有规定的,从其规定"。一般来说,绝大部分行政处罚案件是

---

① 河南省汝南县人民法院(2001)汝行初字第23号行政判决书。
② 福建省龙岩市中级人民法院(2004)岩行终字第39号行政判决书。

由基层行政处罚主体办理,只有重大、复杂的行政处罚案件才会由高层行政处罚主体办理。这是因为县级政府及其职能部门是基层行政机关,尤其是职能工作部门即各行政职能机关,承担着最具体的管理及行政执法工作,直接行使事项管理及其处理权,因而大量的一般行政处罚案件都是由县级职能机关负责查处的。在此基础上,采取逐级依法递减的模式来确定其查处行政处罚案件及作出行政处罚决定的管辖权。必须说明的是,如果地方性法规、地方规章及部门规章在不违反《行政处罚法》第23条规定的情形下,也可以在自己的权限范围内作出关于级别管辖的规定。

(二)确定行政处罚级别管辖的几类标准

具体而言,确定行政处罚级别管辖的标准有以下几类:一是实施行政处罚在本辖区、本领域的影响程度。目前,我国土地、环境、林业等执法领域的行政处罚级别管辖,是以行政处罚案件在本辖区内的影响程度为标准确定的。县级行政处罚主体管辖本县辖区内的行政处罚案件,地市级行政处罚主体管辖本地市级辖区内重大的行政处罚案件,省级行政处罚主体管辖本省、自治区、直辖市辖区内重大的行政处罚案件,而国务院所属各部门管辖全国范围内重大的行政处罚案件。如《著作权行政处罚实施办法》第6条规定:"国家版权局可以查处在全国有重大影响的违法行为,以及认为应当由其查处的其他违法行为。地方著作权行政管理部门负责查处本辖区发生的违法行为。"二是相对人违法行为的性质、情节及危害后果严重程度。违法行为情节及危害后果程度高,就由较高一级的行政处罚主体管辖。如《大气污染防治法》第六章"法律责任"中规定了针对许多违法行为由县级以上政府环境保护部门实施处罚,但其中第109条却明确规定:"生产超过污染物排放标准的机动车、非道路移动机械的,由省级以上人民政府生态环境主管部门责令改正,没收违法所得,并处货值金额1倍以上3倍以下的罚款,没收销毁无法达到污染物排放标准的机动车、非道路移动机械;拒不改正的,责令停产整治,并由国务院机动车生产主管部门责令停止生产该车型。"三是行政处罚的严厉程度。行政处罚的种类和幅度可以表明所实施的行政处罚的严厉程度。处罚越严厉,处罚管辖的级别可能就越高。如《环境噪声污染防治法》第52条第2款规定:"前款规定的罚款由环境保护行政主管部门决定。责令停业、搬迁、关闭由县级以上人民政府按照国务院规定的权限决定。"四是违法行为人的身份、地位或级别。如《防震减灾法》第八章"法律责任"中规定了地震违法行为应"由国务院地震工作主管部门或者县级以上地方人民政府负责管理地震工作的部门或者机构"予以行政处罚,但其中第86

条第 1 款规定:"违反本法规定,外国的组织或者个人未经批准,在中华人民共和国领域和中华人民共和国管辖的其他海域从事地震监测活动的,由国务院地震工作主管部门责令停止违法行为,没收监测成果和监测设施,并处一万元以上十万元以下的罚款;情节严重的,并处十万元以上五十万元以下的罚款。"再如《出版管理行政处罚实施办法》第 8 条规定:"行政处罚由主要违法行为发生地的新闻出版行政机关管辖。"但第 7 条又规定"涉及外国的"行政处罚案件由省、自治区、直辖市新闻出版局负责,这里如果涉及外国人或外国企业作为处罚对象的,无疑应由省级新闻出版部门负责处罚。又如《安全生产违法行为行政处罚办法》第 6 条第 2 款规定:"安全生产违法行为的行政处罚,由安全生产违法行为发生地的县级以上安全监管监察部门管辖。中央企业及其所属企业、有关人员的安全生产违法行为的行政处罚,由安全生产违法行为发生地的设区的市级以上安全监管监察部门管辖。"应当说以违法行为人的身份、地位或级别来作为界定何级行政处罚主体管辖的标准,多少带有"官本位"的痕迹和"身份法"的特征,有的规定还让外国人或外国企业"享受"了超国民待遇,这类规定有违平等原则,理应取消。但必须指出的是,涉及吊销有关证照的行政处罚,如果某部法律规定必须由原发证照的机关或者其上级机关来吊销,应当说这并不属于上述情形,也不违反平等原则,因为行政许可原理决定了吊销证照只能由原发证照的机关或其上级机关来吊销。

(三)关于级别管辖的五种模式

有关县级以上的行政处罚主体之间的级别管辖问题,现行法律制度中主要有以下五种模式:

第一种,有少量法律制度或者其中个别条款明确了级别管辖权限。如《道路交通安全法实施条例》第 109 条第 1 款规定:"对道路交通安全违法行为人处以罚款或者暂扣驾驶证处罚的,由违法行为发生地的县级以上人民政府公安机关交通管理部门或者相当于同级的公安机关交通管理部门作出决定;对处以吊销机动车驾驶证处罚的,由设区的市人民政府公安机关交通管理部门或者相当于同级的公安机关交通管理部门作出决定。"再如《出版管理行政处罚实施办法》第 6 条规定:"新闻出版署负责对下列违法行为实施行政处罚:(一)在全国有重大影响的;(二)法律、法规规定由新闻出版署管辖的;(三)其他应当由自己管辖的。"第 7 条规定:"省、自治区、直辖市新闻出版局负责对下列违法行为实施行政处罚:(一)在本行政区有重大影响的;(二)涉及外国的;(三)其他依法应当由自己管辖的。其他地方新闻出版行政机关负责对本行政区域发生的违法行为实施行政处罚。省、自治区、直辖市制定的地方性法规、规章有具体规定的,从其规定。"第 8 条规定:"行政处罚由主要违法行为发生地的新闻出版行政机关管辖……"

第二种,有些法律制度仅规定了上级行政处罚主体管辖。如《著作权行政处罚实施办法》第 6 条规定:"国家版权局可以查处在全国有重大影响的违法行为,以及认为应当由其查处的其他违法行为。地方著作权行政管理部门负责查处本辖区发生的违法行为。"再如《反洗钱法》第 32 条规定,由国务院反洗钱行政主管部门或者其授权的设区的市一级以上派出机构实施行政处罚。

第三种,有诸多法律制度中仅规定了由县级以上行政处罚主体负责对行政处罚案件的查处,与《行政处罚法》的原则性规定类似。如《航道法》第 38 条规定:"航道建设、勘察、设计、施工、监理单位在航道建设活动中违反本法规定的,由县级以上人民政府交通运输主管部门依照有关招标投标和工程建设管理的法律、行政法规的规定处罚。"再如《文物保护法》第 71 条规定:"买卖国家禁止买卖的文物或者将禁止出境的文物转让、出租、质押给外国人,尚不构成犯罪的,由县级以上人民政府文物主管部门责令改正,没收违法所得,违法经营额一万元以上的,并处违法经营额二倍以上五倍以下的罚款;违法经营额不足一万元的,并处五千元以上二万元以下的罚款。"

第四种,有些法律制度仅规定了由相应的行政处罚主体实施,但并未明确级别管辖问题。如《旅游法》第 95 条第 1 款规定:"违反本法规定,未经许可经营旅行社业务的,由旅游主管部门或者工商行政管理部门责令改正,没收违法所得,并处一万元以上十万元以下罚款;违法所得十万元以上的,并处违法所得一倍以上五倍以下罚款;对有关责任人员,处二千元以上二万元以下罚款。"再如《种子法》第 59 条规定:"违反本法规定,生产、经营假、劣种子的,由县级以上人民政府农业、林业行政主管部门或者工商行政管理机关责令停止生产、经营,没收种子和违法所得,吊销种子生产许可证、种子经营许可证或者营业执照,并处以罚款;有违法所得的,处以违法所得五倍以上十倍以下罚款;没有违法所得的,处以二千元以上五万元以下罚款;构成犯罪的,依法追究刑事责任。"

第五种,有少量法律制度突破了《行政处罚法》的规定,明确可以用地方性法规、部门规章、地方规章的形式确定县级以下行政主体亦有权实施行政处罚。如《广播电影电视行政处罚程序暂行规定》(广播电影电视部令第 20 号)第 7 条规定:"实施广播电影电视行政处罚,由违法行为发生地的有行政处罚权的县级以上(含县级)广播电影电视管理部门管辖。法律、法规和规章另有规定的除外。"应当指出,《行政处罚法》第 23 条关于"行政处罚由违法行为发生地的县级以上地方人民政府具有行政处罚权的行政机关管辖。法律、行政法规另有规定的,从其规定"的内容是强制性规定,与之相悖的上述《广播电影电视行政处罚程序暂行规定》第 7 条有关内容应为无效。

(四)关于级别管辖的四类特别规则

我们注意到,《行政处罚法》第 20 条规定了"法律、行政法规另有规定的除外",可以称为行政处罚级别管辖中的特别规则,有关这种特别规则主要有以下四类情形:

第一类,法律、行政法规中规定了由乡(镇)人民政府管辖。如《村庄和集镇规划建设管理条例》第 39 条规定:"有下列行为之一的,由乡级人民政府责令停止侵害,可以处以罚款;造成损失的,并应当赔偿:(1)损坏村庄和集镇的房屋、公共设施的;(2)乱堆粪便、垃圾、柴草,破坏村容镇貌和环境卫生的。"再如《城乡规划法》第 65 条规定:"在乡、村庄规划区内未依法取得乡村建设规划许可证或者未按照乡村建设规划许可证的规定进行建设的,由乡、镇人民政府责令停止建设、限期改正;逾期不改正的,可以拆除。"

第二类,法律、行政法规中规定了由县级行政处罚主体设立的内设机构管辖。如《道路交通安全法实施条例》就规定了可以由县级公安机关的内设机构交通管理部门实施行政处罚。再如《税收征收管理法实施细则》就规定了可以由县级税收机关的内设机构稽查局实施行政处罚。

第三类,法律、行政法规中规定了由县级行政处罚主体设立的派出机构管辖。如《税收征收管理法》第 74 条规定:"本法规定的行政处罚,罚款额在 2000 元以下的,可以由税务所决定。"再如《治安管理处罚法》第 91 条规定:"……警告、500 元以下的罚款可以由公安派出所决定。"

第四类,《行政处罚法》第 24 条规定了经特定法律程序后由乡(镇)人民政府、街道办事处管辖。《行政处罚法》第 24 条规定:"省、自治区、直辖市根据当地实际情况,可以决定将基层管理迫切需要的县级人民政府部门的行政处罚权交由能够有效承接的乡镇人民政府、街道办事处行使,并定期组织评估。决定应当公布。承接行政处罚权的乡镇人民政府、街道办事处应当加强执法能力建设,按照规定范围、依照法定程序实施行政处罚。有关地方人民政府及其部门应当加强组织协调、业务指导、执法监督,建立健全行政处罚协调配合机制,完善评议、考核制度。"应当指出,前述行政处罚权由省、自治区、直辖市通过法定程序决定交由乡镇人民政府、街道办事处行使管辖权后,亦可通过法定程序收回。

在实践中,下级行政处罚主体超越上级行政处罚主体职权违法作出行政处罚决定的情形并不少见。

案例 6.11 薛明华诉行唐县土地管理局行政处罚案

该案中,法院认为:县土地管理局为县政府的一个职能部门,法律、法规并未授予其撤销或废止上级行政机关颁发的有效证件的权力。被告处罚废止县政府颁发的宅基地使用证,属超越职权的行政行为。①

案例 6.12 刘岩诉西安市国土资源局行政处罚案

该案中,法院认为:经西安市雁塔区人民政府核发的94066号土地证,符合当时法律的规定。至于94066号土地证是否原告合法取得,应经法定程序、由有权机关予以确认或撤销。被告西安市国土资源局在该证未被依法撤销前直接认定原告所持土地证无效,进而认定原告非法占地,并对其进行处罚,属超越职权,程序违法。②

甚至有些规范性文件规定应提级调查处理却未提级的,该情形下由下级行政处罚主体作出的处罚决定,亦被法院撤销。

案例 6.13 福建省杭辉建设工程有限公司诉惠州市惠城区安全生产监督管理局行政处罚、惠州市安全生产监督管理局安监行政处复议案

该案中,法院认为:《国家安全监管总局关于进一步加强和改进生产安全事故信息报告和处置工作的通知》(安监总统计〔2010〕24号)和广东省安全生产委员会《关于进一步加强和规范生产安全事故信息报送及处置工作的通知》(粤安〔2012〕11号)的规定不改变《生产安全事故报告和调查处理条例》(国务院第493号令)关于事故调查处理的分级原则,且均明确规定"对瞒报事故,要按照提高一个事故等级进行调查处理",这是对《生产安全事故报告和调查处理条例》(国务院第493号令)的进一步细化和规范而不是冲突或者否定,在其辖区范围内均应遵守。本案中,安全生产监督管理部门既然认定被上诉人(原审原告)福建省杭辉建设工程有限公司属于瞒报,却又未按照《国家安全监管总局关于进一步加强和改进生产安全

---

① 河北省行唐县人民法院(1995)行法初判字第17号行政判决书。
② 陕西省西安市未央区人民法院(2012)未行初字第00018号行政判决书。

事故信息报告和处置工作的通知》(安监总统计〔2010〕24号)和广东省安全生产委员会《关于进一步加强和规范生产安全事故信息报送及处置工作的通知》(粤安〔2012〕11号)的规定报请提级调查处理,违反法定程序。一审判决撤销处罚决定,二审法院对此予以了维持。①

实践中,也有上级行政处罚主体超越职权管辖了下级行政处罚主体的情形。

案例6.14　江西萍乡矿务局六六一厂诉云南省禄丰县公安局行政处罚案

该案中,第三人云南省煤炭供销总公司向云南省公安厅申请,并获得了后者出具的《爆炸剧毒物品准购证明》及《爆炸剧毒物品准运证》后,向原告六六一厂购买雷管50万发。依照当时有效的《民用爆炸物品管理条例》,购买民用爆炸物品的主管机关是"所在地县、市公安局",省公安厅不在规定之列。县公安局没收雷管的处罚是否合法,部分取决于省公安厅的许可是否越权。最高人民法院行政庭的答复没有正面回应这个问题,但认为公安厅的许可没有被认定错误和撤销之前,县公安局不能作出与之相冲突的行政行为。②

我们认为,既然法律将有的职权仅授予了下级公安机关,那么就应理解为该项权力专属于下级行政主体,例如,上级行政主体并不能当然地享有该权力,就好比县政府也是县公安局的"上级"机关,但县政府显然不能直接行使专属于公安机关的治安处罚权、刑事侦查权、武器使用权等;又如,上级法院也不能将不符合提审条件的案件决定由自己来一审;再如,国务院关税税则委员会是制定关税税率及相应政策的领导机关,但其并不能直接行使关税征收权。对于这一问题,学者胡建淼作了较好的阐述,其认为对于下级行政机关的专属职权而言,任何上级行政机关都不得逾越。而在分割式立法规定中,上下级行政机关的职权范围是分割清楚的,如果

---

① 广东省惠州市中级人民法院(2017)粤13行终178号行政判决书。
② 《最高人民法院行政审判庭关于对六六一厂不服禄丰县公安局没收雷管行政处罚一案适用法律问题请示的电话答复》(〔2000〕行他字第4号)。

上级行政机关行使的职权,自然属于越权。① 当然,我们认为以上观点的成立并不妨碍上级行政主体对下级行政主体的权力行使可依法进行领导、指导或监督。此外,上级行政主体的许可,无论是否越权,一般可构成处罚阻却事由。

(五)依法经上一级行政机关批准后以自己的名义作出的行政处罚行为应认定为谁管辖?

《消防法》第70条第4款规定:"责令停产停业,对经济和社会生活影响较大的,由住房和城乡建设主管部门或者应急管理部门报请本级人民政府依法决定。本级人民政府组织公安机关等部门实施。"这里就涉及一个问题即依法经上一级行政机关批准后以自己的名义作出的行政处罚行为应认定为谁管辖呢?其中作出的行政处罚决定应认定为消防机构管辖还是本级人民政府管辖?关于这一问题目前主要有以下三种观点:第一种观点认为,行政处罚批准是一种补充性或程序性行为,属于条件行为和监督行为的范畴,并不改变行政处罚级别管辖,必须经上一级行政机关批准才能生效的行政处罚案件的管辖权应当属于具体实施行政处罚的行政机关;第二种观点认为,批准就意味着外在的决定,不经批准的处罚即不能产生任何效力,处罚被批准意味着提高了级别管辖;第三种观点认为,行政处罚批准制度下,下级行政行政机关拥有调查权和处罚建议权,上级行政机关拥有处罚的最终决定权,因此该情形属于上下级行政机关共同行使行政处罚权。②

关于这一问题,其实在立法及司法解释中也存在三种观点:第一种,《最高人民法院关于适用〈中华人民共和国行政诉讼法〉的解释》第19条规定:"当事人不服经上级行政机关批准的行政行为,向人民法院提起诉讼的,以在对外发生法律效力的文书上署名的机关为被告。"第二种,《行政复议法实施条例》第13条规定:"下级行政机关依照法律、法规、规章规定,经上级行政机关批准作出具体行政行为的,批准机关为被申请人。"第三种,《最高人民法院关于审理行政许可案件若干问题的规

---

① 参见胡建淼:《行政法学》(第4版),法律出版社2015年版,第680页。胡教授认为,"关于上级行政机关是否逾越下级行政机关的职权,还与立法表述有关系。对于上下级职权划分的表述方式有两种:一种是复盖式,对职权依次从下到上划定高线。假如规定:公安派出所只能作出500元以下的罚款,县公安局只能作出2000元以下的罚款,市(设区的市)公安局只能作出5000元以下的罚款,省公安厅只能作出10000元以下的罚款,公安部罚款不受限制。另一种是分割式,对职权在上下级之间作分段设定,互不复盖。假如规定:公安派出所只能作出1—500元以下的罚款,县公安局只能作出501—2000元以下的罚款,市(设区的市)公安局只能作出2001—5000元以下的罚款,省公安厅只能作出5001—10000元以下的罚款,10000元以的罚款只能由公安部作出"。

② 参见曹康泰主编:《行政处罚法教程》,中国法制出版社2011年版,第70~71页。

定》第 4 条规定:"当事人不服行政许可决定提起诉讼的,以作出行政许可决定的机关为被告;行政许可依法须经上级行政机关批准,当事人对批准或者不批准行为不服一并提起诉讼的,以上级行政机关为共同被告……"虽然上述规定并不是同一个效力层次的规定,而且规范的事项也不仅限于行政处罚或不属于行政处罚范畴,但足以说明立法者对这一类问题的看法理念及立法趋势。

笔者认为,需批准行政处罚行为的主体为下级行政机关虽然得到了我国最高人民法院及部分学者的认可,但是,这一做法存在较为明显的弊端。上级行政机关的意思表示在需批准行政行为中得到了体现,但上级行政机关却不是行政处罚主体,也不是行政诉讼的被告,因而其不需要承担相应的法律责任,这显然是不合理的。因此,笔者不赞同第一种观点。第二种观点在一定程度上否定了我国传统的行政主体理论重视"名义"在确定行政处罚主体中的作用,而是根据主体在意思表示作出中的地位来确定行政处罚主体,即以在意思表示作出中起决定性作用的主体为行政处罚主体。但这一观点遭到了有力的质疑,如有观点认为,"需上级指示的行政行为,不应以指示机关为行政复议的被申请人,而应当以在对外发生效力的文书上署名的下级机关为被申请人,即对外承担责任的主体。这样,行政复议中的责任主体与行政诉讼中的责任主体就得到了统一"。[1] 笔者赞同第三种观点,主要理由为:第一,现有的制度及逻辑就是:如果以自己的名义作出行政处罚行为的主体具有行政主体资格,则该主体就是行政处罚主体,也就是行政复议的被申请人或行政诉讼的被告;如果以自己的名义作出行政处罚行为的主体不具有行政主体资格,则该主体所属的行政主体就是行政处罚主体,其也就是行政复议的被申请人或者行政诉讼的被告。这种做法最显而易见的弊端就是可能导致权力与责任的分离,从而导致"名""实"不分的问题。主要体现在需批准行政行为中,就是上级行政机关虽然参与了行为的作出,其意思也体现在行为之中,但是可能完全不需要承担责任。因而,应该在认定行为的主体时,不仅强调行为主体要具有行政主体资格以及行为是以谁的名义作出的,而且还应考虑该行为是谁的意思表示。如果行为虽然仅是以一个行政主体的名义作出的,但是在行为作出的过程中其他的主体也作出了具有约束力的意思表示,该主体也应被认定为行为的主体。[2] 第二,从上述三个规定来看,代表第三种观点的《最高人民法院关于审理行政许可案件若干问题的规定》最晚发布,这就体现了司法机关的最新态度,虽然它是专门针对行政许可的,但也是可以值得借鉴的。即司法机关倾向于认为经上级机关批准的行政行为应以下

---

[1] 参见叶必丰:《需上级指示行政行为的责任——兼论需合作行政行为的责任》,载《法商研究》2008 年第 5 期。
[2] 参见王青斌:《论需批准行政行为的主体认定》,载《华东政法大学学报》2011 年第 4 期。

级机关及上级机关为共同行政主体。

案例 6.15　章宜灿诉江西省星子县公路运输管理所行政处罚案

该案中,法院认为:《道路运输违章处罚规定(试行)》第 26 条明确规定,2000 元以上罚款的处罚由市、地级道路运输管理机关批准。本案罚款加变相罚滞纳金在万元以上,其处罚决定既没有经市、地级有关部门批准,而且是县级道路运输管理机关的下属机构运政稽查队签发的,因此,被告江西省星子县公路运输管理所运政稽查队签发的处罚决定显然超越了职权范围。根据行政法"越权无效"的原则,该处罚决定应属无效决定。[①]

四、地域管辖

地域管辖,是指不同区域的行政处罚主体在各自管辖区域内关于最初查处行政处罚案件的权限与分工。《行政处罚法》第 22 条规定:"行政处罚由违法行为发生地的行政机关管辖。法律、行政法规、部门规章另有规定的,从其规定。"这就是《行政处罚法》关于地域管辖的规定。

(一)一般地域管辖

一般地域管辖,是指以行政违法行为发生地为标准而确定的地域管辖,即行政处罚案件由行政违法行为发生地行政机关管辖。境外也有类似规定,如《奥地利行政罚法》第 27 条规定"违反行政法义务之行为由行为地之行政官署管辖"。由违法行为地行政处罚主体管辖行政处罚案件,具有以下优点:一是符合我国行政管理体制及行政处罚目的,有利于恢复受损的社会秩序及激励合法行为;二是有利于保护和勘验现场,便于收集核实证据,迅速查明案情,准确处理案件;三是有利于人民群众检举、揭发违法嫌疑人,便于当事人、证人及其他人员参加案件听证,便于公众旁听,可以更好地进行法制宣传教育;四是有利于调查取证及执行案件,可以降低行政成本。

如何理解"违法行为地"一般不会产生歧义,因为大多数违法情形是行为准备地、着手地、实施地、经过地、结果发生地重合在一起的,可以采取吸收原则予以确定

[①] 江西省星子县人民法院(1994)星子初字第 07 号行政判决书。

地域管辖,但如果上述地域因为同一违法行为而处于分离状态的时候呢,该如何确定"违法行为地"? 国家工商行政管理总局《关于工商行政管理机关查处违法案件管辖权的答复》(已失效)认为"违法行为地包括违法行为着手地、经过地、实施(发生)地和危害结果发生地",笔者认为,该规定具有一定的参考价值,但过于笼统和绝对。先看一个例子:某相对人在甲地准备刀具,在乙地盗伐林木,丙地为运输经过地,丁地为销售地,究竟以哪个地方的行政主管机关为管辖主体呢? 如果盗伐林木的行为法律规定准备行为即预备行为不处罚时,则其不构成应受处罚的违法行为,因此甲地行政主管部门就没有管辖权。如果法律规定盗伐行为、运输行为、销售行为都构成应受处罚的违法行为(仅指盗伐林木这一违法行为)的话,则乙、丙、丁任意一地的行政主管部门都有管辖权,这时候就应当遵循谁先立案谁查处的原则确定地域管辖。

案例6.16 大学教授电话遥控他人赴澳门赌博案

该案中,法院认为:关于参与赌博的具体形式,公安部于2005年5月25日曾作出《关于办理赌博违法案件适用的法律若干问题的通知》(以下简称《通知》),该《通知》第2条规定:"在中华人民共和国境内通过计算机网络、电话、手机短信等方式参与境外赌场赌博活动,或者中华人民共和国公民赴境外赌场赌博,赌博输赢结算地在境内的,应当依照《治安管理处罚条例》的有关规定予以处罚。"《通知》是针对《治安管理处罚条例》中涉及的相关赌博违法行为的构成进行的解释,虽然是在《治安管理处罚法》实施前作出的,但是在《治安管理处罚法》出台后,公安部并未针对赌博违法行为的构成要件作出新的解释,因此并未废止,应当予以适用。[1]

笔者认为,公安部有权对相关法律在具体适用时作出行政解释,而且该行政解释并没有超出法律应该或可能包含的含义之合理范围或最大射程,张某等三人的行为具有不可分性,指挥下注的行为在广州,实施下注的行为在澳门特别行政区,上述行为共同构成了一个完整的赌博行为,赌博行为地既涵盖了广州,也涵盖了澳门特别行政区。因此,广州市公安局按照属地管辖原则对涉案的赌博行为具有管辖权。[2]

---

[1] 该案的基本案情为:2008年12月26日,大学教授张某、李某在境内,采取电话方式遥控已赴澳门的朋友王某在澳门赌博。2009年7月7日,广州市公安局对上述三人作出行政处罚决定:各自拘留15日,每人罚款1000元人民币,收缴300万元赌资,并追缴赌款1130万港元。载 http://news.ifeng.com/gundong/detail_2011_01/14/4282958_0.shtml,最后访问日期:2012年8月7日。

[2] 参见杨小君:《行政处罚研究》,法律出版社2002年版,第122~138页。

案例 6.17　浙江鹰王科技有限公司诉舟山市市场监督管理局定海分局行政处罚案

该案中,法院认为:上诉人认为其并非涉案商品的生产者,仅是使用者,被上诉人作出被诉行政处罚决定超出了管辖范围。法院认为,根据《行政处罚法》第20条的规定,行政处罚由违法行为发生地的县级以上地方人民政府具有行政处罚权的行政机关管辖。法律、行政法规另有规定的除外。在工商行政处罚程序中,对于违法行为发生地的认定,包括违法行为着手地、实施地、经过地和危害结果发生地。本案中,被上诉人根据举报,在其管辖范围内发现上诉人存在侵犯天能集团"天能及图"注册商标专用权的违法行为,虽涉案商品系上诉人委托徐州久通电源有限公司生产,但该侵权行为经过地和危害结果发生地均位于被上诉人管辖范围内,故被上诉人对本案所涉行政处罚案件具有管辖权。①

案例 6.18　苏永洪诉福建省泰宁林业检查站行政处罚案

该案中,法院认为:被告泰宁林业检查站在对非法运输木材及其产品的查处上,具有独立行使林业行政处罚权,但其超越工作地点拦车检查,并以自己的名义作出林业行政处罚,系超越职权行为。②

有的法院认为除法律、行政法规之外的规范性文件无权改变《行政处罚法》确立的行政处罚由"违法行为发生地"行政机关进行管辖的基本原则。

案例 6.19　李某某诉上海市浦东新区市场监督管理局行政纠纷案

该案中,法院认为:原告向被告投诉举报涉案产品涉嫌违法,涉案产品由巴黎贝甜成山路店销售,根据法律规定,行政处罚由违法行为发生地的县级以上地方人民政府具有行政处罚权的行政机关管辖,法律、行政法规另有规定的除外。本案被告对涉案产品举报的处理,具备管辖权,属于被告管辖范围。根据被告出示的《预包装食品标签相关案件处理指导意见》(沪食药监法〔2014〕543号)第1条规定,涉案预包装食品由本市企业生产的,由该生产企业属地食药监部门指定管辖。被告

---

① 浙江省舟山市中级人民法院(2014)浙舟行终字第10号行政判决书。
② 载 http://www.lawyee.org/Case/Case_Display.asp? ChannelID=2010100&RID=14718&keyword=,最后访问日期:2014年12月22日。

据此认为应当由涉案产品生产地闵行区市场监督管理部门管辖,但并未向法院提交指定管辖的相关依据。被告据此将案件移送依据不足,原告诉请撤销被诉答复于法有据,依法应予支持。①

(二)特殊地域管辖

《行政处罚法》第 22 条在规定了"由违法行为发生地""行政机关管辖"的同时,还规定了"法律、行政法规、部门规章另有规定的,从其规定",后者应当属于特殊地域管辖的范畴。在我国现行法律、行政法规中,有关特殊地域管辖的情形主要有:

第一,由违法行为人或单位所在地行政机关管辖。如《企业法人登记管理条例施行细则》第 49 条第 1 款第(4)项规定,企业和经营单位超出核准登记的经营范围或者经营方式从事经营活动的,由登记主管机关视其情节轻重,予以警告,没收非法所得,处以非法所得额 3 倍以下的罚款,但最高不超过 3 万元,没有非法所得的,处以 1 万元以下的罚款。

案例 6.20　张兰钗诉闽侯县公安局行政处罚案

该案中,法院认为:被上诉人闽侯县公安局作为闽侯县的公安机关,有权依法负责本行政辖区内的治安管理工作。本案违法行为虽发生于北京市,但由于违法行为人居住于闽侯县,根据《公安机关办理行政案件程序规定》的规定,由居住地公安机关管辖更为适宜的,可以由违法行为人居住地公安机关管辖。因此,本案被上诉人对上诉人作出被诉具体行政行为具有合法的权力来源。②

笔者认为,该法院判决值得商榷,因为 1996 年《行政处罚法》第 20 条明确规定一般地域管辖的例外情形只有"法律、行政法规"才有权另行规定,而《公安机关办理行政案件程序规定》仅为部门规章,层级效力过低,所作出的例外规定应属越权无效的情形。故笔者认为,该案中闽侯县公安局不应行使管辖权。如果类似操作出现在 2021 年修正的《行政处罚法》实施后,则自然合法。

第二,违法行为发现地行政机关管辖。如《海关行政处罚实施条例》第 3 条规定:"海关行政处罚由发现违法行为的海关管辖,也可以由违法行为发生地海关管辖。"

---

① 上海市浦东新区人民法院(2016)沪 0115 行初 477 号行政判决书。
② 福建省福州市中级人民法院(2014)榕行终字第 46 号行政判决书。

案例6.21　赖灿林诉南沙海关行政处罚案

该案中,法院认为:关于原告认为被告执法超出管辖区域的问题。本案被告查获涉案柴油的地点位于广州市南沙区黄阁镇乌州村河边的沙场码头,属于《海关总署、发展改革委、公安部、商务部、工商总局、国务院法制办关于严格查禁非法运输、储存、买卖成品油的通知》第3条规定的海关附近沿海沿边地区。被告作为发现违法行为的海关,对实施违法行为的原告作出行政处罚并未超出其地域管辖的范围。原告的上述意见,本院不予采纳。①

案例6.22　上海伟邦实业公司诉上海市普陀区工商行政管理局行政处罚案

该案中,法院认为:鉴于原告注册地不在普陀区,被告也不能举证证明原告违法行为发行生在普陀区,上海市工商局经济检查处对本案管辖的批示也不符合《行政处罚法》和《工商管理机关行政处罚管理暂行规定》中关于管辖的规定,所以被告并不具有对原告违法行为的处罚权。②

五、转移管辖

转移管辖,是指行政处罚管辖权在有隶属关系的行政处罚主体之间的转移,既包括向上的转移,也包括向下的转移。如《工商行政管理机关行政处罚程序规定》第12条规定:"上级工商行政管理机关认为必要时可以直接查处下级工商行政管理机关管辖的案件,也可以将自己管辖的案件移交下级工商行政管理机关管辖。法律、行政法规明确规定案件应当由上级工商行政管理机关管辖的,上级工商行政管理机关不得将案件移交下级工商行政管理机关管辖。下级工商行政管理机关认为应当由其管辖的案件属重大、疑难案件,或者由于特殊原因,难以办理的,可以报请上一级工商行政管理机关确定管辖。"

转移管辖具体分为三类:一是提取管辖,即上级行政处罚主体提取依法由下级行政处罚主体管辖的行政处罚案件而直接管辖,导致下级行政处罚主体的管辖权转移给上级行政处罚主体;二是报送管辖,即下级行政处罚主体对于依法由其管辖的行政处罚案件,报请上级行政处罚主体同意而送交给其管辖,导致下级行政处罚主体对行政处罚案件的管辖权转移给上级行政处罚主体;三是下放管辖,即上级行

---

①　广东省广州市中级人民法院(2013)穗中法行初字第204号行政判决书。
②　上海市普陀区人民法院(1998)普行初字第7号行政判决书。

政处罚主体将依法由其管辖的行政处罚案件交给下级行政处罚主体管辖,导致上级行政处罚主体的管辖权转移给下级行政处罚主体。前两种转移管辖属于上调性转移管辖,最后一种转移管辖属于下放性转移管辖。这里必须强调的一点是,无论是上调性转移管辖,还是下放性转移管辖,都必须有明确的法律依据,否则不得擅自转移管辖。此外,不能将上调性转移管辖与上级行政处罚主体对下级行政处罚主体的监督关系相混淆。上级行政处罚主体基于领导地位而对下级行政处罚主体具有监督权力,实施这种权力的行为属于一种层级监督。依据监督权力,上级行政处罚主体对下级行政处罚主体的违法或者不当的行政处罚决定,有权责令予以改正或者直接予以改变、撤销,但这属于监督关系范围的监督权行使方式,并非转移管辖。监督权的行使是普遍的,而转移管辖是法律规定在特定情形下才允许发生的。

在实践中,行政处罚中的上调性转移管辖主要有下列三种情况:第一种,上级行政机关认为下级行政机关正在查处的案件复杂、重大,下级行政机关不具备处理条件或者有可能影响到合法、公正处理的,上级行政机关可以决定由自己管辖;第二种,上级行政机关发现某一行政相对人违反某一行政法律规范的行为,指定具有级别管辖权的下级行政机关作出行政处罚决定,下级行政机关不作出的,上级行政机关可以决定由自己管辖;第三种,下级行政机关认为其正在处理的案件重大、复杂、专业性很强、干扰严重无法处理,可以报请上级行政机关处理。上级行政机关经审查,认为需要提级处理的,可以决定由自己管辖。如果上级行政机关认为没有必要的,仍由原报请行政机关处理。①

六、移送管辖

移送管辖,是指无管辖权的行政处罚主体向有管辖权的行政处罚主体移送行政处罚案件的情形。如《海洋行政处罚实施办法》第9条规定:"对不属于其管辖范围内的海洋行政处罚,应当制作移交案件通知书(函),移送有权管辖的实施机关或者其他行政机关。"移送管辖的适用情形及条件为以下几种:

第一,移送行政处罚主体任何阶段都允许移送。目前,绝大部分学者都认为移送管辖必须是发生在受理案件之后或立案之后②,笔者认为,这种观点值得商榷,移

---

① 参见蔡小雪:《论行政处罚管辖》,载《法律适用》1996年第9期。
② 持该类观点的书很多,如崔卓兰主编:《行政处罚法学》,吉林大学出版社1998年版,第88页;王连昌等编著:《行政处罚法概论》,重庆大学出版社1996年版,第73页;肖金明:《行政处罚制度研究》,山东大学出版社2004年版,第150页。

送行政处罚主体应当在任何阶段都可以移送本不应该由自己处罚的案件,比如还没受理或立案就移送,再如在调查取证阶段或者审理阶段也可以移送,又如虽然作出了行政处罚决定但这时候行政处罚主体才认为是错误的或者经上级机关指出错误而撤销原行政处罚决定,在此之后也应当允许其再移送出去。但原则上应当在前期移送,如果确因业务过失或故意迟延移送的应追究相关主体的法律责任。

第二,移送行政处罚主体对案件依法没有管辖权。如果行政处罚主体在立案后及时发现自己没有管辖权的,原则上不得继续进行调查及处理,但对容易灭失、稍纵即逝的证据应当允许先行固定后及时移送给有管辖权的主体。

第三,移送行政处罚主体不得以撤销方式代替移送管辖。即使行政处罚主体发现不属于自己管辖,也应当依法向具有管辖权的行政处罚主体移送,而不是径行撤销了事。但如果行政处罚主体在立案后发现自己没有管辖权而且也不构成任何违法的情形下是否允许其撤销后不予移送呢?笔者认为,也不宜这样操作,因为是否构成其他类型的行政违法行为的判断权并不在本部门。

第四,接受移送的行政处罚主体不得拒绝移送或在接受移送后再次进行移送。为了防止行政处罚之间滥用移送管辖方式对行政处罚案件进行扯皮推诿,即使所移送的行政处罚案件不属于接受移送的行政处罚主体管辖范围,也不允许其拒绝或在接受后再次移送,这种情形下,接受移送的一方应当报送上级行政处罚主体以指定管辖或协商管辖等方式予以解决。[①] 如《卫生行政处罚程序》第9条规定:"卫生行政机关发现查处的案件不属于自己管辖,应当及时书面移送给有管辖权的卫生行政机关。受移送的卫生行政机关应当将案件查处结果函告移送的卫生行政机关。受移送地的卫生行政机关如果认为移送不当,应当报请共同的上级卫生行政机关指定管辖,不得再自行移送。"再如《商务行政处罚程序规定》第11条第2款规定:"商务主管部门发现受理的案件属于其他行政机关管辖的,应当依法移送其他有关机关"。根据上述两个规定还可以看出,移送管辖可以分为系统内移送管辖及系统外移送管辖两类。

在实践中,有的行政处罚主体就违反了移送管辖的规定。

案例6.23　尚庆风诉天津市滨海新区工商行政管理局不予行政处罚案

该案中,法院认为:《食品安全法》第77条规定:县级以上质量监督、工商行政管理、食品药品监督管理部门履行各自食品安全监督管理职责。天津市滨海新区

[①] 参见应松年主编:《行政处罚法教程》,法律出版社2012年版,第133~154页。

人民政府于 2011 年 9 月 29 日发布的《关于推进滨海新区食品药品监管机制体制改革的意见》(津滨政发〔2011〕58 号)的附件《关于推进滨海新区食品药品监管体制机制改革的实施方案》中第 2 条第 7 款第(2)项之规定:工商部门负责的食品流通环节监管职能划转到区食品药品监管部门。据此,对食品流通环节的监督监管并非被告滨海新区工商行政管理局的法定职责。原告所举报事项属于对于食品流通环节的监督监管事宜,并不属于被告的法定职权范围。根据《食品安全法》第 80 条的规定:县级以上卫生行政、质量监督、工商行政管理、食品药品监督管理部门接到咨询、投诉、举报,对属于本部门职责的,应当受理,并及时进行答复、核实、处理;对不属于本部门职责的,应当书面通知并移交有权处理的部门处理。《工商行政管理机关行政处罚程序规定》第 15 条规定:工商行政管理机关发现所查处的案件属于其他行政机关管辖的,应当依法移送其他有关机关。故被告作出《行政处理告知书》,决定对被举报人开发区千百汇大药房不予处罚,确属超越法定职权。①

有的案件中移送主体与被移送主体都不适格,而法院却认定为程序违法。

案例 6.24　王勇诉琼中黎族苗族自治县公安局行政处罚案

该案中,法院认为:被上诉人琼中县公安局接到举报后,到上诉人王勇的住处查扣杂胶,其后依照《公安机关办理行政案件程序规定》第 15 条的规定,将扣押的胶块、胶线移交新进农场。而《公安机关办理行政案件程序规定》第 15 条第 1 款的规定是:"公安机关对不属于自己管辖的案件,应当在 24 小时内经本机关负责人批准,移送有管辖权的机关处理。"该条款明确规定了有移送权的是公安机关,且必须经公安机关负责人批准,移送案件也应移送给有管辖权的机关,即行政机关或司法机关。事实上,将扣押物品移送的,是被上诉人的派出机构新进派出所,而并非被上诉人,且移送时未经被上诉人的负责人批准,而新进农场属企业单位,不属该条款规定有管辖权的行政机关或司法机关。②

七、共同管辖

共同管辖,是指两个以上行政处罚主体对同一行政违法行为都有管辖权的情形。如《航道法》第 41 条规定:"在通航水域上建设桥梁等建筑物,建设单位未按照

---

① 天津市滨海新区人民法院(2014)滨行初字第 0033 号行政判决书。
② 海南省海南中级人民法院(2005)海南行终字第 5 号行政判决书。

规定设置航标等设施的,由负责航道管理的部门或者海事管理机构责令改正,处五万元以下罚款。"《行政处罚法》第 25 条规定,"两个以上行政机关都有管辖权的,由最先立案的行政机关管辖"。

多个行政处罚主体都有管辖权时,如何确定管辖权呢?首先,采取先行立案管辖规则,即谁先立案,谁先管辖;其次,采取协商管辖规则,即两个行政处罚主体均未立案或者无法确定谁先立案时,由双方依法协商并及时确定一个管辖主体;最后,采取上级行政处罚主体指定管辖或者直接管辖规则。当通过上述两项规则都无法确定管辖主体时,则由双方共同的上级行政处罚主体指定一个有管辖权的主体实施管辖或者由自己依法直接实施管辖权。如《海关行政处罚实施条例》第 3 条规定:"海关行政处罚由发现违法行为的海关管辖,也可以由违法行为发生地海关管辖。2 个以上海关都有管辖权的案件,由最先发现违法行为的海关管辖。管辖不明确的案件,由有关海关协商确定管辖,协商不成的,报请共同的上级海关指定管辖。重大、复杂的案件,可以由海关总署指定管辖。"

案例 6.25　湖北华丰生物化工有限公司诉湖南省常德市质量技术监督局一分局行政处罚案

该案中行政处罚主体就贯彻了谁先立案谁先管辖的规则,法院认为:根据国务院国办发〔2001〕57 号文件规定:国家工商行政管理总局负责流通领域的商品质量监督管理,国家质量监督总局负责生产领域的产品质量监督管理。国家工商行政管理总局在实施流通领域商品质量监督管理中查出的属于生产环节引起的产品质量问题,移交国家质量监督总局处理。《最高人民法院关于如何认定质量监督检验检疫部门在产品流通领域中行政管理职权问题的答复》规定:国家质量监督检验检疫总局负责生产领域的产品质量监督管理;国家工商行政管理总局负责流通领域产品质量监督管理。湖南省高级人民法院《湖南省高级人民法院关于审理产品质量监督行政案件如何认定有关行政机关执法主体资格的意见》(湘高法〔2005〕101 号)第 3 条规定:对在实践中难于区分生产领域和流通领域的,遵循"管辖在先"的原则,即谁先立案谁先查处;第 4 条规定:质量技术监督部门根据《产品质量法》第 15 条的规定进行监督检查时,如发现产品质量问题属于生产环节引起的,有地域管辖权的质量技术监督部门对生产厂家直接予以处罚的,应当认定其具有执法主体资格。从以上规定可以认定:工商部门和质监部门对于产品质量监管的职责是以领域划分的。工商部门管流通领域,质监部门管生产领域,但对流通领域和生产领域如何界定没有明确规定。依上述规定,无论生产领域还是流通领域,只要发现的质量问题由生产环节引起,均由质监部门处理。依照湖南省高级人民法院的规定,质监部门依照《产品质量法》第15条实施产品抽查时发现质量问题,且质量问题由生产环节引起,有地域管辖权的质监部门有权进行处罚;分不清生产领域还是流通领域的,适用"管辖在先"的原则。本案中,上诉人生产的化肥不合格是由生产环节引起的,对此各方均无异议,因此无论是在生产领域还是在流通领域发现的,均应由质监部门处理;而且在质监一分局处罚上诉人之前,上诉人生产该批不合格化肥的违法行为并未受到其他行政机关的立案查处,依照"管辖在先"的原则,质监部门先立案,就有权查处,所以质监部门有职能管辖权,因而质监一分局也具有职能管辖权。[1]

八、协商管辖

协商管辖,是指两个有权行政处罚主体对管辖某一行政处罚案件发生争议时,由双方依法协商并及时确定一个管辖主体的情形。如《建设行政处罚程序暂行规定》第6条规定:"行政执法过程中发生的管辖权争议,由双方协商解决"。再如《公安机关办理行政案件程序规定》第10条第1款及第4款规定:"行政案件由违法行为地的公安机关管辖。由违法行为人居住地公安机关管辖更为适宜的,可以由违法行为人居住地公安机关管辖,但是涉及卖淫、嫖娼、赌博、毒品的案件除外。移交违法行为人居住地公安机关管辖的行政案件,违法行为地公安机关在移交前应当及时收集证据,并配合违法行为人居住地公安机关开展调查取证工作。"

案例6.26　杨树云诉伊春市公安局南岔分局行政处罚案

该案中,法院认为:根据《公安机关办理行政案件程序规定》第9条的规定,本案没有经过违法行为地公安机关移交,南岔分局对杨树云作出处理的行为属于超越职权。[2]

九、指定管辖

指定管辖,是指上一级行政处罚主体指定下一级行政处罚主体对某一行政处罚案件行使管辖权。《行政处罚法》第25条第2款规定:"对管辖发生争议的,应当

---

[1] 湖南省常德市中级人民法院(2009)常行终字第13号行政判决书。
[2] 黑龙江省伊春市中级人民法院(2014)伊行终字第13号行政判决书。

协商解决,协商不成的,报请共同的上一级行政机关指定管辖;也可以直接由共同的上一级行政机关指定管辖。"因管辖权之认定而发生争议或冲突的主要有两种情形:一是积极冲突,指同一事件数行政机关均认为有管辖权者;二是消极冲突,指同一事件数行政机关均认为无管辖权者。[1]

指定管辖还可以发生在因特殊原因而使管辖权不明的场合。特殊原因包括法律上的原因及事实上的原因。前者可分为两种:一是有管辖权的行政机关根据上级行政处罚主体决定被撤并,而承受其权利义务的行政处罚主体尚未明确的;二是有管辖权的行政处罚主体全部执法人员都因与当事人有利害关系而被决定回避。但如果认为行政机关负责人与案件有利害关系且无其他替代机关时,回避这时就不能瓦解行政机关的管辖权,因此其可不回避[2],也就是说,这种情形下不发生指定管辖。后者是一种客观上的原因,比如某地发生重大灾害,致使有管辖权的行政处罚主体陷于瘫痪,又如某地边界一直存在争议尚未有定论,等等。对由于特殊原因产生的管辖空白,一般由原因发生地或者违法行为发生地的地方政府或者其上一级政府指定管辖,但由于边界争议引发的管辖权冲突仍应由双方共同的上一级行政机关来指定管辖。

十、集中管辖

集中管辖,是指在一些跨部门的行政管理领域,或者同一领域有多个行政处罚主体管理时,确定一个行政处罚主体集中行使有关行政处罚管辖权的情形。

针对我国行政处罚实践中出现的重复执法、多头执法、执法交叉、一事多罚等问题,《行政处罚法》确立了相对集中行政处罚权制度。《行政处罚法》第18条规定,"国务院或者省、自治区、直辖市人民政府可以决定一个行政机关行使有关行政机关的行政处罚权。限制人身自由的行政处罚权只能由公安机关和法律规定的其他机关行使。"该法条为一个行政处罚主体行使多个行政处罚主体的行政处罚管辖权提供了法律依据。[3]

---

[1] 参见蔡茂寅等:《行政程序法实用》,台北,新学林出版股份有限公司2006年版,第56页。

[2] 这就是英美法系中"不能作自己案件的法官"原则的例外——"必须原则"。参见章剑生:《行政听证制度研究》,浙江大学出版社2010年版,第130页;王名扬:《美国行政法》,中国法制出版社2005年版,第459~466页。

[3] 参见曹康泰主编:《行政处罚法教程》,中国法制出版社2011年版,第60~124页。

案例6.27 葛武强诉盱眙县城市管理行政执法局行政处罚案

该案中,法院认为:《行政处罚法》第16条规定"国务院或者经国务院授权的省、自治区、直辖市人民政府可以决定一个行政机关行使有关行政机关的行政处罚权,但限制人身自由的行政处罚权只能由公安机关行使"。根据江苏省人民政府办公室《省政府法制办公室关于盱眙县开展相对集中行政处罚权工作的复函》,决定盱眙县城管局是盱眙县人民政府确定集中行政处罚权的行政机关,被告盱眙县城管局可以行使城市规划管理等方面法律、法规、规章规定的行政处罚权。①

十一、职务协助

职务协助,是指行政处罚主体为顺利查处行政处罚案件,委托无隶属关系的另一个行政主体在其职权范围内,提供必要协助的情形。职务协助对于协助方来说具有被动性、临时性及辅助性的特点。② 如《旅游行政处罚办法》第26条规定,需要委托其他旅游主管部门协助调查取证的,应当出具书面委托调查函。受委托的旅游主管部门应当予以协助;有正当理由确实无法协助的,应当及时函告。在实践中,除正式发函要求协助之外,还有一种方式就是亲自到异地办案,要求异地行政处罚主体给予相应的协助。职务协助的优势在于:一是可以提高办案效率,缩短办案周期;二是可以减少调查取证中可能遇到的"地方保护主义"等阻力,增加证据的真实性;三是有利于全面掌握违法行为人的情况,发现新的案件线索;四是有利于节约行政成本。职务协助与委托处罚的区别在于:前者仅仅是委托另一行政主体协助办理整个行政处罚案件中的某些环节;而后者一般是指委托另一行政主体办理行政处罚案件的全过程。《行政处罚法》第26条规定:"行政机关因实施行政处罚的需要,可以向有关机关提出协助请求。协助事项属于被请求机关职权范围内的,应当依法予以协助。"

关于在何种情形下可以委托另一个行政主体在其职权范围内,提供必要协助,亦可参考有关境外立法例,如我国台湾地区"行政程序法"第19条第2项规定:"行政机关执行职务时,有下列情形之一者,得向无隶属关系之其他机关请求协助:一、因法律上之原因,不得独自执行职务者。二、因人员、设备不足等事实上之原因,不得独自执行职务者。三、执行职务所必要认定之事实,不能独自调查者。四、执行职务所必要之文书或其他资料,为被请求机关所持有者。五、由被请求机关协助执

---

① 江苏省盱眙县人民法院(2014)盱行初字第0016号行政判决书。
② 参见罗传贤:《行政程序法论》,台北,五南图书出版股份有限公司2004年版,第110~126页。

行,显较经济者。六、其他职务上有正当理由须请求协助者。上述请求,除紧急情形外,应以书面为之。"根据该法第 19 条规定,被请求机关如果认为有正当理由的,可以拒绝。该正当理由包括:不属于自己权限范围内的事项或如提供协助,将严重损害该机关自身职务的执行,等等。但被请求机关认为无提供协助的义务或有拒绝的正当理由的,应及时将理由通知请求协助的机关。请求协助的机关有异议的,由双方共同上级机关决定,如果没有双方共同上级机关的,则由被请求机关的上级机关决定。被请求机关有权向请求协助的机关要求支付协助所需费用。具体由双方协商确定,协商不成的,由双方共同上级机关决定。我国有学者则认为,因协助而产生的费用原则上应由被请求机关负担。在法律无明确规定的情形下,因协商协助而产生的费用具体由谁负担,可由双方协商确定。[①]

[①] 参见江必新等主编:《中华人民共和国行政处罚法条文解读与法律适用》,中国法制出版社 2021 年版,第 87 页。

第七章　应受行政处罚行为的构成要件

我国大陆应受行政处罚行为的构成要件理论与大陆法系其他国家及地区有较大区别,如德国、日本及我国台湾地区一般认为构成要件不等同于应受行政处罚行为的成立条件。易言之,符合构成要件仅是成立应受行政处罚行为的条件之一,而违法性、有责性或可非难性则是其成立还应同时具备的条件[1]。而我国大陆一般认为只要符合积极的构成要件,就成立应受行政处罚行为,就可以对之科处行政处罚,其中已衡量处罚阻却事由是否成立的问题。上述两种主张可以概括为立体阶层式的违法构成要件理论与平面耦合式的违法构成要件理论之争。

结合上述两种理论,笔者认为,应当构建双层次的违法[2]构成要件理论,违法构成要件应由积极的违法本体要件及消极的处罚排除要件两部分组成。只有在不具备消极的处罚排除要件的前提下,同时又符合积极的违法本体要件的行为才能算是应受行政处罚的违法行为。积极的违法本体要件由以下四个要件组成:一是具备行政法律规范所保护并已经被违法行为所侵害的合法权益;二是客观上有违反行政法律规范且罚则完备的违法行为;三是具备适格的违法主体;四是主观上具有过错或法律明确规定可推定的过错。而消极的处罚排除要件是指处罚阻却事由,主要由正当化的处罚阻却事由、可赦免的处罚阻却事由、可谅解的处罚阻却事由及不需罚的处罚阻却事由四种类型构成。

一、积极的违法本体要件

(一)行政法律规范所保护并已经被违法行为所侵害的合法权益

行政法律规范所保护并已经被违法行为所侵害的合法权益即违法客体,其具有以下三个特点:一是违法客体是权益。该权益主要体现为经济利益、文化利益或

---

[1] 参见蔡震荣等:《行政罚法逐条释义》,台北,新学林出版股份有限公司2008年版,第77~86页。
[2] 注意本书所说的"违法"仅指违反了行政法律规范中的义务性规范(且罚则完备)的行为。

社会管理秩序等;二是违法客体为行政法律规范所保护的权益,即合法权益;三是违法客体是已经被违法行为所侵害的权益。

根据法学理论的分类,还把客体分为简单客体和复杂客体。所谓简单客体,是指一种违法行为侵犯一种特定的法益。如《治安管理处罚法》第45条第(2)项规定的"遗弃没有独立生活能力的被扶养人的"行为就只是侵犯了他人的人身权利。所谓复杂客体,是指一种违法行为同时侵犯了两种或两种以上的法益。之所以会有一个行为侵害多个客体,是因为社会关系的交叉性和联系性决定的。如《烟草专卖法》第32条规定:"无烟草专卖零售许可证经营烟草制品零售业务的,由工商行政管理部门责令停止经营烟草制品零售业务,没收违法所得,并处罚款。"这里所侵犯的客体就有两个:一个是烟草专卖秩序,另一个就是工商管理秩序中的行政许可管理秩序。这里规定由工商行政管理部门来处罚,是因为该行为主要侵犯的是工商管理秩序中的行政许可管理秩序。关于复杂客体的情况下应如何确定主要客体及按何种性质处罚,应主要根据以下因素综合考虑:首先,根据主要客体的性质决定违法责任的性质。因为主要客体决定了事物的本质属性。如《治安管理处罚法》第58条规定的"违反关于社会生活噪声污染防治的法律规定,制造噪声干扰他人正常生活的"违法行为,按照侵犯社会管理秩序的违法行为予以处罚。这里的违法行为既侵犯了社会管理秩序,又侵犯了他人的安宁权、休息权,但因为这种活动是在社会管理中普遍出现的,公共社会管理秩序是主要客体,因此决定了要按照侵犯了社会管理秩序处罚。其次,根据行政机关职能划分决定违法责任的性质与处罚主体。行政机关职能划分的实质就是对"事"的划分及对"管事"的划分,在交叉与联系的客体中,行政机关职能划分对客体的法律性质有影响作用。如《药品管理法》规定的大多数处罚都是认定侵害了药品管理秩序这个客体,而其中有关药品广告管理的规定表明,虽然侵害了药品管理秩序,也侵害了广告管理秩序,但是国家对广告管理的职能划分是按"行业"、"业务"标准来统一归口管理的,无论是药品广告还是食品广告,都统统划入广告管理之内,属于广告管理机关的职能范畴,所以违规发布药品广告的行为就应当由广告管理机关来处罚。

(二)违反行政法律中的义务性规范(且罚则完备)的违法行为

这里所说的行政法律规范包括法律、行政法规、地方性法规及部门规章、地方规章,而且要求相关罚则规定的具有明确性和完备性。

至于违法行为则分为作为与不作为两种。作为是指行为人违反法律规定的禁止性、命令性所禁止的行为,即不当为而为。如从事《治安管理处罚法》第68条规定的"制作、运输、复制、出售、出租淫秽的书刊、图片、影片、音像制品等淫秽物品或者利用计算机信息网络、电话以及其他通信工具传播淫秽信息的"行为;不作为是指行为人违反法律规定的积极的义务性规定,消极地不去做法律要求或期待的行为,即应为能为而不为。如《期货交易管理条例》第20条规定的"成立后无正当理由超过3个月未开始营业,或者开业后无正当理由停业连续3个月以上"的行为。但如果是客观上不可能做到的,则不能认定为不作为。

关于法律中具体的危害结果是否属于违法构成要件中的要素,可以分为以下三种情形:一是将具体的危害结果作为违法构成要件中的要素。如《安全生产法》第93条规定的"生产经营单位的安全生产管理人员未履行本法规定的安全生产管理职责的","导致发生生产安全事故的"的违法行为。二是将具体的危害结果较重的程度作为违法构成要件中的要素。如《黑龙江省道路交通安全条例》第144条第(4)项规定的"非法拦截、扣留机动车辆,不听劝阻,造成严重交通阻塞或者较大财产损失的"违法行为,由公安机关交通管理部门处以1500元罚款。而如果虽然非法拦截、扣留机动车辆,不听劝阻,但未造成严重交通阻塞或者较大财产损失的,就不能构成违法。三是将具体的损害结果程度作为进一步从重处罚的根据之一。如《安全生产法》第109条规定:"发生生产安全事故,对负有责任的生产经营单位除要求其依法承担相应的赔偿等责任外,由安全生产监督管理部门依照下列规定处以罚款:(一)发生一般事故的,处二十万元以上五十万元以下的罚款;(二)发生较大事故的,处五十万元以上一百万元以下的罚款;(三)发生重大事故的,处一百万元以上五百万元以下的罚款;(四)发生特别重大事故的,处五百万元以上一千万元以下的罚款;情节特别严重的,处一千万元以上二千万元以下的罚款。"

在实践中,有的行政处罚主体把非违法行为当作违法行为予以行政处罚,属于超越职权的行为。

案例7.1 刘京信诉山东省沂南县国土资源局行政处罚案

该案中,法院认为:上诉人于1999年承包本村耕地,并在承包使用的耕地内建养猪场从事养殖业并建有房屋。国土资源部国土资发〔2001〕255号文件规定,畜禽饲养地属于农用地的范畴,《国土资源部、农业部关于促进规模化畜禽养殖有关用地政策的通知》规定"本农村集体经济组织、农民和畜牧业合作经济组织按照乡(镇)土地利用总体规划,兴办规模化畜禽养殖所需用地按农用地管理,作为农业生产结构调整用地,不需办理农用地转用审批手续",被上诉人以上诉人违反《土地管理法》第44条第1款、第3款等规定为由、依据《土地管理法》第76条、《土地管法实施条例》第42条之规定,对上诉人予以处罚,属适用法律不当。[①]

(三)适格的违法主体

适格的违法主体,是指达到了法定责任年龄且具有辨认及控制自己行为的能力、精神状况正常的自然人及依法具有责任能力的法人及其他组织。《行政处罚法》第25条规定:"不满十四周岁的人有违法行为的,不予行政处罚,责令监护人加以管教;已满十四周岁不满十八周岁的人有违法行为的,从轻或者减轻行政处罚。"据此,自然人以年龄为标准可以区分为完全责任能力人(18周岁以上)、限制责任能力人(已满14周岁不满18周岁)及无责任能力人(不满14周岁)三类主体。适格的违法主体以行为人是否需要具备特定身份为标准可分为一般主体和特殊主体两类。一般主体即所有具备行政责任条件及行政责任能力的公民、法人或其他组织。如《海关行政处罚实施条例》第7条规定的走私行为,只要属于一般适格主体就都可以构成,即该条对违法主体并无特别要求。特殊主体即除必须具备一般主体的条件之外,法律还有特别要求或限定。如《消防法》第28条规定:"消防产品质量认证、消防设施检测等消防技术服务机构出具虚假文件的,责令改正,处五万元以上十万元以下罚款,并对直接负责的主管人员和其他直接责任人员处一万元以上五万元以下罚款;有违法所得的,并处没收违法所得;给他人造成损失的,依法承担赔偿责任;情节严重的,由原许可机关依法责令停止执业或者吊销相应资质、资格。"该条中的违法主体就必须是具有消防产品质量认证、消防设施检测等资格的消防技术服务机构,否则不得适用该条处罚。

《行政处罚法》第31条规定:"精神病人、智力残疾人在不能辨认或者不能控制自己行为时有违法行为的,不予行政处罚,但应当责令其监护人严加看管和治疗。间歇性精神病人在精神正常时有违法行为的,应当给予行政处罚。尚未完全丧失辨认或者控制自己行为能力的精神病人、智力残疾人有违法行为的,可以从轻或者减轻行政处罚。"

关于生理缺陷是否影响处罚责任能力的问题,《行政处罚法》没有规定,但《治安管理处罚法》有明确规定,该法第14条规定:"盲人或者又聋又哑的人违反治安管理的,可以从轻、减轻或者不予处罚。"

关于原因自由行为的处罚责任问题《行政处罚法》也没有规定,笔者认为应当借鉴境外有关立法,如我国台湾地区"行政罚法"第9条第3项、第4项、第5项规

[①] 山东省临沂市中级人民法院(2014)临行终字第147号行政判决书。

定:"行为时因精神障碍或其他心智缺陷,致不能辨识其行为违法或欠缺依其辨识而行为之能力者,不予处罚。行为时因前项之原因,致其辨识行为违法或依其辨识而行为之能力,显著减低者,得减轻处罚。前2项规定,于因故意或过失自行招致者,不适用之。"

在实践中,有的行政处罚主体出现了错列或漏列违法主体的情形。

案例7.2 刘曙光诉莱西市公安局交通警察大队行政处罚案

该案中,法院认为:《道路交通安全法》第16条规定:"任何单位或者个人不得有下列行为:……(二)改变机动车型号、发动机号、车架号或者车辆识别代号……(四)使用其他机动车的登记证书、号牌、行驶证、检验合格标志、保险标志。"本案中,实施使用其他机动车号牌、行驶证违法行为的行为人是涉案车辆实际所有人张守红,改变车架号的行为亦非上诉人所为,上诉人仅是受雇驾驶该车,且在两车车型均为重型罐式半挂车、行驶证与号牌一致的情况下,上诉人已尽到必要的注意义务,因此,被上诉人作出行政处罚所针对的对象不应是上诉人。[①]

案例7.3 合肥堃江商贸有限公司第一分公司诉合肥市包河区环境保护局行政处罚案

该案中,法院认为:《水污染防治法》第17条第3款规定:"建设项目的水污染防治设施,应当与主体工程同时设计、同时施工、同时投入使用。水污染防治设施应当经过环境保护主管部门验收,验收不合格的,该建设项目不得投入生产或者使用。"该法第71条规定:"违反本法规定,建设项目的水污染防治设施未建成、未经验收或者验收不合格,主体工程即投入生产或者使用的,由县级以上人民政府环境保护主管部门责令停止生产或者使用,直至验收合格,处五万元以上五十万元以下的罚款。"在本案中,原告并非涉案搅拌站的建设单位,而仅为该搅拌站承租人派驻经营的使用者,该搅拌站的水污染防治设施不应由原告建成并交付验收,而应由建设单位承担该项法定义务。若该搅拌站配套的水污染防治设施未经验收,主体工程即投入生产,被告应当依法追究建设单位的法律责任,而不应追究原告作为使用者的法律责任。因此,被告以原告作为实施涉案处罚的行政相对人,不符合上述法律规定。[②]

[①] 山东省青岛市中级人民法院(2014)青行终字第165号行政判决书。
[②] 安徽省合肥市包河区人民法院(2014)包行初字第00011号行政判决书。

案例7.4　秦天良等诉通江县规划管理局行政处罚案

该案中,法院认为:原告未取得《建设工程规划许可证》,也未取得批准的建设设计方案,擅自在至诚镇烟草站旁进行房屋建设施工,违反了《城乡规划法》第40条之规定,依法应受处罚。但被告在处罚过程中漏列了与原告共同建修的案外人作为主体。①

(四)主观过错

关于违法构成要件是否包括主观过错主要有以下几种观点:

第一种观点认为,行政处罚责任应当以行为人在客观上是否违法为主要依据,一般不以行为人主观上是否有过错为主要依据。其主要理由有:一是认为行政违法尚没有犯罪对社会的危害程度严重,其所受的处罚也相对较轻,因此一般不必对违法主体的主观心理状态作过于频繁的分析和确认;二是行政处罚责任是行政机关施加给相对人的单方法律责任,而不像民事责任那样是法院在平等主体双方分配法律责任;三是行政处罚案件数量大、任务重、涉及面广,如果都要求行政机关确认主观过错,势必影响效率。从法律规定来看,《行政处罚法》也仅仅规定了"公民、法人或者其他组织违反行政管理秩序的行为"应当给予行政处罚,似乎没有主观过错的内容。②

第二种观点认为,违法构成要件的主观方面包括故意和过失两种形式③,主要理由在于惩罚应当是与错误相对应的,"适用行政处罚还需要违法者具有主观过错条件,没有主观上的故意或过失,不得适用行政处罚"。④

第三种观点认为,应当以过错责任为原则,以"无过错责任"原则为例外。详言之,该观点认为过错是行政处罚适用的必然要件,违法者不具有主观过错,行政机关就不得对其适用行政处罚,但极少数例外情形下应适用无过错责任,如工业灾害、工业事故、环境污染、产品责任等方面就应实行无过错责任,即只要某人干了法律所禁止的事情,无论其心理状态如何,也无论其行为是故意的、轻率的、疏忽大意

---

① 四川省通江县人民法院(2014)通行初字第9号行政判决书。
② 参见袁曙宏:《行政处罚的创设、实施和救济》,中国法制出版社1997年版,第68~75页;汪永清主编:《行政处罚运作原理》,中国政法大学出版社1994年版,第169~172页。
③ 参见关保英主编:《行政处罚法新论》,中国政法大学出版社2007年版,第90页。
④ 应松年等主编:《行政处罚法理论与实务》,中国社会出版社1996年版,第94页。

的,还是他根本无懈可击,都应承担一定的法律责任。①

第四种观点认为,违法构成要件的主观方面由故意和过失两种形式组成,但在具体适用时应当采用过错推定方式。主要理由有以下几点:第一,过错推定实际上是通过推定行为有过错的方式将举证责任转移给义务违反者,之所以要作这种转移,是因为从实践来看,义务违反者如果真无过错,一般来说比较易于举证;而要求行政机关单方面弄清楚是否有过错则比较困难。也就是说,这种证明方式更易于接近客观真实。第二,行政机关已经发现行为人违反了行政法上的义务,理所当然地应当由义务违反者解释这是"怎么回事儿"。这个过程本身就是一种过错推定过程。也就是说,过错推定符合行政处罚的逻辑过程。第三,采用过错推定制度,有利于行政机关提高行政效率,维护行政管理秩序。虽然它在事实上加重了义务违反者的举证负担,并在一定程度上(尽管很有限)加大了义务违反者承受处罚责任的风险。但从整个社会来说,与它带来的积极效果相比,还是利大于弊的。②

第五种观点认为,违法构成要件的主观方面由故意和过失两种形式组成,在具体适用时应当采用过错推定方式,但该观点认为对于行为人是故意还是过失一般不需要刻意甄别,而且认为行政处罚责任不会因为行为人是故意还是过失而产生轻重或大小的区别。③

第六种观点认为,违法构成要件的主观方面由故意和过失两种形式组成,且在行政处罚时有必要区分故意还是过失,故意违法则行政处罚责任更重,过失违法则行政处罚责任更轻,在具体适用时应当以主观责任原则为主(也就是由行政处罚主体负举证责任),以过错推定原则为例外。④

笔者持第六种观点,主要理由在于:(1)任何公正合理的制裁都须以被制裁的行为具有可非难性或可谴责性为基础。行政处罚是一种制裁手段,而制裁的直接目的是惩戒,惩戒的过程和功能表现为使行为人认识错误、吸取教训,不再重犯。我们要对某一行为给予处罚,也就是说,这种行为具有可非难性或可谴责性,也就是说,在特定情况下他本应选择合法行为,但他却选择了违法行为。如果一个行为毫无可指责之处,或者行为人在特定情况下毫无选择自由,我们处罚这种行为有什么作用呢?会产生什么积极效应?除了产生被处罚人的怨恨之外,恐怕不会有什么好的反响。所以,古往今来,处罚是与行为的非难性或可谴责性联系在一起的,否则,

---

① 参见杨解君:《秩序·权力与法律控制——行政处罚法研究》,四川大学出版社1995年版,第196~202页。
② 参见江必新:《论应受行政处罚行为的构成要件》,载《法律适用》1996年第6期。
③ 参见何建贵:《行政处罚法律问题研究》,中国法制出版社1996年版,第195~198页。
④ 参见晏山嵘:《海关行政处罚实务指导》,中国法制出版社2011年版,第92~95页。

就很难与专横和暴政相区别。而行为的可谴责性无非表现为行为人在特定情况下的过错,因为无过错的行为是无可指责的。(2)行政处罚应当秉承"无过错即无责任"的原则,摒弃无过错责任的客观归责原则或严格责任原则或结果责任原则,因为法律不应处罚无意志因素的行为。虽然过错推定属于举证责任倒置,似乎与无过错责任情形非常类似,但两者仍有区别。"两者最重要的差别在于,过错推定没有脱离过错责任的轨道,而只是适用于过错责任原则的一种方法,而无过错责任超越了过错责任原则,并在一定程度上缩小了过错责任的适用范围。"①而且,无过错责任的归责原则有三大缺陷:一是不利于发挥教育作用和预防作用。因为受罚者会认为,我本身没有过错,处罚仅是基于法律规定强加于我的。二是缺乏弹性。因为法律责任也会随着科技发展、社会发展而发生变化,无过错责任归责原则较难适应变化。三是其逻辑上自相矛盾。有过错与无过错者不作区别同样受罚,不符合处罚公平对待及公正统一的原则。②(3)行政处罚应当与主观过错程度相联系。过错分为故意与过失,在同样违法的情形下,故意所表现出来的主观恶性对社会危害程度更大,过失所表现出来的主观恶性对社会危害程度更小。例如,明知不符合卫生标准的食品仍然销售的行为,对社会危害程度显然比不知道是不符合卫生标准的食品而销售的行为更严重。既然过错程度反映出行为的社会危害性大小不同,也反映出行为人的主观恶性程度不同,那么,行政处罚就应有所区别,对主观恶性大且客观危害严重的行为予以重罚,而对主观恶性相对较小且客观危害相对较轻的行为予以更轻的处罚,因此说行政处罚不能不区分故意和过失,否则就与行政处罚的基本原则——比例原则相违背了。③(4)"违反行政法律规范的行为"并非一定包含过错,或者说,行为人的主观过错因素并非一定包含在行为的违法性之中。诚然,某些概念本身就包含着行为人的主观因素,如"假冒""伪造"等概念须以故意为前提。但有些行为完全有可能在无过错的情况下实施。例如,法律规定对生产、销售假冒伪劣商品行为的,要进行行政处罚。而甲公司销售过假汽油,经查系某乙盗窃甲公司汽油后掺水所致。甲公司在表面上确实销售了假汽油,但在本案中,应受处罚的应是某乙而不应是甲公司,因为甲公司没有过错。正是因为某些规定行政处罚的法律规范中不当然包含过错因素这一事实,如果我们不想处罚无辜的话,就应当将过错作为违法构成要件之一。(5)有学者认为,我国80%以上的法律、法规规定,只要公民、法人和其他组织实施了违反现行行政法律规范的行为,就应受到行政处罚;4.4%的法律、法规规定,公民、法人和其他组织实施违法行为,还应具有

---

① 王卫国:《过错责任原则:第三次勃兴》,中国法制出版社2000年版,第167页。
② 参见王卫国:《过错责任原则:第三次勃兴》,中国法制出版社2000年版,第167~175页。
③ 参见杨小君:《行政处罚研究》,法律出版社2002年版,第173~177页。

主观过错才受行政处罚;15.2%的法律、法规规定,公民、法人和其他组织实施违法行为还应具备一定的情节和后果才受行政处罚;只有极少数管理领域,公民、法人和其他组织是实施违法行为必须主观上有过错,客观上造成危害后果才受行政处罚。① 笔者认为,这是一种误解。在我国法律规定中,确实仅有约4.4%规定行政处罚须以"故意"或"明知"为要件,但这种规定并不意味着没有作这种限定的行政处罚不需要以过失为要件。从有关法律责任规范的表达习惯来看,通常对"过失"要件不作明确规定,而只对"故意"要件作特别规定,原因在于法律责任的基础之下限就是过失,将"故意"要件明确表达出来,旨在申明这里所要求的不是一般过失,而是"故意"。因此,不能因为法律法规中没有规定"行为人过失地实施某种行为"就认为过错不是应受处罚行为的必要条件。②(6)如果在行政处罚具体适用时均采用过错推定方式的话,那么行政法中确立的行政主体负举证责任的原则在行政处罚这一领域就陷入崩溃了,何况行政机关掌握的资源更丰富可运用的公权力手段较多,在行政法律关系中本身就居于优势地位,虽然行政机关在行政管理中要追求高效率,但公正原则也不可忽视,尤其是对公众人身权利、财产权利影响甚大的行政处罚,更是应该强调以行政机关负举证责任为主,以相对人负举证责任为例外,也即行政处罚必须以过错责任为主,以过错推定原则为例外,只有这样,才能更好地保护相对人的合法权益。笔者认为,在适用过错推定归责原则时应注意:一是重点适用于公共安全、公共环境、公共卫生及高技术等领域,如运输固体废物进境被行政处罚主体查获,如果无法查清其他违法主体,那么得推定运输者有过错,因为这属于公共环境领域的事项,采用这一标准较适合;二是推定之后允许当事人反驳及提出有利于自己的反证。

我国台湾地区关于主观过错是否为违法构成要件这一问题也经历了相当长时间的探索。③ 以1991年大法官作出的释字第275号解释为"分水岭",之前除少数不同见解外,大部分观点都认为只要行为违法,即可处罚,而无须考虑行为人主观上是否有故意或过失。之后多数情形以第275号解释为根据,该解释内容为:"人民违反法律上之义务而应受行政罚之行为,法律无特别规定时,虽不以出于故意为必要,仍须以过失为其责任条件。但应受行政罚之行为,仅须违反禁止规定或作为义务,而不以发生损害或危险为其要件者,推定为有过失,于行为人不能举证证明

---

① 参见孙秋楠:《受行政处罚行为的构成要件》,载《中国法学》1992年第6期。
② 参见江必新:《论应受行政处罚行为的构成要件》,载《法律适用》1996年第6期。
③ 在2006年"行政罚法"颁布之前,我国台湾地区就主观过错是否为违法构成要件这一问题的观点流变共经历了四个时期:第一个时期:故意责任时期;第二个时期:故意与过失等价说时期;第三个时期:无过失责任时期;第四个时期:过错责任说与过错推定说时期。进一步阅读李惠宗:《行政罚法之理论与案例》,台北,元照出版有限公司2005年版,第60~75页。

自己无过失时,即应受处罚。"[1]外国也有类似立法,如《奥地利行政罚法》第5条第1款规定:"于行政法规无关责任条件之特别规定时,过失行为已足为处罚之理由,仅系违反禁止或作为命令之行为,而无须以引起损害或危险行为违反行政义务行为之构成要件者,如行为人不能释明其无法避免行政法规之违反,应认为有过失。"再如《德国违反秩序罚法》规定的更为严格,其第10条规定:"违反秩序罚之处罚,原则上只以故意行为为限;过失行为之处罚,以法律有明文规定科处罚锾者,始得为之。"由此可见,行政罚之主观状态被区分为故意、过失及推定过错三种。我国台湾地区在第275号解释之后于2006年施行的"行政罚法"进一步限缩了过错推定责任,该法第7条规定:"违反行政法上义务之行为非出于故意或过失者,不予处罚。法人、设有代表人或管理人之非法人团体、中央或地方机关或其他组织违反行政法上义务者,其代表人、管理人、其他有代表权之人或实际行为之职员、受雇人或从业人员之故意、过失,推定为该等组织之故意、过失。"

笔者认为,故意、过失、推定过错及无过错责任四种主观形式在现行法律中呈现以下五种情形:

第一种,依照法律明文规定或法条文义及立法原意,必须要主观故意才能构成违法行为,如果仅有过失则不能依据该条文处罚。如《治安管理处罚法》第28条规定:"违反国家规定,故意干扰无线电业务正常进行的,或者对正常运行的无线电台(站)产生有害干扰,经有关主管部门指出后,拒不采取有效措施消除的,处五日以上十日以下拘留;情节严重的,处十日以上十五日以下拘留。"再如《治安管理处罚法》第51条第1款规定:"冒充国家机关工作人员或者以其他虚假身份招摇撞骗的,处五日以上十日以下拘留,可以并处五百元以下罚款;情节较轻的,处五日以下拘留或者五百元以下罚款。"

第二种,依照法律明文规定或法条文义及立法原意,仅处罚过失行为,如果是出于故意则可能需要引用其他条文处罚。如《消防法》第64条第(2)项规定"过失引起火灾""尚不构成犯罪的","处十日以上十五日以下拘留,可以并处五百元以下罚款;情节较轻的,处警告或者五百元以下罚款"。再如《药品管理法实施条例》第75条规定:"药品经营企业、医疗机构未违反《药品管理法》和本条例的有关规定,并有充分证据证明其不知道所销售或者使用的药品是假药、劣药的,应当没收其销售或者使用的假药、劣药和违法所得;但是,可以免除其他行政处罚。"

第三种,依照法条文义及立法原意,故意或过失均能构成同一违法行为。如《安全生产法》第101条规定"两个以上生产经营单位在同一作业区域内进行可能

---

[1] 洪家殷:《行政罚法论》,台北,五南图书出版股份有限公司2006年版,第201~205页。

危及对方安全生产的生产经营活动,未签订安全生产管理协议或者未指定专职安全生产管理人员进行安全检查与协调的"行为。

第四种,依照法条文义及立法原意,推定过错即能构成违法行为。如《海关行政处罚实施条例》有第8条第(2)项规定的"在内海、领海、界河、界湖,船舶及所载人员运输、收购、贩卖国家禁止或者限制进出境的货物、物品,或者运输、收购、贩卖依法应当缴纳税款的货物,没有合法证明的"行为。此外,非法运输储存、买卖、使用"红油"无合法证明的行为、非法持有进口成品油无合法证明的行为、非法持有无进口证明汽车(含摩托车)的行为、非法持有"三无船舶"的行为等影响监管的违法行为也都是持过错推定的处罚归责原则。

第五种,依照法条文义及立法原意,无过错亦能构成违法行为。《食品安全法》第136条规定,"食品经营者履行了本法规定的进货查验等义务,有充分证据证明其不知道所采购的食品不符合食品安全标准,并能如实说明其进货来源的,可以免予处罚","但应当依法没收其不符合食品安全标准的食品"。最后一句中的"没收"即体现了无过错责任。此外,在药品生产经营、证券发行销售等领域亦有少量类似规定。如《医疗器械监督管理条例》第66条第2款规定,"医疗器械经营企业、使用单位履行了本条例规定的进货查验等义务,有充分证据证明其不知道所经营、使用的医疗器械为前款第一项、第三项规定情形的医疗器械,并能如实说明其进货来源的,可以免予处罚","但应当依法没收其经营、使用的不符合法定要求的医疗器械"。①

根据法律规定及执法、司法实践可知,我国关于行政处罚的归责模式有三:一是过错归责模式;二是过错推定归责模式;三是严格归责模式。而新修正的《行政处罚法》第33条第2款已总则性地将行政处罚归责方式确立为过错推定归责模式。笔者认为,这一规定并不合理,深入分析可以发现主要存在以下几方面的问题:第一,与境外主流立法趋势不一致。《德国违反秩序罚法》及我国台湾地区"行政罚法"等法律普遍采取的是过错归责模式。同时,《欧洲人权公约》第6条第2款也确立了"无辜推定"原则。据此,主观过错不仅是应受行政处罚行为的必备要件,而且该主观过错须由行政处罚主体来承担举证责任。第二,不利于实现公民的人权保障、自由保障和财产保护。《宪法》第33条规定,国家尊重和保障人权。第13条规定,公民的合法的私有财产不受侵犯。第38条规定,公民的人格尊严不受侵犯。第37条规定,人身自由不受侵犯。在行政处罚领域,若普遍地采取过错归责模式,似

---

① 当然,前述规定中的"没收"是叫"没收"还是"收缴"更妥,以及该类措施系属行政处罚还是即时强制,笔者认为仍有探讨空间。

将人在当手段或客体对待,且有重效率而轻公正、懒政怠政及不作为之嫌。如此,公权力更易滥用权力侵犯公民人权、自由和财产,人性尊严将更加难以维护。既然主观过错可以通过立法设定成普遍推定,照此逻辑,客观行为为何不能设定成推定呢? 行为人是谁为何不能设定成推定呢? 如此,行政处罚基本不需收集证据了。何况,有的行政处罚力度并不亚于刑罚,甚至比刑罚更重。比如拿罚款 500 万元和适用缓刑来比较,有些人宁愿适用缓刑也不愿被罚 500 万元。所以很难说,刑罚一定比行政处罚更重,还是要具体分析。第三,这么规定缺乏行政处罚的正当性基础、未照顾到行政与刑事的有效衔接,更不符合较重行政处罚证明标准之要求。行政处罚的正当性基础源于行为人的可非难性及可谴责性,可非难性及可谴责性就意味着行为人不仅客观上有违法行为,同时也具有违法的主观过错。倘若行为人一点主观过错都没有,就失去了可非难及可谴责的基础,处罚便丧失了合法性和正当性,背离了"无过错即无责任""法律不强人所难"等公众观念。再来看行政与刑事的衔接:行政处罚与刑罚二者同属公法范畴,分属行政法及刑法上最严厉的干预行为及制裁行为。特别就行政犯而言,行政违法与行政犯罪之间更多体现出的仅是一种"量"的区别,而非"质"的差异,很难说通行政违法从完全不需证明行为人的主观过错,仅因量的不同,便变异到行政犯罪需证明行为人的主观过错。而且,对于涉及限制人身自由、吊销证照、大额罚没等对相对人人身、财产权益等影响较大的具体行政行为的案件,此前最高人民法院的观点亦认为"可以比照适用类似于刑事案件的证明标准"[①]。刑案的证明标准为排除合理怀疑,某些行政处罚案件要达到如此高的证明标准或类似标准,不可能不需要处罚主体去完成证明行为人主观过错的任务。由此,《行政处罚法》将过错推定确立为一种普遍的归责模式,而非例外的归责模式,实为一大立法失误。第四,这么规定有陷相对人于"自证违法"之境及"有罪推定"之嫌。从法理和宪法、组织法、诉讼法等方面的角度来看,行政处罚主体负有全面调查违法事实的职责和举证义务,包括调查收集主观证据,而主观事实无疑也是案件主要事实中不可或缺的一部分。就是《行政处罚法》第 40 条也规定

[①] 李国光:《努力开创行政审判工作新局面,为全面建设小康社会提供司法保障》,载《最高人民法院公报》2003 年第 2 期。司法实践中,不少法院针对较重行政处罚的案件在作司法审查时,也的确遵照上述最高人民法院的意见,认为应适用排除合理怀疑的证明标准。如贺海和诉长沙市公安局交通警察支队、长沙市公安局交通管理行政处罚及行政复议案[湖南省高级人民法院(2019)湘行再 7 号行政判决书]。该案中,法院认为:"贺海和作为一名公交车司机,被申请人作出的'吊销贺海和机动车驾驶证、五年内不得重新考取机动车驾驶证的处罚',属于对申请人较为严苛的行政处罚,应适用排除合理怀疑的行政诉讼证明标准"。又如房玉刚诉济南市公安局长清区分局治安行政处罚案[山东省济南市中级人民法院(2012)济行终字第 321 号行政判决书]。该案中,法院亦认为:"本案涉及到对公民的人身自由进行限制的问题,对公安机关所举认定事实的主要证据必须排除合理怀疑"。

了行政处罚主体对需要给予行政处罚的,"必须查明事实"。这里的"事实"当然也应包括相对人的"主观方面"。否则,如何证明行为人具可非难性、可谴责性、可惩戒性及可制裁性呢?若"主观方面"未查清,亦将构成诉讼法上的"主要事实不清、证据不足"。"谁主张,谁举证",这也是一般法理对行政行为作出者提出的一个普遍而正当的要求。无论如何,相对人既无证明行政行为合法或担保行政行为正当的职责,亦不负有"自证过错""自证违法"的义务。目前施行这种普遍的过错推定归责模式(据此,处罚主体仅需关注纯客观事实)难逃"有罪推定"之嫌。当然,笔者认为处罚主体应负举证责任,并不妨碍相对人亦可自愿举证,用以解释自己无故意或无过失,但这仅仅是其应有权利而非法定义务。

在司法实践中,也存在主观过错不要说及主观过错必要说两种观点,持主观过错不要说的法院并不少见。

案例7.5 浙江全金药业股份有限公司诉杭州市卫生局行政处罚案

该案中,法院认为:对原告违法行为的定性处罚,并不以被处罚人的主观过错为前提或构成要件,原告主观是否有过错只是量罚的裁量参考。①

案例7.6 朱锦足诉临海市林业特产局行政处罚案

该案中,法院认为:在行政法上,违法行为并不以主观故意或过失是否具备为构成要件。上诉人经营暹罗鳄鱼肉并不需要认定行为人主观上是否具有故意,只要行为违反法律规定,即可认定为违法行为。②

案例7.7 李某诉某公安交通支队行政处罚案

该案中,法院认为:《道路交通安全法》第21条及《北京市实施〈中华人民共和国道路交通安全法〉办法》第94条第(1)项规定可以得出:无论驾驶车辆的相对人是否有过错都必须承担车辆安全设施不齐全的行政法律责任。由此可见,立法者在这一问题上采用的是无过错责任原则。据此,法院认为该案中李某驾驶右侧近光灯不亮(李某称在驾驶车辆过程中突然发生右侧近光灯熄灭,由于路灯较亮,所

---

① 浙江省杭州市上城区人民法院(2011)杭上行初字第66号行政判决书。
② 浙江省台州市中级人民法院(2013)浙台行终字第61号行政判决书。

以未能发现)的车辆的行为应予处罚,于是法院维持了该行政处罚决定。①

最高人民法院针对某些领域的特定违法行为也有持无过错归责原则的判例。

案例7.8　浙江九龙山国际旅游开发有限公司诉中国证券监督管理委员会行政处罚案

该案中,法院认为:《证券法》第47条的立法目的是防止上市公司特定人员利用对公司的控制优势或者信息优势,短时间内买卖公司股票获取不正当利益。该条是内幕交易的事先防范和吓阻机制,其违法构成要件中,并不强调行为人主观上是否具有利用控制优势和信息优势获取利益的目的和意图,而是采取简化的客观判断标准和无过错责任原则,即只要行为人客观上具备第47条规定的特定人员的身份并在6个月限制期内买卖股票即构成短线交易,至于其买卖股票时是否具有利用控制优势和信息优势获取利益的主观意图以及实际上是否利用了这些优势,均不是短线交易的构成要件。因此,再审申请人以其在交易涉案股票时不具有利用内幕信息获取短线利益的主观意图为由,主张其买入和卖出涉案股票的行为不构成《证券法》第47条规定的短线交易的理由不能成立。《证券法》第47条的立法目的是防止上市公司特定人员利用对公司的控制优势或者信息优势,短时间内买卖公司股票获取不正当利益。该条是内幕交易的事先防范和吓阻机制,其违法构成要件中,并不强调行为人主观上是否具有利用控制优势和信息优势获取利益的目的和意图,而是采取简化的客观判断标准和无过错责任原则,即只要行为人客观上具备第47条规定的特定人员的身份并在6个月限制期内买卖股票即构成短线交易,至于其买卖股票时是否具有利用控制优势和信息优势获取利益的主观意图以及实际上是否利用了这些优势,均不是短线交易的构成要件。因此,再审申请人以其在交易涉案股票时不具有利用内幕信息获取短线利益的主观意图为由,主张其买入和卖出涉案股票的行为不构成《证券法》第47条规定的短线交易的理由不能成立。②

在实践中,持主观过错必要说的法院也有一些。

---

① 参见北京市高级人民法院行政审判庭编:《行政诉讼案例研究(六)》,中国法制出版社2010年版,第54~57页。

② 最高人民法院(2015)行提字第24号行政判决书。

案例7.9 张甲玉诉西华县公安局行政处罚案

该案中,法院认为:上诉人张甲玉在公共场所张贴内容失当的开庭通知,但该行为是基于中院已受理其上诉案件且有关办案人员多次与其联系的基本事实,所以张甲玉并不具备虚构开庭事实、散布谣言扰乱社会秩序的主观故意,不符合《治安管理处罚法》第25条第(1)项"散布谣言,谎报险情、疫情、警情或者以其他方法故意扰乱公共秩序的"之规定的行为构成要件。综上,被上诉人西华县公安局以上诉人张甲玉散布谣言为由作出的行政处罚决定,主要证据不足,应予撤销。①

案例7.10 桂林市金沙河物资仓储有限责任公司诉桂林市象山区安全生产监督管理局行政处罚案

该案中,法院认为:原告将坡地平整仓含砌挡土墙、拆除房屋工程项目发包给没有工程施工资质的第三人朱名杨施工,导致安全责任不落实,施工作业无安全操作规程和施工组织方案,且未对民工进行培训和教育,也没有现场的检查指导,使民工在存有明显的安全隐患状态下违规操作,在拆除旧房屋过程中违规作业,造成墙体倒塌,致使一人死亡的安全生产事故。②

案例7.11 洛阳申华运输有限公司诉渑池县城市管理综合执法局行政处罚案

该案中,法院认为:被告依据《河南省〈城市市容和环境卫生管理条例〉实施办法》第30条第(6)项规定"运输液体、散装货物不作密封、包扎、覆盖造成泄露、遗撒的,每车处以30元罚款或处以每平方米10元罚款,但是,实际执罚的金额不得超过1万元",对原告方进行处罚。但原告所有的车辆是因发生交通事故被撞后发生的甲醇泄露,在交通事故中原告方没有任何责任(另一方负全责),并非原告的原因导致的甲醇泄露,被告亦未提供证据证明原告运输甲醇未采取密封措施,故被告依据上述条款对原告作出处罚,属适用法律错误,应予撤销。③

在实践中,有的判例显示出法院简单以客观行为判定行为人具有主观故意的倾向。

---

① 河南省周口市中级人民法院(2009)周行终字第53号行政判决书。
② 广西壮族自治区桂林市象山区人民法院(2012)象行初字第6号行政判决书。
③ 河南省渑池县人民法院(2014)渑行初字第7号行政判决书。

案例7.12 区成诉九龙海关行政处罚案

该案中,法院认为:原告区成出境去香港时,携带的是国家禁止出境的文物和国家有数量限制出境的特种玉石工艺品,不是用山石刻制的工艺品,且混放于行李中,未向海关申报,在选走"绿色通道"时被查获,其行为违反了《海关法》第29条第1款和第48条的规定,属走私行为。①

二、消极的处罚排除要件(处罚阻却事由)

消极的处罚排除要件,是指处罚阻却事由,主要由正当化的处罚阻却事由、可赦免的处罚阻却事由、可谅解的处罚阻却事由及不需罚的处罚阻却事由四种类型构成。

(一)正当化的处罚阻却事由

正当化的处罚阻却事由,是指行为表面上具备了违法行为的某些特征,但实质上并不构成违法行为,因而不允许对之实施行政处罚的情形。正当化的处罚阻却事由与可赦免的处罚阻却事由、可谅解的处罚阻却事由及不需罚的处罚阻却事由这三种情形的最大区别就在于正当化的处罚阻却事由根本就不违反法律,而后三种情形是违反法律但基于某种特殊考虑而不予处罚的情形。虽然《行政处罚法》没有明确规定,但在实践中及学理上正当化的处罚阻却事由主要有以下几种类型:

1. 正当防卫

正当防卫,是指为了保护国家、公共利益、本人或者他人的人身、财产和其他权利免受正在进行的不法侵害,采取对不法侵害人造成或者可能造成损害的方法,制止不法侵害的行为。成立正当防卫的条件包括:(1)必须存在现实的不法侵害,一般是指那些具有进攻性、破坏性、紧迫性的违法行为或者犯罪行为。对于事实上不存在不法侵害而以为存在因此进行的防卫为假想防卫。(2)不法侵害必须正在进行,如果针对不是正在进行的不法侵害进行的防卫,就属于防卫不适时,包括事前防卫和事后防卫。(3)必须具有防卫意识,没有防卫意识恰好遇见正当防卫客观条件时进行的防卫是偶然防卫。(4)必须针对不法侵害人本人进行防卫。(5)必须没有明显超出必要限度造成重大损害,否则就构成防卫过当。在正当防卫得以成立

---

① 载《最高人民法院公报》1989年第1期。

的情形下,由于行为人主观上是为了制止不法侵害行为,因此没有违法故意或过失,客观上也没有造成法律所不允许的危害结果出现,因此不需要承担处罚责任。

在实践中,法院一般都认为正当防卫可以构成处罚阻却事由。

案例7.13　张海涛诉济南市公安局市中区分局行政处罚案

该案中,法院认为:原告称其实施伤害他人身体是出于防卫目的,防止他人对其实施犯罪行为。结合本案证据,可以发现原告与第三人丈夫张绍勇并未发生肢体冲突,并未受到严重的身体伤害的威胁。对于一名女性即第三人贾诒娟的劝阻行为或者说轻度的抓推,并不足以导致原告为实现防卫目的而使用砖块击打第三人头部,并咬伤其手指。故原告的主张不符合实际,且无证据证实。①

案例7.14　范曰强诉安丘市公安局行政处罚案

该案中,法院认为:上诉人范曰强虽然有打曲福国的行为,但分析范曰强行为的实质,范曰强是在曲福国事前打威胁电话、强行带人进入家中、先动手打人的情况下,且在及时报警公安机关还未赶到的情况下,在自己家中为了保护自己及家人而对曲福国实施的正当反击,范曰强打曲福国的行为在主观心理状态上应当是出于防卫,在结果上未超出防卫的限度,因此不构成故意殴打他人,不属于违法行为。②

2. 紧急避险

紧急避险,是指为了使国家、公共利益或者他人人身、财产和其他权利免受正在发生的危险,不得已损害另一较小法益的行为。成立紧急避险的条件包括:(1)必须发生了现实危险,对于事实上不存在危险而以为存在因此进行的避险为假想避险;(2)必须是正在发生的危险,如果针对不是正在发生的危险进行的避险,就属于避险不适时;(3)必须出于不得已损害另一较小法益;(4)必须具有避险意识,没有避险意识恰好遇见有紧急避险客观条件而进行的避险是偶然避险;(5)必须没有超过必要限度造成不应有的损害,否则就属于避险过当。在紧急避险得以成立的情形下,由于行为人主观上是为了躲避危险,因此没有违法故意或过失,客观上也没有造成法律所不允许的危害结果出现,因此不需要承担处罚责任。

---

① 山东省济南市市中区人民法院(2014)市行初字第5号行政判决书。
② 山东省潍坊市中级人民法院(2014)潍行终字第112号行政判决书。

实践中,法院一般都认为紧急避险可以构成处罚阻却事由。

案例 7.15　高伟诉长春市公安局交通警察支队汽车产业开发区大队行政处罚案

该案中,上诉人及法院认为:上诉人高伟不服一审判决,向本院提起上诉称:《公共安全行业标准》GA47—2002 第 5 条、第 4 条、第 3 条、第 2 条款规定"黄信号持续时间可调,至少持续 3S"。被上诉人交通信号灯的绿灯信号不闪,黄信号持续时间仅为 1.5 秒,严重违反该标准的强制性规定。本案的事实为:当上诉人接近路口时信号灯为不闪烁的绿色信号,因此上诉人正常通行时,绿色信号突然变为黄信号而且黄色信号极短,这种突然性使上诉人无法正常反映而且刹车距离已经不足,为了紧急避险,只能通过。但法院认为,上诉人的主张证据不足,不予支持。①

判例显示法院对紧急避险的认定和审查较为严格。

案例 7.16　冀某诉北京市公安交通管理局行政处罚案

该案中,法院认为:紧急避险是指为了使国家、公共利益、本人或他人的人身、财产和其他权利免受正在发生的危险,不得已而实施的损害另一较小的合法利益的行为。即紧急避险行为必须是当遇到现实危险时迫不得已而采取的措施。本案中,冀某作为机动车驾驶人应当严格遵守道路交通法律法规的规定,即使在车辆发生故障后亦应按照《道路交通安全法实施条例》第 53 条第 2 款的规定采取安全警示措施,停车等待救援;而非驾驶车辆在应急车道内继续行驶。因此,冀某上述行为并非迫不得已而采取的措施,不构成违法阻却事由。②

3. 法令行为

法令行为,是指基于成文法律、法规、规章的规定,作为行使权利或者承担义务所实施的行为。一般认为,法令行为包括四类行为:(1)基于政策理由阻却违法的行为,如发行彩票本可为赌博行为,但基于财政政策等理由而阻却违法;(2)法律有意明了合法性条件的行为,即某类行为本属违法行为,但法律特别规定,符合一定条件时属合法行为;(3)职务行为,如司法工作人员拘留某违法嫌疑人;(4)权利(义

---

①　长春市中级人民法院(2010)长行终字第 1 号行政判决书。
②　北京市高级人民法院行政审判庭编:《行政诉讼案例研究(九)》,中国法制出版社 2015 年版,第 28~32 页。

务)行为,如公民扭送现行犯。

> **案例 7.17　高艳军诉临县公安局、临县公安局临泉派出所行政处罚案**

该案中,法院认为:行政机关工作人员执行职务时的侵权行为,不属于治安管理处罚条例规定的违反治安管理的行为,不应当给予治安管理处罚。本案上诉人高艳军的违法行为属于执行职务行为还是个人行为,二被上诉人在行政程序中并未查清。若为上诉人执行职务过程中与原审第三人发生的冲突,被上诉人临县公安局临泉派出所则没有管辖权,不能将本案受理为治安行政案件,对上诉人不能作出治安处罚,被上诉人临县公安局亦不能受理本案的行政复议申请。综上所述,被上诉人临县公安局临泉派出所作出的临公(泉)行罚决字(2014)000010号行政处罚决定,存在主要证据不足,依法应当撤销,因涉及原审第三人的合法权益,其应对本案事实重新调查,作出新的行政行为。①

4. 正当业务行为

正当业务行为,是指虽然没有法律、法规、规章的直接规定,但在社会生活上被认为是正当的业务上的行为。如外科医生对病人实施的必要的截肢行为,但也必须得到患者或其家属的承诺或推定的承诺。

> **案例 7.18　桑渲诉淮安市公安局清浦分局行政处罚案**

该案中,法院认为:原告桑渲未经淮安市实验小学保安许可,擅自进入校园,过错在先。刘骏作为淮安市实验小学特卫,负有保卫校园财产安全及师生安全的特定职责,对擅自进入校园的教职工及学生等特定群体以外的任何人包括学生家长,有权予以阻止。刘骏对擅自进入校园、不听劝阻的桑渲采取控制性措施,系其特殊职责所赋予的职务行为,不违反法律法规的强制性规定。②

我们认为,上述案例中保安刘骏的所谓"职务行为",由于外部法律规定并未明确赋予保安权力限制他人人身自由或对他人采取强制性措施。因此,我们宜将此判决中的"职务行为"理解为本书所研究的"正当业务行为"。

---

① 山西省吕梁市中级人民法院(2016)晋11行终52号行政判决书。
② 江苏省淮安市清浦区人民法院(2015)浦行初字第0011号行政判决书。

5. 被害人的承诺

被害人的承诺,是指符合一定条件便可以排除损害被害人法益的行为的违法性。其成立条件是:(1)承诺者对被侵害的法益具有处分权限;(2)承诺者必须对承诺事项的意义、范围具有理解能力;(3)承诺者不仅要承诺行为,而且要承诺行为的结果;(4)承诺必须出于被害人的真实意图;(5)必须存在现实的承诺;(6)承诺至迟必须存在于结果发生时,被害人结果发生前变更承诺的,原承诺归于无效;(7)经承诺实施的行为不得超出承诺的范围。

6. 推定的承诺

推定的承诺,是指现实中没有推定的承诺,但如果被害人知道事实真相后会当然会承诺,在这种情况下,推定被害人的意志所实施的行为,就是基于推定的承诺的行为。如发生火灾时,为了避免烧毁被害人的贵重财产破门而入搬出贵重物品的行为就属于基于推定的承诺的行为。其成立条件是:(1)被害人没有现实的承诺;(2)推定应以合理的一般人的意志为准,而不是以被害人的实际意志为准;(3)破坏的法益不得大于所保护的法益;(4)必须针对被害人有权处分的个人法益而实施行为。

7. 义务冲突

义务冲突,是指行为人在存在多个法律义务并且这些义务不能同时相容与兼顾而使行为人无法同时全部履行时,允许行为人只履行其中一部分而对未履行部分获得正当化,不予处罚的情形。但不得为了履行较轻的义务而不履行较重要的义务。

8. 自救行为

自救行为,是指权利受到违法行为侵害的人,在国家机关尚未按照法律程序采取措施之前,依靠自己的力量救济,实现自己的权利的行为。其成立条件是:(1)行为人是先前受到损害的直接被害人,其试图恢复的权利具有正当性;(2)恢复权利的手段具有社会相当性;(3)存在恢复权利的现实必要性及紧迫性,如果等待公权力救济难以有效实现自己的权利;(4)侵害人不会因为自救行为受到额外的损害。

案例 7.19　李彩云诉邓州市公安局、河南省公安厅行政处罚案

该案中,法院认为:原告李彩云与第三人杨小飞、杨艳华一家因出路发生争议,属民事纠纷,双方应当依法律途径解决矛盾。但杨小飞未通过合法渠道化解矛盾,而是采取雇用铲车强行将原告院墙推倒的强势行为,导致双方冲突加剧,进而发生相互厮打致使双方各有损伤,经鉴定双方伤情均构成轻微伤。第三人采用非法手

段解决纠纷,组织10余人、开铲车进入宅基纠纷现场,有监控视频证实。原告在该冲突中处于被动地位,其阻挡铲车、撕扯是保护自己财产不受侵害的自救行为,具有防卫的性质,不应抛开前因和双方力量悬殊的因素简单认定为互殴。邓州市公安局邓公(张)行罚决字第[2016]0146号行政处罚决定认定原告有违法行为明显不当,适用法律错误。对原告请求撤销被告邓州市公安局邓公(张)行罚决字第[2016]0146号行政处罚决定书诉讼请求,依法应予支持。①

9. 自损行为

自损行为,是指自己损害自己法益的情形,如自伤、自己毁损自己财物的行为等都可以阻却违法,但如果自损行为同时侵害国家、社会或他人法益时,则可能成立违法甚至犯罪,如军人战时自伤的,可能成立违法或犯罪。

10. 不可避免的违法性认识错误

不可避免的违法性认识错误,是指相对人没有机会对其行为之违法性产生合理怀疑或相对人虽然产生了怀疑但其充分利用了一切可能的机会,对行为违法性的查询做出了足够的努力两种情况下产生的违法性错误。在这种情形下实施的行为不具有可罚性。如《德国违反秩序罚法》第11条第(2)项规定:"行为人行为时,对所为不法行为无认识、尤其不认识法规之存在或适用,且此项错误系不能避免者,其行为不处罚。"

11. 意外事件

意外事件,是指行为在客观上虽然造成了损害结果,但不是出于故意或过失,而是不可预见、不能抗拒或不可避免的原因所引发事件。不可预见的事件是指意志以外的意外事件,属于无认识的意外事件;而不能抗拒或不可避免的事件是指虽然可以预见,但主客观条件均无法避免发生某一损害结果,属于有认识的意外事件。意外事件中包括了不可避免的事实认识错误。

案例7.20 中山市小榄镇云锋五金厂、李白云诉中山市安全生产监督管理局行政处罚案

该案中,法院认为:云峰五金厂应当预见到其疏于安全生产管理可能会导致的一切事故伤害后果,包括黄某夹伤手指这一事故结果,但是因夹伤手指一般并不导致死亡的伤害后果,故夹伤手指后其他意外因素的掺入引致的死亡,已超出了云峰

---

① 河南省南阳市卧龙区人民法院(2016)豫1303行初65号行政判决书。

五金厂在其安全生产管理责任范围内的合理预见,云峰五金厂对于该死亡结果不应承担安全生产事故责任。因此,法院认为市安监局依据事故调查报告对云峰五金厂作出的涉案行政处罚事实依据不充分,对市安监局作出的涉案处罚予以撤销。同理,上诉人李白云的责任事实依附于云峰五金厂的责任事实而存在,对市安监局作出的李白云的涉案处罚亦相应予以撤销。①

(二) 可赦免的处罚阻却事由

可赦免的处罚阻却事由,是指行为虽然违反法律,但情有可原,行政处罚主体基于期待可能性②的原理,对于假想防卫、偶然防卫、防卫不适时、防卫过当、假想避险、偶然避险、避险不适时、避险过当、义务冲突时选择履行较轻的义务、基于推定的承诺保护了相当或较小的法益、可以避免的违法性认识错误或事实认识错误、精神病人在不能辨认或者不能控制自己行为时有违法行为的,不满14周岁的人有违法行为及其他期待不可能的行为等情形予以赦免,不予处罚。笔者认为,针对假想防卫、偶然防卫、防卫不适时、防卫过当、假想避险、偶然避险、避险不适时、避险过当、义务冲突时选择履行较轻的义务、基于推定的承诺保护了相当或较小的法益、可避免的违法性认识错误或事实认识错误、盲人或者又聋又哑的人违法③,且其情节或后果并不十分严重的情况下可以考虑不予处罚,而精神病人在不能辨认或者不能控制自己行为时有违法行为的,不满14周岁的人有违法行为的情形应当不予处罚。其他期待可能性情形包括因为行政机关违法导致相对人违法的情形,有些行政机关也明确规定了这一点可以成为处罚阻却事由,如《湘潭市国税系统规范税务行政处罚裁量权实施办法》第15条第(6)项规定"因国税机关原因导致税务行政相对人违法行为的",不予行政处罚。

在实践中,有的法院认为期待不可能可以成为处罚阻却事由,虽然该法院在判

---

① 广东省中山市中级人民法院(2016)粤20行终342号行政判决书。
② 行政法上的期待可能性是指就行为时之情状,判定当事人义务范围之界限,在无法期待当事人遵守规范之情况下,当事人纵违反该规范而为一定之作为或不作为,此时亦因该行为不具有可责性而无责任可言。据此,在上述情况下自不应科处当事人行政处罚。参见叶庆元:《期待可能性于行政法上之适用》,载城仲模主编:《行政法之一般法律原则(二)》,台北,三民书局股份有限公司1999年版,第312~345页。
③ 《治安管理处罚法》第14条规定:"盲人或者又聋又哑的人违反治安管理的,可以从轻、减轻或者不予处罚。"《刑法》第19条规定:"又聋又哑的人或者盲人犯罪,可以从轻、减轻或者免除处罚。"笔者认为,虽然《行政处罚法》没有就上述情形作统一规定,但笔者认为完全可以参照《刑法》第19条规定的精神,将该类人群实施违法行为"可以从轻、减轻或者不予处罚"的情节扩充到整个行政处罚领域,而不限于上述治安管理处罚领域。

决书中没有明确指出期待可能性理论,但其判决内容已经蕴含了该理论的实质内涵。

案例 7.21　王新华诉长春市公安局交通警察支队朝阳区大队行政处罚案

该案中,法院认为:(一)被上诉人长春市交通警察支队朝阳区大队提供的高清摄像照片显示,当时上诉人王新华在沿安达街直行的路况是:1. 交叉路口的两条车道均允许直行车辆行驶,行驶车道前方无障碍,上诉人王新华直行可顺利通过交叉路口,没有变更车道的必要。2. 上诉人王新华沿安达街行驶至德惠路交汇时,上诉人王新华左前方十字路口处有一白色车辆驶出,上诉人王新华变换车道行驶有效防止了与该车发生碰撞。上诉人王新华变更车道时,两车道内均无其他车辆行驶,上诉人王新华变更车道未影响其他车辆安全行驶。因此,上诉人王新华主张变更车道是为了避让违章车辆,不是故意违反交规变更车道的申辩理由成立。(二)《道路交通安全法》的立法目的是维护道路交通秩序,预防和减少交通事故,保护人身安全,保护公民、法人和其他组织的财产安全及其他合法权益,提高通行效率。进行避让和采取制动措施预防和减少交通事故都属于合理措施,被上诉人长春市交通警察支队朝阳区大队提出上诉人王新华应采取紧急制动的方式而不应变换车道进行避让的主张过于苛刻。(三)《行政处罚法》第 32 条第 1 款规定:"当事人有权进行陈述和申辩。行政机关必须充分听取当事人的意见,对当事人提出的事实、理由和证据,应当进行复核;当事人提出的事实、理由或者证据成立的,行政机关应当采纳。"综上所述,上诉人王新华关于其驾驶行为不属于违反交规的申辩理由成立,被上诉人长春市交通警察支队朝阳区大队应当予以采纳。[①]

在实践中,部分法院也认为行政机关的过错或违法行为可以成为处罚阻却事由。

案例 7.22　鲍福忠诉顺昌县建设局行政处罚案

该案中,法院认为:原告于 2002 年 3 月 27 日经被告审批,取得顺昌县私人建房临时建设工程规划许可证,该证已清楚载明了占地面积,建筑面积,建筑层数,限定建筑总高度,按图施工,由于被告工作人员的失误将批给原告的建筑面积 531 平方

[①] 吉林省长春市中级人民法院(2014)长行终字第 00089 号行政判决书。

米计算为 636 平方米,过错在先,法院于是撤销了该行政处罚。①

案例 7.23　邓俊群诉宁乡县公安局行政处罚案

该案中,法院认为:《土地管理法》第 83 条规定:"依照本法规定,责令限期拆除在非法占用的土地上新建的建筑物和其他设施的,建设单位或者个人必须立即停止施工,自行拆除;对继续施工的,作出处罚决定的机关有权制止。建设单位或者个人对责令限期拆除的行政处罚决定不服的,可以在接到责令限期拆除决定之日起 15 日内,向人民法院起诉;期满不起诉又不自行拆除的,由作出处罚决定的机关依法申请人民法院强制执行,费用由违法者承担。"对于当事人不按行政机关责令限期拆除有关建筑的要求自行拆除的情形如何处理的问题,法律的规定是明确的,应在起诉期满不起诉后,由作出处罚决定的机关依法申请人民法院强制执行。据此,本案中拆除涉案建筑的行为既未等当事人起诉期限届满,也未申请法院强制执行,因此不能认定为依法执行职务的行为,上诉人的被处罚行为,不能认定为阻碍国家机关工作人员依法执行职务的行为。被诉行政处罚决定认定上诉人的行为构成阻碍国家机关工作人员依法执行职务,属法律适用错误,依法应予撤销。②

案例 7.24　文昌八益置业有限公司诉文昌市人民政府土地管理行政处罚案

该案中,法院认为:自兰文公司取得涉案土地以来,一直因政府规划调整、出台新政策、占用土地建水渠等原因无法对涉案土地进行开发建设,而上述导致土地闲置的原因根据《海南省闲置土地认定和处置规定》第 13 条的规定均属于政府原因。另外,根据该规定第 29 条,只有因非政府原因和不可抗力导致土地闲置的,政府才可无偿收回土地使用权。因此,文昌市政府对涉案土地作出 43 号无偿收地决定认定事实不清,适用法律错误,应予撤销。③

案例 7.25　白沙黎族自治县商业贸易总公司、白沙黎族自治县供销合作联社诉海口市人民政府土地管理行政处罚案

该案中,法院认为:海口市政府于 2012 年 11 月 27 日发布的闲置土地清查公告

---

① 福建省顺昌县人民法院(2006)顺行初字第 3 号行政判决书。
② 湖南省长沙市中级人民法院(2014)长中行终字第 00251 号行政判决书。
③ 海南省高级人民法院(2019)琼行终 26 号行政判决书。

中已经认定案涉土地闲置原因为政府原因,处置意见为协议收回。此后,影响案涉土地开发建设的规划条件等没有新的调整,且案涉土地一直由海南省海口市园林局绿化占用至今,并未退还。根据上述查明的事实,自2012年11月27日闲置土地清查公告发布后,影响案涉土地开发建设的相关因素均未发生变化。在此情形下,海口市政府于2017年11月9日又作出海府罚字〔2017〕22号《无偿收回国有建设用地使用权决定书》,认定土地闲置原因为企业自身原因,决定无偿收回土地,缺乏事实根据。[1]

(三) 可谅解的处罚阻却事由

可谅解的处罚阻却事由,是指行为虽然违反法律,但该行为是基于民间纠纷等原因引起,情节比较轻微,经调解被侵害人表示谅解、双方当事人就民事责任等问题达成协议并能够实际履行的,或者主动消除或者减轻违法后果,并取得被侵害人的谅解的,行政处罚主体可以考虑不予处罚。如《治安管理处罚法》第9条规定:"对于因民间纠纷引起的打架斗殴或者损毁他人财物等违反治安管理行为,情节较轻的,公安机关可以调解处理。经公安机关调解,当事人达成协议的,不予处罚。经调解未达成协议或者达成协议后不履行的,公安机关应当依照本法的规定对违反治安管理行为人给予处罚,并告知当事人可以就民事争议依法向人民法院提起民事诉讼。"再如《治安管理处罚法》第19条第(2)项规定"主动消除或者减轻违法后果,并取得被侵害人谅解的",可以考虑不予处罚。可谅解的处罚阻却事由与可赦免的处罚阻却事由的区别在于:前者主要体现的是被害人及当事人双方的意愿及表现,而后者更多体现的是行政处罚主体的意志。

案例7.26 张福生诉平度市公安局治安行政处罚案

该案中,法院认为:《治安管理处罚法》第9条规定:"对于因民间纠纷引起的打架斗殴或者损毁他人财物等违反治安管理行为,情节较轻的,公安机关可以调解处理。经公安机关调解,当事人达成协议的,不予处罚。"本案中,张福生书写的"声明"与"收到条"、黄晓(黄晓林之兄)与吕永合的证言、张福生本人的陈述与民警崔建光、邹强军的证言相互印证,能够证实平度市公安局在接到张福生报警后,及时出警并调查,邀请黄晓林所在村的村书记吕永合帮助调解,促成张福生与黄晓达成

---

[1] 最高人民法院(2020)最高法行申10793号行政裁定书。

调解协议,依法履行了法定职责。遂裁定驳回张福生的再审申请。①

案例 7.27　程筠因诉辽阳市公安局宏伟分局治安行政处罚案

该案中,法院认为:《治安管理处罚法》第 6 条规定:各级人民政府应当加强社会治安综合治理,采取有效措施,化解社会矛盾,增进社会和谐,维护社会稳定。本案中,上诉人程筠与原审第三人侯玉杰为同一单位的同事,当日双方因琐事发生矛盾冲突,并无其他后果。该违法行为情节轻微,社会危害性不大,且双方已化解矛盾,相互已谅解,依据《治安管理处罚法》第 19 条第(2)项规定可以不予处罚。遂判决撤销了被告科处原告 3 日拘留的处罚决定。②

(四)不需罚的处罚阻却事由

不需罚的处罚阻却事由,是指行为虽然违反法律,但情节轻微或社会秩序已渐趋平复,行政处罚主体基于便宜原则③或效率原则,认为不需要或不必要给予处罚的情形。如《长春市规划局行政处罚自由裁量权实施办法》第 9 条第(2)项规定,"违法建设行为发现后,行为人自行拆除,并恢复原状的",可免予处罚。再如《浙江省食品药品监督管理系统行政处罚自由裁量指导意见》第 13 条第(6)项规定:"老弱病残、下岗失业等特困弱势群体人员或地点偏远的山区、农村村民主观无故意,又未涉假劣药械,首次违法涉案货值不超过 500 元,且主动配合查处的",不予行政处罚。又如,对《治安管理处罚法》第 19 条第(1)项、第(2)项、第(4)项、第(5)项规定的情节特别轻微的违法行为;出于他人胁迫或者诱骗而实施违法行为的情形;主动投案并向公安机关如实陈述自己的违法行为的情形;违法后有立功表现的情形,可以考虑不予处罚。2021 年修正的《行政处罚法》第 33 条第 1 款亦规定,"违法行为轻微并及时改正,没有造成危害后果的,不予行政处罚。初次违法且危害后果轻微并及时改正的,可以不予行政处罚。"不过,尽管对当事人的上述违法行为可依法

---

① 山东省高级人民法院(2016)鲁行申 651 号行政裁定书。
② 辽宁省辽阳市中级人民法院(2018)辽 10 行终 3 号行政判决书。
③ 便宜原则,是指行为的处罚只要能够达成处罚的目的,就可以便宜行事,不必按照原先的规定,也即不必在形式上严格遵循每一项规定去处罚。参见蔡志方:《行政法释义与运用解说》,台北,三民书局股份有限公司 2006 年版,第 8 页。有学者认为便宜原则一方面可以缓和法定原则过于严苛的要求;另一方面又可以较为务实地达到行政处罚的目的。参见洪家殷:《行政罚法论》,台北,五南图书出版股份有限公司 2006 年版,第 69 页。我国台湾地区的"行政罚法"对此有明文规定,该法第 19 条第(1)项规定:"违反行政法上义务应受法定最高额新台币 3000 元以下罚锾之处罚,其情节轻微,认以不处罚为适当者,得免予处罚。"

不予处罚或免予处罚,但行政处罚主体仍应对当事人进行教育。上述三个规定就属于行政处罚主体基于便宜原则而应当或可以不予处罚的情形。基于效率原则认为不需要处罚在法律条文上的体现为《行政处罚法》第 36 条第 1 款规定:"违法行为在 2 年内未被发现的,不再给予行政处罚;涉及公民生命健康安全、金融安全且有危害后果的,上述期限延长至 5 年。法律另有规定的除外。"类似规定还有《治安管理处罚法》第 22 条第 1 款规定:"违反治安管理行为在六个月内没有被公安机关发现的,不再处罚。"

案例 7.28　何利芳诉资兴市食品药品工商质量监督管理局行政处罚及行政赔偿案

该案中,一审法院认为:资兴市食品监督局也在被诉行政处罚决定中认可"何利芳积极配合其调查取证,且本次违法行为属于初次违法,未造成严重后果,何利芳已于 2016 年 9 月 22 日改正了其违法行为"。因此,何利芳既不具有主观上的"故意或放任",也不存在拒绝改正的客观行为,应认定为逾期改正,不属于拒不改正的情形。二审法院认为:《食品药品行政处罚程序规定》第 38 条第(2)项规定,对于违法行为轻微,依法可以不予行政处罚的,不予行政处罚。《行政处罚法》第 27 条第 2 款规定,当事人违法行为轻微并及时纠正,没有造成危害后果的,不予行政处罚。本案中,何利芳的违法行为轻微,并在被诉行政处罚决定作出前及时予以纠正,且未造成危害后果,属于上述法律规定的依法不予行政处罚的情形。综上,被诉行政处罚决定对何利芳处罚 10,000 元罚款,属认定事实不清,适用法律错误,依法应予撤销。一审判决根据《国家赔偿法》第 4 条第 1 款第(1)项、第 36 条第(1)项的规定判决资兴市食品监督局返还何利芳缴纳的罚款 10,000 元并无不当。[①]

---

① 湖南省郴州市中级人民法院(2018)湘 10 行终 2 号行政判决书。

第八章　行政处罚对象

《行政处罚法》第4条规定:"公民、法人或者其他组织违反行政管理秩序的行为,应当给予行政处罚的,依照本法由法律、法规、规章规定,并由行政机关依照本法规定的程序实施。"据此,处罚对象就是实施了违反行政管理秩序行为并触犯了法律、法规或者规章中的罚则的公民、法人或者其他组织。下文将处罚对象区分为自然人①、法人或其他组织②(以下简称单位)两大类予以探讨。

一、自然人

(一)本行为人

本行为人,是指以自身的意思,实施了违反行政法法律规范所定的义务的自然人。行政处罚中的处罚对象绝大多数情况下都属于本行为人。如果法律没有作出相反的规定的话,在共同违法中的授意者、指挥者、组织者、教唆者、帮助者都属于应受行政处罚的本行为人。《治安管理处罚法》第17条第2款规定:"教唆、胁迫、诱骗他人违反治安管理的,按照其教唆、胁迫、诱骗的行为处罚。"应当指出,该法条属于提示性或注意性规范,而不属于拟制性规范,易言之,即便没有该法条,只要不存在相反的规定,对上述教唆、胁迫、诱骗行为依然要处罚。

上述法条中"行政法法律规范所定的义务"既包括作为,也包括不作为,前者如《治安管理处罚法》第67条第(1)项规定的"隐藏、转移、变卖或者损毁行政执法机

---

① 关于为何不以"公民"而以"自然人"为处罚对象的理由请参阅本书第一章有关内容。
② 《最高人民法院关于执行〈中华人民共和国行政诉讼法〉若干问题的解释》第52条规定:"民事诉讼法第48条规定的其他组织是指合法成立、有一定的组织机构和财产,但又不具备法人资格的组织,包括:(一)依法登记领取营业执照的个人独资企业;(二)依法登记领取营业执照的合伙企业;(三)依法登记领取我国营业执照的中外合作经营企业、外资企业;(四)依法成立的社会团体的分支机构、代表机构;(五)依法设立并领取营业执照的法人的分支机构;(六)依法设立并领取营业执照的商业银行、政策性银行和非银行金融机构的分支机构;(七)经依法登记领取营业执照的乡镇企业、街道企业;(八)其他符合本条规定条件的组织。"

关依法扣押、查封、冻结的财物的"行为;后者如《公司法》第 211 条第 1 款规定的"公司成立后无正当理由超过六个月未开业的,或者开业后自行停业连续六个月以上的"行为。

在实践中,有的行政处罚主体在处罚决定中将没违法的人错误确定为处罚对象。

在实践中,有的行政处罚主体扩大了本行为人的适用范围,值得商榷。

案例 8.1　上海拍卖行有限公司诉上海市工商行政管理局虹口分局行政处罚案

该案中,法院认为:《拍卖法》第 22 条规定的"拍卖人及其工作人员不得以竞买人的身份参与自己组织的拍卖活动"应包括"接受他人委托代为竞买"的情形,而上海拍卖行有限公司就属于接受他人委托代为竞买的情形。因此维持了行政处罚决定。为此,最高人民法院作出了《关于〈中华人民共和国拍卖法〉第 22 条如何适用问题的答复》。该答复内容为:根据第 22 条规定的"拍卖人及其工作人员不得以竞买人的身份参与自己组织的拍卖活动",包括拍卖人及其工作人员不得在自己组织的拍卖活动中接受他人委托,以自己的行为代为竞买的情形。[1]

案例 8.2　吴汉锋诉柳城县住房和城乡建设局行政处罚案

该案中,法院认为:住建局原门面二楼建筑物是原告个人行为建造,或是所有权人、使用权人的,方可以原告为处罚对象。原告既不是住建局原门面二楼建筑物的建造行为人,又不是所有权人、使用权人,列原告为对象进行处罚,属于处罚对象错误,应予撤销。[2]

案例 8.3　冯娟诉蓝田县公安局行政处罚案

该案中,法院认为:蓝田县公安局的行政处罚决定认定违法行为人为冯娟,却决定对李平利行政拘留,故应确认被告行政处罚决定对原告冯娟无效。[3]

---

[1] 梁凤云:《最高人民法院批复答复解释与应用》,中国法制出版社 2011 年版,第 128~133 页。
[2] 广西壮族自治区柳城县人民法院(2013)柳城行初字第 13 号行政判决书。
[3] 陕西省蓝田县人民法院(2014)蓝行初字第 00007 号行政判决书。

该案中,蓝田县公安局的行政处罚决定认定违法行为人为冯娟,实际执行拘留的对象也是冯娟,但在法律文书上误写成了李平利,对这一错误法院并没有简单认定为笔误或瑕疵,而是径直认定该处罚决定无效,反映出司法审查日趋严格的走势。

案例8.4　顾建祥诉海宁市交通局行政处罚案

该案中,法院认为:根据《行政处罚法》第3条第1款规定,行政处罚的对象是违反行政管理秩序的行为人即违法行为人。海宁市交通局所作的现场笔录中录明确写明,戴冲在2000年3月6日下午违法从事客运出租活动并当场查获,所以本案违法行为人是戴冲。上诉人顾建祥确实是浙FC1259夏利车的车主,但顾建祥不论从客观上还是从主观上都没有实施违反道路运输行政管理的行为和故意,在二审庭审中,被上诉人也不能提供若行为人与车主不一致时,应处罚车主的法律依据。所以,被上诉人认定戴冲从事违法经营活动,却处罚车主上诉人顾建祥,违反了法无明文规定不处罚的原则,属处罚主体错误。[1]

在实践中,有的行政处罚主体在处罚决定中漏列了应当同时作为处罚对象的自然人。

案例8.5　王新民诉郑州市惠济区国土资源局行政处罚案

该案中,法院认为:原告王新民与其嫂子宗凤云两户共用一处宅基地,两人在集体土地上各自建筑并归其所有的违法建筑,被告在调查的材料中已经查实。但被告在作出的处罚决定中认定的被处罚主体为原告一人,责令原告拆除其嫂子宗凤云所建筑的仓库房子、旧门楼,明显认定事实不清,属于遗漏被处罚主体。[2]

案例8.6　王银苔诉宜阳县公安局高村派出所行政处罚案

该案中,法院认为:原告王银苔与宁某某互殴,并各有损伤,对双方实施同等处罚较为妥当。[3]

---

[1] 浙江省嘉兴市中级人民法院(2000)嘉行终字第3号行政判决书。
[2] 河南省郑州市惠济区人民法院(2010)惠行初字第1号行政判决书。
[3] 河南省宜阳县人民法院(2010)宜行初字第9号行政判决书。

该案属于行政处罚主体对双方互相殴打且情节相当的情形仅处罚其中一人,而未处罚另一对向犯的错误执法情形。

案例8.7　唐维宏诉重庆市开县工商行政管理局行政处罚案

该案中,法院认为:本案所涉非法从事房地产开发经营行为是鹏业建司、唐维宏及孟传华等人的共同违法行为,鹏业建司、孟传华等人均是违法主体,应一并查处。开县工商局主张对鹏业建司、孟传华等人已另行立案调查,但未提供证据证明,法院不予支持。①

有的行政处罚主体将不属于企业的个体工商户认定为企业,因而错误地适用了仅能适用于企业的法律条文来处罚。

案例8.8　新乡市北站光强装饰部诉新乡市北站区技术监督局行政处罚案

该案中,法院认为:被告北站区技术监督局作出行政处罚,应在其职权范围内,在查清主体及违法事实的基础上进行处罚。而被告处罚的光强装饰部属于个体工商户,不属于企业,处罚主体有误。②

有的行政处罚主体处罚告知的处罚对象与处罚决定书中载明的处罚对象不一致。

案例8.9　龙岩市新罗区九峰兽药经营部诉龙岩市新罗区卫生局行政处罚案

该案中,法院认为:被告在告知原告享有陈述、申辩权的笔录中,明确告知将要作出的罚款处罚对象是龙岩市新罗区九峰兽药经营部,而实际处罚对象是九峰兽药经营部负责人。九峰兽药经营部与九峰兽药经营部负责人是两个不同的行政管理相对主体,两者不能等同。因此,被告作出的告知陈述、申辩权笔录告知将要处罚的对象与实际作出的处罚对象不一致,不符合法律规定。③

有的行政处罚主体处罚了不确定的处罚对象,被法院认定为无效行政行为。

---

① 重庆市第二中级人民法院(2014)渝二中法行终字第00047号行政判决书。
② 河南省新乡市北站区人民法院(1998)新北行初字第6号行政判决书。
③ 福建省龙岩市新罗区人民法院(1999)龙新行初字第13号行政判决书。

案例8.10　宋德新诉郑州市城市管理行政执法局行政处罚案

该案中,法院认为:该案处罚决定书载明的处罚对象为"豫A×××××号驾驶员",该处罚决定对象不确定,属于事实不清,且无法执行,应属无效。[1]

有的行政处罚主体因其处罚内容不具体、不明确、不具有可执行性而被法院撤销。

案例8.11　王乐强诉民权县国土资源局行政处罚案

该案中,法院认为:原告建养鸡棚是农业的一种形式,不是破坏耕地,故认定被告作出的处罚决定书第(1)项(将破坏的耕地改正或治理)不具体,不明确,不具有可操作性,赋予其效力将处于无法执行状态,于是撤销了该行政处罚。[2]

笔者认为,处罚对象不确定及处罚内容不具体、不明确、不具有可执行性的行政处罚行为应属假行政行为或者行政行为不成立。

实践中,有的行政处罚主体将行为时尚不存在的相对人(处罚时已存在)作为了处罚对象。

案例8.12　某科技股份有限公司诉某市工商行政管理局行政处罚案

该案中,法院认为:根据行为时的法律即1999年《公司法》第206条规定以某公司作为处罚对象,并无不当。[3]

我们认为,这里涉及如何认定处罚对象及行为的即时性或继续性等问题:处罚虚报注册资本的行为是应以行为时的申请人还是以行为后才成立的公司作为处罚对象?能否以违法行为时尚未成立的主体作为处罚对象?当时的《公司法》规定可以处罚事后成立的公司,但这么规定其实是有问题的,因为我们不应当去处罚一个非行为主体,这不符合罚责自负的原则,而应当处罚申报人。类似问题在刑法中规定就不同,虚报注册资本罪是以申请人而非事后成立的公司作为犯罪主体的。我

---

[1] 参见杨小君编:《重大行政案件选编》,中国政法大学出版社2006年版,第363~369页。
[2] 河南省民权县人民法院(2012)民行初字第8号行政判决书。
[3] 北京市高级人民法院行政审判庭编:《行政诉讼案例研究(九)》,中国法制出版社2015年版,第6~15页。

们注意到,《公司法》自2014年3月1日起,已将注册资本的"实缴制"调整为"认缴制",那么虚报注册资本的行为就由过去的"即时行为"转变成了"继续行为"或"持续行为",而且认缴期限可以持续到公司成立后相当长的时间内(原则上只要在经营期限内均可)。鉴此,目前对待此类违法行为,将公司单独作为处罚对象便获得了相当的法理根据和正当性。

实践中,有判例认为可单独将"帮助犯"作为处罚对象,我们认为值得商榷。

案例8.13 赵玲诉重庆市烟草专卖局行政处罚案

该案中,法院认为:赵玲系非法邮寄卷烟的指定收件人,而且凭自己的身份证实际签收了该批卷烟。无论赵玲是否为该批货物的所有人,均不影响其违法邮寄卷烟行为的成立。[1]

但也有判例认为不宜单独将"帮助犯"作为处罚对象或应将某类帮助行为认定为不宜处罚的"中立帮助行为",我们认为是妥当的。

案例8.14 史振江诉兴隆县森林公安局行政处罚案

该案中,法院认为:原告史振江既不是林木的所有权人,也不是林木的经营管理者,不具有申请办理采伐该林木许可证的主体资格和义务,其经大河南村委会同意砍伐属于大河南村委会所有的林木,并向大河南村委会支付了补偿款。村委会应为申请办理采伐许可证的义务人。被告认定原告为未经批准擅自砍伐林木的主体主要证据不足,其行政行为依法应予撤销,并应重新作出行政行为。[2]

(二)连带行为人

连带行为人,是指基于特殊的地位或从事特殊的活动[3]而对相应危险源(包括动产、不动产、动物或特定状态的人)产生监督或防止义务而因故意或专业过失(专业主体)或重大过失(普通主体)而未能履行该义务,因此要依法对本行为人发生的

---

[1] 重庆市第一中级人民法院(2006)渝一中行终字第57号行政判决书。
[2] 河北省兴隆县人民法院(2016)冀0822行初14号行政判决书。
[3] 在德国行政法上,将连带行为人称为因居于保证人地位或因导致危险状态的先前行为而对相应危险源负有监督、管理义务的监督者。参见廖义男主编:《行政罚法》,台北,元照出版有限公司2008年版,第113页。

违法行为负相应连带责任的自然人。

如前述"2年内3次以上用于走私的运输工具"的问题①,由于《海关行政处罚实施条例》第9条第2款规定"2年内3次以上用于走私的运输工具""应当予以没收"。而在运输工具所有人与走私人分离的场合,虽然表面上看没收运输工具的处罚对象是走私人,但实际处罚对象是运输工具的所有人。这种情形下,运输工具的所有人就属于连带行为人,因其对租借给其他人使用的运输工具不得被用于走私活动负有监督或防止义务而未能履行,且对此具有故意或专业过失(专业主体)或重大过失(普通主体),故应承担运输工具被没收的连带法律责任。

再如最高人民法院行政审判庭于1988年10月21日对四川省高级人民法院作出的《关于对无财产的已满14岁不满18岁的人违反〈治安管理处罚条例〉可否适用罚款问题的电话答复》(以下简称《答复》)。该《答复》内容为:"你院川法研〔1988〕48号请示收悉。关于对无财产的已满14岁不满18岁的人,违反《治安管理处罚条例》可否适用罚款处理的问题,经研究,我们同意你院的第2种意见。这个问题《条例》第9条已作明确规定,已满14岁不满18岁的人违反治安管理的,从轻处罚;不满14岁的人违反治安管理的,免予处罚,但是可以予以训诫,并责令其监护人严加管教。《条例》对无财产的已满14岁不满18岁的人违反治安管理没有规定不适用罚款处罚。鉴于监护人对未成年人员有法定的监护责任,所以对无财产的14岁不满18岁的人违反治安管理的可以适用罚款处罚,由其监护人支付罚款。"②

该《答复》中的"监护人"即属于连带行为人,笔者认为要证明监护人对未成年人的违法行为在履行监督或防止义务方面有故意或重大过失才需要支付该笔罚款,否则就不应令其承担连带责任,因此笔者认为上述《答复》持"一刀切"的观点并非全然合理。而我国台湾地区有学者将连带行为人称为"对他人之行为应负责之人"③,甚至我国台湾地区"最高行政法院"也持类似观点,如该"法院"91年度判字第23号判决认为"行政罚系以行为人为其处罚对象之原则,对行为人以外之人科处行政罚,则为例外",笔者认为这种提法或观点并不科学,因为非行为人应当为行为人负行政处罚责任的观点类同"株连"或"连坐",如此执法必然对非行为人的人身权利、财产权利等造成不法侵犯,有违行政处罚责任自负原则的现代法治理念。

我国台湾地区学者陈清秀亦认为,如果某部"行政法律"规定了法定代理人负有代理未成年人履行某种义务如纳税申报义务,且对于该种违反代理申报义务有

---

① 请参阅本书第三章相关内容。
② 参见梁凤云:《最高人民法院行政诉讼批复答复解释与应用》(法律适用卷),中国法制出版社2011年版,第1~5页。
③ 参见洪家殷:《行政罚法论》,台北,五南图书出版股份有限公司2006年版,第161页。

明确的处罚规定时,才可依"法"处罚。否则,即便有该种义务,但无明确罚责时,依据处罚法定主义,亦无法处罚其法定代理人。我国台湾地区"道路交通管理处罚条例"第85条之4规定:"未满14岁之人违反本条例之规定,处罚其法定代理人或监护人。"出现该情形,可认为法定代理人违反其监督防止违规之义务时,应负担处罚责任,而非"转嫁处罚",以免有违"自己责任主义"与"罚及一身"之原则。①

综上,我们目前的执法实践中的确存在处罚连带行为人的情况,但立法对此已明确规定下来的极少。目前笔者所接触到的具有典型性的处罚连带责任法条仅此一例——《道路交通安全法》第114条规定:"公安机关交通管理部门根据交通技术监控记录资料,可以对违法的机动车所有人或者管理人依法予以处罚。对能够确定驾驶人的,可以依照本法的规定依法予以处罚。"②据此,对于非现场执法且根据监控资料亦无法确定驾驶人的,机动车所有人或管理人应承担处罚连带责任。因此笔者认为如果存在类似情况确有必要处罚连带行为人的,应以法律的形式明确规定下来,而且执法部门在制发《行政处罚决定书》时也应当将连带行为人明确列为当事人之一。我国台湾地区有类似立法例值得借鉴,如"儿童和少年福利法"第26条第2项规定:"父母、监护人或其他实际照顾儿童及少年之人,应禁止儿童及少年为前项各款行为。"该法第55条第1项规定:"父母、监护人或其他实际照顾儿童及少年之人,违反第26条第2项规定情节严重者,处新台币1万元以上5万元以下罚锾。"据此,父母虽不是本行为人,但其属于连带行为人。再如"废弃物清理法"第11条第2项规定,存在于与土地或建筑物相连接之骑楼或人行道之一般废弃物,由该土地或建筑物所有人、管理人或使用人清除。据此,所有人可能不是本行为人,但是可以成为连带行为人。应当指出的是,连带行为人的概念同样也适用于单位。

案例8.15 琼龙诉舟山市工商行政管理局定海分局工商行政处罚案

该案中,法院认为:在《行政处罚法》等法律没有规定行政机关对共同违法行为人进行处罚时可处以承担连带责任的情形下,被上诉人对琼龙与庄克俭的违法行为予以分别认定并分别处罚,在法律适用方面并无不当。③

---

① 参见陈清秀:《行政罚法》(修订2版),台北,新学林出版股份有限公司2014年版,第145~147页。
② 当然,亦可从另一角度出发将该条文理解为对处罚对象的一种推定规则。
③ 浙江省舟山市中级人民法院(2012)浙舟行终字第23号行政判决书。

案例 8.16　贵州鑫顺建筑工程有限公司诉安顺市平坝区国土资源局行政处罚、安顺市平坝区人民政府行政复议案

该案中,法院认为:被告平坝区国土资源局作出的没收十字乡城投公司、鑫顺公司、十字村委会共同违法所得资金 15,615,580 元和对十字乡城投公司、鑫顺公司、十字村委会处以共同违法所得 50% 罚款的行政处罚,该行政处罚设定了各个违法行为人之间承担连带责任的处罚方式。但《行政处罚法》《土地管理法》等相关法律、法规都没有规定在共同违法中对各个违法行为人相互承担连带责任。因此,被告平坝区国土资源局作出的上述行政处罚缺乏法律依据,同时,该行政处罚对各个违法行为人的违法行为的事实、性质、情节以及社会危害程度未予分别,而"一事共罚"也违反了过罚相当原则。①

二、单位

(一)单位违法的行政处罚责任

单位与自然人虽有本质区别,即单位是具有法律上所拟制的独立人格者,但实际操作上又必须由其法定代表人、主要负责人、相关部门主管或直接责任人等自然人去实施,因此其行政处罚责任类型比较复杂,是单罚单位还是单罚负有责任的自然人?还是双罚单位及负有责任的自然人?应视具体案情及相关法律规定而定。在立法例中,单位违法的行政处罚责任主要分为以下四类:

第一类,单位违法,仅处罚单位。如《公司法》第 201 条规定:"公司违反本法规定,在法定的会计账簿以外另立会计账簿的,由县级以上人民政府财政部门责令改正,处以五万元以上五十万元以下的罚款。"

第二类,单位违法,仅处罚自然人。如《公司法》第 202 条规定:"公司在依法向有关主管部门提供的财务会计报告等材料上作虚假记载或者隐瞒重要事实的,由有关主管部门对直接负责的主管人员和其他直接责任人员处以三万元以上三十万元以下的罚款。"

第三类,单位违法,既处罚单位,又处罚自然人。如《海关行政处罚实施条例》第 32 条规定:"法人或者其他组织有违反海关法的行为,除处罚该法人或者组织外,对其主管人员和直接责任人员予以警告,可以处五万元以下罚款,有违法所得

---

① 贵州省安顺市西秀区人民法院(2018)黔 0402 行初 65 号行政判决书。

的,没收违法所得。"

第四类,单位违法,处罚单位,处分自然人。如《价格违法行为行政处罚规定》第 14 条规定:"拒绝提供价格监督检查所需资料或者提供虚假资料的,责令改正,给予警告;逾期不改正的,可以处 10 万元以下的罚款,对直接负责的主管人员和其他直接责任人员给予纪律处分。"

笔者认为,单位违法的,立法对其行政处罚责任的设定至少应体现以下几点:第一,必须单位处罚,是否还同时处罚相关负责的自然人则应视具体案情而定,因此上述《公司法》第202条规定有所欠缺;第二,如果同时有必要处罚相关负责的自然人的,那么其必须具有故意或专业过失(专业主体)或重大过失(普通主体),因此上述《海关行政处罚实施条例》第 32 条的规定并不科学;第三,如果同时有必要处罚相关主要负责人的,应重实际而不是重名义,应处罚其实际负责人,而不一定是其名义上的法定代表人,以防止相关人员为逃避法律责任而请一个只挂名而不履职的法定代表人等情形出现;第四,如果能证实相关负责的自然人具有故意或专业过失(专业主体)或重大过失(普通主体)的,应当以双罚为原则,以单罚单位为例外。

组织的构成与违法行为的双重性是双罚的基础。组织违法既表明组织作为一个主体在实施违法行为,同时又意味着其成员在代表组织实施违法行为,这种违法的双重性同时揭示了组织及其成员的主观恶性,即本应守法的成员却违法作为或不作为,以自己的意志选择了违法行为,应受法律追究。此外,单罚对单位违法的惩处不足也产生了组织违法应适用双罚的客观需要。因为组织违法当中,违法收益多为组织享有,如果采取只罚成员不罚组织的单罚,会导致组织以牺牲个人利益为代价而逃避其应受的处罚;如果采取只罚组织不罚成员的单罚,成员就可以以组织为名逃避自己所作违法行为所应受惩罚的责任。因此,笔者认为在大多数情形下,我们要坚持双罚。

在实践中,有的行政处罚主体本应处罚此单位,却错误处罚了彼单位。

案例 8.17　李福林诉东营市城市管理行政执法局行政处罚案

该案中,法院认为:根据原告提交的证据,公路主管部门批准的在涉案广告牌位置设置非公路标志的被许可人是东青传媒公司,同时在非公路标志设置许可证被许可人必须遵守的事项中列明:设置非公路标志需要其他部门许可的,由被许可人自行办理。《城乡规划法》规定,申请办理规划手续的主体应当是建设单位或者个人,即施工单位不是规划手续的申报主体。原告投资建设涉案广告牌属于租赁合同约定的内容,且同时约定了"建成后产权归甲方",即涉案广告牌的产权人是东青传媒公司。被告认定原告违法,并作出行政处罚的具体行政行为,认定违法行为责任人错误,属于事实不清,主要证据不足。①

有的行政处罚主体在对单位处罚时漏列处罚对象。

案例8.18　通江县卓越房地产有限责任公司诉通江县水务局行政处罚案

该案中,法院认为:上诉人通江县水务局在作出行政处罚决定时已经发现李杰、苟正军等12户购房户已实际取得房屋所有权的事实,但没有对购房户进行行政处罚,仅对被上诉人通江县卓越房地产有限责任公司作出拆除并罚款的行政处罚,致使无法实施拆除,存在漏列行政处罚相对人,属事实不清,处罚不当。②

有的行政处罚主体错误处罚了尚未成立的单位。

案例8.19　漯河市大东海饭店有限责任公司诉漯河市城乡规划局行政处罚案

该案中,法院认为:2011年10月18日市规划局对被上诉人大东海饭店的处罚中所称的严重违法行为,是2003年10~11月盛德食品对所租福利鞋厂进行的改、扩建行为。被上诉人大东海饭店工商营业执照显示大东海饭店正式成立日期为2005年6月1日。被上诉人大东海饭店与盛德食品是两个不同的独立核算企业法人,被上诉人经营所使用的场所是由盛德食品从福利鞋厂所租而来,盛德食品2003年9月对福利鞋厂取得使用权后所进行的改扩建行为不能认定为就是后来成立以及经营使用者即被上诉人的行为,因此上诉人对被上诉人进行处罚属处罚对象错误。③

有的行政处罚主体错误处罚了已注销的单位。

---

① 山东省东营市东营区人民法院(2011)东行初字第2号行政判决书。
② 四川省巴中市中级人民法院(2012)巴中行终字第10号行政判决书。
③ 河南省漯河市中级人民法院(2012)漯行终字第37号行政判决书。

案例 8.20 四川幸运国际旅行社有限公司诉理县旅游市场综合执法局行政处罚案

该案中,法院认为:上诉人理县旅游执法局在作出理执罚决字(2009)03号的行政处罚决定中,其认定事实所依据的证据材料中涉及幸运国际旅行社广汉门市部,在没有幸运国际旅行社广汉门市部出具任何材料、未查明邓琰的身份、未核实幸运国际旅行社广汉门市部已注销的情况下,仅依据旅客投诉、米亚罗旅行社的自认及QQ聊天记录,就认定米亚罗旅行社与幸运国际旅行社广汉门市部组织林朝等7人稻城亚丁游违反《四川省旅游管理条例》规定的事实,作出行政处罚认定事实所依据的主要证据不足。①

有的行政处罚主体本应处罚单位,却错误处罚了个人。

案例 8.21 徐帅诉驻马店市城乡规划局行政处罚案

该案中,法院认为:被告依法有职权对违反城乡规划的行为进行行政处罚。但被告在作出行政处罚决定时,认定被处罚主体是徐帅个人,证据不足。从营业执照的登记以及办理土地使用的有关交费票据看,该建筑应当属于徐帅汽车维修服务有限公司,而不是徐帅个人。由于被告认定的被处罚主体错误,应予撤销。②

案例 8.22 楼月秋诉东阳市技术监督局行政处罚案

该案中,法院认为:原告楼月秋系东阳市歌山农业发展有限公司的法定代表人,其职务行为代表的是东阳市歌山农业发展有限公司的法人行为。因法人的经营行为造成的法律后果依法应由法人承担。被告针对东阳市歌山农业发展有限公司的违法经营行为,对原告个人作出行政处罚决定,属处罚对象错误。③

有判例显示本来应当只处罚一家单位,行政处罚主体却将具有某种关联的另一家单位也一并处罚了,法院对此予以了撤销。这体现出对处罚对象的确定重实质不重名义的司法审查倾向。

---

① 四川省阿坝藏族羌族自治州中级人民法院(2012)阿中行终字第3号行政判决书。
② 河南省驻马店市驿城区人民法院(2010)驿行初字第81号行政判决书。
③ 浙江省东阳市人民法院(2000)东行初字第37号行政判决书。

案例 8.23　辽源市龙山区亨得利食品商贸有限公司诉吉林辽源经济开发区管理委员会安全生产行政处罚案

该案中,法院认为:《安全生产法》第 25 条第 2 款规定:"生产经营单位使用被派遣劳动者的,应当将被派遣劳动者纳入本单位从业人员统一管理,对被派遣劳动者进行岗位安全操作规程和安全操作技能的教育和培训。劳务派遣单位应当对被派遣劳动者进行必要的安全生产教育和培训。"第 109 条规定:"发生生产安全事故,对负有责任的生产经营单位除要求其依法承担相应的赔偿等责任外,由安全生产监督管理部门依照下列规定处以罚款:(1)发生一般事故的,处 20 万元以上 50 万元以下的罚款……"该案中,张静为亨得利公司派驻欧亚公司的营业员,虽然按照亨得利公司与欧亚公司之间所形成的《经营合同书》,张静的工资由亨得利公司发放,但实际工作场所是欧亚公司,其在欧亚公司的日常工作均应服从欧亚公司的统一指挥、领导和管理,亨得利公司无权指挥、领导和管理张静在欧亚公司的日常工作。因此,亨得利公司是劳务派遣单位而非生产经营单位,辽源经开区管委会依据《安全生产法》第 109 条之规定对其作出的行政处罚决定,认定事实不清,适用法律错误,应予撤销。①

最高人民法院在某些案件中也体现出重实质不重名义的司法审查倾向。

案例 8.24　叶世清诉海南省公安边防总队海警第二支队公安行政处罚案

该案中,法院认为:根据《海商法》第 9 条、《物权法》第 24 条、《船舶登记条例》第 5 条之规定,船舶所有权的取得、转让和消灭应当向船舶登记机关登记;未经登记的,不得对抗第三人。本案涉案船舶在被查扣时,处于再审申请人的实际控制之下。该船舶登记所有人陈建文在答辩状和书面证明中均予确认,涉案船舶已于 2009 年 6 月 20 日卖给叶世清,双方签订的《船舶买卖合同》是其真实意思表示,且船舶已经交付使用。在无相反证据证明该船舶实际所有人为他人的情况下,被申请人在作出被诉行政处罚前,未依照法定程序向再审申请人告知权利,也未向其送达处罚决定书,属于违反法定程序。综上,三亚市中级人民法院(2011)三亚行终字第 15 号行政判决书认定被申请人以船舶登记所有人为行政管理相对人进行处罚并不违反法律规定错误。遂指令海南高院再审此案。②

---

① 吉林省高级人民法院(2019)吉行终 108 号行政判决书。
② 最高人民法院(2014)行监字第 43 号行政裁定书。

而有的法院则体现出重实质也重名义的司法审查倾向。

案例8.25　海丰县大流服饰实业有限公司诉汕尾市质量技术监督局行政处罚案

该案中,法院认为:《产品质量法》第26条规定:"生产者应当对其生产的产品质量负责。产品质量应当符合下列要求:……(3)符合在产品或者其包装上注明采用的产品标准,符合以产品说明、实物样品等方式表明的质量状况。"对于企业将自己的姓名、名称、商标或者可资识别的其他标识体现在产品上,表示其为产品制造者的,可视为生产者。企业委托其他企业加工产品并标注委托企业的厂名厂址对外销售的,委托企业应当承担生产不合格产品的产品质量责任。由于杭州哈雷纳金狐狸服饰有限公司是加工承揽合同的委托方,委托大流公司加工休闲裤,且涉案被检产品(休闲裤)的吊牌标示有"哈雷纳金狐狸牌"商标、总经销杭州哈雷纳金狐狸服饰有限公司及公司地址等内容,故杭州哈雷纳金狐狸服饰有限公司作为委托方也应对生产的产品质量负责。汕尾质监局未查清杭州哈雷纳金狐狸服饰有限公司与大流公司之间存在加工承揽关系,仅仅认定受托方大流公司承担产品质量责任,存在作出被诉行政处罚决定的事实不清,证据不足的情形。[①]

还有的法院体现出重名义不重实质的司法审查倾向。

案例8.26　余忠诚诉湖南省长沙地税稽查局案

该案中,法院认为:本案中,星盛盛记酒楼系由工商行政管理部门注册登记的个体工商户,其属于法定的纳税主体。由于星盛盛记酒楼在2010年1月至2011年12月持续向湖南省长沙市地方税务局领购发票、缴销发票、申报并缴纳税款,同时,亦在13号处罚决定作出前向税务查处机关提交了其在该期间的财务报表等会计税务资料,因此长沙地税稽查局在查清相关案件事实后,认定法定纳税人星盛盛记酒楼在该期间存在偷税行为,并将其作为税务处罚对象,有事实和法律依据。《税收征收管理法》(2013年修正)第18条规定:"纳税人按照国务院税务主管部门的规定使用税务登记证件。税务登记证件不得转借、涂改、损毁、买卖或者伪造。"《个体工商户条例》(2011年)第16条第2款规定:"个体工商户税务登记内容发生变化的,应当依法办理变更或者注销税务登记。"《税收征收管理法实施细则》(2012年修订)第3条第2款规定:"纳税人应当依照税收法律、行政法规的规定履行纳税义

[①] 广东省高级人民法院(2019)粤行再9号行政判决书。

务;其签订的合同、协议等与税收法律、行政法规相抵触的,一律无效。"本案中,星盛盛记酒楼系税务机关依法登记的纳税人,故其负有依法使用税务登记证件,不得转借他人使用的法定义务;同时,当其税务登记内容发生变化时,负有依法申请办理税务登记变更或注销手续的义务;此外,其应当依法履行纳税义务,不得违反税收法律、行政法规规定与他人签订合同、协议。即使余忠诚抗辩的星盛盛记酒楼为盛记餐饮公司经营管理并由"阳辉平"承包经营的事实成立,但因星盛盛记酒楼从未依法办理税务登记的变更或注销手续,当事人约定由税务登记的纳税人之外的主体承担纳税义务的协议因违反税收法律、行政法规的规定而对税务机关不产生约束力,故长沙地税稽查局在此情形下继续将星盛盛记酒楼认定为偷税主体并将其作为税务行政处罚对象,亦无不当。《民法通则》(2009年修正)第26条规定:"公民在法律允许的范围内,依法经核准登记,从事工商业经营的,为个体工商户。个体工商户可以起字号。"第29条规定:"个体工商户,农村承包经营户的债务,个人经营的,以个人财产承担;家庭经营的,以家庭财产承担。"本案中,余忠诚作为星盛盛记酒楼的登记经营者,依法应以其个人财产对星盛盛记酒楼的债务承担责任。由于星盛盛记酒楼因经营行为而应依法承担的税负,及因违反税法规定而应依法缴纳的税务行政罚款,均属星盛盛记酒楼的债务,余忠诚作为登记经营者,亦应以其个人财产对该罚款承担缴纳责任。因此,长沙地税稽查局在查明星盛盛记酒楼存在偷税行为并作出被诉的13号处罚决定时,将本案被处罚人表述为余忠诚(星盛盛记酒楼)符合上述规定,该处理方式并无不当。[①]

《国务院关于印发全面推进依法行政实施纲要的通知》(国发〔2004〕10号)第5条规定,"行政机关实施行政管理,除涉及国家秘密和依法受到保护的商业秘密、个人隐私的外,应当公开,注意听取公民、法人和其他组织的意见;要严格遵循法定程序,依法保障行政管理相对人、利害关系人的知情权、参与权和救济权。"第20条规定,"行政机关作出对行政管理相对人、利害关系人不利的行政决定之前,应当告知行政管理相对人、利害关系人,并给予其陈述和申辩的机会;作出行政决定后,应当告知行政管理相对人依法享有申请行政复议或者提起行政诉讼的权利。对重大事项,行政管理相对人、利害关系人依法要求听证的,行政机关应当组织听证。"

在实践中,还有的行政处罚主体在法律规定有多个并列的处罚对象的情形下存在选择性处罚的情形,对此有的法院予以支持,有的法院予以反对。

[①] 湖南省高级人民法院(2017)湘行再104号行政判决书。

案例 8.27　北京鹤年堂科技发展有限公司诉北京市工商行政管理局丰台分局行政处罚案

该案中,法院认为:广告主、广告经营者和广告发布者都是广告行为的实施主体,其各自的广告行为都受《广告法》调整。因广告主、广告经营者和广告发布者在广告活动中的地位、作用不同,在承担法律责任时,亦具有相对独立性。鹤年堂公司作为广告主,在违法广告中应承担广告主的相应责任。京工商丰处字(2007)第1416号行政处罚决定即是针对违法广告主作出的行政处罚,直接对应鹤年堂公司作为违法广告主的违法行为。此处罚与对涉案相关媒体作为违法广告发布者应承担的法律责任相比,系独立的处罚。工商机关查处本案违法广告发布者的行为与本案被诉行政处罚行为在事实认定上虽具有一定关联,但该行为本身与审查被诉行政处罚决定的合法性不具有关联性。故而,鹤年堂公司以丰台工商分局没有对广告发布者作出处罚为由主张被诉行政处罚决定显失公正、被告滥用职权,没有事实和法律依据。①

案例 8.28　中国航空器材进出口总公司诉北京市工商行政管理局朝阳分局行政处罚案

该案中,法院认为:《广告法》第39条规定:"发布广告违反本法第七条第二款规定的,由广告监督管理机关责令负有责任的广告主、广告经营者、广告发布者停止发布、公开更正,没收广告费用,并处广告费用一倍以上五倍以下的罚款;情节严重的,依法停止其广告业务。构成犯罪的,依法追究刑事责任。"据此,广告监督管理机关在查处违法发布广告时,应根据广告主、广告经营者、广告发布者在同一违法发布广告行为中所起的作用,分清责任,根据不同主体的责任大小、违法行为情节的轻重给予不同处罚。同时,《广告法》对广告主、广告经营者、广告发布者的概念均作出明确规定。本案中,违法发布"北京大湖山庄"广告这一行为主要涉及以下主体:即金来欣公司系推销其开发建设的房地产项目委托发布广告的广告主,奥美公司系接受广告主金来欣公司委托在《空中生活》杂志上发布广告并实际收取广告费用的广告经营者,《空中生活》杂志作为刊发广告的媒介系广告发布者,而中航公司系《空中生活》杂志的主办方之一并持有《广告经营许可证》。现朝阳分局在违

---

① 北京市丰台区人民法院(2007)丰行初字第130号行政判决书。参见国家法官学院、中国人民大学编:《中国审判案例要览》(2008年行政审判案例卷),中国人民大学出版社、人民法院出版社2009年版,第16~22页。

法发布"北京大湖山庄"广告这一行为的实施完成存在上述多个主体的情况下,仅以《空中生活》杂志的主办方之一——中航公司作为违法发布"北京大湖山庄"广告并承担行政责任的承受者而给予行政处罚,并以奥美公司收取的广告费作为处罚中航公司的依据,显属认定事实不清、适用法律错误。①

（二）单位的分支机构违法应由单位还是应由分支机构来承担行政处罚责任?

《行政处罚法》第4条、第40条等规定的处罚对象是否包括法人分支机构呢?《最高人民法院关于适用〈中华人民共和国民事诉讼法〉的解释》(以下简称《民诉法解释》)第52条规定:"民事诉讼法第48条规定的其他组织是指合法成立、有一定的组织机构和财产,但又不具备法人资格的组织,包括:……(5)依法设立并领取营业执照的法人的分支机构……"第53条规定:"法人非依法设立的分支机构,或者虽依法设立,但没有领取营业执照的分支机构,以设立该分支机构的法人为当事人。"因此,法人依法领取了营业执照的分支机构作为其他组织可以成为行政处罚对象。工商系统有类似规定,《国家工商行政管理局对〈关于企业法人的非独立核算分支机构能否作为行政案件当事人的请示〉的答复》(已失效——笔者注)中认为"企业法人设立的不能独立承担民事责任的机构,可以作为行政处罚案件的当事人。"《国家工商行政管理局关于认定违法主体有关问题的答复》(已失效——笔者注)规定:"各类企业法人设立的不能独立承担民事责任的分支机构,均属于从事经营活动的经济组织,依照《行政处罚法》等现行有关规定,该经济组织可以作为行政处罚案件的当事人,但该经济组织不能完全承担有关行政责任时,应由其所隶属的企业法人承担。"《国家工商行政管理总局对火车站限制竞争行为行政处罚当事人认定问题的答复》称:"虽然火车站及其上级单位铁路分局、铁路局均未按国家有关规定办理企业法人登记或营业登记,但不影响对其违法行为的处罚。本案中,火车站是限制竞争行为的实施者,应当作为行政处罚当事人。"

刑事执法也有类似规定,如《最高人民法院研究室关于对不具有法人资格的单位的分支机构或者内设机构、部门实施的犯罪行为能否以单位犯罪追究刑事责任问题的复函》规定:"对于不具有法人资格的单位的分支机构或内设机构、部门,以该分支机构或内设机构、部门的名义实施犯罪行为,违法所得归分支机构或内设机构、部门所有的,可以单位犯罪追究其刑事责任。"《最高人民法院关于印发〈全国法

---

① 北京市朝阳区人民法院(2006)朝行初字第70号行政判决书及北京市中级人民法院(2006)二中行终字第490号行政判决书。参见国家法官学院、中国人民大学编:《中国审判案例要览》(2007年行政审判案例卷),中国人民大学出版社、人民法院出版社2008年版,第30~36页。

院审理金融犯罪案件工作座谈会纪要〉的通知》对于分支机构犯罪的问题也明确规定:"以单位的分支机构或者内设机构、部门的名义实施犯罪,违法所得亦归分支机构或者内设机构、部门所有的,应认定为单位犯罪。不能因为单位的分支机构或者内设机构、部门没有可供执行罚金的财产,就不将其认定为单位犯罪,而按照个人犯罪处理。"该规定不仅明确了分支机构的犯罪主体资格,还进一步阐明了"不能因无刑事责任能力而排除其刑事违法主体资格"的观点,这无疑对行政处罚实践也有深刻的指导意义。

分公司或分支机构的最终责任可能是由设立它的法人承担,但这并不影响分支机构以其他组织名义作为适格的被处罚人。当一种责任包括行政责任超出了分支机构所能承担的范围时,则应执行《民诉法解释》第473条的规定:"其他组织在执行中不能履行法律文书确定的义务的,人民法院可以裁定执行对该其他组织依法承担义务的法人或者公民个人的财产。"对此问题,已有"山东省潍坊市邮政局申请法院强制执行中外运—天地快件有限公司(TNT)案"①这一先例可供我们借鉴。此外,参照《民诉法解释》第59条、第60条规定,个体工商户应作为自然人处罚,个人合伙应作为自然人共同违法予以处罚,而不应作为"其他组织",但上述两类主体有字号的,均应在处罚决定书中注明其登记字号。②

实践中,不少行政处罚主体是以法人的分支机构(具有营业执照)作为处罚对象予以处罚并得到了法院的认可。

案例8.29　广西建工集团第三建筑工程有限责任公司合肥分公司诉合肥市包河区安全生产监督管理局案

该案中,行政处罚主体及法院分别认为:2014年5月20日,被告合肥市包河区安全生产监督管理局作出(包)安监管罚字(2014)第(2)号《行政处罚决定书》,对原告广西建工集团第三建筑工程有限责任公司合肥分公司处以罚款150,000元。

---

① 在该案中,山东省潍坊市邮政局对中外运——天地快件有限公司潍坊办事处违法经营寄递业务的行为作出行政处罚后,该办事处逾期未缴纳5000元罚款,且在法定期限内既未申请行政复议、也未向法院起诉。对此,潍坊市邮政局依法向潍坊市奎文区人民法院申请强制执行。由于该办事处无被执行的能力,奎文区人民法院经潍坊市中级人民法院报请山东省高级人民法院批准后,决定变更执行对象,对中外运——天地快件有限公司实施强制执行,并最终从该公司银行账户划扣罚款及滞纳金、强制执行费共计25,326元。该案被称为"全国邮政行业首例因分支机构拒不履行行政处罚而由法院异地强制执行其所属法人公司的案件"。

② 参见崔丽娃等:《对公司法人分支机构实施行政处罚的思考》,载《海关执法研究》2009年第10期。

两审法院均维持了这一处罚决定。①

但笔者注意到,有的行政处罚主体是以法人辖下的不具有营业执照的分支机构作为处罚对象予以处罚并得到了法院的认可,笔者认为值得商榷,因为按照当时有效的《最高人民法院关于适用〈中华人民共和国民事诉讼法〉若干问题的意见》(以下简称《民诉法意见》)第40条第(5)项规定,只有法人依法设立并领取营业执照的分支机构才能称为其他组织。

案例8.30　鲁潍盐业(福州)进出口有限公司新乡分公司诉台前县盐业管理局行政处罚案

该案中,法院认为:企业组织进行经营,应当申请营业登记,领取营业执照,企业必须按照登记主管机关核准登记注册的经营范围和经营方式从事经营活动(该案案发时间为2011年12月4日至2012年1月3日,但鲁潍盐业新乡分公司的原营业执照于2010年9月27日已被新乡市工商行政管理局凤泉分局公告作废——笔者注)。鲁潍盐业新乡分公司经营范围为"化工产品及材料(不含危险化学品)的销售(以上范围法律、法规禁止的,不得经营;法律、法规规定应经审批方可经营的,未获批准前不得经营)",不包括工业盐的销售,上诉人称其总公司经营范围包括工业盐的销售,分公司自然有权经营工业盐的理由没有法律依据。国务院《盐业管理条例》第20条规定:盐的批发业务,由各级盐业公司统一经营。《河南省盐业管理条例》第19条第2款规定:未经批准,任何单位及个人不得进行盐的营销活动。台前县盐业局作为台前县盐业行政主管部门,负责辖区内的盐业管理工作,对辖区内的盐业违法案件具有依法查处的职责。台前县盐业局经过调查,认为鲁潍盐业新乡分公司违法营销盐产品,依据《河南省盐业管理条例》规定,对鲁潍盐业新乡分公司作出处罚决定,并无不当。②

当时有效的《民诉法意见》第41条规定:"法人非依法设立的分支机构,或者虽依法设立,但没有领取营业执照的分支机构,以设立该分支机构的法人为当事人",因此笔者认为该案中认定营业执照早已作废的分公司为处罚对象是不妥当的。

有法院作了更为严格的审查,其认为分支机构即便具有单独的营业许可证,但

---

① 山东省青岛市中级人民法院(2014)青行终字第428号行政判决书。
② 河南省濮阳市中级人民法院(2014)濮中法行终字第54号行政判决书。

如果没有以自己的名义对外展业并独立核算,也不能成为处罚对象。

案例8.31　四川省雅安市卫生防疫站诉雅安市药品监督管理局行政处罚案

该案中,被告雅安市药品监督管理局认为雅安市卫生防疫站所属的防疫站门诊部和性病门诊部没有从法定渠道进药,违反药品流通管理规定,对这两处门诊部经申请取得了医疗机构执业许可证并对外营业,违反药品流通管理规定,对这两处门诊部作出行政处罚。法院认为:虽然这两处门诊部经申请取得了医疗机构执业许可证并对外营业,但其对外没有公章(以防疫站名义对外活动),对内没有独立经济核算。因此,两门诊部属防疫站的内设机构,不能独立承担法律责任,其法律责任只能由市防疫站承担。被告的行政处罚对象错误,应予撤销。[1]

(三)船舶能否作为行政处罚对象?

有观点认为船舶不能作为行政处罚对象。理由主要为:第一,认为船舶不具有被行政处罚的主体资格。依据《行政处罚法》第3条规定,船舶,既非公民、法人,亦非其他组织,且其作为一种物并无行为可言。《民诉法解释》第52条对"其他组织"已作明确界定,其中并没有涵盖船舶。第二,船舶拟人化理论存在很大分歧,缺少法律支撑。如果将船舶拟人化为其他组织,那么房屋、汽车是不也可以拟人化?第三,从目前我国的行政执法实践来看,除个别海事管理机构将船舶作为被行政处罚的当事人外,尚未发现其他行政执法机关或机构将公民、法人和其他组织以外的"物"作为当事人的。第四,从同类规定来看,船舶不应当成为行政处罚的当事人,如2004年江苏省出台的《关于交通行政执法若干问题的指导意见》就明确规定,海事行政处罚的相对人为船舶所有人或经营人,不能为船舶。

笔者认为上述观点值得商榷,笔者认为船舶在特定情形下是可以作为行政处罚对象的,主要理由为:

第一,船舶拟人化理论的支撑。船舶拟人化理论也是历史悠久,从青涩逐渐走向成熟阶段。实际上船舶拟人化理论也经历了三个阶段,船舶拟自然人化——否定船舶拟人化——船舶拟其他组织化[2],其中船舶拟其他组织化是一个质的飞跃,跨越了司法、行政执法的一些障碍。船舶拟其他组织化在船舶的自然属性基础上将其提升为具有社会属性,认为船舶不是一般的物,对船舶形式上拟人化的处理没

---

[1] 四川省雅安市中级人民法院(2002)雅行终字第4号行政判决书。
[2] 参见饶中享:《建立船舶主体法律制度研究》,载《中国海商法年刊》(1994年)。

有表现出船舶是与船长、船员结合一体的严密组织机构。日本海商法专家户田修三把船舶称为海上企业"物"的组织,把船舶视为企业组织。英国1980年修改对"物"诉讼程序后,船东不出庭甚至不承认送达而由法院作出对"物"诉讼判决,拍卖所扣船舶并以所得清偿,即将船舶作为诉讼主体。①

第二,《民诉法解释》第52条列举了一些其他组织,但不可能涵盖所有对象,因此该解释指出,凡是合法成立、有一定的组织机构和财产,但又不具备法人资格的组织也可成为其他组织。认为《民诉法解释》已经把船舶排除出了兜底条款中的"其他符合本条规定条件的组织"的看法不免太过于武断。因为:(1)船舶具备《民诉法解释》第52条其他组织的条件。船舶按照《船舶登记条例》的规定在海事管理机构办理船舶登记,并取得有关证书,通过检验机构的检验以及具备管理部门要求的所有证书和法定文书才能具备海事权利能力和行为能力,始能在水上航行,这些条件其实对于船舶是很严格的。就这些条件说船舶是合法成立的其他组织一点也不为过。(2)船舶有自己的组织机构和财产。船舶除了设有驾驶部、轮机部、餐饮服务部等,相当于企业的不同部门和车间,并可以以自己的名义独立从事航运经营业务;船舶有所有人、经营人进行经营管理,在航行时由船长、驾驶员、轮机长等船员进行指挥管理;船舶自身具有一定的财产性,可以作为抵押物或担保物。(3)根据《民诉法解释》第50条的规定,不具备法人资格的其他组织,以其主要负责人为代表人。按照该条的规定,船舶上的船长一般是船上的主要负责人,代为船舶对外进行意思表示。根据《海商法》以及国际公约的规定,船长负责船舶的管理和驾驶,管理全船的一切事务,赋予船长指挥命令权、治安管理权、公证权、船舶处分权。② 因此船长的职责在一定程度上是法律授予的,其对外做出的意思表示效力及于整个船舶,能够引起法律关系的发生、变更和消灭。(4)将船舶作为行政执法主体并非海事管理机构的独创,其他执法部门考虑到执法实际也时常将船舶作为处罚主体,如检疫检验部门、海洋管理部门。《海洋环境保护法》也对船舶设定了一些法定义务。

第三,国外对物诉讼制度的支撑。船舶拟人化理论最突出的做法是普通法系国家的对物诉讼制度。在这种制度下,原告可以将船舶视为当事人一方,对船舶提起诉讼,法院可以判决船舶承担责任。而且原告在对物诉讼中已取得部分赔偿后,可以就其余额向船舶所有人继续提起对人诉讼。对物诉讼具有如下优点:一是在找不到被告或被告不愿出庭的情况下,可直接以船舶价值保障原告的诉讼请求;二

---

① 参见罗炜敏等:《对国际航行船舶行政处罚主体的思考》,载《中国检验检疫》2013年第12期。
② 参见傅旭梅:《中华人民共和国海商法诠释》,人民法院出版社1995年版,第63页。

是不会由于被告经济状况的变化而受到影响,尤其被告是单船公司情况下;三是扣押船舶地法院取得管辖权,避免了管辖权的争议;四是扣押船舶可以迫使利害关系人出面;五是能及时、有效地保护海事请求人的权益,同时能提高法院的工作效率。① 大陆法系排斥对物诉讼,在船舶的扣押上采取的是假扣押,我国民事诉讼法不承认对物诉讼制度,但《海事诉讼特别程序法》对《民事诉讼法》做了较大突破,采取了海事请求保全制度。一是突破过去的诉前保全概念,将诉讼中的保全纳入海事请求权中。二是申请海事请求保全,不再强制要求提供担保,《海事诉讼特别程序法》第16条规定,海事法院受理海事请求保全申请,可以责令海事请求人提供担保。海事请求人不提供的,驳回其申请。

然而海事请求保全在被告不明的情况下,不能最大限度地保护海事请求权人的利益,普通的对人诉讼无法解决这一难题。如船舶被扣押后,若扣船期届满仍不能确定真正所有人,海事法院则必须解除扣押;只有引用对物诉讼制度才能解决这一难题,以扣押的船舶价值来保障原告的诉讼请求。既然引用对物诉讼制度是民事诉讼的迫切要求,在海事行政执法中,不妨在立法中明确船舶可以作为独立的主体,避免和民事诉讼存在一样的弊端。

第四,行政相对人主体日益扩大。随着行政法律关系的日益发展,学界对行政相对人的范围的解释呈现扩大化趋势,以适应新形势的需要。行政相对人主体是行政主体所作行政行为效果的承受者,从组织形态上说,有组织相对人和个人相对人之分。只要法律、法规和规章为该组织或个人设定了它必须以自己的名义承担行政法上的义务,它就具有行政相对人的资格;当它履行或承担义务时,就处于行政相对人的地位。在以前通说认为当整个组织是法人时,就不能以法人内部的组织部分作为相对人。但现在的学界对此有所突破,如胡建淼教授认为,如果法律法规、规章直接对法人内部的机构设定了义务,那么该机构就具有相对人的地位。②

第五,在海事、海商、海关行政处罚方面,给船舶设定义务的法律法规、规章众多,使船舶取得行政相对人的资格,履行其所承担的义务以及对其违法行政行为承担行政责任。《海商法》《海上交通安全法》《内河交通安全管理条例》《海洋环境保护法》等,都对船舶设定了法律上的义务,同时规定违法行政行为需承担的责任。如《海洋环境保护法》第63条规定,"船舶必须按照有关规定持有防止海洋环境污染的证书与文书,在进行涉及污染物排放及操作时,应当如实记录",该条为船舶设定义务,同时该法第88条第(2)项规定了罚则,即"船舶未持有防污证书、防污文

---

① 参见司玉琢:《国际海事立法趋势及对策研究》,法律出版社2002年版,第614页。
② 参见胡建淼:《行政法学》,法律出版社2004年版,第142页。

书,或者不按照规定记载排污记录的",";由依照本法规定行使海洋环境监督管理权的部门予以警告,或者处以罚款"。《海上交通安全法》第42条第1款规定:"船舶、设施发生交通事故,应当向主管机关递交事故报告书和有关资料,并接受调查处理。"又如《海商法》规定发生碰撞事故时应由船舶承担责任。再如《海关法》第83条第(2)项规定"在内海、领海、界河、界湖,船舶及所载人员运输、收购、贩卖国家禁止或者限制进出境的货物、物品,或者运输、收购、贩卖依法应当缴纳税款的货物,没有合法证明的","按走私行为论处,依照本法第82条的规定处罚"。以上说明船舶可作为海事、海商、海关法律关系主体接受处罚。

综上所述,笔者认为在特定情形下船舶是可以作为行政处罚对象的。建议立法明确下列情形:第一,未随船的幕后责任方无法查清或其不愿意接受调查及缴纳担保的情况下,可以扣留船舶,以该船舶作为处罚对象,以其拍卖款来抵缴财产罚内容;第二,涉案船舶为国际航行船舶的,可以直接扣留船舶,以该船舶作为处罚对象,以其拍卖款来抵缴财产罚内容;第三,但比较轻微的违法行为,依其性质应由随船船长或船上实际负责人承担的,应以随船船长或船上实际负责人为处罚对象。

还有学者对以船舶为处罚对象的做法提出了以下疑虑:(1)船舶的意思实现能力存在欠缺。将船舶认定为"非法人组织"从而确定其可以作为行政违法案件的当事人,那么它应具备一定的意思实现能力。法人组织虽然没有自然生命力,但其由法人机关来表达实现其意思能力,那么作为"非法人组织"的船舶的意思由谁表示及实现呢?由于造船技术及海上通讯技术的日益发达,具有主客观判断能力的船长的代理权限尚且日渐缩小,而本身没有任何意思和判断能力的船舶又怎能被赋予决断能力呢?即使所有人或合伙、联营的代表人以及船长均有权代表船舶实现船舶的部分意思,但这些意思能力显然不能被单一的赋予某一个人或机构去行使,这就阻碍了船舶获得"非法人组织"的主体地位。(2)要确认船舶"非法人组织"的主体地位存在两个矛盾:一是船舶本身已作为船公司获得法人资格的资本条件,即船舶资产已被计入船公司的法人资产,如船舶要获得"非法人组织"的资格,必须满足一定的财产条件,那么此时是否需要或者是否可以将其本身的价值进行重复计算呢?或者"非法人组织"是否可以不必具有一定的财产条件呢?二是如果赋予船舶"非法人组织"的主体地位,势必会带来船公司法人与船舶"非法人组织"的主体资格重合的问题:当某船公司只拥有一艘船舶时,企业法人的主体资格就与船舶本身的"非法人组织"主体资格相重合;当某船公司拥有多艘船舶时,则一个企业法人与多个船舶"非法人组织"的主体资格重合。这种主体资格的重合,将会产生法律与常理所无法解决的问题,究竟谁听命于谁——这恐怕难以通过立法作出界定。(3)法律文书如何送达?因为船舶由于欠缺意思实现能力,且对于谁能在船舶被作为"非法人组织"受到行政处罚时代表其进行意思表示,目前法律、法规中均未予明确。因此,无论是由船舶所有人还是船长对相关法律文书进行签收,均存在一定的缺陷。(4)若船舶在行政处罚决定履行完毕之前完成了所有权变更的,此时如何确定被执行对象?将船舶作为行政处罚的承受主体,意味着行政处罚主体的执行工作只能针对船舶本身展开。那么在船舶所有权已经合法变更、转移的情况下,仍对船舶开展相关的执行工作(如申请法院对船舶进行扣押、拍卖等),这必将对船舶新所有权人的合法权益造成侵害。(5)当涉案船舶的走私行为符合《海关行政处罚实施条例》第8条第2款的规定时,船舶将被作为用于走私的运输工具予以没收。此时,船舶既作为行政案件的当事人(走私行为的主体),又作为用于走私的运输工具,这显然不合逻辑。①

笔者认为,上述学者的疑虑有一定的道理,但过于绝对,因此笔者提出以下反驳理由或解决办法:(1)任何主体都不可能是绝对意志的化身,在现实生活和经济往来中,都必然受到各种因素的制约。例如,子公司虽然具有独立法人地位,但并不代表其很多重要的事情不能听命于总公司,我们不能因为总公司对子公司的意思实现能力有程度或深或浅的控制,就认为子公司不具备行政处罚对象资格。笔者认为,船舶在航行过程中基本受船长控制,船长代表船舶具有相对完整的意思表示能力。(2)企业法人完全可以用自身的一切财产甚至自身的名号、商号也可以折成一定的财产,因此船舶以其自身作为其他组织的财产并无不妥。关于质疑船舶作为其他组织所拥有的财产与运输企业财产重复的现象,笔者认为,既然船舶是一个虚拟的组织,其拥有的财产即为虚拟的财产,不存在财产重复的情况,只要其能够对外独立承担责任即可,只是基于行业实际应赋予其一定的法律地位。② 而且,船运公司与船舶之间的关系完全可以视同为母公司与子公司或总公司与领取了营业执照的分公司之间的关系。(3)《民诉法解释》第50条规定,不具备法人资格的其他组织,以其主要负责人为代表人。按照该条规定,法律文书只需要送达给船长或船长授权委托的代理人即可。(4)如果船舶在行政处罚决定履行完毕之前完成了所有权变更的,既可以对恶意转让人进行追征相应处罚金额,也可以向持有故意或专业过失(专业主体)或重大过失(普通主体)的受让人追征相应处罚金额(不得超出船舶价值),当然这需要立法予以完善。(5)当涉案船舶的走私行为符合《海关行政处罚实施条例》第8条第2款规定的"2年内3次用于走私"时,笔者认为其主要属性就由其他组织转化成了专供违法活动的运输工具,此时应当以运输工具来看

---

① 参见祝晓峰:《论海关对船舶实施行政处罚的合理性及其缺陷——兼谈涉船行政违法案件当事人的认定》,载《海关执法研究》2008年第8期。
② 参见陈友喜:《船舶处罚主体问题探讨》,载《中国海事》2015年第2期。

待,因此可以依法对该运输工具作出没收处罚。

司法实践中,也存在法院认可以船舶为处罚对象的判例。

案例 8.32　上海远洋运输公司诉宁波卫生检疫所行政处罚案

该案中,法院认为:根据《国境卫生检疫法实施细则》第 107 条第(3)项关于"入境、出境交通工具上的食品、饮用水从业人员应当持有卫生检疫机关签发的健康证书"的规定,原告上海远洋运输公司"抚顺城"轮大厨顾勇康、二厨冯国强、服务员刘波系入境、出境交通工具上的食品、饮用水从业人员,应当持有卫生检疫机关签发的健康证书,但是,顾勇康、冯国强、刘波只持交通部颁发的经上海远洋医院体检出具的海员健康证书,不符合《国境卫生检疫法实施细则》的有关规定。被告在出、入境卫生检疫时,要求船方办理健康证书签发手续,是依法行使卫生检疫职权,却两次遭到原告船长的拒绝。故被告对原告所属"抚顺城"轮作出罚款人民币 4900 元的处罚决定是合法的。①

(四)国家机关能否作为行政处罚对象?

这一问题,在我国台湾地区也是一个颇有争议的问题,多数学者认为,行政机关(或公法人)在事实上亦有违反行政义务之可能,且实务上行政机关已被普遍认为具有行政主体地位,故亦应对其违法行为负责,且"行政法院"的裁判亦有以行政机关为行政罚之对象而为实体裁判者,如"行政法院 1988 年判字第 2242 号判决",因此,应无必要将行政机关排除于行政罚之对象之外。② 少数学者认为,当行政机关或公法人立于准私人地位时,理论上方得成为行政制裁之对象③,或认为处罚行政机关根本违反行政处分须"对外"的基本法理,或违背中央与地方划分之原则,使公务员惩戒惩处制度形同具文④,故而认为行政机关(或公法人)不应成为处罚之对象。目前,我国台湾地区已有立法对此问题进行明确,如"行政罚法"第 17 条规定:"'中央'或地方机关或其他公法组织违反行政法上义务者,依各该'法律'或'自治条例'规定处罚之。"

笔者赞同前一种观点,笔者认为作为法人的国家机关在实施职务行为或民事

---

① 载《最高人民法院公报》1992 年第 3 期。
② 参见翁岳生编:《行政法》,中国法制出版社 2008 年版,第 837~838 页。
③ 参见陈敏:《行政法总论》,台北,三民书局股份有限公司 2004 年版,第 729 页以下。
④ 参见陈爱娥:《行政院版行政罚法草案关于处罚对象之规定方式的检讨》,载《月旦法学杂志》2004 年第 111 期。

行为的过程中,是有可能因违反行政法律规范所设定的义务而成为行政处罚对象的,如果同样的情形仅处罚老百姓而不处罚国家机关,那么行政处罚就没有公平公正可言,这种"只准州官放火,不许百姓点灯"的做法必然会导致政府丧失公信力。此外,处罚国家机关还有一个值得探讨的问题就是,国家机关承担行政处罚责任之后,应当启动对相关责任人的追责及追偿机制,否则仅仅是用纳税人的钱交纳罚款,钱款只是从国家"左口袋"出"右口袋"进,处罚能否真正能起到制裁作用难免遭人质疑,希望立法对这一点予以完善。

在我国大陆实践中,以国家机关作为行政处罚对象的司法判例极为罕见,笔者仅找到了几例,如广西壮族自治区恭城公路管理局诉被告恭城瑶族自治县国土资源局行政处罚案①、广西壮族自治区公路管理局诉广西百色市林业局行政处罚案②,但上述两个判例均是法院判决行政处罚主体败诉的,笔者认为并不是非常有代表性,故而笔者在此重点列举两起法院维持行政机关对另一行政机关作出行政处罚决定的判例。

案例 8.33 焦作市道路运输管理局诉焦作市国土资源局行政处罚案

该案中,法院认为:本案所涉土地原系市政府批准划拨给焦作市道路运输管理局的办公用地,焦作市道路运输管理局在未经批准的情况下,通过协议方式将该土地使用权转给德源置业公司,致使该公司在该土地上建成两栋 11 层楼房投入使用并出租营利,成为该块土地的实际使用者。焦作市道路运输管理局的行为违反了《土地管理法》第 2 条和《城镇国有土地使用权出让和转让暂行条例》第 44 条、第 45 条的规定,属于非法转让土地行为,按照《土地管理法》第 73 条的规定,焦作市国土资源局应当没收焦作市道路运输管理局的违法所得,并可处以罚款。焦作市国土资源局根据 1991 年 4 月 8 日原国家土地局《关于贯彻〈中华人民共和国土地管理法实施条例〉几个问题的答复》和 1992 年 6 月 15 日原国家土地局政策法规司《关于对非法所得问题请示的答复》中对非法所得认定的规定,结合焦作市道路运输管理局和德源置业公司签订的《补充协议》中关于焦作市道路运输管理局所征办公楼建设土地的所有征地费用及其利息由德源置业公司支付给焦作市道路运输管理局的约定,认定焦作市道路运输管理局的非法所得为 225 元/平方米 × 9553 平方米 = 2,149,425 元,并无不当。同时,焦作市国土资源局依据非法所得的数额对焦作市道

---

① 广西壮族自治区恭城瑶族自治县人民法院(2013)恭行初字第 5 号行政判决书。
② 广西壮族自治区百色市中级人民法院(2012)百中行初字第 1 号行政判决书。

路运输管理局处以5%的罚款也符合法律规定。①

案例8.34　绥宁县国家税务局诉绥宁县劳动和社会保障局行政处罚案

该案中,法院认为:被告作为绥宁县行政区域内的劳动保障行政主管部门,根据《劳动保障监察条例》第3条的规定,负责本行政区域内劳动保障监察工作,具有劳动保障监察职权。被告在作出处罚前履行了立案、告知等法定程序,原告不按被告的要求报送相关材料及改正材料,其行为属于《劳动保障监察条例》第30条第(2)项、第(3)项所列举的情形,被告根据《劳动保障监察条例》第30条第(2)项、第(3)项的规定,对原告给予罚款14,000元的决定,事实清楚、证据确凿充分、程序合法、适用法律正确,应予维持。原告主张被告在作出处罚前没有通知原告听证,程序违法,根据《湖南省行政处罚听证程序规定》第7条的规定,行政机关在作出对法人或者其他组织处款在20,000元以上(含20,000元)的行政处罚决定之前,应当书面告知当事人有要求举行听证的权利。被告在作出处罚前拟对原告给予罚款18,000元,不需要书面通知原告举行听证,故原告的主张本院不予采纳。关于原告主张即使原告行为违法,也属于轻微违法行为,不至于非要罚款14,000元,根据《劳动保障监察条例》第30条的规定,有《劳动保障监察条例》第30条第(2)项、第(3)项的行为的处2000元以上20,000元以下的罚款,被告对原告处以罚款14,000元是被告依法行使自由裁量权,没有超出法律法规规定的幅度,且原告没有《行政处罚法》第27条列举的应当从轻或减轻行政处罚的情形,故本院对原告的主张也不予采纳。②

---

① 河南省焦作市中级人民法院(2010)焦行终字第15号行政判决书。
② 湖南省绥宁县人民法院(2010)绥行初46号行政判决书。

第九章　行政处罚合法要件

行政处罚的"合法"是指既要符合法律规则,更要符合法律原则。在探讨行政处罚合法要件之前有必要先研究行政处罚成立要件。因为只有在行政处罚行为成立之后,才能进一步探讨其是否合法、是否有效的问题。正如我国澳门高等法院第172号裁判所指出的:"法院审理一个案件的首要任务并不是确定行政行为是否存在瑕疵的问题,而是确定行政行为是否存在的问题。"[1]行政处罚行为成立要件,一是行政处罚行为作出的主体必须是行政处罚主体;二是行政处罚主体必须有明确的意思表示并以行政处罚行为的方式示意;三是行政处罚主体的意思表示有所指向的标的;四是必须有接受意思表示的主体。[2] 只要同时具备这四个要件的行为,即属行政处罚行为,否则便可能是假行政处罚行为。同时,我们也要看到合法与有效之间有一定差别。合法的处罚行为一定是有效的,但有效的处罚行为却不一定是完全合法的。合法是对行政处罚行为的肯定性评价,其条件一般比较严格。而有效则是对行政处罚行为的肯定性效力评价,其条件相对比较灵活,在有些情形下,行政处罚行为虽然不合法但可能是有效的。如下述处罚主体行为要件中虽存在一定轻微瑕疵,但行政处罚主体仍可通过补正、更正、追认、转换等形式继续维持其效力。行政处罚合法要件应包含以下三个要件。

一、行政处罚法律要件

(一)法律本身是合法有效的

衡量法的"合法性"之"法"与衡量人的行为的"合法性"之"法",不是同一个

---

[1] 参见叶必丰:《行政法学》,武汉大学出版社2003年版,第190页。
[2] 参见章剑生:《现代行政法基本理论》(第2版),法律出版社2014年版,第274~279页。也有学者认为行政行为的成立要件为行政处罚权能的存在、行政处罚权的实际运用、行政处罚法律效果的存在和行政处罚表示行为的存在。参见叶必丰:《行政行为原理》,商务印书馆2014年版,第130~143页。

法,后者所指的主要是法律或"实在法"、制定法,而前者则主要指"法"。而且这个"法"甚至超出了一般所说的"法"的范围,侧重所指的往往是人们内心的价值观念,特别是其中的道德观念和政治社会理想。正因如此,德沃金把法的合法性问题归纳为法律的道德权威问题。① 也就是说,法的合法性之"法",更多地是指实在法的道义基础,而不是我们一般所说的"法律"。之所以这样,是因为合法性的真正含义是指立法权及其行使的正当性或权威性,它是一种内心的价值判断,而进行任何价值判断所使用的标准都是人们内心的价值观念,特别是道德观念。② 尽管如此,并非没有衡量法律合法有效性的可操作性标准,笔者认为可以从形式合法性及实质合法性两方面去判断:

第一,形式合法性。①它的形式渊源或立法权取得的形式是合法的;②某一享有立法权的机关所立之法是合乎其权限的;③立法程序是合法的,比如某部关于行政处罚的法律根据《宪法》第 64 条第 2 款规定,已经为全国人民代表大会全体代表过半数通过;④所立之法在内容上没有与已有的效力位阶高于它的法律相抵触。

第二,实质合法性。法的实质合法性评价的标准很明显就是所在社会当时占主导地位的社会政治理想和价值观念。也就是说,只有当立法机关的立法权及其立法活动符合当时广大社会成员,特别是社会精英们的关于社会权力的取得和运作的一套理论或观念时,才被认为是合法的。由于社会所公认的价值观念和社会政治理想一般都已明确地写进我国《宪法》中,因而与之相悖的法律的不合法自然是以宪法作为衡量的标准,③比如某部关于行政处罚的法律不得与蕴含在《宪法》中的民主观念、法治观念、人权观念等相违背,否则就不是合法有效的。

实践中,有的法律规定因为与上位法相抵触而不被法院认可及适用。

案例 9.1　林建荣诉长汀县公安局交通警察大队行政处罚案

该案中,法院认为:上诉人长汀交警大队撤销林建荣的机动车驾驶证是依据公安部 1999 年 12 月 10 日颁布的《交通违章处理程序规定》第 51 条第 1 款第(2)项规定:"机动车驾驶员无正当理由超过 3 个月不到公安机关交通管理部门接受处理的,公安机关交通管理部门可以撤销其机动车驾驶证。"且没有将该条归入该规章处罚的章节而是划为其他类;公安部 1996 年 6 月 3 日颁布的《机动车驾驶证管理办

---

① 参见[美]德沃金:《法律的帝国》,李常青译,中国大百科全书出版社 1996 年版,第 171~178 页。
② 参见[德]哈贝马斯:《合法性危机》,刘北成等译,上海人民出版社 2000 年版,第 130~139 页。
③ 参见严存生:《法的合法性问题研究》,载《法律科学》2002 年第 3 期。

法》第 27 条第(5)项规定:车辆管理所对无正当理由超过 3 个月不接受违章或事故处理的应当注销机动车驾驶证;以及公安部于 1997 年 6 月 11 日发布的《关于机动车驾驶证管理办法有关问题的答复》第 3 条规定该办法第 27 条所称的"注销机动车驾驶证",不属于行政处罚行为。上述规章虽将"撤销"或"注销"驾驶证不定为行政处罚,且"撤销"、"注销"与《行政处罚法》规定的行政处罚"吊销"许可证在措词上不同,但是它们与"吊销"产生的法律后果是一致的,即驾驶证失效,使相对人丧失从事所许可事项的资格与权能,因此该撤销、注销规定实际应属行政处罚种类中的吊销许可证、执照的范畴。《行政处罚法》第 12 条规定,规章可以在法律、法规规定的给予行政处罚的行为、种类和幅度的范围内作出具体规定,法律、法规未规定的,规章可设定警告和罚款的行政处罚。据此,公安部的规章有关"撤销"或"注销"驾驶证的内容与上述法律的规定不相符,本院在裁判时依法不予参照。[1]

（二）法律具有明确的定性规定

违法行为在法律上的定性其实就是违法行为在法律上的类型化,比如关于许可证或者药品批准证明文件的造假、转让、串用行为,《药品管理法》第 122 条就规定为"伪造、变造、买卖、出租、出借许可证或者药品批准证明文件的"违法行为,只有日常生活中的行为能够被某个具体的法律条文解释或定义为某一种类型化的违法行为,才可能被给予行政处罚,因此,要对某一行为处罚的前提就是该行为已经被法律规定明确予以了"定性"。

（三）法律具有明确的处罚规定

违法行为的罚则（包括罚种、处罚幅度等事项）、归责原则、相应程序及证明标准等必须在法律条文中具体载明。有时候,一行为违反了法律规定的义务性规范,此时或可认定存在"违法行为",但如果缺乏相应配套罚则时就不具备可罚性。发生上述情形的,要么是立法疏漏,要么是立法者评价该义务的违反不足以招致处罚责任,可通过责令改正等其他行政管理措施予以矫正。

---

[1] 福建省龙岩市中级人民法院(2003)岩行终字第 58 号行政判决书。

二、行政处罚主体要件

(一)行政处罚主体的设立及组成合法

首先,作出行政处罚决定的行政处罚主体的设立必须是合法的。其次,行政处罚的机构组成也必须合法。《行政处罚法》第 57 条第 2 款规定,对情节复杂或者重大违法行为给予行政处罚,行政机关负责人应当集体讨论决定。如果上述行政处罚案件集体讨论时并无行政机关负责人参加或参加的人员或人数不符合要求,则可以认为该组成并不合法。① 《行政处罚法》第 38 条规定,行政处罚的实施主体不具有行政主体资格的行政处罚无效。

> **案例 9.2　大连华氏流体设备有限公司诉大连市甘井子区安全生产监督管理局行政处罚案**

该案中,法院认为:对严重安全生产违法行为给予责令停产停业整顿等较重行政处罚的,应当由安全监管监察部门的负责人集体讨论决定。本案被上诉人安监局相关负责人 5 人对案件进行了集体讨论,制作了《行政处罚集体讨论记录》,进而作出被诉决定。据《行政处罚集体讨论记录》记载有 5 人参加讨论,2 人在笔录中签字确认,其他人未签字确认。故从记录笔录记载的情况看,不能证明《行政处罚决定书》是经被上诉人安监局负责人集体讨论决定,因此认定程序违法。②

笔者认为,上述违法情形既属于程序违法,也属于行政处罚主体相关机构组成不合法。

(二)具有行政处罚权能

某一行政主体要实施行政处罚的前提是其必须具备行政处罚权能,实践中,并非每一个行政主体或行政机关都具备行政处罚权能,如国务院参事室就不具备行政处罚权能。行政处罚权能与行政处罚管辖权有所区别,前者代表一种权利能力,

---

① 亦有学者认为关于主体组成应属"程序要件"的范畴。参见翁岳生主编:《行政法》,中国法制出版社 2009 年版,第 664~665 页。
② 辽宁省大连市中级人民法院(2014)大行终字第 1 号行政判决书。

而后者代表一种行为能力,一个具备行政处罚权能的行政主体并不当然就具备对某一行政处罚案件实施行政处罚的权力,因为要具体实施处罚还要受到行政主体的职能、级别及其所管辖的地域等因素的制约。

实践中,有的不具备行政处罚权能的主体也作出了行政处罚决定,笔者认为,严格来说它属于一个假行政行为。

案例9.3　宋立国诉铁岭供电公司郊区农电分公司行政处罚案

该案中,法院认为:上诉人铁岭供电公司郊区农电分公司是铁岭市电业管理局下属企业,只有行政管辖权,不具有行政处罚的主体资格。[1]

(三)具有行政处罚管辖权

某一行政处罚主体要具体实施行政处罚权,那么该事项必须是属于自己行政管理范围及行政处罚职能范围内的事项,同时要符合级别管辖的规定,还必须属于自己的地域管辖范围内,任何超越职能管辖、级别管辖或地域管辖的行政处罚都是不合法的。对这一问题,《行政处罚法》仅作了原则性规定。因此,在具体实施行政处罚时还必须遵循其他单行法的规定。

实践中,行政处罚主体超越职能管辖的判例比较常见。

案例9.4　淮安第一美术高级中学诉淮安市淮阴地方税务局行政处罚案

该案中,法院认为:《国家税务总局〈关于所得税收入分享体制改革后税收征管范围的通知〉》第3条规定:"自2002年1月1日起,在其他行政管理部门新登记注册、领取许可证的事业单位、社会团体、律师事务所、医院、学校等缴纳企业所得税的其他组织,其企业所得税由国家税务局负责征收管理。"据此,法院认定,涉案企业所得税应由国税部门征收,被告征收该项税收属于超越职权。故法院撤销了该案行政处罚决定。[2]

---

[1] 辽宁省铁岭市中级人民法院(1997)行终字第28号行政判决书。
[2] 江苏省淮安经济技术开发区人民法院(2014)淮开行初字第0007号行政判决书。

案例9.5　周悟权诉北京市工商行政管理局海淀分局行政调查案

该案中,法院认为:《食品标识管理规定》第4条规定:"国家质量监督检验检疫总局在其职权范围内负责组织全国食品标识的监督管理工作。县级以上地方质量技术监督部门在其职权范围内负责本行政区内食品标识的监督管理工作。"本案中,周悟权的举报对象是翠微家园超市,举报其销售的"鼎鼎儿童肉松"商品上属于食品标签标注事项的配料表中的"食用油"的标注不符合《食品标签通则》第4.1.3.1的强制性规定,违反了《食品安全法》第42条第1款第(9)项的规定。对于食品标签中已标注事项是否符合《食品标签通则》及《食品安全法》第42条的规定的认定,应属质量技术监督部门的职权。海淀工商分局已依据其职权对翠微家园超市进行调查,查验翠微家园超市、食品供货商和食品生产商的企业法人营业执照及相关资质证书,其又在被诉答复中认定涉案商品符合《食品标签通则》,应属超越职权,依法应予撤销。①

案例9.6　上海环球生物工程公司诉上海市徐汇区卫生局、上海市徐汇区工商行政管理局行政处罚案

该案中,法院认为:被上诉人上海市徐汇区工商行政管理局,非药品监督部门,不具备实施处罚的主体资格,在对上诉人行使处罚时,违背了《药品管理法》第45条第1款关于卫生行政部门行使药品监督权的规定,属于越权行政,上诉人的起诉理由是正确的,但不影响行政处罚的正确性。据此判决:维持被上诉人上海市徐汇区卫生局的行政处罚决定中对上诉人处以责令停产;没收非法所得51,353.04元;罚款356,655元;对已查扣的61瓶"人α-干扰素"监督销毁部分。撤销被上诉人上海市徐汇区工商行政管理局在该行政处罚决定中的处罚主体资格。②

实践中,也有一些行政处罚主体超越级别管辖的判例。

案例9.7　梁军民诉内黄县公安局行政处罚案

该案中,法院认为:被告内黄县公安局撤销其经过上级行政机关内黄县人民政府复议维持的行政处罚决定,应属于超越职权的行为。河南省安阳市中级人民法

---

① 北京市第一中级人民法院(2014)一中行终字第8450号行政判决书。
② 载《最高人民法院公报》1989年第4期。

院发出的建议撤销原处罚决定的司法建议书,不是生效的裁判文书,在法律上对被告不具有强制约束力。①

笔者认为该法院的判决是正确的,但理由不全面,因为如果要听从法院的司法建议,也应申请上级机关来撤销,这样既没有超越职权,又可以符合司法建议书的建议,而且司法建议书也没有指明一定要由内黄县公安局以自己的名义来撤销。

案例9.8　薛明华诉行唐县土地管理局行政处罚案

该案中,法院认为:被告所作"对其骗取批准的0.3亩新宅基地及70号宅基地使用证予以作废"的行政处罚属超越职权的行为。经查,原告所持70号宅基地使用证系本县人民政府核准颁发。而依行政职权划分,县土地管理局为县政府的一个职能部门,法律、法规并未授予其撤销或废止上级行政机关颁发的有效证件的权力。被告处罚废止县政府颁发的宅基地使用证,属超越职权的行政行为。②

实践中,行政处罚主体超越地域管辖的判例也不少见。

案例9.9　刘波诉西安市公安局交通警察支队曲江大队行政处罚案

该案中,法院认为:《行政处罚法》第15条规定"行政处罚由具有行政处罚权的行政机关在法定职权范围内实施"。《道路交通安全法实施条例》第109条第1款"对道路交通安全违法行为人处以罚款或者暂扣驾驶证处罚的,由违法行为发生地的县级以上人民政府公安机关交通管理部门或者相当于同级的公安机关交通管理部门作出决定";第2款"公安机关交通管理部门对非本辖区机动车的道路交通安全违法行为没有当场处罚的,可以由机动车登记地的公安机关交通管理部门处罚"。按照实施条例的规定,对违法行为人处以罚款,由违法行为发生地和机动车登记地公安机关交通管理部门作出决定。本案从被告提供的证据及当庭陈述显示,原告车辆违法行为发生地在长安大队辖区新华街,陕AN9×××车辆登记地不在曲江大队,因此被告对原告本次违法行为作出处罚按照法律规定并无管辖权。同时被告也没按"一站式"处理便民措施通知的要求严格执行(交警部门认为当事

---

① 河南省安阳市内黄县人民法院(2012)内行初重字第1号行政判决书。
② 河北省行唐县人民法院(1995)行法初判字第17号行政判决书。

人对处罚无异议的可适用"一站式"处理流程,但本案当事人对处罚是有异议的)。①

笔者认为,该案中的《道路交通安全法实施条例》属于行政法规,因此其有权规定特殊地域管辖,但该案中被告既没有按照一般地域管辖的规定,也没有按照特殊地域管辖的规定执法,故而败诉是难免的。

三、行政处罚主体行为要件

(一)行政处罚的意思表示必须没有缺陷②

上述缺陷是指意思表示不完整或不真实。不完整是指仅表示部分意思,还有部分意思没有表示。意思表示不真实是指在受欺诈、胁迫或收受贿赂或在工作人员精神不正常的情形下所作行政处罚。③

(二)行政处罚认定事实必须清楚、证据必须充分、处罚对象必须准确

行政处罚及行政处罚过程中的一系列行为如行政强制措施等都必须认定事实清楚,但不同类型的案件或不同阶段的措施可能会有不同的证明标准和要求,但都必须达到本类型或本阶段所要求的证据充分之标准,需要说明的是,这里所说"事实"是指"法律事实",而非纯客观事实。行政处罚主体对事实的认定应当尽可能接近司法证据的一般规则,应自觉接受司法证据规则的约束。④ 行政处罚认定的处罚对象必须准确,既不能错列也不能漏列、多列当事人。实践中,行政处罚认定事实不清、证据不充分、处罚对象不准确的判例并不少见。

案例9.10　河北宏泰人造板有限公司诉藁城市人力资源和社会保障局行政处罚案

该案即是行政处罚主体认定事实不清的判例。该案中,法院认为:《社会保险

---

① 陕西省西安市雁塔区人民法院(2014)雁行初字第00104号行政判决书。
② 参见叶必丰:《行政处罚概论》,武汉大学出版社1990年版,第135页。
③ 亦有学者认为公务员在精神不健全的情形下所为行为如内容合法及适当应视为有效,因其符合机关的意思。参见吴庚:《行政法之理论与实用》,中国人民大学出版社2005年版,第200页。笔者赞同这一观点。
④ 参见章剑生:《现代行政法基本理论》(第2版),法律出版社2014年版,第281页。

法》第84条规定,用人单位不办理社会保险登记的,由社会保险行政部门责令限期改正;逾期不改正的,对用人单位处应缴社会保险费数额1倍以上3倍以下的罚款,对其直接负责的主管人员和其他直接责任人员处500元以上3000元以下的罚款。被告藁城市人力资源和社会保障局作出的行政处罚决定书中,案件名称为拖欠职工张朝敏社会保险费。被告对原告欠缴职工张朝敏社会保险费的行为进行了立案调查。查明,原告欠缴职工张朝敏社会保险费的行为有下列违法事实:自2009年1月至2015年未缴纳职工张朝敏的社会保险费,而并非用人单位(原告)不办理社会保险登记。第三人所提交的藁城市就业服务局、藁城市社会保障局出具的证明也证实,原告曾经为第三人缴纳了不同年份的失业保险和养老保险,只是欠缴第三人部分年度的社会保险费。因此,《社会保险法》第84条所规定的内容与被告认定的违法事实不相符,被告作出的该行政处罚决定属于适用法律错误,应予撤销。①

案例9.11　张继鸿诉天水市公安局麦积分局桥南派出所行政处罚案

该案即是行政处罚主体证据不充分的判例。该案中,法院认为:事发过程及第三人是否有动手打原告的行为,原告兄弟与第三人陈述不一,在有其他在场人员直接目击的情况下,被告没有进一步查证核实,因此,被诉行为认定事实不清,证据不足,处理不当。②

案例9.12　上海秀枫实业公司诉上海市闵行区规划局行政处罚案

该案即是行政处罚主体认定处罚对象不准确的判例。该案中,法院认为:被告作出的行政处罚决定书中,认定的违法主体上海秀枫翠谷联合基地是不具有独立法人资格的工程名称,以此作为被处罚人,不符合法律规定。③

(三)行政处罚适用法律必须有效、正确、完备

行政处罚适用法律必须有效,既不能是已失效的,也不能是尚未生效的,并且要遵循上位法优于下位法、特别法优于一般法、新法优于旧法的适法规则。同时适用法律必须准确,如处罚专业报关企业申报不实的应优先适用《海关行政处罚实施

---

① 河北省藁城市人民法院(2014)藁行初字第00009号行政判决书。
② 甘肃省天水市秦州区人民法院(2014)天秦行初字第5号行政判决书。
③ 上海市闵行区人民法院(1998)闵行初字第15号行政判决书。

条例》第 17 条,而非第 15 条或第 16 条。适用法律完备也是行政处罚合法的一个条件,要避免只引用部分规定或条文的现象,有些条文属准用性条文,则不得单独依据该条文处罚,还必须引用其他规定用来辅助认定违法事实。如《海关行政处罚实施条例》第 19 条第(3)项规定"个人运输、携带、邮寄超过规定数量但仍属自用的国家限制进出境物品进出境,未向海关申报但没有以藏匿、伪装等方式逃避海关监管的……"海关可以处罚。其中出现了"规定数量"的提法,则处罚决定书中必须援引其他阐释了"规定数量"的法条。需要指出的是,对于每一个具体的行政处罚主体来说适用法律的要求是不一样的,一般行政处罚主体可以适用一切合法有效的法律、法规、规章,但对于某些特殊行政处罚主体却是有特别要求的,比如海关处罚时就不得引用地方性法规或地方规章来作为法律依据。此外,行政处罚主体对法律中出现的不确定法律概念的解释必须符合一般法律解释的原则和具体规则。《行政处罚法》第 37 条规定:"实施行政处罚,适用违法行为发生时的法律、法规、规章的规定。但是,作出行政处罚决定时,法律、法规、规章已被修改或者废止,且新的规定处罚较轻或者不认为是违法的,适用新的规定。"第 38 条规定,行政处罚没有依据的,行政处罚无效。

实践中,有的行政处罚主体在行政处罚时没有适用应当适用的法律。

案例 9.13　浙江章华保健美发实业有限公司诉台州市工商行政管理局黄岩分局行政处罚案

该案中,法院认为:上诉人对被上诉人处以责令停止发布违法广告应当援引《行政处罚法》《广告法》的相关规定而未援引,系适用法律错误。[①]

有的行政处罚主体在行政处罚时适用了尚未生效的法律。

案例 9.14　刘长华诉被上诉人江油市城乡规划建设和住房保障局行政处罚案

该案中,法院认为:"法不溯及既往"原则是一项基本法治原则。本案中,上诉人刘长华在江油市城市规划区范围内的宅基地上违法修建 265 平方米房屋的行为发生在 2002 年,自 2008 年 1 月 1 日起施行的《城乡规划法》不具有溯及既往的效力,被上诉人江油市住建局适用该法相关规定对上诉人刘长华进行处罚应认定为

---

① 浙江省台州市中级人民法院(2013)浙台行终字第 60 号行政判决书。

适用法律错误。①

(四)行政处罚内容必须定性准确、量罚适当

行政处罚内容必须定性准确,定性是正确审理案件的关键,是合理量罚的基础,是行政处罚满足合法性、有效性的重要保障。实践中要避免仅引用定性量罚的法条而不直接表述定性意见,或简单定性为违法而未具体指明属于何种违法。同时行政处罚还必须做到量罚适当,量罚具体来说包括:一是决定是否给予处罚;二是给予什么罚种的处罚,是警告、罚款还是拘留等,是单处还是并处;三是决定是按照一般情节予以处罚,还是按照从轻、减轻或从重情节处罚,是否实施易科等。量罚不仅要符合法律规定,更要符合法律的原则、目的及公益、政策、先例,特别是要符合公正公开原则、平等原则及比例原则。

关于既遂、未遂是否有必要在行政处罚中予以研究,学界对此是有争议的。一般认为,对行政处罚而言,区分既遂、未遂实际意义并不大,但笔者认为这至少会影响到量罚。而且,从社会危害性的角度看,如果立法机关认为某一行为如果没有发生行为的逻辑结果也即未遂则社会危害性程度还不足以施加行政处罚,则该未遂行为就不宜当作违法行为来"定性"处罚,如果认为某一行为虽然未遂但社会危害性程度已足以施加行政处罚,则应当将该行为当作违法行为来"定性"处罚,因此,笔者认为如果从这个意义上来说,研究行为的既遂、未遂还是很有必要的。我国台湾有学者提出"一个整体不法行为理论",主张不必区分既遂未遂,认为应将可能区分为不同阶段之行为视为一个整体不法行为,参与其中一部分即属成立而予以处罚。并举例说明:一旦有伪报出口即假出口行为,即便尚未据此申请冲销原料进口记账税捐即尚未核销,即可由海关予以处罚。② 我国台湾地区最高"行政法院"46年判字第54号判例也揭示出"着手而达重要阶段"③之理论。笔者认为,上述理论具有一定意义,但仍需进一步完善,一般而言,应将违法预备行为及行为既遂之后的后续行为等予以剔除。

实践中,有的行政处罚主体对违法事实的"定性"出现错误。

---

① 四川省绵阳市中级人民法院(2014)绵行终字第13号行政判决书。
② 参见吴庚:《行政法之理论与实用》,中国人民大学出版社2005年版,第301页。
③ 参见林锡尧:《行政罚法》,台北,元照出版有限公司2005年版,第2页。

案例9.15　庞军田诉沂南县文化市场管理执法局行政处罚案

该案中,法院认为:《文物保护法》第66条规定:"有下列行为之一,尚不构成犯罪的,由县级以上人民政府文物主管部门责令改正,造成严重后果的,处五万元以上五十万元以下的罚款;情节严重的,由原发证机关吊销资质证书:(一)擅自在文物保护单位的保护范围内进行建设工程或者爆破、钻探、挖掘等作业的……"本案中,上诉人未经许可擅自在文物保护单位的保护范围内使用挖掘机进行修路,被上诉人对上诉人处以责令改正的行政处罚,处罚适当,本院予以确认,但被上诉人未能提交充足证据证实上诉人擅自挖掘的行为已经造成了严重后果;《山东省文物保护条例》第52条第1款规定:"违反本条例规定,有下列行为之一的,由县级以上人民政府文物行政部门责令改正,并处五万元以上二十万元以下的罚款;造成文物损毁等严重后果的,处二十万元以上一百万元以下的罚款:(1)未征求文物行政部门的意见,在地上、地下文物丰富的地段进行基本建设工程的……"因上诉人在乡村道路上从事的挖掘行为并不构成基本建设工程,故被上诉人以上述两项规定,对上诉人予以50,000元罚款的行为,属适用法律不当。①

有的行政处罚主体量罚显失公正。

案例9.16　石少六诉泸州市公安局纳溪区分局行政处罚案

该案中,法院认为:原告对第三人在履行公务中的违法行为,应采取正确方法和手段,通过合法途径解决,但采取报复殴打他人的非法手段,并将第三人造成轻微伤害,其行为具有违法性和社会危害性,对造成的后果应负主要责任,被告依法对其进行治安管理行政处罚并无不当。但治安管理行政处罚中,行政拘留限制人身自由是一种最严厉的处罚,被告在对原告进行行政处罚时,对原告伤害第三人的直接原因,即第三人的违法性未作全面、充分考虑,故,对原告的处罚畸重。综上,被告纳溪区公安分局1999年8月15日第172号治安管理行政处罚决定(行政拘留决定),认定事实清楚,证据充分,定性准确,适用法律基本正确,程序合法,但处罚显失公正。据此,根据《行政诉讼法》第54条第(4)项和《治安管理处罚条例》第22条第1款及其第(1)项的规定,判决如下:变更泸州市公安局纳溪区分局1999年8月15日第172号治安处罚裁决书为对石少六给以治安罚款200元处罚。②

---

① 山东省临沂市中级人民法院(2014)临行终字第146号行政判决书。
② 四川省泸州市纳溪区人民法院(2000)纳溪行初字第11号行政判决书。

案例9.17　杭州娃哈哈集团公司诉樟树市工商行政管理局行政处罚案

该案中,法院认为:《反不正当竞争法》第26条规定了应当根据"情节"罚款,但被告在处罚决定书中并未说明原告行为的情节性质,也未能提供原告行为对消费者及市场公平竞争机制所造成的损害程度的事实依据,而接近满贯量罚,显然有失公正,应予变更。①

实践中,对于违法预备行为、违法未遂行为是否应该处罚的问题争议较大,有些法院认为违法预备行为不应处罚。

案例9.18　赵勇兴诉上海市烟草专卖局黄浦分局行政处罚案

该案中,法院认为:构成非法经销行为,主观上必须以营利为目的,客观上必须是已经实施或正在实施经销行为。现原告是在运输途中被查获,尚未实施非法经销行为,故被告仅根据原告本人陈述认定其非法经销走私烟亦缺乏相应证据。②

案例9.19　刘某某诉兴县公安局行政处罚案

该案中,被告兴县公安局认定:2015年8月23日至25日21时许,兴县蔚汾镇乔家沟村民刘某某,在河北省张家口市滞留两日,欲在"中国人民抗日战争暨世界反法西斯战争胜利70周年大会"期间前往北京非法上访,被兴县驻京工作人员在张家口市一小旅馆查获,并当场查获了一些信访材料。根据《治安管理处罚法》第26条第4项之规定,决定对刘某某行政拘留15日。法院认为,在"中国人民抗日战争暨世界反法西斯战争胜利70周年大会"期间,原告刘某某去河北省张家口市滞留两日,在张家口市一小旅馆被兴县驻京工作人员发现。被告认定原告违反国家有关信访条例,意图进京越级上访,有寻衅滋事行为的事实,没有足够的证据予以证实,被告所作行政行为属主要证据不足,依法应予撤销。③

有些法院认为未遂行为不应处罚。

---

① 江西省樟树市人民法院(2000)樟行初字第12号行政判决书。
② 上海市黄浦区人民法院(1995)黄行初字第10号行政判决书。
③ 山西省临县人民法院(2015)临行初字第119号行政判决书。

案例 9.20　肖某平诉隆回县人民政府及隆回县公安局行政处罚案

该案中,法院认为:根据隆回县公安局的行政处罚决定书,肖某平扯住王某善的领带欲殴打王某善,欲殴打即是想殴打,还没有实施殴打行为,没有伤害他人的后果,故该公安行政处罚决定书依据《治安管理处罚法》第43条第1款之规定,对原告肖某平进行公安行政处罚不当,应予撤销。①

有些法院认为未遂行为应当从轻、减轻或不予处罚。

案例 9.21　段迎宾诉偃师市公安局行政处罚案

该案中,法院认为:段迎宾的违法行为应属未达目的违反治安管理行为,应对其从轻、减轻或不予处罚,而被告未在处罚理由中予以认定,应属不当。②

有些法院认为未遂行为应当按照一般情节处罚。

案例 9.22　江兆尚诉闸口海关行政处罚案

该案中,法院认为:依据《限制出境物品表》第(3)项的规定,港元属于限制出境的物品,原告江兆尚亦明知港币属于国家限制出境物品,但却将港元藏匿于腰腹部,逃避海关监管,属于《海关法》第82条第1款第(1)项以及《海关行政处罚实施条例》第7条第(2)项规定的走私行为。对于走私物品,依据《海关行政处罚实施条例》第7条第(2)项的规定,应当予以没收。③

笔者认为,对违法预备行为不应处罚,而对于违法未遂行为是否需要处罚则需要视情节而定,如果是情节较轻的未遂行为可不予处罚,而情节较重的未遂行为则可予以从轻、减轻处罚。

有些法院认为不具有可执行内容的处罚决定是不合法的。

---

① 湖南省邵阳市大祥区人民法院(2013)大行初字第06号行政判决书。
② 河南省偃师市人民法院(2011)偃行初字第3号行政判决书。
③ 广东省珠海市中级人民法院(2013)珠中法行初字第26号行政判决书。该案属于在海关监管现场发现的案件,笔者认为江兆尚的违法行为应属未遂。笔者不赞同《最高人民法院、最高人民检察院关于办理走私刑事案件适用法律若干问题的解释》第23条第(1)项规定关于"在海关监管现场被查获的"走私行为"应当认定为既遂"的观点。

案例9.23　上海大食综合经营部诉上海市徐汇区环境保护局行政处罚案

该案中,法院认为:行政处罚决定是行政行为,具有确定力、拘束力和执行力等法律效力,因此,合法的行政行为必须具有明确、具体、可执行的内容。而本案被诉行政处罚决定第一项处罚内容仅为责令停止使用,该处罚并未确定停止使用的对象,设定上诉人大食经营部义务不明确,不具有可执行内容,故不能成为合法的行政行为。[1]

根据《最高人民法院关于执行〈中华人民共和国行政诉讼法〉若干问题的解释》第20条规定,行政行为的内容客观上不可能实施的,属于《行政诉讼法》第75条规定的"重大且明显违法"。据此,若前述案例中的当事人起诉申请确认该行政处罚行为无效的,法院应判决确认无效。

案例9.24　刘庆等诉四川省古蔺县公安局行政处罚案

该案中,法院认为:被告事先只告知原告要给予治安行政处罚,未告知要给予何种处罚,告知笔录中"拟作出的行政处罚"栏为空白。也即被告在告知原告要进行治安行政处罚时尚未形成初步处罚决定,因此没有告知具体的处罚结果,影响当事人陈述和申辩权利的行使,不符合法定程序,应予撤销。[2]

笔者认为,上述判例较有道理,但如果能直接指出其属性为假行政行为就更理想了。

(五)行政处罚必须不存在处罚阻却事由[3]

一般认为,处罚阻却事由包括法令行为、正当防卫、紧急避险、经行政主体或其工作人员同意的行为[4]、已逾处罚追究时效[5]、不具有期待可能性等不具备违法性或

---

[1] 上海市第一中级人民法院(2004)沪一中行终字第204号行政判决书。
[2] 四川省泸州市中级人民法院(2005)泸行终字第362号行政判决书。
[3] 关于"处罚阻却事由"的更详细阐述请参阅本书第七章有关内容。
[4] 该"同意"是指行政主体或工作人员真实完整的意思表示,而且因下列情形之一而获取"同意"的除外:利用欺诈、胁迫、贿赂等不正当手段;对重要事项提供不正确资料或为不完全陈述;明知"行政主体或工作人员同意"将构成违法或因重大过失而不知道上述同意将构成违法的。
[5] 亦有学者认为已逾处罚追究时效仍予追究属超越处罚时间管辖权限。参见章剑生:《现代行政法基本理论》,法律出版社2008年版,第283页。

有责性的情形。如果具备上述法定阻却事由,行政处罚主体不应当处罚或可以考虑不予处罚。如表面上看两个人是在互相殴打,但事实上却是其中一人先侵害另一人且一直没有停止侵害,另一人只是反击,这时候我们就不能对没有明显超出必要限度造成重大损害的另一人施加行政处罚,因为他的行为构成正当防卫,属于正当化的处罚阻却事由。此外,不符合责任年龄要求、不具备责任能力等事由也可作为广义上的处罚阻却事由。

有的法院认为对经事后确认为违法的职务行为进行抵抗可构成处罚阻却事由。

案例9.25 肖德清诉娄底市公安局娄星分局行政处罚案

该案中,上诉人肖德清的房屋位于S312娄底至涟源公路改扩建施工路段,离该公路最近的距离小于4米,房屋底层低于该公路1.5层至2层,该公路建设导致雨水冲进肖德清家中,影响了其房屋的通风、采光,也对其家人的出行及居住安全带来隐患,且娄底市人民政府S312娄底至涟源公路建设中邻近肖德清房屋路段的建设行为已被湖南省人民政府湘府复决字〔2018〕1号行政复议决定书确认违法。因此,法院认为,上诉人肖德清为维护其合法权益,对湖南省湘平路桥建设有限公司的施工行为予以阻拦,虽有不妥之处,但未达到必须受到治安行政处罚的程度。故被上诉人娄底市公安局娄星分局作出的娄公(石)决字〔2017〕第0391号公安行政处罚决定书认定事实不清,适用法律错误,依法应予撤销。[1]

我们认为,职务行为是否合法要根据实施职务行为当时的具体情况来进行判断,而不宜作事后的纯客观判断。至于上述判例中的职务行为以实施时的情况来看是否合法,由于判决中关于这方面的信息非常有限,因此暂时不好评述。

实践中,有的法院认为经行政主体同意的行为即可构成处罚阻却事由。

案例9.26 河南骏化宏福实业股份有限公司诉确山县国土资源局行政处罚案

该案中,法院认为:被上诉人骏化宏福公司在涉案土地上建厂是依照与确山县人民政府签订的《投资建厂合同书》,经确山县国土资源局、确山县建设局等政府职能部门同意的,并非擅自占用建设用地。被上诉人骏化宏福公司曾两次向确山县人民政府申请办理土地征用手续,虽未能办理土地使用证,责任不在被上诉人骏化

---

[1] 湖南省娄底市中级人民法院(2018)湘13行终23号行政判决书。

宏福公司。上诉人确山县国土资源局仅以此认定被上诉人属于未经批准"擅自占用建设用地建厂",主要证据不足,应予撤销。①

(六)行政处罚程序必须合法

行政处罚程序,是指法律规定行政处罚主体在实施行政处罚时必须遵循的步骤、顺序、时限及方式等。行政处罚程序既有促使行政处罚主体依法实施行政处罚的工具价值,同时也有吸收相对人不满的独立价值。行政程序有主次之分,违反次要程序并不当然构成撤销行政处罚决定的理由。但违反主要程序或违反程序情节较重的,将被有权主体撤销或确认违法甚至确认无效。如法律规定行政处罚决定书必须以书面形式作出,并加盖行政处罚主体印章等要求。《行政处罚法》第38条规定,违反法定程序构成重大且明显违法的,行政处罚无效。

实践中,有的行政处罚主体在实施行政处罚时发生步骤程序违法,错误省略了本来应当实施的步骤。

案例9.27 洛阳腾昊机械设备有限公司诉洛阳市环境保护局行政处罚案

该案中,法院认为:2003年9月1日施行的《环境影响评价法》第24条规定,建设单位未依法报批建设项目环境评价文件,擅自开工建设的……环境保护主管部门责令停止建设,限期补办手续;逾期不补办手续的,可以处5万元以上20万元以下的罚款。1998年11月18日起施行的《建设项目环境保护管理条例》第24条也规定,对违反条例的企业,环境保护主管部门责令限期补办手续,逾期不补办手续的……可以处10万元以下的罚款。对于原告环境违法,"限期补办手续,逾期不补办手续"是对其罚款的必经程序,被告应严格按照上述法规规定的程序执法。被告辩解虽然没有在限期纠正环境违法行为通知书上注明"限期15日内补办环评手续",但已经口头告知了,履行了法定义务;而原告并不认可,被告亦无证据证明在处罚原告前已经履行了告知补办环评手续的义务,因此其罚款程序违法。②

有的行政处罚主体在实施行政处罚时发生顺序程序违法,违反了"先裁决、后执行"的原则。

---

① 河南省驻马店市中级人民法院(2013)驻行终字第9号行政判决书。
② 河南省洛阳市涧西区人民法院(2010)涧行初字第21号行政判决书。

案例 9.28　王常群诉卫辉市公安局行政处罚案

该案中,法院认为:被告在未向王常群送达处罚决定书的情况下,将王常群行政拘留 10 日,本院确认被告对原告作出的未经送达的处罚决定无效。[①]

有的行政处罚主体在实施行政处罚时发生时限程序违法。

案例 9.29　董恩平诉昆明市公安局交通警察支队行政处罚案

该案中,法院认为:《道路交通安全违法行为处理程序规定》第 49 条规定:"……交通肇事构成犯罪的,应当在人民法院判决后及时作出处罚决定。"所谓及时,其含义是"不拖延;马上;立刻"。本案中,寻甸回族彝族自治县人民法院于 2011 年 3 月 4 日作出生效刑事判决书,而被告于 2012 年 11 月 19 日作出行政处罚决定书,时隔一年零八个月,明显不符合及时的要求,属于程序违法。[②]

有的行政处罚主体在实施行政处罚时发生方式程序违法。

案例 9.30　北京贝斯特医用仪器有限公司诉北京市海淀区劳动和社会保障局行政处罚案

该案中,法院认为:参照《民事诉讼法》第 78 条规定,送达诉讼文书,应当直接送交受送达人,受送达人是法人或者其他组织的,应当由法人的法定代表人、其他组织的主要负责人或者该法人、组织负责收件的人签收。《最高人民法院关于适用〈中华人民共和国民事诉讼法〉若干问题的意见》第 81 条规定,向法人或者其他组织送达诉讼文书,应当由法人的法定代表人、该组织的主要负责人或者办公室、收发室、值班室等负责收件的人签收或盖章,拒绝签收或者盖章的,适用留置送达。本案中,由于海淀区劳动局已经知晓贝斯特医用仪器公司的注册地址,依照上述规定,其向举报人所举报的用工地址送达行政处罚告知书并采取留置送达的方式缺

[①] 河南省卫辉市人民法院(2011)卫行初字第 44 号行政判决书。
[②] 云南省昆明市官渡区人民法院(2013)官行初字第 7 号行政判决书。

乏法律依据,被处罚人贝斯特医用仪器公司可能因此丧失行使陈述申辩的法定权利,故海淀区劳动局对贝斯特医用仪器公司作出行政处罚的行政程序违法,应予撤销。①

---

① 北京市第一中级人民法院(2007)一中行终字第1134号行政判决书。参见国家法官学院、中国人民大学法学院编:《中国审判案例要览》(2008年行政审判案例卷),中国人民大学出版社、人民法院出版社2009年版,第346~353页。

第十章　行政处罚证据

一、证据分类

证据是用来证明案件事实的材料。证据是行政处罚主体认定案件违法事实并对之定性处理的基础。作为定案的证据要满足合法性、客观性和关联性的要求。

(一)法定证据种类

《行政诉讼法》第33条第1款规定:"证据包括:(1)书证;(2)物证;(3)视听资料;(4)电子数据;(5)证人证言;(6)当事人的陈述;(7)鉴定意见;(8)勘验笔录、现场笔录。"

1.书证

书证,是指以文字、符号、图形等记载或表示的内容来证明案件事实的书面文件或其他资料。其基本特点是以其记载或反映的思想内容来证明案件事实,同时书证还是鉴别其他证据是否真实、可靠的重要依据。[1] 书证往往能够在案件中起到最为直接的证明作用,是行政处罚运用最广、作用最大的证据种类。书证根据制作方式的不同可分为原本、正本、副本和节录本。行政处罚中常见的书证有:日记、信件、便条、图纸、说明书、账册、单据、票证、证件及证明材料等。应当注意的是,如果对在案件查处时收集到的类似书证的证据材料无法理解其表述内容或思想的,是不能作为书证的。如查获走私案件中的记事本,其中仅有"小马"的名字及"正"字符号,如果不能查清"小马"的真实身份及"正"字符号的真实含义,就不能以此作为行政处罚的证据。

收集书证时,应当符合以下要求:第一,收集书证的原件,原本、正本、副本均属于书证的原件。收集原件确有困难的,可以收集与原件核对无误的复印件、照片、节录本。第二,收集由有关部门保管的书证原件的复制件、影印件或者抄录件的,应当

---

[1] 参见毕玉谦主编:《证据法要义》,法律出版社2003年版,第67~69页。

注明出处,并经该部门核对无异后加盖其印章。第三,收集报表、图纸、会计账册、专业技术资料、科技文献等书证的,应当附有说明材料。第四,在收集由相对人保管的书证时,应由相对人在相应书证空白处注明该书证是在何地方何人手中获取并签名,同时行政执法也应当签名并注明日期。

有的行政处罚案例中书证因为未附必要的说明而被法院认定为主要证据不足。

案例10.1　郭德胜诉卫辉市国土资源局行政处罚案

该案中,法院认为:被告向本院提供的标示郭德胜违法占用土地的具体位置的图纸未附说明材料,被告在庭审中亦未对该图纸中原告占用土地位置的确定方法作出说明、解释,致本院无法判断郭德胜占用的土地系农用地还是建设用地,即原告建造的养殖场是否符合太公镇土地利用总体规划,此直接导致无法确定被告对原告的违法行为应如何处罚,即是拆除还是没收在非法占用土地上的建筑物,因此法院认定该案主要证据不足。[1]

2. 物证

物证,是指以自己的存在、形态、质量等外部特征和物质属性、存在状态来证明案件事实的物品或痕迹。物证与书证的主要区别是:书证是用记载的内容和含义来证明案件事实,而物证是用物体自身的外形、特征和质量来证明案件事实。物证相对于书证较直接简单,在形式上和手续上一般无特别要求。行政处罚中常见的物证有三类:第一类是标的物,如生产销售的假冒伪劣产品、走私货物、物品等。第二类是媒介物,如违法的运输工具、生产假冒伪劣商品的机器设备、殴打他人的棍棒等。第三类是衍生物。如交通事故中产生的刹车痕迹、爆炸之后留下的碎片或残渣等。随着科技的发展进步,某些以特殊形态表现出来的物质如电流、电波、气味、磁场等也可能可以被某种仪器设备记录和检定,使之成为证据。

行政处罚主体收集的物证应当是原物。收集原物确有困难的,可以拍摄、复制足以反映原物内容或外形的照片、录像,并且可以指定或委托有关单位或个人对原物予以妥善保管。如果原物为数量较多的种类物的,可以采取抽样取证的方法,仅收集其中一部分作为物证。但要指出照片本身不是物证,仅是保全物证的方法。值得注意的是,有时会出现证据形式竞合的情形。比如某人伪造了账簿,如需依靠笔

---

[1]　河南省卫辉市人民法院(2012)卫行初字第3号行政判决书。

迹来鉴定真伪时,该账簿就是物证。如需依靠其记载内容来分辨真伪,该账簿就成为书证。如果既需依靠笔迹,又需依靠其记载内容来证明真伪时,则该证据就产生了物证与书证并存的竞合现象。

3. 视听资料

视听资料,是指以录音带、录像带、光盘、计算机及其他可视可听的科技设备存储的用以证明案件事实的电子音像信息。行政处罚中常见的视听资料有:对违法嫌疑人制作笔录时的同步录音录像资料,将企业账册的大量数据导入的光盘等。行政处罚主体在使用视听资料作为证据时,应注意以下三点:第一,提供有关资料的原始载体,提供原始载体有困难的,可以提供复制件。第二,注明制作时间、制作方法、制作人和证明对象等。第三,声音资料应当附有该声音内容的文字记录。第四,一般不得对视听资料进行编辑。

4. 电子数据

电子数据,是指必须借助计算机或其他类似设备生成、记录、存储或传递的,或是在计算机或其他类似设备中生成、记录、存储或传递的有关数据。行政处罚中常见的电子数据有:数码图片、电子邮件、聊天记录、手机短信、电话记录、电子报关单数据等。

可以说电子数据相当于静态的视听资料,而视听资料相当于动态的电子数据。行政处罚主体收集电子数据或录音、录像等视听资料,应当收集原始载体。收集原始载体确有困难的,可以收集复制件,注明制作方法、制作时间、制作人、证明对象以及原始载体存放处等,并且由有关单位或个人确认后盖章或签字,一般不得对电子数据进行编辑。

根据《最高人民法院关于行政诉讼证据若干问题的规定》第64条规定,以有形载体固定或者显示的电子数据交换、电子邮件以及其他数据资料,其制作情况和真实性经对方当事人确认,或者以公证等其他有效方式予以证明的,与原件具有同等的证明效力。据此,行政处罚主体对收集的电子数据的复制件应当进行证据转换,电子数据能转换为纸质资料的应当及时打印,录音资料应当附有声音内容的文字记录,并且由有关单位或个人确认后盖章或签字,或者采取委托办理公证手续的方法固定证据。

《行政处罚法》第41条:"行政机关依照法律、行政法规规定利用电子技术监控设备收集、固定违法事实的,应当经过法制和技术审核,确保电子技术监控设备符合标准、设置合理、标志明显,设置地点应当向社会公布。电子技术监控设备记录违法事实应当真实、清晰、完整、准确。行政机关应当审核记录内容是否符合要求;未经审核或者经审核不符合要求的,不得作为行政处罚的证据。行政机关应当及时告知当事人违法事实,并采取信息化手段或者其他措施,为当事人查询、陈述和申辩提供便利。不得限制或者变相限制当事人享有的陈述权、申辩权。"

实践中,有的法院对电子数据及设备的合规性进行了严格审查,并认为不符合标准要求及形式合法性的电子数据不得作为证据使用。

案例 10.2　申广林诉晋城市公安局交通警察支队行政处罚案

该案中,法院认为:公安部《道路交通安全违法行为处理程序规定》第 15 条第 3 款规定"交通技术监控设备应当符合国家标准或者行业标准,并经国家有关部门认定、检定合格后,方可用于收集违法行为证据";第 16 条第 2 款规定"固定式交通技术监控设备设置地点应当向社会公布"。公安部《道路交通安全违法行为图像取证技术规范》要求"每幅图片上叠加有交通违法日期、时间、地点、方向、图像取证设备编号、防伪等信息"。晋城交警支队并未提供在该路口设置的交通技术监控设备及违法图像符合上述规定的相关证据。根据《最高人民法院关于行政诉讼证据若干问题的规定》第 55 条第(2)项,证据的取得要符合法律、法规、司法解释和规章的要求的规定,晋城交警支队收集的 3 幅违法图像不具有合法性。[①]

但有的法院对电子数据及设备的合规性并没有作严格要求,认为只要能保证实体真实就可以作为证据使用。

案例 10.3　李某某诉西安市公安局某支队行政处罚案

该案中,法院认为:需要指出的是,按照《道路交通安全违法行为图像取证标准技术规范》的要求,被告所依据的监控记录资料还不能完全达到标准的技术规范要求,其原因是配置设备陈旧所致,应属行政执法的瑕疵,但该瑕疵不影响行政处罚决定的合法性和有效性。[②]

笔者认为,比较而言,案例 10.2 申广林案中法院的观点较为可取,电子数据作为证据的可采信应当与形式合法密切相关,一般要满足形式合法的要求,但对不会给个人、社会利益造成损害,不会严重损害依法行政精神的证据可以考虑不排除。

[①] 山西省高级人民法院(2013)晋行终字第 13 号行政判决书。
[②] 陕西省西安市雁塔区人民法院(2013)雁行初字第 00033 号行政判决书。

5. 证人证言

证人证言,是指当事人以外的第三人就其了解的案件情况向行政处罚主体所作的如实陈述。行政处罚中常见的当事人的证人证言有:询问笔录及证人书面证言等。证人证言只能由自然人提供,单位不具有出具证人证言的资格。无行为能力人和限制行为能力人只能在同其智力、年龄、健康状况相适应的范围内作证人,因此生理上、精神上有缺陷或者年幼,不能辨别是非、不能正确表达的人不能作证人。同时,与当事人有利害关系的人也可以成为证人,但同案犯不得互为证人。证人因年迈体弱、行动不便、路途遥远、交通不便、自然灾害等不可抗力或其他意外事件无法亲自表达证言的,可以向行政处罚主体提交书面证言。证人证言应当符合下列要求:(1)写明证人的姓名、年龄、性别、职业、住址等基本情况;(2)有证人的签名,不能签名的,应当以盖章等方式证明;(3)注明出具日期;(4)附有居民身份证复印件等证明证人身份的文件。需要指出的是,在行政处罚实践中经常收到的匿名举报材料,只能作为案件线索,不能作为证人证言及定案证据。

6. 当事人的陈述

当事人的陈述,是指当事人就案件事实向行政处罚主体作出的叙述和承认。行政处罚中常见的当事人的陈述有:查问笔录或当事人亲笔陈述或供词等。当事人是亲历案件事实全过程或部分过程的主体,其具有比其他人更了解案件全貌的基础,因此其陈述有真实的成分,但同时又带有利己成分,有否认违法的关键事实或避重就轻的特性。因此行政处罚主体应就其陈述联系案件其他证据综合判断其真伪。当事人陈述是行政处罚主体能迅速查明案情的重要证据,如果当事人能够积极配合如实供述,则在量罚时可以从轻考虑。而且,其进行辩解也不必然能成为从重处罚的理由,行政处罚主体对此亦不得拒绝听取。

7. 鉴定意见

鉴定意见,是指由行政处罚主体委托专门机构就案件中的专门性问题进行化验、分析、鉴别及判断,从而得出的书面意见。行政处罚中常见的鉴定意见有:对商品名称、成分、含量的化验鉴定意见及火灾事故、交通事故、文书、文件、文物、废物、痕迹等进行鉴定后得出的鉴定意见。鉴定意见由于是专业人员在没有利害关系的前提下运用自己的专业知识和专业设备、科技手段对案件的专门性问题进行分析判断得出来的意见,故具有较强的客观性。行政处罚主体可以将鉴定意见直接作为认识案件事实的依据之一。但值得注意的是,由于受鉴定材料、鉴定人水平和状态、科技手段等因素的影响,鉴定意见在某些情形下也可能不完全准确。鉴定意见中应当载明委托人和委托鉴定的事项、向鉴定部门提交的相关材料、鉴定的依据和使用的科学技术手段、鉴定部门和鉴定人鉴定资格的说明,并应有鉴定人的签名和鉴定部门的盖章。通过分析获得的鉴定意见,应当说明分析过程。

鉴定意见在很多案件中可谓是主要证据,如果该类案件中的鉴定意见未出来之前就作出了行政处罚决定,显属违法。

案例 10.4　李永辉诉临高县公安局行政处罚案

该案中,法院认为:依照《治安管理处罚法》第 90 条之规定,上诉人临高县公安局应当对上诉人钟凤飞的伤情指定或委托法医进行鉴定,再根据不同情况分别作出处理。而上诉人临高县公安局在未对上诉人钟凤飞的伤情指定或委托法医作出鉴定前,就对被上诉人李永辉作出处罚决定,显然是违反法定程序的。[1]

有的案件该鉴定的却未鉴定,也属于违法。

案例 10.5　潼南县巨丰装饰有限公司诉潼南县安全生产监督管理局行政处罚案

该案中,法院认为:本案被告在调查取证阶段,在初步怀疑是电击造成的生产安全事故的前提下,未收集电焊机、电线、手套等相关物证,也未进行勘验固定相关证据,并通过技术鉴定证实电焊机及电线是否漏电及是否存在致人死亡的可能性。另在原告法定代表人文静表示对死因有怀疑并要求进行尸检的情况下,未安排尸检,以排除其他原因致死的可能。故被告认定徐波死亡是因电击造成的生产安全事故,主要证据不足,且被告也未提供原告单位有责任的充分证据,因此被告依据国务院《生产安全事故报告和调查处理条例》第 37 条第 1 款给予原告行政处罚,主要证据不足。[2]

有的行政处罚主体在鉴定意见出错及申请重新鉴定的情形下,仍然在原鉴定机构复验,被法院认定为程序违法。

案例 10.6　辽宁成大佳园商业连锁有限公司诉建昌县工商行政管理局行政强制及行政处罚案

该案中,法院认为:被申请人建昌县工商局认定原审第三人销售不合格化肥的

---

[1]　海南省海南中级人民法院(2007)海南行终字第 65 号行政判决书。
[2]　重庆市潼南县人民法院(2008)潼法行初字第 15 号行政判决书。

主要证据是建昌县产品质量监督检验所的检验报告,由于该所第一次出具的检验报告出现明显错误,再审申请人请求到更权威的检验所进行复检,但被申请人建昌县工商局坚持在原检验所检验,属于程序违法。①

8. 勘验笔录、现场笔录

勘验笔录及现场笔录是行政执法人员在对与案件相关的场所、物品等进行勘验和现场检查时所作的书面记录。行政处罚实践中常见的勘验笔录及现场笔录有:查验记录、检查记录、现场检查笔录、人身检查记录、盘仓检查记录等。勘验笔录及现场笔录内容既包括行政执法人员检查过程中发现某物品或某行为的现场情况记录,也包括对行政执法人员的检查情况特别是采集样品、收集证据、实施行政强制措施的情况记录。虽然勘验笔录与现场笔录在名称上有所不同,但两者并无太大区别。如《技术监督行政案件办理程序的规定》第 20 条规定:"现场勘验检查,由承办人员、法定检验(检定)机构的人员进行,也可以邀请有关技术人员参加;应当通知行政相对人到场,无正当理由拒不到场的,承办人员在笔录中记明情况,不影响勘验检查的进行。勘验检查的情况记入《现场检查笔录》,行政相对人应当签署意见,签名或者押印。"②

制作勘验笔录及现场笔录时,必须注意以下几点:第一,应当记录现场的准确位置,现场的环境,在场的人员情况,所见涉案物品的摆放位置、品名、形状、数量、重量、特征及在场人员的作业情况等作准确描述,不得虚假记载,语言应尽量客观,描述力求具体详细,不得进行评论;第二,需查封、扣押财物的,应对财物的名称、数量、重量、品名、种类、规格、包装、标识、质量、特征、性状等状况逐步详细记载;第三,应载明时间、地点和事件及行政执法人员表明身份的内容;第四,必须是现场记载,不得事后凭回忆补记;第五,对检查过程中提取物证、采取样品、进行拍摄、采取行政强制措施等情况也应当如实记载;第六,检查完毕后,应向相对人或其代理人宣读或让其阅读后由其在现场笔录上签字确认"以上情况属实"。如果相对人或其代理人拒绝签字的,应由行政执法人员注明原因。有其他人在场的,可由其签名。最后行政执法人员也应当签字或者盖章。

实践中,有的行政处罚案件该勘验的没有勘验被法院认定为程序违法。

---

① 辽宁省葫芦岛市中级人民法院(2012)葫审行终再字第 00003 号行政判决书。
② 参见张水海等:《行政执法实务与案例指导》,中国法制出版社 2011 年版,第 216~223 页。

案例 10.7　珠海市华厦物业发展有限公司诉珠海市斗门区安全生产监督管理局行政处罚案

该案中,法院认为:《安全生产违法行为行政处罚办法》第 27 条规定:"安全生产行政执法人员对与案件有关的物品、场所进行勘验检查时,应当通知当事人到场,制作勘验笔录,并由当事人核对无误后签名或者盖章……"本案中,被告提供的《斗门区城南白藤三路泰和苑 111 号远景装饰店铺 4.7 触电事故专家会议记录》,记载了相关部门、李国权、孙运雄家属全程参与 2014 年 4 月 11 日的现场调查检测,但被告在举证期间内,仅提供了现场检测的照片(无李国权、孙运雄家属的签名),并未向本院提供现场勘验笔录,无法证实现场勘验的真实性,尤其是缺少吴莉梅等人及本案关键人物李国权对漏电保护开关线路安装情况的现场确认,程序违法。①

有的行政处罚主体勘验不符合法定要求被法院认定为行政处罚缺少证据。

案例 10.8　王国平诉南阳市森林公安局行政处罚案

该案中,法院认为:被告在勘验原告采伐的树木时并未固定某一株的相关数据,其勘验采集的 32 株杨树并未标注每一株的具体位置。位置不固定难以认定"砖厂北头王国平住房后东至西共 8 株,立木蓄积 5.7 立方米;砖厂北头王国平住房西北 4 株,立木蓄积 3.6 立方米";立木蓄积 5.7 立方米和立木蓄积 3.6 立方米是如何计算得来缺少证据。由于该环节缺少证据,依据《森林法》第 39 条作出的处罚必然错误。②

有的现场笔录没有当事人签字被法院认定为违法。

案例 10.9　安徽华源生物药业有限公司诉津市工商行政管理局行政处罚案

该案中,法院认为:国家工商行政管理局《工商行政管理机关行政处罚程序暂行规定》第 22 条规定:"对有违法嫌疑的物品进行检查时,应当有当事人在场,并制作现场笔录;当事人拒绝到场的,应当在现场笔录中注明";第 23 条规定:"办案机关在查处违法行为过程中,在证据可能灭失或者以后难以取得的情况下,可以采取

---

① 广东省珠海市斗门区人民法院(2014)珠斗法行初字第 19 号行政判决书。
② 河南省南阳市卧龙区人民法院(2013)宛龙行初字第 13 号行政判决书。

先行登记保存措施";第24条规定:"先行登记保存有关证据,或扣留、封存当事人的财物,应当当场清点,开具清单,由当事人和办案人员签名或盖章,交当事人一份。并分别送达先行登记保存证据、扣留、封存财物的通知书"。这些规定是工商行政机关在收集、调取证据时必须遵守的法定程序。津市市工商局在对安徽华源公司的涉嫌违法物品进行查处时,现场笔录中没有当事人到场或拒绝到场的记录;没有对涉嫌违法物品的登记保存清单或查封、扣押、封存财物清单;没有送达这些清单的证明。[①]

(二)理论上的证据分类

理论上的证据分类有助于我们从不同角度全面掌握证据的不同特点,明确其证明力大小,便于正确地收集、审查、运用证据。

1. 原始证据与传来证据

原始证据就是直接来源于案件事实的第一手资料,如账簿、发票、证人证言及当事人陈述等。

传来证据是指由原始证据派生出来的第二手以下的证据材料。它们均不是直接来源于案件事实,而是经过转述、传递等中间环节,因此均属于传来证据或派生证据,其证明力较原始证据为弱。但经查证属实的传来证据也可作为定案证据。

2. 直接证据与间接证据

直接证据是指与案件事实有直接关系,并能证明案件情况的证据,如账册、违法标的物、证人证言等。

间接证据是指与案件事实没有直接关系只能与其他证据结合起来才能证明案件主要事实的证据。

3. 本证与反证

本证是指负有举证责任一方首先提出并用以证明自己主张的证据事实材料。如海关提出某人违反海关法的证据,就是本证。

反证是指为了推翻对方所主张的事实而提出的证据材料。如某人为反驳海关的主张而举出的证明自己行为不违法或违法行为不是自己所为或虽为自己所为但不具有主观故意的证据,就是反证。

4. 言词证据与实物证据

言词证据是以自然人的陈述为存在和表现形式的证据,因此又称人证。包括

[①] 湖南省津市市人民法院(2006)津行初字第5号行政判决书。

当事人陈述、证人证言。

实物证据是指以实物形态为存在和表现形式的证据,又称为物证。包括物证、书证、查验记录、检查记录。

5. 主体证据与补强证据

主体证据即足以对案件的主要事实产生一定证明力,但同时又需要通过其他证据加以保障的证据。主体证据并非完全独立的证据,必须在一定程度上依靠于其他证据才能成立。易言之,主体证据只有在补强证据的配合下才能针对待证事实形成证明的作用。

补强证据是指能够担保或增强主体证据的证明力的证据。相反,被担保或增强主体证据的证明力的证据即为主体证据。未成年人所作的与其年龄和智力状况不相适应的证言即为主体证据,其单独不能作为证据使用,用来印证该证据的证据即为补强证据。①

6. 主要证据与次要证据

主要证据是指证明案件主要争议事实存在与否的证据。次要证据是指证明案件主要争议以外的其他事实的证据。所谓主要争议事实是指在当事人双方发生争议,并且直接关系行政处罚决定能否成立的案件事实。如出售假货被处罚的公司向法院起诉主管部门要求撤销行政处罚,理由是其出售的不是假货,那么该案中用以证明其出售的商品是否为假货的证据就属于主要证据,至于什么时间、地点出售的如果不属于案件主要争议焦点那么该部分证据就属于次要证据。在行政复议或行政诉讼中,行政处罚主体如果举不出主要证据就将败诉。而次要证据则起到加强或削弱主要证据证明力的作用。②

案例 10.10　平顶山市昌盛建筑安装有限公司诉平顶山市质量技术监督局湛河区分局行政处罚案

该案中,法院认为:上诉人湛河质监局抽检的是平顶山工业职业技术学院公寓楼 13 号楼使用的 10 米电线,后经鉴定为冒用郑州第三电缆有限公司 CCC 认证号码的假冒产品,但其没有充分证据证明被上诉人昌盛公司承建的该公寓楼 14 号、18 号楼所使用的电线,为冒用郑州第三电缆有限公司 CCC 认证号码的产品,其所作行政处罚决定主要证据不足,应予撤销。③

---

① 参见陈浩然:《证据学原理》,华东理工大学出版社 2002 年版,第 224 页。
② 参见冯军:《行政处罚法新论》,中国检察出版社 2003 年版,第 172~173 页。
③ 河南省平顶山市中级人民法院 (2013) 平行终字第 82 号行政判决书。

案例 10.11　岳淑红诉偃师市公安局首阳山派出所行政处罚案

该案中,法院认为:在双方当事人的陈述互相矛盾的情况下,偃师市公安局首阳山派出所仅仅依据对方当事人的陈述就认定岳淑红与石迎迎、石迎朝互殴并对其罚款 200 元,且该认定与唯一在场证人的证言相矛盾。属具体行政行为的主要证据不足。①

有的行政处罚案件仅有一方陈述及伤情鉴定因此被法院确认为主要证据不足。

案例 10.12　张兆福诉范县公安局行政处罚案

该案中,法院认为:范县公安局在仅有上诉人张兆瞻的陈述和上诉人的轻微伤鉴定,没有其他证据的情况下,认定被上诉人对上诉人实施了殴打行为,认定上诉人张兆瞻的轻微伤是由被上诉人张兆福所致,显然不当。范县公安局行政处罚决定主要事实不清、证据不足。②

有的行政处罚案件因主要的客观证据之间相互矛盾而被法院认定为主要证据不足。

案例 10.13　房玉刚诉济南市公安局长清区分局治安行政处罚案

该案中,法院认为:从本案的证据来看,房玉刚有推张玉友的动作,而张玉友有受到轻微伤的结果,但张玉友受到的轻微伤是否因房玉刚推搡导致,证据之间存在矛盾。首先,从被上诉人长清公安分局提交的录像可以看出,房玉刚只有推张玉友胸部的动作,并没有击打张玉友头部的动作,而张玉友也没有因房玉刚的推搡而倒地或者碰到其他硬物而伤到脑部。但从被上诉人提交的张玉友的病历中却显示诊断结果为张玉友受到的伤害为脑震荡及胸部挫伤,该病历的诊断结果与房玉刚的动作之间存在矛盾。其次,从录像上看张玉友被房玉刚推搡的时间是 8 点 50 分左右,而张玉友第一次到医院诊治的时间是 16 点左右,中间间隔 7 个小时,不能排除张玉友从被房玉刚推搡到其去医院诊治之间的时间里受到其他伤害导致脑震荡及

---

① 河南省偃师市人民法院(2011)偃行初字第 4 号行政判决书。
② 河南省濮阳市中级人民法院(2009)濮中法行终字第 10 号行政判决书。

胸部挫伤的可能。综上,被上诉人长清公安分局认定事实的主要证据不足,应予撤销。①

有的行政处罚案件中因主要证人证言相互矛盾因此被法院认定为主要证据不足。

案例10.14 刘某诉张掖市甘州区烟草专卖局行政处罚案

该案中,法院认为:安金凤的证言中陈述有关储藏室出租的情况时证词矛盾。开始说"小库房是我2006年4月租给侯利春的",后来又说"房子是2006年4月份我的老公租掉的,我当时不太清楚"。在证词前后矛盾时,被告未再进一步核实储藏室出租的事实。因此在租赁双方未确实的情况下,认定原告租赁储藏室存储卷烟缺乏证据。安金凤证明的是侯利春取烟和租赁房屋的情况,未对原告刘某存储卷烟予以证明,而被告作出原告刘某存储卷烟的事实认定,并予以处罚无相应证据证实。被告认定原告刘某存储假冒伪劣烟草制品主要证据不足。②

实践中,不同法院还对同一类证据是否为主要证据有不同观点,如有的法院认为关于违法地点的证据为主要证据,有的法院则持相反观点。

案例10.15 万向节诉郑州市公安局交通警察支队第十大队行政处罚案

该案中,法院认为:被告作出的处罚决定认定事实不清,监控照片显示的违法行为地与处罚决定认定的地点不一致。法院认为:被告作出处罚决定,但提供的证明不能证明处罚决定认定的事实,因此被告作出的行政处罚认定事实错误,缺乏证据,依法应予撤销。③

案例10.16 王军诉临海市城市管理行政执法局行政处罚案

该案中,法院认为:被上诉人作出的行政处罚决定认定涉案机动车的停车位置是临海市东方大道12号,经一审、二审法院庭审查实其停车位置是东方大道10号。对此,本院认为被上诉人认定的门牌号码错误,属执法瑕疵,但并不影响违法停车

---

① 山东省济南市中级人民法院(2012)济行终字第321号行政判决书。
② 甘肃省张掖市甘州区人民法院(2009)甘行初字第6号行政判决书。
③ 河南省郑州市金水区人民法院(2013)金行初字第143号行政判决书。

的事实。①

此外,证据还可分为影响定性的证据、影响量罚的证据、影响执行的证据等。

二、证明对象

证明对象又称待证事实,是指相关证明主体在行政处罚程序中必须用证据予以证明或者确认的案件事实及有关事实。凡是列入证明对象的事实,有证明责任的一方必须提出证据予以证明,且提供的证据必须达到要求的证明程度,即必须达到相应的证明标准。证明对象由实体性事实和程序性事实两类事实组成。

(一)实体性事实

实体性事实是由实体法规定的,相关证明主体在作出行政处罚决定或者反驳有关指控提出有利于自己的主张所必须查清并证实的有关事实。实体性事实作为证明对象一般由各种具体实体性法律规范规定,如《道路交通安全法》规定的各种违反交通管理的案件事实,《大气污染防治法》规定的造成大气污染的各种案件事实等。实体性事实包括主体事实、行为事实、结果事实及情节事实四个方面的事实。主体事实是指主体是否具备资格、是不是适格主体等事实。行为事实是主体是否实施了法律肯定或否定行为的事实,如是否实施了违反《食品安全法》规定实施了"营养成分不符合食品安全标准的专供婴幼儿和其他特定人群的主辅食品"的行为的事实等。结果事实是主体行为是否造成了具体损害、损害结果是否严重等事实。情节事实是指是否具备法律规定从重、从轻、减轻处罚的各种情节的事实,如《证券法》第191条规定的"国务院证券监督管理机构工作人员进行内幕交易的,从重处罚",那么是否具备上述情形就是情节事实。

实践中,行政处罚主体在处罚时发生实体性事实认定不清,主要证据不足的案例并不少见。

案例10.17 昆明威恒利商贸有限责任公司诉昆明市规划局行政处罚案

该案中,法院认为:《城市规划法》第40条规定:"在城市规划区内,未取得建设

---

① 浙江省台州市中级人民法院(2013)浙台行终字第84号行政判决书。

工程规划许可证件或者违反建设工程规划许可证件的规定进行建设,严重影响城市规划的,由县级以上地方人民政府城市规划行政主管部门责令停止建设,限期拆除或者没收违法建筑物、构筑物或者其他设施;影响城市规划,尚可采取改正措施的,由县级以上地方人民政府城市规划行政主管部门责令限期改正,并处罚款。"据此,未取得建设工程规划许可证件或者违反建设工程规划许可证件的规定进行建设的处罚对象是违法建设的建设者,且只有在违法建设达到"严重影响城市规划"的情况下才能作出限期拆除的处罚决定。被上诉人昆明市规划局提供的证据不足以证明小龙路综合楼的建设者是第三人东华街道办事处及小龙路综合楼的建设已经达到"严重影响城市规划"的事实。[1]

案例10.18 桂林阳朔城中城房地产开发有限公司诉阳朔县工商行政管理局行政处罚案

该案中,法院认为:广西壮族自治区桂林市中级人民法院经审理认为:上诉人在向被上诉人工商局申请变更该公司股东登记时,提交了转让协议、公司章程、董事会决议、股东会决议等资料。原股东陈雪容的股份转让,虽然不是其本人亲自参加并签字,但却是由其丈夫陈志刚代其所为。事后上诉人也把变更后公司章程、董事会的决议、股东会决议及陈雪容的股权转让协议送给广州华凯置业有限公司法人代表陈雪容亲自签收。2007年6月29日上诉人用公司的财产向阳朔县农村信用合作社贷款时陈雪容代表广州华凯置业有限公司亲自在合同上签名,陈雪容并没有对其股份转让提出异议。根据上述事实,陈雪容对陈志刚将自己在城中城公司的股权转让之事是清楚的,且在陈雪容转让的14.5%的股权中,有4%的股权是转让给陈雪容为法定代表人的广州华凯置业有限公司,该公司在转让协议上盖有印章。因此陈雪容称其不知道且不同意这一转让与客观事实不符,上诉人在向被上诉人申请变更公司股东登记时所提交的有关材料是真实,符合法律规定。被上诉人仅以转让协议上的签名不是陈雪容本人所签,就认定上诉人提供虚假登记材料并予以行政处罚,不符合法律规定。被上诉人没有查清上述事实,只根据举报人单方证词就对上诉人作出行政处罚,缺乏事实和法律依据,其认定事实错误。[2]

---

[1]《最高人民法院公报》2009年第10期。
[2] 广西壮族自治区阳朔县人民法院(2007)阳行初字第3号行政判决书。参见国家法官学院、中国人民大学法学院编:《中国审判案例要览(2010年行政审判案例卷)》,中国人民大学出版社、人民法院出版社2011年版,第42~48页。

案例10.19 闫保平诉汤阴县伏道乡人民政府行政处罚案

该案中,法院认为:根据汤阴县人民政府在2007年11月26日作出的《汤阴县人民政府办公室关于实施社会主义新农村规划的通知》,汤阴县伏道乡小屯村的村庄规划应当按照从2007年12月1日起开始实施的(2006—2020年)《汤阴县伏道乡小屯村社会主义新农村规划》执行,在该规划图上,原告所建猪圈土地为建设用地,不是规划的道路。并不违反小屯村的村庄规划。故被告汤阴县伏道乡人民政府于2008年11月19日作出的《关于对闫保平建猪圈影响规划的处罚决定》,认定事实不清,主要证据不足。[①]

有的案件中存在先决问题,如以仲裁作为先决问题的,在先决问题未解决之前不宜认定违法事实和作出行政处罚。

案例10.20 李东明诉安阳市公安局高新分局行政处罚案

该案中,法院认为:安阳市公安局高新分局在安阳仲裁委员会针对李东明的申请事项作出相应法律文书前(李东明认为涉案五套房屋的所有权是自己的,而第三人则认为是属于他们的,于是李东明向安阳仲裁委员会申请仲裁,更换门锁行为的时间发生在该仲裁委正在办理过程中),认定李东明更换上述五套房屋的房门锁芯的行为构成故意损毁公私财物,属认定事实不清、主要证据不足。[②]

甚至,有的《行政处罚决定书》上关键性的地方出现的"笔误"也被认定为认定事实错误。

案例10.21 宋明胜诉沈阳市规划和国土资源局苏家屯分局行政处罚案

该案中,法院认为:被告认定原告"未经县级以上人民政府土地行政主管部门批准,于2012年9月擅自占用苏家屯区临湖街道办事处大淑堡村土地3469平方米建厂房,其中:水田3411平方米、村庄58平方米。其行为违反了《土地管理法》第44条之规定,符合土地利用总体规划,属非法占地行为"的事实,根据被告提交的证据,认定原告所建房屋为"厂房"证据不足;被告在庭审中解释,原告占用的土地为

[①] 河南省内黄县人民法院(2010)内行初字第26号行政判决书。
[②] 河南省安阳市中级人民法院(2014)安中行终字第66号行政判决书。

"耕地",且"规划为有条件建设区",不符合土地利用总体规划,但被诉具体行政行为认定的事实为"符合土地利用总体规划",属于认定事实错误,被告以笔误为由辩解,不予支持。①

但更多的法院对关键性地方出现的"笔误"仅认定为瑕疵。

案例10.22　芦某某诉西安市公安局交通警察支队某某大队行政处罚案

该案中,法院认为:被告某某大队依法具有对本辖区内违反《道路交通安全法》的行为作出行政处罚的法定职权。被告某某大队依据电子监控拍摄的代码为1019的违法行为所做的行政处罚,虽然该处罚决定书上记载违法路段为长安路——师大路与视频资料上显示的实际违法地点为长安路—纬零街不符,但并不影响对原告实施了占用专用车道的违法行为的认定。②

(二)程序性事实

程序性事实是相关证明主体用以证实行政处罚中相关程序的有关事实。程序性事实包括程序形式事实、程序步骤事实、程序顺序事实及程序时限事实四个方面的事实。程序形式事实是指当事人申请材料的提交形式、听证形式、办理行政处罚案件形式等。程序步骤事实是指有关程序是否遗漏或者添加的事实。程序顺序事实是指有关程序是否颠倒的事实。程序时限事实是指有关程序是否按照法定时限实施的事实。

有的行政处罚主体不能提供证据证明告知了拟作出处罚的内容及陈述、申辩等内容,就属于程序性事实举证不能。

案例10.23　金鑫诉维西县公安局交通警察大队行政处罚案

该案中,法院认为:根据《道路交通安全违法行为处理程序规定》,作为行政处罚简易程序,有一些重要的程序要求。如执法人员应当依法向当事人表明身份,指出当事人的违法行为,告知当事人依法享有的权利。告知程序属于公安交通行政处罚的法定程序,应先口头告知其违法行为的基本事实、拟作出的行政处罚、依据

---

① 辽宁省沈阳市苏家屯区人民法院(2014)苏行初字第20号行政判决书。
② 西安市碑林区人民法院(2012)碑行初字第00011号行政判决书。

及其依法享有的权利;再听取违法行为人的陈述和申辩;必须在作出处罚决定之前告知,并非与处罚决定同时告知。被告辩称处罚决定原告已签名,处罚决定可以说明已告知违法事实和权利义务的观点不能成立。被告不能提供证据证明其已经履行法定程序,应视为告知程序违法。①

案例 10.24　刘德明诉天津市公安交通局红桥支队行政处罚案

该案"法理分析"部分认为:红桥支队就简易处罚程序主张已履行了口头告知程序,但缺乏证据证明其履行了告知程序,因此,应当认定其未履行告知义务。②

(三)提供规范性文件是否属于证明对象的范围

有学者认为,就行政诉讼证明对象的角度而言,行政诉讼证明对象包括实体意义上的事实、程序意义上的事实、证据事实和规范性文件四种。③

笔者认为,规范性文件既不是证明对象,也不属于证据。理由在于:第一,《行政诉讼法》关于证据种类中没有关于规范性文件的规定。虽然规范性文件通常以书面形式出现,但其显然不属于书证。第二,《行政诉讼法》是将规范性文件和证据分别表述的,即《行政诉讼法》规定的被告应当"提供作出该具体行政行为的证据和所依据的规范性文件"。据此,规范性文件的性质是行政处罚主体作出行政处罚时的依据。作为行政处罚依据的规范性文件显然不是证明对象或证据。第三,依据不是因为有案件事实才存在的,而证明对象则是因为有案件事实才存在的,因此作为依据的规范性文件不是证明对象。④

虽然规范性文件不是证明对象及证据,但提供规范性文件却是行政处罚主体的应尽一种诉讼义务,这是因为有些规章以下的规范性文件法院并不容易查找到,但这对于行政处罚主体来说,却是轻而易举的事情。

(四)不需要证明的事实

行政处罚程序中不需要证明的事实包括自认、拟制、推定及行政认知。

---

① 云南省维西傈僳族自治县人民法院(2008)维行初字第 1 号行政判决书。
② 参见徐继敏编著:《行政程序证据规则与案例》,法律出版社 2011 年版,第 56 页。
③ 参见王青方:《行政诉讼举证责任若干问题刍议》,载《山东法学》1995 年第 2 期。
④ 参见江必新等:《行政诉讼法理论与实务》(上卷),北京大学出版社 2009 年版,第 495~496 页。

1. 自认

自认是指当事人承认的案件事实和证据事实。自认的事实一般不再作为证明对象。在证明对象中除去当事人的自认,有利于在行政处罚过程中把行政执法机关与当事人的注意力集中在案件的争议事实及与争议事实相关的其他事实上,从而可以提高效率,节约成本。但仅有自认没有其他证据的案件,不得定案处罚。

自认一般不能被撤销,但具有以下情形例外:第一,自认的当事人能证明与事实不符合且系出于错误而作出自认。第二,当事人作出自认是由于被他人所欺诈、胁迫或其他与违法犯罪等有关的原因。第三,对方当事人同意其撤销自认的。第四,代理人代为自认,后经即时撤销的。第五,当事人作出的自认的事实与法院在审判中所认知的事实相违背的。①

实践中,有的判例确认了仅有自认没有其他证据或虽有自认及其他证据但其他证据不够直接、有力的情形不得定案处罚的原则。

案例 10.25　河北卓隆房地产开发有限公司诉栾城县国土资源局行政处罚案

该案中,法院认为:根据《土地管理法》的有关规定,县国土局具有对土地违法行为做出行政处罚的主体资格。县国土局对违法占地事实的认定,证据充分,本院予以认定。原告卓隆地产在窦妪镇汪家庄村委会提供周转用地上施工的行为,究竟是与汪家庄村委会共同履行双方所签订新民居项目合作协议的行为,应由双方共同承担由此带来的法律责任,还是汪家庄村委会的授权委托行为,应由汪家庄承担相应责任,还是卓隆地产无任何依据擅自单方占用汪家庄村集体的土地进行施工的行为,应由自身承担相应法律后果,需县国土局依据客观事实做出认定。被告县国土局仅依据原告卓隆地产工作人员所做陈述中的自认就认定其为被处罚的责任主体,不符合法律规定,应予撤销。②

案例 10.26　林永跃诉莆田市公安局秀屿分局行政处罚案

该案中,法院认为:"以事实为基础,以法律为准绳"是宪法规定的一切执法机关应当遵循的基本原则,要求行政机关必须查清事实后,才能作出具体行政行为。只有当事人的陈述,没有其他证据补强,不能单独证明待证事实是办案的基本证明标准。被告明知原告是教师身份,应当知道爆炸物品销售许可证的主体是原告之

---

① 参见刘善春等:《行政诉讼规则研究》,中国法制出版社 2000 年版,第 435~449 页。
② 河北省栾城县人民法院(2013)栾行初字第 12 号行政判决书。

妻郑春英,但在没有证据证明原告有违法行为时就实施扣押行为,本案被诉具体行政行为缺乏事实基础。被告认为当时未审批运输许可证即可证明原告存在非法运输行为的主张于法不符,本院不予支持。①

案例10.27 罗满秀诉上杭县公安局行政处罚案

该案中,法院认为:黄炎魁的证言,就其所言仅是怀疑罗满秀、王某两人可能发生卖淫嫖娼行为;城关派出所出警人员的书面证词,仅是反映该派出所接到举报后出警至粮兴招待所口头传唤违法嫌疑人罗满秀、王某到派出所接受讯问的过程。这两份证据均不能客观真实反映本案待证事实即罗满秀的卖淫行为。罗满秀的陈述否认其向王某卖淫。王某的陈述虽承认其与罗满秀发生卖淫嫖娼行为,但该证据须适用证据补强规则才具有可采性,在没有其他证据补强证明力情况下,不能单独作为定案依据。据此,处罚认定罗满秀卖淫事实主要证据不足。②

笔者发现有的判例中法院误用了自认规则,将不属于自认的情形认定为自认。

案例10.28 刘辉诉西安市公安局交通警察支队新城大队行政处罚案

该案中,法院认为:道路交通违法自助缴纳系统终端机是便于机动车驾驶人就本地车辆进行违法查询处理、驾驶人违法查询处理、持处罚决定书进行缴纳罚款及票据补打的便民服务措施。该终端机是便于交通违法当事人接受违法查询处理的方式之一,但不是进行交通违法查询处理的唯一方式。通过该终端机可处理违法行为人对违法行为无异议的交通违法处罚,如果违法行为人经查询对违法行为认定有异议的,可通过其他途径进行申诉和处理。陕A2G×××机动车所有人持原告刘辉身份证和驾驶证通过该终端机进行了自助违法查询,并根据程序点击了"同意"接受违法处理的按键,应认定原告刘辉已经对查询到并接受违法处理的违法行为予以认可。现对原告刘辉要求撤销《公安交通管理简易程序处罚决定书》的具体行政行为不予支持。③

---

① 福建省秀屿区人民法院(2007)秀行初字第6号行政判决书。参见国家法官学院等著:《中国审判案例要览(2008年行政审判案例选)》,中国人民大学出版社、人民法院出版社2009年版,第165~168页。
② 福建省上杭县人民法院(2002)杭行初字第34号行政判决书及福建省龙岩市中级人民法院(2003)岩行终字第16号行政判决书。
③ 西安市新城区人民法院(2014)新行初字第00078号行政判决书。

2. 拟制

拟制是指根据法律明确规定具备某一事实,就直接拟制另一事实的存在,并且不允许反驳。如《行政处罚法》将18周岁以上的正常人拟制为完全行政责任能力人,就不允许反驳说某正常人虽然满了18周岁,但仍不属于完全行政责任能力人。

有的判例确认了行政处罚主体合理运用拟制方法的正确性。

案例 10.29　蔡增雄诉拱北海关行政处罚案

该案中,法院认为:依照《海关法》第49条第1款第(2)项规定,在内海、领海运输、收购、贩卖国家限制进出口的货物、物品,数额较大,没有合法证明的,根据《海关法行政处罚实施细则》第4条第1款第(2)项的规定,按走私行为论处,海关有权没收走私货物。①

案例 10.30　香港昆利发展有限公司诉湛江海关行政处罚案

该案中,法院认为:蓝江04轮船长陈大陆运载属于我国限制进口的上述货物往广西北海、钦州沙井无合法证明,依照海关法规定已构成走私行为。②

上述两个判例中,海关依照法律将在内海、领海运输、收购、贩卖国家限制进出口的货物、物品,没有合法证明的行为拟制为一种走私行为(并不属于严格意义上的走私行为),因此也称准走私行为。

3. 推定

推定是指根据法律的规定从某一事实而推定另一事实存在的一种证明规则,但允许当事人提出相反的证据予以反驳。如《道路交通安全法实施条例》第92条第1款规定:"发生交通事故后当事人逃逸的,逃逸的当事人承担全部责任。但是,有证据证明对方当事人也有过错的,可以减轻责任。"如果当事人在交通事故后逃逸的,就可以推定当事人负全责,但是允许其提出相反证据证明与之相反的事实存在。推定的任务就在于解决前提事实和推定事实之间的逻辑关系,而适用推定的条件是确保前提事实的存在和真实。因此由负有举证责任的一方就前提事实承担举证责任,是适用推定的前提条件。

实践中,有的行政处罚主体错误适用了推定方法。

---

① 载《最高人民法院公报》1990年第1期。
② 载《最高人民法院公报》1994年第1期。

案例10.31　镇平县棉花专业合作诉镇平县规划局行政处罚案

该案中,法院认为:未对违法建筑物的面积进行丈量属于主要事实不清。按照建设部《建筑工程建筑面积计算规范》的规定,确定建筑面积应由建筑物平面面积结合建筑物高度以决定计算全面积或部分面积,镇平县规划局不测量建筑物高度,仅测量平面面积便推定涉案违法建筑物应计算全部平面面积,应属主要事实不清。上诉人镇平县规划局关于违法建筑物应与其他建筑物一样不用测量面积的理由,因其他建筑物在规划时有明确高度,而违法建筑物并无规划的明确高度,该理由法院未予支持。①

而有的判例合理适用了推定的方法。

案例10.32　沈建章诉瑞安市公安局交通警察大队行政处罚案

该案中,法院认为:《道路交通安全法》第11条第2款规定"机动车号牌应当按照规定悬挂并保持清晰、完整,不得故意遮挡、污损",原告沈建章驾驶的皖J××××重型半挂牵引车被查获时,牵引的重型平板半挂车的号牌不仅沾有泥垢,且明显折损变形,不能清晰辨认,结合当天天气状况及前号牌清晰等情况,足以认定原告沈建章明知车辆后号牌已污损,仍旧上道路行驶的事实。②

有的行政处罚主体在行政处罚中只采用不利证据,不采用有利证据,被法院判决推定违法事实的主要证据不足。

案例10.33　何希光诉汕尾市工商局行政处罚案

该案中,法院认为:被告只提供最后一次提讯笔录,拒绝提供前20次提讯笔录,未说明任何理由。法庭以此推定前20次提讯中均未承认其随身携带的美元和港元是用于倒卖并由此认定被诉行政处罚决定主要证据不足,判决予以撤销。③

4.行政认知

行政认知是指行政处罚主体对一些案件事实根据众所周知的事实或常识,直

---

① 河南省高级人民法院(2014)豫法行终字第00087号行政判决书。
② 浙江省瑞安市人民法院(2013)温瑞行初字第22号行政判决书。
③ 参见蔡小雪:《行政诉讼司法认知和推定的理论及适用》,载《法律适用》2003年第4期。

接认定,无须用证据证明。根据《最高人民法院关于行政诉讼证据若干问题的规定》第68条规定,下列事实可以直接认定:(1)众所周知的事实;(2)自然规律及定理;(3)按照法律规定推定的事实;(4)已经依法证明的事实;(5)根据日常生活经验法则推定的事实。前款第(1)项、第(3)项、第(4)项、第(5)项,当事人有相反证据足以推翻的除外。在行政程序中,行政机关工作人员一般掌握专门知识和充足的信息,行政机关的档案资料中有关管辖对象的报告、过去处罚的记录、统计资料及其他资料,且行政机关在某一行政管理领域有较丰富的经验,因此,行政认知的范围应当宽于司法认知。根据王名扬教授的研究,美国行政认知的范围就比司法认知范围更广,行政裁决中行政认知的范围正在逐渐扩大。当然,美国也对行政认知作了一些限制,如行政案件中核心问题不能认知;认知的事实必须具有显著而周知的性质;认知的事实及其根据必须明白指出;当事人对行政认知具有反驳权。[1]我国也应当承认行政处罚程序中的行政认知,并适当扩大行政认知的范围,同时也应当允许当事人提出反驳。[2]

上述第(4)项"已经依法证明的事实"就包括已经为生效法律文书证明的事实,但还没有生效的法律文书不能用来作为证据。

案例10.34 胡隆高诉东安县森林公安局行政处罚案

该案中,法院认为:被告作出的处罚决定书所依据的关键证据是《黄泥洞乡政府关于胡隆高和胡远义山林权属争议处理决定书》,而胡隆高与胡远义所争执的山林纠纷现在还正处于复议阶段,被告不能依据没有发生法律效力的《黄泥洞乡政府关于胡隆高和胡远义山林权属争议处理决定书》来作为认定事实的依据。[3]

同时,我们需要注意的是:因为证明标准不同会导致生效民事裁判法律文书中确认承担民事责任的事实依据并不必然构成承担行政责任的证据。

案例10.35 王某诉某派出所不予行政处罚案

该案中,法院认为:承担民事责任的原则有时候体现为公平原则和补偿原则,有时候秉持的是无过错责任原则,因此即便有赔偿人或补偿人出现,也不一定他就

---

[1] 参见王名扬:《美国行政法》(上),中国法制出版社1995年版,第495页。
[2] 参见徐继敏:《行政证据制度研究》,中国法制出版社2006年版,第25~29页。
[3] 湖南省东安县人民法院(2014)东法行初字第7号行政判决书。

得负行政处罚责任。民事诉讼的功能在于定分止争、平衡利益,而行政处罚的功能在于惩戒不法,剥夺、限制权益或科以义务。而且民事责任与行政责任的证明标准不一致,民事诉讼一般采用"优势证明标准",而行政诉讼及行政处罚中涉及相对人重大权益的一般采用更高的证明标准。因此,从归责原则、民事诉讼及行政处罚的法律功能、民事诉讼及行政处罚的证明标准等多个角度来考察,可以推出承担民事责任的事实依据并不必然构成承担行政责任的事实依据的结论。①

实践中,有的判例运用了日常生活经验法则来推定事实。

案例 10.36　郭永玉诉某交警部门行政处罚案

该案中,法院认为:根据交通支队所提交的档案信息表明,郭永玉是违章车辆的所有人。在郭永玉无法举证证明违章车辆驾驶员的真实身份时,根据日常生活经验法则,可以推定郭永玉为当事人的车辆驾驶员,其应当承担相应的法律责任。②

三、调查取证手段

根据《行政处罚法》第 42 条、第 55 条规定,行政机关在调查或者进行检查时,具有行政执法资格的执法人员不得少于两人,并应当主动向当事人或者有关人员出示证件。当事人或者有关人员有权要求执法人员出示执法证件。执法人员不出示执法证件的,当事人或者有关人员有权拒绝接受调查或者检查。应当指出,行政执法人员在实施与相对人接触的调查手段时一般都要遵循这一要求。行政处罚主体可以行使的调查取证手段主要有以下几种:

(一)查问

查问是指行政处罚主体为查明案件事实、证实违法行为,依法向行政违法嫌疑人进行询问的调查活动。查问只适用于当事人。查问的目的是向当事人核实印证已掌握的违法证据,发现尚未掌握的违法事实和没有查获的违法证据,弄清违法活动的组织联系,深挖违法团伙,尽可能地掌握全部案情;同时,通过查问,既可以听取

---

① 参见北京市高级人民法院行政审判庭编:《行政诉讼案例研究(五)》,中国法制出版社 2009 年版,第 1~6 页。
② 参见马国贤等:《行政诉讼证据规则精解》,中国法制出版社 2005 年版,第 374 页。

当事人的辩解,维护其合法权益,又可以为当事人提供一次坦白交代的机会,教育当事人认清自己违法的性质,并接受法律的制裁。为防止同案人串供阻碍调查活动,在查问不同违法嫌疑人时应分别单独进行。

查问违法嫌疑人时,首先应告知当事人查问的法律依据,还应告知其对调查人员的提问负有如实回答的义务和提供虚假情况应负的法律责任;同时也应告知其享有申请回避的权利、对与本案无关的问题可以拒绝回答的权利、进行辩解和陈述的权利、核对和要求更正查问笔录的权利。

首次查问违法嫌疑人,应当问明其姓名、出生年月日、户籍所在地、现住址、身份证件种类及号码、工作单位、文化程度及简要经历,是否曾被追究过刑事责任或被何行政主体给予过行政处罚。必要时,还应当问明家庭主要成员等情况。查问的重点在于问明当事人进行违法活动的动机和目的;当事人实施违法行为的过程,包括时间、地点、手段、策划准备、具体实施、事后处理等情况;当事人所知晓的其他人员参与违法行为的过程、分工及作用;其他与案件事实相关联的情况。

查问违法嫌疑人应当制作查问笔录,它是具有固定格式的正式法律文书,制作完毕后应当场交被查问人核对或向其宣读。被查问人没有异议的应当由其在笔录上逐页签字或捺指印确认,并在末页写明"以上笔录我看过(或向我宣读过),和我说的相符"。有异议的予以更正后签字或捺指印予以确认。拒绝签字或捺指印的,调查人员应当在笔录上注明。调查人员、翻译人员也应当同时在笔录上签名或盖章。

如果在查问过程中有必要录音、录像的,办案人员在做好文字记录的同时,应视情形进行同步录音、录像,并且不得对录音录像结果编辑、修改或整理。

(二) 询问

询问是指行政处罚主体在调查过程中,与证人交谈、了解情况的活动。由于证人对案件情况有一定了解,证人是以自己耳闻目睹的情况作出陈述,因此,他们的陈述对于查明案件事实真相,确定案情,揭露违法行为,正确处理案件有着十分重要的意义。询问的目的是收集证据,了解情况,使证人将所知道的有关案件的一切情况全面客观地提供出来,并以经过核实的询问笔录的形式对证言起着文字记载和调查活动中的固定作用,和其他证据结合使用,有利于准确、迅速地查明案件真实情况。

询问与查问的区别在于适用对象不同,询问的对象较为广泛,适用于没有参与违法活动的证人或知情人,并应当制作询问笔录,作为证人证言;查问的对象是特定的,是参与违法的嫌疑人,查问时制作查问笔录。

询问证人的法律要求和询问笔录的制作要求,与查问工作基本相同,并可以证人的亲笔证词或情况说明等一类的文书材料作为补充。询问证人在必要时也可采取录音、录像的方式,但必须征得证人的同意后方可进行。

实践中,有的行政处罚主体因为在制作询问笔录过程中不够规范被法院认定为执法瑕疵。

案例 10.37　某县某某混凝土有限公司诉某县国土资源局行政处罚案

该案中,法院认为:对某某公司法定代表人及其他证人所作询问笔录中有两名执法人员签名,只载明一名执法人员的执法证件号,仅属瑕疵。[1]

有的行政处罚主体在询问未成年人时应依法通知监护人到场而未通知。

案例 10.38　付凤兰诉滑县公安局行政处罚案

该案中,法院认为:公安部《公安机关执行〈中华人民共和国治安管理处罚法〉有关问题的解释》第 9 条规定:"关于询问不满 16 周岁的未成年人问题。《治安管理处罚法》第 84 条、第 85 条规定,询问不满 16 周岁的违反治安管理行为人、被侵害人或者其他证人,应当通知其父母或者其他监护人到场。上述人员父母双亡,又没有其他监护人的,因种种原因无法找到其父母或者其他监护人的,以及其父母或者其他监护人收到通知后拒不到场或者不能及时到场的,办案民警应当将有关情况在笔录中注明。为保证询问的合法性和证据的有效性,在被询问人的父母或者其他监护人不能到场时,可以邀请办案地居(村)民委员会的人员,或者被询问人在办案地有完全行为能力的亲友,或者所在学校的教师,或者其他见证人到场。询问笔录应当由办案民警、被询问人、见证人签名或者盖章。有条件的地方,还可以对询问过程进行录音、录像。"根据该条规定,询问不满 16 周岁的证人,可以邀请办案地居(村)民委员会的人员到场的前提是被询问人的父母或者其他监护人不能到场时。本案中,根据被告提交的证据,被告办案人员在对原告之子张振(11 岁)进行询问时,仅有两个村干部张建庄、张守相在场,未通知被询问人的父母或者其他监护人到场,也未提供证据证明被询问人的父母或者其他监护人不能到场,显然违反了上

---

[1] 浙江省温州市中级人民法院(2010)浙温行终字第 86 号行政判决书。

述规定。①

有的行政处罚主体在同一时间内由同一执法人员制作两份证据,显属违法。

案例 10.39　郑永晖诉临高县公安局行政处罚案

该案中,法院认为:在临高县公安局提供的"张春飞询问笔录"及"6-29张春飞住宅被损毁案现场勘验检查笔录"中,该两份证据的询问时间和勘验检查时间存在时间重合,制作该两份证据的笔录人均为吴斯严,即办案人员在同一时间内同时制作上述的两份证据,显然该两份证据的获取违反了《公安机关办理行政案件程序规定》有关规定。因此,该两份证据属非法证据,不能作为本案的定案依据。②

案例 10.40　艾某诉某区公安局治安管理行政处罚案

该案中,法院认为:被告在对原告进行查处时,出现了同一名办案人员在同一时间内向两名证人取证的情形,认定该两份证人证言均不具有合法性。而由于这两份证人证言是证明案件事实的主要证据,故法院以主要证据不足撤销了该案的行政处罚决定。③

有的行政处罚主体询问人与最后签名的人不一致,显属程序违法。

案例 10.41　张霞诉辽阳市公安局太子河区公安分局行政处罚案

该案中,法院认为:被告为原告张霞所作的询问笔录中首页的询问人是张义和曹仲举,最后的签名人是张义和刘忠昌,属程序违法。④

(三)检查

检查是指行政处罚主体对运输工具、场所、设备、相对人的人身及财物进行查

---

① 河南省滑县人民法院(2012)滑行初字第73号行政判决书。
② 海南省第二中级人民法院(2013)海南二中行终字第42号行政判决书。
③ 参见北京市高级人民法院行政审判庭编:《行政诉讼案例研究(五)》,中国法制出版社2009年版,第269~272页。
④ 辽宁省灯塔市人民法院(2014)灯行初字第0009号行政判决书。

证,以确定违法证据,查明案情的一种调查活动。检查完毕后,应当制作勘验笔录或现场笔录。需要指出的是,对人身进行检查所作的人身检查记录也属于一种现场笔录,该记录需详细记录检查时间、地点、检查过程及结果,其中检查过程及结果是重点内容,一般重点记录检查到藏匿物品的具体部位、有关涉案物品的部位、规格、型号、数量、重量、新旧程度及其他特性。被检查人以及执行检查任务的执法人员均应在人身检查记录上签名确认。必要时,人身检查记录还应由相关医务人员签名确认。

实践中,有的行政处罚主体在检查时因为违反双人作业的标准,因此其所取证据被法院认定为无效证据。

案例 10.42 上海味利皇食品有限公司诉上海市卫生局行政处罚案

该案中,法院认为:一审判决认定举报记录及 27 份个案记录,不符合《行政处罚法》第 37 条"行政机关在调查或进行检查时,执法人员不得少于两人"的规定。因其取证不合法,故认定为无效证据。[①]

有的行政处罚主体在检查时运用封存手段未制作、未送达标记且未登记清楚被法院认定为主要证据不足。

案例 10.43 南阳天虹通讯器材有限公司诉南阳市技术监督局行政处罚案

该案中,法院认为:上诉人在对被上诉人进行检查时,所作的封存通知书和抽样单均未送达被上诉人,封存的样品未对单机电子串号登记,也未作封存标记,且无天虹公司的签名或押印,违反了法定程序,导致认定事实的主要证据不足。[②]

有的法院认为检查措施如果已经对相对人的权利义务产生实质性影响则具有可诉性,否则就不具有可诉性。

案例 10.44 封丘县电业局诉封丘县卫生局撤销检查笔录案

该案中,法院认为:封丘县卫生局对宏源食品公司冷库进行例行监督检查中出

---

① 上海市第二中级人民法院(1999)沪二中行终字第 90 号行政判决书。
② 河南省南阳市中级人民法院(1998)南行终字第 47 号行政判决书。

具的关于食品变质的现场检查笔录,是对现场检查情况的一种记载,也是封丘县卫生局日后可能对宏源食品公司进行行政处理的一个证据,该现场检查笔录不属于具体行政行为,不属于法院的受案范围。①

(四)录音、录像、拍照

录音、录像、拍照是指行政处罚主体使用录音、录像、拍照设备对违法嫌疑人及其活动、违法嫌疑物品及有关运输工具、场所的声音、图像以静态或动态的方式予以记录的取证手段。录音、录像、拍照取证时,不征得相对人同意并不影响其证据效力,但偷拍、偷录、窃听等手段获取的证据材料已经侵害他人合法权益的除外。同样,相对人对行政执法人员的执法活动也可以录音、录像、拍照,这是公民行使监督权的表现,并不违法。

有的行政处罚主体因为拍摄的现场照片不能反映违法行为发生的场景而被法院认定为证据不足。

案例10.45　孟国强诉郑州市公安局交通警察支队第十大队行政处罚案

该案中,法院认为:被告认定原告实施机动车违反规定停放,但作为被告对原告作出行政处罚决定主要证据的停车照片,经人民法院现场走访勘验,在被告处罚决定书认定的路段未发现该照片反映的现场场景,因此被告作出的该行政处罚决定证据不足,依法应予撤销。②

有的行政处罚主体提供的照片不是案发当时的照片,也被法院认定为主要证据不足。

案例10.46　石艳丽诉郑州市公安局交通巡逻警察支队第六大队行政处罚案

该案中,法院认为:2011年8月16日12时17分原告石艳丽在黄河东路商鼎路由北向南左拐时被电子眼记录,但是电子眼拍摄照片不能全面显示当时路面转向标识且被告提供有转向标识的照片,不是当时拍摄的照片,不能证明原告违法事实的存在,故被告郑州市公安局交通巡逻警察支队第六大队依据此照片对原告作出

---

① 河南省新乡市中级人民法院(2010)新行终字第948号行政裁定书。
② 河南省郑州市金水区人民法院(2013)金行初字第8号行政判决书。

行政处罚,显属认定事实的主要证据不足。①

有的行政处罚主体未依照法定形式制作照片被法院认定为证据无效。

案例10.47　城步苗族自治县济世堂大药房诉城步苗族自治县卫生局行政处罚案

该案中,法院认为:被告在行使行政职权的过程中,所收集的31张照片没有注明制作方法、制作时间、制作人等内容,对证人李振的询问笔录没有注明证人的年龄、职业等基本情况,对其住址的记载不真实,且未依法收集证人的身份证明材料,违反《最高人民法院关于行政诉讼证据若干问题的规定》第12条第(2)项、第13条第(1)项、第(4)项的规定,导制该两份证据无效。②

有的判例确认了原始视听资料这一客观证据的效力要优于证人证言等主观证据。

案例10.48　代学会诉洛阳市公安局安乐分局、洛阳市公安局行政处罚案

该案中,法院认为:公安机关认定代学会将李松林打伤的直接证据,是证人段某、徐玉芳"李松林被代学会拿的铁锹拍了一下,受伤了"的证言。经反复查阅、核实,执法记录仪反应的内容与相关笔录记录的内容存在较大出入,笔录记载的"李松林被代学会拿的铁锹拍了一下,受伤了"证言,在执法记录仪中没有对应的内容。文字资料证据与原始视听资料证据不一致,应以原始视听资料证据为准。③

有的判例确认了要认定非法录像必须同时满足"偷录"和"侵害他人合法权益"两个条件的标准。

案例10.49　丁某诉某公安局交通管理局行政处罚案

该案中,法院认为:录像不能作为定案的证据,需同时具备两个条件即"偷录"

---

① 河南省郑州市高新技术产业开发区人民法院(2013)开行初字第4号行政判决书。
② 湖南省城步苗族自治县人民法院(2009)城行初字第16号行政判决书。
③ 河南省高级人民法院(2019)豫行再62号行政判决书。

和"侵害他人合法权益",而本案中并不同时具备上述两个条件,本案录像行为并没有侵害到他人的合法权益,因此被告的行政处罚决定应予维持。①

(五)调取、查阅、复制

调取、查阅、复制是一项调查权利,是指对有关单位、个人保管的与违法行为有关的资料,行政处罚主体有权进行调取并查阅、复制,作为书证。这里所说的凭证、资料,是指与违法行为有关联的合同、发票、账册、业务函电、录音录像制品及其他资料等。在原件提取困难的情况下,可以采取复制的方法对证据进行保存。在当场调取有困难的情形下,也可以要求有关单位、个人在一定期限内提交。需要指出的是调取并不具有强制性,一般应在当事人的配合下作出,如当事人拒绝提供,在具备一定违法前提下可以采取依法扣押措施。

有的法院认为再次调取同一资料时未按照法定程序操作亦将构成程序违法。

案例 10.50　漳州市聚善堂药业有限公司诉福建省漳州市国家税务局稽查局行政处罚案

该案中,法院认为:根据《税务稽查工作规程》第 25 条规定:"调取账簿、记账凭证、报表和其他有关资料时,应当向被查对象出具《调取账簿资料通知书》,并填写《调取账簿资料清单》交其核对后签章确认。调取纳税人、扣缴义务人以前会计年度的账簿、记账凭证、报表和其他有关资料的,应当经所属税务局局长批准,并在 3 个月内完整退还;调取纳税人、扣缴义务人当年的账簿、记账凭证、报表和其他有关资料的,应当经所属设区的市、自治州以上税务局局长批准,并在 30 日内退还。"本案被告于 2015 年 12 月 5 日经所属税务局局长批准,在 2015 年 12 月 14 日向原告作出漳国税稽调〔2015〕48 号《调取帐簿资料通知书》,并于 2015 年 12 月 15 日向原告调取了 2010~2014 年的账簿、记账凭证、财务报表和其他有关资料,被告于 2016 年 3 月 7 日将上述账簿、记账凭证等资料退还原告。但被告却在未经所属税务局局长批准、也未再向原告出具《调取账簿资料通知书》的情况下,又分别于 2016 年 3 月 7 日、2016 年 6 月 7 日两次向原告调取上述账簿资料,虽然法律没有规定税务机关在退还调取的账簿资料后不能再次调取,但被告再次调取原告上述账簿资料,仍应按

---

① 参见北京市高级人民法院行政审判庭编:《行政诉讼案例研究(五)》,中国法制出版社 2009 年版,第 273~277 页。

照《税务稽查工作规程》第 25 条的规定经所属税务局局长依法批准并向原告出具《调取账簿资料通知书》后方可调取,而被告未依法履行上述批准手续及出具《调取账簿资料通知书》等程序,应属违反法定程序。①

(六)先行登记保存

行政处罚主体办案时,在证据可能灭失或以后难以取得的情况下,可根据《行政处罚法》第 37 条第 2 款的规定对需保全的证据先行登记保存。对证据先行登记保存时,应当会同证据的持有人或见证人对证据的名称、数量、规格、特征等进行登记,开具先行登记保存证据清单,必要时应对登记保存的证据拍照。上述清单由办案人员和证据持有人签名。证据持有人拒绝签名的,办案人员应予注明,清单由办案人员和证据持有人各执一份。先行登记保存证据,一般加施先行登记保存封条,由当事人或证据持有人负责保管,也可由行政处罚主体保管。行政处罚主体在采取证据登记保存措施后,应在 7 日内及时作出依法扣押或解除先行登记保存决定,逾期不作处理决定的,视为自动解除。先行登记保存期间,证据持有人及其他人员不得损毁或转移证据。

关于先行登记保存行为的可诉性问题,司法实践中有以下 5 种观点:第一种观点认为,先行登记保存属行政处罚中的过程性行为,不具独立法律意义,没有可诉性。

案例 10.51　周建华诉新化县公安局治安行政管理、新化县人民政府行政复议案

该案中,一审法院认为证据保全行为具有可诉性,但二审法院不赞同这一观点,其认为:证据保全是公安机关在收集证据的过程中,在证据可能灭失或者以后难以取得的情况下而采取的一种临时性的行政措施。综合本案的具体情况看,新化县公安局在作出证据保全后随即又作出了行政处罚决定,故本案被诉的证据保全行为只是作为行政处罚前的一个程序性行为,该行为被后续的行政处罚决定所吸收,不产生独立的行政法律效力,不具有可诉性。②

第二种观点认为,先行登记保存通常不具可诉性,但如果没有最终处理结果,则具有可诉性。

---

① 福建省漳州市中级人民法院(2016)闽 06 行初 90 号行政判决书。
② 湖南省高级人民法院(2017)湘行终 100 号行政裁定书。

案例10.52　大连齐澳制盐厂诉榆树市盐务管理局先行登记保存通知案

该案中,法院认为:先行登记保存属于证据收集和保全行为,而非行政强制措施,其是一种执法手段,是行政行为中的一个环节,不是最终的处理结果,通常不具有可诉性。但榆树市盐务局作出法定代表人处载明"张正波"的《先行登记保存通知书》之后,直至今日没有后续的处理行为,其行为明显对当事人的权益产生实际影响。故大连齐澳制盐厂的起诉符合人民法院审理行政案件的受理条件。①

第三种观点认为,以先行登记保存之名行扣押之实的,具有可诉性。

案例10.53　陈人华诉柳州市人民政府行政复议案

该案中,法院认为:柳州市执法局系根据《行政处罚法》第37条第2款规定扣押涉案车辆,虽然以先行登记保全证据为名,但实际是行扣押车辆之实,属于行政强制措施,对陈人华的权利义务产生实际影响,依法具有可复议性和可诉性。②

第四种观点认为,先行登记保存明显不当的,具有可诉性。

案例10.54　洛阳行健外事旅游汽车有限公司诉汝州市交通运输局执法局确认登记行政行为违法案

该案中,法院认为:汝州市交通运输局执法局在对被申请人洛阳行健外事旅游汽车有限公司所有的豫C×××××号客车进行执法检查时,认为该车没有包车客运手续,依据《行政处罚法》第37条第2款关于在证据可能灭失或者以后难以取得的情况下,经行政机关负责人批准,可以先行登记保存的规定,作出本案被诉的豫汝交执0000375号证据登记保存行为,而其同日作出的违法行为通知显示仅仅拟作出责令整改、罚款处罚决定,且汝州市交通运输局执法局没有证据证明涉案车辆符合"证据可能灭失或者以后难以取得"的情形,二审判决认定其适用法律错误并判决确认该先行登记保存行为违法,并无不当。③

---

① 吉林省高级人民法院(2020)吉行再12号行政裁定书。
② 广西壮族自治区高级人民法院(2020)桂终365号行政判决书。
③ 河南省高级人民法院(2019)豫行申1218号行政裁定书。

第五种观点认为,先行登记保存属行政强制措施,具有可诉性。

案例10.55 邱丹妮诉成都市成华区商务局行政处罚案

该案中,关于邱丹妮提出的先行登记保存行为不合法的主张,原审法院认为,邱丹妮对于该主张曾向成华法院提起行政诉讼,成华法院于2011年3月15日作出(2010)成华行初字第37号行政判决,判决维持了作出的先行登记保存行政强制措施,现该判决已生效。成都中院对此未表异议。[①]

有学者在考察了多种司法实践后认为,先行登记保存证据行为本质上属于行政处罚过程中的过程性行为,对当事人权利义务不产生实际影响,其效力被随后作出的行政处罚决定所吸收,不是具有独立法律意义的行政行为,一般不具可诉性。但当事人可以区分以下情形寻求司法救济:对先行登记保存行为不服的,如果之后有相应的行政处理,则以该处理决定为对象,以程序违法为由提起行政复议或行政诉讼;如果之后无相应的处理,则直接以登记保存措施为对象,请求解除登记保存、确认违法或给予赔偿。[②]

上述学者的观点似有一定道理。不过,我们还需特别留意的是:如果有的规定已将先行登记保存明确纳入了行政强制措施范畴的,则理应承认该行为有独立的法律意义,因而具有可诉性。如公安部发布的《公安机关办理行政案件程序规定》第54条就已将"先行登记保存、抽样取证、封存文件资料"均规定为了"行政强制措施"。据此,前述周建华案的一审法院认为先行登记保存具有可诉性其实是完全正确的。同时,更需注意的是:《人民法院报》所刊载文章亦认为"先行登记保存性质是行政强制措施",这在某种程度上亦可代表最高法院在该问题上的司法态度。[③]

有的法院认为行政处罚主体先行登记保存超期属于程序违法。

案例10.56 严志荣诉松滋市饲料工作办公室行政处罚案

该案中,法院认为:《行政处罚法》第37条第2款规定,对于证据的登记保存,应当在登记保存后7日内及时作出处理决定。被告市饲料办公室2013年2月21

---

① 四川省成都市中级人民法院(2013)成行终字第242号行政判决书。
② 参见江必新等主编:《中华人民共和国行政处罚法条文解读与法律适用》,中国法制出版社2021年版,第189~190页。
③ 参见王惠奕:《立案调查并顺延先行登记保存期限构成行政处罚程序违法》,载《人民法院报》2015年9月16日,第6版。

日对涉案饲料116包实施登记保存,2013年4月11日才通过责令原告严志荣召回而解除,登记保存期超过法定期限,属程序违法。①

也有的法院认为行政处罚主体先行登记保存超期属于程序瑕疵。

案例10.57　涂俊友诉巴东县林业局行政处罚案

该案中,法院认为:被告巴东县林业局2010年4月9日对原告涂俊友经营的34株银杏树进行登记转移保存后的7日内没有作出处理,违反了《行政处罚法》第37条第2款的规定,其采取证据登记保存措施的程序存在瑕疵,证据登记保存措施自行解除,但不影响全案行政处罚程序的处理。②

需要指出的是,笔者认为"应当在登记保存后7日内及时作出处理决定"中的"处理决定"仅指程序性决定,而非作出行政处罚等实体性决定,有法院也持类似观点。

案例10.58　李祖宪诉封丘县烟草专卖局行政处罚案

该案中,法院认为:国家烟草专卖局于1998年9月2日公布的《烟草专卖行政处罚程序规定》第28条规定"……可以先行登记保存,并应当在7日内及时作出处理决定……"此处规定的"7日内"并非是指行政机关作出烟草行政处罚的期限,而是要求行政机关对先行登记保存的证据,在7日内采取保全、鉴定、移送等措施,2010年5月1日起施行的《烟草专卖行政处罚程序规定》第33条对此也予以明确,故原审以此认定上诉人作出处罚决定严重超期错误。③

有的行政处罚主体利用异地封存的形式实施先行登记保存被法院认定为程序违法。

案例10.59　黄世钦诉福州市新闻出版办公室行政处罚案

该案中,法院认为:证据登记保存应当是"当场登记造册""责令当事人妥为保

---

① 湖北省松滋市人民法院(2013)鄂松滋行初字第00019号行政判决书。
② 湖北省巴东县人民法院(2011)巴行初字第4号行政判决书。
③ 河南省新乡市中级人民法院(2011)新行终字第64号行政判决书。

管"的就地封存行为,而不是异地封存。被上诉人福州市新闻出版办公室将所有书刊运至鼓山远西纸厂的异地封存行为属于程序违法。[1]

还有的行政处罚主体未经审批也未制作法律文书被法院认定为程序违法。

案例10.60　卢学潜诉深圳市宝安区运输局行政处罚案

该案中,法院认为:被上诉人当场对车辆进行的先行证据保存,不仅没有经交通管理部门负责人批准,而且没有出具制式的《证据登记保存清单》,不符合《交通行政处罚程序规定》第16条第(6)项的规定,系程序违法。[2]

(七)抽样取证及鉴定

抽样取证一般应遵循以下要求:第一,取样前的准备工作。首先,要了解取样货物、物品的有关资料,根据其特点确定取样方法,如货物、物品对取样有特殊要求的,应当邀请相关专业人员进行取样;其次,要备齐取样所需用品,如取样工具、照相机、摄像机、提取样品记录等;最后,通知当事人或其代理人到场配合取样,如当事人或其代理人未到场的,应当邀请见证人到场。第二,遵循取样随机性、代表性和可行性原则。随机性要求保证使整批货物中的每一个单位都有被抽取的机会,不得在抽取时加以任何选择;代表性指样品要具有充分的代表性,足以代表整批商品;可行性指取样的数量、方法以及使用的取样工具应该是符合检验要求。第三,加施封条,签字确认。行政执法人员取样时应同时提取两份样品,并分别包装当场加封。取样完毕应当制作提取样品记录,办案人员、当事人或其代理人、见证人应当在样品封条和提取样品记录上共同签字确认。

鉴定机构是否具有法定鉴定资格,委托鉴定过程是否完备,鉴定意见是否使用科学技术手段等程序内容,都是鉴定意见是否具有证据效力的重要前提。鉴定一般应遵循以下要求:第一,确定具有法定鉴定资质的鉴定机构。第二,委托其他机构化验、鉴定的,行政处罚主体应制作鉴定委托书,填制受委托人、委托事项及提供样品情况等。第三,鉴定机构进行鉴定后出具的鉴定意见,除加盖鉴定机构印章外,鉴定人必须签字或盖章。鉴定意见应载明委托人和委托的事项、向鉴定部门提交的相关材料、鉴定的依据和使用的科学技术手段、鉴定部门和鉴定人资格的说明等内

---

[1] 福建省福州市中级人民法院(2000)榕行终字第74号行政判决书。
[2] 广东省深圳市中级人民法院(2003)深中法行终字第19号行政判决书。

容,对通过分析获得的鉴定意见,应当说明分析过程。

实践中,有的行政处罚主体因为抽样取证的代表性不足被法院确认为违法。

案例 10.61　广饶县广饶镇学礼植物诊所诉东营市农业局行政处罚案

该案中,法院认为:所谓抽样取证是指依据科学的方法,在待销产品中随机抽取具有代表性的一定量的物品作为证据的活动。为了保障最终检验结果的准确,抽样应具有足够的代表性。本案被上诉人以上诉人经营场所中现存的 19 瓶中的 1 瓶作为包括上诉人已经售出的 1980 瓶在内的 100 箱农药质量的代表,应认定上诉人的抽样不具备代表性,不符合抽样取证的执法要求。[1]

有的行政处罚案件因抽样取证未通知当事人到场而被法院认定为程序违法。

案例 10.62　南通东帝五金有限公司诉绍兴市上虞区工商行政管理局行政处罚案

该案中,法院认为:从立法本意上讲,行政机关对涉案物品进行抽样取证或者采取其他强制措施,必须通知当事人在场,其目的除保障当事人的程序参与权外还在于确保取证或查封物品的真实性。上述精神亦符合正当程序的要求。本案中,绍兴市上虞区工商行政管理局在 2012 年 10 月 17 日接到举报当日已经获悉涉案物品销售方即上诉人的相关信息。但在 10 月 17 日进行现场调查、抽样取证,10 月 22 日查封等系列强制措施中,被上诉人既未通知上诉人到场,也未邀请见证人到场。10 月 23 日,在上诉人法定代表人参与笔录制作和在证据材料复制(提取)单中签名时,被上诉人仍未告知其上述物品抽样取证并被查封的事实,告知其依法享有的权利及救济途径。被上诉人绍兴市上虞区工商行政管理局在涉案行政处罚中对未充分保障上诉人程序性权利,已经足以使上诉人对查封物品和取证物品的真实性产生合理怀疑,同时影响到对本案事实问题的审查,已经构成程序违法。[2]

有的行政处罚主体在取样制作抽样凭证时未记录应记录的相关内容被法院认定为程序违法。

---

[1] 山东省东营市中级人民法院(2006)东行终字第 3 号行政判决书。
[2] 浙江省绍兴市中级人民法院(2014)浙绍行终字第 64 号行政判决书。

案例 10.63 四川省三台农用化工厂诉三台县农业局行政处罚案

该案中,法院认为:被告三台县农业局在对原告农用化工厂产品抽样检验中,因抽样凭证没有记录所抽样品的生产时间、批次、代表数量,故认定销售不合格产品 32 吨的证据不足。被告三台县农业局对产品进行抽检后,没有向原告农用化工厂送达检验报告,违反了法定程序。①

实践中,有的行政处罚主体因封存未开列清单及封存样品在送检前就已开封等原因被法院判定为事实认定不可信。

案例 10.64 西凯视觉光学技术有限公司诉浙江省标准计量管理局行政处罚案

该案中,法院认为:被告执法人员抽检封存物证时未填写《封存通知书》,也未开列清单并由行政相对人签名或者押印;承检单位测试的样品在送检前已经启封,失去了封存抽检样品的意义,并导致检测机构的检验结论失去证明力。因此,被告关于西凯公司生产的隐形眼镜为伪劣产品的结论,不予采信。②

实践中,有的行政处罚主体因为《行政处罚决定书》的事实认定与鉴定意见矛盾而被法院认定为证据不足,事实错误。

案例 10.65 阙玉华诉永定县公安局行政处罚案

该案中,法院认为:根据被上诉人永定县公安局对上诉人阙玉华作出的行政处罚决定书查明的事实,被上诉人认定:"阙玉华动手拉赖香兰,致赖香兰的左手中指受伤脱白",但根据被上诉人在法定举证期间向原审法院提供的证据,并无证据证明赖香兰的手指有"受伤脱白"的事实,被上诉人作出的《法医学人体损伤程度鉴定书》也未认定这一事实。因此,被上诉人作出的被诉处罚决定所认定的事实证据不足,属认定事实错误。③

---

① 四川省三台县人民法院(1999)三台行初字第 11 号行政判决书。
② 最高人民法院中国应用法学研究所编:《人民法院案例选・行政卷》(1992~1999 年合订本),中国法制出版社 2000 年版,第 1072 页。
③ 福建省龙岩市中级人民法院(2013)岩行终字第 33 号行政判决书。

有的行政处罚主体委托鉴定的鉴定主体不适格且与案件处理结果有利害关系被法院认定为程序违法。

案例 10.66　广西壮族自治区公路管理局诉广西百色市林业局行政处罚案

该案中,法院认为:对非法占用林地的面积鉴定程序不合法,百色市林业局 2010 年 11 月 16 日立行政案,立案后没有委托有鉴定资质的第三方鉴定机构进行评估、鉴定,而是直接引用百色市森林公安局于 2008 年 6 月 26 日作为刑事案件委托聘请雅长林场的工程师黄红卫、李自君依据《使用林地可行性报告》的设计图纸对已经开工路段毁损的林地和林木进行估算得出的面积为依据认定广西区公路局非法占用的林地面积。雅长林场的工程师黄红卫、李自君两人没有鉴定资格,黄红卫、李自君是雅长林场的职工,广西区公路局非法占用的林地就是雅长林场的林地,雅长林场与本案有一定利害关系,因此,百色市林业局用百色市森林公安局 2008 年 6 月 26 日委托雅长林场工程师黄红卫、李自君对广西区公路局非法占用的林地面积所作的勘验鉴定结果为依据,确认原告违法占用林地面积,属程序违法。[1]

案例 10.67　某娱乐有限公司诉某市工商行政管理局行政处罚案

该案中,法院认为:该案中由于鉴定结论中的鉴定人未经司法行政机关审核登记,违反了《司法鉴定人管理办法》第 2 条及第 20 条规定,故其出具的鉴定结论不具有合法性,因此法院认为该案主要证据不足,撤销了该行政处罚决定。[2]

案例 10.68　徐素华诉成都市公安局金牛分局行政处罚案

该案中,法院认为:金牛分局对徐素华行政处罚(该案发生在 1992 年。——笔者注)的主要依据是成都市公安局对《打令我要》的鉴定,而该鉴定结论的作出不符合 1988 年 12 月 27 日实施的新闻出版署《关于认定淫秽及色情出版物的暂行规定》,该规定第 5 条第 2 款规定:"各省、自治区、直辖市新闻出版局组织有关部门的专家组成淫秽及色情出版物鉴定委员会,对本行政区域内发现的淫秽出版物、色情出版物提出鉴定或认定意见报新闻出版署。"此外,对于淫秽物品的鉴定,最高人民法院、最高人民检察院于 1988 年 11 月 11 日实施的《关于摘要转发〈依法查处非法

---

[1] 广西壮族自治区百色市中级人民法院(2012)百中行初字第 1 号行政判决书。
[2] 参见北京市高级人民法院行政审判庭编:《行政诉讼案例研究(五)》,中国法制出版社 2009 年版,第 264 页以下。

出版犯罪活动工作座谈会纪要〉的通知》规定"司法机关应委托当地的省、自治区、直辖市出版主管部门组织具有专门知识和一定政治素质的人进行鉴定。对鉴定结论发生争议或异议时,属录像的,应提请广播电视部组织专人复核"。据此,此案中公安机关无权对淫秽物品进行鉴定。①

有的行政处罚案件中的《鉴定意见书》出现没有记载鉴定依据和所使用的科学技术手段等违法问题。

案例 10.69　某大酒店诉市工商行政管理局行政处罚案

该案"法理分析"部分认为:该案《鉴定意见书》存在以下明显问题:第一,未提供某博物馆和王某具有鉴定资格和鉴定能力的材料,不能说明鉴定人具备鉴定资格;第二,鉴定书没有记载鉴定依据和所使用的科学技术手段,没有记载鉴定结论得出来的依据;鉴定使用何种技术手段未记载;第三,整个鉴定过程中,鉴定人既没有按照鉴定规则对送检鲟鱼解剖,也没有运用其他技术手段检查,仅凭肉眼判断就当场作出结论,其结论缺乏科学性;第四,《鉴定意见书》中"经鉴定排除中华鲟和达氏鲟,为施氏鲟的养殖种或杂交种"的结论表述不明确。由于《鉴定意见书》存在上述一系列问题,因此,该《鉴定意见书》不能用来证明案件事实。②

有的行政处罚案件在认定事实时需要鉴定而未进行鉴定。

案例 10.70　天津市鑫达伟业商贸有限公司与天津市北辰区国家税务局行政处罚案

该案中,法院认为:被告受理案件后,依法进行了调查、取证,并依当事人申请举行了听证。在听证程序中,原告否认上述涉案的 7 份增值税专用发票的发票联和抵扣联是其开出,并提出申请对上述发票联和抵扣联原件的真伪以及是否存在篡改或涂改进行鉴定,符合《中华人民共和国发票管理办法实施细则》(国家税务总局令第 25 号)第 33 条的规定,被告应当受理原告申请并负责鉴定。被告在未进行鉴定的情况下即作出津辰国税罚〔2015〕27 号《税务行政处罚决定书》,违反法定程序,

---

① 参见徐继敏编著:《行政程序证据规则与案例》,法律出版社 2011 年版,第 25 页。
② 参见徐继敏编著:《行政程序证据规则与案例》,法律出版社 2011 年版,第 77 页。

认定原告违法的主要证据不足,依法应予撤销。①

还有的行政处罚案件中处罚标的是不需要鉴定的而作了鉴定。

案例 10.71　珠海强源体育用品有限公司诉拱北海关行政强制案

该案中,法院认为:由于争议双方均对涉案货物属于"民用气枪弹"无争议,而且鉴定也无法解决该货物是否属于需提交许可证件的货物的问题,因此该案就属于不需要鉴定而进行了鉴定的情形。②

有的行政处罚案件应告知而未告知申请重新鉴定的权利。

案例 10.72　杨立祥诉南京市公安局交通管理局行政处罚案

该案中,法院认为:本案杨立祥所进行的呼出气体酒精含量测试结果与判断是否属于饮酒后驾车的界线接近,且认定为饮酒后驾车对杨立祥的人身自由、行为能力等均构成重大影响的情况下,依照法律规定的程序,应充分告知当事人所享有的权利,并听取其申辩。南京市公安局交通管理局执法人员在对杨立祥进行呼出气体酒精含量测试后,并未告知杨立祥对测试结果有异议可申请血液酒精含量检测的权利,属程序违法。③

有的鉴定结论因为委托方与鉴定人员不当接触而被法院确认为无效。

案例 10.73　郑平灵诉漳平市工商行政管理局行政处罚案

该案中,法院认为:在几次庭审及复查阶段听证期间,漳平工商局均承认6月24日中午其执法人员与中禾公司鉴定人员一起吃饭,且当时书面的鉴定结论还未形成。本案作为漳平工商局定案的鉴定报告程序上有违法之处,因此,本案的鉴定结论不能采用。④

---

① 天津市北辰区人民法院(2015)辰行初字第0021号行政判决书。
② 珠海市中级人民法院(2011)珠中法行初字第10号行政判决书及广东省高级人民法院(2012)粤高法行终字第107号行政判决书。
③ 安徽省滁州市中级人民法院(2014)滁行终字第00014号行政判决书。
④ 福建省龙岩市人民法院(2013)岩行再终字第1号行政判决书。

有的行政处罚主体因为没有将鉴定结论送达给当事人而被法院认定程序违法。

案例 10.74 陈炳才诉龙岩市新罗区卫生局行政处罚案

该案中,法院认为:原告对被告卫生局作出处罚所依据的龙岩市医疗事故技术鉴定委员会的鉴定结论有异议;该鉴定报告书在被告卫生局作出处罚前,并没有送达原告,属于程序违法。①

案例 10.75 田宪敏诉河南省中原油田公安局直属分局行政处罚案

该案中,法院认为:公安部发布的《公安机关办理行政案件程序规定》第 81 条规定:"对经审查作为证据使用的鉴定意见,公安机关应当在收到鉴定意见之起 5 日内将鉴定意见复印件送达违法嫌疑人和被侵害人。"被告作为公安机关在办理行政案件过程中,应按公安部的规定程序办理。但河南省中原油田公安局直属分局未将鉴定意见复印件送达原告,未告知原告鉴定意见,其处罚程序违法。遂判决撤销处罚决定。②

但有的法院甚至最高法院在某些案件认为鉴定意见未送达仅系执法瑕疵,笔者认为值得商榷。

案例 10.76 穆洪福诉济南市公安局交通警察支队天桥区大队行政处罚案

该案中,法院认为:被告未提供证据证明其告知了原告对鉴定结论有申请重新鉴定的权利,因此被告未告知原告有申请重新鉴定的权利在程序上有瑕疵。但山东交院交通司法鉴定中心(2013)痕鉴字第 0375 号《鉴定意见书》不是认定本案事实的唯一证据,故被告在此程序上的瑕疵并不影响整个案件事实的认定。③

---

① 载 http://www.lawyee.org/Case/Case_Display.asp? ChannelID = 2010100&RID = 25730&keyword = ,最后访问日期:2010 年 12 月 28 日。
② 河南省濮阳县人民法院(2016)豫 0928 行初 87 号行政判决书。
③ 济南市天桥区人民法院(2013)天行初字第 14 号行政判决书。

案例10.77 刘占通诉辛集市公安局公安行政处罚案

该案中,法院认为:市公安局未告知你司法鉴定意见,属于行政执法过程中的瑕疵,但不影响处罚决定的效力。一、二审判决驳回你的诉讼请求并无不当。①

有的鉴定结论使用了作废的鉴定标准被认定为证据不足。

案例10.78 杨立祥诉南京市公安局交通管理局行政处罚案

该案中,法院认为:本案中,南京市公安局交通管理局提供 GB 19522—2010《车辆驾驶人员血液、呼气酒精含量阈值与检验》,主张适用该标准对杨立祥进行的呼出气体酒精测试。2011年7月1日,GB 19522—2010 标准代替 GB 19522—2004 标准并实施。GB 19522—2010 标准与 GB 19522—2004 标准相比,删除了规范性引用文件中的 GA 307,增加了 GB/T 21254,即呼出气体酒精含量检测仪的技术指标和性能应符合 GB/T 21254 规定;并修改了"呼出气体酒精含量探测器"名称为"呼出气体酒精含量检测仪"。南京市公安局交通管理局提供证据"检定证书"拟证明其对杨立祥进行呼气酒精含量测试的仪器符合国家标准,该证据载明计量器具名称为"呼出气体酒精含量探测器",检定依据为"JJG 657—2006《呼出气体酒精含量探测器检定规程》",而 JJG 657—2006《呼出气体酒精含量探测器检定规程》附录 D 对照表引自 GA 307—2001,其计量器具名称及适用的 GA 307—2001 与 GB 19522—2010 标准均不相符。因此,南京市公安局交通管理局主张适用 GB 19522—2010 标准对杨立祥进行的呼出气体酒精含量测试缺乏依据,其对杨立祥所作出的行政处罚证据不足。②

此外,有的行政处罚主体依法还配置了一些特别的调查手段,如海关在调查走私案件时,经直属海关或隶属海关关长批准可以查询涉案单位和犯罪嫌疑人在金融机构、邮政企业的存款、汇款。

四、举证责任

一般来说,是由行政处罚主体负责举证证明违法事实的存在、违法情节的轻

---

① 最高人民法院(2013)行监字第249号行政通知书。
② 安徽省滁州市中级人民法院(2014)滁行终字第00014号行政判决书。

重,也即行政处罚主体有责任证明违法行为符合违法构成要件及违法行为人具有应罚性。在没有法定例外规定的情形下,行政处罚主体不得让当事人自证其罪。

案例10.79　黄世钦诉福州市新闻出版办公室行政处罚案

该案中,法院认为:被上诉人福州市新闻出版办公室对上诉人黄世钦住宅一楼至四楼的书刊的数量、品种、范围、性质及二楼以上的图书是经营用书还是藏书等主要事实未作全面的调查取证,所取的证据不能证明上诉人黄世钦处的20多万册图书均用于违法经营的事实。由于行政机关无权要求公民、法人或者其他组织自证其错。被上诉人在未对所扣书刊进行登记造册的情况下,作出所扣押的书刊均为违法经营的出版物的判断,又以此为基础,"告知"黄世钦行使"陈述申辩权"的做法,将应当由行政机关依职权履行的行政调查责任,转变成为由行政相对人自证的责任,是不正当的。①

但以下情形例外,也即以下六种情形系由当事人负举证责任:

第一种,行政处罚主体在达到了该类案件证明标准②之后当事人又提出的反驳的理由、事实或情节应由当事人负举证责任。

例如,某公安局派出所认定,1998年5月6日,中学生张某因楼上刘某在家跳舞,影响其学习,便上楼用脚踢坏了刘家的门。该派出所依据《治安管理处罚条例》第23条第(4)项规定,决定给予张某50元罚款和警告处罚。但张某主张就在踢坏门的当晚,其父亲就带其主动到刘家登门道歉,并将门修好了。而根据《治安管理处罚条例》第16条规定,违反治安管理行为人主动承认错误及时改正的,可以从轻或者免予处罚。该案中张某就其具备从轻或免予处罚的情节应当由其自己承担举证责任。③

又如,某公民停车在路边,公安机关认定这是一个违章停车行为,于是作出罚款决定。该公民不服,提起行政诉讼。在诉讼过程中,原告提出一个事实主张:原告停车是为了救助晕倒在路边的一个老人。而公安机关并没有认定这一事实。如果这一事实被证明是成立的,原告停车救助行为因符合紧急避险的条件非但不应受到处罚,从伦理上来讲反而应当得到鼓励。但这种情形是否存在应当由原告来承

---

① 福建省福州市中级人民法院(2000)榕行终字第74号行政判决书。
② 关于各类行政处罚案件的证明标准请参阅本书第十一章有关内容。
③ 参见蔡小雪:《行政诉讼证据规则及运用》,人民法院出版社2006年版,第31页。

担举证责任。[1]

案例10.80 何玉镜诉黑龙江省齐齐哈尔市工商行政管理局行政处罚案

该案中,法院认为:关于上诉人在二审审理中提供的一份罚款缴款票据,主张齐齐哈尔工商局此次处罚违反了"一事不再罚"的行政处罚原则,但上诉人并未提供此缴款票据是因何种违法行为被处罚,也未能提供工商部门的处罚决定等证明材料,不能证明该处罚与本案中的处罚属于"同一个违法行为",不能证明缴纳罚款与本案有关联,故上诉人主张齐齐哈尔工商局在本案中所作的处罚违反"一事不再罚"处罚原则的理由不成立。[2]

第二种,在关于法律明确规定适用过错责任推定原则的案件中,行政处罚主体在证明了前提事实后,由当事人对其提出的反驳理由负举证责任。例如,《海关行政处罚实施条例》第18条第1款第(3)项规定,"经营海关监管货物的运输、储存、加工、装配、寄售、展示等业务,有关货物灭失、数量短少或者记录不真实,不能提供正当理由的","处货物价值5%以上30%以下罚款,有违法所得的,没收违法所得"。根据该法条规定,当事人如果提出"正当理由",那么支撑该"正当理由"背后所需要的证据应由当事人自己负责提供,而不能要求海关提供。

第三种,对行政认知事项即对众所周知的事实、按照法律规定推定的事实、已经依法证明的事实或根据日常生活经验法则推定的事实提出反驳意见的,应由当事人负举证责任。

第四种,对行政处罚过程中撤销自认的事项的,应由当事人负举证责任。

第五种,证明起诉或其他申请符合法定条件,但被告认为原告起诉或其他申请超过起诉期限或不符合法定条件的除外。

案例10.81 张某诉县国土资源局行政处罚案

该案"法理分析"部分认为:依据《行政处罚法》第42条规定,行政处罚程序听证会由当事人申请举行,行政机关不主动举行听证会。但行政处罚法对当事人申请听证的形式未作明确规定。既然法律未对听证申请的形式作出明确限定,那么

---

[1] 参见甘文:《行政诉讼证据司法解释之评论——理由、观点与问题》,中国法制出版社2003年版,第20页。
[2] 黑龙江省齐齐哈尔市中级人民法院(2011)齐行终字第4号行政判决书。

就应理解为申请听证的形式既可以书面申请也可以口头申请。因此,张某可以采用口头方式提出听证申请。而这一举证责任在张某,由于张某不能提供证据证明其提出过口头听证申请,因此,应当由张某承担不利后果。①

第六种,在行政处罚赔偿诉讼中,证明受被诉行为侵害而造成损失的事实。

我们可以再通过一个典型行政诉讼案例来理解行政诉讼中的行政处罚主体应负的举证责任及举证不能的后果。如某环保机关认为,某企业排放的污水超过国家标准,作出一个处罚决定。该企业不服,向法院提起行政诉讼。在诉讼中,环保机关没有向法院提供该企业排放污水超标的证据。原告不了解有关规定,以为本企业排放污染物的行为没有违反法律规定。于是,向法院提供了排放污染物数量的证据。法院经过核对有关法律规范对排放污染物的规定,发现原告提供的证据,恰恰证明原告排放污水污染物数量超过法律规定的标准。如果法院采信原告提供的证据,则可以判断被告作出的处罚决定是合法的。但根据《最高人民法院关于行政诉讼证据若干问题的规定》的规定,被告不能免除对处罚决定合法性的举证责任。法院仍应当判决撤销该行政处罚决定。

但如果我们换一个民事诉讼案例讨论,情况就会有所不同。例如,某农民饲养一千只鸭子,经常把这些鸭子赶到河里放养。有一次,一半以上的鸭子中毒死亡。该农民怀疑这是河水被附近的某企业污染所致,于是向法院提起民事诉讼,请求法院判决企业赔偿损失。但该农民没有向法院提供有关该企业污染的证据。在诉讼过程中,企业向法院提供了有关污染排放的证据。因该企业不了解有关污染物排放标准的规定,提供的证据反而证明其排放的污水严重超标,足以毒死鸭子。尽管根据民事诉讼举证责任分配的规则,该农民应当为其主张承担举证责任。但在企业没有提出相反的证据推翻自己已经向法院提供的不利证据的情况下,法院应当根据企业提供的证据作出对该企业不利的裁判,支持该农民的诉讼请求。②

此外,在有第三人参与的行政诉讼中,情形会更为复杂。行政诉讼的审理对象是被诉行政行为的合法性,第三人的利益只有通过被诉行政行为接受司法审查后的结果(被维持、撤销、确认违法等)来体现。第三人提供的证据当然也应该是能够用来证明支持被诉行政行为的,当其利益与原告相同时,其提供的证据又可以用来证明行政行为违法,当其利益与原告相反而与被告相同时,其提供的证据又可以用来防止被诉行政行为被撤销。譬如,某甲因为受到公安机关的治安处罚提起行

---

① 参见徐继敏编著:《行政程序证据规则与案例》,法律出版社2011年版,第50页。
② 参见甘文:《行政诉讼证据司法解释之评论——理由、观点与问题》,中国法制出版社2003年版,第22~23页。

诉讼,请求法院撤销处罚决定,被侵害人某乙因申请或者因法院通知作为第三人参加诉讼,某乙依法具有举证的权利,其提供证据的当然是用来证明公安机关的处罚是正确的,如果某乙提供的证据不能用来证明公安机关的处罚决定是应该得到支持的,那么其举证权利又有什么实际意义呢?同样地,因为相邻权受到侵犯的住户不服规划主管部门颁发的建设工程规划许可证而提起行政诉讼,建设单位作为第三人参加诉讼,其提供的证据当然也应该被用来证明建设工程规划证是不应该被撤销的。

笔者认为,在这方面,我们的理论和司法实践中的做法是有失偏颇的,由于片面地排斥第三人提供的证据,实践中曾经出现过不应该的判决。《行政执法与行政审判》曾刊登这样一起比较典型的案件:束龙海与陈正龙是邻居,1998年5月12日,江苏省射阳县人民政府为陈正龙颁发房屋所有权证,束龙海认为,该颁证行为侵犯了其合法权益,于2002年8月2日向盐城市中级人民法院提起行政诉讼。在一审期间,被告射阳县人民政府在法定期间内未向法院提交答辩状和作出具体行政行为的证据材料,亦未出庭应诉。盐城市中级人民法院认为,被告射阳县人民政府在法定期间内未向法院提交答辩状和作出具体行政行为的证据材料,根据当时有效的《最高人民法院关于执行〈中华人民共和国行政诉讼法〉若干问题的解释》第26条规定,应当认定被告作出具体行政行为没有证据、依据,从而判决撤销射阳县人民政府为陈正龙颁发房屋所有权证。[1]

此案中,第三人陈正龙不服判决提出上诉,认为其所持有的房屋所有权证是合法取得不应被撤销。同时,陈正龙提出在1999年6月29日提起的与争议有关的民事诉讼时,束龙海就应当知道有房屋所有权证存在的事实,且千秋镇人民政府在民事诉讼期间于1999年8月20日也作出了《关于陈正龙、束龙海房屋所有权证效力认定书》,束龙海最迟于1999年8月也应当知道自己持有房屋所有权证。而束龙海提起行政诉讼的日期是2002年8月2日,逾期已达3年,超过了法定的起诉期限,应驳回其起诉。

被上诉人束龙海答辩称,自己是在1999年6月29日知道被诉具体行政行为,但由于一直进行民事诉讼,盐城市中级人民法院直至2002年8月3日才作出终审判决,起诉期限应从2002年8月2日起计算。

二审法院经审理认为,束龙海在1999年6月29日已经知道射阳县人民政府为陈正龙颁发了房屋所有权证,但直到2002年8月2日才提起行政诉讼,依照当时有

---

[1] 参见最高人民法院行政审判庭编:《行政执法与行政审判》(2005年第3期),法律出版社2005年版,第172页。

效的《最高人民法院关于执行〈中华人民共和国行政诉讼法〉若干问题的解释》第41条的规定,其起诉已超过起诉期限。同时,民事诉讼的进行并不影响其提起行政诉讼,民事诉讼也不是法定的可以逾期起诉的正当理由。2003年4月10日依法作出终审判决,撤销一审判决,裁定驳回起诉。

本案一审判决就认为第三人提供的证据不能用来证明被诉行政行为的合法,而简单撤销被诉行政行为,从而出现不合情理的结果。实际上第三人的命运完全依赖于行政机关在行政诉讼中的表现,第三人的权利在诉讼中被完全剥夺了。

笔者认为,如果第三人提供的证据确实能够弥补被诉行政行为的合法性,只要是第三人依法取得并在法定期限内提供的,法庭都应该予以采纳;不过不是用来证明被诉行政行为的合法性,而是用来证明被诉行政行为不应该被撤销。这样就可以既让行政机关承担举证不能的法律后果,又不会对第三人带来不公平的结果。即使有些证据是行政机关在作出行政行为时没有收集的,但是根据信赖利益保护原则,行政机关也可以作出对于第三人有益的行政行为。即使作出的这种行政行为是违法的,除非该行政行为的继续存在对公共利益有很大的损害,应该允许该行政行为继续存在。现在第三人既然能够提供证据证明被诉行政行为在实质上是能够得到弥补的,被诉行政行为的继续存在也不会损害公共利益,法院自然也就没有予以撤销的理由,至于行政机关没有在法定期限内提供充分的证据证明被诉行政行为的合法性,无论是因为在作出行政行为时根本没有收集,还是收集了但没有向法院提供,法院都可以在判决不撤销被诉行政行为的同时,在判决书中指出行政行为的违法甚至明确予以确认,以表示对行政机关执法活动的否定;相对人如果因此受到损失的,也可以据此主张行政赔偿。①

五、学理上的证据规则

(一)主体法定规则

行政处罚取证的主体必须是法定的,非法定主体收集取得的证据,尽管证据本身可能具有一定的关联性和客观性,有时甚至可能对行政处罚待证事实有重要意义,但是由于其收集取证的主体不合法,不能在行政处罚案件中作为证据使用。

---

① 参见袁裕来:《对〈行政诉讼法(修改建议稿)〉若干条款的质疑》,中国检察出版社2006年版,第44~48页。

(二)调查取证人员与主持听证人员相分离规则

在美国为了保证行政裁决的公正性和效率性,实行一种内部职能分离制度,即行政处罚主体就其总体而言,同时具有调查、追诉和裁决三种职能,但是由不同的实际工作人员行使:执行调查和追诉的人不能参加裁决和听证,执行听证和作出初步裁决的人不能和调查人、追诉人以及其他当事人单方面接触。这种有效的程序公正制度已被移植于我国行政处罚程序中。《行政处罚法》第63～64条明确规定了行政处罚的听证程序,听证程序适用于以下6种情形:一是较大数额罚款;二是没收较大数额违法所得、没收较大价值非法财物;三是降低资质等级、吊销许可证件;四是责令停产停业、责令关闭、限制从业;五是其他较重的行政处罚;六是法律、法规、规章规定的其他情形。行政机关或其他行政处罚主体在实施上述行政处罚时,必须依法适用听证程序。在行政处罚程序中,由于行政处罚主体既享有调查取证权同时又享有主持听证的权力和作出决定的权力,因此,为了保证行政处罚决定权的公正行使,有必要在行政处罚主体内部实行调查取证人员与主持听证人员相分离的制度,从而使调查取证权和指控权与决定权分开。行政机关内部的调查取证人员与主持听证人员相分离,既是一项听证程序原则,又是一项证据规则。该规则具体是指主持听证的人员不能同时为追诉者和调查者,《行政处罚法》第64条第1款第(4)项规定,听证由行政机关指定的非本案调查人员主持。此项规则一方面是为了使证据经得起推敲、保证证据确凿,另一方面是为了保证主持听证和作出决定的人员能真正独立自主、公平地行使其作出决定或建议性决定的权力,从而防止对当事人的不公正。

(三)依法定职权调查规则

行政处罚主体必须依法调查取证,行政处罚主体不得超越法定权限调查取证,不得采用非法手段收集证据,如以偷拍、偷录、窃听等手段获取侵害他人合法权益的证据材料和以利诱、欺诈、胁迫、暴力等不正当手段获取的证据材料,都属于非法手段获取的证据。"在行政案件中,有污点的证据是政府违法的产物,不是私人违法的产物,法律不应允许行政机关成为赃物的受益人。"[①]以非法手段或者越权取得的证据,依法不能作为行政处罚的事实根据。

[①] 参见[美]伯纳德·施瓦茨:《行政法》,徐炳译,群众出版社1986年版,第326页。

(四) 形式合法规则

只有法律规定的证据形式才有证据能力,不属于法律规定的证据形式不能作为证据来使用,行政处罚证据必须符合法定形式。现行法律规定的行政处罚证据种类主要以下几种形式:书证、物证、视听资料、电子数据、证人证言、当事人的陈述、鉴定意见、勘验笔录、现场笔录。行政处罚主体一方面必须按照法律规定的证据形式,全面地、客观地、公正地收集对行政相对人不利和有利的证据,才有可能做出正确的行政处罚决定。另一方面作为行政处罚的证据还必须符合法律对其形式的特殊要求,如书证原则上要求调取原件。调取原件确有困难的,可以调取与原件核对无误的复印件、照片、节录本。原件由有关部门保管的,应说明出处,并经该部门核对无异后加盖印章。询问、陈述、谈话类笔录,应当有行政执法人员、被询问人、陈述人、谈话人签名或者盖章。关于物证要求调取原物。原物是种类物的,可以根据《行政处罚法》第37条的规定,采取抽样取证的方式提供其中一部分作为物证,等等。

(五) 遵守法定程序规则

行政处罚主体必须按照法定程序收集行政处罚证据,按照法定步骤、顺序、方式和期限等收集、调取证据。例如,行政机关执法人员询问当事人及有关人员应当制作笔录,并让被询问人签字;行政机关在作出行政处罚决定之前,应当告知当事人作出行政处罚决定的事实、理由及依据,并告知当事人依法享有的权利。当事人有权进行陈述和申辩。行政机关必须充分听取当事人的意见,对当事人提出的陈述、申辩,应当制作陈述、申辩笔录,并对当事人提出的有关问题进行复核;当事人提出的事实、理由或者证据成立的,行政机关应当采纳。行政机关在收集证据时,可以采取抽样取证的方法;在证据可能灭失或者以后难以取得的情况下,经行政机关负责人批准,可以先行登记保存,并应当在7日内及时作出处理决定,在此期间,当事人或者有关人员不得销毁或者转移证据。执法人员与当事人有直接利害关系的,应当回避。行政机关在作出行政处罚决定之前,未向当事人告知给予行政处罚的事实、理由和依据,或者拒绝听取当事人的陈述、申辩,行政处罚决定不能成立;当事人放弃陈述或者申辩权利的除外。凡在听证程序中出示的证据材料,当事人陈述、辩论等过程和情况都应制作笔录,笔录核对无误后交当事人及其他参加人签名或盖章。在听证程序中应注意出示所有已获取的证据,并告诉当事人享有质证的权利,同时在听证笔录中载明。要遵循取证合法规则、调查取证人员与主持听证人员相分离规则和证明规则等。①

(六)证据不排斥规则

证据必须与案件的事实具有某种联系才能被运用。与案件事实无关的材料或手段,即使真实无误,也不能作为定案证据,这是证据相关性的要求。在司法证据中,普遍适用的是证据排斥规则,即法律排斥无关联性或相互矛盾的事实,否则司法程序就会归于无效,如排斥传闻就是司法证据中最重要的证据排斥规则。但是,证据排斥规则并不适用于行政处罚程序中。

一般来说,在行政处罚中除法律的特别规定外,任何证据都是可以接受的。完全接受与行政处罚案件不相关的、非实质性的证据,在法院司法程序中无疑会使程序无效,但在行政处罚中并不如此。行政机关在行政处罚程序中同时接受一些不相关的证据并不妨碍行政机关作出合法、适当的行政处罚的决定;相反,行政机关如果忽略了一些具有证明力的证据,就不得作出处罚;否则,行政处罚决定在行政诉讼阶段就会被法院撤销或宣布无效。略去任何一些可受理的、实质性的证据都要比包括某些不可受理的、非实质性的证据要危险得多。事实上,只要在裁决听证记录中包括了任何所能得到的证据,都不会有程序错误,但只要略去一点,就有被宣布无效的危险。因此在记录中记载所有的证据,并不构成可以撤销原判的错误。不仅如此,行政处罚主体在实施行政处罚时通常在其所涉及的专门知识领域之内,他们在其专业领域对各种纷乱证据的价值进行评估时,较之法官具有专长的优越性。如《美国联邦行政程序法》(《美国法典》第556条)规定任何证言或书证都可以接纳,即使传闻证据和其他缺乏证明力的证据也不排斥。在我国行政处罚程序中的证据收集上,也应借鉴美国行政程序中的这种证据规则,对证据采取一种"来者不拒"的方式。行政处罚的证据不排斥规则,要求行政机关的调查取证人员应尽可能全面地收集和获取证据材料,而不能有所遗漏,既要注意不利于行为人的证据,也要注意有利于行为人的证据;可以接受任何口头的或书面的证据,包括传闻证据在内。

行政处罚的证据不排斥规则,意味着行政机关可以接受任何证据,但并不能理解为行政机关必须接受任何证据以及能够接受任何证据;否则,会妨碍行政处罚程序的效率性,对行政处罚决定的作出并无益处。对于一些与案件无关的、不重要的

---

① 参见曹福来:《行政处罚证据规则探究》,载《扬州大学税务学院学报》2006年第2期。

和过于重复的证据行政机关可以不予接受。①

行政处罚的证据不排斥规则,是针对采纳证据而言的,而不是指依靠无证明力的证据作为处罚的事实依据。接受缺乏证明力的证据与依靠这种证据作出处罚决定有着根本的区别,行政机关作出行政处罚决定不能完全依据缺乏证明力的证据,无证明力的证据是不能作为定案的依据的,作出处罚决定必须有可定案的证据。如行政机关可以将传闻证据作为依据,但不能作唯一的依据,还须有可定案的依据予以补充,即行政处罚不能仅有未经印证的传闻证据来佐证。对此,《美国联邦行政程序法》及司法判例曾确立了这样一项原则:行政机关在它的自由裁量权之内可以接纳任何可能得到的证据,但是在最终裁决权利请求之前,必须有部分可接纳证据证明此请求。② 在我国行政处罚程序中,也应允许行政机关接纳缺乏证明力的证据,但要使行政处罚决定经得起法院审查和建立在客观、确凿的事实基础之上,是绝不能仅仅依靠缺少证明力的证据的。③

(七)案卷排他性规则

案卷排他性规则是指行政机关作出影响申请人或利害关系人权利义务的行政行为所根据的证据,原则上必须是该行为作出前,行政案卷中已经记载的,并经过当事人申辩和质证的材料。案卷排他性规则要求行政机关的决定只能以听证笔录为根据,即行政机关认定的事实和理由应是当事人所知悉并经其申辩和质证的,而不能在笔录以外,以当事人所未知悉的和未申辩、质证的事实作为根据来作出行政许可决定。如果行政机关采用听证笔录以外的事实和证据,应当提供当事人知悉、申辩和质证该材料的机会。如果行政机关的决定不以听证笔录为根据,就会使当事人的申辩和质证失去价值,整个听证程序也会流于形式,白白浪费时间、人力和财力,毫无法律意义,听证就会变成一场骗局。案卷排他性原则既是听证的核心,也是当事人在听证过程中陈述己方意见和反驳不利于己的事实的权利的最根本保障。

《美国联邦行政程序法》中规定了正式听证程序中采取案卷排他性原则:"行政机构裁决所依据的基本事实可以是行政官员用其知识所认定的,但案卷如没有记载认定这种事实的证据,当事人即有权及时提出举行对质的要求。"我国《行政许可法》第48条第1款第(5)项规定:"听证应当制作笔录,听证笔录应当交听证参加人

---

① 参见王名扬:《美国行政法》,中国法制出版社1995年版,第473~476页。
② 参见[美]伯纳德·施瓦茨:《行政法》,徐炳译,群众出版社1986年版,第309~315页。
③ 参见杨解君:《行政处罚证据及其规则探究》,载《法商研究》1998年第1期。

确认无误后签字或者盖章。"该法第 48 条第 2 款规定:"行政机关应当根据听证笔录,作出行政许可决定。"该法确立了行政案卷排他性规则。2021 年修正的《行政处罚法》已完善这一点,该法第 65 条已明确,"听证结束后,行政机关应当根据听证笔录,依照本法第 57 条的规定,作出决定"。

六、证据排除规则

(一)非法性排除

第一,不合法主体收集或提供的证据材料;第二,非任意性自白;[①]第三,非法搜查、非法扣押取得的证据;第四,通过秘密手段取得的证据;第五,以利诱、欺诈、暴力、胁迫等手段获取的证据;第六,其他程序违法取得的证据;第七,以违反法律强制性规定的手段获取且侵害他人合法权益的证据。对以上证据材料原则上适用非法性排除,但对不会给个人、社会利益造成损害,不会严重损害依法行政精神的证据可以考虑不排除。如行政处罚主体在未获相对人允许的前提下,打开具有个人隐私性质的箱子,并以在其中查到的日记本作为证据处罚相对人,该类证据一般就应当予以排除。[②]

(二)资格排除

笔者认为,行政处罚程序中应当适用资格排除的情况有:第一,不能正确陈述其见闻的证人;第二,公务员因其保密义务未免除,如要求其作证将其证言违背保守公务秘密的责任的,免除其作证义务;第三,如其陈述对于证人本人、配偶、血亲或姻亲之尊卑亲属、侄、甥,或更近之血亲或同等之姻亲,以及养父母或养子女、义父母或义子女、监护人或扶养义务人,将引起财产上直接的重大不利益或将发生刑事追诉的危险,或将导致名誉上的损毁的;第四,律师、医生基于委托、医患关系而知道的事实等。

(三)非原本排除

非原本排除是指证据材料为复印件,当事人不能提供原件或原件线索,对方当

[①] 非任意性自白,是指当事人在意志不自由的情况下承认有违法行为。
[②] 参见马国贤等:《行政诉讼证据规则精解》,中国法制出版社 2005 年版,第 312 页。

事人又否认的情形下,一般不能作为定案的依据。但复制件只要符合以下条件之一的,可以例外:第一,当事人只能提供复制件而不能提供原件、原物有正当理由的;第二,当事人提供的复制件由其他证据材料印证其有真实性的;第三,对方当事人对复制件予以认可的;第四,行政处罚主体或相对人在行政程序中已出示过原件,且该原件为行政处罚主体及相对人核对无异,应当允许他们在行政诉讼中提供复制件。

(四)超期限排除

超期限排除规则的内容包括:第一,在行政处罚程序中,未在法律规定时限内提供的证据材料,应当被排除;第二,行政处罚程序中无正当理由未提供的证据,应当被排除;第三,行政复议机关在行政复议程序中收集、补充的证据,应当被排除;第四,在行政诉讼程序中,当事人超过举证期限提供的证据材料,应当被排除。

(五)程度排除

程度排除是指证据一定程度、部分地被排除,即排除一些证据单独或主要作为认定案件事实的能力,而非根本性排除。应当适用程度排除规则的证据包括:第一,未成年人所作的与其年龄和智力状况不相适应的证言;第二,与一方当事人有亲戚关系或者其他密切关系的证人所作的对该当事人有利的证言,或者与一方当事人有不利关系的证人所作的对该当事人不利的证言;第三,应当出庭作证而无正当理由不出庭作证的证人证言;第四,难以识别是否经过修改的视听资料;第五,无法与原件、原物核对的复制件或者复制品;第六,经一方当事人或者他人改动,对方当事人不予认可的证据材料;第七,被当事人或者他人进行技术处理而无法辨明真伪的证据材料;第八,法律规定的其他不能单独作为定案依据的证据材料。

(六)根据国家和社会公共利益之排除

根据国家和社会公共利益应当排除作为证据的范围包括:第一,为了国防、外交等国家政策而依据法律、法规确定的标准应予保密的事务;第二,法律、法规规定的其他不宜公开的事务;第三,仅仅涉及行政处罚主体内部人事规则与实务的事项;第四,贸易秘密及由个人提供且有特许性或机密性的商业或金融情报;第五,法律、法规规定行政机关不得向非行政机关当事人公开的机关之间或机关内部的备忘录或信件;第六,人事和医疗档案及其他透露出去会明显侵犯个人隐私权的档案;第七,作为证据使用可能会危及个人的生命或人身安全,或可能干扰行政执法过程的。

(七)协商和解或调解证据之排除

《行政诉讼法》第60条规定:"人民法院审理行政案件,不适用调解。但是,行政赔偿、补偿以及行政机关行使法律、法规规定的自由裁量权的案件可以调解。调解应当遵循自愿、合法原则,不得损害国家利益、社会公共利益和他人合法权益。"据此,涉及需要运用自由裁量权的行政处罚案件可以适用调解。

根据《最高人民法院关于行政诉讼证据若干问题的规定》第66条规定,在行政赔偿诉讼中,人民法院主持调解时当事人为达成调解协议而对案件事实的认可,不得在其后的诉讼中作为对其不利的证据。参照该规定,行政诉讼程序中发生行政处罚案件调解的,法院主持调解时当事人为达成调解协议而对案件事实的认可,也不得在其后的诉讼中作为对其不利的证据。[①]

七、证据审查

(一)审查判断证据

审查判断证据是指行政处罚主体对已经收集到的证据进行分析研究,鉴别真伪,以确定其证明力,进而就案件事实真相作出结论的活动。

审查判断证据的含义有两个方面,即审查与判断。审查是对证据的查证核实,判断是对证据的证明力和能否认定案件事实提出判断意见。审查与判断虽任务有别,但两者互相联系、相辅相成。

审查判断证据是行政处罚主体实施行政处罚过程中的一项主要活动,是证明案件事实的决定性步骤。因为审查判断证据是要确认所收集的证据是否真实确凿,证明力大小,并就案件事实作出正确结论。具体地讲,通过审查判断证据,可以鉴别证据的真伪;通过去粗取精,去伪存真,来保证证据的客观真实性;通过排除与案无关的证据,可以确定证据的关联性及证明力的有无及大小;通过审查判断证据,可以使全案证据达到确实、充分的标准,为正确适用法律奠定基础,从而完成行

---

① 参见徐继敏:《行政证据制度研究》,中国法制出版社2006年版,第33~35页。

政处罚工作任务。

审查判断证据的基本内容主要包括两个方面:一是对个别证据的审查,以确定证据的客观真实性、判断该证据的证明力为中心进行的;二是审查全案的证据是否充分,对案件事实能否作出正确的结论。

1. 证据的形式审查

第一,书证的审查。

书证应为原件,也可以是与原件核对无误的复印件、照片、节录本。如果是有关部门保管的书证原件的复制件、影印件或抄录件,应当注明出处。经该部门核对无异后加盖印章。对于报表、图纸、会计账册等书证的,应附有说明材料。有关查问、询问笔录,应当有执法人员与当事人、被询问人、翻译人的签章。

实践中,有的行政处罚主体收集的书证日期打印出现笔误被法院认定为执法瑕疵。

案例10.82　马玉平诉单县公安局行政处罚案

该案中,法院认为:被告提供的程序证据中,虽然个别书证日期打印错误,调查笔录日期填写有误,存有瑕疵,但各证据之间能够相互印证,与本案有关联,且真实、合法,不影响本院对证据效力的确认。①

第二,物证的审查。

物证应为原物,如果原物系数量较多的种类物,可以是其中一部分,也可以是与原物核对无误的复制件或证明原物的照片、录像等。

实践中,有的行政处罚主体在提取物证时没有按照法定的形式要求操作被法院认定为取证程序违法。

案例10.83　文嘉先诉东安县公安局行政处罚案

该案中,法院认为:上诉人东安县公安局在对被上诉人文嘉先实施治安行政处罚时,提取物证时当场未封签也未制作提取笔录……不是全面、客观、公正地收集证据,取证程序违法。②

---

① 山东省单县人民法院(2014)单行初字第5号行政判决书。
② 湖南省高级人民法院(1999)湘行终字第38号行政判决书。

第三,视听资料、电子数据的审查。

录音、录像资料或电子数据应为原始载体,如不能满足也可以是复制件,但应注明制作方法、制作时间、制作人及证明对象等。声音资料还应有文字记录。

第四,当事人陈述的审查。

如果当事人陈述为当事人亲笔陈述则其形式要件与证人证言相类似,如果为查问笔录的形式则应当由当事人签名确认,并附有"以上笔录内容我看过,与我说的一样"或"以上笔录内容已经向我宣读,与我说的一样"的文字。

第五,证人证言的审查。

证人证言应写明证人的姓名、年龄、性别、职业、住址等基本情况,附有居民身份证等证件复印件并注明日期且具备证人签章。

实践中,无当事人签字确认的调查询问笔录不能作为证据使用。

案例10.84 博罗县园洲镇永兴超级商场诉博罗县烟草专卖局行政处罚案

该案中,法院认为:上诉人提供的调查询问笔录、勘验笔录没有被调查人的姓名和身份,也没有被调查人签名,其提供的调查材料不能作为证据使用。①

第六,鉴定意见的审查。

鉴定意见应当载明委托人和委托鉴定的事项,向鉴定部门提交的相关材料,鉴定的依据和使用的科学技术手段,鉴定部门和化验、鉴定人资格的说明,并且应当有鉴定人的签字和鉴定部门的盖章。通过分析获得的鉴定意见,应当说明分析过程。

实践中,有的鉴定意见未说明分析过程被法院确认程序违法。

案例10.85 闫学敏诉嘉峪关市公安局镜铁分局朝阳派出所行政处罚案

该案中,法院认为:鉴定意见书对原告左耳感应神经性耳聋的损伤程度,没有分析说明的过程,不符合公安部《公安机关办理行政案件程序规定》第71条、第72条的规定,程序违法。②

有的鉴定意见因内容过于简单而不被法院采信。

---

① 广东省惠州市中级人民法院(2000)惠中法行终字第6号行政判决书。
② 甘肃省嘉峪关市城区人民法院(2014)嘉城行初字第6号行政判决书。

案例10.86　温州荣盛贸易有限公司诉温州市工商行政管理局鹿城分局行政处罚案

该案中,温州市中级人民法院认为:行政证据应在依法收集并经行政机关审核确认可以证明案件事实的情况下,才能作为定案依据。由于对商标的真伪鉴别涉及一般人并不熟悉的专业判断,其结论的准确性对当事人至关重要。因此,鉴别人员应当对辨认经过、使用的方法、与真品的差异等基本情况进行说明,以供行政机关对其结论的准确性进行判断和确认。但本案贵州茅台酒股份有限公司出具的五份鉴定表只简单记载"包装材料:属假冒;酒质:不是我公司生产的酒",从而判断:"属假冒",该所谓鉴定内容过于简单,实难确保结论的准确性和可靠性,法院不予采信。鹿城工商分局仅以贵州茅台股份有限公司有权鉴定及该公司可以承担相应法律责任为由,而将涉案商标真伪的鉴别判断权完全交给该公司,法院不予支持。鹿城工商分局对荣盛公司作出的行政处罚决定,主要证据不足。①

有的行政处罚主体委托鉴定程序违法被法院认定为主要证据不足。

案例10.87　佟士冬诉易县林业局行政处罚案

该案中,法院认为:被告单方委托的鉴定机构在鉴定过程中,原告佟士冬并未到场,而且鉴定结论中包括存在争议的林地,被告仅凭此鉴定结论即认定原告占用林地的面积和总蓄积量属主要证据不足。故被告作出的行政处罚决定书认定事实不清。②

对鉴定结论进行审查时要注重发现证据时的客观环境。例如,有关行政机关在检查某食品商店时按照规定抽取了一定数量熟食送法定检验机构进行检验,检验结论为大肠杆菌超标。在一般情况下可以认定,该厂提供的证据表明有关行政机关检查的当天气温为36℃,送检前未采取任何防止变质措施,检验时间为送检后第二天。根据当时的气温条件,第二天送检熟食完全可能变质,因此该检验结论不能作为定案依据。③

---

① 载 https://www.chinacourt.org/article/detail/2014/07/id/1351191.shtml,最后访问日期:2018年12月20日。
② 河北省高碑店市人民法院(2014)高行初字第40号行政判决书。
③ 参见蔡小雪:《行政诉讼证据规则及运用》,人民法院出版社2006年版,第201页。

第七,勘验笔录、现场笔录的审查。

勘验笔录、现场笔录由办案人员、当事人或其代理人签字或盖章;当事人或其代理人不在场或拒绝签字或盖章的,办案人员应当在勘验笔录、现场笔录上注明,并且由见证人签字或盖章。

实践中,法院认为行政处罚主体所作的勘验现场笔录如果没有当事人或见证人签字确认则其效力是可疑的。

案例 10.88　刘彦青诉景县国土资源局行政处罚案

该案中,法院认为:被告所作的"现场勘验笔录"既没有原告刘彦青的签字,也无其他在场见证人的证明及签字,该"现场勘验笔录"也没有显示出被勘验现场土地的破坏程度。故该处罚决定书所认定事实的主要证据不足。①

有的法院直接就认定行政处罚主体勘验笔录时间与勘验人签署时间不一致的证据为无效证据。

案例 10.89　赵永红诉郑州市城市管理行政执法局行政处罚案

该案中,法院认为:上诉人郑州市执法局提供的勘验笔录,因注明的勘验时间与勘验人签署的时间不一致,勘验人员的签名与印章不一致,无见证人,该证据不予采纳。②

第八,境外证据的审查。

境外证据应当说明来源,经所在国公证机关证明,并经中国驻该国使领馆认证,或履行中华人民共和国与证据所在国订立的有关条约中规定的证明手续。对于在港、澳、台地区内形成的证据,也应当具有按照有关规定办理的证明手续。如港、澳地区内形成的证据的证明手续可通过中国法律服务(香港/澳门)有限公司办理,其中香港形成的证据主要是先通过委托公证人制度进行办理后再经中国法律服务(香港)有限公司审核。对于在澳门形成的证据,还可以通过澳门司法事务室下属的民事登记局出具公证证明。再如,我国台湾地区形成的证据的证明手续可按照《两岸公证书使用查证协议实施办法》的规定办理。

---

① 河北省景县人民法院(2014)景行初字第 15 号行政判决书。
② 河南省郑州市中级人民法院(2003)郑行终字第 29 号行政判决书。

案例10.90　张某某诉专利复审委员会无效决定案

该案中，法院认为：上诉人专利复审委员会提交的证据1、证据2、证据4，系于我国域外形成，诉讼中既没按规定要求提交相关的证明手续，亦未有其他证据予以佐证其真实性，因此，根据上述法律规范的有关规定，证据1、证据2、证据4不能作为本案的定案依据。①

关于域外证据如何在行政诉讼中认定和采信的问题主要有三种观点：一是严格适用行政诉讼法的规定。即《最高人民法院关于行政诉讼证据若干问题的规定》第16条规定："当事人向人民法院提供的在中华人民共和国领域外形成的证据，应当说明来源，经所在国公证机关证明，并经中华人民共和国驻该国使领馆认证，或者履行中华人民共和国与证据所在国订立的有关条约中规定的证明手续"；二是行政程序只可适用部门行政法的规定，但到诉讼中应按照诉讼法的要求对证据予以完善；三是在诉讼中法院只审查被告是否已按照部门行政法的规定审查并采纳了证据即可。笔者同意第三种观点，上述法院也持这一观点。行政诉讼的性质在于对具体行政行为的合法性作出审查，对行政机关在其行政程序中是否依法行政作出监督，而不是直接对行政相对人之间平等民事主体之间的纠纷作出评判。这也是行政诉讼与民事诉讼的根本区别所在。行政机关依法行政中的"法"，应当是各相关的部门行政法，而不是调整诉讼阶段各方关系的行政诉讼法。

考察立法原意，《最高人民法院关于行政诉讼证据若干问题的规定》的起草者是为了给域外证据施加一些程序或手续上的限制，以增强其可信度和合法性。但在今天资讯发达的今天，公证、认证已不再是核实域外证据真实性的唯一途径。比如通过官方网站进行查询等。如果域外证据的真实性能够通过公证、认证之外的途径核实时，法院应当允许。《最高人民法院关于审理知识产权行政案件若干问题的规定》（征求意见二稿）第15条规定："当事人向人民法院提供的在中华人民共和国领域外形成的有关知识产权的书证，应当说明来源，并经所在国有关机构的公证或者认证，但所在国没有相关公证、认证机构或者相关书证在行政机关、图书馆等公共机构或者互联网上可以查阅、核实的除外。当事人提供在中华人民共和国香港特别行政区、澳门特别行政区和台湾地区内形成的证据的，适用前款规定。"

第九，涉及国家秘密、商业秘密或个人隐私证据的审查。

涉及国家秘密、商业秘密或个人隐私的证据应作出明确标注，并附有书面证明

---

① 参见北京市高级人民法院行政审判庭编：《行政诉讼案例研究（五）》，中国法制出版社2009年版，第278～285页。

材料。

2. 证据的实体审查

行政处罚主体作出的处罚应当对全案所有证据进行逐一审查并对全部证据进行综合审查，应遵循行政执法人员职业道德，运用逻辑推理和生活经验，进行全面、客观和公正地分析判断，确定证据材料与案件事实之间的证明关系，排除不具有关联性的证据材料，准确认定案件事实。对证据的实体审查判断的基本内容包括：

第一，证据合法性的审查。即审查证据是否符合法定形式，证据的取得是否符合法律、法规、司法解释和规章的要求，是否具有影响证据效力的其他无违法情形。如关于采取秘密方式录音、录像等方式收集的证据是否能作为证据使用的问题。司法界经历了一个从严格禁止到限制的过程。《最高人民法院关于未经对方当事人同意私自录制其谈话取得的资料不能作为证据使用的批复》明确：证据的取得必须合法，只有经过合法途径取得的证据才能作为定案的根据。未经对方当事人同意私自录制其谈话，系不合法行为，以这种手段取得的录音资料，不能作为证据使用。行政证据亦参照此执行。但实践中，行政机关如海关在旅检现场或查问违法嫌疑人均会使用同步监控录音、录像设备，如果未经相对人同意就严格禁止，那么很多违法行为就会缺少证据甚至难以证明。而相应司法解释对此问题的态度亦有所改变，如《最高人民法院关于行政诉讼证据若干问题的规定》第 57 条第（2）项规定："以偷拍、偷录、窃听等手段获取侵害他人合法权益的证据材料不能作为定案依据。"据此，要满足既使用偷拍、偷录、窃听的手段的同时还要侵害他人合法权益的证据才应排除。如偷拍他人阴私的照片即属于非法证据，应予排除。因此，行政处罚主体在公共场所或查问违法嫌疑人时使用同步监控录音、录像设备取得的证据材料就可以作为证据使用。再如，利诱某当事人承诺如果其如实提交违法证据就不再查处其违法行为，该类证据也属于不合法的。

第二，证据真实性的审查。即审查证据形成的原因。发现证据的客观环境。证据是否为原件、原物，复制件、复制品与原件、原物是否相符。提供证据的人或证人与当事人是否具有利害关系等。

第三，证据关联性的审查。即审查每一个证据与案件事实的哪一个情节相关联而起到了证明作用；证据相互之间是否相关，表现是否一致，有无矛盾；全案是否形成证据链，是否达到了相应的证明标准。

实践中，有的行政处罚主体在处罚时并未对证据的真实性、合法性或关联性进行审核分析导致被法院认定为主要证据不足。

案例 10.91　铃木电梯(深圳)有限公司诉厦门市工商行政管理局行政处罚案

该案中,法院认为:被告未对原告提交的两份"委任状""商标许可使用书""授权书暨不可撤销承诺函"的真实性进行审查认定;而且在审查这些证据的法律效力时,未对这些证据的内容进行分析,未考虑"SEC 株式会社北京代表处"与"SEC 株式会社"之间的特殊关系,未考虑 SEC 株式会社当时是原告的唯一股东,以及原告自成立以来生产的产品一直使用"SEC"商标的事实,仅以"SEC 株式会社北京代表处"非"SEC 株式会社"本人,而 SEC 株式会社未针对"商标许可使用"该具体事务对 SEC 株式会社北京代表处进行授权,否认原告使用"SEC"商标系以"SEC 株式会社北京代表处"授权的形式取得了"SEC 株式会社"的授权,认定错误。同样地,针对 SEC 株式会社股权转让后,原告是否有权继续使用"SEC"商标,原告及 SEC 株式会社分别提交了一系列证据证明各自的主张,但被告未对这些证据的真实性、合法性以及是否能支持其主张进行分析认定。综上所述,本院认为,被告做出讼争的具体行政行为的主要证据不足。①

案例 10.92　李平利诉蓝田县国土资源局行政处罚案

该案中,法院认为:被告对原告持有的集体土地建设用地使用证的真实性、合法性在做出处罚决定前未予核查,故其认定原告违法占地建房的事实不清,证据不足。②

案例 10.93　某市自来水公司诉某市工商局行政处罚案

该案中,法院认为:被告认定原告强制甲单位购买某品牌水表,违反《反不正当竞争法》的规定。原告则向法庭提供证明材料,证明以前乙、丙等 5 家单位安装水表时,原告没有任何强迫行为,完全尊重他们的选择。原告提供的这些证明材料不能用来认定原告未强制甲单位购买某品牌的水表,因此与本案争议没有任何关联性。③

但学者何海波认为,在严格限定的条件下,相似证据也可以在事实认定过程中予以接受和考虑。特别是当具有某种显著特征的行为多次发生,而且前后行为惊人相似,行政机关就不能不加以考虑了。相似证据的证明力,取决于前后行为的相

---

① 福建省厦门市中级人民法院(2007)厦行初字第 10 号行政判决书。
② 陕西省蓝田县人民法院(2013)蓝行初字第 00016 号行政判决书。
③ 蔡小雪:《行政诉讼证据规则及运用》,人民法院出版社 2006 年版,第 218 页。

似程度和相似行为重复发生的概率。① 在刑事司法实践中,法院也可能采纳相似证据来定罪量刑。②

实践中,法院不仅会审查相关证据与应否作出行政处罚之间的关联性,还会审查其与该作何种行政处罚及处罚程度之间的关联性。

案例10.94　某医院诉某市药品监督管理局行政处罚案

该案中,法院认为:根据《药品管理法》第74条,销售假药的,没收违法销售的药品和违法所得,并处违法销售药品货值金额2倍以上5倍以下的罚款;情节严重的,吊销药品经营许可证。没收违法销售的药品和违法所得属于羁束性质的处罚,与医院提交的证明涉案抗癌药具有一定疗效的证明材料也没有关联。但是,给予多少罚款以及是否吊销药品经营许可证,取决于违法情节和危害后果的轻重。因此,证明该抗癌药具有一定疗效的证明材料与罚款数额以及吊销药品经营许可证与否,具有关联性。③

(二)法定证据审查规则

1.非法证据排除规则

下列证据材料属于非法证据,不能作为定案依据:(1)严重违反法定程序收集的证据材料;(2)以偷拍、偷录、窃听等手段获取侵害他人合法权益的证据材料;(3)以利诱、欺诈、胁迫、暴力等不正当手段获取的证据材料;(4)当事人无正当事由超出举证期限提供的证据材料;(5)在我国领域以外或在我国香港、澳门和台湾地区形成的未办理法定证明手续的证据材料;(6)当事人无正当理由拒不提供原件、原物,又无其他证据印证,且对方当事人不予认可的证据的复制件或复制品;(7)被当事人或他人进行技术处理而无法辨明真伪的证据材料;(8)不能正确表达意志的证人提供的证言;(9)以违反法律禁止性规定或侵犯他人合法权益的方法取得的证据,不能作为认定案件事实的依据;(10)鉴定人不具备鉴定资格或鉴定程序严重违法或鉴定结论错误、不明确或内容不完整;(11)不具备合法性和真实性的其他证据材料。

---

① 参见何海波:《行政诉讼法》(第2版),法律出版社2016年版,第415页。
② 《相似行为证据及普遍联系原则的运用(胡家义等盗窃案)》,载 http://cyqfy.chinacourt.org/public/detail.php?id=2471,最后访问日期:2015年5月15日。
③ 蔡小雪:《行政诉讼证据规则及运用》,人民法院出版社2006年版,第212~213页。

《行政处罚法》第 46 条第 3 款明确,"以非法手段取得的证据,不得作为认定案件事实的根据"。

实践中,有判例确认了有利害关系的证人证言不能单独作为定案证据。

案例 10.95 骆影诉阜南县公安局行政处罚案

该案中,法院认为:本案证明王文礼殴打贾金枝的,只有刘昌贺的证言,而刘昌贺与王炳耀系同事关系,与本案有利害关系,刘昌贺的证言不能单独作为定案依据。①

有判例确认了以违反程序的方式取证系以非法手段取证。

案例 10.96 王牛诉安阳县公安局行政处罚决定案

该案中,法院认为:根据《治安管理处罚法》第 84 条第 3 款"询问不满 16 周岁的违反治安管理行为人,应当通知其父母或者其他监护人到场"的规定,被告安阳县公安局在询问王牛的前期过程中并没有通知王牛父母或其他监护人到场,根据《治安管理处罚法》第 79 条第 1 款"公安机关及其人民警察对治安案件的调查,应当依法进行,严禁刑讯逼供或者采用威胁、引诱、欺骗等非法手段收集证据",第 2 款"以非法手段收集的证据不得作为处罚的根据"的规定,被告询问王牛时调查方式不合法,该询问笔录不能作为本案行政处罚的根据。②

在上海"孙中界事件"③中,存在以下违法取证行为:第一,诱骗本来不具有犯意的人载客,属于犯意引诱型的诱惑取证行为,不具有合法性;第二,本来就没有谈价钱,但后来乘客突然强行塞钱给孙中界,这属于用强迫的方式捏造证据的违法取

---

① 安徽省阜阳市中级人民法院(2014)阜行再终字第 00001 号行政判决书。
② 河南省林州市人民法院(2014)林行初字第 182 号行政判决书。
③ 该事件基本经过:2009 年 10 月 14 日,上海市浦东新区男子孙中界驾车途经某建筑公司时,看到一年轻人站在路中央拦车,便顺道开车将其送到 1.5 公里外的目的地,随后被强塞了 10 元钱,结果却被城市交通执法大队认定为载客黑车,遭扣车与罚款 1 万元。原来那名路人是执法大队的"钩子",专门诱人入瓮。为证明自己的清白,孙中界自断手指。而起始浦东新区政府称"原南汇区交通行政执法大队一中队当场查获的孙中界涉嫌非法营运行为,事实清楚,证据确凿,适用法律正确,取证手段并无不当,不存在所谓的'倒钩'执法问题"。10 月底事件发展发生转机:浦东新区政府认定交通执法大队使用不正当执法手段,已经责成有关部门依法终结该案的执法程序,对当事人做好善后工作。事端经过大体如此,其间上至法学家下到普通市民都通过不同渠道表达了自己的观点,比较一致的对这种"公权碰瓷"行为予以谴责。参见李志鹏等:《钓鱼执法的合法性与合理性界分——上海"孙中界事件"的展开论述》,载《吉林工商学院学报》2009 年第 6 期。

证;第三,未取到口供就不让孙中界小便属于以暴力或侵害公民身体的方式违法取证。

虽然存在以上违法取证行为,但并不因此得出"钓鱼执法"或"暗乘"①一概违法的结论。由于某些违法往往串联起了一个利益链条,与违法行为相关联的人员实际都可能是这个链条中的一个利益环节的得利者,相关人员之间会形成违法的利益同盟,因而又使执法人员希望通过相关人员获取证据的难度也进一步加大。因此,摆在世界各国执法人员面前的共同难题是取证难。特别是20世纪60年代以来,违法、犯罪行为发生了巨大变化,贩毒、贿赂、伪造货币、洗钱、卖淫等"无被害人犯罪"日趋隐蔽化、复杂化和智能化。"魔高一尺,道高一丈。"对于这些违法、犯罪行为必须使用隐蔽甚至诱惑侦查的手段,否则往往难以破获,反而会对人类社会带来更大的不利影响。在这种背景下,执法机关选择一些秘密的手段和方法调查违法事实,收集违法证据,是具有一定的合理性的。这就是为什么化妆侦查、卧底、线人、鼓励举报等秘密调查手段得到较广泛运用的原因。国外也存在用隐蔽的方法查清违法事实、收集有关违法证据的情况。放眼国际,"钓鱼"行为并不是中国的专利,英国警察会用"钓鱼"抓毒贩,日本警察会用"钓鱼"抓色魔,等等。如果行政机关只能在违法事实已经彻底暴露、危害结果已经发生的情况下,才公开地进行调查,虽然行政机关将违法调查、违法取证的风险降到了最低,但其对社会秩序的维护以及公共利益、他人合法权益保护的效果也可能大为降低。因此,在对行政机关调查取证的方法选择上应当有一定的宽容度。收集证据是法律赋予行政执法部门的权力和责任,在对黑车查处的过程中,运用"暗乘"的方法就是发现违法事实、收集证据的一种手段。正如其他一切调查、取证手段都必须符合法律规定一样,"暗乘"调查取证过程中也不能违反法律规定。只要执法机关在"暗乘"的过程中,查清了违法事实,按照法定方式形成和收集了相关的证据,在此基础上对"黑车"经营者进行处罚完全是应当允许甚至鼓励的。在上海"钓鱼执法"事件中,如果上海交管部门"钓"的并非张、孙两人,而是真正的"黑车"司机,或者张、孙两人真是非法经营,行政执法部门在已初步掌握证据或得到他人举报的前提下,工作人员假扮乘客或请民众假扮乘客收集证据,只要过程合法,没有"强塞钱"等行为,"钓鱼"又未尝不可?所以问题的关键不在于"钓鱼"本身,而在于在"钓鱼"过程中执法人员所采

---

① 为了区别行政机关查处黑车的隐蔽手段与"钓鱼执法"所指代的各种违法行为,笔者将行政机关采取隐蔽手段查处黑车的行为称为"暗乘"。有法官认为,行政调查"诱惑取证"违反了《最高人民法院关于行政诉讼证据若干问题的规定》第57条定案排除规则及第58条非法证据排除规则的规定,因此以"诱惑取证"手段取得的证据不应采信。参见国家法官学院、中国人民大学法学院编:《中国审判案例要览(2005年行政审判案例卷)》,中国人民大学出版社、人民法院出版社2006年版,第286页。但笔者认为,该法官的观点过于简单化和绝对化,具体情形还应作具体分析。

用的取证方法是否合法,所获取的证据是否符合证据的法定规则。在上海"钓鱼执法"中,出现了一个特殊的群体,他们以获取举报奖金为目的,以举报"黑车"为职业,这种人被媒体称为"钓钩",而组织"钓钩"实施"钓鱼"行为的人被称为"钓头"。对于这种人的举报,笔者认为应当理性地看待。

第一,在政府规定举报有奖的前提下,就应当允许举报人出于获取奖金为目的进行举报,而如果举报人能够通过举报获取稳定的收益,将此作为职业,也没什么不妥。关键还是行政机关应当理性、客观地对待这种举报,必须对这种举报进行核实,取得合法的证据,或者对举报人提供的证据进行核实后才能定案。第二,对"钓头"组织"钓钩"进行的举报,"钓头"从"钓钩"获得的奖金中抽头的行为,应当坚决制止。此时,"钓头"的身份已经不是举报人了,其目的也不是在通过举报违法获得利益,而是一种没有任何正当理由侵占他人利益的行为。问题的严重性还在于,允许"钓头"对其他举报人进行组织,将会形成一个群体,而如果这个群体是通过置他人于不利地位获得利益,则该群体就极有可能演变为不正当的组织。在对上海"钓鱼执法"事件的批评中,有人甚至指斥"钓头"与"钓钩"之间形成了类似黑社会的组织。至于有报道披露某些行政机关的工作人员从"钓头"或者"钓钩"处收取奖金回扣,则是另一个问题了。如果情况属实,这些工作人员构成受贿,应当依法处理,以维护行政机关的形象。第三,如果所谓举报人编造事实、伪造证据或者栽赃陷害,则不仅其举报不能成为行政机关处罚被举报人的理由。相反,行政机关应当依法或者提请其他有关部门依法对所谓举报人追究其法律责任。因为此时所谓的证据,是"钓钩"通过欺骗的方法获取的证据。按照《刑事诉讼法》的规定,不能作为定案的依据。行政机关应当深刻地认识到,这种行为既是对被举报人的侵害,也是对行政机关行使权力、履行职能活动的破坏,严重干扰了国家机关的正常活动。按照我国《刑法》的规定,"钓头"或者"钓钩"的这种行为涉嫌构成诬告陷害罪。上海"钓鱼执法"事件之所以招致如此广泛的批评,其重要原因就是有关机关偏听他人的诬告不实之词,拒不认真听取、核实被陷害者的陈述、辩解,放任钓钩栽赃陷害,对被陷害者实施处罚。如果真像有些媒体披露的,有关人员事先向"钓头"透露执法行动,则涉嫌构成滥用职权。

如果诱惑取证的目的是取得那些有违法意图,或者已经实施违法行为的行为者的违法证据,而不是引诱、教唆那些没有违法意图的人去违法,则这种诱惑取证应当是允许的。比如,行政机关有线索表明某人手中有一批违禁物品准备出手,工作人员假冒购买者与此人联系,在伪装交易的过程中将其抓获。这种行为应当是被允许的。这种做法可以称为提供机会诱惑型。但是,如果被诱惑者本没有违法的意图,执法人员为实现某种利益或者完成任务理念的驱使,准备违法工具,制造违法条件,采取行动勾引当事人产生违法的意图,在当事人实施违法犯罪活动时予以抓捕,这是不被允许的。比如,一名便衣警察对某女子说:"给你100元,陪我过夜。"她不同意;警察增加到500元,她还是不同意;警察再次加价到1000元,她才勉强表示同意。在这种情况下,行政机关不得以卖淫为由对该女子实施处罚,这在国外刑事侦查理论上称为执法圈套,是被禁止的。因为行为人本身并没有违法的故意,只是在执法人员的引诱之下才产生的"犯意",不具有主观危害性,尽管其最终经不起诱惑,实施了或者着手实施违法行为,但其行为并不构成对法律所保护的客体的侵害。也就是说,法律所保护的社会关系并没有被行为人的所谓违法行为所破坏,在客观上并不存在应受制裁的条件。在上海的"钓鱼执法"中,有类似于此的典型"钓鱼"行为。"钓钩"不断加价,诱惑车主载客,车主经不住钓钩以丰厚报酬诱惑,收取钱款将钓钩送到指定地点,虽然其具备了所谓经营"黑车"的构成要件,但其行为并没有对法律保护的客体——出租车经营秩序造成任何损害。

同时,还必须明确各种举报的证据效力:第一,举报的证据效力。举报人的举报内容不得直接作为证据使用,而必须经过一个转换,即通过自己的调查,确认举报人所提交的证据的效力,将举报人的证据转换为行政机关调查的结果。比如,举报人向行政机关提交了其所拍到的录像,行政机关必须对录像的真实性进行审查。如果审查属实,则可以作为行政机关处理的依据。第二,乘客证词的效力。乘客作为知情人,在其乘客的身份得以确立,并且符合法律规定的证人的条件时,是可以作为合格证人的。但无论是何种乘客,仅有乘客的证言是不能认定非法经营的。因为在实行有奖举报的情况下,乘客可能是假扮的,是为了获得奖金假扮乘客乘车,其证言由于涉及切身利益,因而其客观性与真实性是不充分的。因此,笔者主张,仅有乘客的证词,不能认定黑车。行政机关还必须收集到其他证据,与乘客的证词相印证,才能作为定案证据。当然,如果车主没有否认乘客的证词时,则可以以乘客的证词认定黑车。第三,行政机关的线人、卧底和假扮人员的指证效力。首先,线人往往是从违法人员中发展而来,与行政机关达成一定的默契,向行政机关提供违法行为的线索和有关证据。由于其本身并没有调查权,因此线人提供的材料不具有直接的法律效力,应当得到行政机关其他证据的证实,其实,线人的作用主要表现在发现违法线索,为行政机关的调查活动指明方向、提供便利上,而不是表现在作证方面。其次,卧底通常是由行政机关安排的打入违法团伙内部,或者参与违法活动的特殊人员。由于卧底人员本身就是行政机关的工作人员,是受行政机关的安排,通过隐蔽的方式调查违法行为,其身份是公务人员,其所收集到的证据与一般情况下行政机关工作人员收集的证据并没有什么区别,具有合法的效力。最后,行政机关的假扮人员用诱惑调查的方法收集的证据,只要假扮人员没有诱使被调查人员违法,这种证据是有效的。需要注意的是,无论卧底还是假扮人员,他们收集的证据虽然有效,但不等于这些证据就能直接证明相关事实,能否证明相关事实,还要符合证明规则,特别是在只有间接证据的情况下,要形成所谓证据链,排除所有合理怀疑才能证明相关事实。

因此,"黑车"违法行为的隐蔽性,决定了行政机关采用诱惑调查等"暗乘"方法进行调查取证,在法律上应当是被允许的。但是,行政机关的诱惑调查等"暗乘"行为,应当符合《刑事诉讼法》和相关行政法律规范的规定,其所获取的证据,也必须符合《刑事诉讼法》和《行政诉讼法》规定的证据认定规则。上海的"钓鱼执法"事件中,暴露出来的不是诱惑侦查等"暗乘"行为本身的问题,而是由于在这个过程中存在其他一系列违法行为,但不能因为这些问题的存在,就否定了诱惑侦查等"暗乘"行为的正当性、有效性。①

在其后下判的张晖案中,法院再次将此类钓鱼执法方式认定为违法。

案例 10.97　张晖诉上海市闵行区城市交通执法大队行政处罚案

该案中,张晖驾驶私家车途中搭载一名自称胃痛要去医院的"路人",被交通执法大队认定为"非法营运"并罚款 1 万元。据张晖称,他停车后,这名"路人"掏出 20 元钱给他作"路费",强行拔掉他的车钥匙;随即,几个身穿制服的人将他拖出车外,搜去他的驾驶证和行驶证等。在张晖提起诉讼后,上海市闵行区政府宣布该案取证方式不正当,导致认定事实不清,区交通执法大队遵照指令撤销其所作的行政处罚。法院认为:没有证据证明原告张晖存在非法营运的事实,被告的行政处罚违法。②

2. 证据优位规则

证明同一事实的数个证据,其证明效力一般可以按照下列情形分别认定:(1)国家机关以及其他职能部门依职权制作的公文文书优于其他书证;(2)鉴定意见、现场笔录、勘验笔录、档案材料以及经过公证或登记的书证优于其他书证、视听资料和证人证言;(3)原件、原物优于复制件、复制品;(4)法定鉴定部门的鉴定意见优于其他鉴定部门的鉴定意见;(5)法庭主持勘验所制作的勘验笔录优于其他部门主持勘验所制作的勘验笔录;(6)原始证据优于传来证据;(7)其他证人证言优于与当事人有亲属关系或其他密切关系的证人提供的对该当事人有利的证言;(8)出庭

---

① 参见邹荣:《"暗乘"取证的合法性研究——以上海"钓鱼执法"为例》,载《东方法学》2009 年第 6 期。
② 上海市闵行区人民法院(2009)闵行初字第 76 号行政判决书。

作证的证人证言优于未出庭作证的证人证言;(9)数个种类不同、内容一致的证据优于一个孤立的证据。

3.证据补强规则

下列证据不能单独作为定案依据:(1)未成年人所作的与其年龄和智力状况不相适应的证言;(2)与一方当事人有亲属关系或其他密切关系的证人所作的对该当事人有利的证言,或与一方当事人有不利关系的证人所作的对该当事人不利的证言;(3)应当出庭作证而无正当理由不出庭作证的证人证言;(4)难以识别是否经过修改的视听资料;(5)无法与原件、原物核对的复制件或复制品;(6)经一方当事人或他人改动,对方当事人不予认可的证据材料;(7)其他不能单独作为定案依据的证据材料。

4.行政认知规则

下列事实可以直接认定:(1)众所周知的事实;(2)自然规律及定理;(3)按照法律规定推定的事实;(4)已经依法证明的事实;(5)根据日常生活经验法则推定的事实。除前述第(2)项以外,当事人有相反证据足以推翻的除外。

第十一章 行政处罚证明标准

一、行政处罚证明标准概述

行政处罚的证明标准指行政机关在行政处罚程序中利用证据证明违法案件实体性事实和程序性事实所要达到的程度，达到了该程度就可以说证明了法律事实的存在。我国《行政处罚法》第 5 条第 2 款规定，设定和实施行政处罚应当以事实为根据，与违法行为的事实、性质、情节和社会危害程度相当。该法第 40 条规定，依法应当给予行政处罚的，行政机关必须查明事实；违法事实不清、证据不足的，不得给予行政处罚。据此，有学者认为我国《行政处罚法》是以事实为根据的，体现的证明标准是客观真实原则。这实际上混淆了证明标准与事实审查标准的关系。事实审查标准与证明标准是不同的，事实审查标准是行政处罚主体对其认定的事实是否符合证明标准所进行的审查，它以证明标准为基础，以一定的证明标准来衡量案件是否"事实清楚"。如在美国刑事诉讼中事实达到了排除合理怀疑的程度，就可以认定其达到了"事实清楚"的要求，反之则为"事实不清，证据不足"。在我国"一元化"的证明标准仍是主流观点，这一观点不仅体现在诉讼中，而且这一观点也体现在行政处罚。

由于《行政处罚法》实际上并没有明确的可具体操作的证明标准因此，在执法实践中，行政处罚主体在认定案件事实时享受较大的自由裁量权，在每一个行政处罚案件中，怎样才是事实清楚、证据充分确实，完全是由行政机关决定，行政机关作出处罚决定时，依据的是执法人员的认识所形成的"内心确信"，行政机关在心证时享有较大的自由，而现代意义的自由心证不让执法者依照个人情感及认识去自由擅断，而是与其他相关的法律制度相辅相成的。在行政处罚中，心证是存在的，也是不可避免的，但法律必须形成一系列的规则来规范心证，否则，由于没有规则引导"内心确信"，结果必然出现相似的案件不同的处罚结果，从而影响行政处罚的公信度。[①]

[①] 参见郭莉：《试论我国行政处罚的证明标准》，载《法制与社会》2008 年 10 月（上）。

二、目前关于行政处罚证明标准规定存在的问题

（一）标准一元化

由于行政行为的过程性，其证明案件事实的证明方式、证明标准也应具有多样性。问题越轻微简单，就越容易形成"确信"；问题越严重复杂，就越要细心审查，也就是说，在对案件真实情况形成确信之前所需要的有证明力的证据就越多。但目前行政处罚实践不管什么类型的案件一律以"案件事实清楚，证据确实充分"作为统一的证明标准，既不符合法理，又不符合行政处罚的客观实际。行政处罚案件不宜采取过高过严的证明标准，"由于行政机关在调查时，原则上并无强制处分权，在证据之掌握上，向来不若司法机关之有效及完整，因此，对其证据证明力之判断，自不宜采刑事诉讼法上之严格证据主义，此亦为比例原则之表现"[①]。

（二）忽视主观能动性的发挥

如前所述，证明标准虽然具有法定性，有其存在的客观基础，但行政事务具有广泛性、多样性、复杂性，每一类案件的证明标准都应该从法律的直接和隐含的规定中寻找，并对各类案件建立起理性的证明标准，其中自然包含了确认主体自由裁量的成分。因此，行政处罚证明标准的法律规定，一定要给办案人员一个裁量的空间。但立法实践似乎忽视了这个问题。过于严格或整齐划一的证据规格要求固然方便了办案，但却忽视了证明标准的主观性，限制了办案人员主观能动性的发挥。特别需要说明的是，前述证据规格的内容并非每个案件都必须完全达到，还要看个案的危害大小、处罚轻重及是否为当场处罚等因素。不应要求办案人员在立案阶段，就把案件事实搞得一清二楚，也不能要求其对证明标准有同样的认识。证明标准所要求办案人员的是，运用证据证明案件事实所达到的程度与法律对真实的要求还有多大的距离。这个测量距离的尺度是办案人员在长期办案实践中形成的符合法律要求的证明经验，即证明标准。证明标准之所以具有如此特性，是因为其一旦形成就具有了物质的内容。证明标准一旦形成，便获得了生命，成为脱离每一个裁判者而独立存在，对裁判者和其他相关主体具有指导作用和约束力的客观规则。

[①] 洪家殷：《论行政调查中职权调查之概念及范围——以行政程序法相关规定为中心》，载《东吴法律学报》第21卷第3期。

(三) 公正与效率兼顾失衡

行政处罚证明标准应当兼顾公正与效率。但从立法实践来看,似乎仍然热衷于对公正的追求。《行政处罚法》第 5 条"客观真实"一元证明标准。实践中,有些办案人员也一味强调查明案件真相,收集证据事无巨细。这种证明观念,大大降低了调查工作效率,一个案件有时为了某一个细节问题久拖不决。

理论与实践均表明,调查收集的证据材料并不是漫无边际的越多越好,是有一个"度"的,这就是证据的质与量的统一。"度"就依赖于证明标准的确定。公正与效率如何平衡,其"度"如何把握?《最高人民法院关于行政诉讼证据若干问题的规定》的规定值得借鉴。该规定一方面避免遗漏对案件查明有重要意义的证据,另一方面赋予法院一定的裁量权可以控制过多的证据收集。如该规定第 22 条规定了法院依职权调查收取证据的条件;第 23 条规定了法院依申请调取证据的条件。①

(四) 缺乏系统性

行政行为的过程性与层次性的统一,决定行政处罚证明标准应是由一系列具体证明标准组成的系统。但是,目前我国的行政处罚证明标准体系还显得零散。具体表现:(1)由于行政处罚缺乏符合自身证明对象特点的程序规定,因而,证明标准没有依行政处罚不同阶段的证明对象相应确立;(2)对具体证明标准的规定缺乏系统的把握,没有从系统的角度去考察证明标准的合理性;(3)不够丰富的违法构成规定,使不同阶段的证明对象之间缺乏应有的层次性,证明标准存在太多的不确定。

三、建立和完善各类案件的行政处罚证明标准

要建立和完善各类案件的行政处罚证明标准,应当考虑以下因素:第一,具有可操作性。不能过于抽象,而应当易于理解、判断和实施。第二,证明标准的设置应当有利于促进行政处罚主体依法行政、保护相对人的合法权益。标准的设置应当与案件性质相适应,如果标准设置过低将容易侵害相对人的合法权益,如果标准设置过高将不利于促进行政处罚主体依法行政。第三,在一些特定情形下,应当适当

---

① 参见陈少华:《试论海关行政处罚证明标准》,载《理论界》2006 年第 1 期。

降低证明标准。因为行政管理面临的情形非常复杂,适用"一元化"的证明标准会显得僵化而不合理。第四,证明标准与行政实体法的目的相一致。考虑到行政管理的复杂性和多样性,应当设立系统性、多层次的证明标准。① 第五,行政处罚案件类型可以使用的行政权力和强制手段较多,证明标准应当相对严格一些;反之,行政处罚案件类型可以使用的行政权力和强制手段较少,证明标准应当适当放宽一些。比如走私案件海关就有权查询相对人存款、汇款,但其他违规案件海关就无权查询相对人存款、汇款,因此前者的证明标准应当达到"清楚而有说服力"的标准或更高标准,而后者的证明标准应当达到"优势证据"的标准或更高标准。

原最高人民法院副院长李国光在2003年的讲话中指出:由于被诉具体行政行为的类型多样化,与刑事诉讼和民事诉讼相比,行政诉讼证据的证明标准也不是单一的,因此因具体行政行为性质的不同而应适用不同的证明标准。……行政案件证明标准的高低,原则上取决于被诉具体行政行为对原告权益影响的大小。从目前的审判实际看,对于涉及限制人身自由、大额罚没等对行政相对人人身、财产权益影响较大的具体行政行为的案件,可以比照适用类似于刑事案件的证明标准;对于行政裁决类行政案件和其他行政案件,可以比照适用类似于民事案件的证明标准。② 过低的行政处罚证明标准无疑会侵害相对人的合法权益,但过高的行政处罚证明标准也会伤害到行政效率,显然也不符合公共利益的要求,因此,对行政处罚证明标准的立法设定及司法审查都应当在公权与私权、公共利益与个人利益之间作出适当的取舍和平衡。一般来说,行政处罚证明标准应该低于刑事案件的证明标准,而高于民事案件的证明标准。但单处申诫罚的案件、简易程序案件及当场处罚的简单案件应当可以适用更低的证明标准。理由在于:刑事案件直接涉及被告的人身自由、财产权甚至生命权;并且承担证明责任的公诉机关享有立法赋予的包括调查取证、采取刑事强制措施在内的广泛职权,举证能力强大,设置排除合理怀疑这样严格的证明标准是可行的。而民事案件关乎私权,当事人对实体权利及程序权利皆可自由处分,法院误判的后果也没有刑事案件那么严重,加之过于严格的证明标准当事人也无法负担,所以民事案件的证明标准可以适当降低。与前面两种案件相比,行政处罚案件主要涉及财产权和一定程度的自由权,其对公共利益和个人利益影响的程度比刑事案件低、比民事案件高,因此其证明标准也应介于两者之间。

---

① 参见应松年主编:《行政程序法》,法律出版社2009年版,第123页。
② 李国光:《努力开创行政审判工作新局面,为全面建设小康社会提供司法保障》,载《最高人民法院公报》2003年第2期。

(一)根据行政处罚阶段及是否采取行政强制措施区分不同的证明标准

1. 立案的证明标准

立案的证明标准应为"有理由怀疑",即行政处罚主体具备一定的理由和初步的证据怀疑违法嫌疑人的行为涉嫌违反行政法律规范且应受行政处罚,具有进一步调查取证或深入追查价值,同时没有明显超出行政处罚追究时效。因为行政处罚追究时效有时也显得非常复杂,比如涉及连续、继续行为等概念,并非短时间可以判明,所以此处仅限于明显超出时效的才不立案。

2. 行政强制措施的证明标准

行政强制措施也要根据不同强度的措施来采取不同的证明标准,就以检查为例,例行检查的证明标准可控制在"怀疑"(10%)及以下;而作为一般行政强制措施的强制人身检查的证明标准应达到"合理怀疑"(20%);作为即时强制即紧急情形下的强制人身检查的证明标准应达到"相当理由"(超过50%)。正如《京都公约》总附约及专项附约指南中所说:"搜身的类型和程度取决于怀疑理由的合理程度。在可疑程度很高的情况下对人体内部进行搜查才是合适的,而在可疑程度较低的情况下,一般的搜身或轻拍几下就可以。"[1]比如要实施作为一般行政强制措施的强制人身检查,要么除了一般性的怀疑之外还应具备其他证据如具有情报线索;要么是携带物品的性质、数量等明显不正常;要么查获了内容可疑的单据、证件等较大嫌疑的情形下,才能认为达到了"合理怀疑"(20%)的证明标准。[2]

3. 行政处罚的证明标准

行政处罚的证明标准一般至少应达到"优势证据"的标准,而且很多时候都要高于该标准而达到"清楚而有说服力"的标准或更高标准,具体以下内容将有详述。"清楚而有说服力"的证明标准可以从四个方面加以理解:一是行政处罚主体收集的证据较之违法嫌疑人提供的证据和辩解来说具有明显优势;二是该标准并不排除存在合理怀疑;三是行政处罚主体提供的证据之间有清楚的逻辑关系;四是行政处罚主体的证据具有相当的说服力。

---

[1] 海关总署国际合作司编译:《关于简化和协调海关制度的国际公约(京都公约)总附约和专项附约指南》,中国海关出版社2003年版,第403页。

[2] 参见晏山嵘:《海关行政强制研究》,中国海关出版社2013年版,第171~172页。

(二)根据行政处罚轻重区分不同的证明标准

1."排除主要疑点"的证明标准

对于处以人身自由罚、高额财产罚及声誉罚、资格罚、综合罚等案件也即对相对人权益有"重大影响"的案件应达到"排除主要疑点"的证明标准。笔者不赞同处以人身自由罚、高额财产罚及声誉罚、资格罚、综合罚等案件的行政违法案件一律要达到刑事案件的"排除合理怀疑"证明标准的观点,如果坚持此观点,那么大量走私罪嫌疑案件经检察院不起诉或刑事撤案之后就无法再认定为走私行为给予行政处罚,因此笔者认为该类案件应采取"排除主要疑点"的标准。

但目前很多法院对经听证程序的案件及限制人身自由的案件还是持"排除合理怀疑"的证明标准。

案例11.1 福建省霞浦县罗湖湾养殖开发有限公司诉福建省霞浦县安全生产监督管理局行政处罚案

该案中,法院认为:被告在本起事故立案后,调取了事故调查组的询问笔录等证据材料,对证据材料中体现出的冲突未能合理排除。被告在行政处罚程序中未进行调查取证,对原告在听证中提出的异议亦未进一步调查以排除疑点,未能明确原告与事故采石场以及死者之间的法律关系,因而所作处罚决定事实认定不清。①

案例11.2 王志江诉迁西县公安局行政处罚案

该案中,法院认为:在行政诉讼中被告应对其作出的具体行政行为负举证责任,而且在限制人身自由的行政案件中适用的证明标准为排除合理怀疑的证明标准。在本案中,被告认定第三人赵立敏在2007年5月28日公安笔录中称"用镐把打时没人在场,用拳头打时有人在场"、"现场有一个50多岁的老爷子,三四个女的",与张小宝、赵继稳称到过现场看见用镐把打赵立敏相矛盾,且二人是否真正到过现场没有其他证据加以印证,同时与原告、第三人共同认可的目击现场证人张勤、马晓静、周江娜、刘丽丽没有看见原告打第三人相矛盾。张勤、马晓静、刘丽丽、

---

① 福建省霞浦县人民法院(2007)霞行初字第28号行政判决书。参见国家法官学院、中国人民大学法学院编:《中国审判案例要览(2009年行政审判案例卷)》,中国人民大学出版社、人民法院出版社2010年版,第474~478页。

周江娜虽与原告系同一单位职工,通过被告形成的证人证言材料看应具有真实性、关联性、合法性,应予采信。对被告提供的张小宝、赵继稳的证人证言缺乏关联性,不能形成完整的证据链条,不予采信。被告在没有排除以上矛盾疑点的情况下即决定对原告作出拘留五天的行政处罚属于认定案件事实的主要证据不足。①

案例11.3 司付立诉东明县公安局行政处罚案

该案中,法院认为:关于本案中被上诉人司付立是否存在结伙殴打原审第三人张瑞功的违法事实,经查,从上诉人东明县公安局提交的证据看,司行建、司某某等人均否认被上诉人参与殴打他人,证人李某乙称其没有看清被上诉人是否殴打他人,证人位某某证明仅司行建殴打了张瑞功和李某丙,证人王某某、张某某、魏某某等证明司付立殴打了原审第三人,上述证人证言彼此存有矛盾,不能排除合理怀疑。故法院撤销了东明县公安局对司付立的罚款且拘留的行政处罚决定。②

但也有些法院坚持了"排除主要疑点"的证明标准。

案例11.4 某信托投资公司诉某海关行政处罚案

该案"评析"部分认为,该案中,海关作出行政处罚决定的事实由三个部分组成:(1)某信托公司、两第三人于1996年3月签订了进口联营协议;(2)某信托公司、两第三人低于正常应缴进口款项,非法进口波兰及澳大利亚产电解铜共计2004.843吨;(3)伪造广西某对外经济贸易公司的来料加工登记手册进口。

法院审理认为,虽然某信托公司、两第三人于1996年3月签订了进口联营协议这一节事实不能认定,但是该部分事实并不是《海关法行政处罚实施细则》规定的构成走私行为的法定事实要件,该事实不能成立并不能说明走私行为不能成立,而第二部分、第三部分事实则是处罚决定认定构成走私行为的关键事实或基本事实。因此,不能因行政处罚决定中认定的与走私行为无关的部分事实不成立,而否认行政处罚认定走私行为的事实清楚、证据充分。③

---

① 河北省迁西县人民法院(2008)迁行初字第9号行政判决书。
② 山东省菏泽市中级人民法院(2014)菏行终字第43号行政判决书。
③ 参见张海棠主编:《行政诉讼案例精选》,上海人民出版社2003年版,第3~10页。

案例 11.5　肖铁锋诉湖南省攸县公安局收容教育决定案

该案中,法院认为:被告仅根据他人辨认就认定原告嫖娼,主要证据不足。①

我们认为,仅凭辨认,就连"优势证据"的证明标准都没有达到,遑论"排除主要疑点"。据此,上述法院的判决是妥当的。当然,收容教育的法律属性是行政处罚还是其他行政行为可以再研究。

2."清楚而有说服力"的证明标准

对于处以较高额财产罚及行为罚的案件应达到"清楚而有说服力"的证明标准。因为处以较高额财产罚及行为罚的案件既没有影响当事人的"重大权益",也不像一般额度财产罚的案件、单处申诫罚案件及简易程序案件那样强调效率,因此该类案件的证明标准应当介于其间。

应当指出的是,"清楚而有说服力"的证明标准允许一定的合理怀疑的存在。例如某环保行政机关认定甲企业将污染物排入河道中(该河段没有其他企业),作出一个行政处罚决定,甲企业不服提起行政诉讼。该环保行政机关认定甲企业将污染物排入河道的污染程度的证据主要是对河水污染浓度的检测结果,然后根据污染物的浓度和水量之间的关系作出判断。但是,甲企业举出其原料进货单的证据。进货单表明,这些原料通过生产造成的污染程度不可能达到环保行政机关所认定的污染程度。在没有其他证据的情况下,原告甲企业的证据构成环保行政机关认定污染程度的事实的合理怀疑。但法官仍然可以认为河水浓度的检测结果清楚而有说服力,从而支持环保行政机关认定的污染程度的事实。但如果是在刑事诉讼中遇到类似的情形,法官可能会作出另一判断。例如,张三向公安机关承认,曾往水池投入了50克砒霜,公安机关在调查过程中向出售砒霜的人员孙文,出售人员承认曾经卖给张三50克砒霜。但某公诉机关认定张三往水池中投了砒霜100克,主要证据是水池中的砒霜浓度显示水池中有100克砒霜。在刑事诉讼的过程中,在没有其他证据的情况下,法官可以认为张三的陈述和出售砒霜人员的供词构成合理怀疑的理由,不认可公安机关的认定,而只认定张三往水池中投入50克砒霜。②

实践中,有判例认为一般的行政处罚案件都应适用"清楚而有说服力"的证明标准。

---

① 湖南省衡东县人民法院(1998)东行初字第29号行政判决书。
② 参见甘文:《行政诉讼证据司法解释之评论——理由、观点与问题》,中国法制出版社2003年版,第180~181页。

案例11.6 王桂华诉杭州市公安局拱墅区分局行政处罚案

该案中,法院认为:行政案件一般应适用清楚而有说服力的证明标准,具体到本案中,公安机关要确认章燕实施了殴打或故意伤害王桂华身体的治安违法行为,其收集的证据必须达到:一、证明章燕实施了殴打或故意伤害王桂华身体的证据对于其他相反或不同的证据而言具有明显的优势;二、证明章燕实施了殴打或故意伤害王桂华身体的证据之间有清楚的逻辑关系;三、证明章燕实施了殴打或故意伤害王桂华身体的证据充分并具有一定的说服力。根据前述分析,除了王桂华的第二次以及程弓的第一次询问笔录中,提及实施侵害行为的对方为章燕、章志飚、章水桥三人外,其他目击事件的人员均未明确表明章燕有殴打或故意伤害王桂华身体的事实,并且在王桂华的第二次以及程弓的第一次询问笔录中,程弓及王桂华对章志飚、章水桥的侵害行为均有详细描述,但都未述及章燕侵害王桂华的具体情节。据此,本院认为,证明章燕有殴打或故意伤害王桂华身体的证据,与其他证据相比,尚不能达到具有明显优势。据此,杭州市公安局拱墅区分局以无充足证据证明为由,对章燕作出不予行政处罚决定,其实体处理并无不当。[1]

案例11.7 孟结实诉确山县公安局行政处罚案

该案中,法院认为:被告享有本案处理职权。在事实方面,虽然缺少接警后,处置现场时的证据,但现有证据已达到清楚而具有说服力的证明标准,原告未提供证明被诉具体行政行为认定事实不清或错误的证据,可以认定被诉具体行政行为事实清楚。[2]

有的法院因为案件没有达到排除主要疑点的证明标准而撤销了行政处罚。

案例11.8 连云港美好电子有限公司诉南京海关行政处罚案

该案中,法院认为:原告两批货物进口时均申报为进料加工的保税货物。海关对货物的查验、封存是按保税货物实施严格监管的,原告以伪报达到走私目的的主观故意难以认定。原告第一批货物进口海关即查验放行,并未提出是整机属于伪报,否则原告不可能进口第二批同样的货物。客观上两批货物进口后一直处于海

---

[1] 浙江省杭州市中级人民法院(2013)浙杭行终字第245号行政判决书。
[2] 河南省确山县人民法院(2010)确行初字第8号行政判决书。

关监管之下。申报进口冷气机(制冷机)散件,实际进口了空调整机,虽属同类货物,却与原申报品名不符,已构成违反海关监管规定中申报不实的行为。应当依照《海关法行政处罚实施细则》第 11 条第(5)项规定予以处罚。被告对此则依照《海关法行政处罚实施细则》第 3 条第(2)项以构成走私行为予以处罚,属于适用法规不当应予撤销。同时,被告据以认定原告转关途中夹藏并出售进口家电行为的有关证据,经审查,这些证据只能证明 1993 年 5 月底至 6 月初,南京百货站家电公司与操福建口音自称蔡左明的人交易,并接收、出售过一批进口家电,但没有充分的证据证明原告参与交易及转关途中卸货。被告既缺乏直接证据,所举间接证据对有关进货时间、地点等关键问题,模棱两可,说法不一,难以互相印证又不能形成证据锁链。被告的证据亦无法否定有的证人当庭证明原告转关运输的集装箱卡车到达纺织品仓库,其海关封志完好无损的证词。因此,撤销海关处以追缴走私货物等值价款计人民币 7,191,410 元的处罚。①

3."优势证据"的证明标准

对于处以一般额度财产罚的案件应达到"优势证据"的证明标准。对于影响相对人一般性权益的案件不宜适用过高的证明标准,因为这类案件调查取证的空间有限、对时限要求较高,因此适用类似民事诉讼案件中的"优势证据"的标准是合适的。

4."均衡证据及排除滥用职权"的证明标准

一般来说,对于单处申诫罚案件及简易程序案件应当适用"均衡证据及排除滥用职权"的证明标准。对于单处申诫罚案件及简易程序案件,一般都是当场发现当场处罚,案情简单且由执法者直接目击发现,不易出错,而且相应处罚对相对人权益影响较小,因此适用"均衡证据及排除滥用职权"的标准是妥当的。有观点认为,该类案件的证明标准应为"优势证据"标准②,笔者认为值得商榷,因为该类案件很多时候纠纷双方的证据对比往往是"一对一",执法人员的陈述在性质上也不属于公文,比起相对人的陈述来说并不具有天然的优势地位,因此很多时候该类案件很难达到"优势证据"的证明标准。还有观点认为,该类案件的证明标准应为"排除滥用职权"标准③,笔者认为并不妥当,因为"排除滥用职权"仅仅是表明执法人员没有滥用职权而已,对是不是按照法定程序收集了证据该标准根本就无法解释,显然不

---

① 江苏省高级人民法院(1994)苏高法行初字第 2 号行政判决书。
② 参见黄新波:《道路交通违法当场处罚之法律适用——杨桦林与珠海市公安局交通警察支队拱北大队行政处罚纠纷案》,载《判例与研究》2011 年第 2 期。
③ 参见徐继敏:《行政处罚证明标准初探》,载《四川师范大学学报(社会科学版)》2007 年第 6 期。

能认为只要执法人员没有滥用职权即便没有任何证据也可以处罚。因此,笔者认为应当采用"均衡证据及排除滥用职权"的证明标准为妥。

实践中,也有由于相对人为残障人士,而严格把握证明标准的情形。

案例11.9　李某诉北京市公安局某区公安分局行政处罚案

该案中,法院认为:原告作为盲人,其本人无法阅读被告对其所制作的任何材料,即使被告的执法人员向其进行宣读,其也无法确认所签名或加盖指纹的材料是否即为宣读的材料。因此,为了保障盲人在行政程序中正常、有效地行使权利、履行义务,有必要依据前述程序性规定进行录音、录像或者请相关人员陪同在场。本案中被告对原告李某履行程序的各环节均是在李某一人在场且无录音、录像的情形下进行的,不符合正当程序的基本原则。同时,正是由于被告履行程序不当,李某未对其《询问笔录》的内容予以确认,李某又当庭否认了笔录中记载的内容,仅凭民警的证言不足以证明案件的事实。因此,被告认定李某扬言到天安门放火自焚的证据不足。综上,被告作出的涉案行政处罚决定的证据不足、程序违法,应予撤销。①

此外,因为该案公安部门处以的是拘留的行政处罚,按照我们的观点应当采用"排除主要疑点"的证明标准,以此来衡量在案证据肯定是达不到的。

案例11.10　廖宗荣诉重庆市交警二支队行政处罚案②

该案中,《最高人民法院公报》的"裁判摘要"就适用简易程序当场处罚的该案如何适用证明标准阐述如下:第一,依照《道路交通安全法》第87条规定,交通警察

---

① 参见北京市高级人民法院行政审判庭编:《行政诉讼案例研究(九)》,中国法制出版社2015年版,第1~5页。

② 该案基本案情为:2005年7月26日8时30分,被告重庆市公安局交警二支队的执勤交通警察陶祖坤示意原告廖宗荣靠边停车。陶祖坤向廖宗荣敬礼后,请廖宗荣出示驾驶执照,指出廖宗荣在大溪沟嘉陵江滨江路加油(气)站的道路隔离带缺口处,无视禁止左转弯交通标志违规左转弯。廖宗荣申辩自己未左转弯,警察未看清楚。陶祖坤认为廖宗荣违反禁令标志行车的事实清楚,其行为已违反《道路交通安全法》的规定,依法应受处罚,遂向廖宗荣出具516号处罚决定书。廖宗荣拒不承认违法事实,拒绝在处罚决定书上签字,陶祖坤在516号处罚决定书上注明,并将该处罚决定书的当事人联交给廖宗荣。廖宗荣虽交纳了200元罚款,但不服516号处罚决定书,向重庆市公安局申请行政复议。2005年9月13日,重庆市公安局作出行政复议决定,维持了516号处罚决定书。廖宗荣仍不服,遂提起本案行政诉讼。法院判决书将本案的争点整理为两个:交通警察一人执法时的证据效力如何认定? 交通警察一人执法时当场给予行政管理相对人罚款200元的行政处罚,是否合法? 但第一个争点对于第二个争点而言却具有决定性的意义,故而,整个案件的争点可以归纳为一个,即对一人执法所形成的一对一证据应如何审查认定?

执行职务时,对所在辖区内发现的道路安全违法行为,有权及时纠正。交通警察对违法行为所作陈述如果没有相反证据否定其客观真实性,且没有证据证明该交通警察与违法行为人之间存在利害关系,交通警察的陈述应当作为证明违法行为存在的优势证据。第二,交通警察一人执法时,对违法行为人当场给予200元以下罚款,符合《道路交通安全法》关于依法管理,方便群众,保障道路交通有序、安全、畅通的原则和该法第107条规定,也符合《道路交通安全违法行为处理程序规定》第8条规定,是合法的具体行政行为。[1]

案例11.11　金国海诉绍兴公安交警支队行政处罚案

该案中,两审法院的观点如下:绍兴市越城区人民法院认为,根据《道路交通安全法》第5条、第87条第1款规定,被告绍兴市公安局交通警察支队具有对辖区内的道路安全进行管理的法定职责,郦大泉、宋伟祥作为被告派遣的执行警务的交通警察,对在辖区内的交通行为有权及时予以纠正。根据郦大泉、宋伟祥陈述,2009年10月16日上午9时50分许,原告驾车途经104国道昌安环岛时未按规定使用安全带。两名交警陈述客观真实,且原告自认与两执勤交警没有利害关系,故该陈述属优势证据,应当作为认定事实的证据。原告既未能提供证据证明自己并不存在违法事实,亦不能证明执勤交警有滥用职权的故意,故其诉辩不予采信支持。绍兴市中级人民法院经审理认为:一、法律认可在适用简易程序的交通违法案件中可以由一名交通警察现场作出行政处罚,这一规定是基于交通违法行为具有结果不易固定的特殊性,而交通民警作为现场目击、执行公务的人,法律赋予了其特定职责,而本案的行政处罚系据此作出。二、在被上诉人现场作出的行政处罚决定书中,载明上诉人的违法行为是未按规定使用安全带,对该认定具有现场笔录的效力。三、两名相关民警均出庭陈述了证言,证明上诉人未使用安全带,其陈述较为客观,具有可信度。被上诉人在本案中对事实的认定已具有优势证据,在不能证明被上诉人包括现场民警对其存在偏见等情形,使其证据难以采信的前提下,上诉人仅持有异议,或者主观认为民警作证有利害关系,均不能削弱被上诉人证据的证明力。上诉人认为不存在未使用安全带违法行为的上诉理由法院不予采信。[2]

笔者认为,上述判例的"裁判摘要"及判决有关内容值得商榷,如其认为交警的

---

[1] 载《最高人民法院公报》2007年第1期。
[2] 绍兴市越城区人民法院(2010)绍越行初字第1号行政判决书及绍兴市中级人民法院(2010)浙绍行终字第16号行政判决书,载《人民法院报》2010年10月28日,第6版。

陈述对比相对人的陈述来说是优势证据,笔者认为其中问题在于交警的陈述是在行政处罚之后所进行的,违背了"先取证、后裁决"的原则,按照《最高人民法院关于行政诉讼证据若干问题的规定》第60条第(1)项的规定,被告在作出具体行政行为后或者在诉讼程序中自行收集的证据,不能作为认定被诉具体行政行为合法的依据。因而,执法人员的陈述应当不具有证据的效力。有观点认为,该类案件的《行政处罚决定书》可以当成现场笔录这种证据形式来使用,而交警的陈述仅仅是对该《行政处罚决定书》的进一步解释说明而已。[①] 笔者认为,该观点值得商榷,《行政处罚决定书》是行政处罚的最终载体和法定形式,如果允许用《行政处罚决定书》来证明行政处罚本身的合法性,笔者认为具有循环论证、自己证明自己的意味,而且以后的行政处罚是否都不用收集证据了呢？行政处罚主体作出行政处罚决定后,原则上应当停止调查取证,原因主要有五点:第一,受"行政有证在先原则"的约束,证据的调查和收集应当在处罚决定之前;第二,受行政效率原则的约束,处罚决定作出之后一而再地收集证据必然影响效率;第三,受"一事不再罚原则"的约束,行政处罚主体作出处罚决定之后,再收集证据证实当事人的违法事实已无必要;[②]第四,受行政行为的不可改变力的约束,无论是行政处罚主体还是其上级主体没有法定理由均不得改变已经作出并生效的处罚决定;[③]第五,受法的安定性原则、信赖保护原则及诚实信用原则的约束,如果允许在处罚决定之后还允许调查取证,必然使法律社会生活呈现出不稳定的状态,进而会损害相对人的生活秩序及其信赖利益,同时也违背了以善意和公平为核心内容的诚实信用原则。

有的法院就明确认为《行政处罚决定书》不能代替现场笔录或询问笔录等证据。

案例11.12　彭革中诉仁怀市公安局交通警察大队行政处罚案

该案中,法院认为:被告辩解:"……简易程序中的处罚决定书有询问笔录的意义,原告签字即是认可,不认可应在签字时注明不认可。因案发路口的监控资料只保存一个月,原告当场未提出异议,故未对监控资料进行提存",但"处罚决定书"与"询问笔录"的法律功能或意义并不相同,"处罚决定书"属于具体行政行为的载体,不能替代"询问笔录",不能反映行政相对人的申诉或辩解意见,被告也未制作询问笔录反映原告是否认可违法事实以及有关申诉或辩解的情况。在"处罚决定书"上

[①] 参见王贵松:《一对一证据的审查和认定——廖宗荣诉重庆市交警二支队行政处罚决定案评析》,载《华东政法大学学报》2012年第3期。
[②] 参见徐继敏:《行政证据学基本问题研究》,四川大学出版社2010年版,第225页。
[③] 参见章志远:《行政法学总论》,北京大学出版社2014年版,第179页。

签字,系行政相对人的法定义务,表明收到或送达"处罚决定书",具有程序性的意义,"处罚决定书"中所载明的行政相对人的违法行为仍然需要"证据"予以证明,因此被告上述辩解意见没有法律依据,本院不予采纳。①

而且,案例 11.10 廖宗荣案中陶祖坤的陈述是在交通管理局成了被告之后收集的。这时,陶祖坤的陈述就很难说与原告之间没有利害关系,因为作为执行公务的人员,自然要维护被诉行政处罚的合法性。故而,这里所要证明的其实是执法人员在案件之前与原告之间没有个人利害关系。对此姑且不论,也只是证明被告证据真实性的必要条件之一,而非充分条件。易言之,从陶祖坤和原告之间没有利害关系,并不能推导出陶祖坤的陈述就是真实的。有学者认为,"与公文文书具有优势证据地位的原理类似,交通警察陶祖坤作为依法以交警二支队名义履行行政处罚权的执法人员,他就当场行政处罚事实所作的当事人陈述,或可被视为优势证据"。② 笔者认为,论证执法人员的陈述具有优势地位是有难度的。一般而言,鉴于公务员所代表的国家公信力、公务员受过培训以及公务员撒谎的后果重于一般人,公务员的陈述可以具有一定优势地位。但这种认定的前提是公务员与具体的案件无关。而行政处罚行为系执法人员作出,再由执法人员口头陈述证明行政处罚行为的合法性,这显然有悖于自然公正的原则。此外,当事人还可以主张反证,如交警有无罚没指标、交警有无滥用职权、交警与被处罚人有无个人的利害关系、有证据证明违法地点装了交通监控设施但交警部门无法提供监控视频或照片③等。相对而言,最后一种情形比前面几种情形更容易证明。④

同时,因为办理该类案件既要及时阻止违法还要提高效率,因此要达到优势证据是有难度的,在处罚之前能达到"一对一"的证据就已经很不错了,所以笔者不赞同上述"裁判摘要"中所主张的"优势证据"标准,而主张"均衡证据及排除滥用职权"标准。笔者建议增加交通设施的投入,多采用电子摄像、人工拍照或使用便携式录音录像设备等方式并应当及时提取证据、固定证据,如果做不到这一点的话,则在当场行政处罚之前应当填制现场笔录,其格式可以相对简化或使用固定表格。

---

① 贵州省仁怀市人民法院(2013)仁行初第 3 号行政判决书。
② 参见宋华琳:《当场行政处罚中的证明标准及法律适用》,载季卫东主编:《交大法学》(第 1 卷),上海交通大学出版社 2011 年版,第 266 页。
③ 最高人民法院行政审判庭编:《中国行政审判指导案例》(第 1 卷),中国法制出版社 2010 年版,第 31 页。
④ 参见王贵松:《一对一证据的审查和认定——廖宗荣诉重庆市交警二支队行政处罚决定案评析》,载《华东政法大学学报》2012 年第 3 期。

但当法律、法规对取证方式有特定要求时,行政处罚主体所获取的"一对一"证据必须符合规定要求。

案例 11.13　苏某诉广州市某区交警大队行政处罚案

该案中,法院认为:根据公安部《交通警察道路执勤执法工作规范》的规定,"查处机动车违法停车行为应当使用摄录设备、清障车等设备"(第47条);"驾驶人员虽在现场但拒绝立即驶离的,应当摄录取证,依法对驾驶人的违法行为进行处理"(第49条)。在公安部已对此类行为的取证方式作出明确规定的情况下,执勤交警未按上述规定使用摄录设备取证并作出相应的行政处罚,显然属于主要证据不足。[1]

此外,笔者认为,对待交通管理违法行为还要根据样态不同在证明标准方面作精细化区分,比如对待动态式违法行为,因为首要目的是制止违法以有效控制动态危险源,然后才是公正处理,所以这时候就是效率优先、兼顾公平,可以采用"均衡证据及排除滥用职权"的证明标准;但如果针对的是静态式违法行为特别是不能当场处罚的行为,如某些无人在场的违章停车行为,这时候执法应当是公平优先、兼顾效率或使两者处于均衡状态,因此这时候证明标准可以略微提高,可要求达到"优势证据"的证明标准。实践中,有的判例也显示出这种倾向。

案例 11.14　苏汇斌诉广州市公安局交通警察支队东山大队行政处罚案

该案中,法院认为:2006年1月1日起施行的《交通警察道路执勤执法工作规范》第47条规定,查处机动车违法停车行为应当使用摄录设备、清障车等设备;第49条规定,驾驶人员虽在现场但拒绝立即驶离的,应当摄录取证,依法对驾驶人的违法行为进行处理。被上诉人认定上诉人违法停车且虽在现场但拒绝立即驶离,且未依照上述规定使用摄录设备取证,缺乏证明上诉人实施上述违法行为的现场摄录资料;在公安部已就交通警察查处此类违法行为的取证方式作出明确规定的情况下,被上诉人的执勤民警仍未按上述规定取证,仅凭自己的执勤判断认定上诉人实施了上述违法行为并对其作出相应的行政处罚,显属主要证据不足。原审判

---

[1] 李朝涛等:《广州三起"民告官"案,消防交警房管均败诉》,载 http://www.lawtime.cn/info/xingzheng/xzanli/2007070643300.html,最后访问日期:2008年9月11日。

决对该事实的认定,依照上述规定,亦属主要证据不足,应予撤销。①

案例 11.15　宋英群诉郑州市公安局交通警察支队第十大队行政处罚案

该案中,法院认为:被告作出行政处罚决定,没有提供证据证明原告违法停放车辆,其依照简易程序作出的行政处罚没有证据,依法应予撤销。②

（三）根据是否属于推定责任区分不同的证明标准

如果属于推定责任的案件,行政处罚证明标准要相对降低,处罚的主体部分一般仍需要达到"清楚而有说服力"的标准,但针对违法嫌疑人的解释或辩解部分行政处罚主体只需达到"优势证据"标准即可。比如海关处罚短少保税料件不能提供正当理由的案件,行为人提出保税料件案发前曾经被盗,并提供了当地派出所出具的被盗报案证明,故不承认短少。笔者认为,对于报案证明只能证明行为人曾报过案,但对于是否被盗未达到优势证据要求,故海关可以不采纳其意见。如果不属于推定责任的案件,行政处罚证明标准一般至少要达到"清楚而有说服力"的标准。

（四）区分实体性事实还是程序性事实的证明标准

对于实体性事实的证明标准按照处罚轻重可以分为"排除主要疑点""清楚而有说服力""优势证据""均衡证据及排除滥用职权"的标准四类。行政处罚中的实体性事实涉及剥夺相对人的权利或增加其义务或影响其声誉,而程序性事实一般来说只是为了解决行政处罚过程中的程序性问题,其性质不像实体性事实那样严重,因此程序性事实应当采用较低的证明标准。一般而言,执法人员对某一案件的程序性事实形成的心证程度,应当达到"优势证据"的证明标准,也即只要行政处罚主体提供证据证明已履行的程序已超过50%的盖然率。易言之,只要能够证明履行了程序的可能性比未履行程序的可能性大就可以了。

四、应当适当降低证明标准的情形

"随着经济和社会的发展,行政法不再是简单的控权论,行政法既要保障公民

---

① 广东省广州市中级人民法院(2007)穗中法行终字第 154 号行政判决书。
② 河南省郑州市金水区人民法院(2013)金行初字第 136 号行政判决书。

合法权益,又要保障行政权的积极实现,以增进社会福祉。"①为确保行政处罚工作的正常开展,对以下三种情形,应适当降低证明标准:

(一)证明妨碍

当事人是否配合调查,对行政处罚主体调查取证来说无疑是非常重要的。虽然我国《行政处罚法》第37条第1款规定"当事人应当协助调查",但是对于当事人不协助调查的情形,法律没有规定其应承担的责任。在调查权限、手段等有限的情况下,办案难度增大,甚至导致调查取证工作难以开展。

当前,在行政处罚实践中,当事人拒不配合调查的情况时有发生,比如拒不接受约见、拒不提供涉案资料等。这些都对行政处罚主体办案造成较大影响,降低了办案效率,增加了执法成本,更为严重的是:如果个别当事人因为拒不配合调查逃避了处罚,势必将产生示范效应,更加不利于行政管理秩序的维护。所以,对于拒不配合调查的当事人,在通过证据固定这一事实的情况下,应当酌情适当降低证明标准。

(二)证明困境

在行政处罚实践中,有些案件事实的证明难度非常大,甚至当事人自身都难以提供充分的证据材料证明相关事实。以海关的加工贸易后续监管类案件为例,其特点有:第一,对案件事实的证明需要很多专业性和技术性的知识积累,相对人是专家。比如有关加工贸易单耗的案件,可能涉及成千上万种原材料,对相关事实的证明涉及加工工艺、技术标准、生产流程等,证明起来非常困难。第二,相关证据复杂而繁多,收集区分困难重重。对于大型的加工贸易企业,如制鞋企业,一年有几百个甚至几千个订单,如果企业还同时开展一般贸易和国内销售的话,那么要从单证、资金、物流等角度证明相关案件事实,难度将异常之大。对于这些证明难度非常大的案件,证明标准有必要予以一定程度的降低。②

---

① 徐玉红等:《论行政程序合法的证明标准》,载《湖北函授大学学报》2008年第1期。
② 参见王琦珺:《海关行政处罚证明标准研究——从重庆廖宗荣违规左转弯案说起》,载《上海海关学院学报》2013年第3期。

(三) 自认

在行政处罚案件中,当事人自认其违法行为能否作为处罚依据。关于这一点,《最高人民法院关于行政诉讼证据若干问题的规定》第 67 条规定:"在不受外力影响的情况下,一方当事人提供的证据,对方当事人明确表示认可的,可以认定该证据的证明效力。"但值得注意的是,在行政处罚实践中,出于保护公共利益的需要,仅有行政相对人的自认不足以使行政处罚主体的举证完成,而应当认为是提升被认可证据的证明力,实际起到了降低证明标准的效果。[1]

案例 11.16 卢某诉某市工商行政管理局某区分局行政处罚案

该案中,法院认为:原告卢某自述受人之托为汪某、卢某某、李某办理工商登记,但被告某工商分局仅依据原告卢某的口述、汪某的投诉及某派出所的证明就认定原告卢某未取得营业执照,擅自从事登记注册代理经营活动,并获得违法所得 6000 元欠妥。故被告对原告卢某作出的《行政处罚决定书》虽履行了相关程序,但认定事实不清,应予以撤销。[2]

实践中,如果有当事人自认,同时又有其他证据予以印证,可以认定违法事实及作出处罚。同时,即便当事人自认之后又翻供或拒不承认之后又自认的,也要结合其他证据及其主观心态变化的原因等综合评价。

案例 11.17 叶学福诉温州市公安局行政处罚案

该案中,原告叶学福被指控其与暗娼章某商讨嫖娼。在派出所讯问时,叶谎称自己叫"陈长波",是永嘉县个体户,他承认自己有嫖娼意图。结果,被处 10 日行政拘留。在身份暴露后,叶学福推翻了原先的交代,称自己只是出于好奇而与章某搭讪。一审、二审法院采信了叶学福的事后陈述。浙江省高级人民法院再审认为,叶学福在派出所的交代与暗娼章某的交代基本一致,结合三名联防队员的证词和叶

---

[1] 参见张华:《试论卫生行政处罚证明标准的确立》,载《中国卫生法制》2011 年第 4 期。
[2] 北京市高级人民法院行政审判庭编:《行政诉讼案例研究(九)》,中国法制出版社 2015 年版,第 43~46 页。

隐瞒身份、自愿接受处罚的情节,可以认定叶学福原先的交代符合事实。[1]

案例 11.18　何希光诉汕尾市工商局行政处罚案

该案中,原告何希光先后被提讯 21 次,其声称,前 20 次他都未承认是用于倒卖的;只有最后一次,承认其携带的美元和港元是用于倒卖的。被告只提供最后一次提讯笔录,拒绝提供前 20 次提讯笔录,且未说明任何理由。广东省高级人民法院二审判决以此推定,原告前 20 次提讯中均未承认其随身携带的美元和港元是用于倒卖的,并由此认定行政处罚决定主要证据不足,予以撤销。[2]

---

[1]　最高人民法院中国应用法学研究所编:《人民法院案例选·行政卷》(1992～1999 年合订本),中国法制出版社 2000 年版。

[2]　最高人民法院中国应用法学研究所编:《人民法院案例选·行政卷》(1992～1999 年合订本),中国法制出版社 2000 年版。

第十二章 行政处罚的定性与量罚

一、行政处罚的定性

行政处罚的定性是指行政处罚主体代表国家判断当事人的行为是否符合某种违法构成要件(包括积极的违法本体要件及消极的处罚排除要件),适用具体法律规定对违法行为或违法事实的法律属性予以确认的活动。换句话,其实定性问题也就是对违法行为适用法律的"行为模式"内容是否准确的问题,定性不当或定性错误也可以称为事实认定错误,而事实通常又是和法律适用紧密相连的,因此事实认定错误有时候也会导致法律适用错误。

需要说明的是,这里所说"违法行为"是指"法律事实",而非纯客观事实。应当指出,该部分的违法行为定性与"事实方面的前提条件"之区分是逻辑上的,但在处罚实践中,两者可能互为前提。对违法行为的初步认定可能会导致对"事实条件"的关注,而对"事实条件"的关注有可能会促成行政处罚主体进一步注意相关事实。不同的事实情况会影响"事实条件"的选择适用。行政处罚主体需要在两者之间视线往返。①

一般来说,定性重点关注的是主观过错方面、客观行为特征方面,有时候行为是既遂还是未遂还是预备也影响定性,因为就某些特定的违法行为而言如果其尚处于预备或未遂状态就可以将其定性为不违法或不应受行政处罚的行为。

(一)主观过错及客观行为影响定性的情形

案例 12.1 蔡玉祥诉上海市公安局松江分局行政处罚案

该案中,法院重点关注了客观行为及主观故意,法院认为:《治安管理处罚法》

---

① 参见何海波:《行政行为的合法要件——兼议行政行为司法审查根据的重构》,载《中国法学》2009 年第 4 期。

第43条第2款规定:"有下列情形之一的,处十日以上十五日以下拘留,并处五百元以上一千元以下罚款:(一)结伙殴打、伤害他人的……"被告认定原告及其女儿蔡卉殴打第三人的行为属于结伙殴打情形,故适用《治安管理处罚法》第43条第2款对原告进行了处罚。对此,本院认为,结伙殴打,主观上有实施结伙殴打的意思联络,有纠集过程。本案中,被告提供的多份《询问笔录》、视频资料等证据可以证明,原告与其女儿蔡卉主观上并未事先通谋,不存在实施结伙殴打他人的故意,亦无纠集过程。原告在看到其女儿蔡卉与第三人赵凤芹互殴后上前欲帮蔡卉,后其因被第三人牟敬楠推打故而对牟敬楠击打数拳,上述事实不存在结伙殴打的情形。故被告认定原告结伙殴打他人,属认定事实不清,定性不当。①

案例12.2 邱鸿盛诉东莞市公安局行政处罚案

该案中,法院认为:东莞市公安局认定邱鸿盛该行为违反《道路交通安全法》第70条第1款关于"在道路上发生交通事故,车辆驾驶人应当立即停车,保护现场;造成人身伤亡的,车辆驾驶人应当立即抢救受伤人员,并迅速报告执勤的交通警察或者公安机关交通管理部门。因抢救受伤人员变动现场的,应当标明位置"的规定,构成交通肇事逃逸。法院认为,参照公安部《道路交通事故处理程序规定》第85条第(1)项规定:"'交通肇事逃逸',是指发生道路交通事故后,道路交通事故当事人为逃避法律追究,驾驶车辆或者遗弃车辆逃离道路交通事故现场的行为。"此处规定的"法律追究"不但包括民事赔偿责任,还包括因饮酒、醉酒等违法驾驶行为而依法应当承担的行政或刑事责任。由于邱鸿盛在发生本案事故后驾车离开现场并未标明现场位置的情况,邱鸿盛送伤者去医院后即离开没有留下联系方式,导致公安交通部门未能查清事故现场情况以及邱鸿盛事故时的身体、精神状况,东莞市公安局认定邱鸿盛构成交通肇事逃逸,并无不当。②

案例12.3 王磊诉东莞市公安局交通警察支队南城大队行政处罚案

该案中,法院认为:该案争议的焦点在于王磊在事故发生后是否存在逃避法律追究的故意。案涉事故发生在凌晨,王磊与梁龙茂等人因车费问题发生争执,梁龙茂一方有四人且有喝酒的情形,在争执过程中,王磊因生气而未尽注意义务致梁龙茂从车上跌落。综合上述情况,本院认为,南城交警大队提供的证据不足以证明王

---

① 上海市松江区人民法院(2013)松行初字第71号行政判决书。
② 广东省东莞市中级人民法院(2014)东中法行终字第160号行政判决书。

磊当时已明知案涉交通事故的发生。虽然王磊在事故发生后未向公安机关交通管理部门报告事故经过,但在拨打"110"报警后,其已在事故现场附近停留等待警察处理,并在返回事故现场附近确定已无事故对方当事人的情况下才离开,主观上没有逃避法律责任的目的。此外,王磊在南城交警大队第二次询问笔录中的陈述显示警察在来到事故现场时未要求王磊返回现场协助处理事故,这也表明王磊不存在逃避事故责任的主观故意。①

案例 12.4　何明中诉习水县公安局行政处罚案

该案中,法院认为:原告何明中系罗禹洞村村民,因生活困难要求村委会解决低保和医疗费系正当反映诉求的行为,村委会工作人员对其进行解释也是其应尽义务,后双方发生口角纠纷是情绪过激或者方法不当造成,原告经劝解后离开回家,但原告与村委会工作人员发生口角行为及其后果不是寻衅滋事行为,不符合寻衅滋事的主观和客观要件。被告以寻衅滋事定性处罚,是事实认定错误。②

(二)客观行为影响定性的情形

案例 12.5　吉林省鑫鑫源机动车检测有限公司诉长春市工商行政管理局行政处罚案

该案中,法院对能否定性为"不正当竞争行为"重点关注了行为主体、客观行为及主观目的三个方面,法院认为:上诉人鑫鑫源公司存在不正当竞争行为,即上诉人鑫鑫源公司的行为符合不正当竞争行为的三个要件。本案上诉人鑫鑫源公司作为机动车检测机构,属于"其他具有独占地位的经营者",主体要件成立。鑫鑫源公司限定检车用户使用其提供标有"吉林省交警总队监制、长春市交警支队专用"的拓印膜并借此收取费用的行为,该行为属于变相限定检车用户购买其指定经营者的商品,行为要件也成立。"以排挤其他经营者的公平竞争"为目的(结果)要件,该要件属于分析范畴而不是证明范畴。只要滥用其独占地位强制获取了交易机会,就可以顺理成章地推论出,被指定商品(服务)的同类其他经营者相应地丧失了获取该交易的机会,从而排挤了其他经营者的公平竞争,包括现实的竞争和潜在的竞争。之所以将排斥潜在的竞争也纳入损害目的或者后果之列,是因为反不正当竞

---

① 广东省东莞市中级人民法院(2014)东中法行终字第 22 号行政判决书。
② 贵州省习水县人民法院(2014)习行初字第 14 号行政判决书。

争法保护的是竞争或者竞争机制,而不限于保护看得见的现有的竞争者。因此,如果检测机构在"车辆唯一性认定"检测过程中,只要限定用户使用指定的拓印膜,即使不收取费用,也属于排挤其他经营者的公平竞争行为。[1]

案例 12.6 田宝华诉南皮县公安局行政处罚案

该案中,行政处罚主体将盗用行为错误定性为未经允许进入计算机信息网络的行为。法院认为:盗用他人公共信息网络上网账号,通过接入网络进行国际联网的行为不属于未经允许进入计算机信息网络或者使用计算机信息网络资源的行为,而只是一种盗用行为,其后果为造成了新鑫公司的电信资费损失。对此行为应依照有关规定处罚。故南皮县公安局依照《计算机信息网络国际联网安全保护管理办法》第 6 条定性,依照第 20 条进行处罚属定性不准,适用法律不当。故法院最终撤销了南皮县公安局的行政处罚决定并责令其重新作出具体行政行为。[2]

(三)用客观行为推定主观方面进而影响定性的情形

案例 12.7 应唐银诉缙云县公安局行政处罚案

该案中,法院认为:根据《治安管理处罚法》第 19 条第(1)项的规定,行为人违反治安管理情节特别轻微的,可减轻处罚或不予处罚。本案上诉人应唐银在为村里修建公厕后,因修建工资被拒付而与村民应三元发生纠纷,进而发生互扭,故在起因上上诉人并不存在明显过错。双方在互扭时,上诉人虽然也存在用脚踢应三元的行为,但因上诉人手中抱有小孩,其主观上不存在主动殴打应三元的故意,客观上也未造成危害后果。因此,上诉人的行为可认定为上述法条中规定的"违反治安管理情节特别轻微"的情形,可不予拘留处罚。被上诉人缙云县公安局对上诉人作出治安拘留的处罚失当,系适用法律错误。[3]

---

[1] 吉林省长春市中级人民法院(2014)长行终字第 00064 号行政判决书。
[2] 河北省沧州市中级人民法院(2001)沧行终字第 48 号行政判决书。
[3] 浙江省丽水市中级人民法院(2014)浙丽行终字第 30 号行政判决书。

(四)主观方面影响定性的情形

案例 12.8　耿方方诉洛阳市公安局瀍河分局行政处罚案

该案中,法院认为:非法侵入他人住宅是指未经住宅主人同意,非法强行闯入他人住宅,或者无正当理由进入他人住宅,经住宅主人要求其退出仍拒不退出等行为。本案中,在方改珍和耿研研与岳运亭因邻里纠纷发生争执并导致耿研研受伤情况下,耿方方出于激愤到岳运亭家追问缘由,该行为不符合非法侵宅行为的构成要件。①

(五)违法行为发生的地点影响定性的情形

案例 12.9　姜某诉某某县公安局行政处罚案

该案中,法院认为:某派出所民警在排查有吸毒史人员姜甲时,误入姜乙家中,遭原告姜乙辱骂排查民警一句。由于辱骂时是在姜乙的卧室,也并非在公共场合公然进行,而且情节显著轻微,不符合《治安管理处罚法》第42条第(2)项所规定的公然侮辱他人的构成要件。②

(六)违法行为是否进入着手阶段影响定性的情形

案例 12.10　周士健诉江苏省宝应县公安局行政处罚案

该案中,法院认为:对"卖淫嫖娼"的概念以及如何认定,《治安管理处罚条例》并没有作具体的解释。公安部在《关于对同性之间以钱财为媒介的性行为定性处理问题的批复》(公复字〔2001〕4号)中指出"不特定的异性之间或者同性之间以金钱、财物为媒介发生不正当性关系的行为,包括口淫、手淫、鸡奸等行为,都属于卖淫嫖娼行为"。同时,公安部在《关于以钱财为媒介尚未发生性行为或发生性行为尚未给付钱财如何定性问题的批复》(公复字〔2003〕5号)中对卖淫嫖娼概念和具备的条件作出了更明确的说明。"卖淫嫖娼是指不特定的异性之间或同性之间以金

---

① 河南省洛阳市中级人民法院(2010)洛行终字第61号行政判决书。
② 陕西省子洲县人民法院(2014)子洲行初字第00002号行政判决书。

钱、财物为媒介发生性关系的行为。行为主体之间主观上已经就卖淫嫖娼达成一致,已经谈好价格或者已经给付金钱、财物,并且已经着手实施,但由于其本人主观意志以外的原因,尚未发生性关系的;或者已经发生性关系,但尚未给付金钱、财物的,都可以按卖淫嫖娼行为依法处理。"由此可以看出,卖淫嫖娼是不特定的异性之间或同性之间以金钱、财物为媒介发生性行为的行为,包括口淫、手淫、鸡奸等行为。对尚未发生性关系的,构成卖淫嫖娼行为必须同时具备以下条件:(1)行为主体之间主观上已经就卖淫嫖娼达成一致;(2)已经谈好价格或者已经给付金钱、财物;(3)已经着手实施。结合本案,上诉人周士健与王某某之间主观上就卖淫嫖娼已经达成一致(王某某为其手淫),但上诉人周士健与王某某就价格问题仅仅是正在商谈之中,尚未达成一致,更没有实施手淫行为。因此,上诉人周士健的行为并不具备嫖娼的构成要件,被上诉人宝应县公安局认定上诉人周士健的上述行为构成嫖娼是错误的,其依照《治安管理处罚条例》第30条第1款对上诉人周士健进行处罚,系适用法律不当,依法应当予以撤销。①

(七)对不确定性法律概念的不同理解影响定性的情形

案例 12.11 薛媛诉徐州市公安局泉山分局行政处罚案

该案中,法院认为:薛媛在按摩李红亮生殖器的时候被当场查获,于是徐州市公安局泉山分局根据《公安部关于对同性之间以钱财为媒介的性行为定性处理问题的批复》将上述两人行为定性为卖淫、嫖娼违法行为,并根据《治安管理处罚法》第66条第1款的规定予以行政处罚。该定性处罚应予维持。②

甚至最高人民法院对此也持广义的解释。如《最高人民法院关于如何适用〈治安管理处罚条例〉第30条规定的答复》(〔1999〕行他字第27号)规定:"《治安管理处罚条例》第30条规定的'卖淫嫖娼',一般是指异性之间通过金钱交易,一方向另一方提供性服务以满足对方性欲的行为。至于具体性行为采用什么方式,不影响对卖淫嫖娼行为的认定。"

而该种观点在另一个判例中却得到截然不同的解读。

---

① 江苏省宝应县人民法院(2005)宝行初字第8号行政判决书。参见国家法官学院、中国人民大学法学院编:《中国审判案例要览(2006年行政审判案例卷)》,中国人民大学出版社、人民法院出版社2007年版,第13~18页。

② 江苏省徐州市中级人民法院(2014)徐行终字第0070号行政判决书。

案例12.12 罗天华诉清镇市卫生局行政处罚案

该案中,两审法院均认为:江阳区公安分局作出的处罚决定认定韦正能接受异性"乳房按摩"服务的行为属嫖娼行为的主要证据不足,致定性不准,适用法律错误,依法应撤销。①

笔者认为,法院关于该类行为在刑法上的解读值得借鉴。佛山市中院就类似案件争议焦点作出答复。答复称,该案中被告人及证人证言等证据涉案场所只提供"打飞机""洗飞机""波推"三种色情服务。根据刑法学理论,卖淫是指以营利为目的,与不特定的对方发生性交和实施类似性交的行为,不包括单纯为异性手淫和女性用乳房摩擦男性生殖器的行为。根据广东省高院2007年有关介绍、容留妇女卖淫案适用法律问题的批复称,介绍、容留妇女为他人提供手淫服务的行为,不属于刑法明文规定的犯罪行为。故该三种色情服务不属于《刑法》第6章第8节中组织、强迫、引诱、容留卖淫之"卖淫行为"。②

而广东省高院官方微博2013年6月26日也对此发表了"法官说法":"提供手淫服务('打飞机')的行为,现行刑法及相关司法解释均未明确规定为犯罪行为。按照罪刑法定原则,此类行为不认定为犯罪。但是,此类行为明显妨害了社会管理秩序,具有一定的社会危害性,应由有关机关依法查处。此类行为是否作为犯罪及如何处理,应由立法机关和司法解释部门予以明确。"③《最高人民法院关于"程梅英涉嫌组织卖淫案"的批复》(〔2008〕刑他复字第38号)规定:"组织他人提供手淫服务的行为在立法机关未作出有权解释之前,以行政处罚为宜。"

笔者注意到,有的法院认为行政处罚法律规范中援引的民商事法律概念可以突破民商法上的概念范围。

案例12.13 臧君奎诉宿迁市泗阳工商管理局行政处罚案

该案中,法院认为:该案二审期间,合议庭曾产生两种意见。一种意见认为,原告以欺诈手法参与竞买人之间的恶意串通,并收取串通好处费,其违法行为应当受

---

① 四川省泸州市江阳区人民法院(2005)江阳行初字第2号行政判决书及四川省泸州市中级人民法院(2005)泸行终字第150号行政判决书。参见国家法官学院、中国人民大学法学院编:《中国审判案例要览(2006年行政审判案例卷)》,中国人民大学出版社、人民法院出版社2007年版,第8~13页。

② 载http://news.sina.com.cn/c/2013-06-27/071927510033.shtml,最后访问日期:2014年12月30日。

③ 载http://www.21cbh.com/HTML/2013-6-27/3ONjUxXzcxMjI3OQ.html,最后访问日期:2014年12月30日。

到处罚。但鉴于原告不是竞买人,故不能按照《拍卖法》第 65 条①处罚,只能按照《治安管理处罚法》的相关规定处罚;另一种意见认为,原告冒充竞买人以幕后竞买人身份参加竞买人之间的恶意串通,破坏拍卖秩序,应当按照《拍卖法》第 65 条处罚。法院采纳了第二种意见,维持了工商局的行政处罚决定。主要理由在于原告冒充竞买人之名,参加竞买人之间的串通竞买违法行为,其应为直接责任人,其行为已扰乱了拍卖市场秩序,侵犯了国家和企业职工利益,依法应当受到相应的处罚。原告所实施的违法行为与其他竞买人相同,造成的危害后果也相同,在其他竞买人均受到处罚的情况下,如不给予原告处罚,有违公平原则,其他受处罚的竞买人也很难服判,将影响行政执法的效果。因此,法院认为可以工商局可以比照《拍卖法》第 65 条处罚。②

笔者认为,上述法院的最终裁判观点有类推适用的嫌疑,有违处罚法定原则。笔者认为,上述案例中如果把原告和其他竞买人一起作为共同违法行为人予以处罚则可顺利避开类推适用的嫌疑。

二、行政处罚的量罚

量罚主要应遵循五个原则,即比例原则、合目的性原则、公平公正统一原则、一事不再罚原则及申辩不加罚原则。这里我们重点论述量罚的方法。量罚的方法就是将行政处罚具体运用于各种违法案件和违法者的方式或方法,需要区分不同情况加以运用。此外,近年来各地兴起了裁量基准的制定和实施,裁量基准的制度功能在于追求个案尤其是典型个案的正义,其要义是限制而非消灭一线行政机关的裁量空间。为了实现这些基本功能,应当倡导一种理性的裁量基准运作模式,通过主体间权限分工、智识资源整合、程序制度设计等方式提升基准对裁量滥用的遏制作用。③

笔者认为量罚应考虑以下几个方面的因素:

(1)违法主体因素:应考虑当事人身份(是否为特殊主体或有无利用职务便利等)、财产状况、智识水平、处罚对当事人生产经营活动影响的适当性及对其继续从事生产经营活动能力的影响、处罚对当事人正常生活的影响、是否为 70 岁以上老人

---

① 《拍卖法》第 32 条规定:"竞买人是指参加竞购拍卖标的的公民、法人或者其他组织。"原告没有参加竞买报名及交纳报名费,也没有领取竞买号牌。
② 江苏省宿迁市中级人民法院(2008)宿中行终字第 0041 号行政判决书。
③ 参见章志远:《"烟民被拘案"呼唤理性对待裁量基准》,载《行政法学研究》2009 年第 4 期。

或孕妇或哺乳自己不满 1 岁婴儿的妇女、是否为 14 岁至 18 岁的未成年人等。

（2）行政处罚主体因素：行政处罚主体是否此前已了解当事人违法行为而未检查或调查、行政处罚主体执法是否有违法或不当情形、行政处罚主体的执法依据是否明晰或有较大争议等。

（3）前违法因素：如在该领域有无经验、有无违法犯罪前科等。

（4）违法行为人主观因素：违法目的或动机、有无违法故意等。

（5）违法客观行为因素：违法行为的严重性、货物的价值、对贸易管制或国家税收所造成的危害或损害、违法行为是否可带来巨额利益或是否因违法者有意获得该利益而作出、被害人是否已就其所受损害得到适当补偿、违法手段的恶劣程度、有无贿赂行政执法人员、是否对检举人、证人打击报复、有无抗拒或阻碍行政处罚主体执法、有无被胁迫或被诱骗或被教唆违法、有无教唆或胁迫或诱骗或组织他人从事违法行为、违法行为时当事人是否处于心神耗弱、家庭变故当中、有无利用紧急状态或自然灾害、疫病流行的条件实施违法等。

（6）后违法因素：违法后有无自首情节、有无真诚悔过情节、是否如实交代、是否积极配合调查、有无阻止或减轻危害后果发生的举动、是否交纳处罚担保、是否有立功表现、是否隐匿、毁弃、伪造证据或作虚假陈述、证言、是否擅自动用封存物等。

有时在新业态萌生及发展过程中伴随出现的违法行为也会被当作从轻情节或从宽处理的因素。

案例 12.14　陈超诉济南市城市公共客运管理服务中心客运管理行政处罚案

该案中，法院认为：网约车这种客运服务的新业态，作为共享经济产物，其运营有助于提高闲置资源的利用效率，缓解运输服务供需时空匹配的冲突，有助于在更大程度上满足人民群众的实际需求。因此，当一项新技术或新商业模式出现时，基于竞争理念和公共政策的考虑，不能一概将其排斥于市场之外，否则经济发展就会渐渐缓慢直至最后停滞不前。但是同样不容否认的是，网约车的运营需要有效的监管。网约车这种客运行为与传统出租汽车客运经营一样，同样关系到公众的生命财产安全，关系到政府对公共服务领域的有序管理，应当在法律、法规的框架内依法、有序进行。只要是有效的法律、法规，就应当得到普遍的尊重和执行，这是法治精神的基本要求、法治社会的重要体现。因此，在本案当中，我们既要依据现行有效的法律规定审查被诉行政行为的合法性，以体现法律的权威性和严肃性，同时也要充分考虑科技进步激发的社会需求、市场创新等相关因素，作出既符合依法行政的当下要求,又为未来的社会发展和法律变化留有适度空间的司法判断。综上,原告陈超的行为构成未经许可擅自从事出租汽车客运经营,违反了现行法律的规定。但虑及网约车这种共享经济新业态的特殊背景,该行为的社会危害性较小。因此,在本案审理中,应当对行政处罚是否畸重的情形予以特别关注。①

(一)不予处罚

不予处罚是指因有法律、法规所规定的法定事由存在,行政处罚主体对某些形式上虽违法但实质上不应承担违法责任的人不适用行政处罚。法律上通常对不具有责任能力、因生理缺陷原因而违法、正当防卫、紧急避险、意外事故、因行政处罚主体命令而实施违法等情形不予处罚。

《行政处罚法》规定不予处罚的情形如下:一是不构成违法的,当无处罚责任。如违法事实不能成立或违法事实不清、证据不足的。二是虽有违法事实,但依法不承担处罚责任的。如14岁以下的未成年人或精神病人、智力残疾人在不能辨认或者不能控制自己行为时违法等。三是因不具备处罚责任构成要件以外的条件,不承担行政处罚责任。如违法行为因超过法定追究时效不能再追究处罚责任等。四是违法行为轻微并及时纠正,没有造成危害后果的,等等。

执法实践中,不予处罚的情形还有《长春市规划局行政处罚自由裁量权实施办法》第9条第(2)项规定:"违法建设行为发现后,行为人自行拆除,并恢复原状的。"《浙江省食品药品监督管理系统行政处罚自由裁量指导意见》第13条第(6)项、第(7)项规定:"老弱病残、下岗失业等特困弱势群体人员或地点偏远的山区、农村村民主观无故意,又未涉假劣药械,首次违法涉案货值不超过500元,且主动配合查处的","当事人的违法行为与食品药品监督管理部门未履行法定义务有直接关联的"。《公安机关办理行政案件程序规定》第229条第3款规定:"暂缓执行行政拘留的担保人履行了担保义务,但被担保人仍逃避行政拘留处罚执行的,或者被处罚人逃跑后,担保人积极帮助公安机关抓获被处罚人的,可以从轻或者不予行政处罚。"《海南省地方税务局规范税务行政处罚自由裁量权实施办法》第8条第(3)项规定,"因不可抗力原因和税务机关原因导致违法行为发生的","不得给予行政处罚"。

此外,诸多部门如交警部门及工商管理、质量技术监督部门都出台了"首次不罚"的规定,如《宿迁市沭阳质量技术监督局"首次不罚"暂行规定》(以下简称《暂

---

① 载《最高人民法院公报》2018年第2期。

行规定》)《江西省九江市工商局行政处罚首次告诫指导意见》等。以《暂行规定》为例，我们大致可以读出如下内容：(1)实施"首次不罚"具有严格的范围、条件。如《暂行规定》中涉及21类违法行为，且设有"行为轻微且相对人及时纠正，没有造成危害后果，相对人首次且非主观故意违法、能积极配合执法的案件"之要件。所以，它实质上是行政处罚适用的一种例外情形，以满足行政实务中的特别需要。这些内容大致也与此《暂行规定》的"上位法"，即《江苏省质量技术监督局"首次不罚"暂行规定》中界定的"首次不罚"内涵相当，即第3条规定："本规定所称'首违不罚'是指质监部门对违法行为轻微并及时纠正，没有造成危害后果，行政相对人首次且非主观故意违法、能积极配合执法的案件，根据《行政处罚法》等法律法规的规定，依法作出从轻、减轻、免予行政处罚的决定。"(2)设置了一套包括责令整改、审批等在内的行政程序，以规范"首次不罚"决定权的正当、合法行使。如《暂行规定》第4条第1款规定："调查终结，立案调查的稽查部门首先向当事人下达《责令整改通知书》，责令其限期改正，并监督当事人按期改正违法行为。当事人在规定期限内改正的，制作《不予行政处罚审批表》，经局案件审理委员会审理决定，依据《行政处罚法》等法律法规的规定，依法免于行政处罚。"2021年修正的《行政处罚法》也确立了"首违不罚"制度。该法第33条规定，"初次违法且危害后果轻微并及时改正的，可以不予行政处罚"，"对当事人的违法行为依法不予行政处罚的，行政机关应当对当事人进行教育"。

对于"首次不罚"的违法行为，行政机关有加以"提示"的义务。这种提示主要有两种方式：(1)整改告知。整改告知是由行政机关向有违法行为的且符合"首次不罚"的行政相对人发出自我纠正违法行为或者状态的提示。如果行政相对人不履行整改义务，行政机关将依法给予行政处罚。这是一种附条件的"首次不罚"情形。如2009年娄烦县工商局开始试行"警示执法机制"，县工商部门先后向经营户下发《警示整改通知书》，督促35户无照经营户和23户名称、地址不符的经营户办理了相应登记手续，收到了良好的效果。凡初次被工商部门发现有上述行为的经营者，工商部门将先下发《警示整改通知书》，明确整改时限及要求。期满时经回访检查合格，撤销其警示；不予整改的，即转入行政处罚程序。(2)警示。对于没有可以纠正违法行为或者状态内容的情形，行政机关可以警示该行政相对人以后不得再犯。如河南省在实行"首次不罚"中，对高校毕业生创业中的一般性违法违规行为，凡情节轻微、没有对社会和他人造成危害后果的，可给予行政提示、行政告诫，并帮助企业及时纠正，不予行政处罚。如之后再有轻微违法行为，那么行政机关可以依法给予处罚。①

实践中,有的行政处罚主体不该作出不予行政处罚决定却作出了。

案例12.15　蔺春胜诉蒙城县公安局行政处罚案

该案中,法院认为:本案被告蒙城县公安局所属马集派出所在接到报案后,及时进行了受案登记及调查取证,被告调取的证据虽能够证明当时原告蔺春胜与第三人蔺春涛之间因民间纠纷发生撕扯导致原告受伤,但不足以认定第三人的行为情节特别轻微,被告对第三人作出该不予处罚决定,认定事实不清。根据《治安管理处罚法》第43条第2款第(2)项的规定,殴打60周岁以上的人处10日以上15日以下拘留,并处500元以上1000元以下罚款。而被告依据该条、款、项对第三人却作出不予处罚决定,明显适用法律不当。遂撤销了该案的不予处罚决定。②

案例12.16　叶瑞法诉温州市公安局瓯海区分局行政处罚案

该案中,法院认为:原告叶瑞法在纠纷中存在过错,但由于其系残废人,根据《治安管理处罚法》第43条第(2)项的规定,第三人林瑶伤害残疾人的情形,其情节不能认定为特别轻微。被告适用《治安管理处罚法》第19条第(1)项的规定作出行政决定,适用法律错误。③

有的行政处罚主体该作出不予行政处罚而没有作出。

案例12.17　孙丽冬诉洛阳市公安局瀍河分局行政处罚案

该案中,法院认为:孙丽冬和孙焕琴因在公用过道内放置杂物而发生纠纷,将孙焕琴家价值不足10元的垃圾斗从三楼扔到一楼楼下的行为,属于因民间纠纷引起的损毁他人财物行为。但综合双方发生纠纷的起因、经过及造成的损害后果,公安机关对孙丽冬实施限制人身自由5日的处罚,与孙丽冬的违法过错程度明显不相适应。孙丽冬的行为属于《治安管理处罚法》第19条规定的情节特别轻微的违法

---

① 参见章剑生:《罚抑或不罚——基于行政处罚中"首次不罚"制度所展开的分析》,载《浙江学刊》2011年第2期。
② 安徽省蒙城县人民法院(2014)蒙行初字第00022号行政判决书。
③ 浙江省温州市瓯海区人民法院(2014)温瓯行初字第3号行政判决书。

行为,依法应不予处罚。①

案例 12.18　葛武强诉盱眙县城市管理行政执法局行政处罚案

该案中,法院认为:根据《治安管理处罚法》第 19 条第(1)项的规定,行为人违反治安管理情节特别轻微的,可减轻处罚或不予处罚。本案上诉人应唐银在为村里修建公厕后,因修建工资被拒付而与村民应三元发生纠纷,进而发生互扭,故在起因上上诉人并不存在明显过错。双方在互扭时,上诉人虽然也存在用脚踢应三元的行为,但因上诉人手中抱有小孩,其主观上不存在主动殴打应三元的故意,客观上也未造成危害后果。因此,上诉人的行为可认定为上述法条中规定的"违反治安管理情节特别轻微"的情形,可不予拘留处罚。于是撤销了该拘留处罚决定。②

案例 12.19　张香云诉平舆县国土资源局行政处罚案

该案中,法院认为:《行政处罚法》第 27 条规定,"当事人有下列情形之一的,应当依法从轻或者减轻处罚:(一)主动消除或者减轻违法行为危害后果的";该条第 2 款规定违法行为轻微并及时纠正,没有造成危害后果的,不予行政处罚。本案原告在得知其购买的土地系耕地并非宅基地时,及时向法院起诉要求确认其合同无效,法院已作出民事判决,确认合同无效,终止了该违法行为,且争议地块一直种植农作物,没有改变土地用途,也没有造成危害后果,可以不予行政处罚。而被告作出的行政处罚决定书却要求"没收非法买卖的土地上新建的建筑物和其他设施"的处罚,明显缺乏事实根据。③

(二)应当处罚

应当处罚是指必然发生对违法者适用行政处罚或从轻、从重处罚等结果的情形。法条规定的应当处罚,是对行政处罚主体运用行政处罚权的羁束规定,是羁束裁量权的具体表现。凡行为人有违法行为,除法定事由外,都应受处罚,否则就有失法律的公平。

---

① 河南省洛阳市中级人民法院(2009)洛行终字第 57 号行政判决书。
② 江苏省盱眙县人民法院(2014)盱行初字第 0016 号行政判决书。
③ 河南省平舆县人民法院(2014)平行初字第 33 号行政判决书。

(三) 可以处罚

可以处罚是指对违法者或然发生行政处罚适用的结果。可以处罚的规定赋予行政处罚主体的自由裁量权较大,由行政处罚主体在法定的范围内,综合对违法行为的性质、社会危害程度、各种情节等作出裁量。既可以从轻、从重处罚,也可以不从轻、从重处罚;既可以处以一种处罚,也可以处以几种处罚等。

(四) 从轻处罚

从轻处罚是指在法定的罚种和处罚幅度内,较一般情节的处罚减少罚种(法定可同时处两种或两种以上罚种且非强制性并处的情形)、选择较轻罚种或较轻处罚幅度。

行政处罚案件从轻处罚情节包括:主动采取措施,减轻危害后果的;胁迫或者诱骗实施违法行为的;主动供述行政机关尚未掌握的违法行为的;实施违法行为时,当事人已满16周岁,未满18周岁的;其他情节轻微、危害不大,依法可以从轻处罚。《蚌埠市质监系统行政处罚自由裁量权适用规则》第14条规定:"当事人有下列情形之一的,可以从轻处罚:(1)在共同违法行为中起次要作用的;(2)过失行为;(3)首次违法行为;(4)违法行为持续时间较短;(5)积极配合提供相关证明材料;(6)涉案金额不大;(7)产品质量尚可,具有一定使用价值的;(8)没有造成严重危害后果的。"《滁州市行政处罚自由裁量权实施办法》第14条还规定"又聋又哑的人或者盲人实施违法行为的""未曾发生过相同违法行为的""主动中止违法行为的""涉案财物或者违法所得较少,危害后果不大的",应当依法从轻处罚。国家工商行政管理总局《关于工商行政管理机关正确行使行政处罚自由裁量权的指导意见》第3条还规定"因残疾或者下岗失业等原因,生活确实困难的人有违法行为的",可以依法从轻处罚。《广东省卫生厅关于规范行政处罚自由裁量权的试行规则》第12条还规定"实施行政处罚将对行政管理相对人的基本生产、生活造成严重困难的",应当依法从轻处罚。《广东省物价局关于规范价格行政处罚自由裁量权的适用规则》第9条规定"属于管理疏漏造成违法行为,且当事人积极接受检查,认真整改的",从轻处罚。

案例 12.20 李某某诉密云县公安局行政处罚案

该案中,法院认为:关于李某某提出的其患有精神分裂症,应当减轻行政处罚的主张,本院认为,李某某经北京市公安局强制治疗管理处司法鉴定中心鉴定为限制责任能力,根据《公安机关办理行政案件程序规定》第134条的规定,对其实施殴打他人的违法行为,应当予以行政处罚,但可以从轻或者减轻行政处罚,密云县公安局在《治安管理处罚法》第43条第2款第(2)项规定的处罚幅度内选择最轻的处罚,属从轻处罚,符合上述规定。[1]

(五)减轻处罚

减轻处罚是指对违法者突破法定处罚幅度下限适用更轻处罚或突破法律规定适用更轻罚种。减轻的前提必须是在法律上有明确依据,而且减轻处罚不得达到不予处罚的程度。而且如果法律规定的是没有下限的罚款,如规定对某行为处"1万元以下罚款"且仅此一个罚种,那么减轻处罚则应降低一个档次改为警告处罚。笔者认为,对于罚款规定有上下限的情形,应参照我国台湾地区立法,对从轻处罚规定不得少于下限的2倍,而减轻处罚不得少于下限的1/2倍。

减轻处罚的情形主要有:已满14周岁不满16周岁的人有违法行为的;主动消除违法行为危害后果的;配合行政机关查处违法行为有立功表现的;《重庆市盐业行政处罚自由裁量基准》第5条规定:"当事人有下列情形之一的,依法从轻或者减轻盐业行政处罚:(1)已满14周岁、不满18周岁的人有盐业违法行为的;(2)主动消除或者减轻盐业违法行为危害后果的;(3)主动配合执法人员查处其他盐业违法行为,有立功表现的;(4)在查处盐业违法行为过程中,主动纠正盐业违法行为,积极配合调查,认识态度较好,如实陈述违法情况的;(5)受他人胁迫、诱骗、教唆实施盐业违法行为的;(6)主动中止盐业违法行为的;(7)涉案财物或违法所得较少的;(8)其他法律规定应当从轻或者减轻处罚的情形。"《云南省民政厅行使行政处罚自由裁量权规定》第8条规定,"在共同违法行为中起次要或者辅助作用的",应当从轻或者减轻处罚。《长沙市交通运输局行政处罚自由裁量权适用暂行规定(试行)》第10条第(4)项规定"因残疾或者下岗失业等原因,生活确实困难的",可以依法从轻或者减轻行政处罚。《海关总署关于海关行政处罚的当事人"责任年龄"问题的通知》规定"聋哑人或者盲人违反海关法规的",可以减轻或免除处罚。《杭州市质

---

[1] 北京市第三中级人民法院(2014)三中行终字第1191号行政判决书。

量技术监督行政处罚裁量细则》第12条规定"主动中止违法行为的",应当依法从轻或者减轻行政处罚。《河北省建设系统规范行政处罚自由裁量行为办法(试行)》第10条规定"配合行政机关查处违法行为有重大立功表现的",应当减轻行政处罚。《内江市规范行政处罚自由裁量权实施细则》第10条规定"受行政行为误导的""行政机关指使或共同参与的",给予从轻或者减轻行政处罚。《四川省质量技术监督局行政处罚自由裁量权规则(试行)》第13条规定"经调查核实属于管理疏漏造成产品不合格,且行政相对人事后积极接受处理,认真加以整改的",应当作出从轻或者减轻行政处罚。《湘潭市国税系统规范税务行政处罚裁量权实施办法》第16条规定"因国税机关和税务行政相对人混合过错导致行为违法的",应当依法从轻或者减轻行政处罚。

有的行政处罚主体在无法定减轻情节的情形下擅自给予了减轻处罚。

案例12.21 谢兵诉怀集县交通运输局行政处罚案

该案中,法院认为:原告违反了《道路运输条例》第10条的规定,应根据《道路运输条例》第64条的规定,给予原告处3万元以上10万元以下的罚款。但被告作出的处罚决定,依据《道路运输条例》第64条和《行政处罚法》第27条的规定,给予原告罚款人民币6000元,缺乏法律依据,应予以撤销。[①]

有的行政处罚主体在量罚时实际上并没有减轻处罚却错误使用了有关减轻处罚情节的条文。

案例12.22 刘荣芹诉上海市公安局静安分局石门二路派出所行政处罚案

该案中,法院认为:罚款50元属法定处罚方式和幅度之内[依据为《治安管理处罚法》第43条第(1)项,该项规定:结伙殴打、伤害他人的,情节较轻的,处5日以下拘留或者500元以下罚款],不属减轻处罚,故行政处罚决定同时适用《治安管理处罚法》第19条第(1)项(减轻处罚或不予处罚的条文,具体为:违反治安管理情节特别轻微的,减轻处罚或者不予处罚)不当。该瑕疵虽尚不足以撤销被诉行政处罚决定,但被上诉人应在今后工作中引起重视,并予以避免。[②]

---

① 广东省怀集县人民法院(2013)肇怀法行初字第1号行政判决书。
② 上海市第二中级人民法院(2014)沪二中行终字第198号行政判决书。

有的法院认定减轻处罚中不包含减少处罚种类,笔者赞同这一观点。

案例 12.23　张云达诉上海海事局行政处罚案

该案中,法院认为:虽然减轻处罚可以在法定的处罚幅度最低限度以下或法定的处罚方式以下进行处罚,但行政机关无权任意变更法定的并罚处罚方式。上海海事局擅自选择法定并罚的两种处罚方式之一进行处罚,于法无据,因此认定上海海事局的具体行政行为不具有合法性。①

有的法院认为,行政处罚主体的过错或行政处罚主体与相对人的混合过错可以作为从轻处罚或减轻处罚的理由。

案例 12.24　某城市信用社诉某市工商局行政处罚案

该案中,法院认为:信用社的逾期办理年检行为与工商部门未严格依法行政互有因果关系,因此只能对信用社的行为作较轻处罚。②

应当指出,被告工商局以原告城市信用社拒交另一案件的罚款为由而不予办理年检,属于不当联结,然后再以企业未按期办理年检予以行政处罚,有滥用公权实施报复之嫌。或者可以说,在这一案件中行政处罚主体和相对人各自都有过错,属于混合过错的情形。

案例 12.25　王品朝诉临安市林业局行政处罚案

该案"评析部分"认为:关于由相对人及行政机关的混合过错造成的违法行为应当如何处理存在两种意见。一种意见认为,当事人行为已构成违法,应当承担相应的法律责任,应予行政处罚。但如果其他行政机关、单位也有过错的,可以通过向有关部门反映等手段,追究相关单位和个人的过错责任。另一种意见认为,当事人的行为客观上虽违反了法律规定,但不应由其一人承担全部法律责任。理由是:从案件表面来看,当事人行为确实是符合了《森林法》第 43 条第 1 款规定的"未经县级以上人民政府林业主管部门审核同意,擅自改变林地用途"的描述。但是,根据

---

① 载 http://www.lawyee.org/Case/Case_Display.asp? ChannelID = 2010100&RID = 49160&keyword = ,最后访问日期:2013 年 9 月 5 日。
② 参见刘恒等:《行政行为法律适用判解》,武汉大学出版社 2005 年版,第 6 页。

案件调查取得的证据材料来分析,造成当事人行为客观上违法的责任不全在原告,这里有原告本人主观上的过错,还有对其他行政机关,例如当地镇政府、畜牧部门、国土部门的信赖,这些部门负有提醒原告的责任和义务;其中国土部门在未经林业部门审批的情况下,仍然给予备案;甚至还有政府文件《关于促进规模化畜禽养殖有关用地政策的通知》与法律规定《森林法》及其实施条例在审批环节存在衔接程序不清等问题。按照行政处罚"过罚相当"原则,在存在混合过错致当事人行为违法时,将法律责任完全由当事人一人承担,显失公正。持"如果其他行政机关、单位也有过错的,可以通过向有关部门反映等手段,追究相关单位和个人的过错责任"的观点,实质是将违法行为的因果关系割裂开来,孤立地对当事人的行为进行评价,从而导致错误地追究当事人的行政处罚责任。该案法院持第二种观点。①

(六)从重处罚

从重处罚是指行政处罚主体在法定的罚种和幅度内,较一般情节的处罚增加罚种(法定可同时处两种或两种以上罚种且非强制性并处的情形)、选择较重的罚种、选择较高处罚幅度。但超出法定范围的加重处罚是违法的。

《蚌埠市质监系统行政处罚自由裁量权适用规则》第15条规定,当事人有下列情形之一的,可以从重行政处罚:

1. 主体:①多人(单位)集体违法行为;②在共同违法行为中起主要作用;③国家公职人员违法行为。

2. 客体:①侵害人身健康、生命安全、公共安全的;②危害社会公共秩序,影响社会稳定的;③破坏环境或资源的。

3. 主观方面:①主观故意的;②两次以上实施同一违法行为的;③违法行为持续时间较长的;④第二次以上因违法行为接受行政处罚的;⑤有胁迫、唆使、诱骗、恶意串通等行为的。

4. 客观方面:①行为、手段恶劣的;②妨碍、逃避、抗拒检查的;③不配合提供相关证明材料,甚至销毁或伪造证据的;④有虚假陈述的;⑤对查封涉案物品擅自处置的;⑥有对证人、举报人有打击报复行为的,有暴力抗法的;⑦乘人之危、利用自然灾害、疾病流行等牟取暴利的。

5. 社会危害后果:①涉案金额较大;②产品质量低劣;③对人体健康、生命安全、

---

① 浙江省临安市人民法院(2009)杭临行初字第12号行政裁定书。参见最高人民法院行政审判庭编:《中国行政审判案例》(第3卷),中国法制出版社2013年版,第75~78页。

公共安全、社会稳定、环境资源等造成严重危害后果的;④社会影响恶劣的;⑤严重扰乱经济秩序、严重侵害消费者权益的;⑥引发群体性信访、群体性举报投诉的。

6.法律、法规、规章规定的其他应当从重行政处罚情形的。

从重行政处罚,应当在法定的处罚种类或处罚幅度内,对当事人在几种可能的处罚种类内选择较重的处罚种类,或者在罚款幅度内从重适用罚款。

同类的规定还有《邵阳市行政机关行政处罚行使自由裁量权暂行规定》第11条,当事人有下列情形之一的,应当依法从重处罚:

1.违法主体:①在共同违法行为中起主要作用的;②国家工作人员利用职务便利从事违法行为的。

2.违法客体:①危及公共安全或危害他人人身健康、生命财产安全并造成严重后果尚不构成刑事处分的违法行为;②严重扰乱社会管理秩序、市场经济秩序且造成严重危害后果或者社会不良影响的违法行为;③人民群众反映强烈,社会危害大的严重违法行为;④破坏自然资源且不能恢复原状的违法行为;⑤侵犯两个以上法律法规保护客体的违法行为;⑥被行政处罚后两年内又实施同类违法行为的。

3.违法主观方面:①两次以上故意实施同一违法行为的;②经告诫、劝阻后继续实施违法行为的;③恶意串通侵犯他人合法权益的;④胁迫、诱骗或者教唆他人违法的;⑤趁自然灾害、疾病流行等突发公共事件实施违法行为的。

4.违法客观方面:①违法数额较大、违法手段恶劣的;②妨碍、逃避或者抗拒执行公务的;③拒不提供相关证明材料的;④擅自转移已被采取行政强制措施物品的;⑤作虚假陈述的;⑥销毁或篡改有关证据材料的;⑦对证人、举报人打击报复的;⑧群众举报或消费者投诉三次以上,查证属实的。

5.其他应当依法从重处罚的行为。

类似规定还有很多,如《长春市园林绿化局行政处罚自由裁量暂行规则》第13条规定"因实施违法行为被行政处罚后,仍继续实施该违法行为的",应当从重处罚。《防城港市物价局行政处罚自由裁量权基准制度》第3条规定"故意隐瞒事实,弄虚作假,伪造、涂改或者隐匿、转移、销毁证据的""转移与价格违法行为有关的资金或商品的""经营者拒不按照《价格违法行为行政处罚规定》第14条第1款规定退还消费者或者其他经营者多付价款的",从重处罚。《福建省公安机关行政处罚自由裁量权适用规则》第14条规定"对报案人、控告人、举报人、证人等打击报复的""6个月内曾受过治安管理处罚或者1年内因同类违法行为受到2次以上公安行政处罚的""刑事处罚执行完毕、劳动教养解除或者在缓刑期间,违反治安管理的",应当从重处罚。《福建省经贸行政处罚自由裁量权适用规则(试行)》规定"为首组织或聚众违法的""抗拒、卑阻碍执法人员检查,拒不停止违法行为或消除违法状态的",适用情节较重的裁量层级予以量罚。《广东省江门市盐务局实施行政处罚自由裁量权暂行规定》规定"拒不整改,其违法行为呈持续状态的",适用从重处罚。《广州市规划局规范行政处罚自由裁量权规定》第10条规定"在全国、全省组织开展专项整治活动期间顶风作案,故意发生的违法行为",依法选择从重处罚。《杭州市工程建设管理行政处罚裁量规则》第7条规定"违法行为造成群众反映强烈或上访的""国家机关通过新闻媒体、发布公告等方式专门禁止或告诫后,继续实施违法行为的"、"对国家、省、市的阶段性重点工作造成不良影响的",属于违法行为情节严重。《合肥市卫生行政处罚自由裁量标准(试行)》第13条规定"主观恶意明显的""在发生自然灾害或者其他紧急状态下实施相关违法行为的",依法从重处罚。《湖南省国土资源厅规范行政处罚裁量权办法(试行)》第9条规定"在调查中通过转移财产、停业或以其他方式故意逃避承担法律责任的",应当从重处罚。《吉林省交通行政处罚裁量规则(试行)》第13条规定,从重处罚的情节包括"违法行为多次被举报属实的""违法行为受到治安处罚或者刑事处罚的"。《江苏省安全生产行政处罚自由裁量权适用规则》第14条规定"违法行为非常隐蔽,难以被执法机关发现,或者执法机关证明违法行为的存在,调查取证成本很高的""违法行为所带来的后果不确定的""违法行为在损害法律所保护的公共利益的同时,还有害于其他公共利益实现的",可以在处罚幅度内从重处罚。《汕头市规范行政处罚裁量权规定》第13条规定"阻挠执法或者谩骂、殴打执法人员的",依法从重行政处罚。《四川省人才市场管理行政处罚自由裁量实施办法》第12条规定"拒不接受检查或转移违法所得的""蓄意欺诈谋取非法利益的",依法从重处罚。《湘潭市农业行政处罚自由裁量权适用规定》第11条第1款规定"恶意串通侵犯他人合法权益的",应当适用从重处罚。《宁波市卫生系统规范行政处罚自由裁量权若干规定》第12条规定"无正当事由拒绝协助执法人员调查或检查的",应当依法从重处罚。《重庆市规范交通行政处罚权实施细则》第14条规定"被有效举报3次以上,未接受处罚的",应当从重处罚。

有的行政处罚主体应作出从重处罚而未作出。

案例12.26 林六如诉河间市公安局行政处罚案

该案中,法院认为:被诉行政处罚决定既认定原告殴打第三人齐某某,而案件发生时齐某尚不满14周岁,故依照《治安管理处罚法》第43条第1款作出行政处罚决定,属于适用法律错误。①

案例 12.27　郭锐诉固阳县公安局金山镇南关派出所行政处罚案

该案中,法院认为:刘洋将郭锐用刀砍伤,实施了违反治安管理的行为,应当受到治安处罚。公安机关应当依照《治安管理处罚法》和《公安机关办理行政案件程序规定》对在缓刑考验期内违反治安管理的行为人从重处罚,但固阳县公安局金山镇南关派出所仅对刘洋处以五百元罚款,属于适用法律错误。②

有的行政处罚主体不应作出从重处罚而作出了。

案例 12.28　蒋于武诉重庆市涪陵区公安局行政处罚案

该案中,法院认为:被告提供证据不能证明原告情节原严重,被告按《治安管理处罚法》第50条第1款中"情节严重的,处五日以上十日以下拘留,可以并处五百元以下的罚款"的规定对原告的违法行为给予5日拘留的行政处罚属于适用法律错误且处罚显失公正,应当予以变更。③

案例 12.29　王翠荣诉栖霞市公安局行政处罚案

该案中,法院认为:被上诉人对上诉人作出处罚决定的法律依据是《治安管理处罚法》第23条第1款第(2)项。根据该款项的规定,对上诉人处10日拘留应是对属情节较重的违法行为。虽然上诉人被北京警方训诫的事实清楚,但根据训诫书内容,亦反映不出上诉人违法行为情节较重的事实。因此,被上诉人适用该款项对上诉人进行处罚,认定事实不清,证据不足。④

有的法院认为,即使案件有从重情节但如果在处罚决定书中没有认定就不能从重处罚。

---

① 河北省河间市人民法院(2013)河行初字第9号行政判决书。
② 包头市中级人民法院(2014)包行终字第40号行政判决书。
③ 重庆市涪陵区人民法院(2014)涪法行初字第00014号行政判决书。
④ 山东省烟台市中级人民法院(2014)烟行终字第90号行政判决书。

案例12.30　季祖庆诉烟台市公安局经济技术开发区分局行政处罚案

该案中，法院认为：《治安管理处罚法》第23条规定"有下列行为之一的，处警告或者二百元以下罚款；情节较重的，处五日以上十日以下拘留，可以并处五百元以下罚款"。本案中，给予上诉人季祖庆行政拘留10日的处罚，应属情节较重情形下的处罚。但从被上诉人认定的事实来看，无充分证据认定属情节较重的情形。且被上诉人做出的行政处罚决定的依据是《治安管理处罚法》第20条第(4)项，该项规定为"违反治安管理有下列情形之一的，从重处罚：……(四)六个月内曾受过治安管理处罚的"。但该处罚决定书中并无上诉人"六个月内曾受过治安管理处罚"之事实。庭审期间，被上诉人亦称上诉人曾于6个月内受过治安管理处罚是作出处罚决定的事实依据，经法院查明，上诉人确实于2013年5月(距离这次违法事实发生时间不足6个月)受过治安管理处罚，但该事实被上诉人作出决定时并没有认定，故属于认定事实不清。①

(七)择重处罚

择重处罚是指行政处罚主体根据法律明确规定在有因果关系或牵连关系的两个违法行为之间选择一个较重的行为予以处罚。如《海关行政处罚实施条例》第51条第2款规定："同一当事人就同一批货物、物品分别实施了2个以上违反海关监管规定的行为且二者之间有因果关系的，依照本实施条例分别规定的处罚幅度，择其重者处。"笔者认为，该法条有两处值得研究：(1)如何择重的问题。一种观点认为应当"先比后择"，另一种观点认为应当"先择后比"，笔者认为，应当"先比后择"，即先假设单独构成一种违法行为时按实际情节每种应当实际给予什么罚种或多少罚款，再予以比较得出哪个更重，就选择哪个。在违法定性表述时两种违法行为都应表述，在定性适法时两个违法行为触犯的条文均要引用，但在处罚时应当引用最后择重的条文及上述第51条第2款规定，表述为对其中择重的违法行为给予多少罚款。《海关行政处罚实施条例》第51条第1款规定也同样涉及违法定性应如何表述的这一问题。(2)笔者认为，此处在择重之后还应当从重处罚。否则有两个违法行为就因为构成牵连关系因而同单独一个违法行为的量罚一样，笔者认为，该项规定不符合比例原则，应予修改。

---

① 山东省烟台市中级人民法院(2014)烟行终字第2号行政判决书。

案例 12.31　王忠生等诉云南省安宁市烟草专卖局行政处罚案

该案中,法院认为:按照我国《烟草专卖法》和《烟草专卖法实施条例》的规定,"无准运证托运或者自运烟草专卖品"的行为和"取得烟草专卖零售许可证的个人未在当地烟草专卖批发企业进货"的行为都属于违法行为。依法应予处罚,但处罚罚款存在不同的额度。前者比后者危害程度大,罚款幅度更高。根据安宁烟草专卖局依法提交的证据,能够证明上诉人的行为是上述两种违法行为的竞合行为,依照"重行为吸收轻行为"的法律适用一般原则,被上诉人的处罚决定认定上诉人的行为只属于"无准运证托运或自运烟草专卖品的行为",适用法律并无不当。①

(八) 单处

单处是指行政处罚主体对违法行为人一个违法行为只适用一种处罚的方法。法律规定中只有一种处罚可以适用的单处被称为强制性单处,如《保险法》第171条规定:"违反本法规定,有下列行为之一的,由保险监督管理机构责令限期改正;逾期不改正的,处一万元以上十万元以下的罚款……"法律规定中有两种或两种以上的处罚可供选择适用的单处,被称为自主性单处,如《郑州市大气污染防治条例》第63条第(1)项规定:"……违反本条例第36条规定,机动车进入限制行驶区域的,责令停止违法行为,处警告或者20元以上200元以下罚款。"

(九) 并处

并处是指行政处罚主体对违法行为人一个违法行为适用两种或两种以上的处罚种类的处罚方法。并处是体现重罚的一种方法,能使行政处罚更具有针对性,对情节较重的行为达到制裁目的。法律关于并处通常规定为"可以并处",这就是自主性并处。如《价格法》第42条规定:"经营者违反明码标价规定的,责令改正,没收违法所得,可以并处五千元以下的罚款。"而法律规定必须并处的,为强制性并处。如《航道法》第43条规定:"违反本法规定,在航道和航道保护范围内采砂,损害航道通航条件的,由负责航道管理的部门责令停止违法行为,没收违法所得,可以扣押或者没收非法采砂船舶,并处五万元以上三十万元以下罚款;造成损失的,依法承担赔偿责任。"

---

① 云南省昆明市中级人民法院(2001)昆行终字第36号行政判决书。

有的行政处罚主体不该并处处罚的却并处处罚了。

案例 12.32　葛红丽诉汝南县烟草专卖局行政处罚案

该案中,法院认为:《烟草专卖法》第 31 条规定"无准运证或者超过准运证规定的数量托运或者自运烟草专卖品的,由烟草专卖行政主管部门处以罚款,可以按照国家规定的价格收购违法运输的烟草专卖品;情节严重的没收违法运输的烟草专卖品和违法所得"。而汝南县烟草专卖局在对葛红丽处罚时,即没收了葛红丽所进的卷烟,又罚款 2000 元,属适用法律错误。①

有的行政处罚主体该作出并处处罚却作了单处处罚。

案例 12.33　龙岩墨缘斋实业公司诉福建省龙岩市统计局行政处罚案

该案中,法院认为:《福建省统计工作管理办法》第 18 条第 2 款的规定,拒报统计资料的予以警告,并可处以罚款。被告对原告的拒报行为作出行政处罚决定没有给予警告处罚,即单处罚款处罚,属适用法律法规错误。于是法院撤销了该行政处罚决定。②

案例 12.34　罗启林诉汝南县国土资源局行政处罚案

该案中,法院认为:《矿产资源开采登记管理办法》第 18 条规定:不按照本办法提交年度报告、拒绝接受监督检查或弄虚作假的,由县级以上人民政府负责地质矿产管理工作的部门按照国务院地质矿产主管部门规定的权限,责令停止违法行为,予以警告,可以并处 5 万元以下的罚款;情节严重的,由原发证机关吊销采矿许可证。根据该条款的规定,罚款属并处情形,只有在责令原告停止违法行为,予以警告的同时,才可对原告并处以 3 万元罚款,但被告对原告设定的义务仅有罚款一项,显然被告在法律的适用上亦有错误。③

---

① 河南省驻马店市中级人民法院(2002)驻行监终字第 007 号行政判决书。
② 载 http://www.lawyee.org/Case/Case_Display.asp?ChannelID=2010100&RID=14564&keyword=,最后访问日期:2013 年 1 月 30 日。
③ 河南省汝南县人民法院(2003)汝行初字第 5 号行政判决书。

（十）分别处罚

分别处罚是指行政处罚主体对共同违法行为人共同实施违法行为或一个行为人实施了数种违法行为的情形，分别确定与其违法行为相应的行政处罚。

分别处罚包括以下几种情况：一是一个行政处罚主体对共同违法的两个以上行为人在共同违法中所处的地位和作用分别处罚；二是基于管辖权不同，不同的行政处罚主体对互有联系或互不联系的两个以上违法行为分别处罚，分别执行；三是一个行政处罚主体对有权管辖的两个以上互不联系的违法行为分别处罚，合并执行。

（十一）合并处罚

合并处罚是指行政处罚主体对一个行为人的数个违法行为，综合相加其每一个违法行为应受到的处罚而只作出一个处罚决定。

合并处罚适用于违法行为人实施的两个以上违法行为有联系，又属于同一个行政机关管辖的情形，行政处罚主体可以根据相应的法律、法规规定，对各个违法行为的性质、情节等综合裁量，作出一个处罚决定。合并处罚有上限的限制，并可以采取"重罚吸收轻罚"的方式。合并处罚不同于分别处罚、合并执行，后者无上限的规定限制，是数个处罚内容的简单相加。

（十二）组织违法的双罚适用

组织违法的双罚适用是指行政处罚主体对于组织违法行为施以行政处罚的同时，也对组织的主管人员和直接责任人进行处罚。

组织的构成与违法行为的双重性是双罚的基础。组织违法既表明组织作为一个主体在实施违法行为，同时又意味着其成员在代表组织实施违法行为，这种违法的双重性同时揭示了组织及其成员的主观恶性，即本应守法的成员却违法作为或不作为，以自己的意志选择了违法行为，应受法律追究。此外，单罚对单位违法的惩处不足也产生了组织违法双罚适用的客观需要。因为组织违法当中，违法收益多为组织享有，如果采取只罚成员不罚组织的单罚，会导致组织以牺牲个人利益为代价而逃避其应受的处罚；如果采取只罚组织不罚成员的单罚，成员就可以以组织为名逃避自己违法行为所应受惩罚的责任。

对组织违法的双罚应当是有条件有范围地适用于组织成员在安排实施组织违法行为时具有主观上的故意或重大过失的情形。笔者认为，如不区分情形凡组织违法一律在处罚组织之外对其主管人员及直接责任人员进行双罚，则有处罚范围过大之嫌。而且，笔者认为，对个体工商户或个人独资企业这类主体如处罚了单位之后就不宜再处罚单位负责人，也即对这类主体是不宜进行双罚的。

(十三) 行政处罚的竞合适用

竞合违法行为，是指一个行为同时触犯了规定不同违法行为的数个法律条文，而构成数个具有可罚性的违法行为。

竞合产生于法律条文的错综复杂规定，其关键是行为人实施的违法行为只是一个行为，但手段、后果、对象等却触犯其他分别规定不同违法行为的数个法条的规定，从而构成了两个或两个以上的行政违法行为。如果触犯的是同一法条，即使该法条规定了数个违法行为，也不属于竞合；如果触犯数个法条所规定的是同一违法行为，仍不成立竞合。

竞合的情形通常表现为：一是因违法标的物引起的竞合。如走私侵犯知识产权的货物进出境，引起《海关行政处罚实施条例》第7条、第25条的竞合；二是因行为手段引起的竞合，如短少保税料件不能提供正当理由，引起《海关行政处罚实施条例》第18条第1款第(3)项与第26条第(3)项的竞合；三是因行为主体引起的竞合，如海关工作人员内外勾结参与共同走私，引起《海关法》第96条、《海关行政处罚实施条例》第7条、第52条的竞合；四是因行为目的引起的竞合，如将保税区货物运出区外销售往境内的，引起《海关行政处罚实施条例》第7条第(3)项、第(5)项的竞合。

对于竞合的行政处罚适用，有以下两个方面值得注意：一是任何行政处罚主体都不得以同一事实和理由对行为人的一个违法行为给予两次以上的处罚；二是一个行政处罚主体首先应适用特别法的规定，或者适用法条明确规定应适用的较重条款来裁处。

(十四) 多种情节的竞合适用

当事人同一违法行为同时具有减轻、从轻情节的，按照减轻幅度处罚；同时具有减轻、从重处罚情节的，按照从轻幅度处罚；同时具有从轻、从重处罚幅度的，按照一般情节处罚。

(十五)量罚明显不当

量罚明显不当(在《行政诉讼法》修改之前为"显失公正")属于行政处罚主体滥用自由裁量权的行为,表面上看或许有一定的合法性,但因其确已背离法律的立法目的和基本原则,因此并不具备实质的合法性。量罚明显不当通常包括相同情况不同处罚、不同情况相同处罚、不考虑相关因素或考虑了无关因素等表现。

案例 12.35 何宝通诉杭州市公安局西湖区分局行政处罚案

该案中,法院认为:本案中,何宝通认为涉案道路建设行为侵占自身合法的土地使用权,为使施工人员将争议土地上已建成的道路损毁,持"洋镐"将挖掘机车窗玻璃砸碎。该行为已构成《治安管理处罚法》第 49 条所规定的"故意损毁公私财物",应予处罚。鉴于何宝通损毁车窗玻璃的行为主观意愿系维护自己的土地使用权,西湖公安分局在查明何宝通与何家埠村委关于涉案土地确有纠纷且土地归属无法查实的情况下,将何宝通的行为认定为"情节较重",予以行政拘留 10 日,处罚过重。于是法院将拘留 10 日的决定变更为 5 日。①

案例 12.36 安吉县大丰液化气有限公司诉安吉县工商行政管理局行政处罚案

该案中,法院认为:鉴于朱荣华和黄金福系从事无照经营的主要责任人,上诉人仅为两人无照经营提供了一定的便利,也未从朱荣华、黄金福两人无照经营活动中获取非法利益,仅属帮助行为,情节较轻;同时,被上诉人对无照经营的主要责任人分别罚款 2000 元和 5000 元,但却对起帮助行为的上诉人处以罚款 10,000 元,在行使自由裁量权时未根据具体情节正确适用法律,行政处罚显失公正,依法应予变更。于是法院将其 10,000 元罚款数额直接变更为 2000 元。②

案例 12.37 广州市西纳个人护理产品有限公司诉广州市环境保护局行政处罚案

该案中,法院认为:上诉人在被上诉人作出行政处罚前,已经补办手续,并于

---

① 浙江省杭州市中级人民法院(2013)浙杭行终字第 200 号行政判决书。
② 浙江省湖州市中级人民法院(2007)湖行终字第 13 号行政判决书。

2008年9月3日取得了广州市白云区环保局核发的排污许可证。被上诉人在此情况下仍责令其立即停止生产,该处罚依据不足,依法应予撤销。同时,被上诉人在未查明上诉人环境违法行为所产生的实际危害,以及上诉人在被立案调查其违法行为后,已积极补办了环保手续,及时纠正其违法行为的情况下,仍作出罚款5万元(法律依据为《建设项目环境保护管理条例》第28条:违反本条例规定,建设项目需要配套建设的环境保护设施未建成、未经验收或者经验收不合格,主体工程正式投入生产或者使用的,由审批该建设项目环境影响报告书、环境影响报告表或者环境影响登记表的环境保护行政主管部门责令停止生产或者使用,可以处10万元以下的罚款。)的处罚,显失公平,依法应予变更。于是法院将罚款由5万元直接变更为1万元。①

---

① 广东省广州市越秀区人民法院(2008)越法行初字第377号行政判决书。参见国家法官学院、中国人民大学法学院编:《中国审判案例要览》(2010年行政审判案例卷),中国人民大学出版社、人民法院出版社2011年版,第313~320页。

第十三章　行政处罚法律适用

一、行政处罚法律适用的通用规则

行政处罚法律适用(以下简称适法)应遵循处罚依据法定、公开,适法应全面完备有效等要求。应遵循的规则有三:一是全面展示法律规则;二是法律冲突选择规则;三是排除非法律性规范规则(但有法条授权、与法律不相抵触且已公开的行政规定除外,该类规定可作为附属法源。——笔者注)。[1] 实践中,适法错误或瑕疵的情形主要有:(1)应适用A法,却适用了B法。(2)应适用A法条,却适用了B法条。(3)应适用效力高的法律,却适用了效力低的法律。(4)应同时适用几个法律,却适用其中一个法律;或相反。(5)应同时适用法律的几个条、款、项,却适用其中一个条、款、项;或相反。(6)应适用到法律的条、款的,仅适用到条;或应适用到条、款、项的,仅适用到条、款;或应适用到条、款、项、目的,仅适用到条、款、项。(7)适用了已经被废止、撤销的法律且不符合"从旧兼从轻"原则。(8)适用了尚未生效的法律。(9)应适用法律,却适用了没有法律效力的其他文件、规定甚至是内部文件、批复。(10)适用调整特定地区、事项的法律,却适用了非调整特定地区、事项的法律;或相反。(11)适用的法律相互抵触,或适用的法律与同级别的其他法律矛盾。

二、行政处罚法律冲突的适用规则

适法时发生的法律冲突可分为以下六种情形:层级冲突、种属冲突、新旧冲突、

---

[1] 参见章剑生:《现代行政法基本理论》,法律出版社2008年版,第419页。

远近冲突、地域冲突及管辖冲突。①

（一）层级冲突的适用规则：上位法优于下位法

一般认为,宪法具有最高的法律位阶；人大制定的法高于人大常委会制定的法；法律高于行政法规、地方性法规；上级人大及其常委会的地方性法规高于下级人大及其常委会的地方性法规；行政法规高于地方性法规及规章；地方性法规高于本级着政府和下级政府规章；上级地方政府规章高于下级地方政府规章；授权机关立法高于授权立法；法律、行政法规高于自治条例、单行条例；上级自治条例和单行条例高于下级自治条例和单行条例；省、自治区的地方政府规章高于地级市的地方性法规。

常见的下位法与上位法相抵触的情形有：下位法缩小上位法规定的权利主体范围，或者违反上位法立法目的扩大上位法规定的权利主体范围；下位法限制或剥夺上位法规定的权利，或者违反上位法立法目的扩大上位法规定的权利范围；下位法扩大行政主体或其职权范围；下位法延长上位法规定的履行法定职责期限；下位法以参照、准用等方式扩大或限缩违反上位法规定的适用条件；下位法扩大或限缩上位法规定的给予行政处罚的行为、种类、幅度的范围；下位法改变上位法已规定的违法行为的性质；下位法超出上位法规定的强制措施的适用范围、种类和方式，以及增设或限缩其适用条件。

而下位法虽突破上位法但不构成抵触的基本标准为：一是符合上位法基本原则和精神；二是不违背上位法立法目的和意图；三是不超越立法权限特别是专属权限，比如行政法规就不得创设限制人身自由的处罚；四是遵循法定程序及规范化制定程序；五是不违背强制性规定；六是不对抗其他合法权益；七是符合情势变更原则。

虽然上位法优于下位法，但某些时候却呈现出下位法优先适用的状况。如《最高人民法院全国经济审判工作座谈会纪要》（已失效。——笔者注）明确："行政法规为了贯彻执行法律，地方性法规为了贯彻执行法律、行政法规，就同一问题作出更具体、更详细规定的，应当优先适用。"在实施性规定与上位法不抵触时，下位法

---

① 层级冲突是指不同位阶的法律规范就同一事项的规定不同而发生的冲突；种属冲突是指同一机关制定的一般法律规范与特别法律规范就同一事项的规定不一致时发生的冲突；新旧冲突是指同一机关制定的新的法律规范与旧的法律规范就同一事项的规定不一致时发生的冲突；远近冲突是指行为时法与裁处时法就同一事项的规定不一致时发生的冲突；地域冲突是指不同地域范围内的法律规范之间就同一事项的规定不一致时发生的冲突；管辖冲突是指同一位阶的不同法律规范对同一事务或职能的管辖权的设定上存在交叉重叠而发生的冲突。

可以优先适用和援引。需要指出的是,这种优先适用只是适用上的优先,而不是效力等级上的优先,而且表现为位阶越低适用越先,与行政执法机关的地位和性质在形式层级方面越接近的越先适用。就近适用下位法的原因主要在于:第一,当法律规范之间不存在抵触时,不同位阶的法都是法制体系内应有的规定,应有同样的拘束作用,在拘束力方面无所谓高低强弱之分;第二,位阶最低者,其内容越具体,与个案最直接,更便于解决问题。

(二)种属冲突的适用规则:特别法优于一般法

特别法是相对而言的,例如,说商法之于民法来说商法是特别法,而公司法之于商法来说公司法又属于特别法。再如,就有关药品监督管理的部门职权上,《药品管理法》是特别法,而《产品质量法》就是一般法。但就药品价格管理行政处罚权的问题而言,《价格法》是特别法,而《药品管理法》就是一般法;就药品广告管理行政处罚权的问题而言,《广告法》是特别法,而《药品管理法》就是一般法。①

特别法具有以下三种特性:一是例外性或特殊性。对个一般规范加以变通的个别规范,即由于特殊原因而表现为一般规定的例外的个别规范。这个特殊原因常常包括试验性(如经济特区的先行立法)、照顾性(如对少数民族的照顾性条款)、行业性(如《邮政法》《民航法》等)和临时性(如非常时期的立法)。大多以"但书"形式的准用性规范或授权立法的形式表示。二是明确性或具体性。特别法的内容常常是一般法所没有涉及或一般法虽有涉及但较原则、笼统、抽象,它是对原则的、不明确的、间接的内容予以具体化、明确化、直接化。三是专门性或针对性。比如对使用未经检验的气瓶充装危险化学品的处罚问题,究竟是依据《特种设备安全监察条例》还是依据《危险化学品安全管理条例》? 由于行政处罚行为指向的是使用未经检验的气瓶,而不在于是否装了化学品。相比之下,《特种设备安全监察条例》是专门针对锅炉、压力容器(气瓶)等 7 种涉及生命安全、危险性较大的特种设备进行规范的行政法规,其针对性更强,规定也更为详细、清楚,并规定了质量技术监督部门为该条例的唯一管理部门,因此,应当优先适用《特种设备安全监察条例》。需要特别指出的是,虽然"特别法优于一般法"规则中的特别规定与一般规定,限于是同一机关制定的一个、两个或多个法之间。但是构成特别与一般关系的法律规范并不局限于同一机关制定的法之间,还存在于其他同位阶的法之间,甚至异位法之

---

① 参见蔡小雪等:《行政诉讼中的法律适用——最高人民法院行政诉讼批复答复解析》,人民法院出版社 2011 年版,第 144 页。

间。授权立法和大多数的准用性规范所产生的特别法往往就存在于异位法关系中。

1.下位法的特别法与上位法的普通法之间,何者优先?

一般而言,应遵循"上位法优于下位法"规则而适用上位法的普通法。只有在下述两种情形下,下位法的特别法才得以实质上的优先适用。

第一种类型,按照准用性规范,以例外、从严之法理优先适用下位法的特别法。如《反不正当竞争法》第4条规定:"县级以上人民政府工商行政管理部门对不正当竞争行为进行检查;法律、行政法规规定由其他部门查处的,依照其规定。"按照《电信条例》的规定,电信行业的有些不正当竞争行为由电信管理机构监督检查,该规定就是《反不正当竞争法》的特别法。

第二种类型,下位法是特别法的授权立法(如果特别法本身没有作相关规定,而是授权其下位法作出具体规定的),则可以优先于作为其上位法的普通法而适用。正如我国台湾地区学者所言,授权命令不得与授权法律及其他位阶的法律相抵触,但授权(委托)命令之母法如以特别法的地位排斥其他法律适用者,该授权命令亦具有同等效力。① 比如对于没收的野生动物皮毛该如何处理的问题,《野生动物保护法》第56条规定"没收的实物,由野生动物行政主管部门或者其授权的单位按照规定处理"。而国务院林业行政主管部门主管全国陆生野生动物管理工作,所以具体实施细则《林业部关于妥善处理非正常来源陆生野生动物及其产品的通知》可以因其上位法的授权及其特别法属性(与其他法律就该事项的规定发生不一致时)而优先适用。

2.全国人大制定的法律与全国人大常委会制定的法律之间发生冲突,何者优先?

比如说1996年《行政处罚法》(由全国人大制定)规定对自然人的当场处罚只能适用于50元以下的罚款或警告的情形,但《道路交通安全法》(由全国人大常委会制定)规定对自然人的当场处罚可以罚款100元或200元,于是冲突就产生了,因此曾引发了一些行政诉讼。②

法院认为全国人大与全国人大常委会系同一个机关,因此《道路交通安全法》与《行政处罚法》相比较,《道路交通安全法》为特别法,按照"特别法优于一般法"的规则,因此交警部门可以适用《道路交通安全法》当场给予自然人50元以上的

---

① 参见李震山:《行政法导论》,三民书局股份有限公司1998年版,第60页。
② 如刘家海诉交警部门行政处罚案[广西壮族自治区南宁市青秀区人民法院(2005)青行初字第17号行政判决书及广西壮族自治区南宁市中级人民法院(2005)南市行终字第105号行政判决书]及廖宗荣诉重庆市交警二支队行政处罚案(《最高人民法院公报》2007年第1期),等等。

罚款。

(1) 全国人大与全国人大常委会是同一个机关吗

①从现行法律分析。

第一,从《宪法》文本进行分析。

《宪法》规定全国人大常委会是全国人大的常设机关,是最高国家权力机关的组成部分,在全国人大闭会期间行使《宪法》赋予的职权。全国人大常委会由全国人大选举产生,向全国人大负责和报告工作,接受全国人大的监督。全国人大有权罢免全国人大常委会组成人员,有权改变或者撤销全国人大常委会作出的不适当的决定。1982年五届全国人大五次会议通过的全国人大组织法专门设立"全国人大常委会"一章,对全国人大常委会的组织、活动原则和工作,作了全面规定。《宪法》对全国人大和全国人大常委会在立法语言上都使用了"机关"的法律术语,表明宪法对两者的组织定位,明确了全国人大常委会不是全国人大的内部机构。从全国人大会常委会可以对全国人民代表大会制定的法律进行部分修改,以及全国人大可以改变或者撤销全国人大常委会不适当的决定等规定来看,在《宪法》规范上,全国人大和全国人大常委会存在法律地位、人员组成、职权划分、立法权限、立法程序等方面的区别,两者同时行使国家立法权,故不是"同一机关"。

第二,从《立法法》文本进行分析。

《立法法》中"机关"与"机构"的法律术语具有明确区别。"机构"一词在《立法法》中出现13次,其是指机关内设的具体工作部门,如人大常委会的工作机构、国务院法制机构和直属机构。而且《立法法》在重申《宪法》全国人大及其常委会行使国家立法权及其相关规定基础上,分别用两节对全国人大和全国人大常委会的立法权限和程序做了规定,明确规定全国人大常委会的法律解释权及其法律解释的效力等同于法律,从《立法法》法律术语也可看出,全国人大常委会是常设机关并非全国人大常设(内设)机构,两者同为国家立法权主体,虽联系密切但区分明显。所以,两者不是"同一机关"。

②从立法体制历史沿革分析

我国立法体制尽管历经变动和调整。1954年《宪法》规定:"中华人民共和国全国人大是最高国家权力机关。""全国人大是行使国家立法权的唯一机关。""全国人大修改《宪法》、制定法律,全国人大常委会解释法律、制定法令"。可见,当时国家立法权主体仅为全国人大。1955年第一届全国人大第二次会议通过"授权常务委员会依照《宪法》的精神、根据实际的需要,适时地制定部分性质的法律,即单行法规"的决议。1959年第二届全国人大第一次会议又进一步确定:"为了适应社会主义改造和社会主义建设事业发展的需要,大会授权常务委员会,在全国人大闭会期间,根据情况的发展和工作需要,对现行法律中一些已经不适用的条文,适时地加以修改,作出新的规定。"两次授权赋予全国人大常委会行使部分国家立法权,实质上改变了全国人大是行使国家立法权唯一机关的规定。1982年《宪法》扩大全国人大常委会的职权和加强它的组织,明确规定全国人大和常委会共同行使国家立法权。从立法体制沿革来看,国家立法权并非是唯一而是具有基本法律和其他法律相区分的二元立法主体。

综上所述,全国人大和全国人大常委会的法律地位并不平等,立法权限、立法程序不同,应属不同的国家立法主体,两者非"同一机关",将两者视为"同一机关"也是不符合法律规定和理论逻辑的。

(2)基本法律与非基本法律的区别

有观点认为,只要是全国人大制定的法律就必然属于基本法律,其效力就必然高于全国人大常委会制定的法律。笔者认为,这种观点值得商榷,因为全国人大除了有权制定基本法律之外,还有权制定非基本法律。事实上,全国人大行使两类非基本法律的制定权:一种是涉及全国人大权限和工作程序的事项。如预算法,对国务院的授权决定,对深圳市、汕头市、珠海市、厦门市人大及其常委会的授权决定,全国人大议事规则等。这些法律所规范的事项涉及全国人大的权限和工作程序,如由全国人大常委会通过,显然是不适宜的……另一种是比较重要的非基本法律,大多属于涉及较多公民权利的事项。这类法律全国人大常委会是有权制定的,但如果全国人大会议议程允许,则由全国人大审议通过比较有利。[①] 正因为全国人大制定的法律有基本法律与非基本法律之分,故而在张学英诉蒋伦芳索要遗赠财产案中,两审法院的判决均认为《民法通则》(由全国人大制定)的效力应当高于《婚姻法》《继承法》(也是由全国人大制定)。[②]

《宪法》第62条第(3)项和《立法法》第7条第2款规定全国人大制定和修改刑事、民事、国家机构的和其他的基本法律,但对于什么是"其他的"基本法律、如何区分基本法律与非基本法律没有明确,全国人大常委会至今也没有作出正式、专门的解释。对此,学界有以下三种观点:

第一种,主体标准说:认为判断基本法律的唯一依据是制定主体,只要是全国人大制定的法律毫无例外都应是基本法律。该观点认为,"全国人民代表大会和全国人民代表大会常务委员会制定的法律不存在上位法和下位法的区分,只存在'基本法律'和'基本法律以外的法律'的区别"。[③]

[①] 参见陈斯喜:《论全国人大及其常委会的立法权限》,载《人大工作通讯》1997年第16期。
[②] 参见刘家海:《论〈道路交通安全法〉与〈行政处罚法〉的抵触》,载《法治论丛》2009年第3期。
[③] 广西壮族自治区南宁市中级人民法院(2005)南市行终字第105号行政判决书。

第二种,内容标准说:认为判断基本法律的主要标准要看法律调整的内容及其重要性,只有那些调整关系国家全局、具有重要性内容的法律才属于基本法律的范畴。鉴于实践中存在全国人大常委会制定本应由全国人大制定的基本法律的情况,有学者从实然的角度支持内容标准说。①

第三种,双重标准说:认为判断基本法律,不仅要依据制定主体是全国人大这一主体要件,还要看这部法律本身调整内容和涉及社会关系的重要性。"基本法律是指由全国人民代表大会制定的仅次于宪法而高于其他法律的对国家政治、经济和社会生活某个领域重大和全局性事项作出规范的法律。"②

主体标准说和内容标准说单纯强调主体或内容的某一方面,不符合《宪法》和《立法法》的文本规定,有失偏颇。从应然的角度来讲,双重标准说更符合《宪法》和《立法法》的立法意图,即基本法律是由全国人民代表大会制定的对国家政治、经济与社会生活某个领域重大和全局性事项作出规范的法律。但是,理论归纳相对容易,现实操作却复杂得多,"重大""全局"本身是相对、抽象的概念,实践中往往见仁见智、难成定论。

《刑法》属于基本法这并没有什么争议,而其是专门规定犯罪与刑罚的。同样地,《行政处罚法》是专门规定违法行为及其行政处罚的,对自然人、单位的权益影响甚大,理应属于基本法的范畴,而且其制定机关也是全国人大。因此,笔者认为,无论是从制定主体还是从内容上看,《行政处罚法》都具备了基本法的特征。

(3)按照上下法的关系来分析《行政处罚法》及其他关于行政处罚的法律

我们可以先看两个关于民事领域的司法解释。1993年6月3日,最高人民法院在《长春文化教育书刊经销中心与长春市邮政局赔偿案如何适用法律的复函》中指出,邮政企业在办理邮政业务中与邮政用户之间发生的赔偿纠纷,应当依照《邮政法》《邮政法实施细则》的有关规定和参照邮政主管部门的有关规定处理。最高人民法院在这份司法解释中明确了特别法优于普通法这一法律适用原则,在邮政案件中应当优先适用《邮政法》有关规定。③ 但是,最高人民法院对这一问题的立场后来发生了根本的变化,1998年11月28日,最高人民法院在《关于马维山与云南省峨山县邮电局、勐海县邮电局赔偿纠纷案的复函》中作了一份与前一份司法解释完全相反的解释。该份司法解释认为:邮政企业遗失邮件给他人造成实际损失应

---

① 参见吴恩玉:《法律位阶及相关适用问题研究》,浙江大学2011年博士学位论文。
② 韩大元等:《宪法文本中"基本法律"的实证分析》,载《法学》2003年第4期。
③ 持该观点的判例有:陈某报考北京大学硕士研究生的准考证,在北京大学用挂号信寄出后,被邮局滞留,导致陈某在收到准考证时已超过考试时间12日。陈某起诉到法院,要求邮局赔偿误车费1万元,精神损失费2万元。邮局认为本案应优先适用《邮政法》,只能赔偿5元。法院支持了邮局的观点。

当承担相应的民事赔偿责任。邮政企业与用户之间有偿服务关系是平等主体之间的民事法律关系,邮政企业遗失邮件应依照《民法通则》的有关规定承担赔偿责任。但考虑邮电企业经营方式的特殊性以及本案遗失邮件为非保价邮件,故应当减轻邮电企业赔偿责任。[①] 本司法解释体现了"上位法优于下位法"作为首要法律适用原则的精神。

再回到行政处罚领域,从实质意义上讲,行政处罚法不仅包括《行政处罚法》这一法律文件,还包括分散在不同行政领域的管制法中的行政处罚规范,包括《道路交通安全法》关于交通行政处罚的规范、《治安管理处罚法》关于治安管理处罚的规范等。《行政处罚法》是关于行政处罚设定和实施的一般规范,具体管制法中的处罚规范是就特定行政领域的行政处罚做出的特殊规定。按照梅尔克和凯尔森的效力理由关系标准,在行政处罚这一特定法律秩序中,《行政处罚法》的规定相当于条件性规范或高级规范,具体管制法的特殊处罚规范属于附条件性规范或低级规范,前者为后者提供创制依据和效力理由,后者是从前者导出的,是前者的具体化和个别化,二者之间应该存在上下位关系。

这一关系在《行政处罚法》的规定中得以具体体现。《行政处罚法》第 2 条关于该法的适用范围规定:"行政处罚的设定和实施,适用本法";第 3 条关于"处罚法定原则"规定:"公民、法人或者其他组织违反行政管理秩序的行为,应当给予行政处罚的,依照本法由法律、法规或者规章规定,并由行政机关依照本法规定的程序实施。"这表明全国人大在制定《行政处罚法》时,针对行政处罚的程序,总体上没有设置除外条款,即没有授权其他法律做出例外规定。也就是说,《行政处罚法》是对各个行政领域行政处罚共通适用的程序的统合,是对各类行政机关行政处罚行为的最低限度的程序要求,其他法律只能在《行政处罚法》确定的原则和制度框架内予以细化和落实,包括作出比《行政处罚法》更加严格、更有利于相对人权利保护的程序规定,不能违反《行政处罚法》的相关规定。

另外,从立法背景和立法功能的角度来看,确立《行政处罚法》相对于具体管制法中特殊程序规范的上位法地位,也有助于实现行政处罚法的立法目的。在《行政处罚法》中统一规定行政处罚程序要求(包括简易程序的适用范围和要求),是为了解决"行政处罚程序缺乏统一明确的规定,缺少必要的监督、制约机制,随意性较大,致使一些行政处罚不当"的问题,最终实现"从法律制度上规范政府的行政处罚

[①] 持该观点的判例有:某公安局通知王某参加招收警察面试的挂号信,被邮局积压,导致王某收信时已超过面试时间 4 日而无法参加面试。王某起诉至法院。一审法院判令邮局赔偿王某经济损失 3000 元,精神损害抚慰金 2 万元。邮局不服,认为本案应优先适用《邮政法》,仅承担邮件本身的赔偿责任,遂提起上诉。二审法院认为应优先适用《民法通则》,而不适用《邮政法》,遂维持原判。

行为,制止乱处罚、乱罚款现象,保护公民、法人或者其他组织的合法权益"的立法目的。① 如果允许其他法律以实际需要或者情况特殊为由作出例外规定,这一立法目的就很难实现。为兼顾行政弹性和程序保障,对于情况特殊的领域,确实需要适用较为宽松的程序要求的,应该仿效《行政处罚法》第 20 条关于处罚时效的做法,通过修改《行政处罚法》、在适用范围部分增加"除外条款"的方式来解决。在《行政处罚法》没有修改的情况下,不能以行政效率或行政弹性为由破坏法律的统一适用。②

退一步而言,哪怕《道路交通安全法》也是全国人大制定的,也不宜完全承认它的特别法地位而机械地适用特别法优于一般法的原则,如果这样的话《行政处罚法》的基本法地位将受到极大威胁甚至有被架空的危险。基于以上考虑,因此笔者认为即便是同属一个机关制定的特别法,也不得与《行政处罚法》的基本目的、基本原则及基本制度相违背。比如当场处罚的简易程序就属于《行政处罚法》中的基本制度。

同时,笔者提出以下建议:一是应当在法律文本或立法解释或立法说明中表明哪些法律属于基本法律,哪些法律不属于基本法律,而且对于法律的基本目的、基本原则及基本制度也应作出明确说明。二是立法时如果要为特别法预留更多空间的,可以尽量在一般法中设计一些除外条款。

(三)新旧冲突的适用规则:新法优于旧法

"新法优于旧法"规则的适用条件概括起来主要是四个方面:第一,运用"新法优于旧法"规则时,有一个基本前提就是它只能适用于同一机关制定的同位阶的法律规范之间。第二,适用于同一事项的旧法与新法之间。第三,旧法和新法都必须是生效的制定法。第四,旧法与新法的性质应当相同,如新法为普通法,旧法为特别法,即使其公布有先后之别,亦不得适用此原则。

如果是新普通法与旧特别法相比较的话,笔者认为,在我国更适宜采用"新普通法不变更旧特别法",应以特别法规则优先为一般选择,新法规则优先为例外情形。例外情形包括:第一,新的普通法是一个详尽列举(清楚地排除了每一个例外)的情况下,优先适用新普通法。第二,旧特别法本身没有作出规定,只在其实施性的下位法中作出了具体规定,而新普通法却有明确规定,且反映了宪法原则和时代精

---

① 参见曹志:《关于〈中华人民共和国行政处罚法(草案)〉的说明》(1996 年 3 月 12 日)。
② 参见马英娟:《再论全国人大法律与全国人大常委会法律的位阶判断——从刘家海诉交警部门行政处罚案切入》,载《华东政法大学学报》2013 年第 3 期。

神的,则适用新普通法。总之,新普通法如果要优先适用至少要遵循以下标准:第一,不仅是同一机关制定而且是同一机关起草拟订的法律规范,以防止隔行如隔山或逸脱立法者视线的意外情形。第二,新普通法为非概括性或兜底性条款,即一般应为明确性、列举性(尤其是强制性或禁止性规定)条款。第三,新普通法中的规定不抵触上位法且不对抗其他合法权益。

(四)远近冲突的适用规则:行为时法优于裁处时法

我们知道,行为可以分为即时行为和非即时行为两大类,而后者又可细分为继续行为和连续行为。这里先探讨一下在即时行为中法的溯及力[①]问题,即相对人的行为发生在新法实施之前即旧法施行期间,而行政处罚是在新法实施之后,应如何适用法律?是否应承认新法对旧行为的追溯力?对此《最高人民法院审理行政案件座谈会纪要》认为应遵循"实体从旧、程序从新"[②]的原则,但下列情形除外:一是法律、法规或规章另有规定的;二是适用新法对保护行政相对人的合法权益更为有利的;三是按照具体行政行为的性质应当适用新法的实体规定的。应当说上述观点较有道理,但据此除法律、法规或规章另有规定的情形外就程序问题应一概从新,并不利于保护当事人的程序权利,会伤及其合理预期及法感情,而且极可能影响其实体权益的实现。笔者认为,程序之溯及可分为不利溯及、有利溯及和中性溯及三种,不利溯及原则上应禁止,有利溯及和中性溯及应当允许。假如修法时将当事人提起陈述、申辩的期限由"3个工作日"调整为"1个工作日",履行新法程序即属不利溯及,对当事人显然不公平。在非行政处罚领域也曾出现过类似情形,如1983年全国人大常委会通过的《关于迅速审判严重危害社会治安的犯罪分子的程序的决定》(已废止。——笔者注)即明确:"前条所列犯罪分子的上诉期限和人民检察院的抗诉期限,由刑事诉讼法第131条规定的10日改为3日",该决定严重损害了被告人的诉讼权利,进而侵害了其实体权利,造成许多冤假错案,因此修改后的《刑事诉讼法》果断将其废除。因此"'程序法不适用法不溯及既往原则而适用从新原则'的观点是不能成立的"[③]。我国台湾地区学者亦认为"在个别案件中,程序法上地位因其意义及某重要性,亦可能与实体法上之地位一样,在相同的程度内,

---

① 关于新旧法律冲突与法有无溯及力两者之区别,参见刘莘主编:《国内法律冲突与立法对策》,中国政法大学出版社2003年版,第164~255页。

② 我国台湾地区司法界也一度将"实体从旧、程序从新"作为行政法适用的一般原则,如"最高行政法院"90年度判字第391号判决。参见蔡震荣等:《行政罚法逐条释义》,新学林出版股份有限公司2008年版,第127页。

③ 郭日君:《论法的溯及力的几个问题》,载《中国社会科学院研究生学报》2004年第1期。

同样值得保护。故程序从新原则也有例外，其适用结果不得违反公法上信赖保护原则"。① 笔者基本同意该观点，但认为在行政处罚领域，此处的"信赖保护"似应称为"合理预期保护"更为科学。同时，坚持严格的程序从旧观点亦为不妥，比如修法决定将 A 机关撤销，其职能归于与其不同性质的 B 机关，而违法行为发生在 A 机关被撤销之前，但裁处时 A 机关已被撤销，如遵循旧法程序要求，则必须由 A 机关作出行政处罚，但这是无法实现的，因为此时 A 机关已不复存在。笔者认为，上述处罚主体之变更应纳入中性程序范畴，中性溯及应当允许，因此应由 B 机关处罚。由上可知，"从旧"原则及"从旧兼有利"原则都无法解决程序上的中性溯及问题，因此均不可取。

关于行政处罚法律的溯及力还有两种观点。其一，"从旧兼从轻"。如《奥地利行政罚法》第 1 条第 2 款规定："行政罚依行为时有效之法律决定之，但第一审裁决时，有利于行政被告之规定者，从其规定。"②我国《立法法》第 84 条规定："法律、行政法规、地方性法规、自治条例和单行条例、规章不溯及既往，但为了更好地保护公民、法人和其他组织的权利和利益而作的特别规定除外。"《最高人民法院行政审判庭关于部门规章之间规定不一致时应如何对待问题的复函》（法行〔1991〕1 号）亦认为："皮山县供销社不服皮山县税务局行政处罚一案，法院应适用当事人行为发生时生效的法律规范进行处理。"2021 年修正的《行政处罚法》第 37 条规定，"实施行政处罚，适用违法行为发生时的法律、法规、规章的规定。但是，作出行政处罚决定时，法律、法规、规章已被修改或者废止，且新的规定处罚较轻或者不认为是违法的，适用新的规定"。据此，《行政处罚法》也已确立"从旧兼从轻原则"，但需注意的是，它规范的仅仅是行政处罚实体方面的溯及力问题，程序方面其尚未涉及。其二，"从新兼从轻"。如我国台湾地区"行政罚法"第 5 条规定："行为后法律或自治条例有变更者，适用行政机关最初裁决时之法律或自治条例。但裁处前之法律或自治条例有利于受处罚者，适用最有利于受处罚者之规定。"③笔者较倾向于实体上"从旧兼从轻"的观点，但有两种特别情形需说明：一是限时法除外。限时法应当严格按照行为时的法律予以处罚，即便行为发生后裁决前颁布的新法更有利于当事人亦不得适用新法。④ 如《德国违反秩序罚法》第 4 条明确："行为发生时在限时法生

---

① 陈清秀：《依法行政与法律的适用》，载翁岳生编：《行政法》，中国法制出版社 2009 年版，第 241 页。
② 类似规定，参见《德国违反秩序罚法》第 4 条及《俄罗斯联邦行政违法法典》第 9 条。
③ 我国台湾地区学者认为"从新兼从轻"原则仅及于实体法，并不及于程序法规定的变更，也不及于证据证明的规定。参见陈清秀：《处罚法定主义》，载廖义男主编：《行政罚法》，元照出版有限公司2008 年版，第 68 页。笔者认为，"从旧兼从轻"原则之适用亦同此。
④ 具体理由请参见本书第六章有关内容。

效期间,而行为后该法已失效者,仍适用行为时之法律;但法律另有其他规定者,不在此限。"二是从轻适用新法仅限于第一次裁处时新颁布的有利于当事人之新法。因为其后还可能要历经行政复议、行政诉讼、申诉、信访或审判监督等程序,如果对适用新法不加限制,那么在上述程序中可能不断地颁布有利于当事人的新法,允许以此为理由申请重审,那么正常行政秩序将无法维系,法的安定性也将不复存在。但如果因原处罚本身之瑕疵而被直接变更或要求重作时,笔者认为可适用第一次裁处后施行的有利于当事人之新法。①

因此,笔者认为在行政处罚领域对即时行为而言一般应遵循实体上"从旧兼从轻"的原则(但上述两种特别情形除外),程序上"从新兼有利"②的原则。目前,我国《行政处罚法》就法的溯及力问题未予明确,笔者建议参照以上内容予以完善。

紧接着,我们再探讨非即时行为中法的溯及力问题:即继续行为或连续行为横跨新法和旧法生效期间甚至新法、中间法及新法生效期间,该如何适用法律?刑法中关于跨法犯应如何适法及裁处的相关理论及规定对此极有借鉴意义,现简要论述如下:最高人民检察院于1998年12月2日制发了《关于对跨越修订刑法施行日期的继续犯罪、连续犯罪以及其他同种数罪应如何具体适用刑法问题的批复》(以下简称《高检批复》),就跨法犯如何适法量罚作了一些明确规定。跨法犯特指犯罪行为开始于新刑法生效以前而结束于生效之后的情况。由于跨法犯的行为分跨新旧刑法有效期间,因而对这类犯罪处理时就有个如何适用法律的问题,即适用新法还是旧法处理的问题。对此我国新刑法并未作出明确规定,但参照新《刑法》第89条有关连续犯、继续犯追诉时效之规定,笔者以为,对跨法犯的处理应以行为终了时有效之法律为准,将其作为新刑法生效以后的犯罪行为对待。根据跨法犯行为表现方式的不同,可分为继续犯、连续犯及一般的跨法犯,这里论述前两者。继续犯又称持续犯,指犯罪行为在一定的时间内处于继续状态的犯罪。新《刑法》第89条第1款有关追诉时效规定为:"犯罪行为有连续或者继续状态的,从犯罪行为终了之日起计算。"由此观之,继续犯可谓刑法规定为一罪的情况。对于跨法犯中的继

---

① 关于因原处罚本身瑕疵而重作时应如何适法问题同笔者的类似见解,参见林维、王明达:《论从旧兼从轻原则的适用——以晚近司法解释为中心》,载《法商研究》2001年第1期;林锡尧:《行政罚法》,元照出版有限公司2005年版,第65页以下。但不同观点认为应以被撤销之最初裁处时之法律为准。参见洪家殷:《行政罚法论》,五南图书出版股份有限公司2006年版,第94页;蔡志方:《行政罚法释义与运用解说》,三民书局2006年版,第35页。

② 笔者之所以采"从新兼有利"的提法是因为程序问题不像定性、量罚等实体问题,称其为"从重"或"从轻"并不科学,而"从优"则多用于行政许可领域。关于"从优"的适用原则,参见陈清秀:《依法行政与法律的适用》,载翁岳生编:《行政法》,中国法制出版社2009年版,第241页。

续犯,应适用行为终了时之新刑法处罚。对此,《高检批复》第1条也作了明确规定:"对于开始于1997年9月30日以前,继续到1997年10月1日以后终了的继续犯罪,应当适用修订刑法,一并进行追诉。"《高检批复》第2条规定:"修订刑法比原刑法所规定的构成要件的情节较为严格,或者法定刑较重的,在提起公诉时应当提出酌情从轻处理意见。"这种解释显然较为合理,因此笔者认为,法院在审理行政处罚案件时也应参照适用。回到行政处罚案件,笔者认为行政处罚中的继续行为或连续行为可以区分为三个阶段来分析:旧法效力阶段、中间法效力阶段及新法效力阶段,应当将其视为三个继续行为或连续行为来处理,在实体上分别遵循"从旧兼从轻原则"(在旧法、中间法与新法之间判断)"从旧兼从轻原则"(在中间法与新法之间判断)及"从新"原则适用法律(但前述两种特别情形除外),在程序上均遵循"从新兼有利原则"(在旧法、中间法与新法之间判断)适用法律。

(五)地域冲突的适用规则:行为地法优于人地法

由于有的行为系持续行为或连续行为,可能涉及几个不同地域的法,较为典型的是跨越多省的运输、贸易行为。如相对人从A地出发途经B地最终到达C地,一个行为历经3个不同的地方,其中行为地法就包括了行为始发地法、行为途经地法及行为终了地法。如果这些地方的法对同一行为的规定不一致时,应适用哪一地的法?而根据相关司法解释,"原告所在地"包括原告的户籍所在地、经常居住地及被限制人身自由地。"行为地法优于人地法"的基本含义就是:当属地法与属人法相冲突的,优先适用属地法。该规则的适用条件为:第一,不同地方(且一般不存在隶属关系)的行政法律规范之间存在不一致;第二,这些行政法律规范不抵触上位法;第三,相对人有跨地区行为。

"行为地法优于人地法"规则的例外:一般认为,在涉及行为人的身份、能力、资格等方面的问题,各地法律有不同规定时,应适用行为人的户籍所在地、长期居住地、法人或其他组织的注册登记地法。具体要件为:第一,保护特定主体权利:通常其对象为不同种族、不同民族、不同宗教信仰的人群;第二,对抗地方保护主义:通常是"人地法"更适合上位法的精神或法律原则,或者"行为地法"存在严重的地方保护主义倾向。

典型案例如:1997年2月10日,H省某镇食品站蔡某将一货车生猪从H省运至G省某市销售,遇该市木材检查站检查。因蔡某只带有运输检疫证明,而无运载工具消毒证明及经营生猪的营业执照,检查站以该市农业局的名义,根据G省《畜禽检疫管理规定》第31条规定,作出处理决定:(1)责令运载的生猪和运载工具进行补检,补检费加倍收取;(2)无证经营生猪,移交工商部门处理。蔡某不服提起行政诉讼,以木材检查站接受委托检查运载生猪车辆没有法律依据,加倍收取补检费是乱收费,其经营生猪合法为由,请求撤销该处理决定。① 本案涉及H、G两省在生猪经营、检疫、运输等方面的有关规章,可谓我国行政地域法律冲突的一个典型案例。

在该案中,两省的法律规范有如下不一致之处:G省政府规章《畜禽检疫管理规定》规定了农业部门可以委托木材检查站检查运输生猪进入本省的车辆,而H省并无农业部门可以委托行政的规定;G省政府规章《畜禽检疫管理规定》规定运输者应提供运输检疫证明与运输工具消毒证明;H省的有关规章规定了食品站可以经营生猪等畜禽的长途运输,G省则无食品站具有经营生猪运输资格的相关规定。在这些相互冲突的行政法律规范中,应适用哪一地的法律规范决定了行政行为的作出的效力问题。对此,应结合具体情况作具体分析。

首先,B省某市木材检查站是否能受农业部门的委托对生猪运输进行检查,按照行政管理的地域性原则,应适用法院地法。本案中A省与B省在涉及畜禽检疫管理方面均有相关的地方法律文件,但在对执法主体的规定上显然有所不同。蔡某能根据本省的相关法律规定向法院主张木材检查站接受委托没有法律依据吗?笔者认为蔡某的主张不应得到法院的支持。某市农业局是B省的行政执法部门,在执法主体的职权范围方面,当然应该适用本省的地方规章。否则地方立法的自主性无从体现,地方立法也失去了应有的意义。因此,木材检查站按B省地方规章的规定,接受农业局的委托对畜禽检疫进行管理是正确适用法律的行为,其以农业局名义作出的处理行为应属于行政行为。至于B省的地方规章是否能够规定农业局的委托处理权力,其设定是否与上级法律文件相抵触而导致无效,将关系到区域冲突的性质问题,这已经不是区域冲突规范所能解决的了。

其次,蔡某的生猪运输是否需要同时具备运输检疫证明与运载工具消毒证明,按照对行为有不同规定时应适用行为地法的冲突原则,应适用行为地法。蔡某的生猪运输行为是一个跨越多省的行为。对这类行为难以确定蔡某的行为地法,此时应转而采用行政行为的作出地法这一冲突原则。因此对蔡某而言,在本省起运生猪时,根据行为地法的要求已经具备了运输检疫证明。但在将生猪运至B省接受B省木材检查站检查后,则应当根据此时的行政行为作出地法适用B省的相关法律规定,并满足其对畜禽检疫的要求,因此蔡某仍应补上运载工具的消毒证明。值得一提的是,蔡某必须对运载工具进行补检并交纳一定的补检费用,但实践当中

---

① 参见方世荣:《行政诉讼法案例教程》,中国政法大学出版社1999年版,第333页。

B省木材检查站对蔡某加倍收取补检费用的做法有待商榷。蔡某根据本省的有关规定已经具备完整的运输生猪所需的证明文件,其并无故意或过失遗漏任何手续,因而不具有主观上的过错。虽然按照B省的规定蔡某仍然缺少了运载工具的消毒证明,但这种地方间法律规范的冲突与不一致不应该由行政相对人来为此负责。B省木材检查站加倍收取补检费的行为具有惩罚性质,是一种行政处罚,它对于没有任何过错的蔡某而言显然是不适当的。因此法院应该对行政处罚予以撤销,以维护蔡某的正当权益。

最后,蔡某是否具备经营长途运输生猪的能力与资格,按照涉及行为人身份、能力和资格等方面应适用属人法的原则,应该适用当事人的户籍所在地法、长期居住地法或者是法人登记注册地法。本案中蔡某所属的食品站是否有权经营运输生猪的问题正是涉及食品站这一法人的经营范围、能力与资格问题。而蔡某所在的A省为发挥本省生猪养殖的优势,在有关规章中规定食品站也可以经营运输生猪,因此按冲突原则应该适用蔡某所属食品站的登记注册地法。本案中蔡某事后提供了食品站的营业执照,证明了其有权经营运输生猪,因此法院应适用A省的有关规章,支持蔡某的诉讼理由,撤销某市农业局行政处理决定中的第二项决定。①

(六)管辖冲突的适用规则:密切联系法优于一般联系法

"密切联系法优于一般联系法",从狭义上讲,作为一项解决行政法律规范管辖冲突的适用规则,是指不同机关制定的同位阶的行政法律规范对同一事项的规定不一致时,优先适用与特定事项联系最密切的法。其既包括部门规章与部门规章之间的冲突,也包括部门规章与地方性法规、规章之间的冲突。

"密切联系法优于一般联系法"规则可以化解一些较复杂的行政法律规范冲突,但这个规则毕竟不同于前面几个适用规则那样具有刚性。在具体的法律关系中,各种联系对同一问题的重要程度是不同的,同一种联系对不同问题的重要程度也不同,我们的任务就是要在特定问题上对各种联系的相对重要程度加以区分,从中找出最重要的联系。而成功地从多个相互矛盾的规范中证明某一个是更强的或唯一有效的和权威的,关键是要确定所争议事项与法律规范之间的关联点。这是法律规范之间进行比较、评判的基点,在确定关联点之后,可以根据关联点的强弱分析来判断可资适用之最适宜的法律规范。

---

① 参见王诚:《刍议行政区域冲突规范》,载《行政法学研究》2004年第3期。

笔者认为,可以设立的关联点依次有:第一,合法性——基础性关联。合法性是决定法律规范是否有效的基本条件,最密切联系法首先应该是合法有效的法。第二,授权性——条件性关联。如果法律规范是根据授权制定的,在同等条件下应优先适用。第三,专属性——权限性关联。对专属立法权限范围内的事项作出的规定,在同等条件下应优先适用。第四,地方性——自主性关联。对地方性事务作出规定的法律规范,因带有一定的自治性或自主性而应优先适用。第五,联合性——主体性关联。在同等条件下,立法主体多的法律规范一般优先于立法主体少的法律规范。第六,强制性——约束性关联。强制性条款规定优先于任意性条款规定,因为前者更具有约束力。以此类推,列举性、具体化规定优先于概括性、抽象性规定。第七,专业性——技术性关联。专业部门的规定优先于非专业性部门的规定。第八,功用性——目的性关联。与争议事项的用途联系越紧密的条款规定越能体现法的功能与效用。第九,成因性——责任性关联。有些事项从结果看可以适用多个法律规范,但从导致结果的原因分析,可以确定最直接最主要的管辖部门及最恰当的法律规范。如某水污染事件并非是因为故意排放污水导致,而是生产人员违反安全生产规范所致,因此可以确定由安监局查处。第十,适应性——时间性关联。通常时间上更近的法律规范更能体现立法者最近最真实的意图和目的,更符合情势变更或社会经济发展现状,故应优先适用。第十一,照顾性——善意性关联。有些法律规范条款是在裁量范围内更有利于特定相对人的,或具有善意性或照顾性特色,体现了立法的公正与和谐,故可优先适用。

在按照上述关联规则裁处的同时,还应考虑几种例外情形:第一,公共利益优先;第二,在不抵触重大公共利益的前提下,遵循有利于相对人原则作出选择;第三,遵循价值最大化原则。

典型案例如:某县质量技术监督局根据举报,查获某酱油厂在未取得酿造酱油生产许可证的情况下擅自生产瓶装酱油。该厂于2004年3月开始生产,至被查封时共生产无证酱油600瓶,已售出其中200瓶,成本价每瓶1元,销售价每瓶1.5元,该批产品货值900元,违法所得100元。该厂既无检验设备,亦未委托法定质检机构检验产品质量。执法人员遂以400瓶无证酱油涉嫌质量问题为由,当场予以查封。该厂无证生产违法事实清楚、证据确凿,但执法人员在如何运用法律处理本案的问题上产生了四种不同的意见:

第一种意见认为,按《食品生产加工企业质量安全生产管理办法》(国家质检总局第 25 号令)第 55 条①规定处罚;责令停止生产,限期取得酱油生产许可证;没收违法所得 100 元;处货值金额 20% 的罚款计 180 元。

第二种意见认为,按地方性法规《某省商品质量监督条例》第 25 条第(3)项规定处罚:没收违法所得 100 元;处该批商品经营额 1 倍的罚款计 900 元(法定幅度为经营额 50% 至 1 倍)。理由是:《某省商品质量监督条例》是该省现行有效的地方性法规,因《产品质量法》对生产许可证事项未作规定,《某省商品质量监督条例》规定是对该法的有效补充,因此,应适用《某省商品质量监督条例》。

第三种意见认为,依据检验结果处理。对无证酱油抽样并送质检机构检验,检验结果如不符合 GB 18186—2000《酿造酱油》强制性标准,则依据 2000 年《产品质量法》第 49 条②规定处罚:责令停止生产,没收不合格酱油 400 瓶;没收违法所得 100 元;处货值金额 3 倍的罚款约 2700 元。检验结果如质量合格,则依据《某省商品质量监督条例》第 25 条第(3)项规定处罚。因为地方性法规适用于本行政区域内发生的行政案件,可作为法院审理行政诉讼案件的依据,而部门规章仅是审判案件的参照。

第四种意见认为,按当时有效的行政法规《无照经营查处取缔办法》第 4 条第(1)项和第 14 条规定③处罚:没收无证酱油 400 瓶;没收违法所得 100 元;并处 8000 元罚款(法定罚款幅度 20000 元以下)。理由是:(1)未取得食品生产许可证而擅自生产行为,是无照经营行为;(2)该办法第 4 条赋予质量技术监督部门有权依法查处无照经营行为;(3)行政法规的法律效力大于地方性法规及部门规章,本案应优

---

① 《食品生产加工企业质量安全生产管理办法》(自 2003 年 6 月 19 日起施行)第 55 条规定,食品生产加工或者销售企业有下列情况之一的,由质量技术监督部门责令其停止生产、销售,限期取得食品生产许可证;并处违法生产销售产品(包括已出售和未出售的食品)货值金额 15%~20% 的罚款;有违法所得的,没收违法所得;造成损失的,依法追究责任。(1)未获得食品生产许可证而擅自生产的;(2)委托无证企业生产加工食品的;(3)食品生产许可证超过有效期而继续生产的;(4)超出许可范围擅自生产的;(5)销售无证产品的。

② 2000 年《产品质量法》第 49 条规定,生产、销售不符合保障人体健康和人身、财产安全的国家标准、行业标准的产品,责令停止生产、销售,没收违法生产、销售的产品,并处违法生产、销售产品(包括已售出和未售出的产品,下同)货值金额等值以上 3 倍以下的罚款;有违法所得的,并处没收违法所得;情节严重的,吊销营业执照;构成犯罪的,依法追究刑事责任。

③ 《无照经营查处取缔办法》(自 2003 年 3 月 1 日起施行)第 4 条规定"应当取得而未依法取得许可证或者其他批准文件和营业执照,擅自从事经营活动的无照经营行为","由工商行政管理部门依照本办法的规定予以查处"。第 14 条规定:"对于无照经营行为,由工商行政管理部门依法予以取缔,没收违法所得;触犯刑律的,依照刑法关于非法经营罪、重大责任事故罪、重大劳动安全事故罪、危险物品肇事罪或者其他罪的规定,依法追究刑事责任;尚不够刑事处罚的,并处 2 万元以下的罚款;无照经营行为规模较大、社会危害严重的,并处 2 万元以上 20 万元以下的罚款;无照经营行为危害人体健康、存在重大安全隐患、威胁公共安全、破坏环境资源的,没收专门用于从事无照经营的工具、设备、原材料、产品(商品)等财物,并处 5 万元以上 50 万元以下的罚款。"

先适用行政法规;(4)适用行政法规查处无证生产行为,处罚力度更大。

那么,哪一种意见更为准确呢?在本案中,所涉及的法律规范有法律、行政法规、部门规章及地方性法规四种。一般情况下,对于这类多种规范竞合的情形,首先应按照"上位法优于下位法"规则作出选择,但如果各种规范之间没有构成抵触(都是现行有效的法)情况下,就不能按照"上位法优于下位法"规则来适用。

本案的情形是:所争议事项在多个法律规范中均涉及,但都不是一一对应的明确关系,只不过这几个法与所争议事项都有联系,因为所涉及法律规范均只是对某一类对象或某一类行为作出了较为抽象的规定,最终选择其中哪一个,取决于它们与所争议事项联系的紧密程度,所以可以适用"密切联系法优于一般联系法"规则。首先要明确所争议事项是:第一,处罚对象是食品类(酱油);第二,处罚理由是无证生产。《产品质量法》只涉及食品生产,没有规定无证生产,没有对所争议事项作出直接明确规定,而且,按照《产品质量法》进行处罚,还需要对无证酱油进行抽样送检,看检验结果是否符合法定标准。在有明确的下位法规定的情况下,这样适用不仅有舍近求远之嫌而且将使下位法的规定失去意义,从而违背了"适用优先规则"。行政法规《无照经营查处取缔办法》专门规定了无照经营但没有专门针对食品。只有部门规章《食品生产加工企业质量安全生产管理办法》既针对食品又针对无照生产,所以从法条的具体规定来看,部门规章联系最密切,主要体现在内容最直接,在位阶、主体、时间等方面也最接近所争议事项。至于地方性法规《某省商品质量监督条例》,既不是根据授权也不是对地方性事务根据地方需要作出的特别规定,则不优先于部门规章。因此,笔者认为,本案应按照《食品生产加工企业质量安全生产管理办法》的有关规定进行处罚。

需要指出的是,"密切联系法优于一般联系法"规则通常只有在"上位法优于下位法""特别法优于一般法""新法优于旧法""行为时法优于裁处时法""行为地法优于人地法"这五个规则都不能解决法律冲突的情况下才可适用。①

---

① 参见顾建亚:《行政法律规范冲突的适用规则研究》,浙江大学出版社2010年版,第23~196页。

三、行政处罚法律适用的判例及评析

(一)法律冲突的情形

1. 上位法优于下位法的情形

案例 13.1　无锡美通食品科技有限公司诉无锡质量技术监督局高新技术产业开发区(新区)分局行政处罚案

该案中,法院认为:关于对上诉人美通公司处罚的法律适用问题。《食品安全法》是由全国人大常委会制定的法律,并于 2009 年 6 月 1 日施行,较之之前由国务院制定的《工业产品生产许可证管理条例》及国家质量监督检验检疫总局制定的部门规章《食品生产加工企业质量安全监督管理实施细则》,具有更高阶位的法律效力。并且,《国家质量监督检验检疫总局关于贯彻实施中华人民共和国食品安全法若干问题的意见》亦明确:《国务院关于加强食品等产品安全监督管理的特别规定》《条例》《中华人民共和国认证认可条例》是国务院行政法规。按照上位法优于下位法的规定为准,对同一事项食品安全法有规定的,应当以食品安全法的规定为准。因此,美通公司的违法行为符合《食品安全法》规定的处罚情形,应适用上位法《食品安全法》的规定。[1]

案例 13.2　蔡国强诉无锡市公安局交通巡逻警察支队行政处罚案

该案中,法院认为:《立法法》第 79 条规定,法律的效力高于行政法规、地方性法规、规章。根据《道路交通安全法》第 101 条第 1 款,违反道路交通安全法律、法规的规定,发生重大交通事故,构成犯罪的,依法追究刑事责任,并由公安机关交通管理部门吊销机动车驾驶证,故发生重大交通事故,构成犯罪,依法追究刑事责任,是公安机关交通管理部门吊销机动车驾驶证的前提条件。根据《刑事诉讼法》第 12 条"未经人民法院依法判决,对任何人都不得确定有罪"之规定,在人民法院对蔡国强涉嫌交通肇事罪作出判决之前,原告蔡国强的行为尚处于涉嫌犯罪阶段,不能认定已构成犯罪。综上所述,被告交巡警支队依据《道路交通安全法》第 101 条对蔡

---

[1]　参见《最高人民法院公报》2013 年第 7 期。

国强作出吊销机动车驾驶证的行政处罚决定认定的事实,证据不足。[1]

案例13.3 鄂克勤诉沅陵县林业局行政处罚案

该案中,法院认为:被上诉人鄂克勤无证运输木材的违法事实存在,但上诉人沅陵县林业局对鄂克勤作出的林业行政处罚所适用的《湖南省林业条例》第39条的规定与《森林法》的规定相抵触,其林业行政处罚决定适用法律、法规错误,应予撤销。[2]

案例13.4 广东力王起重机械有限公司诉佛山市南海区环境保护局行政处罚、佛山市南海区人民政府行政复议案

该案中,法院认为:在从重处罚的情节规定方面,根据原中华人民共和国环境保护部制定的《规范环境行政处罚自由裁量权若干意见》,对环境违法行为人被处罚后12个月内再次实施环境违法行为的,可从重处罚。而《佛山市环境保护行政处罚自由裁量权执行规定》规定为2年内因环境违法行为被第2次行政处罚,明显扩大了《规范环境行政处罚自由裁量权若干意见》的从重处罚标准,应不予适用。该案中,原告曾于2016年9月21日因环境违法行为被行政处罚,而该案的违法行为发生在2018年4月9日,超过了《规范环境行政处罚自由裁量权若干意见》规定的12个月内再次实施环境违法行为的期限,被告南海环保局以此为由对原告从重处罚缺乏依据,明显不当,应予变更。[3]

案例13.5 苏某诉东兴市渔政大队行政处罚案

该案中,法院认为:被告东兴市渔政大队是东兴市人民政府的渔政主管部门,是负责本行政区域渔政管理监督工作的行政机关,对渔业违法案件有立案查处的职权。本案中,原告未依法取得捕捞许可证擅自进行捕捞,其捕捞行为违法,被告东兴市渔政大队据此作出4号处罚决定,该决定依据《渔业法》第38条、第41条[4]以

---

[1] 江苏省无锡市崇安区人民法院(2004)崇行初字第32号行政判决书。参见最高人民法院中国应用法学研究所编:《人民法院案例选(总第54辑)》,人民法院出版社2005年版,第445页。
[2] 湖南省怀化市中级人民法院(1999)怀中行终字第22号行政判决书。
[3] 佛山市顺德区人民法院(2013)粤0606行初237号行政判决书。
[4] 《渔业法》第41条规定,未依法取得捕捞许可证擅自进行捕捞,没收渔获物和违法所得,并处10万元以下的罚款;情节严重的,并可以没收渔具和渔船。

及农业部令(第36号)第19条的规定,对原告作出没收渔具、渔船和处罚10万元的处罚决定。但根据《广西壮族自治区实施〈中华人民共和国渔业法〉办法》(以下简称《渔业法实施办法》)第39条的规定"未依法取得捕捞许可证擅自进行捕捞的,没收渔获物和违法所得,按照下列规定并处罚款;情节严重的,并可以没收渔具和渔船……(四)主机功率为44.1千瓦(60马力)以上146.3千瓦(199马力)以下小型机动渔船,处二千元以上一万元以下;(五)主机功率为14.7千瓦(20马力)以上43.4千瓦(59马力)以下小型机动渔船,处一千元以上五千元以下"。《渔业法实施办法》第2条规定:"在本自治区行政区域内的水域、滩涂和国家指定由本自治区实施渔业管理的水域从事养殖和捕捞水生动物、水生植物或者利用其他水体从事养殖等渔业生产活动,以及从事与渔业资源增殖、保护活动有关的单位和个人,必须遵守本办法。"《渔业法实施办法》是广西壮族自治区根据渔业法结合本地区实际情况而制定的地方性法规,是实施渔业法的具体化规定。在不与《渔业法》具体规定或基本原则相抵触的前提下,应适用《渔业法实施办法》第39条规定对原告进行处罚。因此,被告根据《渔业法》第38条、第41条以及农业部令(第36号)第19条的规定对原告作出处罚决定,属适用法律法规错误,依法应予撤销。[①]

笔者认为,该法院的判决值得商榷,因为涉案渔船主机功率为44千瓦,不符合《渔业法实施办法》第39条规定中的任何一种情形,因此,不应该适用《渔业法实施办法》,而应当直接适用《渔业法》作为处罚依据。

在实施性规定与上位法不抵触时,下位法可以优先适用和援引。当然,这只是适用上的优先,而不是效力等级上的优先。有法院认为此情形下处罚主体如未适用下位法而适用了上位法,反而应予撤销。

案例 13.6　杨鑫诉西安市公安局交通警察支队曲江大队交通管理行政处罚案

该案中,法院认为:2005年陕西省人大常委会根据《道路交通安全法》《道路交通安全法实施条例》,结合本省实际,制定了《陕西省实施〈中华人民共和国道路交通安全法〉办法》,该办法第72条规定,机动车驾驶人违反道路通行规定有下列行为之一的,处100元罚款:(8)超速行驶未超过规定时速50%的。《陕西省实施〈中华人民共和国道路交通安全法〉办法》系法律授权由省人大常委会制定的实施性地方法规,其在与上位法不抵触的情况下应优先适用。该案中,被告提供的监控记录

[①] 广西壮族自治区东兴市人民法院(2013)东行初字第11号行政判决书。

照片上显示原告超速比例为12%，属于省《办法》第72条第(8)项规定的处罚100元的情形。故被告对原告超过规定时速50%以下的违法行为，应优先适用《陕西省实施〈中华人民共和国道路交通安全法〉办法》第72条的规定予以处罚，其依据《中华人民共和国道路交通安全法》第90条，给予原告200元罚款违反法律优先适用原则，况被告当庭表明实践中亦是按100元处罚标准执行。因此，该具体行政行为属适用法律、法规错误，依法应予撤销。原告要求撤销行政处罚决定，返还所扣分值之请求正当，应当支持。①

但实践中，也有法院对下位法与上位法明显相抵触的现象表示认可，笔者认为值得商榷。

案例13.7　玉溪市鹏程运输有限公司诉焦作市交通路政管理处行政处罚案

该案中，法院认为：依照交通部《超限运输车辆行驶公路管理规定》第3条第(2)项之规定，原告鹏程运输公司上述车辆车货总长18米以上，属于超限运输车辆。被告焦作路政处认定该车为超限车辆符合法律规定。但是交通运输部《关于贯彻实施〈超限运输车辆行驶公路管理规定〉》第(7)项规定："几何尺寸超出部令规定，但车货总高度从地面算起4.3米以下，车货总长度20米以下，车货总宽度3米以下的超限运输车辆，承运人可以每半年一次到货运起点所在地的省级公路管理机构办理通行证，通行全国。"原告鹏程运输公司的上述车辆持有云南省公路路政管理总队颁发的《云南省超限运输车辆通行证》，通行路线全国各地。原告鹏程运输公司上述车辆在公路上行驶不属擅自超限运输，被告焦作路政处所作处罚适用法律错误，应当予以撤销。②

还有一种上位法与下位法关系比较特殊的情形颇值研究——自治条例、单行条例、经济特区法规就某些行政处罚作了变通规定之后，很可能就突破了上位法规定，此时应当是上位法优先于下位法适用还是变通后的授权法规优先于上位法适用呢？不妨先看几个与经济特区法规相关的案例。

---

① 西安市雁塔区人民法院(2013)雁行初字第00078号行政判决书。
② 河南省焦作市山阳区人民法院(2013)山行初字第00002号行政判决书。

案例13.8 郭剑锋诉厦门市公安局交通警察支队湖里大队、被告厦门市公安局湖里分局交通管理行政处罚案

该案中,原告认为,案涉行政处罚决定书上写明的处罚依据为《厦门经济特区道路交通安全若干规定》第49条第(5)项,但这一地方法规明显与上位法相抵触。根据《立法法》第72条,《行政处罚法》第11条,《道路交通安全法》第90条,《道路交通安全违法行为处理程序规定》第25条、第28条、第29条,《机动车驾驶证申领和使用规定》附件2第3条等相关法律条款,《道路交通安全法》及其司法解释《道路交通安全法实施条例》为上位法,本案中并没有与其同阶的适用法律,故应按上位法实施。被告所提的地方法律不应凌驾于上位法之上。《厦门经济特区道路交通安全若干规定》第49条第(5)项属于与上位法相抵触。法院认为:《立法法》第74条规定,经济特区所在地的省、市的人民代表大会及其常务委员会根据全国人民代表大会的授权决定,制定法规,在经济特区范围内实施;第90条第2款规定,经济特区法规根据授权对法律、行政法规、地方性、地方性法规作变通规定的济特区适用经济特区法规的规定。本案中,被告湖里交警大队所适用的《厦门经济特区道路交通安全若干规定》系由厦门市人民代表大会常务委员会颁布实施的经济特区法规,在本经济特区行政区域内具备优先适用的效力,故本案中湖里交警大队适用该经济特区法规对原告进行处罚适用法律准确。①

案例13.9 杨昌松诉珠海市公安局警察支队拱北大队、珠海市人民政府交通管理行政处罚案

该案中,原告认为,《道路交通安全法》是《珠海经济特区道路交通安全管理条例》的上位法,《珠海经济特区道路交通安全管理条例》禁止电动自行车上路条款和罚款的数额与上位法存在抵触,根据上位法"不抵触"的原则,该条例不能作为处罚依据。法院认为,《珠海经济特区道路交通安全管理条例》是珠海市第六届人民代表大会常务委员会根据全国人民代表大会特区立法授权制定的,属于经济特区立法。在遵循《宪法》以及法律与行政法规基本原则的前提下,可以结合本经济特区情况对相关立法的具体规定作出变通,在本经济特区内优先适用。②

---

① 厦门市集美区人民法院(2019)闽0211行初75号行政判决书。
② 珠海市金湾区人民法院(2016)粤0404行初122号行政判决书。

案例 13.10　刘晓波诉深圳市公安局交通警察支队口岸大队行政处罚决定、深圳市公安局交通警察局行政复议决定案

该案中,原告认为,被告深圳市公安局交通警察支队口岸大队作出处罚决定的依据《深圳经济特区道路交通安全违法行为处罚条例》因违反立法法的规定而无效。根据《深圳经济特区道路交通安全违法行为处罚条例》(以下简称《条例》)第1条规定,其制定该条例的依据是《中华人民共和国道路交通安全法》(以下称《安全法》)。作为《条例》的上位法《安全法》第90条明确规定:机动车驾驶人违反交通安全法律、法规关于道路通行规定的,处警告或者20元以上200元以下罚款。同时,《安全法》第123条规定:省、自治区、直辖市人民代表大会常务委员会可以根据本地区的实际情况,在本法规定的罚款幅度内,规定具体执行的规定。可《条例》却在第18条中规定:驾驶机动车在高速公路、城市快速干道或者隧道内行驶,有下列行为之一的,处3000元罚款:……(2)非紧急情况下占用应急车道、路肩的。《条例》规定的罚款幅度不但与其上位法相冲突,而且超出《安全法》所规定的幅度15倍之多。根据《立法法》第72条、第88条、第96条之规定,《条例》因违反其上位法《安全法》之规定而不具效力。被告深圳市公安局交通警察支队口岸大队罚款金额之高,有借机敛财之嫌。根据被告深圳市公安局交通警察支队口岸大队所依据的《条例》第4条规定,对交通安全违法行为的处罚,应当坚持处罚与教育相结合的原则,但从《条例》实施的结果上看,未见教育成效,只见罚款金额猛增,难脱借机敛财之嫌。法院认为,《立法法》第74条规定,经济特区所在地的省、市的人民代表大会及其常务委员会根据全国人民代表大会的授权决定,制定法规,在经济特区范围内实施。本案中违法事实发生在深圳经济特区,被告适用特区法规并不违法,且法规明确的处罚幅度只有一档,并不涉及处罚金额不当问题。①

上述3个案例情形类似,均发生在经济特区交通管理领域,各法院认为变通后的特区法规应优先适用的理由阐述已经很充分了。但上述法院的观点正确?恐怕值得商榷。就此,有必要先考察一下经济特区法规在法律体系中的效力等级:因经济特区法规制定主体均为经济特区人大及其常委会,而且"经济特区法规"也出现

---

① 深圳市福田区人民法院(2015)深福法行初字第1266号行政判决书。

在《立法法》第四章的位置中,即便有一定特殊性,但其仍属地方性法规。[①] 以最后这个刘晓波案为例,我们来分析论证为何在这类案件的场景下应适用上位法而非变通后的特区法规。第一,全国人大常委会关于深圳经济特区法规可作变通规定的立法授权范围,并非全方位,而是仅限于特定领域,像上述案例中的交管领域并不在其中。根据九届全国人大三次会议通过的《〈关于中华人民共和国立法法(草案)〉的说明》,"授权决定应当明确授权的目的、范围,被授权机关应当严格按照授权目的和范围行使这项权力"。十二届全国人大法律委员会主任乔晓阳在《中华人民共和国立法法讲话》指出,"从全国人大及其常委会的历次授权来看,每次都对授权目的作了表达,但表达的方式有所不同。有的是在授权决定中开宗明义明确授权目的","有的在授权决定中虽然没有直接明确的目的,但是,由于授权决定是根据国务院、其他机关或者全国人大代表提出的议案作出的,而提请授权目的实质上就是授权决定的目的。比如,1992 年七届全国人大常委会作出授权深圳市人大及其常委会制定法规在深圳经济特区实施的决定中虽然没有直接明确授权目的,[②]但是,国务院在提请全国人大常委会授权深圳市权力机关制定法规的议案中,已提出授权的目的,即'为了加快经济特区的建设,在深圳经济特区进一步实施对外开放政策和发展社会主义商品经济'"[③]。"设立经济特区的目的,是为了使这些特区在经济体制改革和对外开放方面先行一步,发挥窗口和试验田的作用。因而,授权经济特区制定法规的范围就应当限于特区经济体制改革和对外开放方面的事项","而经济特区的事项,如有关城市管理的事项,就不属于授权的范围","但在实践

[①] 有观点认为"经济特区的立法权来源于全国人大及其常委会的授权,其制定的法规效力等同于全国人大常委会制定的法律的效力",故深圳经济特区的法规效力"具有国家法律的效力"。参见周成新等主编:《深圳经济特区立法权与立法规划研究》,中国法制出版社 2001 年版,第 9 页。笔者认为,这一观点难以成立。如全国人大已通过《立法法》第 9 条及相关单行决议授权国务院就部分尚未制定法律的事项先制定行政法规。全国人大常委会也已通过《道路交通安全法》第 123 条授权各省、自治区、直辖市人大常委会制定具体的执行标准。照前述论著的逻辑,难道说国务院的行政法规或各省市制定的执行标准也"具有国家法律的效力"?其效力能"等同于全国人大常委会制定的法律的效力"?原全国人大常委会法工委主任顾昂然公开指出:"由于我国是统一的单一制国家,实行人民代表大会制度,因此,法律只能由全国人民代表大会和全国人民代表大会常务委员会制定",载全国人大常委会法制工作委员会编:《中华人民共和国立法法讲话》,法律出版社 2000 年版,第 3 页。而且,相关判例显示:最高法院亦认为深圳经济特区法规既不属于法律,也不属于行政法规。无论其如何特殊,也只是一种地方性法规而已。更详细阐述可参佰雄与刘光华房屋买卖合同纠纷案[最高人民法院(2017)最高法民再 87 号《民事判决书》]。该案中,最高法院认为:《深圳经济特区高新技术产业园区条例》"不是法律、行政法规"。

[②] 《全国人民代表大会常务委员会关于授权深圳市人民代表大会及其常务委员会和深圳市人民政府分别制定法规和规章在深圳经济特区实施的决定》。

[③] 《全国人民代表大会关于国务院提请审议授权深圳市制定深圳经济特区法规和规章的议案的决定》。

中,也出现了一些没有严格按照授权目的和范围行使授权立法权的情况。比如,有的经济特区根据授权制定的某些法规,超出了经济体制和对外开放的事项"。① 据此,可列入城市管理范围中的交通管理领域当然不属于有权行使授权立法权进行变更规定的情形。② 由此可知,该案不应适用特区法规,而应适用作为上位法的《道路交通安全法》。第二,《立法法》第74条规定,"经济特区所在地的省、市的人民代表大会及其常务委员会根据全国人民代表大会的授权决定,制定法规,在经济特区范围内实施"。据此,深圳权力机关要制定特区法规的权力来源必须是全国人民代表大会的授权决定,其他任何主体包括全国人大常委会在内均无资格授权。我们知道,《立法法》的实施时间是2000年,而《全国人民代表大会常务委员会关于授权深圳市人民代表大会及其常务委员会和深圳市人民政府分别制定法规和规章在深圳经济特区实施的决定》(以下简称《授权决定》)的实施时间为1992年。也即,在1992~2000年,深圳权力机关根据《全国人大常委会授权决定》制定的特区法规是有效力来源的。但2000年《立法法》实施后,深圳权力机关再根据《授权决定》新制定的特区法规就统统失去了效力来源。《立法法》不仅系由全国人大审议通过的,更为重要的是,《立法法》本身就属于宪法性法律,系我国宪法的组成部分。《立法法》与《宪法》《选举法》等宪法性法律共同构成了我国的宪法体系。《授权决定》中明确规定了特区权力机关要制定特区法规必须"遵循宪法的规定"。该规定中的"宪法"二字并未加书名号,可以理解为完整宪法体系,而非宪法典这一特定文本。故《全国人大常委会授权决定》中关于授权立法的程序及批准机关等内容至2000年时,已被《立法法》第74条所修正。更何况,《立法法》与《授权决定》相比是新法、后法,同时,由于《立法法》与《授权决定》并非由同一机关制定,故无从说哪个是特别法。综上,2000年之后的深圳特区权力机关要制定有所变通的特区法规,必须严格遵循《立法法》第74条这一宪法性法律条款的要求,必须重新获得新的授权——全国人大的授权。但至今,深圳特区权力机关并未获得这一新授权。由此可知,深圳特区权力机关于2010年制定的已变通上位法的特区法规——《深圳经济特区道路交通安全违法行为处罚条例》的确缺乏权力渊源和效力来源。第三,九届全国人大常委会第25次会议通过的《关于〈关于中华人民共和国道路交通安全法(草案)〉的说明》中已明确,"考虑到我国各地经济发展不平衡,草案对道路交通安全违法行为的罚款只规定了幅度,具体罚数额授权"地方权力机关"在本法和国务院有关的

---

① 乔晓阳主编:《中华人民共和国立法法讲话》,中国民主法制出版社2008年版,第97~101页。
② 有观点认为全国人大常委会对深圳经济特区的授权立法没有具体明确的范围,属于"一揽子"授权——除《立法法》第8条规定的国家专属立法权以外的其他事项。参见周成新等主编:《深圳经济特区立法权与立法规划研究》,中国法制出版社2001年版,第33页。对此,我们不赞同。

行政法规规定的罚款幅度内规定"。这说明中央在立法时,早已充分考虑"我国各地经济发展不平衡"——既包括老少边穷地区,也当然包括经济特区等发达地区。十二届全国人大常委会副主任郑淑娜在《关于〈关于中华人民共和国立法法〉释义》中明确,"如果中央立法时已经考虑到经济特区的情况之后作出全国统一规定的,经济特区应当遵循中央立法的规定,制定或者修改经济特区法规时,不应再作出与中央立法不一致的规定"。① 据此,经济特区关于道路交通安全违法行为的有关立法不应再突破中央立法——《道路交通安全法》的罚款幅度。但刘晓波案罚款数额为3000元,大大逾越了《道路交通安全法》对案涉行为规定至多罚款200元的最高幅度,已达15倍之多。故该案交警部门存在明显的适法错误。同时,上述三案的法院观点均难以成立。

2. 特别法优于一般法的情形

案例13.11　李燕诉汉中市工商行政管理局行政处罚案

该案中,法院认为:原告经销的"泸州"牌一桶天下万福红酒,属于《食品安全法》第48条第3款所规定的食品和食品添加剂与其标签、说明书所载明的内容不符,不得上市销售的情形,被告由此依据《食品安全法》第86条对原告作出没收涉嫌经销假冒"泸州"牌一桶天下万福红酒288瓶的行政处罚决定适用法律适当。本案原告涉嫌经销假冒的"泸州"牌一桶天下万福红酒事实清楚、证据确实充分、其行为同时触犯《商标法》《产品质量法》《食品安全法》,属于法律竞合,被告认为《食品安全法》属于特别法,应优先适用的观点正确。②

案例13.12　新密市道路运输总公司诉河南省安全生产监督管理局行政处罚案

该案中,法院认为:对于发生重大安全责任事故后,生产经营单位未尽到安全生产培训义务、安全管理制度没有认真落实等情形也是导致重大安全责任事故发生的间接原因时,生产经营单位应当承担何种法律责任《安全生产法》没有作出规定。而《生产安全事故报告和调查处理条例》针对的是事故发生单位对事故发生负有责任的情形。按照特别规定优于一般规定的法理学常识,发生事故且事故发生单位对事故发生负有责任的,应当按照《生产安全事故报告和调查处理条例》第37

---

① 郑淑娜主编:《〈中华人民共和国立法法〉释义》,中国民主法制出版社2015年版,第207页。
② 陕西省高级人民法院(2012)陕行终字第00018号行政判决书。

条进行处罚。①

但严格来说,"特别法优于一般法"规则中的特别规定与一般规定,限于同一机关制定的一个、两个或多个法之间。因此该案中法院的观点值得商榷。虽然上位法优于下位法,但某些时候却呈现出下位法优先适用的状况。如《最高人民法院全国经济审判工作座谈会纪要》(已失效。——笔者注)明确:"行政法规为了贯彻执行法律,地方性法规为了贯彻执行法律、行政法规,就同一问题作出更具体、更详细规定的,应当优先适用。"在实施性规定与上位法不抵触时,下位法可以优先适用和援引。需要指出的是,这种优先适用只是适用上的优先,而不是效力等级上的优先,而且表现为位阶越低适用越先,与行政执法机关的地位和性质在形式层级方面越接近的越先适用。

案例13.13　杨某诉西安市公安局某大队行政处罚案

该案中,法院认为:2005年陕西省人大常委会根据《道路交通安全法》《道路交通安全法实施条例》,结合本省实际,制定了《陕西省实施〈中华人民共和国道路交通安全法〉办法》(以下简称《办法》),该《办法》第72条规定,机动车驾驶人违反道路通行规定有下列行为之一的,处100元罚款:……(8)超速行驶未超过规定时速50%的。本院认为,《陕西省实施〈中华人民共和国道路交通安全法〉办法》系法律授权由省人大常委会制定的实施性地方法规,其在与上位法不抵触的情况下应优先适用。本案中,被告提供的监控记录照片上显示原告超速比例为12%,属于省《办法》第72条第(8)项规定的处罚100元的情形。故被告对原告超过规定时速50%以下的违法行为,应优先适用《陕西省实施〈中华人民共和国道路交通安全法〉办法》第72条的规定予以处罚,其依据《道路交通安全法》第90条,②给予原告200元罚款违反法律优先适用原则,属于法律适用错误。③

---

① 河南省郑州市中级人民法院(2014)郑行终字第20号行政判决书。
② 《道路交通安全法》第90条规定,机动车驾驶人违反道路交通安全法律、法规关于道路通行规定的,处警告或者20元以上200元以下罚款。本法另有规定的,依照规定处罚。
③ 陕西省西安市雁塔区人民法院(2013)雁行初字第00078号行政判决书。

3. 行为时法优于裁处时法的情形

案例 13.14　福建省石狮市港塘塑料玩具厂诉石狮市国土规划建设局行政处罚案

该案中,法院认为:被上诉人石狮市国土规划建设局接群众举报对本案调查取证后,其行政处罚决定书认定上诉人福建省石狮市港塘塑料玩具厂于1990年年初未经有权部门批准,擅自在石狮市灵秀镇港塘村青石片50号非法占用土地2213平方米,并基建成石条、砖混合水泥钢筋结构的厂房和其他设施,现状2层,建筑面积为3528平方米,其非法占用的土地虽在石狮市土地利用总体规划内,但上诉人未批先建的行为违反了1988年12月29日修正的《土地管理法》第44条或1999年1月1日施行的《土地管理法》第59条的规定,该决定所认定的事实清楚。由于上诉人的违法行为发生在1990年,根据"实体从旧,程序从新"的原则,被上诉人应适用1991年2月1日施行的《土地管理法实施条例》第30条的规定:"依照《土地管理法》第43条、第44条的规定……处以罚款的,按非法占用土地每平方米15元以下的标准执行。"1999年4月7日国土资源部《关于查处土地违法行为如何适用〈土地管理法〉有关问题的通知》也作出了明确规定:"根据原土地管理法和新法的规定,均构成土地违法行为的,适用处罚较轻的法律。"因此,被上诉人对上诉人作出处罚时适用1999年1月1日施行的《土地管理法实施条例》第42条的规定,即"依照《土地管理法》第76条的规定处以罚款的,罚款额为非法占用土地每平方米30元以下",是适用了处罚较重的法律对上诉人进行处罚,属适用法律错误。①

案例 13.15　薛民胜诉鄢城县公安局行政处罚案

该案中,法院认为:鄢城县公安局于1996年8月16日对薛民胜作出收容教育决定(其嫖娼行为发生在1993年6月),其依据国务院1993年9月4日发布的《卖淫嫖娼人员收容教育办法》,该办法没有溯及既往的效力。薛民胜的嫖娼行为发生在该办法实施之前,显然,该收容教育决定适用法律法规错误。②

---

① 福建省泉州市中级人民法院(2005)泉行终字第34号行政判决书。参见国家法官学院、中国人民大学法学院编:《中国审判案例要览(2006年行政审判案例卷)》,中国人民大学出版社、人民法院出版社2007年版,第123页以下。
② 河南省漯河市中级人民法院(1997)漯行终字第02号行政判决书。

案例 13.16 赵立功诉青州市城市管理行政执法局行政处罚案

该案中,法院认为:《立法法》第 84 条规定:"法律、行政法规、地方性法规、自治条例和单行条例、规章不溯及既往,但为了更好地保护公民、法人和其他组织的权利和利益而作的特别规定除外。"该条规定确立了法不溯及既往的法律适用原则。《最高人民法院关于审理行政案件适用法律规范问题的座谈会纪要》规定:行政相对人的行为发生在新法施行以前,具体行政行为作出在新法施行以后,人民法院审查具体行政行为的合法性时,实体问题适用旧法规定,程序问题适用新法规定。《城乡规划法》第 70 条规定:"本法自 2008 年 1 月 1 日起施行。《中华人民共和国城市规划法》同时废止。"因此,对 2008 年 1 月 1 日之前行政相对人的行为,应依据《城市规划法》对实体问题作出认定和处理。被告依据 2008 年 1 月 1 日施行的《城乡规划法》对行政相对人于 2007 年作出的行为是否违法进行评价,并依据该法作出行政处罚决定,属于法律适用错误。①

案例 13.17 宝惠机械有限公司诉广州海关行政处罚案

该案中,法院认为:在被诉行政处罚决定中,被上诉人在适用《海关法》的同时还适用了《海关行政处罚实施条例》的相关规定,由于《海关行政处罚实施条例》是自 2004 年 11 月 1 日起施行,而上诉人的违法行为发生在《海关行政处罚实施条例》实施以前,依法不应予以适用。但由于对上诉人的处罚符合《海关法》相关规定,被诉处罚决定适用法律不当的问题并未对上诉人的实体权益产生影响,上诉人以此为由要求撤销被诉处罚决定的理由不能成立,本院不予支持。②

案例 13.18 广西藤县根宝农业发展有限公司诉藤县工商行政管理局行政处罚案

由此案我们可以看出:"行为时法优于裁处时法"规则已经不仅影响量罚,而且影响构成要件事实的认定,该案中法院认为:根据修改后从 2014 年 3 月 1 日起施行的《登记管理条例》的有关规定,企业年检制度已改为企业年度报告公示制度。2014 年 2 月 19 日,国家工商行政管理总局也发布了工商企字〔2014〕28 号通知,决定自 2014 年 3 月 1 日起取消企业年检。在本案中,原告确实存在不按照规定接受

---

① 山东省青州市人民法院(2014)青法行初字第 9 号行政判决书。
② 广东省高级人民法院(2008)粤高法行终字第 38 号行政判决书。

年度检验的行为,被告虽然在《公司登记管理条例》修改前已立案调查,但根据新旧法律规范的适用规则,适用修改后的《登记管理条例》对原告更为有利,被告已不宜在《公司登记管理条例》修改后再对原告作出被诉行政处罚,因此,被告对原告作出的行政处罚,显然属于适用法律错误。①

此外,还有适用了当时尚未生效的法律的情形。

案例 13.19　洞口县人民医院诉洞口县房产局行政处罚案

该案中,法院认为:被告适用于 2008 年 2 月 1 日起才施行的《住宅专项维修资金管理办法》对原告于 2006 年 8 月之前就已经完成的行为进行处罚属适用法律错误。②

同时,还有适用了已经作废的法律的情形(且不属于应适用从旧兼从轻原则的情形)。

案例 13.20　保康县中药材公司诉保康县环境保护局行政处罚案

该案中,法院认为:被告在通告核定排污费交纳数额时。适用的《湖北省征收排污水费办法》中的征收标准,已经废止,被告适用已经废止的排污费征收标准向原告征收排污费,其行为内容是错误的,致使原告未按时交纳排污费。被告依此对原告作出行政处罚缺乏合法理由和事实,应予撤销。③

有判例反映出了程序上的中性溯及原理。

案例 13.21　东台市东吴生猪养殖场诉盐城市东台生态环境局行政处罚案

该案中,法院认为:上诉人东吴养殖场实施了利用渗坑排放水污染物的行为,应当依照水污染防治法之规定给予其行政处罚。但被诉31号处罚决定的听证程序不合法,应当予以撤销并责令重新作出行政处罚决定。由于江苏省生态环境执法体制改革已经完成,东台生态环境局已不再具有对本案违法行为作出行政处罚的

---
① 广西壮族自治区藤县人民法院(2014)藤行初字第 13 号行政判决书。
② 湖南省邵阳市洞口县人民法院(2009)洞行初字第 13 号行政判决书。
③ 湖北省保康县人民法院(1994)保行初字第 01 号行政判决书。

法定职权，因此应当由盐城市生态环境局对本案违法行为依法重新作出行政处罚。遂判决责令盐城市生态环境局对本案案涉违法行为重新作出行政处罚。①

（二）与事实有关的法律适用错误的情形

1. 处罚对象与所适用的法律不匹配的情形

案例 13.22　喀什市自力汽车修理厂诉喀什市国土资源管理局行政处罚案

该案中，法院认为：喀什市国土资源管理局在《土地违法案件行政处罚决定书》中所引用的《新疆维吾尔自治区城镇国有土地使用权出让和转让暂行办法》第30条和《新疆维吾尔自治区划拨土地使用权管理规定》第15条的规定，均是对违法转让、出租、抵押划拨土地使用权的处罚规定，而并非对承租人的处罚规定，属适用法律错误，对喀什市自力汽车修理厂转租门面房进行处罚属超越职权的行为。②

案例 13.23　王春江诉被告青州市盐务局行政处罚案

该案中，法院认为：本案中，被告系根据《山东省盐业管理条例》第44条的规定作出没收盐产品和罚款的处罚。而从《山东省盐业管理条例》第44条"违反本条例规定，不按照规定渠道购进、销售盐产品或者将盐产品擅自转卖的，由盐业行政主管部门责令其限期改正，没收盐产品和违法所得，并可处以盐产品价值等值以上3倍以下的罚款；情节严重的，由盐业行政主管部门吊销其食盐批发或者零售许可证"的内容来看，本条系针对盐业经营者存在的盐业违法行为视其情节轻重程度而作出的处罚种类和幅度的规定，而本案原告并非经营者，故被告青州市盐务局适用本条规定作出处罚属适用法律错误，对其所作处罚决定依法应予撤销。③

案例 13.24　福建省霞浦县罗湖湾养殖开发有限公司诉福建省霞浦县安全生产监督管理局行政处罚案

该案中，法院认为：《安全生产法》第17条第1款[专门针对个人的：第17条，

---

① 江苏省南京市中级人民法院(2020)苏01行终406号行政判决书。
② 新疆维吾尔自治区高级人民法院(2001)新行终字第6号行政判决书。
③ 山东省青州市人民法院(2014)青法行初字第4号行政判决书。

生产经营单位的主要负责人对本单位安全生产工作负有下列职责:(1)建立、健全本单位安全生产责任制……——引者注]与《生产安全事故报告和调查处理条例》第 37 条第 1 款[专门针对单位的:第 37 条,事故发生单位对事故发生负有责任的,依照下列规定处以罚款:(1)发生一般事故的,处 10 万元以上 20 万元以下的罚款……——引者注]分别针对安全生产事故的"生产经营单位的主要负责人"与"事故发生单位"规定了行政处罚措施,被告同时依据该两个法律条文对原告公司作出行政处罚,属适用法律错误。①

案例 13.25　珠海市华厦物业发展有限公司诉珠海市斗门区安全生产监督管理局行政处罚案

该案中,法院认为:《〈生产安全事故报告和调查处理条例〉罚款处罚暂行规定》第 3 条第 1 款规定:"本规定所称事故发生单位是指对事故发生负有责任的生产经营单位。"根据处罚与违法行为相适应原则及上述规定,不能将安全生产的一般管理责任和事故发生责任混为一谈,与事故发生有关联的"生产经营单位"不能直接等同于《生产安全事故报告和调查处理条例》中的"事故发生单位"。结合本案,必须有充分的证据证明原告雇请或指派无电工证的人员负责安装电气设备并错误安装导致此事故的发生,才能将原告作为"事故发生单位"进行处罚,若仅仅是违反《安全生产法》第 21 条、第 41 条的规定,《安全生产法》作为上位法且对相关行为有明确的处罚规定,则应当优先适用上位法进行处罚。②

2. 因认定事实不清而导致法律适用错误的情形

案例 13.26　刘菊兰诉徽县公安局行政处罚案

该案中,法院认为:被上诉人徽县公安局对上诉人刘菊兰作出行政处罚时根据《治安管理处罚法》第 52 条第(2)项,认为上诉人进京上访时使用了伪造的证明,即徽县麻沿河乡人民政府 1984 年 9 月 10 日所开的徽麻政(84)第 14 号便函。但经一审、二审查明,该便函是徽县公安局从该县信访局移交的材料里提取的复印件,被

---

① 福建省霞浦县人民法院(2007)霞行初字第 28 号行政判决书。参见国家法官学院、中国人民大学法学院编:《中国审判案例要览(2009 年行政审判案例卷)》,中国人民大学出版社、人民法院出版社 2010 年版,第 474~478 页。
② 广东省珠海市斗门区人民法院(2014)珠斗法行初字第 19 号行政判决书。

上诉人所提交的证据不能证实该证明系上诉人或他人伪造,也无证据证实上诉人进京上访时使用了该证明。因此,被上诉人作出的处罚决定主要证据不足。①

案例 13.27　石小斌诉潞城市国土资源局、长治市国土资源局行政处罚案

该案中,法院认为:被告在没有查明案涉宅基地上建筑物建设时间的情况下,未充分考虑法律法规的溯及力,直接适用现行法律、法规予以处罚明显不妥。②

3. 处罚认定的案件事实与法律文书引用法条规定的构成要件事实不匹配的情形

案例 13.28　鞠林海诉青岛市交通稽查支队行政处罚案

该案中,法院认为:《山东省道路运输条例》第69条第2款规定:"违反本条例规定,未经许可擅自从事机动车综合性能检测、出租汽车客运或者汽车租赁经营的,由县级以上道路运输管理机构责令停止违法行为,处五千元以上三万元以下罚款;有违法所得的,没收违法所得。"本案中原告鞠林海所驾车辆没有道路运输证、原告没有道路运输经营许可证,其载客行为属于未经许可出租汽车客运,而非被告作出处罚决定中认定的出租汽车客运经营者使用无车辆营运证的车辆从事出租汽车客运经营,故被告青岛市交通稽查支队作出的处罚决定适用法律错误。③

案例 13.29　卫辉市汲水镇辛庄村村民委员会诉卫辉市国土资源局行政处罚案

该案中,法院认为:被告卫辉市国土资源局认为原告将集体土地出租给王××建免烧砖厂,违反了《土地管理法》第2条第3款"任何单位和个人不得侵占、买卖或者以其他形式非法转让土地……"的规定,构成了以其他形式非法转让土地,但是,土地租赁和土地转让属于不同的范畴,被告认定原告以其他形式非法转让土地,没有事实根据和法律依据。因此,被告对原告卫辉市汲水镇辛庄村村民委员会作出处罚决定,认定原告以其他形式非法转让土地,并依据《土地管理法》第73条的规定对原告作出处罚,主要证据不足,适用法律错误,依法应予撤销。④

---

① 甘肃省陇南市中级人民法院(2014)陇行终字第18号行政判决书。
② 山西省长治市城区人民法院(2018)晋0402行初86号行政判决书。
③ 山东省青岛市市南区人民法院(2014)南行初字第56号行政判决书。
④ 河南省卫辉市人民法院(2013)卫行初字第54号行政判决书。

案例 13.30 张俊珍诉汾阳市公安局行政处罚案

该案中,法院认为:《治安管理处罚法》第 19 条第(2)项规定,主动消除或者减轻违法后果,并取得被侵害人谅解的,减轻处罚或者不予处罚。被上诉人汾阳市公安局在未要求上诉人张俊珍之夫许佑如提供委托代理手续的情况下所作调解处理,不能代表上诉人张俊珍本人的真实意思表示,亦即不能证明原审第三人魏永刚取得了上诉人张俊珍的谅解,依法不能对原审第三人在法定幅度以下减轻处罚。被上诉人汾阳市公安局所作行政处罚决定适用法律失当,应当予以撤销。①

案例 13.31 广州市荔港南湾房地产开发有限公司诉广州市国土资源局和房屋管理局行政处罚案

该案中,法院认为:根据《广州市城镇房地产登记办法》第 28 条及第 56 条规定,房地产开发经营企业未在规定或者约定的期限内申请登记的,由房地产行政主管部门责令其限期办理,逾期仍不申请的,由房地产行政主管部门责令其停止从事相关业务,并将其有关情况在新闻媒体上公布,但因买受人或者预购人的原因无法提出申请的除外。根据上述规定,房地产开发经营企业未在规定期限内办理初始登记或未在规定或者约定的期限内申请办理房地产转移登记的,房地产行政主管部门应责令其限期办理,逾期仍不申请的方可作出处罚。本案中,被上诉人虽未按规定办理房地产初始登记且未在规定或者约定的期限内申请办理房地产转移登记,但上诉人并未针对被上诉人未按规定申请办理房地产转移登记的情况责令被上诉人限期办理,就认为被上诉人未为涉案项目的小业主办理房地产转移登记,如此认定及处罚违反了《广州市城镇房地产登记办法》第 49 条的规定,因此该处罚是不合法的,应予撤销。②

案例 13.32 秦辉庭诉湖北省宜昌市长阳土家族自治县渔政船检港监管理站行政处罚案

该案中,法院认为:《渔业法》规定的违法行为和应给予处罚或处理的行为,是在禁渔区、禁渔期内进行捕捞,以及在禁渔区或禁渔期内销售非法捕捞的渔获物。被上诉人根据《清江库区管理条例》和《清江库区管理细则》的规定认定上诉人秦辉

---

① 山西省吕梁市中级人民法院(2014)吕行终字第 51 号行政判决书。
② 广东省广州市中级人民法院(2014)穗中法行终字第 778 号行政判决书。

庭在禁渔期和禁渔区内收购鱼类产品的行为为违法行为(但上诉人秦辉庭虽在禁渔期和禁渔区内收购,但收购的是在开渔期捕获的鱼类产品),并对其作出处罚,其认定的违法行为和作出的处罚不符合上位法《渔业法》的规定,应予撤销。①

(三)与定性量罚有关的法律适用错误的情形

1. 定性的法条与量罚的法条不配套的情形

案例13.33 刘彦青诉景县国土资源局行政处罚案

该案中,法院认为:被告作出的该处罚决定认定原告刘彦青的行为违反了《土地管理法》第36条的规定,即"禁止占用耕地建窑、建坟或者擅自在耕地上建房、挖沙、采石、采矿、取土等"。《土地管理法》第74条是对违反该法第36条的行为的处罚规则,既然被告认定原告的行为违反了《土地管理法》第36条的规定,就只能依据该法第74条的规定予以处罚,其罚款额度也应该依据《河北省土地管理条例》第63条的规定,即"依照《土地管理法》第74条的规定处以罚款的,罚款额为耕地开垦费的1倍以上2倍以下"。而被告对原告的处罚虽然引用了《土地管理法》第74条的规定,但罚款额度却适用《河北省土地管理条例》第65条,即"违反本条例规定,拒不履行土地复垦义务的,由县级以上人民政府土地行政主管部门责令限期改正;逾期不改正的责令缴纳土地复垦费,并处以土地复垦费1倍以上2倍以下的罚款"。该条款应该是对违反《土地管理法》第42条及《河北省土地管理条例》第32条的行为的具体处罚规则。而且依据该条款的规定,土地行政主管部门的责令限期改正违法行为是进行行政处罚的前置性条件,即对于拒不履行土地复垦义务的人,只有土地行政主管部门责令限期改正而逾期不改正的,才可以责令其缴纳土地复垦费并处以罚款。而被告景县国土资源局在法定举证期限内所举证据中并无责令原告刘彦青限期改正的有关证据材料。②

---

① 湖北省宜昌市中级人民法院(2004)宜行终字第57号行政判决书。参见国家法官学院、中国人民大学法学院编:《中国审判案例要览(2006年行政审判案例卷)》,中国人民大学出版社、人民法院出版社2007年版,第337~342页。

② 河北省景县人民法院(2014)景行初字第15号行政判决书。

2. 仅引用定性条文而未引用量罚条文的情形

案例 13.34　张水荣诉绍兴市住房和城乡建设局行政处罚案

该案中,法院认为:被告在答辩中称原告在装修中其中第9、10两处改动的结构系将没有防水要求的房间改为卫生间,对照《住宅室内装饰装修管理办法》第5条第1款的规定,应为该条款中第(2)项所禁止的行为,与之相对应的处罚条款应为《住宅室内装饰装修管理办法》第38条第1款第(1)项的规定,但被告在行政处罚决定中没有适用后者。法院认为属于适用法律错误。①

3. 仅引用量罚条文而未引用定性条文的情形

有的判例确认了未定性就处罚的做法属于程序违法。

案例 13.35　王文礼诉阿克苏地区食品药品监督管理局行政处罚案

该案中,法院认为:在阿克苏地区药监局行政处罚决定书所列违法事实中,并未载明王文礼存在阿克苏地区药监局所主张并予处罚的"挂靠经营"的事实。行政处罚书中未列该违法事实而以该事实为据进行处罚认定,侵害了王文礼的合法权益,显属错误,应予撤销。②

但也有判例认为这种情形属于文书瑕疵。

案例 13.36　福建省力菲克药业有限公司诉龙岩市工商行政管理局行政处罚案

该案中,法院认为:被诉处罚决定中,被告未援引相关行为的定性法律条款,直接适用法律责任条款,属文书瑕疵。③

---

① 浙江省绍兴市越城区人民法院(2014)绍越行初字第17号行政判决书。
② 新疆维吾尔自治区高级人民法院(2013)新行再终字第9号行政判决书。类似案例还有林源江诉龙岩市地方税务局稽查局行政处罚案[福建省龙岩市新罗区人民法院(2004)龙新行初字第16号行政判决书及福建省龙岩市中级人民法院(2005)岩行终字第10号行政判决书],参见国家法官学院、中国人民大学法学院编:《中国审判案例要览(2006年行政审判案例卷)》,中国人民大学出版社、人民法院出版社2007年版,第145~153页。
③ 龙岩市中级人民法院(2010)龙新行初字第6号行政判决书。参见国家法官学院、中国人民大学法学院编:《中国审判案例要览(2011年行政审判案例卷)》,中国人民大学出版社、人民法院出版社2013年版,第36~45页。

4. 虽然引用了法条但未针对事实符合法条中的何种违法行为进行定性的情形

有判例认为该情形属于适法瑕疵,笔者认为值得商榷。

案例 13.37　王浩诉安阳市公安交通警察支队事故处理一大队行政处罚案

该案中,法院认为:《道路交通安全法》第 91 条第 1 款第(1)项和第 99 条,但《道路交通安全法》第 91 条第 1 款并没有分项,第 99 条共有两款,其中第 1 款又分 8 项,但被告适用该条时没有指明原告违反第 99 条第 1 款中的何种违法行为,属于适用法律有瑕疵。①

但也有判例认为该情形属于适法错误。

案例 13.38　高树仁诉福建省安溪县财政局行政处罚案

该案中,法院认为:根据《税收征收管理法》和国家有关农业税收征管的法律、法规及规章规定,被上诉人安溪县财政局具有农税稽查、征收及对违法行为进行处罚的法定职权。本案被上诉人认定上诉人高树仁利用闽 D61×××号车承运未税色种毛茶 12,000 公斤从大坪乡外运未办理外运手续及完税证明事实清楚。但对上诉人的该违法行为是属于《税收征收管理法》第 63 条规定的哪种违法行为,被上诉人未作认定,即适用该条款对上诉人作出行政处罚,认定其偷税属适用法律错误。②

5. 同时适用了两个相互矛盾的法条的情形

案例 13.39　余祖根诉商城县公安局行政处罚案

该案中,法院认为:《治安管理处罚法》第 43 条第 2 款是一种加重处罚的条款,商城县公安局在对岳红梅的不予处罚决定书中既引用了加重条款,又引用不予行政处罚条款,明显矛盾。③

6. 不同法律依据的几项罚款只写总数而未写明分别依据什么法律条文作出多

---

① 河南省安阳市文峰区人民法院(2012)文行初字第 18 号行政判决书。
② 载 http://www.lawyee.org/Case/Case_Display.asp? ChannelID = 2010100&RID = 107232&keyword = ,最后访问日期:2011 年 11 月 2 日。
③ 河南省信阳市中级人民法院(2012)信行终字第 63 号行政判决书。

少具体罚款数额系什么性质的行为

有法院认为上述情形属于适法错误。

案例13.40　周浩诉嘉善县环境保护局行政处罚案

该案中,法院认为:被诉《21号处罚决定》查明的上诉人经营中板项目"未经环保审批,且未按规定进行环保验收",系两个不同的违法行为,分别违反了国家强制规定的建设项目环境保护的"环评"制度和"三同时"制度,应当分别引用不同的法律条款,分别适用不同的处罚种类作出行政处罚。《环境影响评价法》第31条规定:"建设单位未依法报批建设项目环境影响评价文件……逾期不补办手续的,可以处五万元以上二十万元以下的罚款……"《建设项目环境保护管理条例》第28条规定:"违反本条例,建设项目需要配套建设的环境保护设施未建成、未经验收或者经验收不合格,主体工程正式投入生产或者使用的,由审批该建设项目环境影响报告书、环境影响报告表或者环境影响登记表的环境保护行政主管部门责令停止生产或者使用,可以处十万元以下的罚款",全国人大常委会法制工作委员会2007年3月21日作出《关于建设项目环境管理有关法律适用问题的答复意见》批复国家环保总局:"关于建设项目未依法报批建设项目环境影响评价文件却已建成建设项目,同时该建设项目需要配套建设的环境保护未建成、未经验收或者验收不合格,主体工程正式投入生产或者使用的,应当分别依照《环境影响评价法》第31条、《建设项目环境保护管理条例》第28条的规定作出相应处罚。"被诉《21号处罚决定》中责令上诉人经营的中板项目停止生产,符合《建设项目环境保护管理条例》第28条的规定。但"罚款人民币五万五千元"的决定内容,只是一个笼统的罚款数额,没有区分系适用上述法律、法规的规定,分别作出的罚款处罚,属适用法律、法规不正确。①

但也有法院认为上述情形仅为适法瑕疵。

案例13.41　福州市仓山区私立长颈鹿幼儿园诉福州市仓山区公安消防大队行政处罚案

该案中,法院认为:被上诉人根据《消防法》第60条第1款第(1)项、第(3)项的

---

① 浙江省嘉兴市中级人民法院(2011)浙嘉行终字第2号行政判决书。

规定,决定对上诉人的违法行为分别给予 4 万元及 2 万元的处罚,并无不当。但被上诉人的《行政处罚决定书》仅表述给予福州市仓山区长颈鹿幼儿园处罚款人民币 6 万元,对上述分别处以的罚款数额没有表述,存在瑕疵。①

(四)特定的规定能否作为行政处罚依据适用的情形

1.刑事法律规范一般不得作为行政处罚的法律依据

案例 13.42　曾政灿诉浙江省宁波市公安局边防分局行政处罚案

该案中,法院认为:上诉人曾政灿与偷渡组织者约定偷渡到日本后支付的资金,除其中一部分是犯罪分子的违法所得外,另一部分将作为组织偷渡所需要的费用,因此这部分资金根据全国人大常委会《关于严惩组织、运送他人偷越国(边)境犯罪的补充规定》(已失效)的规定,应属没收范围。上述规定虽主要为严惩组织、运送他人偷渡国(边)境的犯罪分子制定的,但上述规定对尚不够刑事处罚的一般偷渡人员也作出行政处罚的规定。因此,边防分局适用上述规定第 7 条②的规定对曾政灿作出行政处罚并无不当。③

笔者认为,刑事法律规范一般不能作为行政处罚的法律依据,因此上述判决值得商榷,而且同一个法律或法律解释中要避免同时出现刑事法律规范及行政法律规范。

2.规章在已有法律、行政法规的情形下不得创设法律、行政法规没有设定的行政处罚

案例 13.43　鲁潍(福建)盐业进出口有限公司苏州分公司诉江苏省苏州市盐务管理局盐业行政处罚案

该案中,法院认为:根据《行政处罚法》第 13 条的规定,在已经制定行政法规的

---

① 福建省福州市中级人民法院(2014)榕行终字第 114 号行政判决书。
② 《关于严惩组织、运送他人偷越国(边)境犯罪的补充规定》第 7 条规定,犯本规定规定之罪的违法所得和供犯罪使用的犯罪分子所有的或者明知他人为犯罪使用而提供其本人所有的运输、通信工具或者其他财物,一律予以没收。
③ 载 http://www.lawyee.org/Case/Case_Display.asp?ChannelID=2010100&RID=14588&keyword=,最后访问日期:2014 年 10 月 6 日。

情况下,地方政府规章只能在行政法规规定的给予行政处罚的行为、种类和幅度内作出具体规定,《盐业管理条例》对盐业公司之外的其他企业经营盐的批发业务没有设定行政处罚,地方政府规章不能对该行为设定行政处罚。①

3. 上级机关的批复是否属于行政性解释或法律解释且是否具有普遍约束力

案例 13.44　邓红星诉三亚市河东区地方税务局行政处罚案

该案中,原告方、被告方及法院分别认为:原告认为,国家税务总局《关于大连市税务检查中部分涉税问题处理意见的批复》(国税函〔2005〕402号)中明确规定:"对于采取定期定额征收方式的纳税人,在税务检查中发现其实际应纳税额大于税务机关核定数额的差额部分,应据实调整定额数,不进行处罚。"

被告认为,国家税务总局《关于大连市税务检查中部分涉税问题处理意见的批复》(国税函〔2005〕402号),是国家税务总局针对大连市税务检查中涉税个案特定情形的处理,并非是全国范围内的规范性文件。国税总局针对个案的特殊情形,对个案特定情形作出的特殊处理意见不具有普遍适用性。

法院认为:国家税务总局《关于大连市税务检查中部分涉税问题处理意见的批复》(国税函〔2005〕402号)未明确其是否对某个法律法规的解释或者变通,实是针对大连市税务检查中涉税个案特定情形的处理方案,具有其特殊性和局限性,且其与《税收征收管理法》等更高阶位的法律、法规相抵触,应让位于法律、法规,而不应适用于本案的处理。原告认为本案应该适用国税函〔2005〕402号,该批复属于行政性解释。这种理解是不符合法律规定的。批复是一种行政性的公文,适用于上级机关答复下级机关的请示事项,具有行文的被动性和答复的针对性的特点。而行政性解释是一种法律解释,必须是法律授权的解释主体对法律文本进行的具有普遍法律效力的一般性规定,或者在法律适用前对法律文本进行的解释,包括立法者在法律文本中指定的解释性条款和适法者针对法律制定的实施细则。因此,批复的内容仅仅是针对请示事项,不涉及请示事项以外的内容,更谈不上是一种行政性的解释,不具有普遍约束力。②

---

① 江苏省苏州市金阊区人民法院(2009)金行初字第0027号行政判决书。最高人民法院指导性案例5号:《鲁潍(福建)盐业进出口有限公司苏州分公司诉江苏省苏州市盐务管理局盐业行政处罚案》,载《人民法院报》2012年4月14日,第4版。

② 海南省三亚市城郊人民法院(2012)城行初字第447号行政判决书。

笔者认为,上述判决中法院所持观点值得商榷,实践当中,只要上级机关的批复没有标明仅属个案适用,一般而言是具有普遍约束力的,同时,从行政自我拘束原则、遵循先例原则及公平原则等角度出发,也应使批复具备普遍约束力,而且,批复当然属于一种在具体适法当中的解释。与笔者观点类似的法院判例也是存在的。

案例 13.45　福建省东海油脂工业有限公司诉福州市工商行政管理局行政处罚案

该案中,法院认为:国家工商行政管理局商标局作为国家工商行政管理局的内设部门无权行使国家工商行政管理局行政职权,但在工商行政机关内部商标局的复函对下级工商行政管理机关具有指导性。[1]

(五)单纯法律适用错误的情形

1. 整份处罚决定书或其中部分处理内容未引用法律依据的情形

实践中,整份处罚决定书未引用法律依据的情形并不罕见。

案例 13.46　赵效平诉潢川县公安交通警察大队行政处罚案

该案中,法院认为:经查被告作出的处罚决定书中适用法律、法规条款没有填写,因此,法院认定被告潢川县公安交通警察大队作出的处罚决定没有适用法律、法规。[2]

案例 13.47　余劲诉珠海市斗门区安全生产监督管理局行政处罚案

该案中,法院认为:虽然被告在处罚告知过程中述明原告的行为违反了《安全生产法》第 17 条,但在处罚决定书中,认为原告的行为违反了"《中华人民共和国》第 17 条的规定",没有列明是何部法律,有失严谨,法院认为属于适用法律、法规错误。[3]

---

[1]　福建省福州市中级人民法院(1996)榕行终字第 97 号行政判决书。
[2]　河南省光山县人民法院(2014)光行初字第 00010 号行政判决书。
[3]　广东省珠海市斗门区人民法院(2014)珠斗法行初字第 18 号行政判决书。

《行政处罚法》第38条规定,行政处罚没有依据的,行政处罚无效。笔者认为,这里的"依据"应指"法律依据"而非"事实依据"。如再出现类似前述赵效平案这样的案件,根据上述规定,应为无效。《行政诉讼法》第75条亦规定,行政主体在实施行政行为时出现没有依据等重大且明显违法情形,原告申请确认行政行为无效的,法院应判决确认无效。需注意的是,"行政行为的无效"与"行政诉讼法上的确认无效"并非完全等同的概念,其各有一套理论体系和实践运作程序。前者目前在中国大陆的立法、执法实践中体现较少,多数情形下尚处于理论研究状态,贸然将其规定在《行政处罚法》中而无其他配套制度,值得商榷。而后者作为行政诉讼判决类型之一,无论在理论层面还是实践层面,均更为成熟。故笔者认为,行政处罚在接受司法审查时,如需判断其是否属于应被确认无效的情形,有《行政诉讼法》第75条及相应司法解释作为衡量标准即足矣。

而处罚决定书中部分处理内容未引用法律依据的情形也较为常见。

案例13.48　中种集团承德长城种子有限公司诉河北省成安县工商行政管理局行政处罚案

该案中,法院认为:《行政处罚法》第23条规定了"行政机关实施行政处罚时,应当责令当事人改正或者限期改正违法行为"。成安县工商局在其作出的行政处罚中有"责令改正违法行为"的内容,未引用有关"责令改正违法行为"的法律依据,存在瑕疵,但不影响具体行政行为的成立。[①]

案例13.49　梁要诉开封市顺河回族区建设委员会行政处罚案

该案中,法院认为:开封市顺河回族区建设委员会在对梁要违法建设作出罚款60元的《行政处罚决定书》没有任何法律依据,不予支持。[②]

案例13.50　陈洪金诉招远市贸易局行政处罚案

该案中,法院认为:招远市贸易局依据国务院《生猪屠宰管理条例》第5条第3款、第15条的规定,决定给予原告没收私宰的生猪产品、屠宰工具、罚款人民币两千元处罚。法院认为,作出的行政处罚决定,对没收"屠宰工具"(上述《生猪屠宰管理

[①] 河北省邯郸市中级人民法院(2008)邯市行终字第155号行政判决书。
[②] 河南省开封市顺河回族区人民法院(1999)顺法行初字第03号行政判决书。

条例》第15条的法律责任只是没收生猪产品、违法所得及罚款,而没有没收违法工具。——引者注),未引用处罚条款,属违反法定程序和适用法律错误,行政处罚决定不能成立,其行为不予支持。①

2.适用不存在的法律或法律条款的情形

案例13.51　南阳市汇普新型建筑建材厂诉南阳市国土资源局行政处罚案

该案中,法院认为:被告处罚决定书中适用的法律条款是"根据《中华人民共和国土地管理法》第76条、《河南省土地管理法实施条例》第42条和《河南省实施〈土地管理法〉办法》第63条的规定"。本院认为,法律文书中如果出现错、漏个别字词,往往是由于校对有误或者打印出错,可以看作瑕疵。本案中,如果河南省出台有关于《土地管理法》的实施条例,而被告将"条例"错打为"条理",包括"76"少打一个"条"字,都可以看作文书瑕疵。但本案中,河南省显然并未出台该"条例"在处罚主文中出现这样的错误应视为适用法律错误。②

案例13.52　黄二林诉安阳县公安局行政处罚案

该案中,法院认为:处罚告知笔录中所载的《治安管理处罚法》第24条规定,其内容系指对扰乱文化、体育等大型群众性活动秩序的行为处罚,而且该条并无第4款,而处罚决定所依据的该法第26条规定,该条也并无第4款。因此,该处罚决定应予撤销。③

案例13.53　周世波诉桐梓县住房和城乡建设局行政处罚案

该案中,法院认为:《城乡规划法》第64条没有第3款的内容,因此,被告根据《城乡规划法》第64条第3款的规定作出决定,属于适用法律错误。④

---

① 山东省招远市人民法院(1999)招行初字第28号行政判决书。
② 河南省南阳市卧龙区人民法院(2009)宛龙行初字第15号行政判决书。
③ 河南省安阳市中级人民法院(2009)安行终字第56号行政判决书。
④ 贵州省桐梓县人民法院(2014)桐法行初字第9号行政判决书。

3. 适用具体哪一部法律出现错误的情形

案例 13.54　中铁十七局集团第一工程有限公司诉朔州市工商行政管理局平鲁分局行政处罚案

该案中,法院认为:中铁十七局集团第一工程有限公司因施工需要,设立中铁十七局集团第一工程有限公司山平高速公路路基桥隧第八项目部作为其派出机构,全权负责国家高速公路山阴至平鲁第八合同段的施工任务,为履行施工合同使用包含法人名称的项目部专用章签订相关合同,系代表法人的直接经营行为,且不超越经营范围,无须再在施工所在地工商行政管理机关办理营业登记,符合国家工商行政管理局1996年7月9日《关于建筑企业跨地区承包施工是否要在施工所在地办理营业登记问题的答复》的规定,不属于《无照经营查处取缔办法》规定的无照经营行为。被上诉人山西省朔州市工商行政管理局平鲁分局依据《无照经营查处取缔办法》作出行政处罚,适用法规错误,应予撤销。①

案例 13.55　杨永俊诉六盘水市钟山区道路运输局行政处罚案

该案中,法院认为:根据《道路运输条例》第82条"出租车客运和城市公共汽车客运的管理办法由国务院另行规定",以及2005年《贵州省城市公共客运交通特许经营权管理条例》第2条第2款"本条例所称城市公共客运交通,是指城市中供公众乘用的公共汽车(含大、中、微型公共汽车)、出租汽车、轨道交通等交通方式",第32条第2款"未取得经营权从事城市公共客运交通运营的个人,由经营权主管部门责令停止违法行为,没收违法所得,并处以5000元以上1万元以下罚款"的规定,出租车客运的经营管理不属于《道路运输条例》调整的范围,被上诉人六盘水市钟山区道路运输局应适用《贵州省城市公共客运交通特许经营权管理条例》对未取得经营许可擅自从事出租车营运的行为进行处罚,被上诉人依据《道路运输条例》作出处罚属适用法律错误。②

案例 13.56　樊恩胜诉南充市阆中工商行政管理局行政处罚案

该案中,法院认为:国务院《无照经营查处取缔办法》第14条第2款规定:"对

---

① 山西省朔州市中级人民法院(2014)朔中行终字第4号行政判决书。
② 贵州省六盘水市中级人民法院(2014)黔六中行终字第1号行政判决书。

无照经营行为的处罚,法律、法规另有规定的,从其规定",而《四川省个体工商户条例》作为地方性法规对个体工商户的无照经营行为已作出了相应的处罚规定,故本案应当适用《四川省个体工商户条例》的规定作出处罚而被告却适用了《无照经营查处取缔办法》第14条第1款的规定作出处罚,属于适用法律错误。①

4. 仅引用法律名称而未引用条款的情形

案例13.57　梁涛诉蒙城县公安局交通管理大队行政处罚案

该案中,法院认为:由于该公安交通管理行政处罚给予原告记15分处罚只是适用《机动车驾驶证申领和使用规定》,没有适用到具体的条、款、项,属适用法律错误。②

5. 法律的条、款、项、目引用错误是否属于法律适用错误

多数法院认为法律的条、款、项、目引用错误属于法律适用错误。

案例13.58　刘冠芬诉山东省昌乐县公安局行政处罚案

该案中,法院认为:本案中,上诉人不听劝阻、多次到北京市非接待信访事项的场所走访属于《治安管理处罚法》第23条第1款第(2)项中规定的"扰乱车站、港口、码头、机场、商场、公园、展览馆或者其他公共场所秩序"且情节较重的行为,依法应处5日以上10日以下拘留,可以并处500元以下罚款,故被上诉人根据《治安管理处罚法》第23条第1款第(1)项的规定作出处罚虽然适用法律不当,但从上诉人行为违法的情节以及处罚结果来看,被上诉人给予上诉人行政拘留9日的处罚,处罚相当。鉴于被上诉人在诉讼期间已对被诉处罚决定所适用的法律进行了更正,并告知了上诉人,如仅因被诉行政处罚决定适用法律不当而判决撤销后由被上诉人重新作出处罚决定实无必要,对上诉人刘冠芬的诉讼请求应予驳回。③

案例13.59　张卫争诉涿州市公安局刁窝派出所行政处罚案

该案中,法院认为:被告涿州市公安局刁窝派出所称:由于执法办案系统出现

---

① 四川省阆中市人民法院(2006)阆行初字第7号行政判决书。
② 安徽省蒙城县人民法院(2014)蒙行初字第00016号行政判决书。
③ 山东省潍坊市中级人民法院(2014)潍行终字第60号行政判决书。

故障,把《治安管理处罚法》第 43 条第 1 款生成现在的第 43 条第 2 款。法院认为被告涿州市公安局刁窝派出所依据《治安管理处罚法》第 43 条第 2 款之规定,对张秀永作出罚款 500 元的处罚决定,属适用法律错误。①

案例 13.60　张江河诉沙河市公安局册井派出所行政处罚案

该案中,法院认为:《治安管理处罚法》第 43 条第 1 款规定:"殴打他人的,或者故意伤害他人身体的,处五日以上十日以下拘留,并处二百元以上五百元以下罚款;情节较轻的,处五日以下拘留或者五百元以下罚款",第 2 款规定:"有下列情形之一的,处十日以上十五日以下拘留,并处五百元以上一千元以下罚款:(一)结伙殴打、伤害他人的;(二)殴打、伤害残疾人、孕妇、不满十四周岁的人或者六十周岁以上的人的;(三)多次殴打、伤害他人或者一次殴打、伤害多人的。"本案中,册井派出所决定给予张江河罚款 500 元的处罚,应依据上述第 1 款规定作出决定,被告册井派出所却依据第 2 款对张江河罚款 500 元,显属适用法律错误。②

但也有少数法院认为法律的条、款、项、目引用错误不属于法律适用错误,仅属于适法瑕疵。

案例 13.61　邝九胜诉昆山市运输管理处行政处罚案

该案中,法院认为:在制作行政处罚决定书的违则部分时,被告昆山市运管处的工作人员误将援引的《道路运输条例》第 21 条、第 24 条写成第 8 条、第 10 条,属于笔误,而非适用法规的错误。被告昆山市运管处也依法制作《更正通知书》对上述笔误进行了更正,该《更正通知书》虽未在合理时间内送达被处罚人,但其属于行政执法过程中的瑕疵,并不影响行政处罚决定的事实认定与实体公正。③

6. 法律的条、款、项、目引用不规范或未写规范全称是否属于法律适用错误

一些法院认为法律的条、款、项、目引用不规范属于适法瑕疵。

---

① 河北省高碑店市人民法院(2014)高行初字第 56 号行政判决书。
② 河北省邢台市桥西区人民法院(2014)西行初字第 16 号行政判决书。
③ 江苏省昆山市人民法院(2013)昆行初字第 0037 号行政判决书。

案例13.62　许本华诉固始县公安局行政处罚案

该案中,法院认为:被上诉人认为上诉人违反《治安管理处罚法》第26条的规定,但本条共有4项,被上诉人也没有指明上诉人行为符合哪一项,但法院认为虽然被上诉人在适用法律、法规上有瑕疵,但不足以影响其作出的具体行政行为的合法性。①

案例13.63　张明正诉郑州市公安局交通警察支队第十大队行政处罚案

该案中,法院认为:"驾驶人不在现场或者虽在现场但拒绝立即驶离"作为认定事实存在内在矛盾,驾驶人不在现场与驾驶人虽在现场但拒绝立即驶离的事实不可能同时并存。从现场照片内容及常理判断,驾驶人当时应当不在现场,并不存在"驾驶人虽在现场但拒绝立即驶离的事实",被诉处罚决定将该部分事实同时表述,明显不当。但该部分语言表述与《道路交通安全法》第93条第2款法条内容一致,可以认为是对该法条规定情形的一并列举,应是执法人员填写制式处罚文书时在认定事实部分过度引述法条内容导致。且"驾驶人不在现场"与"驾驶人虽在现场但拒绝立即驶离"的情形在相关法条中为选择关系,两种情形只要成立其一即可,本案中可以认定驾驶人当时不在现场的事实成立。因此,被诉处罚决定该部分的认定虽存在不当,但不足以否定处罚决定的合法性。②

与此相反,另外一些法院则认为法律的条、款、项、目引用不规范或未写规范全称属于适法错误。

案例13.64　胡文楼等11人诉电白县工商行政管理局行政处罚案

该案中,法院认为:被告在处理通知书中仅适用了《城乡个体工商户管理暂行条例》第22条,没有适用该条例中规定当事人必须履行的义务条款及具体条款项目,也没有写明"条例实施细则"的具体名称,此均属适用法律、法规的错误。③

案例13.65　苗继发等诉临县公安局曲峪派出所行政处罚案

该案中,法院认为:《治安管理处罚法》第43条共有2款,处罚程度不同,被告

---

① 河南省信阳市中级人民法院(2011)信行终字第24号行政判决书。
② 河南省郑州市中级人民法院(2014)郑行终字第262号行政判决书。
③ 广东省电白县人民法院(1999)电行初字第1号行政判决书。

据此对李学军作出罚款200元的决定属适用法律错误、处罚不适当。①

7. 适用法律或法律条文内容不全面的情形

案例13.66　黄义侗等诉福清市港口镇人民政府行政处罚案

该案中,法院认为:该案中,港口镇人民政府对黄义侗等人强占耕地、乱建坟墓的行为进行了行政处罚,本院认为,港口镇人民政府在处罚中仅适用了《土地管理法》及福清市人民政府《关于禁止乱建坟墓、摒弃丧葬陋习的公告》,而没有适用《国务院关于殡葬管理的暂行规定》,属于适用法律瑕疵。②

案例13.67　肖金春诉隆回县公安局行政处罚案

该案中,法院认为:被告作出公安行政处罚决定的法律依据是《治安管理处罚法》第43条第1款,在引用法律实体处理时,未对原告肖金春的行为情节作出综合评判,也未全面适用该条法律规定,该并处罚款未并处,故被告隆回县公安局在该案中适用法律错误。③

8. 多用法律条文的情形

案例13.68　刘荣芹诉上海市公安局静安分局石门二路派出所行政处罚案

该案中,法院认为:罚款50元属法定处罚方式和幅度之内,不属减轻处罚,故行政处罚决定同时适用《治安管理处罚法》第19条第(1)项(减轻处罚或不予处罚的条文,具体为:违反治安管理情节特别轻微的,减轻处罚或者不予处罚。——引者注)不当。该瑕疵虽尚不足以撤销被诉行政处罚决定,但被上诉人应在今后工作中引起重视,并予以避免。④

---

① 山西省吕梁市中级人民法院(2014)吕行终字第60号行政判决书。
② 参见最高人民法院中国应用法学研究所编:《人民法院案例选》(1998年第4辑),时事出版社1999年版,第307页。
③ 湖南省隆回县人民法院(2014)隆行初字第6号行政判决书。
④ 上海市第二中级人民法院(2014)沪二中行终字第198号行政判决书。

9. 处罚内容与法律的罚则内容不吻合的情形

案例 13.69　陈孟君诉辽源市公安局泰安分局行政处罚案

该案中,法院认为:《治安管理处罚法》第 23 条第 1 款第(2)项规定:"有下列行为之一的,处警告或者二百元以下罚款;情节较重的,处五日以上十日以下拘留,可以并处五百元以下罚款:……(二)扰乱车站、港口、码头、机场、商场、公园、展览馆或者其他公共场所秩序的"。被上诉人作出的具体行政行为适用《治安管理处罚法》第 23 条第 1 款第(2)项的规定,决定给予陈孟君行政拘留 15 日,显属适用法律错误。①

案例 13.70　高伟诉灯塔市公安局行政处罚案

该案中,法院认为:《治安管理处罚法》第 43 条第 1 款规定,殴打他人的,或者故意伤害他人身体的,处 5 日以上 10 日以下拘留,并处 200 元以上 500 元以下罚款;情节较轻的处 5 日以下拘留或者 500 元以下罚款;该条第 2 款规定,有下列情形之一的,处 10 日以上 15 日以下拘留,并处 500 元以上 1000 元以下罚款:(1)结伙殴打、伤害他人的;(2)殴打、伤害残疾人、孕妇,不满 14 周岁的人或者 60 周岁以上的人的;(3)……被告灯塔市公安局对原告高伟作出的行政处罚决定书引用的是《治安管理处罚法》第 43 条第 1 款,而处罚的内容却是该条的第 2 款,由此可见,被告灯塔市公安局作出的行政处罚决定适用法律错误。②

10. 处罚告知单与处罚决定书适用法律不一致的情形

案例 13.71　李春之诉荣成市公安局青渔滩边防派出所行政处罚案

该案中,法院认为:被告虽在行政处罚告知笔录中告知第三人拟根据《治安管理处罚法》第 19 条第 1 款第(1)项、第 49 条的规定,对其进行罚款 300 元的处罚,但在制作的处罚决定书中,仅引用《治安管理处罚法》第 49 条而未引用第 19 条第 1 款第(1)项的规定,故应当认定被告未适用应当适用的条款,法律适用错误,被告应予纠正。该处罚决定应予撤销。③

---

① 吉林省辽源市中级人民法院(2014)辽行终字第 17 号行政判决书。
② 辽宁省灯塔市人民法院(2011)灯行初字第 13 号行政判决书。
③ 山东省荣成市人民法院(2014)荣行初字第 27 号行政判决书。

第十四章　行政处罚适法解释

法律解释是指法律适用者将一定的法规范适用于所认定的生活事实时,对含义不明确的法规范所作的说明与界定。它是适用法规范的基本前提,是沟通法规范与生活事实的桥梁。由于语言表达、立法者能力和社会的不断发展等多种因素的影响,法律文本必然会存在诸如词不达意、用语模糊、规范冲突、漏洞和缝隙等不足,在不能通过立法途径来消除的情况下,别无他途,就只能借助法律解释了。行政处罚适法解释,就是在行政处罚适法过程中,面向具体的行政处罚案件事实,对行政处罚法规范所作的解释。需要指出的是,行政处罚适法主体所作的解释是一种操作层面意义上的法律解释,他们所作的解释,就是我们这里要探讨的行政处罚适法解释。

一、行政处罚适法解释的标的与目标

(一)行政处罚适法解释的标的

行政处罚适法解释仅以公开的对象为限,是以成文的行政处罚法律规范文本为主,辅之以行政法的原则(既包括由成文法明确规定的原则,也包括体现在行政法的一系列规范中而未明文规定的原则)。

至于相关的立法文献(如立法草案说明、起草者在起草过程中针对相关问题发表的意见等)以及制定相应行政处罚法律规范时的社会背景因素等,他们并不是行政处罚法律规范适法解释的直接对象,不如说是对有疑义的行政处罚法律规范作出解释时常常予以考虑的因素。而且,这些辅助资料本身也要进行解释。因此,充其量只能说它们是间接的行政处罚适法解释的标的。其实,这种间接的法解释标的并不限于以上列举,适用法律时的社会情境往往也是对相应行政处罚适法解释有影响的因素。此外,内部规范就更不应成为行政处罚适法解释的标的。

(二)行政处罚适法解释的目标

在学术史上,对这一问题曾有两种对立的观点,即主观说与客观说。主观说认为,法律解释的目标在于"探求历史上的立法者事实上的意思,亦即立法者的看法、企图和价值观。"其理由有三:其一,立法行为是立法者的意思表示行为,法律所表述的含义立法者自己最清楚;其二,立法者当时的意思是可以借助立法文献探知的;其三,按照权力分立原则,法律适用者只能按照立法者制定的法律去执法或司法,贯彻立法者的意图,无权通过解释擅自创造法律。

客观说认为,法律解释的目标是"内在于法律的意旨"。因为,其一,法律从颁布时起就脱离了立法者,就有自己的意旨。我们通常是从已颁布的法律文件中去寻找适用的规范,而不是从其他文献中去找寻立法者的意思。其二,从法律本身去找寻法律的意旨,有利于法的安定性。若以立法者的意思为基准,人们势必要借助于一大堆庞杂的立法资料,不仅使人民因此难以知晓与把握法律,而且不利于法的安定性。[①]

应当说主观说及客观说皆有缺陷:主观说把立法原意推向绝对,而客观说否定立法原意与法律文本的源流关系。从哲学解释学的角度分析,法律解释既不能脱离立法原意,也离不开当下的理解情境,如案件事实、解释者自身的前理解[②]等。既要认识法律或其他文本的立法原意,并首先考虑立法原意,同时也要结合当下的情境即时代特征,解释是文本作者的历史视域和解释者的现有视域的融合。由于行政法的调整对象具有很大的流变性,立法者事先更难预料将来的变化,其立法时的意思常难以适应个案的需要。同时鉴于此,行政立法主体往往在行政法条文中赋予法律适用者更大的自由裁量权。而且,还存在立法缺陷的问题亦需要站在客观说的立场采取扩张或目的性等解释方法尽量填补缺陷。折中说具体来说有三种观点[③]:第一种为"客观的历史说"。该说认为法律解释的目标并非探求立法者事实上的意思,而是在立法当时存在于该社会的价值判断。该说的缺陷在于未能将社会变迁的因素考虑在内。第二种为"示意说"。该说认为法律解释应将历史上的立法者的意思加以客观化。该说的缺陷在于一方面放弃了对历史上主观者意思在法律之外的探讨,另一方面仍单纯将文本作为立法者意思的载体,因此仍无法摆脱主观说与客观说的绝对化倾向。第三种为"规范意旨说"。该说认为法律解释的最终目

---

① 参见黄茂荣:《法学方法与现代民法》,中国政法大学出版社2001年版,第265~268页。
② 指解释者的"先入之见"或理解之前的"假设",甚至是"偏见""成见"。
③ 参见周佑勇主编:《行政法专论》,中国人民大学出版社2010年版,第152~154页。

标只能是探求法律秩序在今日的标准意义(其今日的规范性意义),但只有同时考虑历史上的立法者的规范意旨,而不是完全忽视它,才能确定法律在法秩序上的标准意义。因此,法律解释应兼顾立法者的主观意思与法律文本的客观意思。笔者较为赞同折中说中的"规范意旨说"。

二、主要的行政处罚适法解释方法

(一)文义解释

文义解释,又称语义解释,是指行政处罚适法解释应依照法条用语的文字意义和通常使用方式,阐明法规范的意旨,而不得超出该文字意义上的可能范围。只要法律用语本身含义是明确的,或是采用其通常意义与使用方式,而且不与法律目的和其他规范发生明显的冲突,我们就应该采用该文义,而不得作其他种类的法律解释。

立法者是针对全体国民来制定法规范的,力图制定国民所能理解并自觉遵循的行为规范,因此,离不开运用一般的、普通的语言。例如,我们的法律经常强调"男女平等",其中"男"和"女"的含义,与日常生活中所使用的同一词语就基本一致。但日常用语有多义、歧义等不足,这就需要借助一些专门的法律用语来表达,如《治安管理处罚法》中的"偷开他人机动车的",其中"机动车"的核心含义是"利用机器开动的运输工具"。一般认为,文义解释中专业术语的解释具有优先性。如《最高人民法院关于工商行政管理部门对医疗机构购买工业氧代替医用氧用于临床的行为是否有处罚权问题的答复》(〔2003〕行他字第8号)规定:"《药品管理法》第32条规定,药品必须符合药品标准。国务院药品监督管理部门颁布的《中华人民共和国药典》和药品标准为国家药品标准。医用氧被列入《中华人民共和国药典》,制定有相应的国家药品标准,应当按照药品管理。《产品质量法》和《消费者权益保护法》规定,有关法律、法规对处罚机关和处罚方式有规定的,依照法律、法规的规定执行。医疗机构购买工业氧代替医用氧用于临床的行为违反了《药品管理法》的有关规定,应当依照《药品管理法》的规定,由药品监督管理部门予以处罚。"

就必要性而言,更是遵循立法者意图所必需的。对此,美国联邦最高法院前首席大法官马歇尔曾说:"无视法律的明确规定,竭力从外部条件中推测应予规避的情况是很可怕的。如果不改变文字本来和通常的含义,法律文字便会相互冲突,不同条款便会相互矛盾和互不协调,解释才成为必要,背离文字明确的含义才无可非议。"①但同时我们也必须看到,"只要我们还是采用制定法,而非判例法或法官法,那么依据文义所为的解释便需要有某种优先性。因为所有的解释都是对于一个制定法的文本所为,所以解释必须要从字面上的解释(所谓的文理解释)开始。只有从法条的文义出发,才能描述解释问题,才能够确定法律的体系位置和目的。如果文理解释导向一个负面的结论(也就是既存的个案不能被包摄到法规范的构成要件之下),这个法规范就只有通过类推的途径才能适用到该案件。我们将会看到,法律的类推适用多半是以客观或主观的目的性论证为基础。然而,如果一个法规范不具有类推能力,也就是说,如果存在有禁止类推的禁令,就算历史上的立法者对于这个规范的意义与目的所为之衡量,无论是多么具有说服力或者曾经有过多么清楚的表示,都无法让这个规范得以适用到其文义所不及的案件中。②

实践中,采用文义解释方法的判例比较常见。

案例14.1　川村秋华诉上海市长宁区房屋土地管理局行政处罚案

该案中,法院认为:《上海市居住物业管理条例》第28条第(1)项规定禁止"破坏房屋承重结构和破坏房屋外貌",现上诉人封闭阳台对房屋外貌确有影响,但尚未构成对房屋外貌的破坏。③

案例14.2　雅芳(中国)有限公司诉周口市工商行政管理局川汇分局行政处罚案

该案中,法院认为:《现代汉语词典》中关于"天然"一词的解释为:"自然存在的,自然产生的(区别人工或人造)";"活性炭"一词的解释为:"吸附能力很强的炭,是把硬木、果壳、骨头等放在密闭的容器中烧成炭再增加其孔隙后制成的。"原告在其诉状中也称"原告的产品中确实添加了从日本进口经木材碳化并活化后获得的活性炭作为原材料"。综上所述,原告生产的"天然炭洗颜"产品中所含"活性炭"并非天然形成的,而原告在其产品包装上使用"富含天然活性炭"的宣传行为违反了《反不正当竞争法》第9条第1款的规定:"经营者不得利用广告或者其他方

---

① 参见[美]詹姆斯·安修:《美国宪法判例与解释》,黎建飞译,中国政法大学出版社1999年版,第2页。
② [德]英格博格·普珀:《法学思维小学堂——法律人的6堂思维训练课》,蔡圣伟译,北京大学出版社2011年版,第80页。
③ 上海市第一中级人民法院(2001)沪一中行终字第101号行政判决书。

法,对商品的质量、制作成分、性能、用途、生产者、有效期限、产地等作引人误解的虚假宣传。"被告作出的行政处罚决定事实清楚,适用法律法规正确,符合法定程序。①

案例14.3 某下岗工人诉某市新闻出版局行政处罚案

该案中,法院认为:根据《出版物市场管理暂行规定》第4条第3款规定,所谓出版物的批发,是指以一定折扣、批量,在一定区域内向出版物的发行单位销售出版物的经营行为,但C的行为并不满足"向出版物发行单位"销售出版物的行为,所以不应定性为"批发",而且上述暂行规定的第37条第(8)项规定的罚则并不是针对个人,因此认定某市新闻出版局适用法律错误。②

案例14.4 宁德市大众电影院诉宁德地区工商局行政处罚案

该案中,法院认为:宁德地区工商局以大众电影院未经允许擅自在影院橱窗设立广告宣传某部影片黑市价格等内容为由,依据《广告管理条例施行细则》第22条、第23条的规定,对大众电影院作出行政处罚。大众电影院不服,诉至法院,辩称其行为不是广告行为,仅是提示观众电影信息的行为。福建省高级人民法院认为,大众电影院在广告中宣传黑市价格,其行为违反了《广告管理条例》第3条关于广告内容必须健康的规定,应予处罚。该案的焦点在于,电影院的宣传行为是否属于《广告管理条例》中规定的"广告",其实用文义解释方法即可解决这一问题。《现代汉语词典》对其含义的说明是:"一种宣传方式,通过报纸、广播、招贴等介绍商品和文娱体育节目等。"因此,上述法院从文义出发,将该影院对影片的宣传界定为"文化广告"无疑是正确的。实际上,《广告管理条例》第2条对此已有明确规定:"凡通过报刊、广播、电视、电影、路牌、橱窗、印刷品、霓虹灯等媒介或者形式,在中华人民共和国境内刊播、设置、张贴广告,均属本条例管理范围。"当然,还必须指出的是,以上对"广告"的解释,之所以能够使用文义解释的方法,还在于这样理解并没有与《广告管理条例》的目的相悖,也没有与其中的其他规范相冲突。否则,可能要考虑采取目的解释、体系解释等解释方法,甚至是价值补充或漏洞补充等。也即文义解释只是一切法律解释方法的起点和基础,其解释结果是否正确,还必须接受其他解释方法的检验,尤其是目的解释的验证。③

---

① 河南省周口市川汇区人民法院(2011)川行初字第36号行政判决书。
② 参见刘恒等:《行政行为法律适用判解》,武汉大学出版社2005年版,第27页。
③ 参见最高人民法院应用法学研究所编:《人民法院案例选》(行政卷),中国法制出版社2000年版,第231~236页。

案例14.5　盐城市奥康食品有限公司东台分公司诉盐城市东台工商行政管理局行政处罚案

该案中,法院经审理查明:2011年9月1日至2012年2月29日,奥康公司购进净含量5升的金龙鱼牌橄榄原香食用调和油290瓶,加价销售给千家惠超市,获得销售收入34,800元,净利润2836.9元。2012年2月21日,东台工商局行政执法人员在千家惠超市检查时,发现上述金龙鱼牌橄榄原香食用调和油未标示橄榄油的添加量。上述金龙鱼牌橄榄原香食用调和油名称为"橄榄原香食用调和油",其标签上有"橄榄"二字,配有橄榄图形,标签侧面标示"配料:菜籽油、大豆油、橄榄油"等内容,吊牌上写明:"金龙鱼橄榄原香食用调和油,添加了来自意大利的100%特级初榨橄榄油,洋溢着淡淡的橄榄果清香。除富含多种维生素、单不饱和脂肪酸等健康物质外,其橄榄原生精华含有多本酚等天然抗氧化成分,满足自然健康的高品质生活追求。"法院认为:这里所指的"强调",是特别着重或着重提出,一般意义上,通过名称、色差、字体、字号、图形、排列顺序、文字说明、同一内容反复出现或多个内容都指向同一事物等形式表现,均可理解为对某事物的强调。"有价值、有特性的配料",是指对人体有较高的营养作用,配料本身不同于一般配料的特殊配料。通常理解,此种配料的市场价格或营养成分应高于其他配料。本案中,原告奥康公司认为"橄榄原香"是对产品物理属性的客观描述,并非对某种配料的强调,但从原告销售的金龙鱼牌橄榄原香食用调和油的外包装来看,其标签上以图形、字体、文字说明等方式突出了"橄榄"二字,强调了该食用调和油添加了橄榄油的配料,且在吊牌(食品标签的组成部分)上有"添加了来自意大利的100%特级初榨橄榄油"等文字叙述,显而易见地向消费者强调该产品添加了橄榄油的配料,该做法本身实际上就是强调"橄榄"在该产品中的价值和特性。一般来说,橄榄油的市场价格或营养作用均高于一般的大豆油、菜籽油等,因此,如在食用调和油中添加了橄榄油,可以认定橄榄油是"有价值、有特性的配料"。因此,奥康公司未标示橄榄油的添加量,属于违反食品安全标准的行为。东台工商局所作行政处罚决定具有事实和法律依据,应予维持。[①]

(二)体系解释

体系解释,是指根据行政处罚法规范在法律体系结构中的地位,来优先选择与

[①] 最高人民法院指导案例第60号。

其他法规范保持一致的解释方法,是阐明行政处罚法规范意旨的解释方法。也就是根据待解释的行政处罚法律条文,在法律文本的篇、章、节、条、款、项、目中的前后关联位置,以及与相关条文的关系等来求得适当的法律意旨。体系解释是一种从法律体系的关联性和用语的一致性出发所作的解释,具体包括扩大解释、限缩解释、反对解释、当然解释四种。体系解释应当以下列四个要求作为出发点:其一,无矛盾的要求:法律不会自相矛盾;其二,不赘言的要求:法律不说多余的话;其三,完整性的要求:法律不允许规定漏洞;其四,体系秩序的要求:法律规定的编排都是有意义的。[①]

案例14.6　阮绮玲诉珠海市工商行政管理局行政处罚案

该案中,法院认为:从《投机倒把行政处罚暂行条例》等有关法规、规章的规定看,投机倒把行为是指以牟取非法利润为目的,违反国家有关金融、工商等方面的管理法规,扰乱社会主义市场经济秩序的行为,包括倒卖走私物品、特许减免税进口物品或者倒卖国家规定的专营或者专卖物资、物品的行为等。但在本案中,原告在购买日本产"小松"牌挖土机时对于该台挖土机是否属于走私进口货物并不知情。原告作为一名普通公民有正当理由相信盖有各级政府部门特别是海关部门印章的《受理华侨、外籍人、港澳同胞捐赠报批表》等材料是该台挖土机合法来源的手续,现有证据并不能证明原告主观上有购买非法进口的货物牟利的故意。原告购买和出租该台挖土机是用于正常生产经营而不是从事非法活动,并没有扰乱和破坏社会主义市场经济秩序,更不能与《投机倒把行政处罚暂行条例》中所列举的种种投机倒把行为相提并论。因此,被告认为原告的行为属于投机倒把行为,在主观方面和客观方面均没有相应的证据,定性错误。退一步讲,即使该台挖土机属于假借捐赠名义进口的,或者未经海关许可并且未补办进口手续,未补缴关税而擅自在境内销售牟利的,依法也应对直接行为人进行处罚,而原告并没有实施违法进口或违法销售的行为,不应作为被处罚的对象。《投机倒把行政处罚暂行条例》《投机倒把行政处罚暂行条例施行细则》等法规、规章及其他相关的规范性文件,尽管其至今并未废止却已明显滞后,因此,作为行政执法机关,在对行政相对人以投机倒把行为实施行政处罚时,除了法规、规章及其他规范性文件有明确列举的违法行为或明确禁止的行为范围可以令人质疑地继续适用外,对"其他扰乱社会主义经济秩序的投机倒把行为"这一所谓兜底条款的适用范围,不能再作任意套用或无限扩充解

[①] 参见[德]英格博格·普珀:《法学思维小学堂——法律人的6堂思维训练课》,蔡圣伟译,北京大学出版社2011年版,第56页。

释,更不能将在我国的市场经济、商品经济社会中早已视为合法经济活动的行为,依然认定为投机倒把行为。"投机倒把",在我国,由于"投机倒把罪"已被取消,因此,1998年版的《法学大辞典》没有收进"投机倒把罪"与"投机倒把"这两个词条。而按2001年修订版的《新华词典》的解释,"投机倒把"是"指以买空卖空、囤积居奇、套购转卖等手段谋取暴利"。原告向他人购买"小松"牌挖土机,是实实在在的钱物交易,原告购买后,即用以出租而非转卖,租给工程队所用,并未获取暴利,所有权仍为原告拥有。故原告的行为,既不属法规、规章及其他规范性文件中明确规定的投机倒把行为,也不属《新华词典》所下词义的范围。原告的经营活动,未违反法律规定;原告的行为,属合法的经济行为。①

案例14.7　福州市仓山区景西天籁网吧诉福州市公安局仓山分局治安行政处罚案

该案中,法院认为:关于被上诉人在本案中的执法主体资格问题。根据国务院2011年《互联网上网服务营业场所管理条例》(以下简称《条例》)第4条的规定:"县级以上人民政府文化行政部门负责互联网上网服务营业场所经营单位的设立审批,并负责对依法设立的互联网上网服务营业场所经营单位经营活动的监督;公安机关负责对互联网上网服务营业场所经营单位的信息网络安全、治安及消防安全的监督管理……"公安机关具有对互联网上网服务营业场所经营单位的信息网络安全、治安等进行监督管理的职权,其中当然包括对经营单位日常经营活动中涉及信息网络安全、治安等方面的监督管理职权。上诉人的日常经营活动涉及工商、税务、治安等各个方面,由不同的国家机关依各自职权分别管理,上诉人仅以法条未规定被上诉人有权对上诉人的日常经营活动进行监管,就推断出被上诉人无权对上诉人在日常经营活动中涉及信息网络安全、治安等方面进行监管,显属主观臆断,本院不予支持。《条例》第23条规定:"互联网上网服务营业场所经营单位应当对上网消费者的身份证等有效证件进行核对、登记,并记录有关上网信息。登记内容和记录备份保存时间不得少于60日,并在文化行政部门、公安机关依法查询时予以提供。登记内容和记录备份在保存期内不得修改或者删除。"根据该条,被上诉人有权对上诉人是否对上网消费者的身份证进行登记予以检查。《条例》第31条规定:"互联网上网服务营业场所经营单位违反本条例的规定,有下列行为之一的,由文化行政部门、公安机关依据各自职权给予警告,可以并处15,000元以下的罚

---

① 广东省珠海市香洲区人民法院(2003)香行初字第7号行政判决书。

款……(3)未按规定核对、登记上网消费者的有效身份证件或者记录有关上网信息的……"这里的"未按规定"指的就是未按照《条例》第23条的规定,上诉人认为被上诉人的处罚没有实体法上的依据不能成立。同时,从《条例》的体系解释上看,《条例》第30条专门就文化行政部门对上网服务营业场所经营单位进行处罚的情形进行了规定,如果对"未按规定核对、登记上网消费者身份证等有效证件行为"的监管、处罚权专属于文化行政部门,则应一并规定在第30条中,而实际情况是对上述行为的处罚规定在了《条例》第31条。故对于一审法院认定"该法条中'依据各自职权的规定',是指各有关执法主体按照各自执法程序上的规定进行,该规定并没有排除公安机关的监督处罚权"。①

案例14.8　施某诉南通市公安局开发区分局、南通市人民政府行政处罚案

该案中,法院认为:参考最高人民法院、最高人民检察院《关于办理赌博刑事案件具体应用法律若干问题的解释》第1条第(2)项、第(3)项规定,以营利为目的,组织3人以上赌博,赌资数额累计达到5万元以上,或者参赌人数累计达到20人以上的,属于刑法第303条规定的聚众赌博。故江苏省公安厅《关于赌博违法案件的量罚指导意见》认为参与聚众赌博的个人赌资或人均赌资1000元以上,即属严重行政违法,可通过对比刑法规范作出体系解释,本案赌资总额计46,800元、聚众赌博人员14人、人均赌资超过3000元,依该事实,开发区公安分局认定施某参与聚众赌博赌资较大且情节严重,合法合理。②

案例14.9　时爱民诉漳州市公安局芗城分局行政处罚案

该案中,法院认为:时爱民找领导反映工作和工资问题时,态度偏激,实施了拍桌子等错误行为,但尚未造成所在单位工作不能正常进行的后果。故撤销了漳州市公安局芗城分局的行政处罚决定。从主观上来说,时爱民去单位找领导是想去解决问题的,而不是想去闹事的,因而其并没有扰乱机关工作秩序的故意。从客观上来说,《治安管理处罚条例》第19条第(1)项规定的违法行为系"扰乱机关、团体、企业、事业单位的秩序,致使工作、生产、营业、医疗、教学、科研不能正常进行,尚未造成严重损失的"行为。该违法行为要成立必须符合"致使工作……不能正常进行"及"尚未造成严重损失"两个条件。该案中,时爱民与单位领导在办公室发生争

---

① 福建省福州市中级人民法院(2016)闽01行终372号行政判决书。
② 江苏省南通市中级人民法院(2016)苏06行终55号行政判决书。

吵,并有拍桌子、摔包等行为,期间虽先后有三人介入或争吵或劝解,但很快就离去。而且该领导到楼下办公室接电话时,时爱民也没有去干扰。吵架时间前后半个小时,因此可以认定时爱民的行为对该单位的正常秩序没有造成影响。况且,时爱民与单位领导吵架是为了解决问题,吵架也是解决问题的一种方式,虽然激烈,但尚未违法,还没有达到"致使工作……不能正常进行"的地步。①

案例14.10　舒江荣诉海盐县公安局交通警察大队行政处罚案

该案中,法院认为:本案中,上诉人"闯黄灯"的行为是否合法涉及重大公共利益:一方面,作为个体的驾驶人在黄灯亮时有什么样的通行权,事关每个驾驶人的通行效率和利益;另一方面,作为公共的道路交通安全体系,接受怎样的黄灯通行方式才能确保安全优先,是必须要面对的问题。因此,对闯黄灯行为的性质必须审慎分析。现代交通的第一要素是确保安全,道路交通亦不能例外。而运行中的机动车是高度危险之物,驾驶机动车也成了高度危险行为。在外部条件相同的情况下,对该高危行为的控制,唯赖驾驶人的谨慎规范驾驶,方能达到"安全交通"之目的。故以安全优先的"谨慎规范驾驶"实为机动车驾驶之核心理念。闯黄灯行为是否违法,涉及对《道路交通安全法实施条例》的条文"黄灯亮时,已越过停止线的车辆可以继续通行"的理解,是一个法律解释问题。法律解释应当具有合目的性,即法律解释应当符合立法的目的与宗旨,同时要以法律体系与语义的内在逻辑为基础。《道路交通安全法》第26条规定,"黄灯表示警示"。该条对应了《道路交通安全法实施条例》中规定的两种情形:情形一为条例第42条所规定,即在某些道口的某些时段只设定黄灯闪烁,不设定红黄绿三色灯的变换,这时黄灯的指示作用在于"提示车辆、行人通行时注意瞭望,确认安全后通过";情形二则为条例第38条第1款第(2)项所规定,在红黄绿三色灯变换的情况下,"黄灯亮时,已越过停止线的车辆可以继续通行"。由此可见,所谓"黄灯表示警示",既不是完全禁止通行,也不是等同绿灯一样通行,其具体含义应当为"附条件谨慎通行"。在这种语义环境下,与1955年的《城市交通规则》和1988年的《道路交通管理条例》相关法条相比,《道路交通安全法实施条例》第38条第1款第(2)项省略掉"黄灯亮时禁止车辆通行"字样,直接规定"黄灯亮时,已越过停止线的车辆可以继续通行",言简意赅,更加符合立法语言的要求。同时,《道路交通安全法》第1条开宗明义确定了该法的立法目的,在于"维护道路交通秩序,预防和减少交通事故,保护人身安全,保护公民、法人和其

---

① 参见最高人民法院应用法学研究所编:《人民法院案例选》(行政卷),中国法制出版社2000年版,第6~9页。

他组织的财产安全及其他合法权益,提高通行效率"。而基于《道路交通安全法》产生的法规《道路交通安全法实施条例》自然亦秉承该立法宗旨。黄灯作为绿灯充分放行之后向红灯的过渡,其设置目的应当是缓冲绿灯转换为红灯的时间,使在绿灯放行过程中正常驶入交叉口但还没有通过的车辆迅速安全通过,清空交叉口的滞留车辆,为冲突方向的绿灯放行做好准备。此时的通行重心已转移到冲突方向。因此,出于安全驾驶目的,对该条文的理解应当基于"谨慎规范"之理念,即黄灯亮时,只有已经越过停止线的车辆可以继续通行,除此之外,车辆不得继续通行。若认为"黄灯亮时没有禁止未越线车辆继续通行,因此所有车辆均可继续通行",不仅违反了该法条语义及体系上的内在逻辑,使黄灯与绿灯指示意义雷同,更违背了道路交通安全法的立法目的。该项规定实际上意味着,黄灯亮时驾驶人的通行权受到限制,限制的目的在于维护道路交通的安全。立法的价值取向在此非常明显,即为了保障公共安全,必须在合理范围内限制个人的通行权利。因此,现有道路交通安全法体系下,闯黄灯系违法行为。所以,上诉人未按照《道路交通安全法实施条例》第38条第1款第(2)项规定的黄灯信号指示通行,违反了《道路交通安全法》第38条的规定,依法应当受到行政处罚。被上诉人对上诉人的行政处罚程序合法,适用法律正确,处罚结果适当。[1]

笔者认为,上述判决认定闯黄灯违法的观点值得商榷。理由在于:第一,违反法律保留原则。通行自由依照《宪法》应当落入人身自由的保护范畴。根据《立法法》第8条及《行政强制法》第9条、第10条规定,限制人身自由的行政强制措施或处罚只能由法律来规定,也即限制人身自由属于法律保留事项,而不是通过《机动车驾驶证申领和使用规定》或者《公安部令第123、124号令一百问》这样低层次的规定或者释义类的书籍就可以实施的。而且根据民主原则及正当程序原则,这样重大的且与百姓生活息息相关的规定出台之前为何不事先征求公众的意见及采取科学实验的方式来进行论证。孙笑侠教授也提出如下质疑:"具有如此广泛影响力的条款,为什么不开立法听证会讨论?为什么不在一定范围内征求利益相关主体的意见?"

第二,不符合私权和公权的行使原则。民事权利应遵循着一个原则"法无明文禁止即可为",这充分体现了对人权的尊重。而为了约束公权力而设定的行政法,其原则应遵循"法无明文授权不可为"。在"闯黄灯"案中当时的法律法规并没有明文规定闯黄灯是违法的行为,那么遵循意思自治原则,民事主体有权在法定的范围

---

[1] 浙江省嘉兴市中级人民法院(2012)浙嘉行终字第15号行政判决书。

内根据自己的意思从事民事活动,驾驶员有权自主决定是通行还是停止,这种私法自治的原则给予了人们充分的自由。

第三,偏离立法目的。法院对该法条的目的的解释,本身是法官对立法者特定法律规范设定目的的探寻,不可避免地具有一定的主观性,况且该具体法规规范之目的是什么,并非十分明确,是单一的交通安全目的?还是交通安全和交通效率的复合目的?法院仅强调保障安全的立法目的,为此二审法官还引用了《道路交通安全法》第1条来证明自己的观点,该条规定:"为了维护道路交通秩序,预防和减少交通事故,保护人身安全,保护公民、法人和其他组织的财产安全及其他合法权益,提高通行效率,制定本法。"该规定表明该法的立法目的是复合目的:既保障安全又提高通行效率。具体体到对黄灯规范的法条,我们强调其含义为"谨慎通过"。"谨慎"就是要保障安全;"通过"就是要提高通行效率,二者不可偏废。该案一审法院将该法条解释为"禁止",二审法院理解为"附条件谨慎通过",但却在进一步解释中只是特别强调保障安全目的的一面,闭口不提提高通行效率目的的一面,有失偏颇。

第四,违反了体系解释的规则。将时段解释成为一刹那是不合理的,黄灯亮时指的是"黄灯亮着的整个时段",而不能随意解释为黄灯亮起的那一刹那。正如红灯亮时停止,绿灯亮时通行一样,我们不能理解为仅仅是红灯亮起的一刹那禁止通行,绿灯亮起的一刹那才允许通行,毫无疑问这里都是指整个时段,即红灯亮起的整个时段都禁止通行,绿灯亮起的整个时段都允许通行,从法理上我们可以得出:黄灯亮也应该是指整个时段,其道理可以由以下三点推出:一是《道路交通安全法》明文规定了"黄灯表示警示,红灯表示禁止";二是《道路交通安全法》中的"绿灯亮时""红灯亮时"的"时"都明确无误地是指"时段",而不是"时刻",那么在毫无疑问的"黄灯亮时"的"时"也应该理解为"时段",而不能如法院那样想当然的解释成为一刹那;三是法律将禁止含义赋予了红灯,那么代表警示的黄灯就不应拥有禁止的内涵,不然那不是黄灯与红灯的作用雷同了,那么还要黄灯做什么呢。这样的解释显然违反了设立交通信号灯的本意。所以我们可以得出一个结论,即"黄灯亮时"这条法规的解释只可能是黄灯亮着的整个时段,而不是法院判决中的一刹那,那样的解释是不合理的。而且,《道路交通安全法实施条例》第42条规定:"闪光警告信号灯为持续闪烁的黄灯,提示车辆、行人通行时注意瞭望,确认安全后通过。"该法条中的"持续闪烁""注意瞭望""确认安全"等词语描述也表明"黄灯亮时"的"时"应该理解为"时段"(要完成"注意瞭望""确认安全"后通行等一系列动作恐怕不是瞬时或一刹那就可以完成的)。

第五,违反解释的逻辑规则。从法条明文规定的"已越过停止线的车辆可以继续通行"无论是经过何种解释,都不能推出"未越过停止线的车辆禁止继续通行"的结论。正如"学生或家长可以向学校纪检部门反映老师违纪违法的问题"并不必然推出"学生或家长以外的人员禁止向学校纪检部门反映老师违纪违法的问题"一样,因此说"已越过停止线的车辆可以继续通行"这一表述是不宜进行反面解释的。本案法院从"已越过停止线的车辆可以继续通行"推出黄灯亮时的一刹那"未越过停止线的车辆禁止继续通行"的结论,是一种依据主观臆断而为的擅自扩大解释。当然,如果把"黄灯亮时"的"时"理解为"时段",前述解释倒也说得通,也就是说当黄灯亮时的整个时段中都还"未越过停止线的车辆禁止继续通行",因为在此情形下还要越过停止线就是闯红灯,而不是闯黄灯的问题了。而且从逻辑学角度上来看,法院的推导并不严谨,缺乏其他相关条件。法条中规定的"黄灯亮时,已越过停止线的车辆可以继续通行""黄灯表示警示"这些都不是强行禁止的条文,应该属于授权性的条文,给予机动车驾驶员自主判断的权利,如果你觉得在黄灯亮着的整个时段可以安全通过交叉路口,则你可以继续通行,如果你觉得黄灯亮时的时间过短,无法通过交叉路口,则你可以选择停在停止线前,避免闯红灯的现象发生。对授权性质的法律法规,不得强行解释为禁止。

第六,与国际惯例不符。1968 年,联合国综合各国对交通信号灯通行权的规定,发布了《道路交通标志和交通信号协定》,其中规定:黄灯是一种警告信号,表示信号灯即将变为红灯,当红灯亮时,车辆不能进入交叉口。1974 年,欧洲 18 个国家参与,美、加、澳、日等国派观察员参加的"欧洲各国交通部长联席会议"协议,沿袭联合国"协定",考虑欧洲交通特点,商定了《欧洲道路交通标志和信号协议》,其中规定:黄灯表示即将亮红灯,除黄灯刚亮时已经接近停止线而无法安全制动的车辆可以驶出停止线外,其他车辆应该停止。可见,该规定允许不能安全制动的车辆继续行驶通过交叉口。发达国家的道路交通法规也有类似规定。如美国加利福尼亚州驾驶手册规定:黄色信号灯的含义是"小心",此时红色信号灯即将亮起。当看到黄灯时,如能安全停车,则应停车;如无法安全停车,则应小心穿过交叉口。《德国道路交通行政法规》第 38 条第 2 款第(1)项规定:黄灯表示车辆在交叉路口前等待下一个信号。同时通过司法判例确立了相应的原则,如"此等停车等待义务仅适用于驾驶员在普通的刹车迟延强度($4\sim6m/s$)情况下仍能在交通信号灯前停下来的情形"。

此外,关于"车辆越过停止线"应如何理解有两种观点:一种观点认为应当是整车越过停止线;另一种观点认为应当是车体的一部分越过停止线即可。笔者持后一种观点,即认为无论是车头还是车尾,无论是前轮还是后轮,在黄灯亮的整个时间段中只要是车体的一部分已经越过停止线,就不违法,不应当给予处罚。

公安部其后通知要求各地交管部门对目前违反黄灯信号的,以教育警示为主,暂不予以处罚,也印证了笔者上述观点的正确性。①

应当说,闯黄灯是一个国内外驾驶员长期形成的习惯,而且这是一种在实定法中是否违法并不是特别清晰存在较大争议的习惯,公众也已经习惯了它不是违法行为且不应当受到处罚,这种习惯法的力量是强大的,要改变这种习惯除了要修改法律之外,还应当把征求民意、举行听证、立法论证、科学实验、技术革新(如将红灯、绿灯、黄灯全都设置为读秒式的信号灯)、设施配套、广为宣传、设置法律实施的缓冲期等措施一并同步实施。公权力机关不应忽视这种习惯法的力量和影响而试图武断地改变它,否则就算是修改了立法也不一定能很快达到良好的效果。正如法学家苏力所说:"真正能得到有效贯彻执行的法律,恰恰是那些与通行的习惯惯例相一致或相近的规定。一个只靠国家强制力才能贯彻下去的法律,即使理论上其再公正,也肯定会失败。"

(三) 比较解释

比较解释,是指将外国的立法例、判例和学说等作为参考资料和比较斟酌的因素,以消除本国法中的疑义及发掘其真意的解释方法。这种解释方法的可能性基础在于:人类法律文化的共通性,特别是各国法律制度的移植与借鉴、法律文化的相互影响。

案例14.11　刘燕文诉北京大学学位评定委员会不授予学位案

该案中,法院认为:"本案被告学位委员会在作出不批准授予刘燕文博士学位前,未听取刘燕文的申辩意见;并在作出决定之后,也未将决定向刘燕文实际送达,影响了刘燕文向有关部门提出申诉或者提起行政诉讼权利的行使,该决定应予撤销。"②

上述判决的意思是说在对相对人作出不利决定之前,应当告知其拟作出的决定及其理由,并听取相对人的陈述、申辩,而且在作出决定后应及时送达。但这一要求在我国的《学位条例》及其他相关规范性文件中都没有明确规定。这应是移植适

---

① 载http://news.sina.com.cn/o/2013-01-07/043925970486.shtml,最后访问日期:2013年1月30日。
② 北京市海淀区人民法院(1999)海行初字第104号行政判决书。

用英国自然正义原则及美国正当程序原则的一个成功运用比较解释方法的范例。①

笔者认为,因为该案学位委员会在作出不批准授予刘燕文博士学位之时《行政处罚法》尚未生效,即便认为不授予学位属于行政处罚也不存在《行政处罚法》关于事先告知制度的适用空间。

(四)目的解释

目的解释,是指以行政处罚法律规范所欲实现之目的为根据,以阐明相应行政处罚法规范意旨的解释方法。德国著名法学家耶林曾说:"目的是所有法律的创造者。"这句话清楚地道出了法律目的在行政处罚法律规范中的重要性与普遍性。

案例14.12　东云阁大酒店诉安康市汉滨区兽医兽药监督检验所行政处罚案

该案中,法院认为:《动物防疫法》规定要处罚经营染疫动物、动物制品的违法行为,其目的是针对进入食品加工、销售环节之前的以营利为目的的违法行为进行处罚,而不包括已经购买用来加工食品以及作为食品销售的行为,因为此时标的物已进入食品卫生的范围。故法院撤销了该行政处罚决定。②

案例14.13　海南裕泰科技饲料有限公司诉海南省物价局物价行政处罚案

该案中,法院认为:从《反垄断法》的立法目的来看,《反垄断法》第1条规定:"为了预防和制止垄断行为,保护市场公平竞争,提高经济运行效率,维护消费者利益和社会公共利益,促进社会主义市场经济健康发展,制定本法。"可以看出,该法的立法目的不仅包括"制止"垄断行为,还包括"预防"垄断行为、维护消费者利益和社会公共利益等。裕泰公司以上海市高级人民法院作出的(2012)沪高民三(知)终字第63号民事判决认定反垄断法第13条第2款规定适用于该法第14条为由,认为反垄断法第14条所称垄断协议的成立须以具有排除、限制竞争效果为构成要件。本院认为,本案为关于纵向垄断协议的行政案件,为实现我国反垄断法预防和制止垄断行为、维护消费者利益和社会公共利益的立法目的,行政机关在认定纵向垄断协议时与单个民事主体主张垄断行为造成的实际损失时并不相同。根据《反垄断

---

① 参见湛中乐等:《论高等学校法律地位》,载罗豪才主编:《行政法论丛》(第4卷),法律出版社2001年版,第503~507页。
② 参见陈骏业:《行政行为适法解释判解》,武汉大学出版社2004年版,第12~18页。

法》第50条"经营者实施垄断行为,给他人造成损失的,依法承担民事责任"的规定,涉及垄断行为的民事案件以造成实际损失为前提,而造成实际损失又须以该垄断行为具有或产生排除、限制竞争效果为前提。本案为对垄断协议的行政处罚进行合法性审查,《反垄断法》第46条规定的法律责任中,区分了"达成并实施垄断协议的"与"尚未实施所达成的垄断协议的"两种情形,上诉人海南省物价局根据裕泰公司与经销商达成垄断协议但经销商未依裕泰公司固定的价格销售鱼饲料以及裕泰公司在调查过程中积极配合调查、主动整改等情形对裕泰公司作出行政处罚符合法律规定,亦即上诉人海南省物价局作出本案行政处罚决定无须以裕泰公司与经销商达成的协议具有排除、限制竞争效果为前提,更无须以给他人造成损失为前提。①

案例14.14 南通协和生物科技有限公司诉南通市食品药品监督管理局行政处罚案

该案中,法院认为:《医疗器械监督管理条例》的立法目的是保证医疗器械的安全、有效,保障人体健康和生命安全,因案涉产品说明书上明确标示具有××症的轻重程度的预期功能,若案涉产品不具有该诊断功能,有可能误导产品使用者,延误病情,危害人体健康。上诉人生产案涉产品的行为依法亦应当接受相应的监督和处罚。②

案例14.15 路中新诉广东省珠海市城市管理行政执法局行政处罚案

该案裁判要旨认为:人民法院在审理住宅装饰装修行政案件时,对于法律法规及相关规定的理解,要紧密结合案件事实加以综合、释明,避免仅对字面表述做简单判断。《住宅室内装饰装修管理办法》第5条第1款第(2)项关于"将没有防水要求的房间或者阳台改为卫生间、厨房"的规定,包括了未经批准而擅自将房间全部或一部分加以改动的情形,"扩大"也应当视为"改为"的表现形式之一。③

案例14.16 胡晓勇诉中国证券监督管理委员会行政处罚案

该案中,法院认为:经审查,欣泰电气存在《证券法》第189条第1款所规定的

---

① 海南省高级人民法院(2017)琼行终1180号行政判决书。
② 江苏省南通市中级人民法院(2016)苏06行终302号行政判决书。
③ 最高人民法院行政审判指导案例第11号。

欺诈发行违法行为,被诉处罚决定的相关认定并无不当。基于对《证券法》第13条第1款以及第189条第1款等规定的文义解释和目的解释,可以认定欣泰电气在申请公开发行新股时存在"不符合发行条件"之情形,其行为符合欺诈发行违法行为的构成要件。①

案例14.17 南通北渔人和水产有限公司、南通洋口港实业有限公司诉海安县市场监督管理局行政处罚案

该案中,法院认为:首先,国家食药总局[2015]624号复函在本案中并不适用。该复函该复函系国家食药总局针对山西省食药局作出的《关于流通环节是否允许销售河豚鱼有关问题的复函》。该复函规定,河豚鱼属于《食品安全法》第34条"禁止经营不符合食品安全要求的食品",禁止食品经营者销售河豚鱼,对销售河豚鱼的,依照《食品安全法》第124条的规定予以处罚。而本案所涉食品为河豚鱼干,系由河豚鱼经过去毒、清洗、腌渍、晾晒等程序加工而成,与河豚鱼在物理形态、毒素含量、食用方法等方面存在明显差异,且该复函已于2017年3月15日废止。一审法院忽视河豚鱼与河豚鱼干的区别,认定河豚鱼干有毒系上述批复的应有之义显属不当,应予纠正。上述复函中河豚鱼属"不符合食品安全要求的食品"规定不能作为认定案涉河豚鱼干属有毒有害食品的依据,因此,上诉人所持该批复在本案中不应适用的上诉理由成立,本院予以采信。其次,河豚鱼有毒,但并不能由此推断河豚鱼干属有毒有害食品。1990年施行的《水产品卫生管理办法》明确规定,河豚鱼有剧毒,不得流入市场,因特殊情况需进行加工食用的应在有条件的地方集中加工,安全无毒方可出售。虽然卫生部已于2010年宣布《水产品卫生管理办法》失效,但从该规定可以看出,河豚鱼本身含有毒素,但只要加工得当,完全可以实现河豚鱼干无毒的可能,日常生活中食用河豚鱼干及其他河豚鱼制品的普遍性也足以证明这一判断。由此可见,虽然河豚鱼有毒,但不能得出河豚鱼干一定有毒有害的结论。②

实践中,有的法院在适用文义解释方法时并没有让其接受目的解释方法的检验,因而得出了错误的结论。

---

① 北京市第一中级人民法院(2016)京01行初1204号行政判决书。
② 江苏省南通市中级人民法院(2017)苏06行终381号行政判决书。

案例14.18　某宾馆诉某区国家税务局稽查局行政处罚案

该案中,法院认为:善意取得的不规范发票不构成应受行政处罚的违法行为。1993年《发票管理办法》第36条第1款第(4)项规定,"未按照规定取得发票的"行为属于违反发票管理法规的行为,应予行政处罚。1993年《发票管理办法实施细则》第49条第(2)项又明确将取得不符合规定发票的行为规定为属于未按照规定取得发票的行为。据此,从字面上看,取得违规发票的行为就属于应受行政处罚的违法行为。①

笔者不认同案例14.18中法院的观点,具体理由如下:首先,在对法律规范的条文存在不同理解的情况下,文义解释要服从于目的解释。从目的解释的角度出发,因发生正当真实交易而取得了真实的专用发票,且发票不是非正常渠道取得,如盖有出具发票单位的印章,发票上注明的品名、数量、金额等项目均如实开具,但出现"开票方与购票方不一致"的违规情形,这不是取得发票的单位和个人在能力范围内尽到必要、合理注意义务就能够发现的,在该种情形下对取得发票的相对人予以处罚,不是立法机关的意图。其次,根据社会生活实际情况考虑,采取主观过错必要说来认定违法行为,更具有公平合理性,也容易被大多数人所接受。因为生活中交易无处不在,每个人都经常会成为取得发票的主体,在尽到了应尽且能尽的注意义务并且善意取得的情况下,要追究其处罚责任,会造成人人自危的局面,不利于维护经济秩序,会损害相对人的合法权益。因此,2010年《发票管理办法》对上述规定作了修改,该办法第24条第1款第(2)项及第39条第(2)项规定"知道或者应当知道是私自印制、伪造、变造、非法取得或者废止的发票而受让、开具、存放、携带、邮寄、运输"的,才属于应受行政处罚的违法行为。

(五)社会学解释

社会学解释,是指当行政处罚法律规范的文义有复数解时,通过对社会效果的预测和社会目的的衡量,以选择适当的文义的解释方法。

---

① 参见北京市高级人民法院行政审判庭编:《行政诉讼案例研究(八)》,中国法制出版社2014年版,第3~8页。

案例 14.19　路达(厦门)工业有限公司诉厦门市环保局行政处罚案

该案中,法院认为:厦门市环保局就路达(厦门)工业有限公司的环境污染问题作出如下处罚:一是责令该公司于1993年5月1日之前停止生产;二是从1992年12月20日起,该车间每日18时至次日6时不得开炉,每次使用炉数不得超过2个。该处罚决定应予维持。①

笔者认为,应当说这个处罚决定运用了利益衡量的方法,比较好地兼顾了环境污染方、污染受害方以及社会公益,有利于实现保护台商在内地投资的积极性及维护社会稳定的社会目的,是一个成功运用社会学解释方法解决如何处罚违法问题的案例,亦符合比例原则。

案例 14.20　罗三保诉广州市公安局越秀区分局行政处罚案

该案中,法院认为:《治安管理处罚法》第70条规定:"以营利为目的,为赌博提供条件的,或者参与赌博赌资较大的,处五日以下拘留或者五百元以下罚款;情节严重的,处十日以上十五日以下拘留,并处五百元以上三千元以下罚款。"可见,构成违反治安管理处罚法应当给予行政处罚的赌博行为至少应当符合以下三个条件:第一,客观上有赌博行为,即靠偶然性来决定输赢,并由赢者取得一定数量的财物;第二,主观上必须以营利为目的,即以获取财物或者财产利益为目的;第三,为赌博提供条件或者赌博赌资达到较大以上。(1)关于上诉人是否存在赌博行为的问题。赌博的文义解释是指以钱财为注争比输赢的活动。上诉人等人在进行打扑克牌活动时,约定活动规则是一把2元、"炸弹"翻倍。由于打扑克牌活动中的赢牌、"炸弹"在很大程度上具有偶然性,故上诉人等人所进行的上述打扑克牌活动实质上是以较小金额付出博取较大金额收入的可能性,即以钱财为注争比输赢,通常所谓之"赌博"。(2)关于上诉人是否属于"以营利为目的"的问题。根据上诉人等三人"一把2元、'炸弹'翻倍"的活动规则,一次输赢在10元左右;而且上诉人有工作单位,上诉人等人亦称是在聊天过程中临时起意进行打扑克牌活动的。所以,无论是从金额的大小,还是起意的临时性来判断,均不能推定上诉人是以营利为目的。同时,被上诉人也没有提供证据证明上诉人打扑克牌是以营利为目的。(3)关于上诉人是否属于"为赌博提供条件或赌博赌资较大"的问题。上诉人不属于为赌博提

---

① 参见最高人民法院应用法学研究所编:《人民法院案例选》(行政卷),中国法制出版社2000年版,第1165～1168页。

供条件的情形。关于是否属于赌资较大的问题,由于我国目前的法律并没有规定赌博行为中"赌资较大"的起算点,根据合理性原则,"赌资较大"的界定应根据各省市的经济情况综合判断。根据被上诉人现场检获情况,参与扑克牌活动的资金从几十元到几百元不等,人均一百余元,而本市 2013 年度城镇职工月平均工资为 5808 元,从合理性原则判断,上诉人等人的打扑克牌活动,明显不属于"赌资较大"的情形,而是带有少量财物输赢的活动。综合以上分析,上诉人等人所进行的打扑克牌活动属于不以营利为目的、带有少量财物输赢的娱乐活动,不属于《治安管理处罚法》第 70 条规定的应当予以治安管理处罚的违法行为。这亦与《公安部关于办理赌博违法案件适用法律若干问题的通知》第 9 条"不以营利为目的,亲属之间进行带有财物输赢的打麻将、玩扑克等娱乐活动,不予处罚;亲属之外的其他人之间进行带有少量财物输赢的打麻将、玩扑克等娱乐活动,不予处罚"的规定相一致。因此,被上诉人作出穗公越行罚决字(2013)05562 号行政处罚决定,对上诉人处以行政拘留 3 日,不符合《治安管理处罚法》第 2 条、第 70 条的规定,应当予以撤销。①

案例 14.21　贝汇丰诉海宁市公安局交通警察大队行政处罚案

该案中,法院认为:首先,人行横道是行车道上专供行人横过的通道,是法律为行人横过道路时设置的保护线,在没有设置红绿灯的道路路口,行人有从人行横道上优先通过的权利。机动车作为一种快速交通运输工具,在道路上行驶具有高度的危险性,与行人相比处于强势地位,因此必须对机动车在道路上行驶时给予一定的权利限制,以保护行人。其次,认定行人是否"正在通过人行横道"应当以特定时间段内行人一系列连续行为为标准,而不能以某个时间点行人的某个特定动作为标准,特别是在该特定动作不是行人在自由状态下自由地做出,而是由于外部的强力原因迫使其不得不做出的情况下。案发时,行人以较快的步频走上人行横道线,并以较快的速度接近案发路口的中央位置,当看到贝汇丰驾驶案涉车辆朝自己行走的方向驶来,行人放慢了脚步,以确认案涉车辆是否停下来,但并没有停止脚步,当看到案涉车辆没有明显减速且没有停下来的趋势时,才为了自身安全不得不停下脚步。如果此时案涉车辆有明显减速并停止行驶,则行人肯定会连续不停止地通过路口。可见,在案发时间段内行人的一系列连续行为充分说明行人"正在通过人行横道"。最后,机动车和行人穿过没有设置红绿灯的道路路口属于一个互动的过程,任何一方都无法事先准确判断对方是否会停止让行,因此处于强势地位的机

---

① 广东省广州市中级人民法院(2014)穗中法行终字第 810 号行政判决书。

动车在行经人行横道遇行人通过时应当主动停车让行,而不应利用自己的强势迫使行人停步让行,除非行人明确示意机动车先通过,这既是法律的明确规定,也是保障作为弱势一方的行人安全通过马路、减少交通事故、保障生命安全的现代文明社会的内在要求。综上所述,贝汇丰驾驶机动车行经人行横道时遇行人正在通过而未停车让行,违反了《道路交通安全法》第47条的规定。海宁交警大队根据贝汇丰的违法事实,依据法律规定的程序在法定的处罚范围内给予相应的行政处罚,事实清楚,程序合法,处罚适当。①

此外,如果从广义上说,行政处罚适法解释方法还包括利益衡量。所谓利益衡量,是指行政处罚法律适用者站在立法者的立场,权衡各种利益加以取舍,结合具体事实,创建新的行政处罚法规范的方法。

案例14.22　新疆维吾尔自治区高等级公路管理局昌吉管理处诉新疆维吾尔自治区水利厅玛纳斯河流域管理处行政处罚案

该案中,法院认为:昌吉公路管理处报请区交通厅公路管理局批准后组织人员对玛河大桥导流坝水毁进行施工,虽然其目的是为保护玛河大桥的安全,但事先未依照《防洪法》及《河道管理条例》的有关规定,将其建设方案报请玛纳斯河水行政主管部门审查批准,擅自在玛河河道内修建导流坝工程,其行为构成违法。区玛河管理处作为自治区水利厅授权的在玛纳斯河流域行使水政管理权的机构依法对原告作出行政处罚决定,适用法律正确,符合法定程序。原告修建导流坝工程的行为虽然违反法律规定,但其目的是保护玛河大桥,保障交通畅通,如果按照被告所作行政处罚决定第二项内容立即拆除导流坝工程,将给国家利益和社会公共利益造成重大损失。因此,撤销区玛河管理处关于拆除导流坝的该部分处罚内容。②

三、行政处罚适法解释规则

对同一行政处罚法律疑义,可以采用多种解释方法。如果不同的方法的解释结果是一致的,就不会发生任何困难,且强化了解释的可靠度。然而,实际上常常会出现多种解释方法的解释结果不一致,甚至相互冲突,此时应当如何解决?各种解

---

① 最高人民法院指导案例第90号。
② 新疆维吾尔自治区石河子市人民法院(2001)石行初字第23号行政判决书。

释方法是否有先后顺序的不同或位阶高低的不等?

首先,在狭义的法律解释方法与价值补充、漏洞填补、利益衡量之间,应优先选择狭义的法律解释方法,只有在使用狭义的法律解释方法解决不了的情形下,才考虑后三者。

其次,就狭义的法律解释之内的各种解释方法而言,文义解释方法是第一,如果从用语的通常意义和使用方式就能确定法律意旨,就不必采用其他解释方法了。如果法条用语有多种含义不能作出确定的选择,那么,接下来一般考虑体系解释方法。当然,体系解释方法及其他解释方法所得出的法律意旨,均不得超出法条用语的文义许可范围。经过体系解释后仍然可能得出复数解。此时,可能就要借助第三种解释方法——历史解释方法。如果上述解释方法都行不通,应当采用目的解释方法。目的解释不仅可以用来解释,而且还可以用来充当检测运用其他解释方法得出的结论是否正确的工具。如果运用目的解释方法还不能得出唯一的结论,则应从宪法角度来解释。在所得出的复数解中,我们应当选择与宪法规范含义或价值取向相一致者。但不得为了与宪法规范相一致,而作出超越法律文本用语可能字义范围的解释。

行政处罚适法解释本身属于一种创造性的活动,解释者拥有一定的判断余地,且最终的认定也未必就只有唯一一种正确答案,由此难免影响在解释方法的选择上能走多远及最终使用什么方法进行解释。实际上,每一种解释方法都代表了一定的价值取向,解释结论的得出,常常是多种解释方法综合运用或不断博弈的结果。[①]

[①] 参见陈骏业:《行政行为适法解释判解》,武汉大学出版社2004年版,第24~174页。

第十五章　行政处罚的时效

时效,是指行为的期限限制。行政处罚时效共分为四种:追究时效、裁决时效、执行时效及救济时效。境外许多国家和地区均规定了行政处罚时效制度,如《德国违反秩序罚法》第31条至第34条都是规定追究时效及执行时效的。《俄罗斯联邦行政违法行为法典》第38条也明确"行政处罚,应当在实施违法行为之日起的2个月内给予,对于持续性的违法行为,应当在发现违法行为之日起的2个月内给予"。我国台湾地区"行政罚法"第27条规定:"行政罚之裁处权,因3年期间之经过而消灭。前项期间,自违反行政法上义务之行为终了时起算。但行为之结果发生在后者,自该结果发生时起算……"我国大陆地区《行政处罚法》只规定了追究时效,该法第36条规定:"违法行为在2年内未被发现的,不再给予行政处罚;涉及公民生命健康安全、金融安全且有危害后果的,上述期限延长至5年。法律另有规定的除外。前款规定的期限,从违法行为发生之日起计算;违法行为有连续或者继续状态的,从行为终了之日起计算。"

行政处罚时效制度主要是用来规范行政处罚主体行使行政处罚权的制度,它意味着,如果超过时效期间,就不能再作出处罚决定和执行处罚决定。时效制度的意义主要在于:

第一,从相对人知情权的保护来看,设置行政处罚时效制度便于公民及时调节自己的行为,从而与法律的要求相一致。我国《行政处罚法》第31条规定:"行政机关在作出行政处罚决定之前,应当告知当事人作出行政处罚决定的事实、理由及依据,并告知当事人依法享有的权利。"《行政强制法》第35条规定:"行政机关作出强制执行决定前,应当事先催告当事人履行义务……"规定时效制度,就使行政处罚主体必须于法定时效之内履行告知义务,从而可以保障相对人的知情权。

第二,从行政处罚的目的来看,处罚的目的在于教育公民遵纪守法。《行政处罚法》第6条明确规定:"实施行政处罚,纠正违法行为,应当坚持处罚与教育相结合,教育公民、法人或者其他组织自觉守法。"可见,处罚与教育相结合是《行政处罚法》的一个基本原则。而一个迟延的处罚决定或执行行为不仅不能起到教育的作用,反而会使相对人长期处于一种错误的信赖之中,以为不会有事,或者不能认识到自己行为的违法性。行政处罚主体迟迟不作决定,等到相对人的违法次数累加到很大的数目再一并处罚,这不仅使相对人承受了巨额罚款,也让人怀疑处罚的动机,客观上也纵容了违法。

第三,从法律程序的独立价值来看,时效制度能限制行政机关的恣意行为。"在价值层面上,行政程序不仅仅是实现行政实体或结果的技术性工具,它还有着独立于实体而存在的内在价值。"[1]我们要看到,法律程序的一个独立的基本价值就是对恣意的限制[2],《行政处罚法》作为我国第一部对行政行为作系统的程序规定的法律,规定了许多程序制度,以保障相对人的权利,防止行政机关滥用权力。如告知、说明理由、听取陈述和申辩、听证、公开等制度,先调查后取证的顺序规定等。这些程序规定无疑对保障行政机关正当行使权力,保障相对人的主体地位和参与程序具有重要意义。然而这些制度发挥作用的一个基本条件是行政处罚必须于一定期限内作出及执行,以免案件久拖不决或久拖不执,影响相对人的权利。《行政处罚法》缺乏统一的裁决时效的规定,程序不及时使相对人对行政主体的信赖大大降低。

第四,建立行政处罚时效制度是程序及时原则和效率原则的要求,而程序及时原则是现代程序的基本原则。行政处罚立案决定、处罚决定及执行决定对相对人来说,是影响其以后行为的一个重要信息。萨默斯认为"程序价值"有十项基本内容,其中包括及时性和终结性;贝勒斯在其总结的七项"程序价值"中就有及时原则;陈瑞华教授的"最低限度程序正义的六项要求"中也包括程序的及时终结性。[3]如果没有时效制度,那么行政处罚主体必然会养成懒政和拖沓的作风,同时也必然大幅度地增加行政成本。正如"杜宝良案"所显示的,行政机关不必要的迟延决定,使相对人形成错误判断,使行政处罚失去了教育功能,给相对人造成巨大的损害,也给公共安全带来了反复的危险。此外,在"杜宝良案"中,交通部门发现违法而不及时处理,然后将杜的105次违章作为连续违法行为合并处罚的做法,实际上剥夺了相对人的参与权。行政机关不及时履行告知义务,也违背了行政公开原则。[4]

第五,稳定社会秩序的需要。因为随着时间的推移,违法行为给社会造成的负面影响及行政管理的破坏都在减弱和得到恢复,并迅速形成了新的社会秩序,超过一定期间之后再处罚,势必不利于新的社会秩序的稳定,在社会教育的条件下,当事人没有再次违法,说明其已经成为对社会无害之人,这时再对他处罚,从特殊预

---

[1] 参见周佑勇:《行政法基本原则研究》,武汉大学出版社2005年版,第240页。
[2] 参见季卫东:《法律程序的意义》,中国法制出版社2004年版,第21~32页。
[3] 参见周佑勇:《行政法基本原则研究》,武汉大学出版社2005年版,第246~250页。
[4] 参见邓庆鸿等:《论行政处罚裁决时效制度——以"杜宝良案"为例》,载《江汉大学学报(人文科学版)》2006年第25卷第2期。

防的角度来看,已无必要。而且,相比较刑事犯罪来说,行政违法毕竟是轻违法、小危害,就这种轻违法、小危害而言,长年累月抓着不放实在没有必要,是否发动行政处罚权,也要符合比例原则。

第六,从行政处罚的效果来说,时效制度有助于更好地发现违法、调查违法、处理违法及执行处罚决定。举例来说,一个违法行为如果短时间内及时发现并展开调查,会比长时间才发现并展开调查更容易收集到证据,更容易作出一个符合证明标准的处罚决定。同样,一个处罚决定如果短时间内采取执行手段,会比过了很长一段时间才采取执行手段更容易执行到位。

一、行政处罚追究时效

行政处罚追究时效分为一般时效与特别时效两种,前者为 2 年,即《行政处罚法》第 36 条规定:"违法行为在 2 年内未被发现的,不再给予行政处罚。涉及公民生命健康安全、金融安全且有危害后果的,上述期限延长至 5 年。法律另有规定的除外。前款规定的期限,从违法行为发生之日起计算;违法行为有连续或者继续状态的,从行为终了之日起计算。"后者的时间有的长于 2 年,有的短于 2 年。长于 2 年的有《税收征收管理法》第 86 条规定:"违反税收法律、行政法规应当给予行政处罚的行为,在五年内未被发现的,不再给予行政处罚。"短于 2 年的有《治安管理处罚法》第 22 条规定:"违反治安管理行为在六个月内没有被公安机关发现的,不再处罚。前款规定的期限,从违反治安管理行为发生之日起计算;违反治安管理行为有连续或者继续状态的,从行为终了之日起计算。"

实践中,有些行政处罚主体因为超过追究时效作出行政处罚决定而败诉。

案例 15.1 杨某诉呼玛县畜牧总站行政处罚案

该案中,法院认为:《行政处罚法》第 29 条第 1 款规定:"违法行为在二年内未被发现的,不再给予行政处罚。法律另有规定的除外。"本案被告认定原告违法开荒的行为发生在 2006 年 6 月和 2007 年 6 月,而被告接到刘权的举报后,到老百河岛上调查和现场勘查的时间即发现违法行为的时间是 2009 年 8 月 27 日,即便原告存在违法行为,也已超过了《行政处罚法》规定的 2 年追诉期限,不应再进行处罚。据此,法院撤销了该行政处罚决定。[①]

---

① 黑龙江省呼玛县人民法院(2010)呼行初字第 1 号行政判决书。

案例 15.2 王法振诉滑县公安局行政处罚案

该案中,法院认为:第一,作出具体行政行为的时间超过了法定期限。第二,《治安管理处罚法》第22条规定:"违反治安管理行为在六个月内没有被公安机关发现的,不再处罚。前款规定的期限,从违反治安管理行为发生之日起计算;违反治安管理行为有连续或者继续状态的,从行为终了之日起计算。"本案中,被告认定的原告违反治安管理的行为发生的时间是2009年9月9日,但被告提交的证据中第一次对原告进行询问的时间是2011年3月25日;第一次对第三人进行询问的时间是2011年3月11日;对原告作出处罚决定的时间是2011年9月19日,无论按照上述哪个时间计算,均超过个6个月的期限。①

还有的行政处罚主体虽然超出了立案时效,但并未超出追究时效,被法院认定为程序瑕疵。

案例 15.3 海口圣宝生物制品有限公司诉海南出入境检验检疫局行政处罚案

该案中,法院认为:关于超期立案问题。国家质检总局颁布的《出入境检验检疫行政处罚办法》属于部门规章,其第13条规定:"出入境检验检疫机关发现公民、法人或者其他组织违反检验检疫法规的行为,认为需要给予行政处罚的,应当在发现之日起七日之内立案",本案中,虽然海南检疫局在其工作流程记录单中说明其于2002年6月中旬才得知圣宝公司"6批货物分别在通关后不久就已运出岛销售",但该证据由海南检疫局内部单方制作,且圣宝公司不予认可。因此,现有证据无法证明海南检疫局发现圣宝公司运递销售货物违法行为的具体时间,也无法证明海南检疫局对行政行为的处罚是在"发现之日起七日内立案"。但根据我国《行政处罚法》第29条的规定:"违法行为在二年内未被发现的,不再给予行政处罚。法律另有规定的除外。"虽然海南检疫局在立案方面的证据证明存在瑕疵,但海南检疫局有权根据案件的具体情况,依法在2年内对圣宝公司的违法行为予以行政处罚。②

(一)违法行为的起算点

从世界范围来看,对行政处罚的追究时效的起算主要有以下三种立法例:

---

① 河南省滑县人民法院(2012)滑行初字第06号行政判决书。
② 海南省高级人民法院(2006)琼行再终字第2号行政判决书。

第一种,从违法行为实施之日起算。如《俄罗斯联邦行政违法法典》第 4 条之 5 第 1 款规定,自实施行政违法行为之日起已 2 个月期满的,不得就行政违法案件作出决议。而对违反俄罗斯联邦内海、领海、大陆架立法的行为,违反自然环境保护立法、核能利用立法、税收和收费立法、维护消费者权益立法、广告立法的行为,自实施行政违法行为之日起已 1 年期满的,不得就行政违法案件作出决议。《西班牙公共行政机关及共同的行政程序法》第 132 条第 2 款规定:"违法的时效期限应自违法当日起计算。"

第二种,从违法行为成立之日起算。我国台湾地区"社会秩序维护法"第 31 条规定:"违反本法行为,逾两个月者,警察机关不得讯问、处罚,并不得移送法院。前项期间,自违反本法行为成立之日起算。但其行为由连续或继续之状态者,自行为终了之日起算。"

第三种,从"行为终了之日"起算。《德国违反秩序罚法》第 31 条第 3 款规定:"时效自行为终了之时起算。如果属于事实构成的结果此后才出现,则时效自该时刻起算。"《奥地利行政罚法》第 31 条第 2 款规定:"时效期间由违反行政义务而有引起危险之虑时起算,延迟缴纳或亏短省县及地方自治税款时以 1 年为期,其他违反行政义务之行为以 3 个月为期,此项时效以行为完成时起算,或足以处罚之犯法情状停止时,如属于构成要件之结果,事后发生时,自结果发生时计算其时效。"通过比较分析上述国家和地区的相关规定,德国对行政处罚追究时效起算标准的立法最为科学、精准,不管什么性质的违法行为从其终了之日开始计算,如果属于事实构成的结果此后才发生,则时效自结果发生时起算。事实上,违法行为先发生,事实构成的结果其后发生,也属于违法行为终了的一种特殊情形。易言之,违法行为发生后,后果尚未发生不能说是违法行为业已终了,违法行为的终了应当包括违法行为结果的发生。我国《行政处罚法》第 36 条规定:"……前款规定的期限,从违法行为发生之日起计算;违法行为有连续或者继续状态的,从行为终了之日起计算。"该条规定主要缺陷在于没有规定"如果属于事实构成的结果此后才发生,则时效自结果发生时起算",应予完善。

(二)何为"行为终了之日"?

1. 继续行为

实践中,对继续行为的认定是否准确有时会影响到是否发动行政处罚权,也即会影响到是否超过行政处罚追究时效。

实践中,有的法院认为违章建设房屋的行为属于继续行为。

案例 15.4　戚水华诉杭州市江干区笕桥镇人民政府行政处罚案

该案中,法院认为:关于上诉人戚水华认为本案已经超过 2 年处罚时效的主张,《行政处罚法》第 29 条规定,违法行为在 2 年内未被发现的,不再给予行政处罚。2 年的期限,从违法行为发生之日起计算;违法行为有连续或者继续状态的,从行为终了之日起计算。本案上诉人戚水华超过审批规定的层次、面积所建成的房屋一直存在,违法行为处于继续状态,故被上诉人笕桥镇政府作出《限期拆除违法建筑决定书》未超过处罚时效。①

案例 15.5　杜某诉甲局行政处罚案

该案中,法院认为:本案中,上诉人没有取得建设工程规划许可证建房的行为虽然发生在 2008 年 1 月 1 日《城乡规划法》实施之前,但上诉人至今仍未取得建设工程规划许可证,故上诉人无建设工程规划许可证的建房的违法行为一直处于继续状态,被上诉人对其处罚并没有超过法律规定 2 年的追溯查处期限。因上诉人违法建设行为继续到《城乡规划法》生效实施之后,故应当适用该法作出相应处罚。②

案例 15.6　吴昌敏诉通道侗族自治县城市管理行政执法局行政处罚案

该案中,法院认为:根据《行政处罚法》第 29 条第 2 款的规定,参照国家住房和城乡建设部《关于转发全国人大常委会法工委办公室〈对关于违反规划许可、工程建设强制性标准建设、设计违法行为追诉时效有关问题的意见〉的通知》中"违法建设行为因其带来的建设工程质量安全隐患和违反城乡规划的事实始终存在,应当认定其违法行为有继续状态,行政处罚时效应当自行为终了之日起计算,即在违法事实存续期间和纠正违法行为之日起 2 年内发现的,应当对违法行为进行处罚"的规定,被上诉人的违法建设行为应当认定其有继续状态,故上诉人对被上诉人的违法建设行为进行行政处罚是正确的,应予维持。③

《人民司法》研究组亦认为:行政相对人违法建房,在该房屋未被拆除退还违法占地以前,该行为给社会造成的直接损失基本上未消除。因此这类违法行为属于继续状态,其行政处罚追究时效应当从拆除房屋或退还违法占用土地的次日开始

---

① 浙江省杭州市中级人民法院(2013)浙杭行终字第 385 号行政判决书。
② 江苏省宿迁市中级人民法院(2013)宿中行终字第 0035 号行政判决书。
③ 湖南省怀化市中级人民法院(2014)怀中行终字第 6 号行政判决书。

计算。行政相对人1994年至1996年这段时间违法建筑房屋,如果到行政机关作出行政处罚决定前仍未拆除或退还违法占用的土地,或者拆除违法建筑物或退还违法占用土地未超过2年的,均应认定为未超过行政处罚追究时效。①

而有的法院则认为违章建设房屋的行为不属于继续行为。

案例15.7　马效永等诉平顶山市城乡规划局行政处罚案

该案中,法院认为:本案中原告马效永、高翠莲建房的行为发生在2008年之前,而《城乡规划法》实施于2008年1月1日,按照法不溯及既往的原则,被告平顶山市城乡规划局依据《城乡规划法》第40条、第64条对原告作出行政处罚属适用法律错误。被告辩称,原告的违法建筑建成后未进行改正,违法行为一直处于继续状态,因此适用《城乡规划法》作出处罚决定是符合法律规定的。法院认为违法建筑的持续存在不代表违法建设行为的持续或继续,故认定被告作出行政处罚决定适用法律错误,遂予以撤销。②

案例15.8　大连经济技术开发区铭源科技有限公司诉大连金州新区城市管理与行政执法局行政处罚案

该案中,法院认为:本案中被诉决定所涉建筑系2008年《城乡规划法》实施前未经批准建成的临时建设,根据"法不溯及既往"的基本原则,应适用当事人行为时法律法规的规定进行处理。③

案例15.9　柳双喜诉武汉市江岸区城市管理执法局规划行政处罚案

该案中,法院认为:你在2001年建造的武汉市江岸区新村街长湖地二村32号房屋一直未办理合法的规划审批手续,属违法建设,该建设是一个持续的状态,武汉市江岸区城市管理执法局于2010年对该违法建设行为进行处罚,不违反《行政处罚法》第29条第2款的规定。因此,原一审、二审判决驳回你的诉讼请求并无不当。你的申请不符合《行政诉讼法》第63条的规定,决定不对该案提起再审。④

---

① 参见《人民司法》1999年第1期。
② 河南省平顶山市湛河区人民法院(2014)湛行初字第59号行政判决书。
③ 辽宁省大连市中级人民法院(2014)大行终字第134号行政判决书。
④ 最高人民法院(2013)行监字第554号行政通知书。

笔者认为,上述六个案例中的违章建设行为均不属于继续行为,上述案件应以违章房屋建成的时间为违法行为的终结时间,而不应以违章房屋存在状态的时间为认定标准。与之不同的违法占地或非法拘禁的违法行为才是典型的继续行为,因为其违法行为与不法状态是同时继续的。由于上述案件中的违法行为均已逾越行政处罚追究时效而具备了处罚阻却事由,因此均不得给予处罚。学者及法官江必新亦认为:"如果认为违法建筑存在属于违法行为的持续状态,又与时效制度理论存在悖论。建立时效制度就是为了维护社会秩序的稳定,促进行政机关及时行使职权。如果违章建筑存在可以作为违法行为持续的事实根据,那么,盗窃他人财物的人一直占用、使用所盗物品是否也可以作为盗窃行为处于持续状态的根据呢?显然不行!因此,目前普遍的以违法建筑存在就是建设违法行为持续,以此延续对违法建筑行为的追溯时效,是对时效制度的否定。"①

实践中,非法占地构成继续行为的判例并不少见。

案例15.10　张国庆诉舞钢市国土资源局行政处罚案

该案中,法院认为:上诉人张国庆在被上诉人舞钢市国土资源局对其进行非法占地调查过程中,不能提供其2001年建设房屋的土地审批手续,其占用原舞钢老公路土地建设房屋的行为未经有批准权的人民政府批准,其行为违反了《土地管理法》第2条第3款的规定,属非法占地行为。依照《土地管理法》的规定,国家编制土地利用总体规划对土地分类时,涵盖了农用地、建设用地和未利用地,本案上诉人违法占用的土地符合土地利用总体规划,适用《土地管理法》第76条第1款的规定。关于土地违法行为追诉时效问题,本案上诉人张国庆违法建房所占用土地至今仍未恢复,属于继续状态,原审法院认定该违法行为未超过行政处罚追诉时效是正确的。②

最高人民法院曾于1997年作出法行字第26号答复国土资源部《关于如何计算土地违法行为追诉时效的请示》的函,该函就违法行为的继续性作了说明,认为对非法占有土地的违法行为,在未恢复原状之前应视为具有继续状态,其行政处罚的追究时效,应根据《行政处罚法》规定,从违法行为终了之日起计算。如非法占用耕地的行为没有被发现,它始终处于持续的、不间断的违法状态,属于违法行为具有

---

① 参见江必新主编:《〈中华人民共和国行政强制法〉条文理解与适用》,人民法院出版社2012年版,第233~234页。
② 河南省平顶山市中级人民法院(2014)平行终字第49号行政判决书。

继续性,其追究时效应为行为终了之日起的2年内。易言之,在违法行为人自我纠正违法行为之前,有权机关可随时处罚。

有的判例确认了非法转让土地不属于继续行为。

案例15.11　邵淑梅诉吉首市国土管理局行政处罚案

该案中,法院认为:邵淑梅未经土地管理部门批准,将房屋出卖、土地转让,其行为属于非法转让土地(不属非法占用土地,不存在恢复原状,不具有继续状态)。[①]

有的判例认为骗取公司登记的行为为继续行为。

案例15.12　某科技发展公司诉某市工商行政管理局行政处罚案

该案中,法院认为:原告实施的提交虚假证明文件取得公司登记的行为违法,且在被告对原告作出处罚前,该违法行为一直在继续,原告并没有改变其行为。故该案中,被告可以于2004年9月20日对原告于2000年8月14日实施的违法行为作出行政处罚,不违反《行政处罚法》规定的2年追责时效。[②]

笔者认为,该判决值得商榷,笔者认为提交虚假证明文件取得公司登记的行为不是继续行为,仅仅是违法行为完成后的不法状态继续而已。

2. 连续行为

《国务院法制办公室对湖北省人民政府法制办公室〈关于如何确定违法行为连续或继续状态的请示〉的复函》已明确《行政处罚法》中的"连续行为"系指"当事人基于同一违法故意,连续实施数个独立的行政违法行为,并触犯同一个行政处罚规定的情形"。例如,违法行为人多次、具有连续性的偷逃税走私行为便可以作为连续行为来处理,也即海关可以一并查处持续的、一段时间内的多次偷逃税走私行为。但具体是间隔多长时间的两个行为才能称得上"连续"呢?目前没有高层次效力的规定,实践中有的认为只要两个相同或类似行为发生在6个月之内即可,如《海关总署关于海关行政处罚若干执法问题的指导意见》第4条第(3)项规定:"数个独立的违法行为之间的时间间隔不能超过6个月,如果两个违法行为之间的时间

[①] 湖南省湘西自治州中级人民法院(1999)州行终字第1号行政判决书。
[②] 参见北京市高级人民法院行政审判庭编:《行政诉讼案例研究(五)》,中国法制出版社2009年版,第22~29页。

间隔超过6个月,则前一违法行为及其以前的违法行为与后一违法行为之间不再具有连续性。"

有的判例将数个明显相同的行为确定为连续行为。

案例 15.13　山东煤气热力制冷工程公司诉潍坊市环境保护局行政处罚案

该案中,法院认为:《行政处罚法》第 29 条规定:"违法行为在二年内未被发现的,不再给予行政处罚。法律另有规定的除外。前款规定的期限,从违法行为发生之日起计算;违法行为有连续或者继续状态的,从行为终了之日起计算。"上诉人作为从事城市集中供热的企业,其生产周期具有季节性。依据二审中查明的事实,可以认定上诉人违法投入生产的行为处于连续状态,上诉人关于其违法行为已超过 2 年时效不应再给予行政处罚的主张,于实无据。①

案例 15.14　云浮市建宏医药有限公司诉云浮市食品药品监督管理局行政处罚案

该案中,被告云浮市食品药品监督管理局认为,由于原告在 2010 年 3 月 26 日至 2012 年 8 月 10 日,多次从高振华冒充的通化泰林药品销售有限公司购进药品,反复触犯同一个法条,违法性质相同,且任两次相近的购进行为之时间间隔均在 2 年之内,总体上处于一种连续状态,应按一个行为合并处理,本案没有违反行政处罚追究时效规定。法院认为:根据《行政处罚法》第 29 条第 2 款的规定:"前款规定的期限,从违法行为发生之日起计算;违法行为有连续或者继续状态的,从行为终了之日起计算。"原告在 2010 年 3 月 26 日至 2012 年 8 月 10 日,多次从没有药品经营资格的高振华手中购进药品,其违法行为具有连续性,应当从行为终了之日起计算,即从 2012 年 8 月 10 日起计算,并没有超过《行政处罚法》第 29 条规定的 2 年期限。②

不过参照上述海关总署的规定,上述判例中的被告将任意两个违法行为之间的间隔确定为不超过 2 年,似乎有点过长,容易造成懒政现象。

但有的判例就类似的行为认为不构成连续行为。

---

① 山东省潍坊市中级人民法院(2014)潍行终字第 85 号行政判决书。
② 广东省云浮市云城区人民法院(2013)云城法行初字第 18 号行政裁定书。

案例 15.15 北京三维天然数码科技有限责任公司诉北京市工商行政管理局海淀分局行政处罚案

该案中,法院认为:本案中海淀工商分局于 2006 年 4 月 20 日针对北京三维天然数码科技有限责任公司于 2004 年 7 月 27 日在《参考消息》上发布广告的行为予以立案,并针对上述违法事实发出听证告知书,且在该告知书中告知三维公司拟对其上述违法行为进行处罚。根据海淀工商分局提交的证据 8 可以看出,海淀工商分局于 2006 年 12 月 7 日发现该公司存在 2004 年 8 月 7 日、11 月 13 日在《参考消息》上发布了 2 期广告的行为,于同年 12 月 20 日首次针对上述两次广告发布行为进行初次询问调查,并于 2007 年 3 月 8 日再次向该公司发出听证告知书,且从海淀工商分局出示的广告合同及相关证明可以认定,该公司发布上述 3 期广告行为之间不存在连续或者继续的关系,系 3 次独立的广告发布行为。海淀工商分局发现两次广告发布行为的时间系 2006 年 12 月 7 日,其针对 2004 年 8 月 7 日、11 月 13 日 2 次独立的广告发布行为所作出的行政处罚,超过了《行政处罚法》规定的 2 年期限。[①]

笔者认为,案例 15.15 中法院的观点值得商榷,上述广告行为是具有连续行为特征的。但如果从另一个角度来看,由于 2006 年 4 月 20 日仅仅针对 2004 年 7 月 27 日的违法行为进行了立案,当时并未发现 2004 年 8 月 7 日、11 月 13 日这两次违法行为,因此法院认为不能处罚后两次行为是妥当的。

(三) 何为"违法行为在二年内未被发现"中的"发现"?

理论界对这一问题的看法,主要有四种观点:一是控告或举报标准;二是行政处罚主体受理标准;三是以行政处罚主体掌握相对人的违法事实为标准;四是行政处罚主体立案标准。

第一种,关于控告或举报标准。有人认为,只要有人向行政处罚主体提出控告或举报,即为发现了违法行为。但该认识存在以下缺陷:一是并非所有的违法行为都是通过控告或举报才被发现的;二是并非所有的知情人都能及时地提出控告或举报;三是知情人控告或举报可能存在不实甚至故意弄虚作假的情形。这些缺陷导致该标准难以操作。司法部系支持该标准的实务部门,该部曾经就《行政处罚

[①] 北京市第一中级人民法院(2008)一中行终字第 126 号行政判决书。参见国家法官学院、中国人民大学法学院编:《中国审判案例要览(2008 年行政审判案例卷)》,中国人民大学出版社、人民法院出版社 2009 年版,第 100~107 页。

法》规定的"发现"问题咨询过全国人大常委会法工委。问:"……我部认为,《中华人民共和国行政处罚法》第29条规定的发现违法违纪行为的主体是处罚机关或有权处罚的机关,公安、检察、纪检监察部门和司法机关都是行使社会公共权力的机关,对律师违法违纪行为的发现都应该具有《中华人民共和国行政处罚法》规定的法律效力。因此,上述任何一个机关对律师违法违纪行为只要启动调查、取证和立案程序,均可视为'发现';群众举报后被认定属实的,发现时效以举报时间为准。以上当否,请函复(2004年11月10日)。"答:"同意你部的意见(2004年12月25日)。"①

第二种,关于行政处罚主体受理标准。由于控告或举报标准没有可操作性,有人提出了受理标准。因为受理行为是行政处罚主体对控告或举报的一种处理结果,所以同样不宜作为发现的时点标准,更何况大多数违法行为是行政处罚主体在日常工作中获知的,采用这一标准将难以包容行政处罚主体自己主动发现的违法行为。

第三种,关于行政处罚主体掌握违法事实标准。有人认为,行政处罚主体掌握了当事人违法事实,是可否对当事人进行行政处罚的界限。这里的掌握违法事实要求行政处罚主体已经掌握了全部违法事实。当事人有无违法行为是接受行政处罚的前提条件,从理论上讲,行政处罚主体只有在掌握了当事人的全部违法事实之后,才能针对当事人违法行为启动行政处罚程序,作出行政处罚决定。如果以行政处罚主体掌握全部违法事实作为发现的起点,就会使发现的起点和可以作出处罚决定的时间点重合,这显然不符合立法的本意。此外,把行政处罚主体掌握全部违法事实作为发现的起点,也对行政处罚主体过于苛刻,在复杂的社会生活中,基本上没有实现的可能性。

第四种,关于行政处罚主体立案标准。这种观点认为,行政处罚主体的发现标准是一个值得推敲的标准。立案是表明行政处罚主体有追诉的意思,应当以立案标准来理解《行政处罚法》上规定的"发现",如果行政处罚主体在追究时效内没有立案调查,则表明行政处罚主体没有追诉的意图;如果在追究时效以内立案调查了,则不受2年追诉时效的限制。②

笔者赞同第四种观点,如何理解上述"发现",在具体个案中可能成为行政处罚主体能否作出处罚的关键。首先,行政处罚主体受理了举报或自首或其他机关移送的线索后,了解到有行政违法行为发生和存在的可能,这个阶段还只是有可能,

---

① 参见《法律法规问与答复》编写组:《法律法规问与答复》,中国法制出版社2006年版,第107页。
② 参见曹福来:《税务行政处罚追究时效探究》,载《税务与经济》2014年第1期。

因为尚未查证一些事实,就目前掌握的这部分证据也尚未核实。其次,行政处罚主体初步了解了一些线索后进行的初查也不能理解为"发现",因为此时行政处罚主体只是在考证有无追究必要,并未对外正式作出具有法律效力的行政追究的意思表示。① 因此,笔者认为上述"发现"应以行政处罚主体行政立案为标准。坚持这一标准,主要是因为经过2年时间,相应社会创伤已逐渐恢复、社会危害性已逐渐减少、相关社会秩序已逐渐恢复正常,此时应当着重维护法的安定性,同时也在于减少执法的拖延及恣意,进一步提高行政效能。

还有一种情形需要注意的是,如果违反治安管理的行为已经发生,并且6个月内已经被公安机关发现,但是由于种种原因还没有确定违反治安管理人,或者已经确认违反治安管理人但行为人已经藏匿、逃跑、失踪,使公安机关无法进行裁决的,应当认定为没有超出追究时效,公安机关仍然有追究行为人责任的权利和义务。当然,这里发现的标准仍然是公安机关对违反治安管理行为已经立案。②

此外,《德国违反秩序罚法》等境外法律就不同类型的违法行为规定了长短不同的追究时效期限,笔者认为这非常符合比例原则的要求,我国大陆在修订《行政处罚法》时可予借鉴。

有的法院认为不能以其他行政机关的发现时间作为自己的发现时间。

案例 15.16　王某诉成都市工商局行政处罚案

该案中,法院认为:青岛市工商局发现王某违法之后作了处罚;成都市工商局超过2年之后又发现同一违法事实又想处罚王某但法院认为不能以青岛市工商局的发现时间作为自己的发现时间,而且也属于重复处罚,有违一事不再罚原则。③

有的法院认为侦查机关的立案可以作为行政处罚主体的发现时间。

案例 15.17　杭州金菱印花有限公司诉上海吴淞海关行政处罚案

该案中,法院认为:《行政处罚法》第29条第1款规定:"违法行为在2年内未被发现的,不再给予行政处罚。法律另有规定的除外。"同时,《海关法》第62条规定:"进出口货物、进出境物品放行后,海关发现少征或者漏征税款,应当自缴纳税

---

① 参见杨小君:《行政处罚研究》,法律出版社2002年版,第241页。
② 参见梁凤云:《最高人民法院行政诉讼批复答复解释与应用(法律适用卷)》,中国法制出版社2011年版,第10页。
③ 参见刘恒等:《行政行为法律适用判解》,武汉大学出版社2005年版,第33页。

款或者货物、物品放行之日起1年内,向纳税义务人补征。因纳税义务人违反规定而造成的少征或者漏征,海关在3年以内可以追征。"本案中,因认为金菱公司于2008年3月7日至2009年3月30日向海关申报从日本天间公司进口纸品涉嫌偷逃税款,上海海关缉私部门于2009年4月1日对金菱公司以走私普通货物立案侦查,表明已经对违法行为开始查处,也即该违法行为已经在2年内被发现,并不存在不能给予行政处罚的情形。上海海关缉私部门于2011年6月2日向检察机关移送起诉,上海市人民检察院第一分院于2011年7月20日出具《退回处理函》决定"退回作行政处理",上海海关缉私部门于2011年11月8日移送浦东机场海关后,浦东机场海关于2011年11月15日作为行政案件立案,并不违反上述有关行政处罚时效的规定。再审申请人以浦东机场海关2011年11月15日行政案件立案之日作为违法行为被发现之日,并以此计算2年处罚时效,属于对法律规定的错误理解。①

我们认为,最高人民法院的上述观点值得商榷。执法实践中,经常会遇到刑事程序转行政程序的案件,很容易超过2年追究时效,此时只有在2年内先予行政立案,再移送侦查,如果刑事司法部门认为不应追究刑事责任,再将案件退回海关行政部门作行政处理的,不能认为超过了2年追究时效。但像上述杭州金菱印花有限公司案这种情形,一开始就未经行政立案,直接履行了刑事程序,最后未追究刑事责任,转而移送行政处理时,早已超过2年,就不宜再作行政立案及处罚。我们认为,侦查机关的立案无法替代行政处罚主体的立案,即便该案的侦查机关与行政处罚主体同属上海海关。

而有的法院则认为侦查机关的"发现"不应作为行政处罚主体的发现时间,即便该侦查机关与该行政处罚主体同属一个公安局。

案例15.18　钱永军诉阜宁县公安局行政处罚案

该案中,经法院审理查明:截至2014年2月1日,原告钱永军因资金周转需要,向第三人裴学红借款共计27万元,并于2014年2月1日补出借条一份。借款发生后,原告钱永军未能归还,第三人裴学红多次带人到钱永军家中催要债务。2015年1月28日及29日,第三人裴学红、朱碧微等人两次到原告家要债,双方发生纠缠。被告阜宁县公安局于2015年1月28日接到报案后处警,先后于2015年1月29日、2016年3月31日、2017年9月19日对第三人裴学红作了三次调查笔录,于2015年

---

① 最高人民法院(2017)最高法行申4273号行政裁定书。

2月3日、9月14日、2017年9月18日对原告钱永军作了三次调查笔录,于2015年1月29日、2016年8月11日对第三人朱碧微作了两次调查笔录,又向在场的证人李某、钱某1、季某、刘某1、刘某2等人调查核实。原告钱永军、第三人裴学红和朱碧微在公安机关的第一次谈话中,均未谈及钱永军殴打裴学红、朱碧微的事实。2016年4月8日,被告阜宁县公安局认为第三人裴学红涉嫌寻衅滋事进行刑事立案。2017年9月18日,阜宁县公安局对第三人裴学红采取刑事拘留措施。同日,向原告钱永军进行行政处罚前告知后,对钱永军作出阜公(向)行罚决字(2017)1383号行政处罚决定书,决定对钱永军行政拘留7日,并处罚款200元。法院认为:《行政处罚法》第29条第1款规定:"违法行为在2年内未被发现的,不再给予行政处罚。法律另有规定的除外。"《治安管理处罚法》第22条规定:"违反治安管理行为在6个月内没有被公安机关发现的,不再处罚。前款规定的期限,从违反治安管理行为发生之日起计算;违反治安管理行为有联系或者继续状态的,从行为终了之日起计算。"该条"没有被公安机关发现",是指公安机关既未通过自己的工作发现发生了违反治安管理的事实,也未接到报案人、控告人、举报人对这一违反治安管理事实的报告、控告、举报,同时违反治安管理行为人也未到公安机关主动投案。本案中,根据被告阜宁县公安局所举的证据,被告认定原告钱永军有殴打他人的违反治安管理行为,该行为发生的时间为2015年1月28日和29日,从该行为发生之日起,被告阜宁县公安局并未在法定期限内发现原告钱永军有殴打第三人裴学红、朱碧微的违法行为,依法不应再对钱永军作出处罚。故被告阜宁县公安局于2017年9月18日对原告钱永军作出的拘留7日并处罚款200元的被诉行政处罚决定,明显超过行政处罚的追诉时效,属适用法律错误,依法应予撤销。[①]

二、行政处罚裁决时效

一些国家和地区在对行政处罚立法时,一并明确规定了裁决时效。关于裁决时效的止点,有两种观点:一种观点认为应当以结案时间为止点;另一种观点认为应以作出行政处罚决定书的时间为止点。[②] 笔者赞同后一种观点,笔者认为可以按行政处罚决定书生效时间为止点,但前提是必须把送达法律文书所需时间予以扣除。例如,《俄罗斯联邦行政违法行为法典》第4条之5第1款、第4款分别规定:"自实施行政违法行为之日起已2个月期满的,不得就行政违法案件作出决定。而

---

① 江苏省建湖县人民法院(2017)苏0925行初317号行政判决书。
② 参见郝成刚:《质量技术监督概论》,中国计量出版社2007年版,第115页。

对违反俄罗斯联邦内海、领海、大陆架立法的行为,违反俄罗斯联邦专属经济区立法、俄罗斯联邦海关立法、反垄断立法、外汇立法的行为,违反自然环境保护立法、核能利用立法、税收和收费立法、维护消费者权益立法、广告立法的行为,自实施行政违法行为之日起已1年期满的,不得就行政违法案件作出决定。""在拒绝提起刑事案件或者终止刑事案件,但在一个人的行为中具备行政违法行为要件的情况下,本条第1款规定的期限自作出拒绝提起刑事案件的决定或者终止刑事案件的决定之日起开始计算。"又如,《奥地利行政罚法》第31条第3款规定:"行为经过前项时效,起算期间3年后,不得再为裁决。"

在2021年《行政处罚法》对裁决时效作出规定之前,国内一些法律已经先行进行了有益的尝试。这其中有些是法律层级的规定,有些是法规和规章层级的规定,甚至还有一般的规范性文件;既有中央立法,又有地方立法。例如,《治安管理处罚法》第99条规定:"公安机关办理治安案件的期限,自受理之日起不得超过30日;案情重大、复杂的,经上一级公安机关批准,可以延长30日。为了查明案情进行鉴定的期间,不计入办理治安案件的期限。"再如,《安全生产违法行为行政处罚办法》第32条规定:"行政处罚案件应当自立案之日起30日内办理完毕;由于客观原因不能完成的,经安全监管监察部门负责人同意,可以延长,但不得超过90日;特殊情况需进一步延长的,应当经上一级安全监管监察部门批准,可延长至180日。"又如,《长春市交通局规范行政处罚自由裁量权实施细则》第20条规定:"行政处罚适用一般程序的,交通部门应当自立案之日起2个月内办理完毕。因特殊需要,经交通部门负责人批准可以延长办案期间,但最长不得超过3个月。如3个月内仍不能办理完毕,经上一级交通部门批准可再延长办案期间,但最长不得超过6个月。交通行政执法机构在作出行政处罚决定之前,依法需要听证、鉴定、公告的,所需时间不计算在前款规定的期限内。"

而有些规定尚不能说建立了真正意义上的裁决时效制度。如《福建省行政执法条例》第31条第2款规定:"法律、法规、规章未明确规定期限的,行政执法机关应当自程序启动之日起30日内作出行政执法决定;重大、复杂的案件,经本机关主要负责人批准,可以延长30日,并告知当事人。特别重大、复杂的案件,经延长期限后仍不能作出行政执法决定,确需继续延长期限的,应当报本级人民政府批准,并将延长事由告知当事人。"该规定尚不能称为裁决时效的规定,因为违法案件处理如果最后超过60日的需要继续延长还可以再报批且没有最终裁决的时间限制,时效规定的意义仅在于提高内部工作效率而已,于外部的时效意义不大。

根据《行政处罚法》第60条规定,"行政机关应当自行政处罚案件立案之日起90日内作出行政处罚决定。法律、法规、规章另有规定的,从其规定"。据此,在无特别规定的情形下,行政处罚案件的裁决时效一般为立案后的90日。

笔者认为,上述《行政处罚法》关于裁决时效的规定较为合理。不过仍有需要完善之处,我们认为有些情形所耗时间不应计入。如管辖权异议、违法嫌疑人逃避调查、听证、鉴定、调解、送达(尤其是公告送达)、境外取证以及向有关部门提出需要作出法律解释或解决法律冲突所需时间及不可抗力、依照法律规定裁决程序不得开始或进行的时间不应计算在内。还有一种情形,就是行政处罚要以其他部门或法院的裁决或裁判为前提的,也就是说其他部门或法院的裁决或裁判已经成为案件的先决问题的,那么等待裁决或裁判的时间也不应计算在内。而且,经复议、诉讼、申诉或审理监督程序撤销原处罚并决定重新作出处罚、先行政立案后移交刑事部门最后经有权主体决定刑事不予受理、刑事撤案或宣告无罪的应自上述决定确定之日起重新计算裁决时效。①

有的法院对超过裁决时效的行政处罚案件判决维持。

案例15.19 李慧丹诉浙江省缙云县公安局行政处罚案

该案中,法院认为:《治安管理处罚法》第99条对办理治安案件期限作出规定,其立法本意是为了提高公安机关的行政执法效率,但维护社会秩序、及时制止危害社会治安秩序的行为,是公安机关的职责,也是公安机关必须履行的法定义务,公安机关超过办案期限不能办结案件不等于不追究违法嫌疑人的法律责任,故上诉人以被上诉人超过法定办案期限违法,要求撤销对其作出的行政处罚理由不足。②

案例15.20 李友贵诉庄河市公安局行政处罚案

该案中,法院认为:关于被诉具体行政行为的程序方面,庄河市公安局未在法定办案期限内作出行政处罚决定,属程序瑕疵。但该程序瑕疵未影响行政相对人的实体权利,不足以导致具体行政行为被撤销的后果。③

案例15.21 刘会敏诉孟津县公安局行政处罚案

该案中,法院认为:孟津县公安局作出的处罚决定书,事实清楚,程序合法,适用

---

① 关于裁决时效的部分内容参考我国台湾地区"行政罚法"第27条。
② 浙江省丽水市中级人民法院(2014)浙丽行终字第40号行政判决书。
③ 辽宁省大连市中级人民法院(2014)大行终字第126号行政判决书。

法律适当,对原告刘某处罚决定书没有编号,属于瑕疵,对刘某的处罚超出办案时限,但不影响其效力。①

同时,也有法院对超过裁决时效的行政处罚案件判决确认违法。

案例 15.22　沈某、蔡某诉南通市公安局开发区分局不作为案

该案中,法院认为:被告开发区分局是否在法定期限内履行了法定职责,应当从法律、法规规定的办案期限及是否存在不计入办案期限的正当事由两个方面审查。根据《治安管理处罚法》第 99 条的规定,公安机关办理治安案件的期限,自受理之日起不得超过 30 日;案情重大、复杂的治安案件,经上一级公安机关的批准,可以再延长 30 日。这就意味着公安机关办理治安案件的一般期限为 30 日,最长期限不得超过 60 日。被告于 2013 年 9 月 22 日立案,至 2013 年 12 月 9 日作出行政处罚决定,办案期限明显超过了法律规定的一般办案期限,也超过了最长 60 日的办案期限。调解亦应当坚持自愿原则,当事人明确表示不愿意调解的,则不应适用调解处理。即使不存在调解的事实,那么从原告沈某拒绝调解之日至被告于 12 月 9 日作出行政处罚决定,亦长达 61 日,仍然超过了最长 60 日的办案期限。更何况被告未能在举证期限内提供经上一级公安机关批准延长办案期限的证据。据此,判决确认被告未在法律规定的期限内作出行政处罚决定行为违法。②

案例 15.23　李金林、郑明亮诉绍兴市公安局越城区分局行政处罚案

该案中,法院认为:原绍兴市公安局高新分局于 2016 年 3 月 21 日受案,而直至 2016 年 7 月 19 日作出处罚,扣除鉴定期间,也已经明显超过《治安管理处罚法》第 99 条规定的最长 60 日的办案期限。因此,法院判决确认绍兴市公安局高新分局未在法律规定的期限内作出行政处罚决定行为违法。③

我们还注意到,有法院严格审查了延长裁决时效审批主体的合法性问题。

---

① 河南省孟津县人民法院(2014)孟行初字第 6 号行政判决书。
② 参见《最高人民法院公布的行政不作为十大案例》,人民出版社 2015 年版,第 21~24 页。
③ 浙江省绍兴市中级人民法院(2017)浙 06 行终 414 号行政判决书。

案例 15.24　徐荣诉涡阳县公安局行政处罚案

该案中,法院认为:根据《治安管理处罚法》第 99 条的规定:"公安机关办理治安案件的期限,自受理之日起不得超过 30 日;案情重大、复杂的,经上一级公安机关批准,可以延长 30 日。"涡阳县公安局依法立案受理、调查询问、进行行政处罚前的告知,并依法送达行政处罚决定书,符合法定程序。但在延长办案期限审批方面,由于本案作出行政处罚决定的是涡阳县公安局,故其上一级机关是亳州市公安局。因此,应由亳州市公安局签批延长办案期限审批表,而本案中是由涡阳县公安局自行签批,故该程序轻微违法。根据《行政诉讼法》第 74 条第 1 款第(2)项的规定,行政行为程序轻微违法,但对原告权利不产生实际影响的,人民法院判决确认违法,但不撤销行政行为。①

但也有少数法院对超过裁决时效的行政处罚案件判决撤销。

案例 15.25　李某诉志丹县公安局某派出所行政处罚案

该案中,法院认为:《治安管理处罚法》第 99 条规定,公安机关办理治安案件的期限,自受理之日起不得超过 30 日;案情重大、复杂的,经上一级公安机关批准,可以延长 30 日;为了查明案情进行鉴定的期间,不计入办理治安案件的期限。被告对原告作出的行政处罚决定书,明显超出办案期限,属违反法律程序,应予撤销。②

案例 15.26　王某诉锦州市公安局凌河分局行政处罚案

该案中,法院认为:因被告锦州市公安局凌河分局办案期限超过了法律规定的时限,属于程序违法,依法应予以撤销。③

案例 15.27　潘龙泉诉新沂市公安局治安行政处罚案

该案裁判要旨认为:相关法律规范虽然没有规定行政机关未在法定期限作出处罚的法律后果,但行政机关无任何正当理由,超过法定的追究时限对违法行为人作出处罚,损害了追究时效制度所维护的社会秩序的安定性,应属滥用职权的情

---

① 安徽省亳州市中级人民法院(2016)皖 16 行终 51 号行政判决书。
② 陕西省志丹县人民法院(2014)志行初字第 00008 号行政判决书。
③ 辽宁省锦州市凌河区人民法院(2014)凌河行初字第 00007 号行政判决书。

形。该案中,法院认为:上诉人潘龙泉等人打麻将行为发生于1997年8月26日,被上诉人新沂市公安局于同日对其他两名参加打麻将人员作出治安处罚,在无违反治安管理人逃跑等客观原因的情况下,再于2007年1月31日对上诉人潘龙泉作出被诉的治安处罚决定,既不符合《治安管理处罚法》第99条关于"公安机关办理治安案件的期限,自受理之日起不得超过30日;案情重大、复杂的,经上一级公安机关批准,可以延长30日。为了查明案情进行鉴定的期间,不计入办理治安案件的期限"的规定,也有违反《行政处罚法》的立法精神。被上诉人对上诉人作出新公(治)决字〔2007〕第N23号公安行政处罚决定违反了法定程序,亦属滥用职权,依法应予撤销。[1]

三、行政处罚执行时效

(一)执行时效的起算点

《俄罗斯联邦行政违法行为法典》第31条之9第1款规定:"在行政处罚决定发生法律效力之日起1年内未予执行时,上述决定不应当再执行。"《德国违反秩序罚法》第34条第3款规定:"时效自裁判产生法律效力时起算。"我国台湾地区"行政执行法"第7条第(1)项规定:"行政执行,自处分、裁定确定之日或其他依法令负有义务经通知限期履行之文书所定期间届满之日起,5年内未经执行者,不再执行;其于5年期间届满前已开始执行者,仍得继续执行。但自5年期间届满之日起已逾5年尚未执行终结者,不得再执行。"

从上述规定可知,关于执行时效的起算时间主要有三种立法例:

第一,自处罚决定书作出之日起算。如俄罗斯。

第二,从处罚决定书发生法律效力时起算。如德国。

第三,自处罚决定书发生强制执行法律效力时起算。如我国台湾地区"行政执行法"第7条第(1)项规定两种算法中的后一种。

笔者赞同上述第三种观点,处罚决定的执行时效,实际上就是行政强制执行的时效,意味着行政机关对处罚决定超越一定期限不予以强制执行的,就不能再执行,行政处罚决定的作出,只意味着该决定的成立,并不表明该决定对当事人已生效,只有在处罚决定书送达被处罚人后才对其发生法律效力。除当场处罚外,处罚决定的送达需要一定的时间。在处罚决定书作出之后至送达被处罚人之前的这段

---

[1] 最高人民法院行政审判指导案例第144号。

时间处罚决定对当事人来说是不产生法律效力的。行政处罚决定的生效时间也不能作为执行时效的起算时间。因为,虽然行政处罚决定生效后当事人就必须履行,但行政处罚主体在处罚决定书中都给予了当事人一定的履行义务的期限。如《行政处罚法》第44条规定:"行政处罚决定依法作出后,当事人应当在行政处罚决定的期限内,予以履行。"在自愿履行期限届满之前,是不能对之强制执行的,当然也就不存在执行时效的问题了。至于为什么处罚决定的执行时效仅指强制执行时效,还有一个原因是因为如果当事人自愿履行的,就算超过了自愿履行期限及强制执行时效也还是可以让他履行的。

《行政处罚法》第72条规定:"当事人逾期不履行行政处罚决定的,作出行政处罚决定的行政机关可以采取下列措施:(1)到期不缴纳罚款的,每日按罚款数额的3%加处罚款,加处罚款的数额不得超出罚款的数额;(2)根据法律规定,将查封、扣押的财物拍卖、依法处理或者将冻结的存款、汇款划拨抵缴罚款;(3)根据法律规定,采取其他行政强制执行方式;(4)依照《中华人民共和国行政强制法》的规定申请人民法院强制执行。行政机关批准延期、分期缴纳罚款的,申请人民法院强制执行的期限,自暂缓或者分期缴纳罚款期限结束之日起计算。"第73条规定:"当事人对行政处罚决定不服,申请行政复议或者提起行政诉讼的,行政处罚不停止执行,法律另有规定的除外。当事人对限制人身自由的行政处罚决定不服,申请行政复议或者提起行政诉讼的,可以向作出决定的机关提出暂缓执行申请。符合法律规定情形的,应当暂缓执行。当事人申请行政复议或者提起行政诉讼的,加处罚款的数额在行政复议或者行政诉讼期间不予计算。"据此,只有在当事人逾越了行政处罚决定中规定的自愿履行期限仍不履行时才能实施强制执行。因而,也只有从这一时间开始才存在执行时效的问题,即行政处罚主体从这一时间开始的一定期限内对行政处罚决定不实施强制执行的,也就不能再执行了。因此,执行时效应当从处罚决定规定的自愿履行期限届满之日起算,这样才符合执行时效的本意。[1]

笔者认为,立法还需要明确以下四种特殊情形:第一,行政处罚决定作出后,虽然已经生效,但法律规定了复议或诉讼的救济程序,该救济程序阻却了强制执行程序的发生。在这种情况下,执行时效期限应当从该救济程序终结之日起算。第二,行政处罚决定生效后,被处罚人由于经济困难,要求缓交罚款或分期交纳罚款,行政处罚主体同意的,这种情况下的执行时效应当中断计算,如果行政处罚主体同意的最后一次交罚款的期限届满,仍未交纳全部罚款或当期罚款的,执行时效从此时

---

[1] 参见石佑启等:《论我国行政处罚时效制度的完善——一个比较法的视角》,载《法治论丛》2004年第1期。

开始计算。第三,行政处罚主体处罚决定作出后,因故而变更处罚内容的,执行时效从最后一次行政处罚生效之日起算。第四,在被处罚人逃避执行的情况下,执行时效中断。在此情况下,自发现依行政处罚决定的内容可对其执行之日起,恢复时效期间的计算。

2021年修正《行政处罚法》时,已完全采纳笔者于2016年所提上述第1、2点建议,相应内容在该法第72条、第73条中得到体现。

(二)执行时效的时长

各国对执行时效期限的规定存在较大差异。如《奥地利行政罚法》第31条第3项规定为3年;《德国违反秩序罚法》第34条第2款则根据罚款数额的不同分别规定5年和3年;我国台湾地区"社会秩序维护法"第32条根据不同处罚种类分别规定了3个月和6个月的执行时效期限;我国台湾地区"行政执行法"第7条第(1)项规定一般情况下为5年。

我国目前也有些行政部门规定了强制执行期限,但笔者认为过长,如《海关办理行政处罚案件程序规定》第89条规定,"海关行政处罚决定履行期限届满超过2年,海关依法采取各种执行措施后仍无法执行完毕的,但是申请人民法院强制执行情形除外"、"申请人民法院强制执行的,人民法院裁定中止执行后超过2年仍无法执行完毕的"。

《行政强制法》只规定了法院紧急情况下的执行期限,该法第59条规定:"因情况紧急,为保障公共安全,行政机关可以申请人民法院立即执行。经人民法院院长批准,人民法院应当自作出执行裁定之日起五日内执行。"笔者建议,将行政机关自力强制执行期限及法院正常情形下的强制执行期限均确定为180日。

此外,笔者建议在立法中要明确一点,就是逾期作出立案决定、处罚决定或强制执行决定(含申请法院强制执行)的,不能再作出相应决定,行政案件就此终结调查、撤销案件或终结执行。

案例15.28 姜云霞诉天津市公安局红桥分局行政处罚案

该案中,法院认为:1994年12月6日,红桥分局以扰乱秩序为由对姜云霞作出治安拘留15日的处罚决定,姜云霞不服提出申诉并交纳了750元保证金,红桥分局对其治安拘留暂缓执行。同年12月25日天津市公安局经复查作出津公法裁字(94)第181号治安管理处罚申诉裁决书,维持红桥分局的处罚决定,并于1995年1

月9日向姜云霞宣布、送达了申诉裁决书。姜云霞遂于同年1月14日向天津市红桥区人民法院提起行政诉讼,天津市红桥区人民法院受理后尚未向被告送达起诉状副本,原告又申请撤回起诉,天津市红桥区人民法院裁定准许。1996年2月6日红桥分局电话通知姜云霞到分局,该局工作人员向其宣布执行拘留,并强制执行。于是姜云霞起诉该分局主张拘留违法。天津市第一中级人民法院经审理认为,《治安管理处罚条例》对于公安机关何时开始执行治安拘留处罚的期限未作规定。红桥分局执行已经发生法律效力的具体行政行为,是其法定职责,并不违背法律规定。[1]

笔者认为上述判决值得商榷,无期限地拖延执行时效合法吗?合理吗?笔者认为是不合理不合法的。主要理由如下:其一,不及时执行,有违行政效率原则;其二,不及时执行,行政处罚决定所体现的个人利益、公共利益或国家利益就得不到真正的保障,相应的立法目的也就不可能实现;其三,不及时执行,相对人的生活就会长期处于一种不安稳、不确定的状态,不利于其发展生产和安定生活。因此,法院在该案中应为漏洞补充,为公安机关执行已生效的裁决确定合理的执行期限。笔者认为,这里完全可以参考行政行为申请法院强制执行的期限。建议修法时明确:若无不可抗力、当事人逃逸等特别情形出现,仅由于行政主体自己的原期限届满后,便自动丧失自力执行权力。

四、行政处罚救济时效

行政处罚作出后,被处罚人依法享有申请救济保护自身合法权益的权利,就是申请行政复议和提起行政诉讼的权利,有关救济时效的规定并未规定在《行政处罚法》中,而是规定在了《行政复议法》《行政诉讼法》及相关司法解释中。

申请行政复议的期限,根据《行政复议法》等规定,一般情况为收到处罚决定书之日起60日内。因不可抗力或其他正当理由耽误申请期限的,申请期限自障碍之日起继续计算。《行政复议法实施条例》第15条规定"被申请人能够证明公民、法人或者其他组织知道具体行政行为的,自证据材料证明其知道具体行政行为之日起计算","行政机关作出具体行政行为,依法应当向有关公民、法人或者其他组织送达法律文书而未送达的,视为该公民、法人或者其他组织不知道该具体行政行

---

[1] 载http://www.lawyee.org/Case/Case_Display.asp?ChannelID=2010100&RID=14650&keyword=,最后访问日期:2015年1月5日。

为"。行政处罚主体作出行政处罚决定时,未告知公民、法人或者其他组织复议权或者复议期限的,复议期限从公民、法人或者其他组织知道或者应当知道复议权或者复议期限之日起计算,但从知道或应当知道行政处罚行为内容之日起最长不得超过1年。

而《行政诉讼法》及相关司法解释关于行政诉讼起诉时效的规定则更为全面、细致及合理。第一,被处罚人对行政复议决定不服的,起诉期限为自收到复议决定书之日起的15日内。被处罚人对逾期未作出行政复议决定的,起诉期限为自复议期限届满之日起的15日内。第二,被处罚人对行政处罚不服直接起诉的,起诉期限为自收到处罚决定书之日起的6个月内。第三,公民、法人或者其他组织不知道行政机关作出的具体行政行为内容的,其起诉期限从知道或者应当知道该具体行政行为内容之日起计算。对涉及不动产的具体行政行为从作出之日起超过20年、其他具体行政行为从作出之日起超过5年提起诉讼的,法院不予受理。第四,由于不属于起诉人自身的原因超过起诉期限的,被耽误的时间不计算在起诉期间内。因人身自由受到限制而不能提起诉讼的,被限制人身自由的时间不计算在起诉期间内。第五,公民、法人或者其他组织因不可抗力或其他不属于当事人自身的原因超过起诉期限的,被耽误的时间不计算在起诉期限内。①

有的法院认定行政处罚主体告知错误的起诉机关为程序瑕疵,但确认其会影响救济时效。

案例15.29 王秀琴诉大连市公安局西岗分局行政处罚案

该案中,法院认为:至于西岗公安局告知王秀琴向大连市西岗区人民检察院提起行政诉讼一节,确属诉权告知错误。诉权告知错误只对如何计算王秀琴提起行政诉讼的起诉期限有影响,但并不影响被诉决定自身的合法性。②

而有的法院却因未告知起诉期限而撤销了行政处罚决定。

案例15.30 张咀波诉绿春县林业局行政处罚案

该案中,法院认为:被告处罚决定书中告知当事人不服处罚决定可以在15日内向法院起诉的期限不符合法律规定,本案提起诉讼的期限根据《行政诉讼法》第39

---

① 参见杨小君:《行政处罚研究》,法律出版社2002年版,第247~248页。
② 辽宁省大连市中级人民法院(2014)大行终字第55号行政判决书。

条的规定,应当是当事人在知道作出具体行政行为之日起3个月内提出。法院于是以这一点及其他理由撤销了该行政处罚。①

有的行政处罚主体因未告知起诉期限被法院认定应让相对人的救济时效相应地延长。

案例15.31 陈其敬诉永川市卫生局行政处罚案

该案中,法院认为:《最高人民法院关于执行〈中华人民共和国行政诉讼法〉若干问题的解释》第41条第1款规定:"行政机关作出具体行政行为时,未告知公民、法人或者其他组织诉权或者起诉期限的,起诉期限从公民、法人或者其他组织知道或者应当知道诉权或者起诉期限之日起计算,但从知道或者应当知道具体行政行为内容之日起最长不得超过二年。"被告在对原告作出行政处罚决定时,未按照法律规定制作行政处罚决定书,且被告在作出的"关于吊销唐加陵诊所等42家诊所《医疗机构执业许可证》的通知"中未告知原告申请行政复议或者提起行政诉讼的途径和期限,因此,原告的起诉期限应从其收到该"通知"之日起的2年内向人民法院起诉。原告2003年8月20日左右收到该通知后于2005年5月23日向本院起诉,未超过法律规定的2年的诉讼时效。②

有的法院认为行政处罚决定中如果出现几项内容而每一项内容的起诉期限都不同的话,那么行政处罚主体就应当告知那个最长的起诉期限,否则将承担不利后果。

案例15.32 南阳市汇普新型建筑建材厂诉南阳市国土资源局行政处罚案

该案中,法院认为:被告处罚决定书中告知的起诉期限错误,根据《土地管理法》第83条规定,15日的起诉期限指的是对"责令限期拆除"的行政处罚的起诉期限。而被告作出的行政处罚中既有责令限期拆除的处罚,又有金钱罚。那么,就应适用《行政诉讼法》的有关规定。③

---

① 云南省绿春县人民法院(1999)绿行初字第1号行政判决书。
② 重庆市永川市人民法院(2005)永行初字第22号行政判决书。
③ 河南省南阳市卧龙区人民法院(2009)宛龙行初字第15号行政判决书。

第十六章　行政处罚程序

一、行政处罚决定的条件

行政处罚程序,是指行政处罚主体对当事人的行政违法行为实施行政处罚,作出行政处罚决定并执行处罚决定所应遵循的步骤、方式、顺序和期限。行政处罚程序包括调查取证、处罚决定和执行程序。

(一)查明事实

查明事实是决定行政处罚的首要前提。《行政处罚法》第40条规定:"公民、法人或者其他组织违反行政管理秩序的行为,依法应当给予行政处罚的,行政机关必须查明事实;违法事实不清、证据不足的,不得给予行政处罚。"行政处罚是一种对当事人权益产生不利影响的行政行为,其行使必须以明确的事实为依据,行政机关为此负有查明违法事实的义务。

所谓查明事实,就是指经过调查取证,查清当事人客观上是否真正实施了违反行政管理秩序的行为,具体包括:第一,是否存在行政违法行为;第二,是谁实施了该违法行为,是一人还是几人;第三,是在什么时间实施的行为;第四,是在什么地点实施的行为;第五,行为的具体情况、过程等;第六,行为造成了什么样的结果。对这些事实的查明可以通过各种法定的调查手段,但必须有充分、确凿的证据予以佐证,不能仅凭想象、口供或单方陈述就妄下判断。如果执法人员调查终结,行政处罚主体负责人对调查结果审查后认为违法事实不能成立的,则不得作出行政处罚决定。对于在事实不清、证据不足情况下作出的行政处罚决定,行政复议机关或者法院有权撤销。但每一类案件的事实是否清楚、证据是否充分的判断标准都是不同的,这个是跟不同案件类型各自的证明标准紧密相连的,只要达到了该类案件的证明标准的,我们才可以说已经达到事实清楚、证据充分。

有判例认为限期整改期限未满就给予处罚是违法的,因为限期整改不到位是处罚的条件。

案例 16.1　赵正军诉郑州市管城回族区卫生局行政处罚案

该案中,法院认为:根据《公共场所卫生管理条例实施细则》第37条规定:"公共场所经营者有下列情形之一的,由县级以上地方人民政府卫生行政部门责令限期改正;逾期不改的,给予警告,并处以一千元以上一万元以下罚款……(七)公共场所集中空调通风系统未经卫生检测或者评价不合格而投入使用。"本案中的该项违法行为,被告已对易初莲花公司作出了限期整改《卫生监督意见书》,在整改期限未满,被告即将两项违法行为合并作出《当场行政处罚决定书》,程序违法,应依法撤销。[1]

案例 16.2　罗新荣等诉罗城仫佬族自治县建设局行政处罚案

该案中,法院认为:本案中,被上诉人虽确实存在超规划建设、无资质单位设计、无资质单位施工、未按规定办理报建报监手续等违法行为,依法应予处理。但上诉人在查处过程中前后发出过3个通知,3个通知要求被上诉人针对该楼"是否存在着严重安全隐患"进行整改,该楼应否拆除视整改结果而定,这要求与《广西壮族自治区实施〈中华人民共和国城市规划法〉办法》第46条第1款规定相符。被上诉人根据通知的要求为保存该楼采取了一系列积极的补救措施,花费了大量的时间和金钱,可上诉人在被上诉人的整改结果尚未确定之前,即作出了第01号处罚决定,责令被上诉人拆除该楼第5~11层,该处罚决定显然主要依据不足。[2]

(二)告知处罚的事实、理由、依据及当事人享有的权利

《行政处罚法》第44条规定:"行政机关在作出行政处罚决定之前,应当告知当事人拟作出的行政处罚内容及事实、理由、依据,并告知当事人依法享有的陈述、申辩、要求听证等权利。"告知是行政处罚程序确立的一项重要制度,是所有行政处罚行为都必须履行的一个环节,是各个类型的行政处罚程序都必须遵循的一项基本要求,是行政公开公正原则的体现,同时也是当事人行使陈述权和申辩权的前提。行政管理法律、法规繁多,一些行政管理本身具有较强的技术性和专业性,有的当事人法律知识缺乏,不能很好地了解自己应当承担的法律义务,对违反行政管理秩序的事实不够清楚或缺乏足够警惕,要求行政处罚主体在作出行政处罚决定之前

---

[1] 河南省郑州市管城回族区人民法院(2014)管行初字第5号行政判决书。
[2] 广西壮族自治区高级人民法院(2004)桂行终字第18号行政判决书。

进行相关事项的告知,既可以帮助当事人意识到自己行为的违法性和社会危害性,起到教育违法、预防违法的目的,又可以充分保障当事人的知情权,将行政处罚的过程予以公开,能方便群众对行政处罚主体执法进行监督,同时也对行政处罚主体也提出了较高的要求,即执法者必须首先知法、懂法,准确用法,这对行政处罚主体而言也是一种有效的约束,有助于防止其在没有任何理由的情况下滥施处罚,具有较为重要的意义。

具体来说,应当告知当事人如下事项:第一,作出行政处罚决定的事实和理由。即当事人在什么时间、什么地点、实施了何种行政违法行为。第二,作出行政处罚决定的依据。即行政处罚主体是根据什么法律、法规、规章的什么具体规定作出行政处罚决定的。第三,当事人依法享有的权利。例如,陈述权、申辩权、要求听证的权利、申请行政复议或者提起行政诉讼的权利、因行政处罚主体违法造成损害获得赔偿的权利。

(三)充分听取意见

《行政处罚法》第45条规定:"当事人有权进行陈述和申辩。行政机关必须充分听取当事人的意见,对当事人提出的事实、理由和证据,应当进行复核;当事人提出的事实、理由或者证据成立的,行政机关应当采纳。行政机关不得因当事人陈述、申辩而给予更重的处罚。"本条规定既明确赋予了当事人陈述和申辩的权利,又相应地给行政处罚主体施加了充分听取意见的义务。这是从处罚过程中的阶段为相对人权利提供的一种保障,体现了当事人参与行政处罚的处罚民主原则。兼听则明,当事人的陈述、申辩,不仅有助于当事人维护自身权益,对于行政机关查明事实、正确地适用法律也具有重要意义。

行政处罚主体必须充分听取当事人的意见,这一规定要求:第一,不能妨碍当事人陈述、申辩权的行使,要让当事人把要说的话说完整,要允许当事人提出不同的意见和主张,不能横加干涉或无理剥夺;第二,对当事人提出的事实、理由和证据,应当进行复核,即要重视当事人的意见和主张,对事实、理由和证据要结合当事人的看法严格审查,确保事实清楚、证据确凿、理由充分、依据准确;第三,当事人提出的事实、理由或者证据成立的,行政处罚主体应当采纳,行政处罚主体应当客观看待当事人的意见和主张,从维护法律尊严、确保处罚公正的高度出发,积极采纳合理观点;第四,不得因当事人的申辩而加重处罚。申辩作为当事人的一项法定权利,应当予以保护,规定行政处罚主体不得因当事人的申辩而加重处罚,可以消除当事人的顾虑,使当事人可以大胆、充分地表达自己的意见和看法。

笔者认为,应从三个方面来完善关于申辩权的规定:第一,当事人的申辩权应当贯穿行政处罚的全过程;第二,明确凡是在申辩之后又在原拟处罚告知意见的基础上作出更重的处罚决定应在禁止之列;第三,明确规定当事人应当依法行使申辩权。申辩权限于对行政处罚主体拟作出的处罚及其依据的事实、理由等,不得使用威胁、污蔑、诽谤、谩骂等手段。如果当事人的某些行为构成妨碍公务或人身攻击,也应当按规定另案处理,而不宜在此加重处罚。

二、简易程序

简易程序,根据《行政处罚法》第51条的规定是"违法事实确凿并有法定依据,对公民处以200元以下,对法人或者其他组织处以3000元以下罚款或者警告的行政处罚的,可以当场作出行政处罚决定。法律另有规定的,从其规定"。因此,所谓简易程序实质上就是当场处罚程序,是行政处罚主体的执法人员在符合法定条件下,对某些当事人在违法现场即行处罚的制度。相对于一般程序而言,简易程序更为简单、方便、易行,即时决定、即时执行。简易程序比较一般程序和听证程序,肯定更为简单,有些一般程序和听证程序中的内容与形式,在简易程序中肯定被"省略"了。但是,简易不等于不讲规矩,更不等于执法人员可以任意作为。简易程序的主要内容包括以下几个方面:

(一)表明执法身份

行政执法人员是其所属的行政处罚主体,是履行公务的行为过程,因此,执法人员必须向被处罚人表明自己的执法身份,这是表明行政处罚主体合法的必要形式与条件。如果执法人员不表明执法身份,当事人可以拒绝接受处罚。表明执法身份,通常是出示执法证件。

(二)告知当事人有关事项

虽然简易程序条款中没有写明告知内容要求,但由于告知是行政处罚的一般规则,简易程序也必须遵守,不得例外,所以应当有告知环节。告知的内容包括违法行为人违法行为的事实、违反法律和给予行政处罚的认定理由及处罚的法律依据,还应当告知被处罚人的权利,即陈述、申辩和救济的权利。简易程序的告知也应包括告知适用简易程序处罚违法行为人的根据和理由,即对他的违法行为适用简易程序,是为了给被处罚人提供陈述、申辩的机会,也是为了使处罚建立在有根有据的基础之上。

(三)给当事人陈述、申辩的机会

当事人可以在被告知前提下,对处罚进行陈述、申辩,当事人的这种陈述、申辩一般是当场口头进行,但也不排斥事后以书面形式提交。行政执法人员对于当事人的口头陈述与申辩,应当充分听取,必要时还应口头给予回答,使当事人心悦诚服。此外,对当事人的陈述和申辩和自己的复核意见,笔者认为都有必要简要记录并由当事人确认。

(四)当场填写行政处罚决定书

该种行政处罚决定书是预定格式的,也是有编号的,这些有格式与编号的行政处罚决定书,是为了当场处罚而设置的,为了适应案件小又不复杂,当场填写即可完成的需要,是简易处罚程序的主要体现。这种预定格式的处罚决定书虽然是预定的统一格式,但它所应当载明的内容法律都有明确规定,这些内容包括:违法行为、行政处罚依据、罚款数额、处罚时间、处罚地点、处罚机关名称、执法人员的签名及盖章。这些基本内容是不能省略的。此外,也不排除有的行政处罚主体的简易行政处罚决定书会增加一些内容,使之更完善。当然,有关救济期限、救济机关的信息也是必须载明的。

(五)送达与备案

简易程序的处罚决定,仍然需要送达,只不过这种送达是当场送达罢了。也就是说行政执法人员当场处罚,处罚决定书应当场送达,当场交付给被处罚人,而不用其他法律规定的送达方式来送达。备案表明是行政处罚主体的处罚决定,行政处罚主体对其执法人员代表自己对外处罚的情况要全部了解,备份资料和归档保存。

(六)行政处罚的执行

由于简易程序的处罚只限于警告与罚款,所以执行只是对罚款的执行。对简易程序中罚款处罚的执行,也是完全按照《行政处罚法》第46条、第47条和第48条的规定履行行政处罚决定。

按照《行政处罚法》的规定,简易程序的适用条件有:第一,违法事实确凿。当事人违法行为的事实及后果等都很清楚,执法人员与被处罚人双方一般也都对此无异议。对于这些清楚、确凿的违法事实,无须再进行进一步的调查核实。但如果事实复杂,双方争议较大,还有待进一步调查核实的话,就不能适用简易程序。如即时发现的闯红灯,违章人也承认,就可以适用简易程序。所谓违法事实确凿,一般是指行政执法人员当场所见的违法事实,或者虽不是当场所见,但执法人员到场后当场就能查明违法事实,且违法行为人对此也予以承认。执法人员无须在违法行为现场以外对人和事进行调查就非常清楚、确凿的事实。但并不是说简易程序不需要任何证据,适用该程序还是必须达到均衡证据及排除滥用职权的证明标准。

第二,须有法定依据。《行政处罚法》第51条规定的有法定依据,笔者理解是属于法律有明确规定的应受行政处罚的法定依据,而不是指适用简易程序有法定依据。所有适用简易程序处罚的违法行为,必须是法律明文规定应当给予处罚的行为。法无明文规定不处罚。当然,这里的法定依据还包括行政处罚主体有权管辖和有权处罚的依据。

第三,较轻处罚,即警告和200元(对个人)、3000元(对单位)以下罚款。这些处罚的形式是法定的,不能类推,如不能把警告与通报批评等同起来。而且,这些处罚都是较轻处罚,这表明,较轻处罚所针对的是较小的违法行为,其危害性与违法情节并不严重。在这种较轻微违法前提下才能适用简易程序。所以,违法事实确凿并不等于违法情节轻微,情节轻微也不等同于违法事实一目了然,只有这两种条件同时具备,才能适用简易程序。

以上三个方面的条件就是《行政处罚法》规定的适用简易程序的条件,这三个条件必须同时具备。此外,这三个条件同时具备以后,依照法律产生可以当场作出行政处罚决定的后果,但不是必然或必须。也就是说,符合简易程序条件的案件,行政处罚主体也可以选择适用一般程序。总之,选择简易程序要有利于对违法案件的及时处理了结,不至于损害被处罚人的权利,或对被处罚人造成处罚不公。

同时,笔者建议应赋予当事人一定情形下的程序选择权,如当事人对当场处罚有异议又不能马上被说服的或者其提交了书面陈述、申辩意见的,应当允许案件由简易程序转为一般程序,由有关部门进行复核,以更好地吸收当事人的不满和意见。

简易程序除了在《行政处罚法》上有规定之外,其他法律中也有规定。例如,《道路交通安全法》第107条规定:"对道路交通违法行为人予以警告、二百元以下罚款,交通警察可以当场作出行政处罚决定,并出具行政处罚决定书。行政处罚决定书应当载明当事人的违法事实、行政处罚的依据、处罚内容、时间、地点以及处罚机关名称,并由执法人员签名或者盖章。"再如,《治安管理处罚法》第100条规定:"违反治安管理行为事实清楚,证据确凿,处警告或者二百元以下罚款的,可以当场作出治安管理处罚决定。"

有的行政处罚主体对非简易程序案件适用了简易程序。

案例16.3　刘承昌诉印江自治县林业局行政处罚案

该案中,法院认为:就本案而言,只有对刘承昌处以50元以下罚款或者警告的行政处罚,才可以当场作出行政处罚决定,而被告作出的处罚决定是没收,显然不应适用简易程序,而且该处罚决定客观上也不是当场作出,被告提供的填充式林业行政处罚当场处罚决定书中也清楚地载明只能用于罚款或者警告,故被告适用简易程序违法。①

案例16.4　范红诉阳东县贸易局行政处罚案

该案中,法院认为:罚款1300元适用简易程序,违反了《行政处罚法》第33条中"对公民处以五十元以下,对法人或其他组织处以一千元以下罚款或警告的行政处罚,可以当场作出行政处罚决定"的规定,且被告作出的当场处罚决定没有编号,属于程序违法。②

有的法院认为无证据证明进行了处罚告知并不违法。

案例16.5　宋英群诉郑州市公安局交通警察支队第十大队行政处罚案

该案中,法院认为:适用简易程序进行行政处罚,仅是口头告知相关权利,并不当然剥夺行政相对人的陈述和申辩权利。原告称被告适用法律程序错误的意见,法院未予采纳。③

但有的简易程序案件因为无证据证明进行了处罚告知被法院认定为程序违

---

①　贵州省印江土家族苗族自治县人民法院(2000)印行初字第04号行政判决书。
②　广东省阳东县人民法院(2001)东行初字第05号行政判决书。
③　河南省郑州市金水区人民法院(2013)金行初字第130号行政判决书。

法,笔者赞同这一观点。

案例 16.6　金鑫诉维西县公安局交通警察大队行政处罚案

该案中,法院认为:根据《道路交通安全违法行为处理程序规定》,作为行政处罚简易程序,有一些重要的程序要求。如执法人员应当依法向当事人表明身份,指出当事人的违法行为,告知当事人依法享有的权利。告知程序属于公安交通行政处罚的法定程序,应先口头告知其违法行为的基本事实、拟作出的行政处罚、依据及其依法享有的权利;再听取违法行为人的陈述和申辩;必须在作出处罚决定之前告知,并非与处罚决定同时告知。被告辩称处罚决定原告已签名,处罚决定可以说明已告知违法事实和权利义务的观点不能成立。被告不能提供证据证明其已经履行法定程序,应视为告知程序违法。[①]

有的简易程序案件因为未遵守送达处罚决定书的送达时限而被法院认定为程序违法。

案例 16.7　黄显胜诉青岛市公安局城阳分局惜福镇派出所行政处罚案

该案中,法院认为:依照《治安管理处罚法》第 97 条第 1 款之规定,公安机关应当向被处罚人宣告治安管理处罚决定书,并当场交付被处罚人;无法当场向被处罚人宣告的,应当在 2 日内送达被处罚人。本案中,被告于 2012 年 4 月 12 日作出行政处罚决定,没有当场交付被处罚人黄美香,也没有在 2 日内送达,而是于 2012 年 5 月 21 日才送达黄美香,属于程序违法。[②]

有的简易程序案件的处罚决定书因未加盖电子印章被法院认定为无效。

案例 16.8　王晓宇诉成都市公安局交通管理局第三分局行政处罚案

该案中,法院认为:违法处罚离柜办理系统系电子政务的一种形式,其设立的目的是为最大限度地方便群众处理交通违法行为,进一步提高行政执法机关工作效率。当事人可以自主选择通过该系统对交通违法行为进行处理,如有异议,可以

---

① 云南省维西傈僳族自治县人民法院(2008)维行初字第 1 号行政判决书。
② 山东省青岛市城阳区人民法院(2012)城行初字第 45 号行政判决书。

到违法行为发生地公安机关交通管理部门进行处理。但通过该系统处理交通违法行为,应当符合相关法律法规的规定。依据中华人民共和国公安部《道路交通安全违法行为处理程序规定》第42条第1款第(4)项的规定,适用简易程序处罚的,处罚决定书应当由被处罚人签名、交通警察签名或者盖章,并加盖公安机关交通管理部门印章。加盖公安机关交通管理部门印章是处罚决定书必备形式之一。成都市公安局交通警察支队建设的违法处罚离柜办理系统设置了公安机关交通管理部门的电子印章,但由于银行网点自助设备出现故障等原因,可能导致打印的处罚决定书未加盖公安机关交通管理部门的电子印章。本案中,王晓宇通过银行网点自助设备打印的8703号简易处罚决定书未加盖交警三分局的电子印章,不具备处罚决定书的必备形式,该处罚决定依法不成立,属于无效的具体行政行为。①

有的简易处罚决定书因缺乏执法人员签名被法院认为程序瑕疵。

案例16.9 刘丽玲诉东乡县公安局交警大队行政处罚案

该案中,法院认为:《道路交通安全违法行为处理程序规定》第42条规定:"适用简易程序处罚的,可以由一名交通警察作出,并应当按照下列程序实施:(一)……(四)处罚决定书应当由被处罚人签名、交通警察签名或者盖章,并加盖公安机关交通管理部门印章;被处罚人拒绝签名的,交通警察应当在处罚决定书上注明……"被告作出的处罚决定书中没有交警签名或者盖章,违反了上述规定,程序上存在瑕疵。②

有的行政处罚主体因当场处罚未制作处罚决定书被法院认定为程序违法。

案例16.10 杜宏远诉偃师市人民政府行政处罚案

该案中,法院认为:第三人偃师市药品管理稽查队以自己的名义对原告当场处罚未制作处罚决定书,违反了《行政处罚法》第33条、第38条、第39条之规定,显系违反法定程序。③

---

① 四川省成都市锦江区人民法院(2013)锦江行初字第48号行政判决书。
② 江西省抚州市临川区人民法院(2014)临行初字第18号行政判决书。
③ 河南省偃师市人民法院(1998)偃行初字第19号行政判决书。

三、一般程序

一般程序,是指行政处罚主体对于事实比较复杂或者情节比较严重的违法行为给予法定较重行政处罚所适用的行政处罚程序。除依法应当适用简易程序的案件外,其他案件都应当适用一般程序。一般程序是行政处罚中的基本程序。

(一) 立案

行政处罚主体通过各种渠道知悉相对人的违法行为后,经初查,符合以下立案条件的应及时立案:一是有违法行为发生;二是违法行为依法应受行政处罚;三是属于本行政处罚主体管辖;四是属于一般程序适用范围的。

有的判例确认了在立案之前就已经展开调查并且调查终结的行为属于程序违法。

案例16.11　樊新喜诉蓝田县国土资源局行政处罚案

该案中,法院认为:该处罚决定程序违法,立案之前已经调查终结,向原告送达了停止土地违法行为通知书,违反了《土地违法案件查处办法》第25条、第26条①之规定。②

案例16.12　艾德拉碳纤维产品(珠海)有限公司诉珠海市环境保护局行政处罚案

该案中,法院认为:《环境行政处罚办法》第三章规定了环境行政处罚的一般程序,先后顺序分别为立案、调查取证、案件审查、告知和听证、处理决定。环境行政处罚案件应当先立案,再进行调查取证。上诉人珠海市环境保护局在上诉状中自认该局于2011年5月18日对被上诉人艾德拉碳公司环境违法行为进行调查,而2011年5月24日才进行立案登记,违反了先立案再调查取证的规定,属于程序违法。③

---

① 《土地违法案件查处办法》第25条规定,经立案调查认定有违法行为的,土地管理部门应当及时发出《责令停止土地违法行为通知书》,送达当事人。第26条规定,承办人在案件调查结束后,应当根据事实和法律、法规,提出《土地违法案件调查报告》。
② 陕西省蓝田县人民法院(2014)蓝行初字第00022号行政判决书。
③ 广东省珠海市中级人民法院(2012)珠中法行终字第6号行政判决书。

案例 16.13　王月红诉华阴市国土资源局行政处罚案

该案中,法院认为:土地管理部门对土地违法案件的查处应当按照国家土地管理局令(1995)第3号《土地违法案件查处办法》的规定执行。本案中,华阴市国土资源局接到村委会的举报后,未经立案即收集相关证据,并依此确认违法事实,违反了土地违法案件查处的法定程序,属于程序违法。①

有的判例确认了在立案前采取行政强制措施属于程序违法。

案例 16.14　昆明凯瑞佳丰贸易有限责任公司诉昆明市工商行政管理局行政处罚案

该案中,法院认为:从《工商行政管理机关行政处罚程序暂行规定》、云南省《反不正当竞争条例》、我国《反不正当竞争法》和本案证据证明的法律事实可以确认,市工商局在行政处罚过程中,未立案前即对凯瑞公司采取扣留扑克等物品的强制措施,明显违反上述部门规章和我省地方性法规有关扣留措施实施的程序规定。②

笔者基本赞同这一观点,但认为紧急情况下的扣留应当例外。

有的判例认定未依法履行责令整改程序就予以立案处罚属于违法。

案例 16.15　周瑞清诉延津县综合行政执法局、延津县人民政府行政处罚案

该案中,法院认为:《中华人民共和国城乡规划法》第64条、河南省实施《中华人民共和国城乡规划法》第71条第1款均规定,未取得建设工程规划许可证或者未按照建设工程建设许可证的规定进行建设的,由县级以上地方人民政府城乡规划主管部门责令停止建设;尚可采取改正措施消除对规划实施的影响的,限期改正;无法采取改正措施消除影响的,限期拆除,不能拆除的,没收实物或者违法收入。本案中,原告整个建房过程持续近1年,被告执法局未提供证据证明原告所建房屋对该区域城市规划实施的影响,属证据不足。在对原告建房行为予以行政处罚程序中,未经责令停止建设,也未经限期改正或限期拆除,而是在原告房屋建成后,直接没收实物,违反法定程序。综上所述,被告执法局所作没收原告所建房屋的行政处

---

① 陕西省渭南市华阴市人民法院(2012)阴行初字第00014号行政判决书。
② 云南省昆明市中级人民法院(2000)昆行终字第45号行政判决书。

罚,主要证据不足,且违反法定程序,而被告县政府在行政复议程序中对此未予纠正,其复议决定书也应予以撤销。法院遂判决撤销延津县综合行政执法局2016年10月25日作出的延综执罚字〔2016〕第002号行政处罚及延津县人民政府2017年1月18日作出的延政复决字〔2016〕第16号行政复议决定。①

案例16.16　周某诉上海市公安局浦东分局交通警察支队行政处罚案

该案中,法院认为:原告于2011年3月23日14时左右将机动车停在合欢路丁香路路口南侧约30米处,违反了有关临时停车的规定。但对于原告是否"拒绝立即驶离",法院认为:该路段入口处虽有警示牌提示"停车行为违法,请立即驶离",但该标牌是对所有驶入合欢路的机动车驾驶人普遍性的提醒和要求。在原告停车但未离开现场的情况下,被告没有针对原告的个别行为依法先履行劝导程序,亦未提出立即驶离的要求,故难以认定原告在停车时拒绝立即驶离。根据《最高人民法院关于行政诉讼撤诉若干问题的规定》,法院在判决前建议被告改变原具体行政行为。后被告接受建议,自行撤销了对原告的该项处罚决定,原告申请撤诉,法院于2011年8月1日裁定准予撤诉。②

也有法院认为依法无须经责令整改程序就可以立案处罚。

案例16.17　邵仲国诉黄浦区安监局行政处罚案

该案中,法院认为:《安全生产法》第81条第2款规定:"生产经营单位的主要负责人有前款违法行为,导致发生生产安全事故,构成犯罪的,依照刑法有关规定追究刑事责任;尚不够刑事处罚的,给予撤职处分或者处2万元以上20万元以下的罚款。"而第1款的规定是:"生产经营单位的主要负责人未履行本法规定的安全生产管理职责的,责令限期改正;逾期未改正的,责令生产经营单位停产停业整顿。"显然,第2款所说的"违法行为",是指第1款中"未履行本法规定的安全生产管理职责"行为。按照第1款规定,对"未履行本法规定的安全生产管理职责"的违法行为,安全生产监管部门发现后,应当责令生产经营单位的主要负责人限期改正,对逾期未改正的,责令停产停业整顿。然而在安全生产监管部门发现前,或者在安全生产监管部门发现并责令改正后,"未履行本法规定的安全生产管理职责"的违法

---

① 河南省新乡县人民法院(2017)豫0721行初21号行政判决书。
② 载《人民法院报》2012年1月5日,第7版。

行为导致发生生产安全事故的,则与第 1 款无关,是第 2 款规定所指的情形,应当按照第 2 款规定处理。安全生产监管部门的职责,只是对辖区内各生产经营单位的安全生产工作进行监督管理,以落实《安全生产法》的规定。《安全生产法》颁布施行后,每一个生产经营单位都有自觉遵守执行的义务,并非只有在安全生产监管部门的监督管理下,生产经营单位才有执行《安全生产法》的义务;安全生产监管部门的监督管理不及时或者不到位,也不能因此免除生产经营单位的这种义务。邵仲国认为,对其"未履行本法规定的安全生产管理职责"的违法行为,黄浦区安监局只有先行责令限期改正后才能再对其实施处罚,是对《安全生产法》第 81 条的误解。①

　　我们认为,法院上述观点值得商榷。主要理由如下:第一,上述条文第 2 款所说的"前款违法行为"究竟是指"未履行本法规定的安全生产管理职责"还是指"未履行本法规定的安全生产管理职责"且"逾期未整改"呢?我们倾向于后一种理解,因为"前款"所指向的是一个整体,而不宜割裂其中某一句话出来理解,除非其特别明确规定"前款两种违法行为之一"。第二,如果相对人仅仅是具备上述条文第 1 款中"生产经营单位的主要负责人未履行本法规定的安全生产管理职责"的情形,其后果也只是被"责令限期改正"。又因为"责令限期改正"仅是行政命令,而非行政处罚。因此,上述情形尚不构成应受行政处罚的违法行为。那么,是应该由这种不应受行政处罚的行为结合该条文第 2 款中的"导致发生生产安全事故"情节再一起组成一个应受处罚的严重违法行为呢?还是应由"未履行本法规定的安全生产管理职责"且"逾期未整改"再结合"导致发生生产安全事故"才行呢?我们认为,既然法条本身规定有缺陷有争议,就不宜将这种不利益归属于相对人。第三,类似我们这种理解的规定很多。如《安全生产法》(2014 年)第 99 条规定:"生产经营单位未采取措施消除事故隐患的,责令立即消除或者限期消除;生产经营单位拒不执行的,责令停产停业整顿,并处 10 万元以上 50 万元以下的罚款,对其直接负责的主管人员和其他直接责任人员处 2 万元以上 5 万元以下的罚款。"再如《刑法》第 139 条规定:"违反消防管理法规,经消防监督机构通知采取改正措施而拒绝执行,造成严重后果的,对直接责任人员,处 3 年以下有期徒刑或者拘役;后果特别严重的,处 3 年以上 7 年以下有期徒刑。"第四,事实上,《安全生产法》(2014 年)其后对这一内容作了实质上修改,修改效果暗合了我们的上述理解。该法第 91 条第 1 款已被修改为:"生产经营单位的主要负责人未履行本法规定的安全生产管理职责的,责令限期改正;逾期未改正的,处 2 万元以上 5 万元以下的罚款,责令生产经营单位停产

---

① 载《最高人民法院公报》2006 年第 8 期。

停业整顿。"立法机关如果不是认为条文本身有缺陷,就没必要作此修改了。

以下这个判例与前述邵仲国案所涉法条表述方式几乎一模一样,但法院作出了截然相反的判决。

案例 16.18　唐丽诉南宁市公安局行政处罚案

该案中,法院认为:关于适用《反恐怖主义法》第 86 条第 2 款实施行政处罚,是否应当以"主管部门责令改正,拒不改正"为前提条件的问题。首先,从目的解释角度分析。实施行政处罚的根本目的是维护公共利益和公共秩序,维护公民、法人和其他组织的合法权益,纠正违法行为,教育公民、法人或者其他组织自觉守法。《行政处罚法》第 5 条规定:"实施行政处罚,纠正违法行为,应当坚持处罚与教育相结合,教育公民、法人或者其他组织自觉守法"。该法第 23 条规定:"行政机关实施行政处罚时,应当责令当事人改正或者限期改正违法行为"。《反恐怖主义法》第 86 条第 2 款虽然没有关于责令改正的内容,但从行政处罚的立法目的理解,对于住宿服务提供者违反客户身份查验制度的行为,在实施行政处罚之前,应当以责令改正作为前提性条件。其次,从逻辑解释角度分析。《反恐怖主义法》第 86 条第 1 款规定:"电信、互联网、金融业务经营者、服务提供者未按规定对客户身份进行查验,或者对身份不明、拒绝身份查验的客户提供服务的,主管部门应当责令改正;拒不改正的,处 20 万元以上 50 万元以下罚款……"本款规定罚款的前提条件是先责令改正,存在拒不改正情形的才处以罚款,拒不改正是行政处罚的构成要件,是法定情形。《反恐怖主义法》第 86 条第 2 款规定:"住宿、长途客运、机动车租赁等业务经营者、服务提供者有前款规定情形的,由主管部门处 10 万元以上 50 万元以下罚款,并对其直接负责的主管人员和其他直接责任人员处 10 万元以下罚款。"该款规定行政处罚的法定情形是"前款情形",即第 2 款规定的罚款处罚与第一款规定的罚款处罚的前提条件应当是相同的,"责令改正而拒不改正"既然是前款罚款处罚的前提条件之一,也应当是第 2 款罚款处罚的前提条件之一。最后,从历史解释角度分析。全国人大常委会法工委组织编写的《中华人民共和国反恐怖主义法释义》对第 86 条第 2 款释义为"实践中在适用本款规定时,仍需要参照前款规定,区分不同情节,分别作出责令改正、罚款的处理",可进一步肯定《反恐怖主义法》第 86 条第 2 款规定的"前款规定情形"应当理解为包括"责令改正而拒不改正"的情形。法院最终撤销了上述行政处罚决定。[①]

---

① 广西壮族自治区高级人民法院(2018)桂行终 609 号行政判决书。

有的法院在审查行政处罚时同时审查行政强制措施。

案例 16.19　汝南县城关供销社农资供应中心诉汝南县质量技术监督局行政处罚案

该案中,法院认为:被告在查处案件过程中,两次封存原告所购化肥时,将相对人确定为代销点,两次封存通知书均送达于代销点负责人,并非原告,而最终处罚的主体却为原告,显属缺乏事实和法律依据,依法应予撤销。①

而有的法院在审查行政处罚时并未同时审查行政强制措施。

案例 16.20　高树仁诉福建省安溪县财政局行政处罚案

该案中,法院认为:原告请求判令被告因非法扣押车辆赔偿其经济损失3990元,因被告扣押原告车辆行为是否非法未经依法确认,且被告扣押车辆行为,属行政强制措施行为,与本案不服行政处罚之诉,是不同的法律关系,应另案处理。②

甚至刊载于《最高人民法院公报》的判例也认为法院在审查行政处罚时不必审查行政强制措施。

案例 16.21　伊尔库公司诉无锡市工商局工商行政处罚案

该案裁判摘要认为:扣留、查封与行政处罚,是各自独立的具体行政行为。行政机关已经向行政管理相对人告知了复议权、诉讼权以及起诉期限,行政管理相对人在法定期限内对扣留、查封不行使复议或起诉的权利,却在请求撤销行政处罚决定的行政诉讼中指控扣留、查封违法。根据行政管理相对人的请求,法院只审查行政处罚行为的合法性。对原告伊尔库公司的财产,被告无锡市工商局先后采取过扣留、查封的强制措施和决定行政处罚。扣留、查封与行政处罚,都是行政机关可能实施的、各自独立的具体行政行为。无锡市工商局采取扣留、查封强制措施时,均向伊尔库公司告知了复议权、诉讼权以及起诉期限。在法定期限内,伊尔库公司未对扣

---

① 河南省汝南县人民法院(2001)汝行初字第23号行政判决书。
② 载http://www.lawyee.org/Case/Case_Display.asp?ChannelID=2010100&RID=107232&keyword=,最后访问日期:2011年11月2日。

留、查封强制措施行使复议或起诉的权利。在本案中,伊尔库公司虽然指控三个具体行政行为都违法,但只诉请撤销行政处罚决定。根据伊尔库公司的诉请,本案审查对象应当是无锡市工商局的行政处罚行为;至于扣留、查封行为是否违法,不在本案审查范围,故不予审查。①

我们认为,最高人民法院的上述观点值得商榷。主要理由为:第一,扣留、查封在该案中系一种中间行为,如其违法是可以作为程序违法等理由来撤销最终的行政处罚的。② 行政处罚系一种最终行为,但其是否合法也会受到中间行为合法性的约束。如果不审查中间行为,那么《行政诉讼法》第70条中规定的"违反法定程序"岂不是形同虚设? 第二,中间行为也可能成为处罚事实的重要组成部分,如不审查可能会导致认定事实不清。比如某行政处罚主体扣错了货,本来应扣张三的违法货物,却误扣了李四的合法货物,这时如果不审查该扣留行为,就会忽略案件"主要证据不足"的事实,导致错案发生。第三,如不审查中间行为,可能会增加讼累,有损诉讼效率,且不利于保障相对人的合法权益。如针对某一货物,按照法律规定既不应当扣留也不应当没收,但行政处罚主体既扣留了其后还作出了没收的处罚决定。这时如果不审查该扣留行为,仅仅判决撤销该没收决定。其结果就是:行政处罚主体虽然不能没收,但还可以在法定期限内继续扣留,这无论如何是不合理的。

有的判例确认了缺乏立案程序属于程序违法。

案例16.22　孟秋贞诉辛集市国土资源局行政处罚案

该案中,法院认为:根据原国家土地管理局《土地违法案件查处办法》第18条、第19条的规定,被告查处土地违法案件应当填写《土地违法案件立案呈批表》,经土地管理部门主管领导批准后立案,被告提供的证据不能证实其经过了立案程序,属违反法定程序。③

有的判例确认了未经立案及调查程序的处罚行为构成程序违法。

---

① 载《最高人民法院公报》2006年第3期。
② 所谓中间行为,系指这种行为仅构成对某事处理过程中的一个环节,并未对某事作出最终处理。它是为其他行为服务的一种过渡性、临时性的行为,如该案件中的扣留、查封。而最终行为系指对某事的最终处理完毕,有了最终处理结论,如没收。当然,如果在扣留、查封之后并未作出行政处罚等行为时,扣留、查封本身也可以作为一种终局行为来看待。
③ 河北省辛集市人民法院(2004)辛行初字第003号行政判决书。

案例16.23　钮远超诉杞县建设局行政处罚案

该案中,法院认为:被告杞县建设局对原告钮远超作出的行政处罚决定,没有办理立案手续,没有调查材料及相关证据。该具体行政行为程序不合法。①

笔者注意到,有的法院判例对行政处罚行为进行了深度审查,不仅审查外部程序,而且审查内部手续。这些判例显示仅外部程序合法,内部手续不合法的情形也可能被法院确认为违法。

案例16.24　刘后春诉浏阳市国土资源局行政处罚案

该案中,法院认为:浏阳市国土资源局在2010年1月28日对刘后春非法占用土地一案立案、调查并送达行政处罚告知书,同年1月29日由领导审批立案,违反了行政处罚程序规定。②

案例16.25　李某诉邢台市公安局桥西分局行政处罚案

该案中,法院认为:公安机关对行政相对人依法进行处罚时,应根据其权限履行审批手续,但被告在法定举证期间内所提供的证据中,无行政处罚审批手续,不能证实其程序合法性,故被告应对此承担举证不能的法律责任。③

案例16.26　张正先诉龙岩市新罗区烟草专卖局行政处罚案

该案中,法院认为:被告在作出行政处罚前未告知当事人享有陈述权和申辩权,行政处罚决定亦未经审批即行文发出,严重违反法定程序,其行政处罚决定应予撤销。④

---

① 河南省杞县人民法院(2010)杞行初字第14号行政判决书。
② 湖南省浏阳市人民法院(2010)浏行初字第10号行政判决书。
③ 河北省邢台市桥西区人民法院(2012)西行初字第3号行政判决书。
④ 载http://www.lawyee.org/Case/Case_Display.asp? ChannelID = 2010100&RID = 14654&keyword = ,最后访问日期:2012年12月6日。

案例 16.27　大连华氏流体设备有限公司诉大连市甘井子区安全生产监督管理局行政处罚案

该案中,法院认为:对严重安全生产违法行为给予责令停产停业整顿等较重行政处罚的,应当由安全监管监察部门的负责人集体讨论决定。本案被上诉人安监局相关负责人5人对案件进行了集体讨论,制作了《行政处罚集体讨论记录》,进而作出被诉决定。据《行政处罚集体讨论记录》记载有5人参加讨论,2人在笔录中签字确认,其他人未签字确认。故从记录笔录记载的情况来看,不能证明《行政处罚决定书》是经被上诉人安监局负责人集体讨论决定,因此认定程序违法。①

案例 16.28　江西南方隧道工程有限公司诉高县水务局行政处罚案

该案中,法院认为:根据《行政处罚法》第38条第2款"对情节复杂或重大违法行为给予较重的行政处罚,行政机关的负责人应当集体讨论决定"的规定,被告作出行政处罚前,应当由有关负责人集体讨论决定,但被告提交的会议纪要没有相关参加人员等签字确认,故不能证明被告作出行政处罚前由有关负责人集体进行了讨论,违反了法定程序。②

(二)调查

1.调查程序的一般规定

《行政处罚法》第54条规定:"除本法第51条规定的可以当场作出的行政处罚外,行政机关发现公民、法人或者其他组织有依法应当给予行政处罚的行为的,必须全面、客观、公正地调查,收集有关证据;必要时,依照法律、法规的规定,可以进行检查。符合立案标准的,行政机关应当及时立案。"该条是关于调查程序的规定。除当场作出行政处罚之外,在作出行政处罚决定之前,都必须经过调查程序。调查的目的,就是为了查清违法事实,获得相关证据。只有经过大量的客观、全面、公正的调查工作,才有可能查明这些事实,获得相关证据。只有经过大量的客观、全面、公正的调查工作,才有可能查明这些事实,掌握有关的证据材料,从而作出与当事人的违法行为的事实、性质、情节以及社会危害程度相当的行政处罚。

有的行政处罚主体因调查取证违反全面、及时的原则被法院认定为程序违法。

---

① 辽宁省大连市中级人民法院(2014)大行终字第1号行政判决书。
② 四川省高县人民法院(2013)宜高行初字第12号行政判决书。

案例16.29 彭华梅诉化州市公安局行政处罚案

该案中,法院认为:彭某良、彭某杰的"询问笔录"中均陈述案发现场有几个村民见到事情的经过,但被告提供证据未见被告对"案发现场几个村民"调查取证的材料。原告彭华梅是否有用"锄头柄"推倒彭某良跌伤的事实,被告未能作进一步调查核实。同时,被告在接到彭某良报警后,已出警到现场,但没有及时调查取证。被告是在接到彭某良报警五天后才陆续调查证人,被告调查取证违反了《公安机关办理行政案件程序规定》第33条"公安机关对行政案件进行调查时,应当全面、及时、合法地收集、调取证据材料,并予以审查核实"的规定。①

有的判例认为检查记录及现场笔录未经当事人签名确认系程序违法。

案例16.30 A公司诉某海关行政处罚案

该案中,法院认为:根据《海关行政处罚实施条例》第36条的规定,海关依法检查运输工具和场所,查验货物、物品,应当制作检查、查验记录。被告在当日扣留涉案货物时虽然制发了海关货物查验记录单,但该记录单上并无当事人或其委托代理人签字,属于程序违法。②

有的判例确认了违反先取证后裁决的原则系程序违法。

案例16.31 蕉岭县兴福供销社谢陂门市诉蕉岭县农业局行政处罚案

该案中,法院认为:梅州市农业局在二审时提交的农业部农药鉴定所药政管理处出具的证明材料,不符合"先取证,后裁决"原则,不能作为认定假瘟克星事实的证据使用。③

案例16.32 章宜灿诉星子县公路运输管理所行政处罚案

该案中,法院认为:行政机关作出处罚决定,应当遵循"先取证,后裁决"的程序,而被告未取得证据即行裁决,仅向法院递交了一份1994年10月12日向原告发

---

① 广东省化州市人民法院(2014)茂化法行初字第7号行政判决书。
② 辽宁省丹东市中级人民法院(2009)丹行初字第00001号行政判决书。
③ 广东省梅州市中级人民法院(1999)梅中法行终字第10号行政判决书。

出的缴纳规费600元的通知。其证据力不足以证明处罚决定的合法性。①

有的判例确认采取了行政强制措施而不出具相应的法律文书系程序违法。

案例16.33　崔鹏飞诉东光县公安交通警察大队行政处罚案

该案中,法院认为:被上诉人将上诉人驾驶证予以扣留,没有出具相关手续,属于程序违法。②

有的判例认为对情节较轻的民间纠纷未进行调解即作出处罚系程序违法。

案例16.34　尚广波诉清丰县公安局行政处罚案

该案中,法院认为:尚广波与娄景伟违反治安管理的行为是因为民间纠纷引起,两人在铁锹碰撞的过程中造成娄景伟的右手受伤,清丰县公安局物证鉴定室法医学人体损伤程度鉴定右手部损伤为轻微伤。同时,在案件的调查处理中,清丰县公安局物证鉴定室法医学人体损伤程度鉴定尚广波头部损伤为轻微伤。尚广波、娄景伟对双方的鉴定意见均没有异议。公安局提供的证据可以证明尚广波亦受到伤害。但清丰县公安局在案件的处理过程中,未全面考虑案件的情节和具体情况,亦未进行调解,所做出的处理决定显失公正,依法应予纠正。③

但也有判例认为对情节较轻的民间纠纷未进行调解即作出处罚系程序瑕疵,笔者认为值得商榷。

案例16.35　王来成诉上蔡县公安局行政处罚案

该案中,法院认为:至于上蔡县公安局未进行调解就直接予以处罚系程序上的问题,属程序瑕疵,没有影响到实体上对王来成行政处罚的公正性,但上蔡县公安局在今后公安行政处罚案件中应当注意纠正。④

---

① 江西省星子县人民法院(1994)星子初字第07号行政判决书。
② 河北省沧州市中级人民法院(2014)沧行终字第43号行政判决书。
③ 河南省濮阳市中级人民法院(2009)濮中法行终字第68号行政判决书。
④ 河南省驻马店市中级人民法院(2012)驻法行终字第126号行政判决书。

2.调查程序中的执法手段及相关人员的义务

《行政处罚法》第42条、第43条、第55条、第56条关于调查程序中执法手段及相关人员义务的主要内容为:(1)调查程序中的执法手段。在调查程序中行政处罚主体可以采取的执法手段包括:其一,进行了调查、了解、询问,以掌握有关事实。其二,依法进行检查。检查,是查明事实和获取有关证据所需要的执法手段。但是,这一执法手段的运用,与相对人的合法的人身权利和财产权利密切相关,不是任何行政机关都具有这一执法手段,都可以对自然人的人身、财产或住所、法人的财产或住所进行检查。因此,《行政处罚法》明确规定,依照法律、法规的规定,行政处罚主体可以进行检查。易言之,只有法律、法规授予其行政检查权的行政处罚主体才可以依法采取检查手段。其三,抽样取证。对于与产品质量有关的行政处罚案件,抽样取证是比较适当的调查执法手段。其四,登记保存证据。在证据有灭失的可能或者以后难以取得的情况下,行政处罚主体可以对该证据予以登记,并保存于一定的地点,任何人不得予以销毁或者转移。登记保存证据,必须经过行政处罚主体负责人批准,并于7日内作出处理决定。(2)调查程序中执法人员、当事人或者有关人员应当履行的相应义务。在行使调查或检查的职权时,一般应有两名以上执法人员到场,并且执法人员应当向当事人或者有关人员主动出示表明行政执法身份的证件;当事人或者有关人员有权要求执法人员出示执法证件。执法人员不出示执法证件的,当事人或者有关人员有权拒绝接受调查或者检查。在进行询问或者检查时,执法人员还应当依法制作笔录。在执法人员进行调查工作时,当事人或有关人员应当予以配合和协助,应当如实作答,不作虚假陈述;不得阻挠执法人员的调查工作;不得销毁或者转移证据。(3)调查程序中执法人员的回避制度。为了保障行政处罚的公正性,本条规定了执法人员的回避制度。一般来说,执法人员应当回避的事由有以下几项:执法人员是本案的当事人或者是本案当事人的近亲属;执法人员或者其近亲属与本案当事人有直接的利害关系;执法人员或者其近亲属与本案当事人有其他关系,可能影响案件的公正处理的。具有上述情形之一的,执法人员应当请求回避。如果当事人认为执法人员回避的请求提出后,由该执法人员所在的行政处罚主体的负责人决定该执法人员是否应当回避。决定作出之前,不停止调查。需要指出的是执法人员应当文明执法,尊重和保护当事人合法权益。对于执法人员在调查取证过程中所掌握的个人隐私、商业秘密和国家秘密,任何人没有正当理由不得将这些秘密用作证明案件以外的其他目的,不得泄露给其他的个人或组织。否则,对因其泄露行为而给相对人或国家所造成的损失,泄露秘密的人应当承担相应的法律责任。

有的法院认为违反双人调查的规定系程序瑕疵。

案例 16.36 温岭市心舞机电有限公司诉钟祥市工商行政管理局行政处罚案

该案中,法院认为:虽然被上诉人在行政处罚过程中的调查笔录上没有记录人,但该瑕疵对行政处罚程序和上诉人的实体权利不产生直接影响。①

案例 16.37 齐淑华诉东港市公安局前阳公安分局行政处罚案

该案中,法院认为:根据被上诉人向原审法院提交的证据可以看出,被上诉人已向上诉人履行了告知义务,上诉人拒绝签字。在该告知笔录上仅有一名办案人签字,应认定为执法程序存在瑕疵,但并不影响被上诉人对案件事实的认定。②

笔者认为这种情形并不能证明实际调查时为双人作业,可能同一人既是问话人又是记录人,所以该认定是值得商榷的。事实上,有些法院就把违反双人作业的调查程序认定为程序违法。

案例 16.38 高廷芳诉安阳县公安局行政处罚案

该案中,法院认为:根据《公安机关办理行政案件程序规定》第 35 条的规定,公安机关在调查取证时,人民警察不得少于两人,并应当向被调查取证人员表明执法身份。但根据被告提供的现场照片注示的拍照人单磊的内容可知,被告在现场取证时,仅有一名警察,且被告又无其他证据证明取证时有两名以上警察在场。据此,依据上述法律规定被告在办理案件时程序违法。③

有的判例认为一人签署两人名字的执法方式亦属违法。

案例 16.39 李文正诉上海市公安局普陀分局长寿路派出所等行政处罚案

该案中,一审法院认为:在有两名办案民警时,通常情况下一人询问、一人记录,但两人同时参与询问和记录也是可能的。即使确实只有一名民警参与记录,在"记录人"一栏内签了两人姓名,也只属于笔录制作上的瑕疵。因此,派出所提供的询问笔录不违反《行政处罚法》关于调查人员不得少于两人的规定。二审法院认为:

---

① 湖北省荆门市中级人民法院(2014)鄂荆门行终字第 00036 号行政判决书。
② 辽宁省丹东市中级人民法院(2014)丹行终字第 00087 号行政判决书。
③ 河南省安阳市安阳县人民法院(2010)安行初字第 30 号行政判决书。

作为主要事实证据的询问笔录"存在着虚假情形,使本院对派出所调查取证的合法性与真实性产生怀疑"。派出所提供的证据无法形成一个有效的证据链,属认定事实不清,主要证据不足,行政处罚应予撤销。①

有的判例确认了未经调查就作出处罚属于程序违法。

案例 16.40 郑惠芳等诉长乐市土地管理局行政处罚案

该案中,法院认为:被上诉人长乐市土地管理局在作出被诉行政处罚决定的行政调查程序中,未对被处罚人董燕玉进行调查,未告知其违法事实、理由及依据,因此,未能保障其法定的知情权和申辩权,属程序违法。②

有的判例确认了扣押与案件无关的物品属于违法行政。

案例 16.41 田仁勇诉印江土家族苗族自治县公安局行政处罚案

该案中,法院认为:《治安管理处罚法》第 89 条第 1 款规定"公安机关办理治安案件,对与案件有关的需要作为证据的物品,可以扣押;对被侵害人或者善意第三人合法占有的财产,不得扣押,应当予以登记。对与案件无关的物品,不得扣押",田仁勇持有的吉利牌微型车一辆与殴打他人案件无关,并且被告也未将该车作为证据,所以被告对田仁勇作出扣押其持有的吉利牌微型车一辆的措施违法。③

有的判例确认了对未成年人调查未通知其父母、监护人或教师陪同系程序违法。

案例 16.42 张一迪诉偃师市公安局行政处罚案

该案中,法院认为:根据《行政处罚法》的规定,被告偃师市公安局对本行政区域内的治安工作进行管理并作出处罚享有法定职权。但该法第 84 条第 3 款规定"询问不满 16 周岁的违反治安管理行为人,应当通知其父母或者其他监护人到场";《公安机关办理行政案件程序规定》第 52 条也规定"询问不满 16 周岁的未成

---

① 上海市第二中级人民法院(2005)沪二中行终字第 354 号行政判决书。
② 福建省福州市中级人民法院(1998)榕行终字第 58 号行政判决书。
③ 贵州省印江土家族苗族自治县人民法院(2006)印行初字第 04 号行政判决书。

年人时,应当通知其父母或者其他监护人到场,其父母或者其他监护人不能到场的,可以通知其教师到场。确实无法通知或者通知后未到场的,应当在询问笔录中注明"。而被告在对本案未满16周岁的未成人进行询问时,没有依照上述规定的程序进行办理,应属办案违反法定程序,依法应予撤销并重新处理。①

有的判例认为拘留未通知家属仅属于程序瑕疵。

案例 16.43　黄廷举诉重庆市大足区公安局行政处罚案

该案中,法院认为,《治安管理处罚法》第83条第2款规定"公安机关应当及时将传唤的原因和处所通知被传唤人家属",第97条规定"决定给予行政拘留处罚的,应当及时通知被处罚人的家属",其目的是让被传唤人及被拘留人家属知晓被传唤人、被拘留人的情况,但是否通知到位并不影响公安机关对案件事实的认定及行政相对人的实体权利义务,且非行政处罚的必经前置程序。被告未依法告知原告家属其被传唤和拘留的情况,虽存在瑕疵,但并不影响原告的实体权利。②

有的判例确认了违反回避规定系程序违法。

案例 16.44　江西南方隧道工程有限公司诉高县水务局行政处罚案

该案中,法院认为:被告虽然提交了对原告提出回避申请进行答复的证据,但没有充分证据证明将该答复送达给了原告,视为没有答复,仍决定由原主持人主持听证,违反了法定程序。被告高县水务局的法定代表人与第三人高县惠泽水利开发有限责任公司的法定代表人系同一人王志强,而第三人与该行政处罚案件存在直接利害关系,故王志强应当回避,然而,被告作出行政处罚决定的审批材料中有王志强的审批意见,即王志强参与了该行政处罚的全过程,违反了回避原则,系程序违法。③

---

① 河南省偃师市人民法院(2013)偃行初字第4号行政判决书。
② 重庆市铜梁区人民法院(2014)铜法行初字第00075号行政判决书。
③ 四川省高县人民法院(2013)宜高行初字第16号行政判决书。

案例 16.45　合肥堃江商贸有限公司第一分公司诉合肥市包河区环境保护局行政处罚案

该案中,法院认为:《环境行政处罚听证程序规定》第 8 条第 2 款规定:"听证主持人、听证员和记录员应当是非本案调查人员。"本案中,听证主持人、听证员均系本案调查人员,违反了上述部门规章的规定,致使当事人依法享有的听证权受到影响,因此,涉案行政处罚听证程序违法。①

笔者基本赞同上述两个判决所持观点,但行政机关负责人如与案件有利害关系且无其他替代机关时,回避不能瓦解行政机关的管辖权,因此在该情形下其可不回避。②

有的判例认为在法律文书上的签字并非当事人本人签字的情形系程序违法。

案例 16.46　张宏霞诉阿图什市公安局行政处罚案

该案中,法院认为:被告在接到报警后,以原告扰乱单位工作秩序,对原告作出处罚过程中,使用的传唤证签名并非原告本人签名书写,被告在执法过程中违反法定程序,属程序违法。③

而有的判例则认为这属于程序瑕疵。

案例 16.47　河南省众昇环保科技有限公司诉桐柏县国土资源局行政处罚案

该案中,法院认为:在处罚程序中,《行政处罚事先告知书》《行政处罚听证告知书》等文书送达时上诉人未在送达回证上签字,以及先审批后告知听证等,虽属程序违法,但就本案实际情况来看,上诉人已行使了听证、复议等权利,并未影响其权利的实际行使,不影响案件的处理。④

---

① 安徽省合肥市包河区人民法院(2014)包行初字第 00011 号行政判决书。
② 参见章剑生:《行政听证制度研究》,浙江大学出版社 2010 年版,第 130 页;王名扬:《美国行政法》,中国法制出版社 2005 年版,第 459~461 页。
③ 新疆维吾尔自治区喀什地区中级人民法院(2014)喀行终字第 10 号行政判决书。
④ 河南省南阳市中级人民法院(2013)南行终字第 00025 号行政判决书。

(三)审查

《行政处罚法》第 57 条规定:"调查终结,行政机关负责人应当对调查结果进行审查,根据不同情况,分别作出如下决定:(1)确有应受行政处罚的违法行为的,根据情节轻重及具体情况,作出行政处罚决定;(2)违法行为轻微,依法可以不予行政处罚的,不予行政处罚;(3)违法事实不能成立的,不予行政处罚;(4)违法行为涉嫌犯罪的,移送司法机关。对情节复杂或者重大违法行为给予较重的行政处罚,行政机关的负责人应当集体讨论决定。第 58 条规定:"有下列情形之一,在行政机关负责人作出行政决定之前,应当由从事行政处罚决定法制审核的人员进行法制审核;未经法制审核或者审核未通过的,不得作出决定:(1)涉及重大公共利益的;(2)直接关系当事人或者第三人重大权益,经过听证程序的;(3)案件情况疑难复杂、涉及多个法律关系的;(4)法律、法规规定应当进行法制审核的其他情形。行政机关中初次从事行政处罚决定法制审核的人员,应当通过国家统一法律职业资格考试取得法律职业资格。"上述 2 条是关于行政处罚审查程序的规定。在行政处罚的一般程序中,一般程序适用于违法情节比较复杂,处罚较重的行政处罚案件,对于这类行政处罚决定的作出,必须严格审查和把关,不能轻率作出。建立审查程序的目的是更好地保护相对人的合法权益,保证行政处罚决定的正确。

调查结束后,执法人员将调查结果和处理意见送交行政处罚主体负责人进行审查。行政处罚主体负责人或者其负责人集体对调查经过进行充分、认真的审查后,根据不同情况,分别作出以下决定:

(1)对于行为人确有应受行政处罚的违法行为的,根据其违法行为的情节轻重及违法性质、社会危害程度等具体情况,依据有关法律、法规的规定,作出相应的处罚决定。相应的行政处罚,是指其种类、幅度等与违法行为和违法事实相适应的行政处罚。

(2)对于行为人确有违法行为,但是违法行为的情节较轻,社会危害性较小,依法可以不给予行政处罚的,作出不予行政处罚的决定。

(3)对于违法事实不能成立的,即没有证据能够证明行为人确有违法事实的,不予行政处罚。行为人违法行为的存在,是作出行政处罚决定的前提;查明行为人的违法事实,是作出行政处罚决定的基础。经过调查,未能查明行为人的违法事实,则不能给予任何种类的行政处罚。

(4)对于违法行为涉嫌犯罪的,移送有关司法机关依法处理。犯罪是社会危害性最为严重的一种违法行为。犯罪属于违法行为,但违法行为不一定构成犯罪,只有违法行为的社会危害性达到了一定的严重程度,才构成犯罪。犯罪是依法应受刑事责任的行为。对犯罪的侦查、审查起诉、审判,应当分别由公安机关、检察机关、审判机关来进行。因此,行政处罚主体负责人经过审查,认为行为人违法行为的社会危害性严重,已经构成犯罪,则应当移送有关司法机关进行处理。

对于情节复杂或者重大的违法行为,考虑到这类案件情节的复杂性或行为人违法行为的严重性以及有可能给予较重的行政处罚等因素,为了防止行政处罚决定错误,维护相对人合法权益不受侵犯,对于这类行政处罚决定的作出,应当经过更为详细、认真、严格的审查和讨论。因此,对于这类案件,应当经过行政处罚主体负责人集体讨论程序,这样在一定程度上能保证处罚更为正确及相应的降低行政争讼的可能。应当明确的是,行政处罚决定的作出,要由行政处罚主体负责人集体讨论决定的规定,与行政首长负责制并不矛盾。如果负责人集体讨论未能取得一致性或倾向性意见,那么,最终一般还是要由该行政处罚主体的行政首长作出决定。

审查程序是一般程序中具体办案与决定分开的体现。为了使有权决定处罚的人能够客观、公正地依照事实和法律作出判断和决定,避免先入为主,有权决定处罚的人员应保持相对的独立性。因此,行政处罚案件调查程序中的具体工作,由其他执法人员办理,而审查程序的工作,即对调查结果进行审查、进而作出相应的决定的工作,则要由该行政处罚主体负责人或负责人集体去做。这样规定,有利于加强制约和监督,有利于提高行政处罚的质量,有利于保证行政处罚的公正性和合法性。

《行政处罚法》第58条明确了以下4种情形在作出处罚决定之前必须经过法制审核:(1)涉及重大公共利益的;(2)直接关系当事人或者第三人重大权益,经过听证程序的;(3)案件情况疑难复杂、涉及多个法律关系的;(4)法律、法规规定应当进行法制审核的其他情形。而且,行政处罚主体中初次从事行政处罚决定法制审核的人员,必须通过国家统一法律职业资格考试取得法律职业资格。如果是必经法制审核的案件类型,而未经该程序即作出了处罚决定,通常会被认定为程序违法。

案例16.48　毛伟诉韶山市自然资源局行政处罚案

该案中,法院认为:在作出行政处罚决定之前,从事审核的汤赞系初次从事行政处罚决定审核的人员,未通过国家统一法律职业资格考试取得法律职业资格,不具有对行政处罚决定审核资格,违反法定程序。[①]

---

① 湖南省湘潭市中级人民法院(2020)湘03行终125号行政判决书。

刑事转行政处理的案件,必须在刑事撤案后才能作出行政处罚。有的行政处罚主体因未遵循这一程序被法院认定为程序违法。

案例 16.49 李道中诉濮阳市公安局卫都分局行政处罚案

该案中,法院认为:《公安机关执法细则》第 3-05 条规定,经审查认为不够刑事处罚需要给予行政处理的,应当转为行政案件办理。已经立案的,应当依照细则第 26-05 条规定撤销案件后,转为行政案件办理。该细则第 26-05 条规定,案件撤销后,对犯罪嫌疑人需要行政处罚或者其他行政处理的,转为行政案件办理。2012 年 3 月 27 日,被告对原告李道中涉嫌犯罪立为刑事案件,在没有出具任何手续的情况下,直接对原告李道中进行行政处罚没有法律依据,程序违法。①

而行政转刑事处理的案件,如果法律专门规定了行政处罚前置程序的,必须履行这一程序后才能转作刑事处理。

案例 16.50 长沙湘水谣食品有限公司诉浏阳市国家税务局稽查局行政处罚案

该案中,法院认为:本案案件线索系公安机关办理原告法定代表人涉嫌其他刑事犯罪侦查中发现并转长沙市国家税务稽查局于 2015 年 6 月 10 日交办被告查处,被告于 2015 年 11 月 6 日立案,2016 年 1 月 29 日向原告下达《税务行政处罚决定书》,在赋予原告 6 个月的行政诉讼期限未届满,处罚决定书未产生法律效力的情况下,且我国刑法规定逃税罪追究刑事责任必须行政处罚程序前置,即在当事人主动接受行政处罚的情形下,不予追究当事人刑事责任。仍于 2016 年 4 月将未生效的《税务行政处罚决定书》认定的少缴增值税的违法事实作为原告法定代表人陶佑忠涉嫌逃避缴纳税款犯罪移送浏阳市公安局,违反了法定程序。②

《行政处罚法》第 57 条第 2 款规定:"对情节复杂或者重大违法行为给予较重的行政处罚,行政机关的负责人应当集体讨论决定。"对其中的"集体讨论"程序,有的判例认为未经该程序问题不大。

---

① 河南省濮阳市华龙区人民法院(2014)华法行初字第 144 号行政判决书。
② 湖南省长沙市浏阳市人民法院(2016)湘 0181 行初 43 号行政判决书。

案例 16.51　瞿德富诉十堰市公安局茅箭区分局行政处罚案

该案中,法院认为:关于瞿德富诉称对其处罚重但未经公安机关负责人集体讨论属程序违法、处罚无效的问题,根据《行政处罚法》第 38 条的规定,作出行政处罚的决定有行政机关负责人决定和负责人集体讨论决两种方式,对情节复杂或者重大违法行为给予较重的行政处罚,由行政机关的负责人集体讨论决定。治安拘留限制人身自由属较重处罚,但"情节复杂"或"重大违法行为"的具体情形和集体讨论应当采取的方式法律上并无明确规定。由于公安机关面临的治安形势复杂,对选用何种方式作出治安罚决定,具有程序上的自由裁量权。本案中瞿德富确有殴打他人的违法行为,符合《行政处罚法》第 38 条第 1 款第(1)项的规定,十堰市公安局茅箭分局选由负责人作出处罚决定的方式并无不当。即便公安机关认为应选用负责人集体讨论决定的方式,基于本案客观存在的违法行为,又无免责事由,集体讨论决定的重点仅在于作出过责罚相当的处罚决定。因此,当事人此项诉求可归结为实体正义和程序正当可能冲突的法律问题,在无法做到实体和程序兼顾的情况下,应当优先考虑实体问题。如前所述本案治安处罚量罚适当,实体处理正确,十堰市公安分局茅箭分局出庭应诉是其集体意思的真实表示,不宜以未经负责人集体讨论为由轻易否定公安机关负责人决定治安处罚行为的法律效力,也缺乏明确的法律依据。①

而有的判例认为未经该程序属于程序违法。

案例 16.52　仇树英诉平原县公安局行政处罚案

该案中,法院认为:本案中,被上诉人平原县公安局对上诉人仇树英作出行政拘留 15 日、罚款 500 元的行政处罚,属于较重的行政处罚,因此应当由平原县公安局负责人集体讨论决定,被上诉人平原县公安局提交的"集体讨论意见表"并未体现平原县公安局负责人集体讨论的过程,因此本院认为被上诉人平原县公安局作出被诉行政处罚决定未经负责人集体讨论,属于违反法定程序。②

---

① 湖北省十堰市中级人民法院(2014)鄂十堰中行终字第 00016 号行政判决书。
② 山东省德州市中级人民法院(2013)德中行终字第 67 号行政判决书。

案例 16.53　胡裕松、王文平诉海口市人民政府及第三人王海岩收回国有土地使用权案

该案中,法院认为:海口市国土局的会签讨论情况不能作为3号处罚决定经过海口市政府负责人集体讨论的相关证据。因此,在案证据不能证明海口市政府作出3号处罚决定前,已经机关负责人集体会议讨论通过,违反法定程序。[1]

笔者赞同后一种观点,即认为未经该程序就构成程序违法,而且认为"情节复杂"或"重大违法行为"的具体情形无明确规定的观点并无道理,因为不确定性法律概念并非不可以通过法律解释的各种方法予以阐明。

有的判例认为虽然经过该程序,但最终的处罚决定如果与集体讨论结果不一致的,也属于程序违法。

案例 16.54　刘鹏诉长岭县林业局行政处罚案

该案中,法院认为:被上诉人提供的"案件集体讨论记录"记载的简要案情中,认定刘鹏除改变林地用途外还有毁坏林木287棵;结论性意见为处滥伐树木的5倍罚款、补种滥伐树木5倍的树木、处擅自改变林地用途每平方米30元的罚款。而在处罚决定中仅有集体讨论结论性意见的第(3)项,二者不一致,处罚决定擅自改变了集体讨论处罚决定的事项,系程序违法。[2]

有的判例认为虽经集体讨论但该程序与其他程序顺序颠倒的,亦属程序违法。

案例 16.55　福建省泉州市敦煌石业有限公司诉泉州市工商行政管理局行政处罚案

该案中,法院认为:被告于2013年6月3日集体讨论决定处罚内容,于同月14日公告送达行政处罚听证告知书,于同年8月19日作出行政处罚决定书,集体讨论决定程序先于听证告知程序,违反《工商行政管理机关行政处罚程序规定》第55条规定,属于程序违法。[3]

---

[1] 最高人民法院(2019)最高法行再22号行政判决书。
[2] 吉林省松原市中级人民法院(2014)松行终字第15号行政判决书。
[3] 福建省泉州市丰泽区人民法院(2014)丰行初字第19号行政判决书。

笔者认为,需要集体讨论的案件在书面复核或听证复核之后必须进行集体讨论,哪怕在听证告知程序之前就已经履行了集体讨论,也不能代替之后的再次集体讨论程序。

同时值得关注的是,实践中,集体讨论的模式共分为四种情形,分别为:

第一种,达不成统一意见的,按照少数服从多数的原则决定。如《江苏省海洋与渔业局系统重大行政处罚案件集体讨论制度(试行)》第8条规定,经过集体讨论能够形成处理意见或决定的案件,应按集体讨论形成的意见或决定执行;不能形成一致意见或决定的,由参会人员根据少数服从多数的原则决定对案件的处理意见。再如《江西省食品药品监督管理局重大行政处罚案件集体讨论工作规则》第5条规定,召开案审会应当由主任、执行主任、副主任、委员人数的2/3以上参加方能举行;会议作出的决定必须得到实际参加会议人数的1/2以上的多数人同意,对表示不同意的意见予以记录。

第二种,达不成统一意见的,原则上按照少数服从多数的原则决定,特殊情形下也可以由集体讨论机构负责人决定。如《洛阳市园林局重大行政处罚案件集体讨论制度》第6条规定,行政处罚案件审理委员会在审理重大行政处罚案件时,必须有半数以上人员参加。集体讨论形成处理意见时,一般应遵循少数服从多数的原则,允许保留不同意见。必要时,由案件审理委员会负责人决定。

第三种,达不成统一意见的,再次召开集体讨论会。如《广元市农业局行政处罚重大案件集体讨论制度》第11条第(3)项规定,不能形成一致意见时,由主持人在7日内再次召集审理委员会讨论决定。

第四种,达不成统一意见的,由行政首长作出决定。如《吉林省长春市城市管理行政执法局关于重大行政处罚案件实行集体讨论的规定》第11条规定:"委员在讨论时应当发表自己的意见。如果讨论未取得一致性或倾向性的意见,由局长作出决定。"

(四)行政处罚告知与送达

1.行政处罚告知

《行政处罚法》第44条规定:"行政机关在作出行政处罚决定之前,应当告知当事人拟作出行政处罚内容及事实、理由、依据,并告知当事人依法享有的陈述、申辩、要求听证等权利。"据此,行政处罚主体在作出处罚决定之前,应依法履行向当事人制发《行政处罚告知单》的义务。笔者认为,上述"告知当事人依法享有的权利"其中不仅包含陈述、申辩、听证权利,还应包含知悉工作人员身份权、申请回避的权利、拒绝回答与案件无关问题的权利、提供证据权、卷宗阅览权等。而且告知的对象范围应包括利害关系人,建议这一点在修法时予以考虑。《行政处罚告知单》有两种格式:一种当事人无权要求听证仅有权要求案卷复核,另一种当事人两种权利皆有。

《行政处罚告知单》的内容主要由标题、首部、正文、尾部及落款5部分构成。正文是最主要的部分,正文包括违法事实和证据、处罚种类和依据、当事人依法享有的权利。尾部由制发日期及印章等部分组成。

行政处罚告知的另一种形式是通过笔录告知,如《公安机关办理行政案件程序规定》第167条第2款规定:"适用一般程序作出行政处罚决定的,采用书面形式或者笔录形式告知。"

2. 送达

(1)送达方式

对适用简易程序当场处罚的案件,应当直接将《当场处罚决定书》正本送达当事人,并由当事人按规定要求在《当场处罚决定书》副本上签章。当事人拒绝签收的,由办案人员在《当场处罚决定书》副本上注明。其他法律文书的送达应当遵守以下要求,一般依照以下顺序办理:

第一种,直接送达,是指通知当事人到行政机关签收或直接到当事人的住所送达,本人不在的应当交其同住成年家属签收。其中受送达人是法人或其他组织的,应当由法人的法定代表人、其他组织的主要负责人或该法人、组织负责收件的人签收;受送达人有代理人的,可以送交其代理人签收;受送达人已向行政机关指定代收人的,送交代收人签收。当事人委托他人代为签收的,凭《授权委托书》以及相关证明材料办理签收手续,送达人员应当在《送达回证》上注明相关情况。直接送达的以《送达回证》上的签收日期为送达日期。《最高人民法院关于适用〈中华人民共和国行政诉讼法〉的解释》第52条明确规定:"人民法院可以在当事人住所地以外向当事人直接送达诉讼文书。当事人拒绝签署送达回证的,采用拍照、录像等方式记录送达过程即视为送达。审判人员、书记员应当在送达回证上注明送达情况并签名。"

第二种,留置送达,即受送达人或他的同住成年家属拒绝签收法律文书的,送达人应当邀请有关基层组织或者所在单位的代表到场,说明情况,在送达回证上记明拒收事由和日期,由送达人、见证人签名或者盖章,把法律文书留在受送达人的住所;也可以把法律文书留在受送达人的住所,并采用拍照、录像等方式记录送达过程,即视为送达。

第三种,委托送达,是指当事人在外地的,可以委托当地行政机关代为送达。委托送达的,应当出具《协助执行联系函》并与受委托行政机关做好联系配合工作。

第四种,邮寄送达,应当附有《送达回证》并且以《送达回证》上注明的收件日期为送达日期;《送达回证》没有寄回的,以挂号信回执或查询复单或特快专递有关计算机系统上注明的收件日期为送达日期。笔者认为,国内邮寄送达应以15日作为视为送达的期限较妥,但这一点还需法律予以明确。

第五种,公告送达,即当事人下落不明或通过其他方式无法送达的,可以采取的送达方式。公告送达的,应当将行政法律文书的正本张贴在行政机关公告栏内,境内当事人自发布公告之日起满60日视为送达。

第六种,转交送达,受送达人是军人的,通过其所在部队团以上的政治机关转交送达。受送达人被监禁或被采取强制性教育措施的,通过其所在监所、其所在强制性教育机构转交送达。

第七种,境外送达,是指向在中华人民共和国大陆领域内没有住所的当事人境外送达法律文书。①依照受送达人所在国与中华人民共和国缔结或者共同参加的国际条约中规定的方式送达;②通过外交途径送达;③对具有中华人民共和国国籍的受送达人,可以委托中华人民共和国驻受送达人所在国的使领馆代为送达;④向受送达人委托的有权代其接受送达的诉讼代理人送达;⑤向受送达人在中华人民共和国领域内设立的代表机构或者有权接受送达的分支机构、业务代办人送达;⑥受送达人所在国的法律允许邮寄送达的,可以邮寄送达,自邮寄之日起满3个月,送达回证没有退回,但根据各种情况足以认定已经送达的,期间届满之日视为送达;⑦采用传真、电子邮件等能够确认受送达人收悉的方式送达;⑧不能用上述方式送达的,公告送达,自公告之日起满3个月,即视为送达。

(2)送达的新方式探索①

国内法院系统在境外送达特别是对港、澳、台地区送达方面作了以下有益探索,笔者认为非常值得借鉴。

①利用法律服务公司送达

广东法院系统广泛存在利用中国法律服务(香港)有限公司及中国法律服务(澳门)有限公司送达法律文书的情形。由于香港地区法律并没有对送达主体进行限制,这就为中国法律服务(香港)有限公司在香港送达提供了便利。但该种送达方式的缺点在于价格昂贵,如中国法律服务(香港)有限公司每件收费2000元至2500元,优点在于送达快捷,一般1个至2个星期就有送达结果。

---

① 参见何其生:《域外送达制度研究》,北京大学出版社2006年版,第304~306页。

②利用现代科技手段送达

一是传真送达。在传真法律文书的同时可传真《送达回证》,要求其签章后再传真回来。或在传真后,由送达人在法律文书上记录已送达。

二是电子邮件或专门网址送达。为确认受送达人收到法律文书,可在事后由受送达人确认或出具证明,或在电子邮件发出后,注意存档并书面说明,或要求其回复"已收到某法律文书"的电子邮件。接受电子邮件的计算机在收到邮件后能够自动发出"功能性回执"的,亦可将该回执存档作为送达证明。专门网址送达如四川省成都市中级人民法院上网发布执行公告。又如福建省泉州市中级法院开设执行工作网站。再如最高人民法院在中国海事审判网的电子公告系统上发布送达公告。《最高人民法院关于适用〈中华人民共和国行政诉讼法〉的解释》第51条第2款明确规定:"当事人同意电子送达的,应当提供并确认传真号、电子信箱等电子送达地址。"

有判例确认了网上公告送达方式的合法性。

案例16.56　某公司诉某区工商分局行政处罚案

该案中,法院认为:公告的目的是通过公告使其内容为包括当事人及相关第三人在内的公众知晓,如果不能达到该效果,则该公告是无效的。因此,只要能满足上述功能,无论是通过报纸、公告栏还是通过网站发布的形式,都是允许的。但如果发布公告的网站是局域网,不是面向社会公众的,则不是有效的公告形式。被告通过对社会公开的网站发布处罚公告,任何人登录该网站不受任何限制,因此说该公告送达方式是允许的。而且,被告对该网站的公告进行了公证,通过证据保全的形式固定了公告送达的内容,因此能够有效地确定公告的时间和内容,因此该送达为有效的公告送达。[①]

但笔者认为,公告送达还是不宜单独在网上进行,因为对于某些民众特别是文化层次不高的底层民众来说其并没有上网的习惯和需求,公告送达应当采取在全国性或区域性发行量较大的报纸上刊登公告,并可以同时在公告栏张贴或在网络上公告。关于单独采取网络送达的方式是否合法及合理的问题其实在杜宝良案件中已经广受质疑。

有判例认为仅仅在单位的公告栏公告送达不合法。

---

① 参见北京市高级人民法院行政审判庭编:《行政诉讼案例研究(七)》,中国法制出版社2012年版,第5~8页。

案例 16.57　某钢铁公司六股东诉某市工商行政管理局行政处罚案

该案中,法院认为:该案中,某市工商局对某钢铁公司六股东对两名律师办理的全权委托代理手续理解有误,没有选择向两名律师送达法律文书,而选择向六股东送达结果又没有送达到。本院认为,在单位的公告栏公告送达是不合法的,这样的公告方式显然无法起到公告的效果。①

三是电话送达。使用电话录音证明已送达或制作电话记录,内容应包括通知人、受话人、拨出电话及受话电话的号码、拨出时间及通话时间、内容等,由两个以上的证明人签字。有条件的可使用可视电话的同步录音录像功能,将该音频视频文件刻录成光碟作为送达证明。

四是电报送达等。此方式可利用电信部门的留底服务解决,即拟制电报时,一式两份,其中一份由电信部门盖章确认,连同收费收据一同存档。

我国台湾地区"行政程序法"第 68 条亦规定:"行政机关之文书依法规以电报交换、电传文件、传真或其他电子文件行之者,视为自行送达。"

同时,笔者认为可以考虑使用多种方式同时送达,如果哪一种方式已被确认已经送达,那么就应及时中止其他送达程序并做好相关记录和说明存档。此外,笔者认为短信、飞信等方式也应当允许作为简单法律文书的送达方式,该种方式之确认应当将发信人、接受人、发信时间、发送号码、接受号码、短信内容、回信内容等拍照打印并由发信人及两个以上的证明人签字证明。

而从广义上来讲,相对人的受告知权,包括在行政决定作出之前行政主体表明执法身份和执法的合法性、告知相对人陈述意见和申辩的权利;在行政决定作出之后予以告知法律救济途径并送达终局性行政处理的法律文书;对涉及重要的实体权利时获得听证的权利,以及获得行政主体说明理由的义务,将行政决定的理由告知利害关系人或民众。概括来说,我国告知程序中存在的严重问题主要表现在:不予告知、未予有效告知、未告知教示权利、未予送达、送达程序不规范等几个问题。

a. 不予告知

不予告知表现之一是未表明执法身份和执法的合法性。

有的法院认为行政执法人员未出示执法证件仅为程序瑕疵。

---

① 参见北京市高级人民法院行政审判庭编:《行政诉讼案例研究(八)》,中国法制出版社 2014 年版,第 35~39 页。

案例 16.58　上海浦东宏良危险品仓储有限公司诉上海市规划和国土资源管理局行政处罚案

该案中,法院认为:另对于上诉人在审理中提出的被上诉人的执法人员在对上诉人法定代表人进行询问前未出示过执法证件的问题,从被上诉人向原审法院提交的两份上诉人法定代表人的陈述笔录看,确不能反映被上诉人执法人员在调查之前出示过执法证件,但该两份陈述笔录的名称即为《市房地局房屋土地违法案件陈述笔录》,笔录中载明的案件名称为宏良公司非法占地案,笔录中载明的陈述地点是市房地局行政执法四处——房地大厦1008室,笔录还载明了承办人及记录人的姓名,故上诉人法定代表人对其是去执法机关接受执法人员的调查是明知的,上诉人对执法人员的身份当时并无异议。在此之后,上诉人也未提供证据证明该两份笔录中载明的执法人员非被上诉人的执法人员。故被上诉人的笔录中虽无反映在调查前出示过执法证件,但该瑕疵并不足以否定该两份陈述笔录的合法性,更不足以此为由认为被上诉人本案行政处罚决定的执法程序已严重违法需予以撤销。①

而有的法院认为行政执法人员未出示执法证件没有任何问题。

案例 16.59　符忠诉广州市公安局交通警察支队天河大队行政处罚案

该案中,法院认为:被上诉人的交通警察在对上诉人违反《道路交通安全法》的行为执法时,穿着交通警察制式服装及驾驶警车,能够表明其执法身份,上诉人也应当能够辨认。因此,上诉人以被上诉人的执法民警在执法过程中未出示执法证件而认为被诉行政处罚决定不合法的上诉理由,依据不足。②

有的法院甚至认为,只有在相对人于执法现场对执法者的身份产生质疑时,执法者才需要出示执法证件、表明执法身份。

案例 16.60　李海军诉浙江省台州市公安局路桥分局行政处罚案

该案中,法院认为:原告李海军在被传唤和讯问时均未对办案人员的身份提出质疑,而仅于诉讼时称其未出示证件,要求认定被告调查程序不合法。因此,对于该

---

① 上海市第一中级人民法院(2008)沪一中行终字第390号行政判决书。
② 广东省广州市中级人民法院(2013)穗中法行终字第232号行政判决书。

主张,不予采纳。①

还有的法院认为未出示有关执法证件属于程序违法。

案例 16.61　佛山市高明晖隆源燃料有限公司诉佛山市高明区工商行政管理局行政处罚案

该案中,法院认为:被上诉人认为上诉人到其办公现场搜查时未出示搜查证及执法证,执法程序违法。②

不予告知表现之二是未予告知或者未主动告知相对人、利害关系人。
有判例认为未告知相对人系程序违法。

案例 16.62　周宁勤诉郑州市工商行政管理局行政处罚案

该案中,法院认为:被告在作出涉案行政处罚决定书之后,将应送达给郑州铭康物业管理有限公司的处罚决定书送达给了该公司在行政听证程序中委托的律师。按照委托书,其委托有效期自 2011 年 10 月 19 日至听证完结时已经终止,因此,送达给律师的做法属程序违法。③

有判例认为未告知利害关系人亦属程序违法。

案例 16.63　曾祥秀诉务川仡佬族苗族自治县人民政府行政处罚案

该案中,法院认为:本案原告与第三人黄都镇政府争议地既涉及土地所有权,即国家所有还是集体所有,又涉及土地使用权争议,因此该争执地的所有权争议涉及原告所在地集体经济组织的权益。但被告在行政程序中未将原告所在地集体经济组织列为当事人,也未反映其相关权利要求,对土地使用权争议未进行处理,因此在行政程序中遗漏了利害关系人,其程序违法。④

---

① 浙江省台州市路桥区人民法院(2005)路行初字第 17 号行政判决书。
② 广东省佛山市中级人民法院(2014)佛中法行终字第 99 号行政判决书。
③ 河南省郑州市二七区人民法院(2012)二七行初字第 129 号行政判决书。
④ 贵州省凤冈县人民法院(2014)凤行初字第 18 号行政判决书。

案例16.64　黎述珍诉三亚市公安局崖城派出所行政处罚案

该案中,法院认为:《治安管理处罚法》第97条第2款规定,有被侵害人的,公安机关应当将决定书副本抄送被侵害人。被告未履行该送达行为,违反法定程序,应予以撤销。①

案例16.65　辽宁成大佳园商业连锁有限公司诉建昌县工商行政管理局行政强制及行政处罚案

该案中,法院认为:原审第三人建昌供销公司主张其并不是涉案化肥的销售者,而是其单位职工韩锡民利用该公司执照进行销售,韩锡民在个人承诺中也明确予以认可,而再审申请人辽宁成大公司则主动向建昌县工商局反映自己是涉案化肥的所有者,要求参与到行政程序中来,并要求针对自己作出相关的行政行为。在此情况下,建昌县工商局坚持认为再审申请人与扣留(封存)及行政处罚行为无关,并坚持针对原审第三人作出扣留(封存)决定和行政处罚决定,属于处罚对象错误。由于被申请人建昌县工商局坚持认为再审申请人与扣留(封存)和行政处罚行为无关,导致再审申请人无法参与到行政程序中来,未能行使自己的陈述、申辩权及听证权,被申请人建昌工商局在作出对再审申请人有不利影响的行政行为之前,剥夺了再审申请人的上述权利,违反正当程序原则,已经构成违反法定程序。②

不予告知表现之三是未告知程序权利。
有的法院认为未告知权利仅仅是程序瑕疵。

案例16.66　张京正诉珠海市公安局交通警察支队行政处罚案

该案中,法院认为:对公民处以50元以上罚款的,适用一般程序进行处罚。对此,公安部《交通违章处理程序规定》也作了相应地规定。交警部门适用一般程序进行处罚,一般情况下应严格按照规定的程序操作,在相对人对违章事实无异议的情况,适当简化处罚程序,是执法便民原则的体现,而且相对人在知道违章事实及处罚依据、标准之后仍表示对违章事实无异议,应视为其放弃陈述和申辩的权利。在此情况下,交警部门未作进一步调查而直接作出行政处罚并无违反法律、法规的

---

① 海南省三亚市城郊人民法院(2014)城行初字第58号行政判决书。
② 辽宁省葫芦岛市中级人民法院(2012)葫审行终再字第00003号行政判决书。

规定。上诉人作为有完全民事行为能力的成年人,在被上诉人已告知违章事实及处罚标准之后,其若有异议可明确表示,而且当时的情形并不影响上诉人作其他意思表示。所以上诉人在处罚决定书备注栏所写"对该车违章无异议",应是其真实意思表示。故上诉人所言是受被上诉人逼迫才作无异议表示的主张不能成立。被上诉人按照行政处罚的一般程序简易化对上诉人作出行政处罚决定,其操作过程虽有瑕疵,但并未达程序违法,因此说,被上诉人作出行政处罚的程序并无违反法律、法规规定。①

但有的法院认为未告知权利属于程序违法,笔者赞同这一观点。

案例 16.67　陈向阳诉莆田市公安局城厢区分局交警大队行政处罚案

该案中,法院认为:被告莆田市公安局城厢分局交警大队作出《公安交通管理行政处罚决定书》时未先告知原告依法享有听证的权利,违反了《行政处罚法》第42条的规定,应予撤销。②

案例 16.68　李崇初等诉苍南县人民政府、苍南县国土资源局行政处罚案

该案中,法院认为:被告苍南县国土资源局未依法告知原告享有陈述、申辩等权利,直接作出被诉处罚决定,违反法定程序,应予撤销。③

有的行政处罚主体在撤销后重作的行政处罚程序中应重新履行处罚告知义务而未履行。

案例 16.69　上海大众汽车南阳销售服务有限公司诉南阳市国家税务局行政处罚案

该案中,法院认为:被告在对原告作出宛国税处(2006)2号税务处理决定书和宛国税罚(2006)2号税务行政处罚决定书时对原告进行过处罚告知和听证告知,前述两个决定被省国税局撤销后,被告在作出本案所诉的宛国税罚(2006)9号税务行

---

① 广东省珠海市中级人民法院(2004)珠中法行终字第46号行政判决书。
② 福建省莆田市城厢区人民法院(2014)城行初字第23号行政判决书。
③ 浙江省温州市中级人民法院(2012)浙温行初字第52号行政判决书。

政处罚决定书时应当重新进行相关权利的告知。被告没有就新的处罚行为进行处罚告知和听证告知程序,处罚程序违法。①

案例16.70　上海久炯贸易发展有限公司诉上海市浦东新区安全生产监督管理局行政处罚案

该案中,法院认为:2010年12月17日,被告作出了行政处罚事先告知书,同月20日作出并送达原告行政处罚决定书,行政程序已经完毕。之后,被告又自行撤销了上述处罚决定书,进行了听证程序,但被告在重新作出行政处罚决定书之前,没有再行进行处罚事先告知等程序,违反了《行政处罚法》第31条的规定,应认定为程序违法。②

还有的法院认为复议变更原处罚决定的,复议机关也得履行事先行政处罚告知义务。

案例16.71　黄火山诉深圳海关行政复议决定案

该案中,法院认为:被告就本案原告作出处罚应当遵循《行政处罚法》中有关听证程序的规定,履行其法定义务。被告无证据显示其在作出较大数额罚款37万元时,实施了上述听证程序要求的义务。因此,被告的罚款处罚决定,违反了法律要求的程序规定,应予撤销。③

就此判例,笔者认为值得商榷,因为法院判决也有权直接变更处罚内容,难道法院也得按照《行政处罚法》的规定制发《行政处罚告知单》吗?《人民司法》研究组亦认为:"根据《行政诉讼法》第54条的规定,人民法院在判决撤销被诉具体行政行为的同时,可以判决被告重新作出具体行政行为,但对重新作出的具体行政行为的程序,应当依不同情况作不同要求。若被告作出的具体行政行为程序不合法,且无法补正的,应当严格依据《行政处罚法》规定的程序重新作出具体行政行为。若被告作出的原具体行政行为程序合法,且重新作出的具体行政行为不涉及对事实重新认定的问题,基于提高行政效率、方便相对人的考虑,可以不完全按照《行政处

---

① 南阳市卧龙区人民法院(2009)宛龙行初字第39号行政判决书。
② 上海市浦东新区人民法院(2011)浦行初字第184号行政判决书。
③ 深圳市中级人民法院(2002)深中法行初字第9号行政判决书。

罚法》规定的具体程序作出行政处罚。但无论何种情形，被告重新作出行政处罚决定都应当符合《行政处罚法》的原则和规范的要求。"①

还有一种情形就是形式上履行了处罚告知义务，但实质上没有履行，也即严重的不合理也构成违法。

案例16.72　陈淑荣诉滑县公安局牛屯派出所行政处罚案

该案中，法院认为：《河南省人民政府法制办公室对安政法（2009）4号文件的复函》第（2）项规定"行政机关应当给予当事人行使陈述和申辩权合理的时间，时间长短一般应根据违法行为的事实、性质、情节和社会危害程度确定"。本案中，被告对原告进行行政处罚告知并交代陈述和申辩权的时间是2010年7月29日10时26分，向被处罚人送达处罚决定书的时间是2010年7月29日10时39分，显然未给予被处罚人行使陈述和申辩权合理的时间。②

b. 未有效告知

何为有效告知即告知要求达到何种程度才算有效告知？表面上看，行政主体进行了告知，但是，告知主体或执法人员错误、告知时间错误、告知方式错误、告知方式颠倒、告知不当、告知内容不周全等，都是违反行政程序时频发的问题。

未有效告知表现之一是告知主体或执法人员错误。

案例16.73　王明霞诉秭归县公安局行政处罚案

该案中，法院认为：本案中，虽然被告所属茅坪派出所下达了行政处罚告知书，但根据《治安管理处罚条例》第33条第2款的规定，公安派出所只有警告、50元以下罚款的处罚权，拟罚款10,000元的处罚告知权，应由被告秭归县公安局履行告知义务，茅坪派出所无权行使，尽管茅坪派出所履行了告知义务，根据法律规定是一种越权告知行为，应属无效告知。③

案例16.74　史彦昌诉内黄县公安局行政处罚案

该案中，法院认为：该案中告知主体与作出被诉行政处罚决定的主体不一致，

---

① 载《人民司法》1999年第10期。
② 河南省滑县人民法院（2010）滑行初字第53号行政判决书。
③ 湖北省秭归县人民法院（2001）秭行初字第1号行政判决书。

属于告知程序不当。①

案例 16.75　邱华诉宜昌市工商行政管理局行政处罚案

该案中,法院认为:被告宜昌市工商局在作出决定前,以其下属工商分局的名义进行了询问和调查取证,并书面告知陈述申辩和听证的权利,其做法不当。②

未有效告知表现之二是告知时间错误。

有的法院认为在当事人没有主动放弃陈述、申辩权利的前提下同时履行处罚告知及处罚决定的程序违法。

案例 16.76　鞠林海诉青岛市交通稽查支队行政处罚案

该案中,法院认为:被告青岛市交通稽查支队2013年7月9日作出的违法行为通知书中告知原告在接到本通知之日起3日内可提出陈述申辩,而被告于2013年7月22日将该通知书与处罚决定书一并送达。被告上述行为剥夺了原告法定的陈述、申辩权利,属于程序违法。③

案例 16.77　彭万雪诉滑县公安局赵营派出所行政处罚案

该案中,法院认为:《治安管理处罚法》第94条规定:"公安机关作出治安管理处罚决定前,应当告知违反治安管理行为人作出治安管理处罚的事实、理由及依据,并告知违反治安管理行为人依法享有的权利。违反治安管理行为人有权陈述和申辩。"本案中,被告对原告进行行政处罚告知并交代陈述和申辩权的时间是2012年11月28日,作出处罚决定并向原告送达处罚决定书的时间也是2012年11月28日,显然未给予原告行使陈述和申辩权合理的时间,法院认定为程序违法。④

而有的法院认为在当事人没有主动放弃陈述、申辩权利的前提下同时履行处罚告知及处罚决定程序仅构成程序瑕疵。

---

① 河南省内黄县人民法院(2010)内行初字第31号行政判决书。
② 湖北省宜昌市中级人民法院(1999)宜中行终字第22号行政判决书。
③ 山东省青岛市市南区人民法院(2014)南行初字第56号行政判决书。
④ 河南省滑县人民法院(2013)滑行初字第05号行政判决书。

案例16.78 深圳市兄弟能源有限公司诉大铲海关行政处罚案

该案中,法院认为:被上诉人在作出行政处罚决定告知书的当天即作出《行政处罚决定书》,没有给予行政相对人合理的提出意见的时间,未能保证行政相对人充分行使陈述权、申辩权和要求听证权。①

还有的法院认为在当事人没有主动放弃陈述、申辩权利的前提下同时履行处罚告知及处罚决定程序没有任何问题。

案例16.79 王建新诉洛阳市公安局东关分局行政处罚案

该案中,法院认为:根据东关分局提交的证据材料可以看出,东关分局在对王建新进行处罚前进行了告知,王建新提出了陈述和申辩,王建新签署的告知时间是2014年2月25日15时45分。2014年2月25日22时20分,东关分局向王建新送达了被诉行政处罚决定书。虽然《治安管理处罚法》和《行政处罚法》都规定了处罚前应当进行告知,但并没有规定告知多长时间后可以作出处罚决定,东关分局在告知近7小时后作出被诉处罚决定不违反法律规定。②

案例16.80 齐海涛诉新野县公安局行政处罚案

该案中,法院认为:因治安管理处罚法没有规定作出行政处罚决定与行政处罚告知的间隔时间,被告作出的行政处罚告知笔录与送达行政处罚决定书的当天告知,当天处罚的行政行为不属程序违法。③

笔者认为,在当事人没有主动放弃陈述、申辩权利的前提下,行政处罚主体不得在法定陈述、申辩期限未满之前作出行政处罚决定,因此笔者认为上述三个判例中第一个判例即案例16.78的结论是正确的,后两个判例即案例16.79、案例16.80的结论值得商榷。

有的法院认为在未满3日且相对人未明确表示放弃陈述、申辩、听证权利的情况下就作出处罚决定是违法的,应予撤销。

---

① 广东省高级人民法院(2013)粤高法行终字第91号行政判决书。
② 河南省洛阳市中级人民法院(2014)洛行终字第91号行政判决书。
③ 河南省新野县人民法院(2013)新行初字第161号行政判决书。

案例 16.81　季春阳诉镇赉县盐务管理局行政处罚案

该案中,法院认为:镇赉县盐务管理局在 2017 年 11 月 2 日向上诉人送达的行政处罚事先告知书中告知了上诉人自收到告知书之日起 3 日内可就给予的行政处罚享有陈述、申辩以及听证的权利,但在该期限未满 3 日,并且上诉人尚未明确表示放弃相关权利的情况下,就于 2017 年 11 月 4 日作出了责令上诉人改正违法行为;没收违法销售剩余加碘精制盐 6760 公斤、加碘粉洗盐 4970 公斤、假冒畜牧盐 5000 公斤的行政处罚决定书并送达给上诉人,镇赉县盐务管理局以上行政行为违反法定程序,依照《行政诉讼法》第 70 条规定:"行政行为有下列情形之一的,人民法院判决撤销或者部分撤销,并可以判决被告重新作出行政行为:……(三)违反法定程序的"之规定,镇赉县盐务管理局作出的行政处罚决定书应予撤销,该局可重新作出行政行为。①

未有效告知表现之三是以事实"告知"替代程序告知。

案例 16.82　李结彩诉东兴市渔政大队行政处罚案

该案中,法院认为:本案中,但上诉人对船舶被扣押不仅在场一事的事实是知道的,对被上诉人取证的笔录上签字认可,且上诉人在被上诉人组织听证过程中,上诉人已委托代理人参加,上诉人的委托代理人对案件事实未予否认,只对行政处罚提出了法律适用方面的意见,上诉人在一审庭审中还自认其违法捕捞作业的事实。据此,被上诉人的执法程序虽存在瑕疵,但不影响当事人的权利行使以及本案事实的查明认定。②

案例 16.83　伟兵诉揭阳市公安局交通警察支队市区一大队交通管理行政处罚案

该案中,法院认为:被告在作出上述处罚决定之前,应当告知原告作出行政处罚的事实、理由及依据,并告知原告依法享有的权利。被告发出的编号为 RX0019×××《违法停车告知单》,是被告认定原告违法事实的依据,被告主张其作出的《违法停车告知单》已清清楚楚写明原告违法行为的性质、时间、地点和法律条

---

① 吉林省白城市中级人民法院(2018)吉 08 行终 102 号行政判决书。
② 广西壮族自治区防城港市中级人民法院(2014)防市行终字第 33 号行政判决书。

款等,被告已履行处罚前的告知义务,依据不足,本院不予采纳。由于被告在对原告作出的上述行政处罚前未依法履行告知义务,违反上述规定,依据《行政处罚法》第41条"行政机关及其执法人员在作出行政处罚决定之前,不依照本法第31条、第32条的规定向当事人告知给予行政处罚的事实、理由和依据,或者拒绝听取当事人的陈述、申辩,行政处罚决定不能成立;当事人放弃陈述或者申辩权利的除外"的规定,被告作出处罚程序违法。遂判决撤销被告的处罚决定。①

未有效告知表现之四是告知方式错误。

有的行政处罚主体同时邮寄送达处罚告知单和处罚决定书被法院认定为程序违法。

案例16.84 广东省增城市国昌汽车贸易有限公司诉昆明海关行政处罚案

该案中,法院认为:昆明海关将行政处罚告知单和行政处罚决定同时邮寄送达上诉人增城市国昌汽车贸易有限公司,违反法定程序。②

不过,如果仅仅是行政处罚的落款时间与告知听证的落款时间相同,但仍然是依法先后分别送达的,可能仅仅被法院认定为程序瑕疵。

案例16.85 公主岭市福斯特妇女用品有限公司诉吉林省公主岭市工商行政管理局行政处罚抗诉案

该案裁判要旨认为:作出行政处罚的时间与告知听证的时间相同不符合《行政处罚法》规定,但未影响相对人在行政程序中依法享有的各项权利的,该程序瑕疵不足以否定行政行为的合法性。最高人民法院认为:根据《行政处罚法》第32条关于"当事人有权陈述和申辩,行政机关必须充分听取当事人意见,对当事人提出的事实、理由和证据,应当进行核实;当事人提出的事实、理由或者证据成立的,行政机关应当采纳"的规定以及第41条关于"行政机关在作出行政处罚之前,不依照第31条、第32条的规定向当事人告知给予处罚的事实、理由和依据,或者拒绝听取当事人陈述申辩,行政处罚决定不能成立"的规定,市工商局法制科填写的拟作出行政处罚案件核审表送审时间为1999年8月18日。同日,市工商局向福斯特公司签发

---

① 广东省揭阳市中级人民法院(2015)揭榕法行初字第8号行政判决书。
② 云南省高级人民法院(2000)云高行终字第17号行政判决书。

了《听证告知书》,并告知其在收到通知之日起 3 日内有提出陈述、申辩和要求举行听证的权利,逾期未提出的,视为放弃上述权利。该《听证告知书》于 1999 年 8 月 23 日邮寄送达,该公司于 8 月 26 日收到。福斯特公司收到《听证告知书》后,应当在 8 月 29 日之前依法向市工商局提出听证申请,但该公司未在法定时间内行使听证的权利。市工商局于 1999 年 9 月 10 日向福斯特公司邮寄送达了《行政处罚决定书》,该公司于 9 月 11 日收到。市工商局作出行政处罚决定书的时间虽然与《听证告知书》的时间相同,不符合《行政处罚法》的规定,但该行政程序的瑕疵并未影响福斯特公司在行政程序中依法享有的各项权利。福斯特公司提出被诉行政行为程序违法、未依法保证其在行政程序中的听证权利的理由不能成立。[1]

有的判例确认了违反了送达顺序直接选择公告送达不合法。

案例 16.86　辉县市樊寨房地产开发有限公司诉辉县市工商行政管理局行政处罚案

该案中,法院认为:国家工商行政管理总局第 58 号令《关于工商行政管理机关行政处罚程序暂行规定》第 66 条规定:工商行政管理机关送达处罚决定书,应当在宣告后当场交付当事人;当事人不在场的,应当 7 日内按照下列规定送达。第 67 条规定:工商行政管理机关送达文书,除行政告知书和听证告知书外应当按下列方式送达:(1)直接送达当事人的,由当事人在送达回证上注明收到日期,并签名或者盖章,当事人在送达回证上注明的签收日期为送达日期;(2)无法直接送达的,可以委托当地工商行政管理机关代为送达,也可以挂号邮寄送达,邮寄送达的,以回执上注明的收件日期为送达日期;(3)采取上述方式无法送达的,公告送达。公告送达,可以在全国性报纸或者办案机关所在地的省一级报纸上予以公告,也可以在工商行政管理机关公告栏张贴公告,并可以同时在工商行政管理机关网站上公告。自公告发布之日起经过 60 日,即视为送达。公告送达,应当在案卷中记明原因和经过。根据以上规定工商行政管理机关首先应采用直接送达的方式,无法直接送达的,既可以委托当地工商行政管理机关代为送达,也可以挂号邮寄送达,按照规定采用上述方式无法送达的,公告送达,工商局在未穷尽以上送达方式的情况下,而直接采用了工商行政管理机关公告栏内送达是不符合送达规定的。因此,法院因

---

[1] 最高人民法院(2007)行抗字第 3 号行政判决书。

这一理由及其他理由撤销了工商局的行政处罚决定。①

有的法院认为处罚告知与听证告知应当分别进行。

案例 16.87　陆某诉上海市公安局国际机场分局交通警察支队行政处罚案

该案中,法院认为:《行政处罚法》第31条规定,行政机关在作出行政处罚决定之前,应当告知当事人作出行政处罚决定的事实、理由及依据,并告知当事人依法享有的权利。第32条规定,当事人有权进行陈述和申辩。第42条规定,行政机关作出责令停产停业、吊销许可证或者执照、较大数额罚款等行政处罚决定之前,应当告知当事人有要求举行听证的权利;当事人要求听证的,行政机关应当组织听证。根据上述条文规定,事先告知程序和听证程序是互相独立的两项程序,应当分别进行。本案被告在2011年7月18日作出《行政处罚告知公告》,该文书包括了拟作出行政处罚决定的事实、理由、依据及原告有陈述和申辩权、听证权利等内容。但被告无法提供相应的法律依据证明其可以将事先告知程序和听证程序两项独立的法定程序合并进行,应认定为程序违法。②

笔者认为该判决值得商榷,笔者认为处罚告知与听证告知完全可以使用同一份处罚告知法律文书将其纳入,因为凡享有听证权利的当事人必然也享有陈述、申辩权利。

未有效告知表现之五是告知不及时。

案例 16.88　申广林诉晋城市公安局交通警察支队行政处罚案

该案中,法院认为:晋城交警支队未按照《山西省实施〈道路交通安全法〉办法》第58条第2款"公安机关交通管理部门及其交通警察发现机动车有未处理的违法行为记录的,应当在30日内书面告知机动车所有人或者驾驶人,机动车所有人或者驾驶人应当按照告知的时间、地点接受处理"的规定,对申广林实施处罚,致使该案未能及时处理。为此,晋城交警支队对申广林实施的道路行政处罚违反了法定程序。③

---

① 河南省新乡市中级人民法院(2014)新中行终字第65号行政判决书。
② 上海市浦东新区人民法院(2011)浦行初字第293号行政判决书。
③ 山西省高级人民法院(2013)晋行终字第13号行政判决书。

未有效告知表现之六是告知内容不当。

有的行政处罚主体在听证后改变罚种的情形下未重新履行处罚告知义务被法院认定为程序违法。

案例 16.89　海南世外桃源休闲农业发展有限责任公司诉海口市国土资源局行政处罚案

该案中,法院认为:上诉人市国土局向被上诉人世外桃源公司送达的行政处罚告知书中,告知拟作出的行政处罚为"限期拆除在非法占用的土地上新建的建筑物和其他设施,恢复土地原状"及罚款 203,801 元。但上诉人在经听证程序后作出的处罚决定中,决定给予的处罚却是"退还非法占用的土地,没收在非法占用土地上新建的建筑物和其他设施"及罚款 203,801 元。上诉人将原先在处罚告知书中告知当事人的"限期拆除在非法占用的土地上新建的建筑物和其他设施"的处罚措施,变更为"没收在非法占用土地上新建的建筑物和其他设施",而"限期拆除"和"没收"是两种不同的处罚措施,上诉人并未就变更的行政处罚履行法定的告知义务,违反法定程序。[①]

有的地方或部门的规定中要求裁量基准也必须纳入处罚告知的范畴,如未遵循亦可能被法院认定为程序违法。同时,《行政处罚法》第 34 条亦规定,裁量基准必须向社会公布。

案例 16.90　史彦昌诉内黄县公安局行政处罚案

该案中,法院认为:《河南省人民政府关于规范行政处罚裁量权的若干意见》第 3 条第(1)项第 3 目规定:"行政处罚告知制度。县级以上行政执法部门制作的行政处罚事先告知书,凡涉及行政处罚裁量的,应当向当事人告知本机关拟选择的处罚种类、处罚标准或者限制人身自由时间的事实、理由和依据;未履行行政处罚裁量告知义务的,行政处罚决定不能成立。"本案中,被告内黄县公安局对原告史彦昌作出的行政处罚决定是行政拘留 7 日,并处罚款 500 元人民币,从该局提交的证据材料来看,不能证明该局在作出该处罚决定前履行了告知义务,其虽然提交了 2010 年 4 月 23 日对史彦昌的告知笔录,但该告知笔录是以该局城关第二派出所的名义告

[①] 海南省海口市中级人民法院(2013)海中法行终字第 176 号行政判决书。

知的,其内容未告知拟选择处罚的种类、处罚标准及限制人身自由的时间,属于告知程序不当。①

未有效告知表现之七是告知不周全。

案例16.91 刘庆等诉古蔺县公安局行政处罚案

该案中,法院认为:《行政处罚法》第31条规定:"行政机关在作出行政处罚决定之前,应当告知当事人作出行政处罚决定的事实、理由及依据,并告知当事人依法享有的权利。"依照上述规定,行政机关应当告知当事人作出行政处罚决定的事实、理由及依据,而本案上诉人在告知被上诉人要进行治安行政处罚时,尚未形成初步处罚决定,因此没有告知法律依据及具体的处罚结果(具体罚种及幅度),影响被上诉人陈述和申辩权利的行使,不符合法定程序。②

未有效告知表现之八是告知程序颠倒。

案例16.92 范德香诉泰安市公安局泰汶分局行政处罚案

该案中,法院认为:被上诉人泰汶分局在作出被诉处罚决定时存在先处罚后告知的情形,违反了《行政处罚法》第31条、第41条,《治安管理处罚法》第94条的规定,被诉处罚决定依法不能成立。依照《行政处罚法》第3条第2款的规定,被诉处罚决定应认定无效。因此,确认该处罚决定无效。③

案例16.93 何美兴诉福清市公安局行政处罚案

该案中,法院认为:本案中,被上诉人福清市公安局向一审法院提供的2011年9月19日告知笔录及《行政处罚决定书》可以证实被上诉人向上诉人履行告知义务和送达处罚决定的时间为2011年9月19日,但被上诉人提交的《呈请公安行政处罚决定报告书》的落款及审批时间却为2011年9月15日,被上诉人在履行告知义

---

① 河南省内黄县人民法院(2010)内行初字第31号行政判决书。
② 四川省古蔺县人民法院(2005)古蔺县初字第31号行政判决书及四川省泸州市中级人民法院(2005)泸行终字第362号行政判决书。
③ 山东省泰安市中级人民法院(2014)泰行终字第10号行政判决书。

务之前即已作出被诉行政处罚决定,属于程序违法。①

案例 16.94 王世正诉罗山县公安局竹竿派出所行政处罚案

该案中,法院认为:被告竹竿派出所于 2011 年 12 月 2 日对原告作出罚款 200 元的处罚,后又于同年 12 月 19 日对原告补作了行政处罚告知笔录,属程序违法。②

未有效告知表现之九是告知权利不全。
有的行政处罚主体仅告知听证权利而未告知陈述、申辩权利被法院认定为程序违法。

案例 16.95 莫文昭诉佛山市顺德区行政执法局行政处罚案

该案中,法院认为:上诉人告知了当事人享有听证权并不能代替其已履行了告知当事人享有陈述、申辩权的义务。因此,上诉人未告知陈述、申辩权的做法已构成程序违法,应予撤销。③

c. 未送达
有的行政处罚因告知笔录、处罚决定书上当事人的签名系伪造的而被法院认定为程序违法。

案例 16.96 王铭诉秦皇岛市公安局海港分局行政处罚案

该案中,法院认为:被告提供的公安行政处罚告知笔录、公安行政处罚决定书上"王铭"签名经鉴定不是王铭本人所签,鉴此,被告作出行政处罚的程序违法。④

有的行政处罚主体因为无法举证证明自己已经履行送达义务被法院认定为程序违法。

---

① 福建省福州市中级人民法院(2013)榕行终字第 179 号行政判决书。
② 河南省罗山县人民法院(2012)罗行初字第 2 号行政判决书。
③ 广东省佛山市中级人民法院(2003)佛中法行终字第 63 号行政判决书。
④ 河北省秦皇岛经济技术开发区人民法院(2014)秦开行初字第 2 号行政判决书。

案例 16.97　三亚市河西区南海造船厂诉三亚市综合行政执法局行政处罚案

该案中,法院认为:三亚市综执局提交的留置送达回证等证据无法充分证明其已依照《行政强制法》第 38 条、第 44 条和《民事诉讼法》的有关规定,向南海造船厂送达了《强制执行催告书》《强制执行决定书》并发布了强制拆除公告。①

案例 16.98　董恩平诉昆明市公安局交通警察支队行政处罚案

该案中,法院认为:被告在举证期限内只提交了邮寄挂号信的信函收据,信函收据只能证明信函被邮寄出去,收件人收到信函的证明应当是收件人签收的凭据,本案中被告并未提交签收人签字证明的有效凭据,也没有其他证据印证原告是否收到告知书,且原告否认收到告知书,被告应承担举证不力的后果。②

有的行政处罚主体因为无法举证证明自己已经履行处罚告知义务,被法院认定为行政处罚不能成立。

案例 16.99　崔克健诉淄博市环境保护局淄川分局行政处罚案

该案中,法院认为:《环境行政处罚办法》第 48 条规定,在作出行政处罚决定前,应当告知当事人有关事实、理由、依据和当事人依法享有的陈述、申辩权利。在作出暂扣或吊销许可证、较大数额的罚款和没收等重大行政处罚决定之前,应当告知当事人有要求举行听证的权利。《行政处罚法》第 31 条规定,行政机关在作出行政处罚决定之前,应当告知当事人作出行政处罚决定的事实、理由及依据,并告知当事人依法享有的权利。第 41 条规定,行政机关及其执法人员在作出行政处罚决定之前,不依照本法第 31 条、第 32 条的规定向当事人告知给予行政处罚的事实、理由和依据,或者拒绝听取当事人的陈述、申辩,行政处罚决定不能成立;当事人放弃陈述或者申辩权利的除外。根据上述法律法规规定行政处罚前的告知程序是必经的程序,是当事人知情权的重要体现,行政机关作出行政处罚决定前应当告知当事人作出行政处罚的事实、理由及依据,并告知当事人依法享有的权利,确保当事人知悉所告知的具体内容;行政机关未告知的,行政处罚决定不成立。本案中,被告于 2016 年 6 月 18 日向原告送达的行政处罚事先告知书及行政处罚听证告知书只有

---

① 海南省三亚市中级人民法院(2013)三亚行终字第 18 号行政判决书。
② 云南省昆明市官渡区人民法院(2013)官行初字第 7 号行政判决书。

执法人员及见证人签字,没有证明原告在现场并拒绝签收法律文书证据,被告对送达过程未拍照、未录像固定证据,在原告否认在场接受法律文书的情形下,被告现有证据不能证明被告履行了告知程序。被告作出行政处罚决定前未履行告知义务,被告行政处罚违反法定程序,对被告作出行政处罚决定依法应当予以撤销。①

有的行政处罚主体因为无法举证证明自己已经履行处罚告知义务,被法院认定为无效行政行为。

案例 16.100　四川省南充市顺庆区源艺装饰广告部诉四川省南充市顺庆区安全生产监督管理局安全生产行政处罚案

裁判要旨:送达是行政执法活动的重要组成部分,如果处罚告知书未予送达行政相对人,则行政处罚决定不能成立。该案中,法院认为:邮寄送达是法定的送达方式之一,顺庆区安监局选择邮寄送达行政处罚告知书并无不当,但该行政处罚告知书却被邮政局以原地址查无此人和原写地址不详为由退回了顺庆区安监局,源艺广告部并没有收到行政处罚告知书,也不存在拒收的行为,该邮寄被退回的行为不能视为已送达,因此,也就不能视为顺庆区安监局在作出处罚决定前按照《行政处罚法》第 31 条的规定切实履行了告知义务。根据《行政处罚法》第 41 条的规定,顺庆区安监局作出的行政处罚决定不能成立。原审判决认定事实不清,依照《行政诉讼法》第 60 条第(3)项和《若干解释》第 57 条第 2 款第(3)项的规定,法院判决:撤销一审判决;确认顺庆区安监局作出的 16 号行政处罚决定无效。②

有的法院认为未予送达仅为程序瑕疵。

案例 16.101　陈小亮诉吴忠市公安局红寺堡区分局行政处罚案

该案中,法院认为:被告在作出处罚决定前向原告告知处罚前相关权利事项时,原告拒绝签字,被告既未让见证人签字,又未提供已告知的照片或其他证据证明,属程序上存在瑕疵,但不属程序违法。③

---

① 山东省淄博市淄川区人民法院(2018)鲁 0302 行初 15 号行政判决书。
② 最高人民法院行政审判指导案例第 73 号。
③ 宁夏回族自治区吴忠市红寺堡区人民法院(2014)吴红行初字第 3 号行政判决书。

案例 16.102　马超诉义乌市道路运输管理局行政处罚案

该案中，法院认为：被告于 2014 年 3 月 28 日作出《道路运输延长暂扣车辆期限告知书》，并于同年 3 月 31 日向原告邮寄"违法行为通知书、告知书"，其提供的邮寄证明中的所载的"潢川县集邮政支局妥投"，不足以证明"违法行为通知书、告知书"已送达原告，因此程序上有一定瑕疵。①

案例 16.103　河南省众昇环保科技有限公司诉桐柏县国土资源局行政处罚案

该案中，法院认为：在处罚程序中，《行政处罚事先告知书》《行政处罚听证告知书》等文书送达时上诉人未在送达回证上签字，以及先审批后告知听证等，虽属程序违法，但就本案实际情况来看，上诉人已行使了听证、复议等权利，并未影响其权利的实际行使，不影响案件的处理。②

而有的法院认为未予送达系程序违法，笔者赞同这一观点。

案例 16.104　大同市北方矿业有限责任公司诉山西省经济贸易委员会行政处罚案

该案中，法院认为：根据《行政处罚法》第 8 条的规定，"吊销许可证"是一种行政处罚。上诉人山西省经济贸易委员会晋经贸能字〔1998〕90 号《批复》中作出吊销被上诉人大同市北方矿业有限责任公司"两证"的行为属行政处罚，应按《行政处罚法》的有关规定实施。根据《行政处罚法》第 30 条关于"公民、法人或者其他组织违反行政管理秩序的行为，依法应当给予行政处罚的，行政机关必须查明事实；违法事实不清的，不得给予行政处罚"的规定，上诉人山西省经济贸易委员会没有认定该公司存在违法应予处罚的事实，而是以"鉴于堡子湾发煤站建站发煤的历史原因"为由，吊销该公司的"两证"属"违法事实不清"。上诉人山西省经济贸易委员会作出上述处罚时，未告知该公司据以作出处罚的事实、理由和依据及其依法享有的权利，所作处罚未制作行政处罚决定书，亦未送达当事人，违反了《行政处罚法》第 31 条、第 32 条、第 39 条、第 41 条、第 42 条第 1 款的规定。上诉人山西省经济贸易委员会在诉讼中提出该公司在办理"两证"过程中有欺骗行为，并有注册资金不到

---

① 浙江省义乌市人民法院(2014)金义行初字第 34 号行政判决书。
② 河南省南阳市中级人民法院(2013)南行终字第 00025 号行政判决书。

位、私刻公章等违法行为,但所述事实并非上诉人山西省经济贸易委员会所作处罚中认定的事实,其相关证据是上诉人作出处罚后调取的,故不能作为本案的定案根据。上诉人山西省经济贸易委员会虽然提出晋经贸能字〔1998〕90号《批复》第2条中"吊销"二字是用词不规范,不是对该公司的行政处罚,但其作出该批复后一直未予纠正,一审审理中,法庭允许山西省经济贸易委员会对其"用词不规范"的行为予以纠正,而山西省经济贸易委员会却未予纠正,故该辩解理由不能成立。综上所述,上诉人山西省经济贸易委员会作出吊销大同市北方矿业有限责任公司"两证"的处罚,认定事实不清,主要证据不足,违反法定程序,依法应予撤销。①

案例16.105　祁阳县食品总公司诉祁阳县畜牧水产局行政处罚案

该案中,法院认为:被告作出的行政处罚决定书,送达回证上均无原告方人员签收,也无第三者在场证实送达的有关情况。最终该处罚决定被法院判决撤销。笔者认为,未送达给当事人的行政处罚决定书对当事人来说自始未生效。②

有的法院认为处罚告知与处罚决定内容不一致的,应视为未履行处罚告知义务。

案例16.106　吴木枝诉福建省龙岩市公安局新罗分局行政处罚案

该案中,法院认为:被告龙岩市公安局新罗分局在对原告作出处罚决定之前,虽然依照行政处罚法的规定对原告进行告知,拟给予治安拘留15日、罚款3000元、没收赌资的处罚,但在2003年5月27日重新调查后,实际作出的处罚为治安拘留15日、罚款3000元,并没收非法所得31,000元、赌资25,220元,与处罚前后告知内容不符,没有对原告进行再告知,属程序违法。③

案例16.107　王述彬诉庆云县公安局行政处罚案

该案中,法院认为:被上诉人庆云县公安局在对上诉人王述彬进行处罚告知时表明"拟作出的行政处罚为:行政罚款4万元整"。而其在作出的行政处罚决定书中表"决定给予王述彬罚款4万元整,收缴烟花爆竹310箱的处罚"。行政处罚告

---

① 最高人民法院(1999)行终字第11号行政判决书。
② 湖南省祁阳县人民法院(1997)祁行初字第89号行政判决书。
③ 福建省龙岩市新罗区人民法院(2003)龙新行初字第29号行政判决书。

知笔录与行政处罚决定书内容不一致,在"收缴烟花爆竹310箱"这一处罚事项上剥夺了当事人陈述和申辩的权利,程序违法。①

案例16.108　陈章英诉攸县建设局行政处罚案

该案中,法院认为:被告在2009年9月19日对原告所作的行政处罚告知书(攸城行告字第3030×××号)与其2009年10月28日所作的行政处罚决定书(攸建罚〔2009〕210×××号)在处罚内容上并不一致,被告所作的处罚告知书告知原告拟对其所作处罚内容为:免予罚款、禁止人力广告车在县城规划区内进行宣传活动。而行政处罚决定书中对原告所作的处罚为:免予罚款,对其人力移动广告车上的广告及广告结构载体予以清理、拆除。被告攸县建设局对原告所作的"对其人力移动广告车上的广告及广告结构载体予以清理、拆除"的行政处罚决定较其之前向原告送达的处罚告知书中"禁止在县城规划区内进行宣传活动"在处罚内容上有变更,加重了对原告的处罚。依据《行政处罚法》第31条的规定,被告在对原告作出行政处罚决定之前,应当告知其作出行政处罚决定的事实、理由及依据,并告知当事人依法享有的权利。第32条规定,原告有权进行陈述和申辩,行政机关不得因原告申辩而加重处罚。陈述和申辩权是行政相对人的法定权利,本案中被告在未重新作出处罚告知书的情况下,变更了原处罚告知书内容,对原告作出加重处罚决定的行为,剥夺了原告的陈述申辩权,属于违反法定程序,应予撤销。②

但也有法院认为处罚告知的法律依据与处罚决定的法律依据不一致仅仅是程序瑕疵,笔者认为值得商榷。

案例16.109　大丰市刘庄镇卫生院诉盐城市大丰工商行政管理局行政处罚案

该案中,法院认为:被告向原告告知处罚所适用的依据与处罚决定所适用的依据虽然不完全一致(处罚告知书中告知的法律依据为《产品质量法》第39条,而处罚决定的法律依据则是《产品质量法》第13条的规定),但适用的是同一部法律,属程序瑕疵,其处罚的基本程序还是合法的。③

---

① 山东省德州市中级人民法院(2013)德中行终字第61号行政判决书。
② 湖南省株洲市中级人民法院(2010)株中法行终字第10号行政判决书。
③ 江苏省盐城市中级人民法院(2002)盐行终字第55号行政判决书。

有的行政处罚主体因不能提供邮件签收回执被法院认定为程序违法。

案例 16.110　周文甫诉郑州市公安局交通警察支队行政处罚案

该案中,法院认为:被告在作出行政处罚决定前,对当事人相关权利的告知笔录以邮寄方式送达,不能提供当事人的邮件签收回执,故被告行政处罚程序违法。①

d. 送达程序不规范

有的法院认为迟延送达没有任何问题,笔者认为值得商榷。

案例 16.111　王俊杰诉潍坊市公安局交通警察支队行政处罚案

该案中,法院认为:王俊杰主张交警支队作出行政处罚决定书后未在法律规定的 7 日内向其送达程序违法,本院认为,交警支队送达期限的迟延问题并不影响王俊杰针对行政处罚决定依法寻求救济的权利,该问题不属于违反法定程序的情形。②

而有的法院认为迟延送达构成程序违法,笔者表示赞同。

案例 16.112　黄佩珍诉江门市公安局新会分局行政处罚案

该案中,法院认为:根据《治安管理处罚法》第 97 条第 1 款"公安机关应当向被处罚人宣告治安管理处罚决定书,并当场交付被处罚人;无法当场向被处罚人宣告的,应当在二日内送达被处罚人"的规定,被告于 2013 年 12 月 26 日对原告作出《行政处罚决定书》,当日向原告宣告了行政处罚内容,但于 2014 年 4 月 12 日才向原告送达《行政处罚决定书》,违反法定程序。③

案例 16.113　杨涛诉淄博市公安局交通警察支队行政处罚案

该案中,法院认为:《行政处罚法》第 40 条规定:"行政处罚决定书应当在宣告后当场交付当事人;当事人不在场的,行政机关应当在七日内依照民事诉讼法的有

---

① 河南省郑州市金水区人民法院(2013)金行初字第 18 号行政判决书。
② 山东省潍坊市中级人民法院(2014)潍行终字第 66 号行政判决书。
③ 广东省江门市新会区人民法院(2014)江新法行初字第 24 号行政判决书。

关规定,将行政处罚决定书送达当事人。"被告于 2011 年 8 月 1 日作出行政处罚决定书,2013 年 6 月,被告向原告送达该行政处罚决定书,已明显超出法定的 7 日内送达的期限规定。被告作出的该行政处罚决定书违反上述法律规定,因此法院确认该行政处罚决定违法。①

有的判例确认了留置送达如未经基层组织或者其他人见证、签名系程序违法。

案例 16.114 厦门市同安区汀溪银鹭饲料厂诉福建省厦门盐务局行政处罚案

该案中,法院认为:根据《福建省行政执法程序规定》第 38 条的规定,对相对人拒绝签名的,必须在有关文书上注明拒签原因,并邀请基层组织或者其他人见证、签名。本院被告在送达《听证告知书》中虽有执法人员签名并说明拒签原因,但未邀请基层组织或者其他人见证、签名,无法证明被告已向原告送达《听证告知书》,由于听证告知是必经程序,被告程序违法。②

有的判例确认了将法律文书送达给非同住成年家属是违法的。

案例 16.115 张松涛诉舞钢市国土资源局行政处罚案

该案中,法院认为:本案中原告张松涛和第三人张金富都是被处罚人,虽是父子关系、同住一个院落,但已经分门另住。根据法律规定被告舞钢市国土资源局送达法律文书时,应分别向原告张松涛、第三人张金富送达,而从被告舞钢市国土资源局提供的第二组证据:《土地行政处罚事先告知书》《行政处罚听证告知书》《听证通知书》的送达回证上看,只有张松涛签名,而没有张金富的签名,原告张松涛也没有代第三人张金富签收,证明没有向第三人张金富送达,剥夺了第三人张金富的所享有的陈述权和申辩权。③

有的处罚因留置送达方式不合法而被法院认定为程序违法。

---

① 山东省淄博市张店区人民法院(2014)张行初字第 2 号行政判决书。
② 福建省厦门市思明区人民法院(2000)思行初字第 4 号行政判决书。
③ 河南省叶县人民法院(2014)叶行初字第 17 号行政判决书。

案例 16.116　郭先亭诉墨市国土资源局行政处罚案

该案中,法院认为:本案被告提交的送达回证注明是当事人拒签,但当事人拒签的情形是指当事人在场的情况下拒签签收,这种情形下应由见证人见证,采取留置的方式送达,而从被告提交送达时的照片看,送达时原告并不在家,被告采用张贴在墙上的方式送达的文书,不符合法律规定,不能证明被告有效的送达了法律文书,属于程序违法。①

案例 16.117　新县新集星星网吧诉新县文化广电新闻出版局行政处罚案

该案中,法院认为:被告以直接送达的方式,在备注当事人拒签的情况下,将行政处罚事先告知书、听证告知书留置送达,但仅有两名执法人员签名见证。根据《民事诉讼法》第86条的规定,受送达人或者他的同住成年家属拒绝接收诉讼文书的,送达人可以邀请有关基层组织或者所在单位的代表到场,说明情况,在送达回证上记明拒收事由和日期,由送达人、见证人签名或者盖章,把诉讼文书留在受送达人的住所;也可以把诉讼文书留在受送达人的住所,并采用拍照、录像等方式记录送达过程,即视为送达。因此,被告对两份告知书的留置送达,不符合上述法律规定,应视为没有送达,也就不能视为被告在作出处罚决定前,依照《行政处罚法》第31条、第42条的规定履行了告知义务。故被告作出的处罚决定违反法定程序。②

有的判例确认了在公告送达的公告期未满之时即出具正式的法律文书构成程序违法。

案例 16.118　福建省泉州市敦煌石业有限公司诉泉州市工商行政管理局行政处罚案

该案中,法院认为:被告于2012年11月30日公告送达《限期接受企业年度检验通知书》,在上述公告期未满60日的情况下,又于2013年1月10日发布《公告》(将未在限期内接受年检的包括敦煌公司在内的277家企业予以公告,并说明自公告发布之日起60日内仍未接受年检的,将依法吊销其营业执照),违反《工商行政

---

① 山东省即墨市人民法院(2014)即行初字第50号行政判决书。
② 河南省信阳市中级人民法院(2014)信中法行终字第46号行政判决书。

管理机关行政处罚程序规定》第67条规定,属于程序违法。①

有的法院认为对不符合公告送达条件的情形使用公告送达方式属程序违法。

案例16.119　陆某诉上海市公安局国际机场分局交通警察支队行政处罚案

该案中,法院认为:被告主张其根据《公安机关办理行政案件程序规定》第144条的规定,采取公告的方式进行告知。但该程序规定明确将"因违法行为人逃跑等原因无法履行告知义务"作为公告方式告知的前提之一。而本案原告并没有出现上述情况,客观上被告也分别在2011年6月和2011年8月将相关行政法律文书通过邮寄方式送达原告。故被告于2011年7月采用公告方式告知(送达的是另外的法律文书)并不符合《公安机关办理行政案件程序规定》第144条的规定,不能视为有效送达,亦属程序违法。②

而有的法院认为对不符合公告送达条件的情形直接使用公告送达方式应当视为未送达。

案例16.120　任丘市城内公共汽车有限公司诉任丘市工商行政管理局行政处罚案

该案"裁判要旨"认为:行政主体未尝试其他送达方式而径行通过公告送达方式送达行政处罚决定的,视为未送达。③

该案"评析部分"认为,假如应当适用公告送达,对于吊销营业执照的行政处罚,无论是在《人民法院报》还是在《北方市场消费报》上送达,也都不合适。因为前者是最高人民法院主管的报纸,是专业性的报纸,而后者更是河北省工商系统的行业性报纸,发行更是狭窄,订户更少,而且国家三令五申,禁止强行要求相关人员订阅此类报纸。具体到该案,因为是吊销沧州市范围的营业执照,在沧州市范围发行量最大、覆盖面最广的是《沧州日报》及《沧州晚报》,因此在这两份报纸中的任意一

---

① 福建省泉州市丰泽区人民法院(2014)丰行初字第19号行政判决书。
② 上海市浦东新区人民法院(2011)浦行初字第293号行政判决书。
③ 河北省沧州市中级人民法院(2005)沧行终字第36号行政裁定书。

份上刊登公告是比较合适的。①

e. 未告知教示权利

案例 16.121　谢双四诉天津市和平区市容管理委员会市容管理行政处罚案

该案中,法院认为:被告天津市和平区市容管理委员会根据《天津市城市市容管理规定》第 3 条的规定,具有城市市容管理的执法主体资格,但被告在行政执法过程中,对原告予以罚款,却没有告知当事人作出行政处罚决定的事实,理由及依据,也没有告知当事人依法享有的权利。因此被告的行为违反了行政处罚的法定程序,应予撤销。②

（五）案卷复核③

案卷复核即书面复核的意思,与使用言词当场质证、辩论的听证复核相对应,是指当事人对《行政处罚告知单》的拟处罚意见不服,在法定期限内以书面或口头形式提出陈述、申辩后,由审理部门代表行政处罚主体对其意见连同全案在一定期限内再重新审理一次的程序。当事人当场口头提出陈述、申辩的,行政处罚主体应当制作书面记录,并且由当事人签字或盖章确认。案卷复核虽然重点是针对当事人提出的理由进行复核,但当事人理由未涉及的部分也要全面复核。《行政处罚法》第 45 条规定:"当事人有权进行陈述和申辩。行政机关必须充分听取当事人的意见,对当事人提出的事实、理由和证据,应当进行复核;当事人提出的事实、理由或者证据成立的,行政机关应当采纳。行政机关不得因当事人陈述、申辩而给予更重的处罚。"但《行政处罚法》并没有明确当事人陈述、申辩的提起期限,一般掌握在 3 个工作日内比较合适。笔者认为,只要处罚决定尚未作出,当事人甚至利害关系人在任何时候均有权提出陈述、申辩及举证,只是如果不在上述法定期限内提出则不能产生启动案卷复核或听证复核程序的效果而已。

无论是案卷复核还是听证复核,充分听取当事人辩解皆有重大意义,主要在于:一是能使行政处罚主体全面查清案情,正确处罚;二是有利于当事人维护自身合法权益;三是有助于积极吸纳当事人参与行政,与行政处罚主体良性互动,实现

---

① 参见最高人民法院行政审判庭编:《中国行政审判案例》（第 3 卷）,中国法制出版社 2013 年版,第 38~43 页。
② 天津市和平区人民法院(2000)和行初字第 8 号行政判决书。
③ 关于听证复核程序详见下一节内容。

良好行政。[①]

1. 几种关于放弃或变更申请的情形之处置

(1) 如果当事人书面放弃陈述、申辩、听证权利之后,在处罚决定之前又提出陈述、申辩、听证的,只要仍在提起期限内,即只要在《行政处罚告知单》送达后的法定陈述、申辩期限内,应予以接受并复核。

(2) 如果当事人在案卷复核、听证复核程序启动之后且在法定陈述、申辩期限后撤回申请的,行政处罚主体应当及时终止复核程序,及时作出处罚决定,此时撤回之后就不应允许其反悔,因为此时已超过申请期限,而且其后还有复议、诉讼权利可以行使。

(3) 如果当事人先提出案卷复核申请,后又在送达《行政处罚告知单》后3个工作日内调整为听证申请,则应当允许。反之,先提出听证申请,再改为案卷复核申请,也应当允许。

(4) 对于当事人同时提交案卷复核申请及听证申请的,应当让其选择其中一种申请并撤回另一种。如果其不作表示的,应当为其举行听证,并向其说明理由。

(5) 对于当事人在《行政处罚告知单》送达的当日放弃陈述、申辩及听证权利的,行政处罚主体有权于同日制发《行政处罚决定书》并送达,但必须注明《行政处罚告知单》送达、《行政处罚决定书》送达及放弃权利声明提交的具体时间,应详细到年、月、日、时、分,以便于区别先后顺序。

2. 经复核的两种结果

(1) 经案卷复核程序维持

经案卷复核程序维持原处告知意见的,应直接制发《行政处罚决定书》。行政处罚主体应在《行政处罚决定书》中对陈述、申辩的复核情形有针对性地叙述,逐项写明当事人的理由、逐项予以反驳并说明拒绝接受当事人主张的理由。

(2) 经案卷复核程序变更

经复核,行政处罚主体认定的违法事实、适用的法律、行政法规条款或量罚与原告知的违法事实、适用的法律、行政法规条款或量罚意见不一致的,应重新制发《行政处罚告知单》,并在其中写明撤销原《行政处罚告知单》。而且新的《行政处罚告知单》中应当对陈述、申辩的复核情形有针对性地叙述,逐项写明当事人的理由、逐项予以反驳并说明理由,如果接受当事人理由的,也应予以说明并在定性量罚适法处作相应调整。在告知程序结束且无申辩、陈述的情形下,行政处罚主体应按规定程序、时限制发《行政处罚决定书》。法律并没有限定当事人仅能提出一次陈述、

[①] 参见余凌云:《行政法讲义》,清华大学出版社2010年版,第296页。

申辩意见,因此当事人如果对行政处罚主体重新告知的拟处罚意见仍不服的,还可以依法提起第二次复核申请。

有的判例确认了违反申辩不加罚原则系显失公正。

案例 16.122　谭志奎诉静县文体局行政处罚案

该案中,法院认为:被上诉人原来决定对上诉人罚款 4500 元,后又因上诉人拒绝接受处罚又在处罚决定中增罚至 9000 元,明显违反了《行政处罚法》第 32 条第 2 款的规定,属显失公正。①

有的判例认为被法院撤销后重作的行政处罚是不可能违反申辩不加罚原则的,笔者认为值得商榷。

案例 16.123　彭万雪诉滑县公安局行政处罚案

该案中,法院认为:《治安管理处罚法》第 94 条规定,公安机关不得因违反治安管理行为人的陈述、申辩而加重处罚。该规定针对的是被告作出具体行政行为前应给予原告的陈述、申辩的机会,强调的是行政程序中对原告陈述、申辩权的保护,目的在于维护正当程序,而不应包括法院撤销具体行政行为后被告重新作出具体行政行为的情形(由罚款 500 元变更为罚款 500 元并处拘留 7 日)。②

有的判例认为复议后加重处罚不违反申辩不加罚原则。

案例 16.124　桂林市金沙河物资仓储有限责任公司诉桂林市象山区安全生产监督管理局行政处罚案

该案中,法院认为:原告认为,被告对原告作出的(象)安监管罚 201102 号行政处罚决定书仅罚款 20,000 元,而经过复议听证后却改成对原告罚款 100,000 元,此结果加重了对原告的处罚。被告认为,被告第一次拟作出的处罚决定就是罚款 100,000 元,原告以经济困难为由提出减免申请后,被告体谅原告困难作出罚款 20,000 元的决定,但并无充分的法律依据,故不能将罚款 20,000 元与第二次决定罚

---

① 新疆维吾尔自治区巴音郭楞蒙古自治州中级人民法院(1999)中行终字第 4 号行政判决书。
② 河南省滑县人民法院(2013)滑行初字第 64 号行政判决书。

款 100,000 元相比较,被告决定罚款 100,000 元是对罚款 20,000 元错误的纠正,并非对原告加重处罚。最后法院维持了被告的行政处罚决定。①

而有的判例则认为复议后加重处罚违反了申辩不加罚原则。

案例 16.125　焦志刚诉天津市公安局和平分局行政处罚案

该案中,法院认为:申辩不加罚原则适用于行政复议。《行政处罚法》第 32 条第 1 款规定:"当事人有权进行陈述和申辩。行政机关必须充分听取当事人的意见,对当事人提出的事实、理由和证据,应当进行复核;当事人提出的事实、理由或者证据成立的,行政机关应当采纳。"第 2 款规定:"行政机关不得因当事人申辩而加重处罚。"行政处罚决定权掌握在行政机关手中。在行政处罚程序中始终贯彻允许当事人陈述和申辩的原则,只能有利于事实的查明和法律的正确适用,不会混淆是非,更不会因此而使违法行为人逃脱应有的惩罚。法律规定不得因当事人申辩而加重处罚,就是对当事人申辩进行鼓励的手段。无论是行政处罚程序还是行政复议程序,都不得因当事人进行申辩而加重对其处罚。认为"不得因当事人申辩而加重处罚"不适用于行政复议程序,是对法律的误解。②

案例 16.126　张小利诉北京市公安局丰台分局行政处罚案

该案中,被害人张小利认为被告对田杰的处罚太轻,遂提起诉讼(田杰为第三人)。一审法院认为被告对田杰罚款 200 元的处罚畸轻,显失公正,遂变更为对田杰行政拘留 3 日。二审法院对此予以了维持。③

学者何海波认为,出于正当程序的考虑,法院也不得对未参加诉讼的人加重处罚,④我们赞同这一观点。据此,上述案例中身为利害关系人的田杰如果没有作为第三人参与到行政诉讼当中,法院就不宜直接加重其处罚。

笔者认为,申辩不加罚原则同样适用于行政复议过程中,《行政复议法实施条例》第 51 条明确规定了"禁止不利变更"原则,规定"行政复议机关在申请人的行政复议请求范围内,不得作出对申请人更为不利的行政复议决定"。

---

① 桂林市象山区人民法院(2012)象行初字第 6 号行政判决书。
② 载《最高人民法院公报》2006 年第 10 期。
③ 北京市第二中级人民法院(1998)二中行终字第 34 号行政判决书。
④ 参见何海波:《行政诉讼法》(第 2 版),法律出版社 2016 年版,第 453 页。

有学者分析了五种"禁止不利益变更"原则的具体适用情形,这对于今后立法和实务操作颇具有借鉴意义。具体如下:

第一,受处罚的相对人申请行政复议的,复议机关不得将原处罚决定变更为对该申请人更为不利的决定,包括不能加长拘留期限或提高罚款数额,不能将处罚种类由一种变更为几种或由较轻的变更为较重的处罚种类。

第二,对于同案中共同违法而被行政处罚的相对人中只有部分被处罚人申请行政复议的,行政复议机关应当对原行政机关所作的具体行政行为进行全面审查,一并处理。经审查,认为原行政处罚决定不当应予变更的,不仅对提出行政复议申请的被处罚人不能加重处罚,而且也不能对没有提出复议申请的被处罚人加重处罚。

第三,对于原处罚决定为数个违法行为的合并处理,复议机关在审理时,确需变更原处罚决定的,也应当贯彻适用不利变更禁止原则。一是不能加重对其中一个或数个违法行为的处罚;二是复议机关只认定了数个违法行为中的一个违法行为,但认为对该行为的处罚过轻、数个违法行为合并处罚较为适当时也只能确认该一个违法行为而不宜与其他几个尚未被确定的"违法行为"放在一起实行合并处罚。

第四,对于事实清楚,证据确凿、充分,但原处理机关的行政处罚决定畸轻的案件,一般应维持原行政处罚决定,不能直接变更加重对复议申请人的处罚,也不得以事实不清或证据不足为由撤销原处罚决定重新作出加重的处罚决定。

第五,对于原处理机关处罚决定严重影响社会公益和他人合法权益的情形,复议机关应适用行政应急性原则予以撤销或变更,而不受不利变更禁止原则的限制,此即"禁止不利变更"原则之例外。[①]

有的判例确认了行政处罚主体在收到申请后因为自己聘用的员工未及时转交导致未能复核构成程序违法。

案例 16.127　周兴高诉上海市公安局长宁分局交通警察支队行政处罚案

该案中,法院认为:周兴高在收到长宁交警支队开具的违反道路交通管理通知书 A 抄告单后,于 1996 年 10 月 28 日用挂号信邮寄形式向其提出书面异议,认为执勤交通警察没有作出直行手势。该申请用挂号信形式邮寄给长宁交警支队,由唐有富签收,唐有富系退休后接受长宁交警支队支付报酬,负责在长宁交警支队指定

[①] 参见胡肖华等:《在我国行政复议程序中确立不利变更禁止原则的构想》,载《法学论坛》2003 年第 6 期。

地点进行琐碎事务处理的人员。长宁交警大队在法定期限内未予答复,后于1997年8月11日才径直作出了当场处罚决定。上海市长宁区人民法院认为,被告因内部管理问题而未获知,应承担由此造成处罚程序错误的后果,该行政处罚决定应予撤销。①

笔者赞同上述判例,而且,最高人民法院指导性案例26号"李健雄诉广东省交通运输厅政府信息公开案"的"裁判要点"也指出:"公民、法人或其他组织通过政府公众网络系统向行政机关提交政府信息公开申请的,如该网络系统未作例外说明,则系统确认申请提交成功的日期应当视为行政机关收到政府信息公开申请之日。行政机关对于该申请的内部处理流程,不能作为行政机关延期处理的理由,逾期作出答复的,应当确认为违法。"

3. 强制说明理由之必要

由于当事人在案卷复核程序中缺乏向审理人员当面陈述意见及与调查人员就证据进行质证、辩论的机会,此时行政处罚主体要更加注重运用重新制发的《行政处罚告知单》(复核变更的情形)或直接制发的《行政处罚决定书》(复核维持的情形),在其中辩法析理、阐明理由、答疑解惑、消除争议。既要论述行政处罚主体拟处罚意见为何正确的理由,又要论述当事人主张为何不能成立的理由。② 笔者认为,复核应起到纠正错误维护合法权益、证明拟处罚意见正确、解决纠纷消除争议三大功能。因此必须增强法律文书的说理性,不仅要阐述拟处罚意见的合法性理由,还要阐明正当性理由。说明理由依法可分为事前、事中、事后三种情形。而从公民参与权的最佳方案的选择来看,事先参与显然优于事后参与,预防性参与显然优于追惩性参与。强制说明理由,一般应在作出行政决定的同时附随说明理由,主要内容包含事实依据、法律依据及裁量理由三部分,说明理由应达到充分适当、清晰明确的程度,如日本经听证或辨明程序后所作处分之理由附记必须载明行政厅对其中重要争点所作判断过程及结果。③ 强制说明理由,是行政公开原则的必然要求④,是公正原则及正当程序的精神内核,是落实民主行政的有效手段,体现了行政合作趋势⑤。说明理由的程序价值具体在于:(1)对行政处罚主体而言,能使处罚趋

---

① 载 http://www.lawyee.org/Case/Case_Display.asp? ChannelID = 2010100&RID = 13794& keyword = ,最后访问日期:2012年7月6日。
② 不经复核程序的处罚法律文书亦要说明理由。
③ 参见张兴祥等:《外国行政程序法研究》,中国法制出版社2010年版,第158页。
④ 参见宋雅芳:《行政程序法专题研究》,法律出版社2006年版,第203~205页。
⑤ 参见章剑生:《现代行政法基本理论》,法律出版社2008年版,第416页。

于正确理性。说明理由是行政主体自我拘束的有效形式,能使办案更加谨慎①,有助于减少恣意处罚现象发生,有助于树立处罚的权威性②及增强行政主体的公信力,而且使以后发生类似案件有据可循,确保裁量标准和结论的统一③,促成平等保护④,有助于实现良好行政。(2)对当事人而言,能说服当事人自愿消除争讼或保障其正确行使防卫抗辩权。当事人获悉受罚理由可以让其进一步认识其违法点所在,有助于满足其对公平处理的基本需求,⑤提高处罚的可接受程度,或有利于其有针对性地行使抗辩权救济自身权益,检视处罚是否适当或违法。⑥ 更彰显了现代行政对相对人最起码的人格尊重。(3)对复议机关、司法机关而言,可构成复议审查、司法审查的基础并可提高审查效率。(4)对公众而言,能为其提供行为预测。说明理由在公开之后可使公众了解行政主体"对特定事务在事实上和法律上所持见解或态度,提高其预测的可能性"⑦。目前全国各地的行政机关都纷纷制定了关于说明理由的规定,如《莆田市粮食局行政处罚说明理由制度(试行)》《大连市国土资源和房屋局行政处罚说明制度》《抚顺市交通系统行政处罚说明制度(试行)》等。

而不说明理由的行政行为在澳门特别行政区等地都被认为是违法或无效的行政行为。我国台湾地区也认为行政处分在认定事实方面,对于认定重要事实之论断,应详细说明理由,否则构成违法。此外,对于作成处分所依据之证据,如何采择及评价,以及裁量的法律依据及事实依据,亦认为必须在处分理由中说明之。⑧ 目前,很多行政处罚主体的诸多法律文书说明理由极为简约,如实践中经复核程序后制发的《行政处罚决定书》仅对复核过程作程序性表述,不具有针对性、说理性,缺乏复核的实质内容、逻辑推理过程及裁量理由,这与缺乏外部法律规范有关,更是"模糊执法风险小"的观念所致,亟待改进。

但说明理由也不是绝对的。如因情况紧急或涉及国家秘密、商业秘密、个人隐私等情形的,处罚时可不说明理由或不说明该部分理由,但上述不需说明理由的情形及项目必须以法律明确规定为前提。此外,对于因情况紧急而未能即时说明理由的,当事人可于事后1个月内要求行政主体书面说明理由。⑨

---

① 参见余凌云:《行政法讲义》,清华大学出版社2010年版,第296页。
② 参见章剑生:《行政行为说明理由判解》,武汉大学出版社2000年版,第47~54页。
③ 参见陈瑞华:《程序正义原理》,中国法制出版社2010年版,第291页。
④ 参见罗传贤:《行政程序法基础理论》,五南图书出版有限公司1993年版,第254页。
⑤ 参见罗传贤:《行政程序法论》,五南图书出版有限公司2004年版,第223页。
⑥ 参见黄异:《行政法总论》,三民书局2006年版,第141页。
⑦ 王万华:《中国行政程序法典试拟稿及立法理由》,中国法制出版社2010年版,第346页。
⑧ 参见郭佳瑛:《论行政法上强制说明理由原则》,载城仲模主编:《行政法之一般法律原则(二)》,三民书局1999年版,第564~565页。
⑨ 参见宋雅芳:《行政程序法专题研究》,法律出版社2006年版,第213页。

有的判例认为不依据法律条文说明符合构成要件的理由构成违法。

案例16.128　王同珍诉行唐县住房和城乡建设局行政处罚案

该案中,法院认为:被告适用《城乡规划法》第64条规定时,未说明已建成的违法建筑无法采取改正措施消除影响的内容是错误的,应予撤销。①

4. 申辩不加罚原则

行政处罚主体不得因当事人申辩而加重处罚。值得注意的是,新发现的违法事实不受申辩不加重罚原则之限,但为了避免有违反该原则之嫌,最好还是另案处理。如中山联新化学工业有限公司诉拱北海关行政处罚案中,②虽经过两次复核,每次都减少了对当事人的罚款数额,但基于事实及案值发生变化,按货值比例量罚的最后比例反而略有上升,虽然法院判决海关胜诉,但审理人员确实忽略了该原则的遵守。关于原事实及案值发生变化的情形,尤其是案值或涉税款数额变小的情形,最后不仅要关注罚款数额的绝对变化,还应注意变更后的比例较之变更前的比例是否有所提高。

有的判例显示行政处罚主体在应该给予当事人陈述、申辩机会的情形下未给予。

案例16.129　王洪军诉鸡西市公安局直属公安分局行政处罚案

该案中,法院认为:被告鸡西市公安局直属公安分局所举证据,足以证明王洪军在向鸡西市公安局直属公安分局明确表示要求3日内进行陈述、申辩后,鸡西市公安局直属公安分局并未充分听取王洪军的陈述、申辩,应属行政处罚决定不成立。法院遂判决确认该行政处罚行为违法。③

而有的判例显示行政处罚主体应该对当事人依法提交的陈述、申辩意见进行复核而未进行复核。

---

① 河北省行唐县人民法院(2013)行行初字第00015号行政判决书。
② 参见广东省高级人民法院(2006)粤高法行终字第169号行政判决书。
③ 黑龙江省鸡西市鸡冠区人民法院(2013)鸡冠行初字第28号行政判决书。

案例 16.130　李小妍诉运城市公安局华信分局行政处罚案

该案中,法院认为:被告在对原告告知拟作出处罚内容后,原告提出了申辩的事实和理由,被告应当依照《行政处罚法》第 32 条和《治安管理处罚法》第 94 条第 2 款:关于对行为人提出申辩的事实和理由,应当进行复核的规定。被告未能举出履行复核程序的证据,故程序违法。[①]

（六）行政处罚决定

1.《行政处罚决定书》的撰写

《行政处罚决定书》主要包括标题、首部、正文、尾部及落款等五部分,其中正文内容与《行政处罚告知单》的正文内容基本一致。《行政处罚决定书》的内容具体如下:

（1）标题:某行政处罚主体行政处罚决定书。

（2）首部:《行政处罚决定书》编号及当事人基本情况。当事人为自然人的,应写明其姓名、性别、年龄、国籍或籍贯,上述填写内容以当事人的身份证件为准,没有身份证件的以其他合法证件为准。住址应填写其住所地,住所地与经常居住地不一致的,填写经常居住地。当事人为法人或其他组织的,应填写单位名称、企业性质、经营范围、法定代表人、企业代码、住址,地址以其实际地址为准。

（3）正文:第一,违法事实和证据。对当事人违法事实应作准确描述,包括与处罚定性有关的时间、地点、方式、手段、过程、情节、后果、违法行为涉及的货物或物品的名称、规格、型号、数量、价值、税款及性质、违法情节、后果等情况,涉及运输工具的还应写明运输工具的名称、型号。对当事人实施违法行为性质的认定,应作分析、论证。对当事人在告知后提出的申辩、陈述或听证的,应在决定书中将复核情况作针对性叙述。当事人同时存在两项或两项以上违法事实时,应分段论述。在违法事实叙述后应明确列明证据名称,如现场查验记录、涉案货物或物品、发票、资金往来单据、账册、证人证言、当事人提交的书面陈述材料及有关鉴定结论等,不得仅填写证据类型。

第二,处罚依据、种类及具体处罚内容。对于认定的每一项违法事实,在事实叙述及证据罗列后,明确写明处罚该违法行为的法律依据、罚种及具体处罚内容。对于同一处罚决定书认定多个违法事实的,在对单个违法事实作出事实认定、证据罗

[①] 山西省运城市中级人民法院(2014)运中行终字第 50 号行政判决书。

列后,应分别写明适用法律和罚种及具体处罚内容。处罚依据应写明法律、行政法规、规章规范全称及条、款、项、目。

(4)尾部:固定段落。对于处罚的履行方式和期限、逾期不履行的强制措施、不服处罚决定申请行政复议或提起行政诉讼的途径和期限、作出处罚决定的行政处罚主体名称和作出决定的日期。

(5)落款:成文日期及加盖印章。日期为具有签批权的领导签发的日期。而盖印处则必须加盖一级行政处罚主体行政章。

2.《行政处罚决定书》等法律文书及其送达

在告知、复核程序结束后的7个工作日内,应制作《行政处罚决定书》《不予处罚决定书》等法律文书。有关法律文书的送达程序及要求可参照本章前述送达内容。

3.《行政处罚决定书》的公开

法谚曰:"正义不仅要伸张,而且要以被看见的方式伸张。"公开即行政处罚主体行使行政处罚的每一个重要阶段和步骤都应当以当事人及公众知悉的方式进行,涉及国家秘密、商业秘密、个人隐私及公开之后可能会影响公共利益或公民、法人、其他组织合法权益的内容不予公开。生效法律文书的公开可以满足当事人及公众参与行政并监督权力运行,预防控制行政权力的滥用,并提高处罚决定的执法统一性和可接受性,更好地保障及救济自身的合法权益。

笔者建议,全国行政处罚主体的生效处罚决定内容应全部上传到互联网上各政府部门的网站,条件成熟时应建立"全国行政处理网",基于保护个人隐私和商业信誉的考虑,应当将真实姓名、职业职务、身份证编号、住址、企业名称、企业编号、地址等带有个体识别特征的当事人及关系人信息全部用代码表示或作其他特殊处理,如称为"A企业"或"甲"(指自然人)等,但一定期限内的声誉罚除外,而超过了一定期限的声誉罚之个体信息也应作特殊处理。但法律文书的编号必须保持连续,且要有技术或制度保证上传之后不得随意更改信息,最好由一个县、市统一指定一个机构负责此项工作,其他机构的生效法律文书均发送给该机构,由该机构上传至"全国行政处理网"。

反观目前全国各地行政机关的处罚公开制度,都是毫无保留地将当事人的真实姓名等信息全部公开出来,笔者认为是不合理的。如《海南省卫生系统行政处罚信息公开实施办法》第3条规定:"各级卫生行政主管部门应当主动公开行政处罚信息。信息公开主要通过政府网站、公告栏、新闻发布会以及报刊、广播、电视等便于公众知晓的方式进行,鼓励采取微博、微信等方式进行长期公开。"第4条规定:"行政处罚信息的具体内容:(1)行政处罚决定书文号;(2)被处罚对象的名称及法定代表人(负责人)姓名;(3)违反法律、法规或规章的主要事实;(4)行政处罚的种类和依据;(5)行政处罚的履行方式和期限;(6)做出处罚决定的行政执法机关名称和日期;(7)其他依法应当公开的内容。"

《行政处罚法》第48条规定:"具有一定社会影响的行政处罚决定应当依法公开。公开的行政处罚决定被依法变更、撤销、确认违法或者确认无效的,行政机关应当在3日内撤回行政处罚决定信息并公开说明理由。"据此,行政处罚公开制度在法律层面上有了比较具体的规定。但与全国法院系统的裁判文书一般都应公开上网对比起来,这步子走得实在有点小、有点慢。

4. 说理性《行政处罚决定书》制度的兴起

《行政处罚决定书》是行政处罚主体实施行政处罚行为的重要载体,不仅能反映出行政处罚主体的行政执法能力和水平,也是行政相对人和社会公众了解行政处罚主体执法状况的重要窗口。目前《行政处罚决定书》仍然存在事实叙述公式化、证据列举形式化、引用法律依据机械化、裁量理由含糊化、处理结论简单化、条理逻辑不清晰,甚至前后自相矛盾等问题,这些都在一定程度上给行政执法的公信力带来了不良影响。推行说理性《行政处罚决定书》,就是运用充分的说理来论证处理违法行为的理由、依据和处罚内容,做到晓之以法、明之以理,使当事人认识到行政处罚主体作出的行政处罚行为事实清楚、证据确凿充分、程序合法、处理适当、合情合理。这对进一步规范和监督行政处罚主体的行政处罚行为,促进各级行政处罚主体严格执法、公正执法和文明执法,提高政府的公信力和执行力,不断推进法治政府建设有着重要的意义。

目前,国内有些地方兴起了说理性《行政处罚决定书》制度的推行,并制定了相关规定,如《福建省漳州市人民政府关于全面推行说理性行政处罚文书的通知》《杭州市劳动和社会保障局关于在全市劳动保障系统推行说理性行政处罚决定书的实施意见》《湖南省娄底市食品药品监督管理局关于推行说理性行政处罚决定书的指导意见》《浙江省宁波市人民政府关于推行说理性行政处罚文书的通知》等,值得关注。

笔者认为,要写好说理性《行政处罚决定书》具体要把握好以下六个方面:

第一,认定事实的事理。案件事实是立案的依据,法律文书陈述的事实,是指与案件的结果有关联,并有相关证据佐证的事实。案件事实的表述应当完整准确,叙述要全面,一般按照事件发生的时间顺序客观、全面、真实地反映案情,陈述当事人何时、何地从事何种违法活动,涉案标的物的数量、金额、违法所得,从事违法活动的主观意图、采取的手段、造成的社会后果等,抓住重点,评述主要情节和因果关系。对认定违法事实的证据要逐一列举,说明某一证据证明某一违法事项。违法行为的构成要件要进行分析,办案程序要按照发生的时间顺序进行表述。重点阐述案件的调查经过和已查明的案件事实。案件的调查经过包括受理、立案到调查取证及案件事实确认的全过程,一般包括主体、时间、地点、调查步骤、取证手段等内容。已查明的案件事实部分,应全面反映主要事实,包括案发单位、时间、地点、具体违法行为以及与事实相关联的情节,如违法所得的认定,违法行为产生的危害、后果、影响和当事人对违法行为的认知态度等。叙述时要注意不应有反问、设问、疑问等任何主观的评论性语言。

第二,适用法律的法理。决定书运用法学理论对案件的定性、情节、处罚等问题作透彻的分析说明,说明违法事实认定后实施处罚的理由和法律依据。分析的内容、角度、结果都必须符合法律。其一,法律适用的理由要充分表述,应当结合具体个案案情事实,对具体适用某一法律条款作为处罚依据进行解释,必要时对法律条款要进行法理说明,向当事人说明所选用法条的理由及内涵,做到认定的案件事实与法律条文规定的构成要件事实之间的吻合,为案件事实准确"定性"。其二,法律引用的条款要准确,符合法律适用原则,并且应根据条、款、项、目的顺序写明适用那一层级。其三,法条引用的内容要全面,根据需要,既要引用"定性"的法律条文,又要引用"量罚"的法律条文,不能因为法条较为冗长而仅仅引用一部分,断章取义。引用时语句前后衔接通顺,符合逻辑。

第三,行使自由裁量权的情理。所谓情理,不是指纯粹的个人感情因素,意气用事,而是指人的常情和事情的一般道理,为社会公众所接受并遵循的人与人之间交往的自然法则。决定书中的情理不能忽视,尤其是在法律存在缺陷和空白时,情理论述与事理、法理的论述会相得益彰。情理论述应做到法理透彻、情理感人。应结合个案的案情,在处罚额度上,有合乎情理的文字说明。引用相关法律法规对当事人违法行为的具体情节、主观态度、悔过表现、侵害结果、从轻或减轻、从重处罚的原因等方面,进行具体分析和论述,综合案件所有情节,作出既合乎法律又合乎情理的公正"量罚",使作出的自由裁量有充分的理由,通过情理论述,给予人文关怀,体现了以人为本、人性化执法的理念。

第四,逻辑思维的哲理。应根据查实的证据,结合法律法规,从主体、主观方面,客体、客观方面综合分析,并运用逻辑推理严密地推定当事人构成违法,清楚地论证当事人行为构成违法的因果关系。案件事实是定案的依据,俗话讲"事实胜于雄辩",就是说事实本身就是最好的理由。在决定书正文部分,要围绕行为构成要件逐一列举证据,将收集到的书证、物证、证人证言、视听资料、当事人陈述、鉴定意见、勘验笔录和现场笔录等证据,按照时间顺序和证明的事实逐一列举,简要说明每一份证据的来源及证明用途,并对证据的合法性、关联性、客观性分析论证,从而推导出违法事实,使阐明的事实确凿无疑、无可辩驳,达到相应案件类型必须具备的证明标准。

第五,案件复核①的道理。对当事人进行陈述、申辩或者听证中提出的观点和理由要进行归纳梳理、认真分析、详尽说明。对持之有据的观点和理由要予以采纳,即使不采纳,也不能笼统地表述为"理由不能成立",而要援引法律法规,进行必要的法理分析,把道理说清、说透,从而化解矛盾,减少行政复议、行政诉讼的发生。当事人在法定期限内未提出书面复核或者听证复核要求的,在决定书中也要有文字说明。

第六,语言表达的文理。每一份决定书都是论证违法行为的论说文。要求必须做到观点明确、论据充分、论证严谨、逻辑严密、说理透彻。在文字表述上,必须熟练、准确地运用"法言法语",做到用词精到、文理通顺、重点突出、详略得当。通过说理把整个案件的处罚程序交代清楚,使当事人知法、知情、知理,化解矛盾,消除阻力,提高处罚的可接受度。

(七)违反法定程序作出行政处罚决定的法律后果

《行政处罚法》第38条规定:"行政处罚没有依据或者实施主体不具有行政主体资格的,行政处罚无效。违反法定程序构成重大且明显违法的,行政处罚无效。"

根据《行政处罚法》第62条规定,行政机关及其执法人员在作出行政处罚决定之前,未依照本法第44条、第45条的规定向当事人告知拟作出的行政处罚内容及事实、理由、依据,或者拒绝听取当事人的陈述、申辩,不得作出行政处罚决定;当事人明确放弃陈述或者申辩权利的除外。据此,在实施行政处罚的时候,行政处罚主体及其执法人员已经依法履行了告知当事人陈述和申辩权利的义务,而当事人自愿、明确地表示放弃该项陈述或者申辩权利,这种情况下不属于行政处罚主体及其执法人员违反了该项法定程序的情况,因此,也并不会因此而影响其作出的行政处罚决定的效力。

有学者指出,授益性和行政自制性质的内部行政程序和更低级别的规范性文件,可以作为"法定程序"的法源。概言之,行政机关可以自由地设置法律没有规定的授益性质的程序。只要行政主体不设置义务性或者负担性的程序,这样的"法"无论多低都可以,而且行政机关自己也必须遵守。内部行政规则,是指行政机关对其公务员或者下级机关发布的规范,不具有直接对外效力,但是有些内部行政规则

---

① 含书面复核及听证复核两种方式。

间接地对外界人员发生影响,可以产生行政实务上的惯例效果,形成私人的信赖保护利益,如果不遵守内部行政规则,则违反了平等原则和信赖保护原则。内部行政规则也可以作为法定行政程序中的"法"。例如,在"罗满秀诉上杭县公安局治安管理处罚裁决案"中,法院认为对原告罚款 5000 元的决定,违反了公安部 1996 年《关于行政处罚听证范围中"较大数额罚款"数额的通知》的规定,未给予听证权利,因此构成程序违法。[1] "通知"规定授益性质的程序权利,未尝不可。[2]

上述观点较有道理,但笔者认为,关于授益性质的程序权利及行政自制性质的规定必须有一定的法律依据,同时不得违背外部法律的强制性规定,而且必须把握好一定的度,否则也会构成违法。比如《行政强制法》或《行政处罚法》仅要求双人执法,而行政自制性质的内部规定则要求三人执法,那么仅双人的场合行政处罚主体就不能去制止违法,这是否构成渎职? 是否变相侵害了被害人的合法权益?

有的法院认为未遵照内部程序规定与未遵照外部程序规定同样都构成程序违法,应予撤销。

案例 16.131　水利部海委漳卫南运河德城河务局诉德州市国土资源局行政处罚案

该案中,法院认为:查处国土资源违法行为,应当依照法定的职权和程序。《国土资源违法行为查处工作规程》(国土资发〔2014〕117 号)7.3 规定,核查后,执法监察工作机构认为符合立案条件的,应当填写《立案呈批表》,报国土资源主管部门负责人审批。《立案呈批表》应当载明案件来源、当事人基本情况、涉嫌违法事实、相关建议等内容。7.4 规定,批准立案后,执法监察机构应当确定案件承办人员。承办人员具体组织实施案件调查取证、起草相关法律文书,提出处理意见,撰写案件调查报告等。10.1 规定,承办人员提交《国土资源违法案件调查报告》后,执法监察工作机构或者国土资源主管部门应当组织审理人员对案件调查报告和证据等相关材料进行审理。审理人员不能为同一案件的承办人员。《国土资源行政处罚办法》(国土资源部令第 60 号)第 12 条规定,符合下列条件的,国土资源主管部门应当在 10 个工作日内予以立案:(1)有明确的行为人;(2)有违反国土资源管理法律法规的事实;(3)依照国土资源管理法律法规应当追究法律责任;(4)属于本部门管辖;(5)违法行为没有超过追诉时效。第 24 条规定,案件调查终结,案件承办人员应当

---

[1] 参见国家法官学院、中国人民大学法学院编:《中国审判案例要览(2004 年行政审判案例卷)》,中国人民大学出版社、人民法院出版社 2005 年版,第 73 页。

[2] 参见于立深:《违反行政程序司法审查中的争点问题》,载《中国法学》2010 年第 5 期。

提交调查报告。调查报告应当包括当事人的基本情况、违法事实以及法律依据、相关证据、违法性质、违法情节、违法后果,并提出依法是否应当给予行政处罚以及给予何种行政处罚的处理意见。第32条规定,国土资源主管部门应当自立案之日起60日内作出行政处罚决定。案情复杂,不能在规定期限内作出行政处罚决定的,经本级国土资源主管部门负责人批准,可以适当延长,但延长期限不得超过30日,案情特别复杂的除外。《山东省行政程序规定》第66条第2款规定,行政执法程序由行政机关依职权启动,或者依公民、法人和其他组织的申请启动。行政机关依职权启动行政执法程序,应当由行政执法人员填写审批表,报本行政机关负责人批准。情况紧急的,可以事后补报。第84条规定,行政执法决定由行政机关主要负责人或者分管负责人作出。情节复杂或者重大的行政执法决定应当经行政机关法制机构审查后,由行政机关负责人集体讨论决定。本案中,被告举出的证据仅能证实其履行了调查询问、现场勘验、作出听证、作出处罚决定等事实,不能证实其履行了启动、审理、进行了听证及由行政机关负责人作出决定等程序,且行政处罚决定也未在法定60日内或者本级国土资源主管部门负责人批准,延长30日内作出。被告作出处罚决定不符合上述《国土资源违法行为查处工作规程》(国土资发〔2014〕117号)7.3、7.4、10.1,《国土资源行政处罚办法》第12条、第24条、第32条,《山东省行政程序规定》第66条、第84条规定,属程序违法,应予撤销。①

有的法院认为对同一当事人的同一行为制发两份《行政处罚决定书》构成程序违法。

案例16.132 杨火军诉涉县公安局行政处罚案

该案中,法院认为:2011年7月14日,被告涉县公安局作出涉公(河)决字〔2011〕第00013公安行政处罚决定书和涉公(河)行罚决字〔2011〕第00013公安行政处罚决定书,分别于2014年1月13日和2014年1月14日送达原告。两份行政处罚决定书均认定了杨火军将杨如江殴打致伤的违法事实,根据《治安管理处罚法》第43条第1款的规定,对杨火军行政拘留5日。涉公(河)行罚决字〔2011〕第00013公安行政处罚决定书中载有"逾期不交纳罚款的,每日按罚款数额的百分之三加处罚款,加处罚款的数额不超过罚款本数"的内容,而另一份行政处罚决定书中无此内容。法院认为,被告涉县公安局对原告杨火军就同一违法事实作出不同

---

① 山东省德州市德城区(2018)鲁1402行初56号行政判决书。

的两份处罚决定书,违反了法定程序。①

案例 16.133　张杰诉重庆市綦江区公安局行政处罚案

该案中,法院认为:上诉人綦江区公安局分别两次向被上诉人张杰送达作出时间不同的《行政处罚决定书》,未履行补正或者收回错误文书的程序,导致针对同一个违法行为存在两份有效但时间不同的《行政处罚决定书》,属于程序违法。②

案例 16.134　瞿明玉诉张家界市公安局永定分局行政处罚案

该案中,法院认为:被告在送达第一份引用法律条文为《治安管理处罚法》第23条第1款第(1)项的《行政处罚决定书》之后,发现该处罚决定书引用法律条文错误,要求原告瞿明玉退回该处罚决定书,遭其拒绝的情况下,应当按相应程序进行补正,但被告却直接给原告瞿明玉送达了第二份引用法律条文为《治安管理处罚法》第23条第1款第(2)项的《行政处罚决定书》,被告处罚程序严重违法。③

有的《行政处罚决定书》起诉期限告知错误。

案例 16.135　张咀波诉绿春县林业局行政处罚案

该案中,法院认为:被告处罚决定书中告知当事人不服处罚决定可以在15日内向法院起诉的期限不符合法律规定,本案提起诉讼的期限根据《行政诉讼法》第39条的规定,应当是当事人在知道作出具体行政行为之日起3个月内提出。④

有的《行政处罚决定书》复议期限告知错误。

案例 16.136　李秀清诉舟山市普陀区建设环境保护局行政处罚案

该案中,法院认为:被告对原告作出的行政处罚决定中告知原告申请复议的期限为15日,与《行政复议法》规定不符,属违反法定程序。⑤

---

① 河北省涉县人民法院(2014)涉行初字第3号行政判决书。
② 重庆市第五中级人民法院(2014)渝五中法行终字第00104号行政判决书。
③ 湖南省张家界市永定区人民法院(2014)张定行初字第12号行政判决书。
④ 云南省绿春县人民法院(1999)绿行初字第1号行政判决书。
⑤ 浙江省舟山市普陀区人民法院(2000)普行初字第1号行政判决书。

案例 16.137　边胜利诉杞县建设局行政处罚案

该案中,法院认为:《行政复议法》第 9 条规定,公民、法人或者其他组织认为具体行政侵犯其合法权益的,可以自知道该具体行政行为之日起 60 日内提出行政复议申请。被告作出的强制拆除决定书中,载明当事人的申请复议期限为 16 日,被告的具体行政行为属程序违法,依法应予撤销。①

有的案件由上级机关处罚告知后由下级机关作出处罚决定被法院认定为程序违法。

案例 16.138　姚天露诉济源市城乡规划管理局行政处罚案

该案中,法院认为:原济源市城市管理局是当时行使查处违反《河南省〈城市市容和环境卫生管理条例〉实施办法》情形的职权部门,其在对违法行为实施行政处罚前应当以自己的名义对违法行为人作出行政处罚事先告知书,而不应当由其上级机关(济源市住房和城乡建设局为济源市城市管理局的上级机关)作出,故原济源市城市管理局在对姚天露进行行政处罚过程中,由济源市住房和城乡建设局对姚天露作出行政处罚事先告知书,是不当的。②

有的法院对《行政处罚决定书》进行了严格审查,认为文号与处罚机关不符的就属于程序违法。

案例 16.139　吕某诉某公安局行政处罚案

该案中,法院认为:被告作出的凉公(西大)行决字(2013)第 1223 号公安行政处罚决定书,系某公安局作出的并非其下属西大街派出所作出,被告以"凉公(西大)行决字"为文号,属行政执法主体不一致,属程序违法。③

而有的法院认为下级行政机关的处罚告知或内设机构的处罚告知可以替代上级行政机关的处罚告知,笔者认为值得商榷。

---

① 河南省杞县人民法院(2009)杞行初字第 80 号行政判决书。
② 河南省济源市人民法院(2011)济行初字第 38 号行政判决书。
③ 甘肃省武威市凉州区人民法院(2013)凉行初字第 15 号行政判决书。

案例 16.140　某国际石材公司诉某市某区税务局行政处罚案

该案中,法院认为:稽查中队系某区税务局的职能部门,该稽查中队以自己名义作出的处罚告知可以作为某区税务局的处罚告知,其处罚程序是合法的。①

笔者认为,该案中由于稽查中队系某区税务局的内设机构,且根据法律、法规和规章的规定,其不能以自己的名义作出行政处罚,因此其既无权以自己的名义作出处罚告知行为,也无权以自己的名义作出最终的行政处罚决定。

有的行政处罚主体因告知了错误的复议机关被法院认定为程序违法。

案例 16.141　马启业诉潢川县地方税务局稽查局行政处罚案

该案中,法院认为:被告潢川县地方税务局稽查局在行政处罚决定书中告知原告复议机关是信阳市行政复议委员会办公室,而被告的上级复议机关是潢川县地方税务局复议委员会,显然被告知了错误的复议机关,属程序违法。②

有的行政处罚主体的《行政处罚决定书》错误告知当事人向检察院起诉。

案例 16.142　王秀琴诉大连市公安局西岗分局行政处罚案

该案中,法院认为:至于西岗公安局告知王秀琴向大连市西岗区人民检察院提起行政诉讼一节,确属诉权告知错误。诉权告知错误只对如何计算王秀琴提起行政诉讼的起诉期限有影响,但并不影响被诉决定自身的合法性。③

有的行政处罚主体因未依申请就重新作出的处罚告知举行听证即作出处罚决定,被法院认定为程序违法。

案例 16.143　四川蜀威会计师事务所有限公司诉四川省地方税务局稽查局行政处罚案

该案中,法院认为:虽然22号行政处罚决定送达上诉人蜀威公司的时间在举行

---

① 参见张海棠主编:《行政诉讼案例精选》,上海人民出版社2003年版,第103~109页。
② 河南省信阳市中级人民法院(2014)信中法行终字第38号行政判决书。
③ 辽宁省大连市中级人民法院(2014)大行终字第55号行政判决书。

听证之后,但从该行政处罚决定的落款处显示其作出的时间在上诉人蜀威公司要求举行听证之前,即被上诉人省地税稽查局是在没有听取上诉人蜀威公司的陈述、申辩的情况下,就已作出了行政处罚决定。尽管被上诉人省地税稽查局于2004年11月就其认定的上诉人蜀威公司的税收违法行为组织过听证,但该次听证针对的是川地税稽告字(2004)第121号"税务行政处罚事项告知书"所告知的事项,且该次听证后,被上诉人省地税稽查局撤销了已生效的川地税稽处(2004)239号税务处理决定,并重新作出了新的处理决定及行政处罚告知书,前后两次告知的事项针对的是不相同的违法事实,不能证明被上诉人省地税稽查局在作出本案被诉具体行政行为之前履行了听证的法定程序。被上诉人省地税稽查局作出的22号行政处罚决定,不符合法律对行政处罚的程序规定,属程序违法,依法应当予以撤销。[1]

有的案件制作罚款入库单的日期比作出处罚决定的日期还早,被法院认定为程序瑕疵。

案例16.144　肇庆市绿色市政新型环保建材有限公司诉肇庆市环境保护局行政处罚案

该案中,法院认为:行政处罚决定书显示制作日期为2013年8月5日,而"非税收入罚款通知书"显示制作日期为2013年8月1日。据被告解释:2013年8月7日制作"非税收入罚款通知书",但因操作不慎填写日期为8月1日,而且答辩人实际上是到2013年8月12日送达行政处罚决定当日将通知书一并送达原告。法院认为:原告在诉讼中提出被告于8月1日制作"非税收入罚款通知书"先于行政处罚决定书作出,程序上违法,鉴于该罚款通知书是于2013年8月12日与行政处罚决定书一并送达原告,故罚款通知书的制作日期并不影响被告行政处罚决定的合法性。故认为行政处罚决定应予维持。[2]

有的判例确认了行政处罚决定不得由原行政处罚主体随意撤销的原则。

案例16.145　焦志刚诉天津市公安局和平分局行政处罚案

该案中,法院认为:上诉人和平公安分局称,由于天津市公安局公安交通管理

---

[1] 四川省成都中级人民法院(2006)成行终字第14号行政判决书。
[2] 广东省肇庆市端州区人民法院(2014)肇端法行初字第2号行政判决书。

局认为056号处罚决定书处罚过轻提出申诉,天津市公安局纪检组指令其重新裁决,这样做的执法根据是《公安机关内部执法监督工作规定》第13条、第19条第(1)项规定,因此重新裁决符合法律规定,程序并不违法。错误的行政处罚决定,只能依照法定程序纠正。《治安管理处罚条例》第39条规定:"被裁决受治安管理处罚的人或者被侵害人不服公安机关或者乡(镇)人民政府裁决的,在接到通知后5日内,可以向上一级公安机关提出申诉,由上一级公安机关在接到申诉后5日内作出裁决;不服上一级公安机关裁决的,可以在接到通知后5日内向当地人民法院提起诉讼。"根据此条规定,有权对治安管理处罚决定提出申诉的,只能是被处罚人和因民间纠纷引起的打架斗殴等违反治安管理事件中的被侵害人。交通民警是国家工作人员,交通民警是根据法律的授权才能在路上执行查车任务。交通民警依法执行职务期间,是国家公权力的化身,其一举一动都象征着国家公权力的行使,不是其个人行为的表现。交通民警依法执行职务期间产生的责任,依法由国家承担,与交通民警个人无关。交通民警依法执行职务的行为受法律特别保护,行政相对人如果对依法执行职务的交通民警实施人身攻击,应当依法予以处罚。被上诉人焦志刚因实施了阻碍国家工作人员依法执行职务的行为被处罚。虽然焦志刚的不实举报直接指向了交通民警王心魁,但王心魁与焦志刚之间事先不存在民事纠纷,焦志刚实施违反治安管理行为所侵害的直接客体,不是王心魁的民事权益,而是公共秩序和执法秩序。因此,无论是交通民警王心魁还是王心魁所供职的天津市公安局公安交通管理局,都与焦志刚不存在个人恩怨,都不是治安管理处罚条例所指的被侵害人,都无权以被侵害人身份对上诉人和平公安分局所作的056号处罚决定书提出申诉。《公安机关内部执法监督工作规定》第13条、第19条第(1)项,要求公安机关纠正在执法活动过程中形成的错误的处理或者决定。纠正的目的,该规定第1条已经明示,是为保障公安机关及其人民警察依法正确履行职责,防止和纠正违法和不当的执法行为,保护公民、法人和其他组织的合法权益。这样做的结果,必然有利于树立人民警察公正执法的良好形象。前已述及,056号处罚决定书依照法定程序作出,事实清楚、证据确凿,处罚在法律规定的幅度内,是合法且已经发生法律效力的处罚决定,不在《公安机关内部执法监督工作规定》所指的"错误的处理或者决定"之列,不能仅因交警部门认为处罚过轻即随意撤销。这样做,只能是与《公安机关内部执法监督工作规定》的制定目的背道而驰。再者,《公安机关内部执法监督工作规定》是公安部为保障公安机关及其人民警察依法正确履行职责,防止和纠正违法和不当的执法行为,保护公民、法人和其他组织的合法权益而制定的内部规章,只在公安机关内部发挥作用,不能成为制作治安管理行政处罚决定的法律依据。①

行政行为的变更力是比照诉讼法上判决羁束力概念引申而来的,意指已成立的行政行为所具有的限制行政主体一方依职权随意对其予以改变的作用力。不可变更力的适用对象既包括原行政主体,也包括其上级机关。当然,主要是指前者。原因在于,作为行政行为的实际作出者,原行政主体最有可能也最容易根据自己的判断对先前的行为直接进行改变,因而其自身也最需要受到约束;上级行政机关也可以根据其所拥有的监督权对下级行政机关所作的行政行为予以改变,它同样需要受到一定的限制。不可改变力要求行政主体非有法定事由且经过严格的程序不得对原行政行为作出改变。因此,不可改变力又可称为自缚力,它体现了行政行为对其作出者的自我限制。当然,不可改变力并不意味着排除行政主体对原行政行为轻微瑕疵的补正或对技术、文字等错误的更正。②

有的判例认为,同一行政处罚主体以同一份《行政处罚决定书》处罚同一个违法对象的几个违法行为系程序违法。

案例 16.146　鹤壁市淇滨区利民商贸有限公司诉鹤壁市房产管理局行政处罚案

该案中,法院认为:被告房产管理局在(2009)鹤房罚字第 2 号鹤壁市房产管理局行政处罚决定书中认定原告利民公司有三个违法行为,违反了三个不同的法律法规规定的违法事实条款,依法应当依据相应的法律责任条款作出三个相互独立的行政处罚。本案中被告房产管理局以一个处罚决定书的形式予以合并处罚,没有程序性法律依据,属违反法定程序,应当判决撤销该处罚决定。③

而有的判例认为这仅属于执法瑕疵。

案例 16.147　海口圣宝生物制品有限公司诉海南出入境检验检疫局行政处罚案

该案中,法院认为:海南出入境检验检疫局对圣宝公司的六次违法行为分别给予处罚后在一个行政处罚决定书中予以体现,其行为虽然不妥,但并不影响其处罚的正当性及合法性。④

---

① 载《最高人民法院公报》2006 年第 10 期。
② 参见章志远:《行政法学总论》,北京大学出版社 2014 年版,第 179~180 页。
③ 河南省鹤壁市淇滨区人民法院(2010)淇滨行初字第 6 号行政判决书。
④ 海南省高级人民法院(2006)琼行再终字第 2 号行政判决书。

笔者认为,同一行政处罚主体以同一份《行政处罚决定书》处罚同一个违法对象的几个违法行为的做法,如果在法律没有作出相反规定的情形下,应当是可以的。而且,有些法律还明确规定允许这样做,如《海关行政处罚实施条例》第54条规定"对同一当事人实施的2个以上违反海关法的行为,可以制发1份行政处罚决定书"。

有的判例认为程序虽违法但只要不影响实体公正就不应撤销原行政处罚决定,笔者认为值得商榷。

案例16.148 赵某诉西安市公安局碑林分局行政处罚案

该案中,法院认为:根据《治安管理处罚法》第82条的规定,需要传唤违反治安管理行为人接受调查的,经公安机关办案部门负责人批准,使用传唤证传唤。对现场发现的违反治安管理行为人,人民警察经出示工作证件,可以口头传唤,但应当在询问笔录中注明。本案中被告在对原告进行传唤时未依法使用传唤证(不属于现场发现的违反治安管理行为人的不需要传唤证的情形),虽然构成程序违法,但鉴于原告实施了扰乱公共秩序的行为,该行为已经被公安机关追究了行政责任,行政处罚的事实清楚、证据充分,该程序的违法不影响实体的公正处理。现原告起诉请求撤销行政处罚决定,不予支持。①

有的判例认为违反规范性文件设定的程序也属于程序违法。

案例16.149 安康市文武建筑工程公司诉平利县审计局行政处罚案

该案中,法院认为:平利县审计局在建设方县农业局未编制工程决算,不具备审计条件的情况下,直接对施工方安康文武建筑公司的决算进行审计,违反了国家审计署《审计机关对国家建设项目竣工决算审计实施办法》第14条"接受审计机关竣工决算审计的建设项目必须具备已经编制出竣工决算"的规定,属行政程序违法。②

有的判例认为在《行政处罚决定书》中非法缩短当事人的复议申请期限构成程序违法。

---

① 上海市第二中级人民法院(2010)沪二中行终字第38号行政判决书。
② 陕西省高级人民法院(2000)陕行终字第34号行政判决书。

案例 16.150 李章国诉兴山县公安局行政处罚案

该案中,法院认为:根据当时有效的《行政复议法实施条例》第 29 条第 1 款规定,被上诉人申请复议的期限应为 15 日,而被上诉人按 5 日的复议期限告知,属告知的内容错误,该告知虽未影响被上诉人复议申请权的实施,但仍属违反《行政处罚法》第 39 条第(5)项所规定的正确程序。①

有的判例认为在《行政处罚决定书》中告知错误的复议机关系程序违法。

案例 16.151 连占文诉交城县公安局行政处罚案

该案中,法院认为:根据《行政复议法》第 12 条的规定,对交城县公安局的行政处罚决定不服,可以向交城县人民政府或上一级主管部门吕梁市公安局申请行政复议。交城县公安局对自己作出的行政处罚告知被处罚人向交城县公安局或交城县人民政府申请行政复议,并且受理、作出行政复议决定,违反了行政复议法的规定,属于程序错误,依法应予撤销。②

笔者考察众多判例发现多数法院对于行政处罚主体的笔误或瑕疵呈现较为宽松的审查态度,如对非关键性词语的笔误。甚至有的法院对当事人名称写错、违法时间写错、法规名称写错等也持包容态度。

案例 16.152 高淑君诉易县公安局行政处罚案

该案中,法院认为:易公(城)行罚决字(2014)第 0110 号公安行政处罚决定书中将原告"高淑君"误写成"高淑敏",属于笔误,不影响案件事实的认定。③

案例 16.153 刘会敏诉孟津县公安局行政处罚案

该案中,法院认为:孟津县公安局作出的孟公(麻)决字(2012)第 46 号处罚决定书,事实清楚,程序合法,适用法律适当,对原告刘某处罚决定书没有编号,属于

---

① 湖北省宜昌市中级人民法院(2000)宜中行终字第 16 号行政判决书。
② 山西省吕梁市中级人民法院(2014)吕行终字第 62 号行政判决书。
③ 河北省高碑店市人民法院(2014)高行初字第 66 号行政判决书。

瑕疵。①

案例 16.154　姚富贤诉皋兰县公安局行政处罚案

该案中,法院认为:被告皋兰县公安局在作出处罚决定时,执法不严谨,作出的公安行政处罚决定书,因笔误将原告姚富贤姓名书写为"姚富贵",因笔误将本应适用的《中华人民共和国治安管理处罚法》书写为"《中华人民共和国行政处罚法》",上述笔误导致被告皋兰县公安局作出的处罚决定存有瑕疵,在此应予指出,以强化其执法严肃性,但该瑕疵并不影响具体行政行为的实质合法性。②

案例 16.155　孙秀乾诉临沂市国土资源局行政处罚案

该案中,法院认为:原告的起诉理由是行政处罚决定书(包括行政处罚听证告知书)事实认定部分的原告违法起始时间 2011 年 4 月不具有客观真实性,对此被告认可系自身工作失误造成的对实际时间 2012 年 4 月的误写。从被告提供的办案初始材料也可以印证原告的违法时间应为 2012 年 4 月始。因此,原告诉称的其 2011 年 4 月时不具备违法时间正确。被告决定书以及听证告知书记载的原告违法起始时间错误,属于被告行政文书的瑕疵。事后被告对相关文书进行了更正,并重新交待了有关权利、承认了自己的失误。鉴于被告决定书其他部分的合法性、真实性,决定书行文的上述瑕疵,不应因此否定整个决定书。③

案例 16.156　陈甲诉某市公安局某区分局行政处罚案

该案中,法院认为:《治安管理处罚法》第 50 条第 1 款规定:"有下列行为之一的,处警告或者二百元以下罚款;情节严重的,处五日以上十日以下拘留,可以并处五百元以下罚款:……(二)阻碍国家机关工作人员依法执行职务的……"本案中,上诉人对其违法建设行为并无异议,若对拆除其违法建筑的行政行为合法性有争议,可依法通过正当途径救济,其采取在现场公然辱骂等方式阻碍执法人员执行公务,已经构成阻碍国家机关工作人员依法执行职务的违法行为。被上诉人依据该条款进行处罚,定性正确。因为该条文中并无"情节较重"的规定,而从处以 5 日拘留并罚款 200 元的处罚结果来看,对应的是"情节严重"的情形,因此,在明确适用

---

① 河南省孟津县人民法院(2014)孟行初字第 6 号行政判决书。
② 甘肃省皋兰县人民法院(2013)皋行初字第 1 号行政判决书。
③ 山东省临沂市罗庄区人民法院(2013)临罗行初字第 6 号行政判决书。

该条款的情况下,被上诉人在告知书及处罚决定书中将上诉人的违法行为表述为"属情节较重行为",应系表述不当。但上诉人以此主张被诉行政处罚适用法律错误,理由不足。①

甚至有的行政处罚主体在《行政处罚决定书》中将"决定处罚"写成了"建议处罚"也被法院认为仅属瑕疵。

案例 16.157　赖立克诉佛山市顺德区地方税务局行政处罚案

该案中,法院认为:虽然被上诉人作出的《税务行政处罚决定书》中使用了"建议"对赖立克处以应扣未扣周少兰财产转让所得应缴纳的个人所得税153,204.81元50%的罚款76,602.41元的不当措辞,但该措辞瑕疵并不导致该项处罚决定的必然撤销。该项处罚决定应具有确定力、拘束力和强制力。②

但有的法院明确将这种情形确认为无效处罚。

案例 16.158　李保娥诉长治县公安局行政处罚案

该案中,法院认为,被告长治县公安局根据《治安管理处罚法》的规定,对违反治安管理的原告李保娥有给予行政处罚的法定职责。但被告对原告所作出的行政处罚决定,是"现决定建议对李保娥行政拘留20日,并处罚款500元"。该行政处罚决定是建议对原告进行处罚,并非决定对原告进行处罚。因"建议"处罚是被告内部的一个审批程序,对外不发生法律效力。本案中被告所作出的该"建议"行政处罚决定,对原告应不发生法律效力。故该行政处罚决定依法应确认为无效。③

案例 16.159　国源公司诉南漳县安监局行政处罚案

该案中,法院认为:南漳县安监局作出(南)安监管罚〔2016〕1-2号行政处罚决定是否具有既定力。该处罚决定的主文表述"拟对国源公司作出贰拾万元罚款的行政处罚","拟"表明的是准备、计划、起草的意思,行政机关作出的处罚决定应当具有确定性和既定力。故南漳县安监局作出的(南)安监管罚〔2016〕1-2号行

---

① 浙江省温州市中级人民法院(2012)浙温行终字第39号行政判决书。
② 广东省佛山市中级人民法院(2006)佛中法行终字第112号行政判决书。
③ 山西省长治县人民法院(2015)长行初字第17号行政判决书。

政处罚决定不具有既定力。①

还有的连行政处罚主体的名称在《行政处罚决定书》中都出现错误也被法院认为属于瑕疵。

案例 16.160　刘辉诉西安市公安局交通警察支队新城大队行政处罚案

该案中,法院认为:由于自助裁决机系统设置故障,处理机关署名为西安市公安局交通警察支队特勤大队(本应是西安市公安局交通警察支队新城大队),相关技术部门应及时予以纠正,但不影响被诉行政处罚的合法性。②

但对于实质性错误及制作严重不规范或程序严重不合法的《行政处罚决定书》将被法院认定为无效或违法。

案例 16.161　王铭诉秦皇岛市公安局海港分局行政处罚案

该案中,法院认为:被告提供的公安行政处罚告知笔录、公安行政处罚决定书上"王铭"签名经鉴定不是王铭本人所签,鉴于此,被告作出行政处罚的程序违法。③

案例 16.162　杨秀芝诉北京市房山区燕山交通管理处行政处罚案

该案中,法院认为:《行政处罚法》第 39 条亦规定,行政机关作出的行政处罚决定书应当载明当事人的姓名,或者名称;违反法律法规或者规章的事实和证据;处罚的种类和依据。而被告所作处理决定:(1)未写明被处罚的主体;(2)在处理决定中未引用任何法律法规;(3)在处理决定中未明示处罚的种类;(4)未向当事人示明其享有的司法救济的权利。综上所述,法院认为,被诉的处理决定明显缺乏法定生效要件。④

---

　① 湖北省南漳县人民法院(2016)鄂 0624 行初 43 号行政判决书。
　② 陕西省西安市新城区人民法院(2014)新行初字第 00078 号行政判决书。
　③ 河北省秦皇岛经济技术开发区人民法院(2014)秦开行初字第 2 号行政判决书。
　④ 北京市房山区人民法院(2004)房行字第 26 号行政判决书。参见国家法官学院、中国人民大学法学院编:《中国审判案例要览(2005 年行政审判案例卷)》,中国人民大学出版社、人民法院出版社 2006 年版,第 5 页。

案例 16.163　赵洪峰诉南阳市公安局交通警察支队行政处罚案

该案中,法院认为:根据被告作出的告知笔录,原告享有要求听证的权利。依据《行政处罚法》第3条第2款"没有法定依据或者不遵守法定程序的,行政处罚无效",第42条第1款第(1)项"当事人要求听证的,应当在行政机关告知后三日内提出"的规定,原告于2012年6月26日收到行政处罚告知笔录,被告于6月23日作出行政处罚决定书,在原告未收到告知笔录,未表示是否要求听证情况下,被告就作出行政处罚决定,该具体行政行为违反了行政机关作出行政处罚应遵守法定程序的规定。[①]

案例 16.164　黄立善诉南宁市交警支队五大队行政强制及行政处罚案

该案中,法院认为:被告处罚决定书的违法事实栏中没有载明当事人的违法事实,仅用代码"282100"表示,法律依据空白,而且处罚决定书未署执勤民警的名字,也未盖单位公章,明显违反了《行政处罚法》第34条关于"行政处罚决定书应当载明当事人的违法行为、行政处罚依据、罚款数额、时间、地点以及行政机关名称,并由执法人员签名或者盖章"的规定,构成程序违法,应予撤销。[②]

案例 16.165　上海金港经贸总公司诉新疆维吾尔自治区工商行政管理局行政处罚案

该案中,法院认为:新疆工商局出具的罚款证明,既未告知金港公司的违法事实,亦未告知适用的法律依据,在此情况下,金港公司无从判断其行为性质及相应的法律规范。遂裁定撤销原一审、二审裁定,指令原一审法院按照第一审程序对该案进行审理。[③]

案例 16.166　陈超诉济南市城市公共客运管理服务中心客运管理行政处罚案

该案中,法院认为:行政处罚决定书载明的被上诉人陈超违法事实为"非法经营客运出租汽车",但未载明被上诉人的具体违法事实,即违法事实的时间、地点、经过以及相关运输经营行为的具体情节等事项。上述记载事项没有达到明确具体

---

① 河南省南阳市宛城区人民法院(2012)宛行初字第84号行政判决书。
② 黄星航等:《广西"电单车案"交警输了》,载《人民法院报》2004年3月18日。
③ 最高人民法院(2005)行提字第1号行政裁定书,载《最高人民法院公报》2006年第4期。

的要求,原审法院认为上诉人济南客运管理中心作出的行政处罚决定书记载事项不符合法律规定,应予撤销,并无不当。此外,行政处罚决定书中记载的事实是行政机关最终认定的违法事实,其他法律文书中对具体违法事实的记载不能代替行政处罚决定书中对事实的记载。上诉人关于已在其他法律文书中记载具体违法事实、未侵犯被上诉人合法权益等主张不能成立。法院遂判决驳回济南客运管理中心的上诉,维持原判。①

有些法院认为未加盖印章的处罚决定是无效的。

案例 16.167　新乡市运工贸有限公司诉卫辉市地方税务局行政处罚案

该案中,法院认为:由于被告工作失误,将已作废、且未加盖本单位公章的卫地税罚〔2009〕005 号《税务行政处罚决定书》送交电视台播出,导致了公告送达的成立。卫地税罚〔2009〕005 号《税务行政处罚决定书》应依法确认无效,无效的行政行为自始无法律效力。②

有些法院认为未加盖印章的处罚决定不生效。

案例 16.168　邱肇荣诉梧州市公安局交通警察支队交通管理行政处罚案

该案中,法院认为:行政处罚决定书落款盖章处没有加盖梧州市公安局交通警察支队的公章,违反了《行政处罚法》第 39 条第 2 款规定,该行政处罚决定书程序违法,至此不发生法律效力。③

但也有些法院认为未加盖印章或执法人员未签名的《行政处罚决定书》或《行政处罚告知单》仅属瑕疵,笔者认为值得商榷。

案例 16.169　夏某辉诉汕头市公安局交通警察支队某大队行政处罚案

该案中,法院认为:该处罚决定书的交通警察(盖章或签名)栏处没有执法警察的签名,不符合《道路交通安全违法行为处理程序规定》第 42 条关于"……处罚决

---

① 载《最高人民法院公报》2018 年第 2 期。
② 河南省卫辉市人民法院(2011)卫行初字第 24 号行政判决书。
③ 广西壮族自治区梧州市长洲区人民法院(2018)桂 0405 行初 28 号行政判决书。

定书应当由被处罚人签名、交通警察签名或者盖章……"的规定,且根据国家民航局、公安部《关于民用机场道路交通管理的通知》第4条"被处罚人不服民航公安交通管理机构作出的处罚裁决提出申诉时,由所隶属的民航公安机关复议"的规定,上诉人在处罚决定书中告知被上诉人不服该处罚决定书向"汕头市公安局"申请复议错误。因此,上诉人作出的处罚决定书适用法律错误,程序存在瑕疵,告知行政相对人法律救济途径错误,原审判决撤销上诉人作出的处罚决定书,判令上诉人重新作出具体行政行为、赔偿被上诉人因上诉人错误的具体行为造成的直接经济损失正确,依法应予维持。①

案例16.170 蔡水宽诉厦门市公安局交通警察支队行政处罚案

该案中,法院认为:厦门交警支队虽存在告知书未加盖印章等执法不严肃问题,但上述问题并未严重影响行政相对人蔡水宽的陈述和申辩权利。故法院不认为构成程序违法。②

有的法院认为,行政处罚主体在调查取证过程中收集了某份证据但如果该份证据没有在《行政处罚决定书》中表述则应视为没有该份证据。

案例16.171 慈吉中学诉慈溪市卫生局行政处罚案

该案中,法院认为:被告虽在规定的时间内提供了《关于慈溪市慈吉中学发生一起沙门氏菌食物中毒鉴定意见书》,但被告在作出处罚时未引用该证据,故对被告所主张的,其在作出行政处罚前按照《食物中毒诊断标准及技术处理总则》第4.1.5条要求,请宁波市卫生监督所三名食品卫生副主任医师组成专家组,对该起腹泻事件进行过评定的事实本院不予采信。③

但有的法院认为上述情形仅属瑕疵,笔者认为值得商榷。

案例16.172 宜昌市妇幼保健院诉宜昌市工商行政管理局行政处罚案

该案中,法院认为:被上诉人作出的处罚决定书未具体载明据以认定上诉人违

---

① 广东省汕头市中级人民法院(2013)汕中法行终字第3号行政判决书。
② 福建省厦门市中级人民法院(2014)厦行终字第36号行政判决书。
③ 浙江省慈溪市人民法院(2002)慈行初字第40号行政判决书。

法行为的事实证据名称,使其处罚决定书的内容不够完备,但并不影响其处罚决定的有效成立。①

有的行政处罚主体因在《行政处罚决定书》中未向当事人全面告知复议机关被法院认定为程序违法。

案例 16.173　王某诉丽水市公安局经济开发区分局行政处罚案

该案中,法院认为:被告在告知原告救济途径和期限时,未全面告知原告复议机关,限制了原告的复议选择权。②

有的行政处罚主体在《行政处罚决定书》中详细列明了量罚的计算过程但因缺乏法律依据被法院撤销。

案例 16.174　西华营镇高集行政村五组诉西华县国土资源局行政处罚案

该案中,法院认为:该处罚决定第 3 条"处以非法占用土地每平方 10 元的罚款,计 11,020 元"的处罚没有相应的法律法规依据,应予以撤销。③

有的《行政处罚决定书》因为表述了非处罚内容而被法院认定为程序违法。

案例 16.175　薛某甲诉韩城市国土资源局行政处罚案

该案中,法院认为:被告韩城市国土资源局所作的《行政处罚决定》是针对四原告和第三人购买前峰村学校旧址的房屋一事所作的处罚决定,但在该决定主文中却认定前峰村委会与四原告及第三人签订的土地出售协议无效,且该处罚行为仅以前峰村委会为当事人未通知与该处罚行为有利害关系的四原告及第三人参加处罚程序,属于程序违法。④

---

① 湖北省宜昌市中级人民法院(2000)宜中行终字第 28 号行政判决书,载《最高人民法院公报》2001 年第 4 期。
② 浙江省龙泉市人民法院(2013)丽龙行初字第 14 号行政判决书。
③ 河南省西华县人民法院(2009)西行初字第 15 号行政判决书。
④ 陕西省韩城市人民法院(2014)韩行初字第 00001 号行政判决书。

有的行政处罚主体制发的法律文书虽然没有使用行政处罚决定书的法律文书样式及使用"行政处罚决定书"标题,但因其内容为行政处罚而被法院认定为属于行政处罚。

案例 16.176　贵德县贵康医院不服诉贵德县人力资源和社会保障局行政处罚案

该案中,法院认为:被告人人社局作为行政主体,依职权作出的《关于对贵康医院违规问题的通报》,虽然没有明确使用"行政处罚决定"类的标题,但其内容不仅包括对原告贵康医院存在问题的通报,还包括对贵康医院的具体处理决定,有其特定的指向性,故该通报属于具体行政行为。人社局在该通报中作出的关闭医疗网络系统、暂停定点医疗机构资格、罚款等决定,属于行政处罚。①

有的行政处罚主体因随意作出撤销重作处罚的决定而被法院撤销。

案例 16.177　焦志刚诉天津市公安局和平分局行政处罚案

该案中,上诉人和平公安分局称,由于天津市公安局公安交通管理局认为056号处罚决定书处罚过轻提出申诉,天津市公安局纪检组指令其重新裁决,这样做的执法根据是《公安机关内部执法监督工作规定》第13条、第19条第(1)项规定,因此重新裁决符合法律规定,程序并不违法。法院认为:错误的行政处罚决定,只能依照法定程序纠正。《治安管理处罚条例》第39条规定:"被裁决受治安管理处罚的人或者被侵害人不服公安机关或者乡(镇)人民政府裁决的,在接到通知后5日内,可以向上一级公安机关提出申诉,由上一级公安机关在接到申诉后5日内作出裁决;不服上一级公安机关裁决的,可以在接到通知后5日内向当地人民法院提起诉讼。"根据此条规定,有权对治安管理处罚决定提出申诉的,只能是被处罚人和因民间纠纷引起的打架斗殴等违反治安管理事件中的被侵害人。交通民警是国家工作人员,交通民警是根据法律的授权才能在路上执行查车任务。交通民警依法执行职务期间,是国家公权力的化身,其一举一动都象征着国家公权力的行使,不是其个人行为的表现。交通民警依法执行职务期间产生的责任,依法由国家承担,与交通民警个人无关。交通民警依法执行职务的行为受法律特别保护,行政相对人如果对依法执行职务的交通民警实施人身攻击,应当依法予以处罚。被上诉人焦志刚因实施了阻碍国家工作人员依法执行职务的行为被处罚。虽然焦志刚的不实举

---

① 青海省贵德县人民法院(2014)贵行初字第6号行政判决书。

报直接指向了交通民警王心魁,但王心魁与焦志刚之间事先不存在民事纠纷,焦志刚实施违反治安管理行为所侵害的直接客体,不是王心魁的民事权益,而是公共秩序和执法秩序。因此,无论是交通民警王心魁还是王心魁所供职的天津市公安局公安交通管理局,都与焦志刚不存在个人恩怨,都不是治安管理处罚条例所指的被侵害人,都无权以被侵害人身份对上诉人和平公安分局所作的056号处罚决定书提出申诉。《公安机关内部执法监督工作规定》第13条、第19条第(1)项,要求公安机关纠正在执法活动过程中形成的错误的处理或者决定。纠正的目的,该规定第1条已经明示,是为保障公安机关及其人民警察依法正确履行职责,防止和纠正违法和不当的执法行为,保护公民、法人和其他组织的合法权益。这样做的结果,必然有利于树立人民警察公正执法的良好形象。前已述及,056号处罚决定书依照法定程序作出,事实清楚、证据确凿,处罚在法律规定的幅度内,是合法且已经发生法律效力的处罚决定,不在《公安机关内部执法监督工作规定》所指的"错误的处理或者决定"之列,不能仅因交警部门认为处罚过轻即随意撤销。这样做,只能是与《公安机关内部执法监督工作规定》的制定目的背道而驰。再者,《公安机关内部执法监督工作规定》是公安部为保障公安机关及其人民警察依法正确履行职责,防止和纠正违法和不当的执法行为,保护公民、法人和其他组织的合法权益而制定的内部规章,只在公安机关内部发挥作用,不能成为制作治安管理行政处罚决定的法律依据。①

我们认为,行政行为一经作出,其效力既开始及于相对人,也开始及于行政主体。该行政行为,基于诚实信用原则及法安定性原则,将产生一种自缚力或不可变更力。无论是行政处罚主体,还是其上级行政机关,均不得对之随意撤销、废止,除非具备法定事由并依法定程序而为。如若允许行政主体随意变更行政行为,该权力必将成为其欲挟私报复或牟利寻租而恣意妄为的工具。②

四、听证程序

听证程序,是指行政处罚主体在作出处罚决定之前,以正式听证会的形式听取当事人的陈述、申辩,并对案件全部证据进行质证,由当事人一方与调查方就案件的事实、证据、定性、处罚、适法等展开辩论,最后由审理部门根据听证笔录形成《听

---

① 载《最高人民法院公报》2006年第10期。
② 参见杨海坤等主编:《行政判例研究》,中国民主法制出版社2007年版,第411~422页。

证复核报告》,对案件进行复核的程序。

听证程序具有阶段性(并非处罚必经阶段)、局部性(仅限于当事人有权申请听证的范围)、选择性(有权申请听证的当事人可以选择申请听证复核或案卷复核或全部放弃)、查审双重性(处罚听证兼具审理及重新调查之双重属性)及准司法性(听证会当事人双方遵循的程序具有对抗性)五个特征。听证程序具有维护当事人合法权益、监督行政处罚主体依法处罚、对参与听证程序的人的教育功用。听证程序应当遵循公开、公平、公正、便民的原则。听证程序应当公开举行,但涉及国家秘密、商业秘密或个人隐私依法应予保密的除外。关于回避的制度约束参照此前阐述。

《行政处罚法》第63条规定的行政处罚听证范围为:行政处罚主体在作出较大数额罚款、没收较大数额违法所得、没收较大价值非法财物、降低资质等级、吊销许可证件、责令停产停业、责令关闭、限制从业、其他较重的行政处罚或法律、法规、规章规定的其他类型的行政处罚决定之前,应当告知当事人有要求举行听证的权利;当事人要求听证的,行政处罚主体应当组织听证。

多数行政机关规定组织听证应当指定1名或1名以上的听证主持人和1名记录员,如《市场监督管理行政处罚听证暂行办法》第11条规定:"听证主持人由市场监督管理部门负责人指定。必要时,可以设1至2名听证员,协助听证主持人进行听证。记录员由听证主持人指定,具体承担听证准备和听证记录工作。办案人员不得担任听证主持人、听证员和记录员。"又如《海南省行政处罚听证程序规定》第7条规定"听证员由行政机关法制机构人员或者专职法制人员1至3人担任"。笔者认为,上述人员以及参加听证的案件调查人员应办理处罚主体的书面授权手续并向其他参加人出示。听证参加人包括当事人及其代理人、第三人及其代理人、案件调查人员;其他人员包括证人、翻译人员、鉴定人。与案件处理结果有直接利害关系的公民、法人或其他组织要求参加听证的,可以作为第三人参加听证。当事人、第三人可以委托1名至2名代理人参加听证。值得一提的是,处罚听证会的调查方必须由行政处罚主体内部的调查人员担任,而不得聘请律师或法律顾问做代理人。

1. 听证会前的程序

(1)听证申请与决定

《行政处罚法》第63条将申请处罚听证的主体范围限定为"当事人",有观点认为应将申请主体范围扩大到包含利害关系人,[①]笔者对此表示赞同,而且陈述、申辩权主体范围亦应照此扩大。《行政处罚法》第64条将申请听证的期限规定为"5

---

① 参见袁明圣:《论行政处罚听证的启动程序》,载《行政法学研究》2003年第2期。

日"。当事人在此期限内以书面或口头形式提出申请的,行政处罚主体应当及时予以审查。行政处罚主体决定组织听证的,应当在法定期间内举行听证,并在举行听证的7个工作日以前将《行政处罚听证通知书》送达当事人。通知书应载明下列事项:①是否公开举行听证。不公开听证的,应当说明理由。②听证主持人、听证员、记录员的姓名。③要求当事人报送参加听证的人员名单、身份证明以及准备有关证据材料、通知证人等事项。④当事人及其代理人的权利、义务。⑤其他有关事项。

决定不予听证的,行政处罚主体应当在法定期限制作《行政处罚不予听证通知书》,并及时送达申请人。2个以上当事人分别对同一行政案件提出听证申请的,可以合并举行听证。案件有2个以上当事人,其中部分当事人提出听证申请的,行政处罚主体可以通知其他当事人参加听证。只有部分当事人参加听证的,可以只对涉及该部分当事人的案件事实、证据、法律适用举行听证,但行政处罚主体应当在听证后一并作出处罚决定。

(2)当事人一方卷宗阅览权之保障

卷宗阅览权是当事人的一项重要权利(不限于听证案件),是保障当事人知情权的体现,有利于当事人全面了解行政处罚主体拟处罚意见的事实、证据、理由和依据,也有利于提高听证会的针对性和效率。如《海关关于当事人查阅行政处罚案件材料的暂行规定》就规范了卷宗阅览权。根据该规定,当事人或其委托的律师有权在海关送达《行政处罚告知单》后至海关作出行政处罚决定前,向海关申请查阅案件材料。查阅时,经海关许可可以摘录,但不得复印、翻拍、翻录。参照《律师法》第34条规定:"律师担任辩护人的,自人民检察院对案件审查起诉之日起,有权查阅、摘抄、复制本案的案卷材料。"笔者认为,海关对卷宗阅览权限制过严,在权利主体上还应包括利害关系人及其委托律师,在行使权利的方式上应允许其有复制权(但复印需交纳工本费),在行使权利的阶段上也应保障执行或申诉阶段的卷宗阅览权。

2. 听证会的举行

(1)预备阶段

第一,听证主持人核对当事人及其代理人、第三人及其代理人、案件调查人员的身份。

第二,听证主持人宣布听证主持人、听证员、记录员、听证参加人、翻译人员、鉴定人员名单,询问当事人及其代理人、第三人及其代理人、案件调查人员是否申请回避。

第三,宣布听证纪律。听证参加人及其他人员应当遵守听证秩序,经听证主持人同意后,才能进行陈述和辩论;旁听人员不得影响听证的正常进行;准备进行录音、录像、摄影和采访的,应当事先报经听证主持人批准。

(2)正式阶段

第一,听证主持人宣布听证开始并介绍案由。

第二,案件调查人员陈述当事人违法事实,出示相关证据,提出拟处罚意见和依据。调查人员出示证据可视情形采取逐一出示或分组出示或按类别出示的方式。

第三,当事人及其代理人陈述、申辩,提出意见和主张。当事人及其代理人在听证会上可以对行政处罚主体所认定的违法事实及拟处罚意见充分表达自己的意见,对自己的行为是否构成违法进行辩解。对自己的主张,当事人有举证的权利。

第四,第三人及其代理人陈述,提出意见和主张。第三人及其代理人为维护自身合法权益亦可充分发表自己的意见和主张,并具有举证权利。

第五,听证主持人要保持中立地位,就案件事实、证据、处罚依据进行提问和引导,控制整个听证会进程。

第六,当事人及其代理人、第三人及其代理人、案件调查人员相互质证、辩论。质证,是指对对方出示的证据提出异议,以考验证据的效力。对当事人不利的证据,行政处罚主体应当允许当事人反驳。经主持人允许,当事人及其代理人、第三人及其代理人、案件调查人员可以就证据问题相互发问,也可以向证人、鉴定人发问。发问不得采用引诱、威胁、侮辱等语言或方式,发问应当与案件事实有关,围绕证据的合法性、真实性和关联性,针对证据有无证明力及证明力的强弱大小进行。听证参与人在质证结束后,还可以围绕各自主张及拟处罚决定的法律依据、定性、幅度等全面展开辩论。辩论的轮数没有限制,但主持人对于双方就相同内容所作重复发言应进行必要限制。

第七,当事人及其代理人、第三人及其代理人、案件调查人员作最后陈述。主持人应充分听取双方的最后陈述,双方最后陈述应对案件事实、证据、对原告知处罚意见的态度等做全面阐述。

第八,宣布听证结束。听证会在全部程序履行完毕且双方没有新的补充意见时,应由主持人宣布听证会结束,听证会现场对案件不下实体性结论。对于双方在会上提出的新证据或书面意见,应在会后提交主持人。

第九,听证应当制作笔录。听证笔录应当列明下列事项:案由,听证参加人及其他人员的姓名或名称、听证主持人、听证员、记录员的姓名,举行听证的时间、地点和方式,案件调查人员提出的本案的事实、证据和拟作出的行政处罚决定及其依据,陈述、申辩和质证的内容,证人证言及按规定应当列明的其他事项。

听证笔录应当由听证参加人及其他人员确认无误后逐页进行签字或盖章。对记录内容有异议的可以当场更正后签字或盖章确认。听证参加人及其他人员拒绝签字或盖章的,由听证主持人在听证笔录上注明。

(3)特殊程序

第一,听证延期。

有下列情形之一的,应当延期举行听证:①当事人或其代理人因不可抗力或有其他正当理由无法到场的;②临时决定听证主持人、听证员或记录员回避,不能当场确定更换人选的;③作为当事人的法人或者其他组织有合并、分立或其他资产重组情形,需要等待权利义务承受人的;④其他依法应当延期举行听证的情形。延期听证的原因消除后,由听证主持人重新确定举行听证的时间,并书面告知听证参加人及其他人员。

第二,听证中止。

有下列情形之一的,应当中止举行听证:①需要通知新的证人到场或需要重新鉴定、补充证据的;②当事人因不可抗力或有其他正当理由暂时无法继续参加听证的;③听证参加人及其他人员不遵守听证纪律,造成会场秩序混乱的;④其他依法应当中止举行听证的情形。中止听证的原因消除后,由听证主持人确定恢复举行听证的时间,并书面告知听证参加人及其他人员。

第三,听证终止。

有下列情形之一的,应当终止举行听证:①当事人撤回听证申请的;②当事人无正当理由未按时参加听证的;③当事人无正当理由中途退场的;④当事人死亡或作为当事人的法人、其他组织终止,没有权利义务承受人的;⑤其他依法应当终止听证的情形。听证终止就意味着听证活动的完全停止,以后也不需要再继续进行。笔者认为,对于当事人一方严重违反听证纪律不听制止的也应列为听证终止的情形。

3.听证会后的复核

论述听证会后的复核就必然要讨论听证笔录的效力问题。关于听证笔录的效力问题法学界有四种观点:一是依据说。理由在于:学界其他观点太过绝对。听证制度刚起步,对听证笔录的效力宜宽松对待。二是依据之一说。理由在于:听证会上的举证责任由行政机关负责,当事人即便有新证据也可以在会后提交。听证程序不同于司法程序,即便于听证程序后取得的证据,也可以作为处罚的证据使用。而且当事人可以在会上放弃听证权利导致听证终止,这时听证会也无法再举证、质证。三是重要依据或主要依据说。认为经听证会质证过的证据虽然更有说服力,但同时也还应全面分析其他依据。四是唯一依据说。主要理由在于:不遵循"案卷排他原则"会使听证流于形式,听证成果会轻而易举地被秘密证据或"暗箱操作"推翻。不承认唯一依据说将不利于当事人参与行政,将不利于行政机关民主行政,也不利于听证这一事中防御性权利的充分发育成熟。而且事后当事人提供的或行政机关发现的新证据如果带有实质性影响的,可以通过重新安排听证加以解决。[1] 笔者赞同最后一种观点。目前我国有些规定已明确了"案卷排他原则",并在立法实践中形成一种趋势。如《劳动行政处罚听证程序规定》第16条规定:"所有与认定案件主要事实有关的证据都必须在听证中出示,并通过质证和辩论进行认定。劳动行政部门不得以未经听证认定的证据作为行政处罚的依据。"又如《广东省行政处罚听证程序实施办法》第19条规定:"证据应当在听证会上出示、宣读和辨认,并经质证,凡未经质证的证据不能作为定案的证据。"再如非处罚领域的《行政许可法》第48条第2款规定:"行政机关应当根据听证笔录,作出行政许可决定。"还如《湖南省行政程序规定》第143条第4款规定:"行政机关应当根据听证笔录,作出行政执法决定。未经听证会质证的证据,不能作为作出行政执法决定的依据。"《行政处罚法》第65条已明确,"听证结束后,行政机关应当根据听证笔录,依照本法第57条的规定,作出决定"。

4. 行政处罚听证制度的不足与完善

(1)处罚听证范围过小

目前行政处罚主体对于责令拆毁、责令销毁、取缔等处罚行为无论价值多大都没有明确赋予当事人听证申请权。笔者认为,上述处罚行为与没收或暂停、取消资格的罚种同样都是较为严厉的侵益行政,理应赋予当事人申请听证的权利,而且行政拘留也应纳入听证申请范围。

(2)听证笔录的效力较弱

如前所述,目前行政处罚主体认为听证笔录仅是听证复核的重要依据,而非唯一依据。而且在个别案件中,存在大量证据都没有经过质证或在听证会后再行取证,进而推翻听证会的结论但又不重新举行听证会的情形。笔者认为,有必要加强听证笔录的法律效力,确立"案卷排他原则"。因为"如果行政机关的裁决不以案卷为根据,则听证程序只是一种欺骗行为,毫无实际意义"[2]。

(3)对听证人员事先接触案卷没有限制

《行政处罚法》之所以禁止本案调查人员主持听证会,其目的显然就是防止先入为主的偏见影响听证的实际效果,使听证流于形式。但实践中,听证人员事先接触案卷材料的现象较为常见,而且居然有些规定明确规定了听证人员有权事先接

---

[1] 参见胡锦光等:《行政处罚听证程序研究》,法律出版社2004年版,第317页以下。
[2] 王名扬:《美国行政法》,中国法制出版社2005年版,第490页。

触案卷。如《市场监督管理行政处罚听证暂行办法》第19条规定:"办案人员应当自确定听证主持人之日起3个工作日内,将案件材料移交听证主持人,由听证主持人审阅案件材料,准备听证提纲。"笔者认为,这样的规定是不合理的,理应修改,应当明确规定在听证会召开之前,所有的听证人员均不得接触案卷材料。

(4)缺乏主动听证模式①

目前处罚听证仅有当事人申请这一种模式。笔者认为,遇到听证会上遗漏对重要证据质证的,或听证会后行政处罚主体发现或当事人一方提供新的证据足以对案件定性处理产生实质性影响的,既应当允许当事人申请重新听证,更应当明确行政处罚主体有权依职权主动召开听证会。如根据《日本行政程序法》第25条的规定,行政厅鉴于听证终结之后所发生的事由,认为有必要时,可以将依据前条第3款规定提交的报告书返还给听证主持人,并命令其再次进行听证。

(5)缺乏紧急情况下排除听证的规定

应明确在紧急状态下②的处罚裁决前不适用听证的规定,如对走私疫区冻品的"责令销毁",但可考虑就此等情形建立事后听证制度。③

(6)程序对抗性不足

在美国行政法中,听证甚至被称为对抗性听证。而在我国行政处罚听证程序中,对于对如何举证、如何质证、如何辩论仅有粗糙的制度交代,缺乏可操作性的具体规则,导致整个听证程序的对抗性不足,甚至出现主持人与调查方联合一起纠问、质询当事人的现象,而当事人一方仅剩形式上的举证、质证权利。笔者认为,应从立法上对举证、质证、辩论规则加以完善。

(7)缺乏补充证据后是否再次举行听证的规定

有观点认为,补充证据之后必须再次举行听证;而有观点则认为,补充证据之后不必再举行听证。笔者认为,对于行政处罚主体在听证会后补充调取的证据,如果不改变原先认定的当事人违法行为的性质、拟定的行政处罚种类等实质性问题的,经当事人同意的,补充证据之后可以不经听证而作为定案的证据;反之,则必须再次举行听证。④

---

① 还有观点认为对于缺乏直接受害人且对国家、社会公共利益造成重大损害的处罚案件无论申请主体是否提出申请,都应当将听证程序作为强制性程序,参见袁明圣:《论行政处罚听证的启动程序》,载《行政法学研究》2003年第2期。

② 关于紧急情况下不应赋予听证申请权的立法例,参见《日本行政程序法》第13条。

③ 参见张东红等:《浅议食品卫生行政处罚听证立法的不足与完善》,载《中国食品卫生杂志》第16卷第3期。

④ 参见应松年主编:《行政处罚法教程》,法律出版社2012年版,第211页。

(8) 纠错功能有限

由于处罚听证一般是由审理部门组织,而调查方则属于调查部门,两方均为同一行政处罚主体的内设机构,而且听证之前的处罚告知意见与听证之后的《听证复核报告》的呈批均为同一系列的领导签署,上述制度安排有"自己做自己案件的法官"之嫌,故而处罚听证的纠错功能非常有限,因听证复核或案卷复核而改变原处罚告知意见的案例极少。笔者认为,听证复核部门应与原审理部门从机构上相对分离,这样听证效果会更好一些。

此外,有利害关系的第三人是否有权申请听证、听证主持人及听证员的资格条件、当事人及利害关系人在听证会上出示伪证应负何种法律责任等问题目前均缺乏明确规定,有待进一步完善。

5. 行政处罚听证判例及评析

(1) 1996年《行政处罚法》第42条规定"行政机关作出责令停产停业、吊销许可证或者执照、较大数额罚款等"中的"等"是"等内等"还是"等外等"?

最高人民法院的判例也曾持"等内等"说。

案例16.178 湖北龙豪娱乐有限公司诉武汉市城市规划管理局限期拆除违法建筑行政处罚案

该案中,法院认为:按照《行政处罚法》的规定,"限期拆除违法建筑"的行政处罚不属于必经听证程序的范围。被上诉人未告知上诉人申请听证的权利,不违反《行政处罚法》的有关规定。被上诉人作出行政处罚时未告知上诉人复议申请权和提起诉讼的权利,但事实上未影响上诉人权利的行使。[①]

但最高人民法院指导性案例6号却持"等外等"说。

案例16.179 黄泽富等诉成都市金堂工商行政管理局行政处罚案

该案中,法院认为:《行政处罚法》第42条规定:"行政机关作出责令停产停业、吊销许可证或者执照、较大数额罚款等行政处罚决定之前,应当告知当事人有要求举行听证的权利。"虽然该条规定没有明确列举"没收财产",但是该条中的"等"系不完全列举,应当包括与明文列举的"责令停产停业、吊销许可证或者执照、较大数

---

① 最高人民法院(1998)行终字第4号行政判决书。

额罚款"类似的其他对相对人权益产生较大影响的行政处罚。为了保证行政相对人充分行使陈述权和申辩权,保障行政处罚决定的合法性和合理性,对没收较大数额财产的行政处罚,也应当根据《行政处罚法》第42条的规定适用听证程序。关于没收较大数额的财产标准,应比照《四川省行政处罚听证程序暂行规定》第3条"本规定所称较大数额的罚款,是指对非经营活动中的违法行为处以1000元以上,对经营活动中的违法行为处以20,000元以上罚款"中对罚款数额的规定。因此,金堂工商局没收黄泽富等三人32台电脑主机的行政处罚决定,应属没收较大数额的财产,对黄泽富等三人的利益产生重大影响的行为,金堂工商局在作出行政处罚前应当告知被处罚人有要求听证的权利。本案中,金堂工商局在作出处罚决定前只按照行政处罚一般程序告知黄泽富等三人有陈述、申辩的权利,而没有告知听证权利,违反了法定程序,依法应予撤销。①

笔者赞同"等外等"说,主要理由为:第一,有学者指出,作"等外"理解更有利于实现规范行政处罚的实施,监督行政机关实施行政管理,保护相对人合法权益的行政处罚立法目的;有助于实现《行政处罚法》第4条规定的公正、公开原则;而且作"等外"理解不会大幅度影响行政效率,相反能够促进行政机关依法处罚,提高相对人自觉接受行政处罚的比例。② 第二,《最高人民法院关于没收财产是否应进行听证及没收经营药品行为等有关法律问题的答复》明确规定,行政处罚主体拟作出没收较大数额财产的应当赋予当事人听证申请权。第三,《最高人民法院关于审理行政案件适用法律规范问题的座谈会纪要》指出,"法律规范在列举典型事项后,以'其他'、'等'等词汇来描述的,是属于不完全列举,是列举事项之外的事项,且应与列举的事项类似。"由此可见,这个"等"字是"等外等"。第四,2004年5月17日,针对新疆药监局对哈尔滨鸿鹏药品经销有限公司异地销售货值2,038,766.89元的药品没收行政处罚行为是否要求听证的请示,全国人大常委会法工委给予了明确的答复:"《中华人民共和国行政处罚法》第42条第1款规定:'行政机关作出责令停产停业、吊销许可证或者执照、较大数额罚款等行政处罚决定之前,应当告知当事人有要求举行听证的权利;当事人要求听证的,行政机关应当组织听证。'这一规定是指对公民权益影响较大的行政处罚,如责令停产、停业、吊销许可证或者执照、较

---

① 四川省金堂县人民法院(2006)金堂行初字第3号行政判决书及成都市中级人民法院(2006)成行终字第228号行政判决书。参见最高人民法院中国应用法学研究所编:《人民法院案例选(总第82辑)》,人民法院出版社2013年版,第414页以下。

② 参见蔡小雪等:《行政诉讼中的法律适用——最高人民法院行政诉讼批复答复解析》,人民法院出版社2011年版,第192页。

大数额罚款等,应当举行听证。实践中应当举行听证的范围可以不限于本条所列的三类行政处罚。"①第五,有些规定已经明确扩大了这一范围。这又具体分为四类:一是明确列举三种处罚之外的其他行政处罚种类,如没收财产也可以适用听证。如《海关行政处罚实施条例》第49条规定:"海关作出暂停从事有关业务、暂停报关执业、撤销海关注册登记、取消报关从业资格、对公民处1万元以上罚款、对法人或者其他组织处10万元以上罚款、没收有关货物、物品、走私运输工具等行政处罚决定之前,应当告知当事人有要求举行听证的权利;当事人要求听证的,海关应当组织听证。"二是规定在三种行政处罚之外,如果法律、法规、规章有规定的也可以适用听证,如《中国证券监督管理委员会行政处罚听证办法》第2条规定"法律、法规和规章规定的可以要求听证的其他处罚"也可以举行听证。作出类似规定的还有《公安机关办理行政案件程序规定》等。三是赋予行政机关对是否适用听证程序享有决定权。如《中国人民银行行政处罚程序规定》第13条第1款第(1)项和第26条第1款规定,处罚机关"对其他情况复杂或重大违法行为作出行政处罚决定"时可以决定举行听证。四是可以根据当事人的要求举行听证。如《九江市行政处罚程序若干规定》第12条第3款规定:"对应当告知听证的行政处罚以外的其他行政处罚,在作出行政处罚决定前,当事人要求听证的,行政机关可以根据情况决定是否听证。"②

虽然最高人民法院指导性案例持"等外等"说,但目前听证范围依然受到很大限制,仅仅是财产罚有进一步的突破,行政处罚主体处以人身自由罚如拘留仍然没有赋予相对人听证的权利。而且,在指导性案例公布之后,目前有些法院面对财产罚也并没有一概持"等外等"说,实践中坚持"等内等"说的法院并不少见。

案例16.180　霍邱县海山商贸有限公司诉霍邱县国土资源局行政处罚案

该案中,法院认为:行政处罚种类是法定的,《行政处罚法》第42条第1款中的"等"亦应由法律确定;最高人民法院在上述对"等"的解释为"且其所概括的情形应当与列举事项类似的事项",也即"等"应与列举事项"责令停产停业、吊销许可证或者执照、较大数额罚款"中的情形在性质上相近或相似,而没收非法财物与应举行听证列举事项属不同种类行政处罚,显然不具有相近或相似特点,即不应作为"与列举事项类似的事项"看待。再者,《行政处罚法》第42条第1款未将"没收非法财物"作为应举行听证的事项列出,显然立法时已将"没收非法财物"排除听证。由

---

① 参见赫成刚:《质量技术监督行政处罚概论》,中国计量出版社2007年版,第67页。
② 参见胡锦光等:《行政处罚听证程序研究》,法律出版社2004年版,第114页。

此,本院对原告认为被告有听证义务的意见不符合法律规定,不予采纳。①

观察司法实践,笔者也发现有极为罕见的判例认为拘留处罚的应当给予当事人听证权利。

案例 16.181　郭中志诉公主岭市公安局行政处罚案

该案中,法院认为:《治安管理处罚法》第 98 条规定:"公安机关作出吊销许可证以及二千元以上罚款的治安管理处罚决定前,应当告知违反治安管理行为人有权要求举行听证;违反治安管理行为人要求听证的,公安机关应当及时依法举行听证。"只要被处罚人要求听证的,应依法举行听证。本案上诉人庭审中提出曾要求过听证,但未被受理听证。被上诉人称"该处罚告知笔录为制式的,行政拘留不需听证,因此该条没有向被处罚人宣读"。该观点意见与《治安管理处罚法》第 98 条的立法精神不一致。本院法律释明应为只要是属于限制被处罚人人身权的行政处罚,被处罚人要求听证的,就应当受理举行听证。②

(2)按照法律规定原本不属于听证范围的情形,但行政处罚主体告知了当事人享有听证权利,这种情形下当事人是否享有听证权利?

多数判例认为在此情形下当事人应当享有听证权。

案例 16.182　山东阳谷华通汽车运输有限公司诉沧县交通运输局运输管理站行政处罚案

该案中,法院认为:无论运管站对运输公司拟作出的罚款 12,000 元的处罚决定是否属于部门规章或地方性规章规定的较大数额的罚款,因运管站 2013 年 9 月 27 日告知了运输公司有权在收到违法行为通知书之日起 3 日内有要求听证的权利,在运输公司 3 日内不申请听证的情况下,运管站才能在 3 日后作出处罚决定。③

---

① 安徽省霍邱县人民法院(2014)霍行初字第 00006 号行政判决书。
② 吉林省四平市中级人民法院(2014)四行终字第 12 号行政判决书。
③ 河北省沧州市中级人民法院(2014)沧行终字第 30 号行政判决书。

案例 16.183　北京创基物业管理有限公司诉北京市海淀区人民防空办公室行政处罚案

该案中,法院认为:海淀区人防办对创基物业公司作出警告、罚款2万元的行政处罚决定,根据《北京市行政处罚听证程序实施办法》的规定,不属于数额较大的罚款,可以适用《行政处罚法》规定的一般程序。但海淀区人防办向创基物业公司送达了听证告知书,明确告知当事人可以在3日内提出听证申请,意味着其自行选择适用听证程序,是其行使自由裁量权的结果。海淀区人防办对其自行选择适用的行政处罚程序,负有严格按照法律规定予以履行的义务。海淀区人防办在告知创基物业公司听证权利的当日,在没有证据证明创基物业公司表示放弃听证权利的情况下,即向其送达了行政处罚决定,违反了《行政处罚法》第4条规定的公正原则,本院不能支持。最终法院撤销了该行政处罚决定。[1]

(3)行政处罚主体依法应给予当事人听证权利而未给予或拒绝举行听证的情形。

少数判例认为该情形属于程序瑕疵。

案例 16.184　阮星阳诉宁波市北仑区城市管理行政执法局行政处罚案

该案中,法院认为:限期拆除违法的建筑物、构建物及设施的行政处罚决定对行政相对人权益的影响不小于较大数额罚款等行政处罚决定。因此,法律、法规虽未作明确规定,被上诉人作出被诉限期拆除决定前仍应按照《行政处罚法》第42条的规定,告知上诉人享有要求听证的权利,被上诉人未予告知,程序存在瑕疵。在此,本院予以指正。被上诉人作出被诉限期拆除决定前,告知了上诉人拟作出被诉限期拆除决定内容、事实和理由,及其享有的陈述申辩等权利,并对上诉人的陈述申辩及时予以了回复,保障了上诉人的程序参与权。故,上述瑕疵的程度不足以撤销被诉限期拆除决定。[2]

多数法院认为该情形属于程序违法。

---

[1] 北京市海淀区人民法院(2003)海行初字第267号行政判决书。参见最高人民法院中国应用法学研究所编:《人民法院案例选(总第54辑)》,人民法院出版社2006年版,第468页。
[2] 浙江省宁波市中级人民法院(2012)浙甬行终字第184号行政判决书。

案例 16.185　马文明诉冕宁县公路运输管理所行政处罚案

该案中,法院认为:原告提交要求组织听证申请(也符合申请听证的法定条件)后,被告未组织听证也未对原告提出的申请作出答复就作出了行政处罚决定,被告作出的该行政处罚决定违反法定程序,应予撤销。①

案例 16.186　王某诉安康市国土资源局汉滨分局行政处罚案

该案中,法院认为:被告在实施行政管理活动中,未严格依法行政,2012 年 4 月 13 日告知原告享有陈述、申辩权没有期限限制,并在原告提出听证申请后又不予理睬。故所作处罚依照《中华人民共和国行政处罚法》第 41 条规定而不能成立。法院于是撤销了该处罚决定。②

案例 16.187　河北省平山县劳动就业管理局诉河北省平山县地方税务局行政处罚案

该案中,法院认为:国家税务总局在《税务行政处罚听证程序实施办法(试行)》中作出对法人或者组织罚款 1 万元以上为数额较大的界定。这个实施办法已经于 1996 年 10 月 1 日起施行,地税局在对就业局作出处理决定 30 日以后才收到文件。在该办法下达前,法律虽然没有明确数额较大的界限,但是也没有明确 9 万余元的罚款不属于数额较大,地税局认为实施办法下达得晚,该处理决定不适用《行政处罚法》第 42 条有关听证程序规定的辩解,不予支持。依照《行政处罚法》第 41 条的规定,地税局违背该法规定的程序作出的行政处罚,不能成立。因此认定该行政处理决定从程序上违法,依法应予撤销,法院无须再就行政执法实体方面的争议继续进行审理。③

(4)听证权利在多项处罚或共同违法中应如何适用?

有的判例认为行政处罚决定其中如果有一项属于需要告知听证权利的就告知这一项而不是全案告知听证权利。

---

① 四川省冕宁县人民法院(2014)冕宁行初字第 4 号行政判决书。
② 陕西省安康市汉滨区人民法院(2012)安汉行初字第 00012 号行政判决书。
③ 载《最高人民法院公报》1997 年第 3 期。

案例 16.188　罗满秀诉上杭县公安局行政处罚案

该案中,法院认为:被告对原告作出拘留 15 日决定这一项处罚前,根据《治安管理处罚条例》的规定,履行了传唤、询问、查证、裁决等程序,基本程序合法,因此这一项处罚应予维持。但被告对原告作出 5000 元罚款的这一项处罚前,未能依照《行政处罚法》第 42 条的规定,充分保护原告的听证权利,而是在告知处罚内容后 2 小时即作出罚款决定,程序违法,应予撤销。①

笔者认为该法院的观点是错误的,就这个问题上笔者认为只要同一份《行政处罚决定书》中有一项涉及需要告知听证权利的,则全案都必须告知听证权利。如果全案没有告知听证权利则全案处罚内容都必须撤销,而不是撤销其中一项而维持其他项。有学者认为凡是多种财产罚或多个当事人出现在一个《行政处罚决定书》中的,只要数额或价值累计起来达到听证条件的,就应当赋予各个当事人听证权利。② 对此,笔者表示赞同。《苏州市工商行政管理局关于没收较大数额财产的行政处罚告知听证权的通知》也规定如果罚款加没收两项的合计金额超过规定金额下限的,应当告知相对人有申请听证的权利。有判例与笔者观点类似。

案例 16.189　明光市丰华养鸡场诉明光市农业局行政处罚案

该案中,法院认为:被上诉人已告知了上诉人有要求举行听证的权利,而上诉人也要求听证,被上诉人就应当组织听证,其拒绝组织听证,违反了《行政处罚法》第 42 条的规定。根据《行政处罚法》第 3 条第 2 款的规定,该行政处罚无效。被上诉人认为其罚款数额不属于听证范围,其理由不能成立:(1)被上诉人在作出处罚决定之前已告知了上诉人享有要求组织听证的权利;(2)被上诉人作出的行政处罚是三项,还包括责令停止兽药经营,此处罚也属听证范围。因此,该行政处罚决定应属无效。③

案例 16.190　介付超诉舞阳县林业局行政处罚案

该案中,法院认为:舞阳县林业局既认为介付超等 8 人滥伐林木的行为是共同

---

① 福建省上杭县人民法院(2002)杭行初字第 34 号行政判决书。
② 参见王学政:《工商行政管理机关行政处罚程序规定解释与适用》,经济管理出版社 2007 年版,第 197 页。
③ 安徽省滁州市中级人民法院(2001)滁行终字第 107 号行政判决书。

实施的一个违法行为,那么,舞阳县林业局只能就这一个行为作出一次处罚。在其所作的处罚行为中,虽然对介付超只作 4000 元罚款,但就其所认定的该滥伐林木行为所作的罚款总额却是 32,000 元。该罚款总额已超过被告提供的《河南省〈行政机关执法条例〉实施办法》第 20 条规定的数额,属较大数额罚款。依照《林木行政处罚听证规则》第 5 条之规定,被告应当告知当事人有要求举行听证的权利。而被告却不予告知,显然违反了法定程序。①

(5) 口头申请听证是否有效?

有判例确认了口头申请听证的有效性。

案例 16.191　简阳市铃中电线厂诉简阳市技术监督局行政处罚案

该案中,法院认为:在处理程序上,被告在原告已明确要求举行听证的情况下,以原告未提供书面材料和听证申请书,而未举行听证会,剥夺了原告享有的听证权,其行为违反了《行政处罚法》听证程序的规定,被告处罚程序违法。②

(6) 提出了听证申请但因行政机关内部原因导致最后未能举行听证会的情形。

有判例认为因行政机关内部原因导致最后未能举行听证会的情形为程序违法。

案例 16.192　宝丰县恒利洗煤有限公司诉汝州市国土资源局行政处罚案

该案中,法院认为:被告对原告处以 31 万余元的罚款显属数额较大的罚款,应告知原告进行听证,原告有两人证言证明其在期限内提出了听证申请,但由于被告内部工作人员未能及时转交转办等原因,被告未举行听证会确系违背法定程序。③

(7) 通知举行听证的时间短于法定期间的情形。

有判例认为通知举行听证的时间少于 7 日为程序瑕疵。

---

① 河南省舞阳县人民法院(2004)舞行初字第 1 号行政判决书。参见最高人民法院中国应用法学研究所编:《人民法院案例选(总第 51 辑)》,人民法院出版社 2005 年版,第 450 页。
② 四川省简阳市人民法院(2000)简阳行初字第 09 号行政判决书。
③ 河南省汝州市人民法院(2010)汝行初字第 526 号行政判决书。

案例 16.193　南郑县军干所福苑饭店诉汉中市卫生局行政处罚案

该案中,法院认为:根据《行政处罚法》第 42 条第 1 款第(2)项的规定,行政机关应当在听证的 7 日前,通知当事人举行听证的时间、地点。本案中,被上诉人汉中市卫生局未在听证的 7 日前通知上诉人虽不符合法律规定,但在举行听证时,征询了上诉人的意见,在取得上诉人的同意后举行的听证,上诉人依法所享有的权利,并未因此受到影响和剥夺。因此,被上诉人未在法定的时间内通知上诉人举行听证的相关事宜,属程序上的瑕疵,不足以影响本案被诉具体行政行为程序的合法性。①

而有的判例则认为这种情形属于程序违法。

案例 16.194　马启业诉潢川县地方税务局稽查局行政处罚案

该案中,法院认为:一审法院认为被告潢川县地方税务局稽查局 2013 年 8 月 14 日告知原告代理人于 2013 年 8 月 19 日 15 时在该局 3 楼会议室举行听证,根据《行政处罚法》第 42 条第 1 款第(2)项的规定:"行政机关应当在听证的七日前,通知当事人举行听证的时间、地点。"因此被告告知举行听证时间少于 7 日,违反了法定程序。②

(8)在当事人书面放弃听证权利的情况下,行政处罚主体能否在 3 日内作出行政处罚决定?

有的判例认为行政处罚主体在此情形下不能径直作出行政处罚决定。

案例 16.195　杨德明诉重庆市万州区道路交通运输管理处行政处罚案

该案中,法院认为:虽然被上诉人没有举行听证,但由于上诉人在行政处罚决定书上的签字表明有放弃听证的意思表示,因此,被上诉人在告知上诉人听证权后,没有等待上诉人有权要求听证的 3 日期限届满,就在告知当日作出行政处罚决定,不是对上诉人听证权利的剥夺。不过,被上诉人的行为没有充分保障上诉人在 3 日期限内自由行使其要求听证的权利,应属行政瑕疵。③

---

① 陕西省高级人民法院(2005)陕行终字第 10 号行政判决书。
② 河南省信阳市中级人民法院(2014)信中法行终字第 38 号行政判决书。
③ 重庆市第二中级人民法院(2008)渝二中法行终字第 21 号行政判决书。

案例 16.196　高树仁诉福建省安溪县财政局行政处罚案

该案中,法院认为:被上诉人对上诉人作出行政处罚时已履行了告知上诉人的陈述、申辩及听证权利,上诉人已同意放弃听证权利。对上诉人提出被上诉人告知权利的同时送达行政处罚决定,应认定为程序瑕疵。①

而有的判例则认为可以。

案例 16.197　胡某诉丽水市某某支队行政处罚案

该案中,法院认为:原告提出被告在告知听证权利的当天就作出行政处罚决定属于程序违法的主张,本院认为,被告在处罚前已明确告知原告有权要求听证,原告当场表示不要求听证,且被告在作出处罚决定前,原告亦未提出听证要求,被告的处罚程序并未违反《行政处罚法》的规定,故原告提出的该主张本院不予支持。②

笔者赞同最后一个判例即案例 16.196 中法院所持观点,因为对于相对人来说,权利完全可以放弃,而且某些案件发生在外地,很多当事人想待案件快办快结之后去处理其他事务,如果在当事人自愿放弃权利的前提下还非得让其再等 3 日时间才能制发《行政处罚决定书》,这不仅滞缓了行政效率,更伤害了当事人的合法权益。

(9)听证会上未质证的情形。

案例 16.198　重庆木本水缘园林景观工程有限公司诉重庆市璧山区国土资源和房屋管理局行政处罚案

该案中,法院认为:原璧山县国土局依原告申请举行听证会过程中,仅有案件承办人员陈述违法事实,并未将证据交由原告质证,影响到原告的陈述权、申辩权,系程序违法。③

---

①　载 http://www.lawyee.org/Case/Case_Display.asp? ChannelID = 2010100&RID = 107232&keyword = ,最后访问日期:2014 年 12 月 28 日。
②　浙江省丽水市莲都区人民法院(2012)丽莲行初字第 15 号行政判决书。
③　重庆市江北区人民法院(2014)江法行初字第 00164 号行政判决书。

（10）听证后改变法律依据或减轻处罚的情形是否应重新给予当事人陈述、申辩、听证权利？

有的判例认为听证后改变法律依据的应重新给予当事人陈述、申辩、听证权利。

案例 16.199　宜昌宏业工程项目管理有限公司诉苍南县住房和城乡规划建设局行政处罚案

该案中，法院认为：《行政处罚法》第 31 条规定，行政机关在作出行政处罚决定之前，应当告知当事人作出行政处罚决定的事实、理由和依据，并告知当事人依法享有的权利。本案中，被告在作出行政处罚前告知原告作出行政处罚的理由是与施工单位串通，弄虚作假，降低工程质量，即存在《建设工程质量管理条例》第 67 条第（1）项规定的行为，而作出的行政处罚决定所认定的事实是原告存在《建设工程质量管理条例》第 67 条第（2）项的规定的行为，致使原告未能就是否存在该条例第 67 条第（2）项的行为作出陈述、申辩，变相剥夺了原告的陈述申请权，应视为被告在作出行政处罚前未告知行政处罚的理由和依据。①

有的判例认为听证后降低处罚幅度的不应重新给予当事人陈述、申辩、听证权利。

案例 16.200　珠海市香洲海怡酒店管理有限公司诉珠海市城市管理行政执法局香洲分局行政处罚案

该案中，法院认为：执法局香洲分局在听证会后，将拟对海怡公司处以罚款的幅度从 15 万元调整至 12 万元，已经减轻了对海怡公司的处罚，执法局香洲分局未对此再次进行听证，并不违反法律、法规的规定。②

就此问题，我们可以再先看一下相关规定，有的规定认为必须重新告知，如《出入境检验检疫行政处罚程序规定》（已失效）第 26 条："出入境检验检疫机构作出行政处罚决定之前，必须充分听取当事人的意见，对当事人提出的事实、理由和证据

---

① 浙江省苍南县人民法院（2013）温苍行初字第 15 号行政判决书。
② 广东省珠海市中级人民法院（2013）珠中法行终字第 37 号行政判决书。

应当进行复核。当事人提出的事实、理由和证据成立的,应当采纳。出入境检验检疫机构不得因当事人陈述和申辩或者申请听证而加重处罚。经复核,拟作出与原告知当事人不同的处罚决定的,应当重新发出《行政处罚告知书》。"而有的规定认为仅仅是降低处罚幅度的,不需要重新告知,如《江苏检验检疫局关于加强行政处罚管理工作的意见》规定:"经复核,拟作出与原告知当事人不同的处罚决定的,应当重新发出行政处罚告知书。如作出处罚决定的事实、理由、依据以及处罚的种类不变,仅是降低处罚幅度的,可以不再另行告知"。

还有学者区分了不同情形来讨论,其认为:第一,拟作出的处罚决定所认定的案件事实、法律依据均未发生变化,仅是处罚内容和幅度有所减轻的,不需要再次进行听证告知;第二,由于听证会上行政处罚当事人所提出的新证据,或者由于对相关证据进行质证等听证中产生的原因,致使要改变拟作出的处罚决定所依据的证据和事实,并相应减轻行政处罚的,可不再次进行听证告知;第三,因听证会以外的原因,致使要改变拟作出的处罚决定所依据的证据和事实的,以再次进行听证告知为宜;第四,拟作出的处罚决定所依据的证据和事实没有变化,但要改变法律依据进行处罚的,以再次进行听证告知为宜。如果是因为采纳了行政处罚当事人的意见而改变处罚依据的,并且未加重处罚的,可不再次进行听证告知。[①]

笔者认为,如果经过复核后只是单纯改变处罚幅度的,不重新给予当事人陈述、申辩、听证权利是有道理的,但前提必须是要有法律明确规定。而经听证改变执法依据的,应当重新给予当事人陈述、申辩、听证权利。

(11)听证结束后能否再行补充调取证据?

有判例认为听证结束后再行补充调取证据属于程序违法。

案例 16.201 联合利华(中国)有限公司诉平顶山市工商行政管理局湛河分局行政处罚案

该案中,法院认为:行政处罚案件听证制度的立法本意是,在行政机关作出较大的行政处罚决定之前,通过召开听证会的形式,充分听取当事人的陈述和申辩意见,并认真进行复核。对于当事人提出的陈述和申辩意见成立的,行政机关应当予以采纳。如果允许行政机关运用听证程序来发现和完善自己的不足,进而为将要作出的行政处罚决定提供支持,就完全违背了行政处罚案件听证制度的立法本意,

---

[①] 参见王学政主编:《工商行政管理机关行政处罚程序规定解释与适用》,经济管理出版社 2007 年版,第 216 页。

也不符合《行政处罚法》的立法目的;行政处罚程序的听证不同于行政许可程序的听证,行政处罚程序的听证是依申请而非依职权,在行政处罚程序中,当事人没有要求举行听证,行政机关不能主动举行听证。这就决定了行政处罚的听证不是调查程序,而是在调查终结后处罚决定作出之前的听取意见程序。补充调查取得的新证据不能通过再次举行听证会进行举证和质证,从而成为认定事实的依据。综上所述,被告平顶山市工商行政管理局湛河分局在听证结束后,认为证据有瑕疵重新调取材料后又通知原告进行听证的行为没有相应的法律依据,应属程序违法。①

(12)在听证会召开之前就预先确定了听证处理结果是否妥当?有判例认为在听证会召开之前就预先确定了听证处理结果属程序违法。

案例 16.202　东台市东吴生猪养殖场诉盐城市东台生态环境局行政处罚案

该案中,法院认为:听证是当事人行使陈述、申辩权利的重要途径,是公正执法的程序保障。原东台环保局虽然告知了上诉人申请听证的权利,并依照其申请于 2018 年 6 月 13 日组织了听证,但原东台环保局的负责人已经在听证之前的 2018 年 6 月 11 日集体研究决定了本案的行政处罚结果,这就导致此后的听证程序不再具有听取当事人陈述、申辩的制度功能,听证程序不合法,被诉 31 号处罚决定也不合法,应予撤销并责令重作行政处罚决定。②

(13)由于相对方的原因未能按时举行听证会,能否成为最终决定不举办听证的正当理由?

案例 16.203　海南陵水清水湾海尊度假酒店有限公司诉陵水黎族自治县人民政府、海南省人民政府无偿收地行政处罚、行政复议案

该案中,上诉人陵水县政府称,之所以未举行听证会,是因为海尊公司的代理人未带齐授权委托手续。法院认为:该问题不属于不举行听证会的正当理由,收地决定系对当事人重要权益的重大处分,县政府径行取消听证,影响了闲置原因等事实的认定和海尊公司陈述、申辩等权利的行使,程序违法,应予撤销。③

---

① 河南省平顶山市湛河区人民法院(2011)湛行初字第 10 号行政判决书。
② 江苏省南京市中级人民法院(2020)苏 01 行终 406 号行政判决书。
③ 海南省高级人民法院(2019)琼行终 510 号行政判决书。

(14)听证组织人数不合规定,能否成为撤销行政处罚决定的理由?

案例 16.204　承德泰达新能源发电有限公司诉平泉县国土资源局土地行政处罚案

该案中,法院认为:根据《国土资源听证规定》第7条的规定,听证一般由一名听证员组织;必要时,可以由三或五名听证员组织。且听证设听证主持人,在听证员中产生。被申请人平泉县国土资源局在听证程序中,在听证员为一人的情况下,另行指定主持人,没有向再审申请人承德泰达新能源发电有限公司说明其设的听证主持人是听证员,如该听证主持人是听证员,便使该听证程序中存在两个听证员,无法形成多数意见;如该听证主持人不是听证员,那么也违反上述法律规定。即无论被申请人设置的听证主持人是否为听证员,其听证程序的人员组成均违反法律规定。被申请人平泉县国土资源局所作的平国土资收(2014)第01号收回国有建设用地使用权决定的程序不合法。依据行政诉讼法,行政行为违反法定程序的,人民法院应判决撤销。①

五、执行程序

《行政处罚法》第66条规定:"行政处罚决定依法作出后,当事人应当在行政处罚决定书载明的期限内,予以履行。当事人确有经济困难,需要延期或者分期缴纳罚款的,经当事人申请和行政机关批准,可以暂缓或者分期缴纳。"对当事人自觉履行义务作出规定,一方面可以起到重申和提示当事人必须履行相应义务的作用,另一方面可以为下一步实施强制执行作过渡和铺垫。当事人的自觉履行应当符合实际履行、全面履行、如期履行的特点。如果当事人不自觉履行相应义务,那么一般来说下一步的强制执行就是不可避免的。当然,也有一些行政处罚是不需要履行的,比如警告,一经送达,立即生效且执行完毕。《行政处罚法》第73条规定:"当事人对行政处罚决定不服,申请行政复议或者提起行政诉讼的,行政处罚不停止执行,法律另有规定的除外。当事人对限制人身自由的行政处罚决定不服,申请行政复议或者提起行政诉讼的,可以向作出决定的机关提出暂缓执行申请。符合法律规定情形的,应当暂缓执行。当事人申请行政复议或者提起行政诉讼的,加处罚款的数额在行政复议或者行政诉讼期间不予计算。"

---

① 河北省承德市中级人民法院(2016)冀08行再6号行政判决书。

有的行政处罚主体因违反了先裁决后执行的原则被法院认定为滥用职权。

案例 16.205 黄世钦诉福州市新闻出版办公室行政处罚案

该案中,法院认为:被上诉人在3月7日向上诉人黄世钦开具《没收图书报刊收据》,而迟至3月20日方作出处罚决定,属于先予实际没收,再作出《行政处罚决定书》的滥用职权的行为,该行为没有法律依据且程序违法。[①]

但有的法院却认为这并不违法。

案例 16.206 肇庆市绿色市政新型环保建材有限公司诉肇庆市环境保护局行政处罚案

该案中,法院认为:行政处罚决定书显示制作日期为2013年8月5日,而"非税收入罚款通知书"显示制作日期为2013年8月1日。据被告解释:2013年8月7日制作"非税收入罚款通知书",但因操作不慎填写日期为8月1日,而且答辩人实际上是到2013年8月12日送达行政处罚决定当日将通知书一并送达原告。法院认为:原告在诉讼中提出被告于8月1日制作"非税收入罚款通知书"先于行政处罚决定书作出,程序上违法,鉴于该罚款通知书是于2013年8月12日与行政处罚决定书一并送达原告,故罚款通知书的制作日期并不影响被告行政处罚决定的合法性。故认为行政处罚决定应予维持。[②]

(一)行政处罚强制执行措施

1.执行罚

《行政处罚法》第72条第1款第(1)项规定:"到期不缴纳罚款的,每日按罚款数额的3%加处罚款,加处罚款的数额不得超出罚款的数额。"这里的"加处罚款"就是执行罚。执行罚,是指义务人逾期拒不履行行政处罚决定确定的义务(非替代性的作为义务或不作为义务),行政处罚主体通过科处义务人新的义务的办法,促使义务人履行原义务的一种行政强制执行方式。[③] 执行罚是一个比较大的概念,它涵

[①] 福建省福州市中级人民法院(2000)榕行终字第74号行政判决书。
[②] 广东省肇庆市端州区人民法院(2014)肇端法行初字第2号行政判决书。
[③] 参见傅士成:《行政强制研究》,法律出版社2001年版,第171~174页。

盖了"加处罚款"、征收滞纳金、拘留等形式。

根据《行政强制法》的规定,执行罚的使用,也就是加处罚款的使用,需要遵循以下规定:第一,行政处罚主体在《行政处罚决定书》中,应当明确告知加处罚款的标准。这个标准就是《行政处罚法》第72条规定的"每日按罚款数额的百分之三加处罚款"。第二,加处罚款的总额不得超出罚款的数额。第三,实施加处罚款超过30日,经催告当事人仍不履行的,具有行政强制执行权的行政处罚主体可以强制执行。也就是说,按日实施的加处罚款,在30日内如果没有达到促使当事人缴纳罚款的目的,具有行政强制执行权的行政处罚主体可以改用直接强制执行措施。

目前,对于行政处罚加处罚款的法律性质尚未达成完全统一的认识,理论界和实务部门主要存在以下几种观点:一是滞纳金说。这种观点的赞同者多为行政处罚的实务部门,认为加处罚款和征收滞纳金都是对不履行行政义务的行政相对人,科处一定的金钱给付义务,迫使其自觉履行行政义务的方式,因此两者均不属于行政处罚,而是一种行政强制执行措施,并且同属行政强制执行措施中的间接强制措施,因此加处罚款即为滞纳金的一种。笔者在实践中也发现有些行政处罚主体在作出的《行政处罚决定书》的末尾载明"到期不缴纳罚款的,每日按罚款数额的百分之三加处罚款",但到申请法院强制执行时,在申请执行文书中又表述为"申请法院执行罚款××元,滞纳金××元",完全将加处罚款等同于滞纳金。二是行政处罚说。持这种观点者认为,行政处罚中的罚款与加处罚款最终的表现形式都是要求行政相对人以金钱上的给付,具有制裁性质,而且相对人逾期不缴纳罚款义务,也违反了《行政处罚法》的规定,加处罚款就是对这种不履行义务行为的制裁,是一种新的行政处罚。持此种观点的人同时认为,既然加处罚款属于行政处罚,就应该按照行政处罚程序,履行告知和听证等程序。三是执行罚说。此种观点目前在理论界与实务界占大多数,认为执行罚是指行政法上的义务人逾期不履行行政机关作出的具体行政行为,行政处罚主体迫使义务人缴纳一定比例的强制金,促使义务人自觉履行行政义务的一种行政强制执行措施,一般适用于相对人不履行行政义务,又不适宜由他人代为履行的情形。执行罚属于强制执行措施中的间接强制执行措施,结合《行政处罚法》对加处罚款的规定来看,加处罚款就属于间接强制执行措施中的执行罚。

笔者同意第三种观点,将行政处罚加处罚款定性为执行罚是比较符合行政法学理论的。首先,行政处罚加处罚款适用的前提条件是行政处罚主体已经作出了行政处罚决定,相对人在指定的期限内没有自觉履行;其次,行政处罚加处罚款适用的目的是督促行政相对人在指定的期限内自觉履行,行政相对人如果在指定的期限内自觉履行了给付义务,则没有适用此条的必要;最后,由《行政处罚法》第72

条可以看出,行政处罚加处罚款与同款第(2)项、(3)项、(4)项相并列,从逻辑上理解,只有同一属性的行为才能并列,而《行政处罚法》第51条后两项内容都是有关强制执行措施的规定,因此行政处罚加处罚款也应是一种行政强制执行措施。由此可见,行政处罚加处罚款是行政机关采取的一种强制执行措施,即在行政主体作出行政处罚决定后,行政相对人在指定的期限内没有自动履行时,以增加行政相对人金钱给付义务的方式来督促相对人自动履行的执行手段,而且每日3%的比例是比较高的,因此可以认为其具有一定的制裁性质。通过以上分析,可以得出结论,行政处罚加处罚款是具有制裁性质的行政强制执行措施,属于执行罚中的一种。

从《行政处罚法》第72条规定的4款措施来看,同为强制执行方法,加处罚款本身也可转化为直接强制执行的内容。但该条只是明确了行政机关对加处罚款的决定处理权,对于其强制执行却只字未提。根据行政法学原理,在没有法律明确授权的情况下,行政机关不得擅自对加处罚款强制执行,否则即为违法。有论者也许要提出,加处罚款也是一种具体行政行为,行政处罚主体完全可以依据《行政诉讼法》的规定,依法向法院申请执行具体行政行为。问题是加处罚款如果执行不了的,真的可以申请法院强制执行吗?当执行罚不能产生立法预期的强制效果时,应该采用何种手段来弥补因执行罚的实效不足而导致的先前行政法义务依然得不到实现的状况?新的手段在确保先前行政法义务履行的同时,是否也要确保执行罚这一附加义务的履行?以加处罚款为例,在加处罚款是否可以申请法院强制执行的问题上,理论界和实务界的观点和做法历来不同,其中"肯定"论者认为,作为间接执行的执行罚,必须以直接强制为保障。而且,被科以的新的金钱给付义务是否与法定义务或具体行政行为所确定的义务一起作为直接强制的内容,有待于法律作出明确规定;"否定"论者则主张,加处罚款与申请法院执行同为强制执行方法,它本身不是执行内容,因此不能成为申请强制执行的内容。正反两种观点和做法的纷争,反映出来的深层次问题在于,如果对执行罚允许申请法院强制执行,将会出现行政强制的强制执行问题,在法理上,人们能否运用一种强制执行手段来确保另外一种行政强制执行手段的实现?质言之,当一种强制执行手段在自身实效性发挥失灵,而需要借助于另一种手段来确保时,该种强制手段存在的正当性何在?而在执行罚自身存在的正当性尚且存有疑问时,执行罚的实效性势必难以得到有效发挥。[①] 因此笔者认为,从根本上说加处罚款或征收滞纳金与其说是一种行政强制执行行为,倒不如说是一种单纯的行政命令。还有代履行费用也存在执行难的

[①] 参见王洪芳等:《执行罚的执行难之原因探析——从执行罚在治安管理中遭遇冷板凳谈起》,载《经济师》2011年第1期。

问题,能否就代履行费用申请法院强制执行呢?如果一种强制手段还需要另一种强制手段来做保障,那还能称为强制手段吗?试想行政机关的行政强制措施也需要申请法院来强制执行这还叫行政强制措施吗?笔者认为,法律应明确规定行政机关有强制收取加处罚款及代履行费用的手段,但在法律明确规定之前也只能先允许向法院申请强制执行,而且加处罚款应当另行制作加处罚款决定。此外,还有几点值得关注:第一,《行政处罚法》第72条第1款第(1)项没有规定没收违法所得及追缴等值价款可以加处罚款,应予完善;第二,没有自力直接强制执行权的行政机关加处罚款的截止日期最长也就是行政机关申请法院强制执行之日。原因有五:其一,因为行政程序与司法程序是两个完全不同性质的程序,行政机关将案件申请法院强制执行后,标志着行政程序的终结,作为行政强制措施的加处罚款也就随之停止。因此,行政处罚主体申请法院强制执行的时间是加处罚款期限的终止时间。其二,加处罚款的目的是促使当事人自觉缴纳罚款,当申请强制执行时,当事人仍没有履行,已经没有继续实施加处罚款的必要。其三,当相对人不服行政处罚决定,向法院提起行政诉讼后,行政处罚决定是否合法,只有在法院作出终审判决之后才能得出结论,而且司法审查的时间是由法院的司法行为所决定,并非行政诉讼当事人能把握,本着公平合理的原则,对行政诉讼期间不应计算加处罚款。其四,虽然《行政诉讼法》规定了行政诉讼期间不停止具体行政行为的执行,但其立法本意是制止那些行政处罚决定作出后当事人仍继续实施违法和对社会有危害的行为,而非因提起行政诉讼而拒不履行行政罚款的行为。其五,任何一种处罚的设定都要适度和适当,当事人所受到的处罚与其违法行为的违法程度应当相对应,假如从行政处罚决定生效之日起包括行政诉讼期间在内一直计算当事人应交纳的加处罚款,难显公平。①

这里还有个值得探讨的重要问题是《海洋环境保护法》第73条中规定的"按日连续处罚"的法律属性是行政处罚还是执行罚?目前,在学者当中,对于按日计罚法律性质的认识主要存在三种学说:行政处罚说、执行罚说和混合性质说。

第一种,行政处罚说。行政处罚是行政处罚主体对认定的违反行政管理秩序的公民、法人或其他组织所实施的一种制裁行为。这种性质之下的按日计罚,其起始日期从违法者的违法行为开始之日起计算。这样,违法时间越长,应当承担的不利后果越大,从而实现法律上的公平与正义的要求。也就是说,在此处的按日处罚针对的是违法行为人本身的违法行为而言所作出的处罚。

第二种,执行罚说。所谓的执行罚,本身并不是行政处罚的种类之一,它存在的

---

① 参见晏山嵘:《海关行政强制研究》,中国海关出版社2013年版,第123~126页。

目的在于督促义务人履行其应承担的法律责任,它属于间接强制执行的方式之一。我国《行政处罚法》第 72 条第 1 款第(1)项规定,"到期不缴纳罚款的,每日按罚款数额的 3% 加处罚款,加处罚款的数额不得超出罚款的数额"。此规定中的加处罚款就是一种执行罚。一些台湾地区的学者认为,按日连续处罚(按日计罚)本质上讲是一种对不履行行政处罚所设定的义务的一种追加处罚,而这种处罚的目的在于促使违法行为人早日纠正违法行为。所以,执行罚的存在必然以行政处罚的存在为前提,它依附于行政处罚而成立。

第三种,混合性质说。持混合学说态度的学者认为,按日计罚既具有行政处罚的性质,也具有执行罚的性质。这种学说与执行罚说的区别在对按日计罚的起算日的认识差异上,而在这一点上该说与行政处罚说保持了一致。持混合性质说的人认为按日计罚是从行为被认定违法之日起开始计算。那么针对第一次所认定的违法行为所作出的处罚必然属于行政处罚无疑。而当违法行为人在合理限期内未能纠正违法行为,继续违法对环境造成污染或破坏,则接下来的由第一次认定违法之日起计算处罚就含有行政处罚和执行罚的双重性质。一方面有对第一次认定违法行为之后,行为人继续进行该类活动的违法性质进行认定并处罚的目的;另一方面又有通过不断累加的高额罚款来促使行为人早日停止违法行为的目的。故认为,按日计罚具有行政处罚和执行罚的混合性质。①

笔者赞同第一种观点,但理由与其不同。主要理由在于:第一,法律可以采取拟制的方式,将通常意义上的一个连续行为或继续行为按照一定的时间、空间或其他标准切割为多个违法行为,譬如我国台湾地区"道路交通管理处罚条例"第 7 条规定可连续举发的超速行驶情形:"……违规地点相距 6 公里以上、违规时间相隔 6 分钟以上或行驶经过一个路口以上,但其违规地点在隧道内者,不在此限。"再如该法第 85 条规定"……经举发后,不遵守交通勤务警察或依法令执行交通稽查任务人员责令改正者,得连续举发之"。笔者不赞同那种认为英美模式的按日连续处罚的属性就是行政处罚、大陆模式的按日连续处罚的属性就是执行罚的观点,②事实上按日连续处罚是否违反"一事不再罚原则"及其属性是否为执行罚在我国台湾地区也是富有争议的③。第二,既然法律已经按日切割,那么每日新出现的排污行为,就不仅仅是拒不改正或违法状态持续或继续的问题了,其更加代表了一个新的违法行为,自然要对其处以新的行政处罚,自然也没有违反"一事不再罚原则"。正如我

---

① 参见吴宇:《论按日计罚的法律性质及在我国环境法上的适用》,载《理论月刊》2012 年第 4 期。
② 参见汪劲等:《构建我国环境立法中的按日连续处罚制——以〈水污染防治法〉的修改为例》,载《法学》2007 年第 12 期。
③ 参见黄俊杰:《行政罚法》,翰芦图书出版有限公司 2006 年版,第 149~181 页。

国台湾地区学者许宗力所言:在宪法之体系所欲维护之公共利益与基本权利具有相同宪法位阶时,可认定通过立法将某类型自然单一行为"切割"成数个法律上的单一行为进而分别评价和处罚有其必要性和正当性①。第三,如果认为按日连续处罚的性质为执行罚,那么其是否要遵循《行政强制法》第 45 条第 2 款规定的"加处罚款或者滞纳金的数额不得超出金钱给付义务的数额"?虽然该条规定针对的是"行政机关依法作出金钱给付义务的行政决定"。但其立法精神应该是一致的,也即执行罚不宜超过原处罚金额。如果必须受此限制的话,恐怕按日连续处罚的效果就要大打折扣了。第四,2015 年 1 月 1 日开始实施的《环境保护主管部门实施按日连续处罚办法》(环境保护部令第 28 号)第 15 条规定:"环境保护主管部门实施按日连续处罚应当符合法律规定的行政处罚程序。"第 16 条规定:"环境保护主管部门决定实施按日连续处罚的,应当依法作出处罚决定书。"

有的行政处罚主体因实施按日连续处罚未依法履行事先告知义务,被法院撤销。

案例 16.207　哈尔滨仁皇药业有限公司诉哈尔滨市阿城区环境保护局行政处罚案

该案中,法院认为:被告阿城环保局提交的听证告知书、听证笔录、听证报告已经明确告知原告药业公司,将按照《环境保护主管部门实施按日连续处罚办法》第 5 条第(1)项的规定对其进行处罚,然而,被告阿城环保局作出的行政处罚决定,适用的却是《环境保护主管部门实施按日连续处罚办法》第 5 条第(2)项的规定。根据《行政处罚法》"第 31 条行政机关在作出行政处罚决定之前,应当告知当事人作出行政处罚决定的事实、理由及依据,并告知当事人依法享有的权利""第 32 条当事人有权进行陈述和申辩。行政机关必须充分听取当事人的意见,对当事人提出的事实、理由和证据,应当进行复核;当事人提出的事实、理由或者证据成立的,行政机关应当采纳"的规定,被告阿城环保局在依法履行告知、听证程序之后,适用其他依据对原告药业公司作出行政处罚决定,未履行告知法定职责,违反法定程序,同时也剥夺了当事人陈述和申辩的权利。综上所述,被告阿城环保局作出的行政处罚决定违反法定程序,依法应予撤销。②

---

① 参见黄俊杰:《行政罚法》,翰芦图书出版有限公司 2006 年版,第 173 页。
② 黑龙江省哈尔滨市阿城区人民法院(2017)黑 0112 行初 69 号行政判决书。

此外,应当注意的是,最高人民法院在征求全国人大常委会法工委和国务院法制办的意见后,于 2007 年 4 月 27 日作出的《关于行政处罚的加处罚款在诉讼期间应否计算问题的答复》规定:"根据《中华人民共和国行政诉讼法》的有关规定,对于不履行行政处罚决定所加处的罚款属于执行罚,在诉讼期间不应计算。"①笔者认为,参照该答复意见,复议期间也不应计算执行罚。上述司法观点及笔者观点均已被 2021 年修正的《行政处罚法》第 73 条第 3 款所采纳。

有的法院认为前一个行政处罚违法会导致由其派生出来的另一个执行罚也应当撤销。

案例 16.208　李爱民诉献县公安局行政处罚案

该案中,法院认为:罚款 5000 元,属数额较大,根据《行政处罚法》第 42 条的规定,应在作出处罚之前举行听证。而被上诉人献县公安局是在对上诉人作出处罚 12 日之后,才举行听证,其罚款的具体行政行为属于程序违法。由此,被上诉人以上诉人拒不交纳罚款为由,根据《治安管理处罚条例》第 36 条作出的对上诉人拘留 15 日的治安裁决亦不能成立。②

有的行政处罚主体因将执行罚内容纳入行政处罚决定书,被法院撤销。

案例 16.209　安陆市浈安汽车运输有限公司诉安陆市道路运输管理所道路运输行政处罚案

该案中,法院认为:鄂安运政罚(2015)k5361×××××号《行政处罚决定书》中提出要求浈安公司缴纳加处罚款 63,540 元的新内容,根据《中华人民共和国行政强制法》第 12 条第 1 项的规定,加处罚款属于法定的行政强制执行的方式,而非行政处罚的种类,不应以行政处罚决定书的形式作出。③

2. 直接强制执行措施

《行政处罚法》第 51 条规定"当事人逾期不履行行政处罚决定的",行政处罚主

---

① 参见蔡小雪等:《行政诉讼中的法律适用——最高人民法院行政诉讼批复答复解析》,人民法院出版社 2011 年版,第 117 页。
② 河北省沧州市中级人民法院(2000)沧行终字第 36 号行政判决书。
③ 湖北省高级人民法院(2019)鄂行再 2 号行政判决书。

体有权"根据法律规定,将查封、扣押的财物拍卖或者将冻结的存款划拨抵缴罚款"。这里的"将查封、扣押的财物拍卖或者将冻结的存款划拨抵缴罚款"就属于直接强制执行措施。一般认为,直接强制执行措施是指行政处罚决定的义务人逾期不履行义务,行政处罚主体采用代履行、执行罚等间接强制执行方式不能达到目的时,或在紧急情况下,来不及运用间接强制执行方式时,对义务人的人身或财产加以实力控制,并直接实现义务内容的强制执行措施。《行政强制法》第12条把"划拨存款、汇款""拍卖或者依法处理查封、扣押的场所、设施或者财物",规定为行政强制执行的方式,应当说已经囊括了《行政处罚法》第72条第1款第(2)项规定的内容。

根据《行政强制法》第47条至第49条的规定,划拨存款、汇款应当由法律规定的行政机关决定,并书面通知金融机构。金融机构接到行政机关依法作出划拨存款、汇款的决定后,应当立即划拨。法律规定以外的行政机关或者组织要求划拨当事人存款、汇款的,金融机构应当拒绝。依法拍卖财物,由行政机关委托拍卖机构依照《拍卖法》的规定办理。划拨的存款、汇款以及拍卖和依法处理所得的款项应当上缴国库或者划入财政专户。任何行政机关或者个人不得以任何形式截留、私分或者变相私分。

与执行罚促使义务人履行义务不同,直接强制执行的诸方式,均是对义务人的人身或财物实施实力控制,并直接实现义务内容的方式。因此,《行政强制法》对其有着严格的条件和程序控制。

3.申请法院强制执行

行政处罚主体作出行政处罚决定后,被处罚的当事人逾期不履行行政处罚决定确定的义务,如果法律没有赋予行政处罚主体强制执行权的,行政处罚主体应申请法院强制执行。行政机关批准延期、分期缴纳罚款的,申请人民法院强制执行的期限,自暂缓或者分期缴纳罚款期限结束之日起计算。

(二)行政处罚主体的自力强制执行程序

1.逾期未履行

行政处罚主体依法作出处罚决定后,当事人逾期不履行该行政处罚决定。这里的逾期,指行政处罚决定确定的自觉履行义务的期限。只有自觉履行期限届满,才可以启动强制执行。这实际上是实施强制执行的前提条件。

2.催告

行政处罚主体作出强制执行决定前,应当事先催告当事人履行义务。催告应当以书面形式作出,并载明下列事项:履行义务的期限;履行义务的方式;涉及金钱给付的,应当有明确的金额和给付方式;当事人依法享有的陈述权和申辩权。载明上述内容的催告书,必须送达当事人。经催告,当事人自觉履行了行政处罚决定的,不再实施行政强制执行。催告是当事人享有陈述权和申辩权的保障;是实现教育和强制相结合,降低对立情绪的重要步骤;同时也是减少和避免使用强制手段的途径。

3. 听取当事人的陈述和申辩

当事人收到催告书后有权进行陈述和申辩。行政处罚主体应当充分听取当事人的意见,对当事人提出的事实、理由和证据,应当进行记录、复核。当事人提出的事实、理由或者证据成立的,行政处罚主体应当采纳。这里需要指出的是,有权陈述、申辩的主体不限于被处罚人,还包括利害关系人。陈述、申辩可以在整个执行的全过程提出,但最好是在行政处罚主体催告之后和作出强制执行决定之前提出。

4. 催告期间的转换

在催告期间,对有证据证明有转移或隐匿违法资金迹象的,行政处罚主体可以立即作出强制执行决定。

5. 作出强制执行决定

经催告,当事人逾期不履行行政处罚决定,且无正当理由的,行政处罚主体可以作出强制执行决定。强制执行决定应当以书面形式作出,并载明下列事项:当事人的姓名或者名称、地址;强制执行的理由和依据;强制执行的方式和时间;申请行政复议或者提起行政诉讼的途径和期限;行政处罚主体的名称、印章和日期。

6. 送达强制执行决定书和实施强制执行

行政强制执行决定书应当直接送达给当事人。当事人拒绝接收或者无法直接送达当事人的,应当依照《民事诉讼法》的有关规定送达。

7. 中止执行、终结执行和分期履行

应当中止执行的情形包括当事人履行行政决定确有困难或者暂无履行能力的;第三人对执行标的主张权利,确有理由的;执行可能造成难以弥补的损失,且中止执行不损害公共利益的;行政处罚主体认为需要中止执行的其他情形。中止执行的情形消失后,行政处罚主体应当恢复执行。对没有明显社会危害,当事人确无能力履行,中止执行满三年未恢复执行的,行政机关不再执行。应当终结执行的情形包括:公民死亡,无遗产可供执行,又无义务承受人的;法人或者其他组织终止,无财产可供执行,又无义务承受人的;执行标的灭失的;据以执行的行政决定被撤销的;行政处罚主体认为需要终结执行的其他情形。在执行中或者执行完毕后,据以执行的行政决定被撤销、变更,或者执行错误的,应当恢复原状或者退还财物;不能恢复原状或者退还财物的,依法给予赔偿。实施行政强制执行,行政处罚主体可以在不损害公共利益和他人合法权益的情况下,与当事人达成执行协议。执行协议可以约定分阶段履行;当事人采取补救措施的,可以减免加处的罚款或者滞纳金。执行协议应当履行。当事人不履行执行协议的,行政处罚主体应当恢复强制执行。

8.对强制执行时间和方式的限制

除情况紧急外,行政机关不得在夜间或者法定节假日实施行政强制执行;行政机关不得对居民生活采取停止供水、供电、供热、供燃气等方式迫使当事人履行行政处罚决定。

有的行政处罚主体因违反先裁决后执行的原则被法院认定为程序违法。

案例 16.210　王秀珍诉新绛县公安局行政处罚案

该案中,法院认为:核查被上诉人新绛县公安局"宣读公安行政处罚决定书内容笔录"和处罚决定送达回证,其处罚决定是被上诉人新绛县公安局同日在拘留所宣读后送达给上诉人的,即被上诉人新绛县公安局对上诉人王秀珍先执行拘留后作出处罚决定,处罚程序明显不合法。违反了先裁决后执行的原则。[①]

案例 16.211　辽源市通讯器材厂诉辽源市规划管理处行政处罚案

该案中,法院认为:被告在处罚决定尚未作出并发生法律效力前,自行采取强制措施拆除违法建筑物,违反了法定程序,应当承担相应的法律责任。[②]

案例 16.212　谭永光等诉三亚市人民政府、三亚市规划局行政强制案

法院认为:市规划局的公告不能代替行政处罚,市政府和规划局不能直接以公告为依据采取强制拆除措施。两被告在市规划局未依法对违章建筑行为作出行政处罚的情况下,实施强制拆除行为,严重违反了法定程序。[③]

有的行政处罚主体因在当事人自觉履行期限内采取自力强制执行措施被法院认定为程序违法。

---

① 山西省运城市中级人民法院(2013)运中行终字第 35 号行政判决书。
② 吉林省辽源市中级人民法院(1993)辽行终字第 4 号行政判决书。
③ 海南省高级人民法院(2004)琼行终字第 119 号行政判决书。

案例 16.213　重庆市云阳车辆配件厂诉重庆市巴南区技术监督局行政处罚案

该案中,法院认为:根据《行政处罚法》第51条第(2)项之规定,行政机关将扣押的财物抵缴罚款,必须由法律规定,且只能在当事人逾期不履行行政处罚决定时通过拍卖变价抵缴。本案上诉人在作出行政处罚决定时就将被上诉人的小轿车抵缴罚款,且没有经过拍卖程序,因此,该强制措施违法。①

有的行政处罚主体因对特殊人群如孕妇实际执行拘留被法院认定为执行程序违法。

案例 16.214　洪叶荣诉桐城市公安局行政处罚案

该案中,法院认为:《治安管理处罚法》第21条第(4)项和《公安机关办理行政案件程序规定》第140条第(4)项规定,孕妇或者正在哺乳自己婴儿的妇女,依法应当给予行政拘留处罚的,应当作出处罚决定,但不送拘留所执行。被告适用《治安管理处罚法》第43条第1款之规定,对原告给予行政拘留处罚,符合法律规定。但原告系怀孕妇女,被告执行时未尽注意义务,径行将原告送拘留所执行拘留2日,违反法律规定。因此,法院判决维持桐城市公安局2014年5月19日作出的对洪叶荣行政拘留2日的行政处罚。同时确认桐城市公安局将洪叶荣送拘留所执行违法。②

有的行政处罚主体因在非紧急情况下夜间实施行政强制执行被法院认定为程序违法。

案例 16.215　三亚市河西区南海造船厂诉三亚市综合行政执法局行政处罚案

该案中,法院认为:三亚市综执局于2012年3月15日夜间强制拆除南海造船厂房屋及铁棚市场违反了《行政强制法》第43条关于行政机关不得在夜间实施行政强制执行的规定,属于程序违法。③

有的行政处罚主体因违法扩大强制执行范围被法院认定为违法执行。

---

① 载http://www.lawyee.org/Case/Case_Display.asp?ChannelID=2010100&RID=26999&keyword=,最后访问日期:2013年11月8日。
② 安徽省桐城市人民法院(2014)桐行初字第00006号行政判决书。
③ 海南省三亚市中级人民法院(2013)三亚行终字第18号行政判决书。

案例 16.216　三亚市河西区南海造船厂诉三亚市综合行政执法局行政处罚案

该案中,法院认为:三亚市综执局超出 454 号行政处罚决定和《强制执行决定书》决定拆除的违法建筑物范围,将南海造船厂建设在两层框架结构房屋旁边的占地面积约 640 平方米的铁棚市场一并强制拆除,没有合法的执行依据。①

有的行政处罚主体因在当事人申请暂缓执行拘留且符合法定条件的情形下不予同意而被法院认定为违法行政。

案例 16.217　王某诉锦州市公安局古塔分局行政处罚案

该案中,法院认为:被告在对原告作出行政拘留 10 日决定时,其曾以书面形式向被告提出申请行政复议和暂缓执行行政拘留申请,被告本应考虑到这是一起由于医疗纠纷引起的治安行政案件,同时认识到行政拘留处罚的严厉性和不可恢复性,按照《治安管理处罚法》第 107 条"被处罚人不服行政拘留决定,申请行政复议、提起行政诉讼的,可以向公安机关提出暂缓执行行政拘留的申请。公安机关认为暂缓执行行政拘留不致发生社会危险的,由被处罚人或者其近亲属提出符合本法第一百零八条规定条件的担保,或者按每日行政拘留二百元的标准交纳保证金,行政拘留的处罚决定暂缓执行"的规定,对原告暂缓执行行政拘留。但被告却未采纳原告提出的申请,将其投送到拘留所执行,违反了《治安管理处罚法》的有关规定。②

有的行政处罚主体因同意暂缓执行拘留但未依法采取任何保证措施被法院认定为程序违法。

案例 16.218　杨某诉某县公安局行政处罚案

该案中,法院认为:被告某县公安局对杨某行政拘留的暂缓执行决定,没有采取任何保证措施,违反了《治安管理处罚法》第 107 条规定,属于程序违法。③

有的行政处罚主体因处罚决定应当停止执行而不停止执行的,被法院认定为违法。

---

① 海南省三亚市中级人民法院(2013)三亚行终字第 18 号行政判决书。
② 辽宁省锦州市古塔区人民法院(2010)古行初字第 00005 号行政判决书。
③ 陕西省子洲县人民法院(2011)子行初字第 1 号行政判决书。

案例 16.219　刘应礼诉浙江省庆元县公安局行政处罚案

该案中,法院认为:在原告已经交纳了保证金的情况下,被告仍将其执行拘留,不符合《治安管理处罚条例》的规定,其行为是违法的。[①]

(三)行政处罚主体申请法院强制执行程序

法院的行政强制执行,实际上可分为两种:一种是经过行政诉讼程序的审理与裁判,是对法院裁判文书的执行程序;另一种是只经过行政程序,并由行政处罚主体申请法院强制执行的程序。这两者情况并不完全一致。主要区别在于:对行政处罚主体申请的强制执行,需要经过法院的审查。经法院审查同意执行的,其后的程序就大致相似。根据《行政强制法》的规定,该类执行程序主要包括以下内容:

1. 催告

行政处罚主体申请法院强制执行前,应当催告当事人履行义务。催告书送达10日后当事人仍未履行义务的,行政处罚主体可以向所在地有管辖权的法院申请强制执行;执行对象是不动产的,向不动产所在地有管辖权的法院申请强制执行。催告能够给被执行人带来压力,同时也为其自动履行提供了机会,也是期待当事人自动履行原则的具体体现。因此,未经特定的催告程序,行政处罚主体不得向法院提出执行申请。

2. 提出强制执行申请

经过行政处罚主体催告后当事人仍不履行法定义务的,行政处罚主体向法院提出执行申请,这是法院强制执行的前提和第一个环节。行政处罚主体向法院提出申请强制执行,应当提供强制执行申请书;《行政处罚决定书》及作出决定的事实、理由和依据;当事人的意见及行政机关催告情况;申请强制执行标的情况;法律、行政法规规定的其他材料。强制执行申请书应当由行政处罚主体负责人签名,加盖行政处罚主体的印章,并注明日期。

3. 法院书面审查和裁定

法院接到行政处罚主体的申请后,应当在5日内受理,同时对行政处罚主体的强制执行申请进行书面审查。审查内容一般包括以下几个方面:申请执行的材料和手续是否完备;行政行为是否依法可由人民法院执行;被申请执行的行政案件是否属于受理执行申请的人民法院管辖;据以执行的法律文书是否已经发生法律效

[①] 浙江省丽水市中级人民法院(2001)丽中行终字第38号行政判决书。

力且具有可执行内容;申请人是否为作出该行政行为的行政机关或者法律、法规、规章授权的组织;被申请人是该行政行为所确定的义务人;是否超过申请执行的期限;是否有明确的法律依据;行政行为所依据的法律规定是否有权创设行政强制执行;相对人是否负有行政法上的义务而拒不履行;被申请人在行政行为确定的期限内或者行政机关催告期限内是否未履行义务。经审查后,认为符合法定要求的,法院应当在受理之日起7日内作出执行裁定。对实施主体不具有行政主体资格、明显缺乏事实根据的,或者明显缺乏法律、法规依据的,或者有其他明显违法并损害被执行人合法权益情形的,在作出裁定前可以听取被执行人和行政处罚主体的意见,同时,法院应当在受理之日起30日内作出是否执行的裁定。裁定不予执行的,应当说明理由,并在5日内将不予执行的裁定送达行政处罚主体。行政处罚主体对法院不予执行的裁定有异议的,可以自收到裁定之日起15日内向上一级法院申请复议,上一级法院应当自收到复议申请之日起30日内作出是否执行的裁定。因情况紧急,为保障公共安全,行政处罚主体可以申请法院立即执行。经法院院长批准,法院应当自作出执行裁定之日起5日内执行。

4. 实施

经过申请、审查程序之后,法院强制执行也应当遵守与行政处罚主体强制执行相同的程序。同时还需要准用《民事诉讼法》及相关民事诉讼司法解释等有关规定。

5. 执行费的承担及有关限制

行政处罚主体申请法院强制执行,不缴纳申请费。强制执行的费用由被执行人承担。法院以划拨、拍卖方式强制执行的,可以在划拨、拍卖后将强制执行的费用扣除。依法拍卖财物,由法院委托拍卖机构按照《拍卖法》的规定办理。划拨的存款、汇款及拍卖和依法处理所得的款项应当上缴国库或者划入财政专户,不得以任何形式截留、私分或者变相私分。

在非诉的行政处罚执行案件中,行政机关作出行政基础决定即行政处罚决定后,当事人既不履行,又不申请复议或提起行政诉讼,无行政强制权的行政机关向法院申请强制执行以后,法院是否应当对行政机关的行政处罚决定再作实质性审查,这一点是有争议的。有三种观点:第一种主张形式审;第二种主张实质审(诉讼审查标准);第三种主张重大违法标准。

所谓形式审,是指在非诉行政执行案中,法院对于行政机关作出的申请执行的行政处罚决定,不作是否合法的实质性审查,只作是否存在以及是否具有可执行性的审查。在《行政强制法》的制定过程中,有学者主张,在非诉行政执行程序中,法院对于行政机关作出的申请执行的行政基础决定,只能作出形式审查,不能作实质审查。理由主要是以下两方面:一是相对人对行政机关的行政基础决定不服,是可以申请行政复议或者提起行政诉讼的,相对人因不申请行政复议或提起行政诉讼才进入到非诉执行程序,这意味着相对人已放弃诉权。如果到了非诉执行阶段,法院可以重新审查行政机关行政基础决定的合法性,等于变相地为相对人补给了诉权。二是相对人在法定期限内既不申请复议又不起诉,导致了行政基础决定具有了最终的确定力和具备了"法定执行效力"。如果到了非诉执行阶段,法院可以对行政机关行政基础决定进行实质性审查,等于超过法律救济期限的行政决定失去了原有的最终"确定力"和"执行力"。

所谓实质审(诉讼审查标准),是指在非诉执行案中,法院对于行政机关作出申请执行的行政处罚决定,要对其内容作是否合法的审查,合法的才裁定执行,不合法的会裁定不准予执行。理由是,非诉执行制度,不是由法院单纯执行的制度,而是法院对行政机关的监督制度。如果法院受理行政机关强制执行申请之后,不得对作为执行依据的行政基础决定进行实质性审查,那么法院就无以发挥监督作用,就会违背制度设计的初衷。

所谓重大违法标准,是指在非诉执行案中,法院对于行政机关作出申请执行的行政处罚决定,主要审查其有无重大违法情形,如主体是否合法、事实有无伪造等,而不审查其他并不影响行政基础决定性质的次要事实、次要内容及细节。这种审查标准的优势在于既能履行法院司法监督职能,又能提高行政强制执行的审查效率。[①]

如果从制度视角进行考察,法院从未放弃过在非诉执行制度中,对作为执行依据的行政基础决定进行实质性审查的立场和态度。只是实质性审查的标准有所演进,从是否"错误"到是否"合法",从是否"违法"到是否"明显违法"。

早在《行政诉讼法》制定之前,最高人民法院就主张,法院应当对申请执行的行政行为进行实质审查,而且审查的标准是"是否错误"。1985 年,最高人民法院《关于人民法院依法执行行政机关的行政处罚决定应用何种法律文书的问题的批复》(已废止)指出:"……依照民事诉讼法(试行)第 170 条的规定,人民法院接到主管行政机关的申请执行书后,应当了解案情。如果认为处罚决定正确,则用《执行通知书》通知被执行人在指定的期限内履行。逾期不履行的,强制执行。如果发现处罚决定确有错误,则不予执行,并通知主管行政机关。"1989 年出台 1990 年生效的《行政诉讼法》,对于非诉执行中的审查原则和标准未作规定。最高人民法院第一个关于《行政诉讼法》的配套性司法解释即《关于贯彻执行〈中华人民共和国行政诉

[①] 参见张锋等主编:《行政强制法释论》,中国法制出版社 2011 年版,第 288 页以下。

讼法〉若干问题的意见(试行)》(已废止),依然坚持了"是否错误"的审查标准。该意见第85条规定:"行政机关依法申请人民法院强制执行时,应当提交申请执行书、据以执行的法律文书和其他必须提交的材料,如果人民法院发现据以执行的法律文书确有错误,经院长批准,不予执行,并将申请材料退回行政机关。"

最高人民法院第二个关于《行政诉讼法》的配套性司法解释,即1999年制定2000年施行的最高人民法院《关于执行〈中华人民共和国行政诉讼法〉若干问题的解释》(已废止),将审查标准从是否"错误"转向是否"合法",并且具体定位为是否"明显违法"。这由两个条文所体现。该解释第93条规定:"人民法院受理行政机关申请执行其具体行政行为的案件后,应当在30日内由行政审判庭组成合议庭对具体行政行为的合法性进行审查,并就是否准予强制执行作出裁定;需要采取强制执行措施的,由法院负责强制执行非诉行政行为的机构执行。"第95条规定:"被申请执行的具体行政行为有下列情形之一的,人民法院应当裁定不准予执行:(1)明显缺乏事实根据的;(2)明显缺乏法律依据的;(3)其他明显违法并损害被执行人合法权益的。"

最高人民法院第三个关于《行政诉讼法》的配套性司法解释,即2017年制定2018年施行的最高人民法院《关于适用〈中华人民共和国行政诉讼法〉的解释》,继续维持了上一个司法解释的"明显违法"标准,并作了进一步细化,主要体现为以下两个条文。该解释第160条规定:"人民法院受理行政机关申请执行其行政行为的案件后,应当在7日内由行政审判庭对行政行为的合法性进行审查,并作出是否准予执行的裁定。人民法院在作出裁定前发现行政行为明显违法并损害被执行人合法权益的,应当听取被执行人和行政机关的意见,并自受理之日起30日内作出是否准予执行的裁定。需要采取强制执行措施的,由本院负责强制执行非诉行政行为的机构执行。"第161条第1款规定:"被申请执行的具体行政行为有下列情形之一的,人民法院应当裁定不准予执行:(1)实施主体不具有行政主体资格的;(2)明显缺乏事实根据的;(3)明显缺乏法律、法规依据的;(4)其他明显违法并损害被执行人合法权益的情形。"

最高人民法院关于《行政诉讼法》第一个配套性司法解释到第二个及第三个配套性司法解释的有关规定,从是否"错误"转向是否"合法",从是否"违法"到是否"明显违法",是一个明显的"转型"。最高人民法院的有关领导对此作了很好的解释:"要准确把握非诉具体行政行为合法性审查的'度'。非诉具体行政行为与行政诉讼在合法性审查上应有不同要求,不能等量齐观。按照最高人民法院《关于执行〈中华人民共和国行政诉讼法〉若干问题的解释》第95条规定,只有非诉具体行政行为明显缺乏事实依据、法律依据或其他明显违法并损害被执行人合法权益的,人民法院才应当裁定不予执行。"①从是否"错误"到是否"违法"规定的转变,使法院的主要任务更加明确。法院作为司法机关,其职能主要是解决是否"合法"的问题,而不是解决是否"正确"的问题。从"一般违法"到"明显违法"规定的转变,使法院对非诉行政执行中审查标准与在行政诉讼中的司法审查标准相区别,抓住了"量"的差异。《行政诉讼法》第70条②确立了"一般违法"标准,而最高人民法院《关于适用〈中华人民共和国行政诉讼法〉的解释》第161条载明的是"明显违法"的标准。也就是说,在行政诉讼案件中,法院对于被诉的具体行政行为的审查,只要"违法"了就可以依法撤销;而在非诉行政执行案件中,法院对于行政机关申请执行的行政基础决定的审查,一定要达到"明显违法"的程度,才可以裁定不予执行。这一差别应当说是合理且必要的。

《行政强制法》第55条规定:"行政机关向人民法院申请强制执行,应当提供下列材料:(1)强制执行申请书;(2)行政决定书及作出决定的事实、理由和依据;(3)当事人的意见及行政机关催告情况;(4)申请强制执行标的情况;(5)法律、行政法规规定的其他材料。强制执行申请书应当由行政机关负责人签名,加盖行政机关的印章,并注明日期。"第57条规定:"人民法院对行政机关强制执行的申请进行书面审查,对符合本法第55条规定,且行政决定具备法定执行效力的,除本法第58条规定的情形外,人民法院应当自受理之日起7日内作出执行裁定。"第58条规定:"人民法院发现有下列情形之一的,在作出裁定前可以听取被执行人和行政机关的意见:(1)明显缺乏事实根据的;(2)明显缺乏法律、法规依据的;(3)其他明显违法并损害被执行人合法权益的。"但学者们对上述条文有不同解读。如有学者认为,《行政强制法》采取的是"以形式审查为原则,实质审查为例外"的模式;③还有学者认为,《行政强制法》确立的是"书面审查原则",而这一原则"既不是形式审查,也不是实质审查,而是介于两者中间的一种新型的审查标准"。④

我们认为,《行政强制法》对于非诉行政执行制度的规定,在审查方式上采取了"书面审理与言词审理"相结合的模式,在审查标准上采取了"形式审查与实质审查"相结合的标准。具体而言,对于行政机关申请强制执行是否受理的审查标准是

---

① 参见李国光:《努力开创行政审判新局面,为全面建设小康社会提供司法保障》,载《最高人民法院公报》2003年第2期。
② 《行政诉讼法》第70条规定,行政行为有下列情形之一的,人民法院判决撤销或者部分撤销,并可以判决被告重新作出行政行为:(1)主要证据不足的;(2)适用法律、法规错误的;(3)违反法定程序的;(4)超越职权的;(5)滥用职权的;(6)明显不当的。
③ 参见袁曙宏主编:《行政强制法教程》,中国法制出版社2011年版,第161页。
④ 参见江必新主编:《中华人民共和国行政强制法条文理解与实务指南》,中国法制出版社2011年版,第296页。

采取形式审,主要看:(1)申请标准是否达到;(2)作为执行依据的行政处罚决定是否具备了法定执行效力并具有可执行内容。对于受理之后是否作出准予执行的裁定,是采取实质审,主要看:(1)实施主体不具有行政主体资格的;(2)是否明显缺乏事实根据;(3)是否明显缺乏法律、法规依据;(4)是否有其他明显违法并损害被执行人合法权益的情况。

考察非诉行政处罚执行案件的司法实践,主要有以下 5 种情形:

第一种情形,法院认为实施主体不具有行政处罚主体资格的,裁定不准予执行。

案例 16.220　赵军福与乐山市国土资源局市中区分局行政处罚强制执行纠纷案

该案中,法院认为:根据《四川省人民政府关于四川省国土资源管理体制改革的实施意见》(川府发〔2004〕35 号)关于"市(州)、县(市)国土资源主管部门是同级人民政府的工作部门,其机构、编制、经费仍由同级人民政府管理。市辖区(含各类经济开发区)国土资源主管部门的机构、编制、经费上收到市级人民政府管理,改为国土资源分局,作为市国土资源主管部门的派出机构,机构性质、行政级别仍保持不变。市辖区国土资源主管部门所属事业单位的机构、编制、经费也同时上收,纳入到市国土资源主管部门统一管理"的规定,市中区国土分局系乐山市国土资源局的派出机构,不具有独立的行政主体资格,在无法律、法规或者规章授权的情况下,其作出的乐市国土资中分罚〔2017〕第 30 号行政处罚决定缺乏主体要件,依法不准予强制执行。①

案例 16.221　卢元华与惠州市安全生产监督管理局大亚湾经济技术开发区分局行政处罚强制执行纠纷案

该案中,法院认为,根据《最高人民法院关于适用〈中华人民共和国行政诉讼法〉的解释》第 161 条第 1 款"被申请执行的行政行为有下列情形之一的,人民法院应当裁定不准予执行:(1)实施主体不具有行政主体资格的"的规定,本案中,《惠州大亚湾经济技术开发区机构编制方案的实施意见》明确了申请执行人为惠州市安

---

① 四川省峨眉山市人民法院(2018)川 1181 行审 100 号行政裁定书。

全生产监督管理局派出机构,其不具有行政主体资格,故应不准予执行。①

第二种情形,法院认为行政处罚明显缺乏事实根据的,裁定不准予执行。

案例 16.222　新乡市起重机厂有限公司与新乡市人力资源和社会保障局行政处罚强制执行纠纷案

该案中,法院认为,根据《社会保险法》第 63 条的规定,对于欠缴社会保险费的行为,应由社会保险费征收机构依法征缴;社会保险费征收机构限期缴纳逾期仍不缴纳的,可由有关行政部门进行罚款。可见,社会保险费征收机构责令欠费的用人单位缴纳社会保险金,用人单位逾期不交,是行政机关对其处罚的前提,本案中不存在处罚的前提,故 21 号处罚决定不符合执行条件,本院不准予执行。②

案例 16.223　孟祥福与北京市怀柔区园林绿化局行政处罚强制执行纠纷案

该案中,法院认为,怀柔园林局申请执行京怀绿罚决字〔2017〕第 34 号《行政处罚决定书》,而该行政处罚决定书与其申请执行时提供的证据材料不符,属事实不清。因此,原审法院据此裁定不准予强制执行并无不当,应予维持。③

案例 16.224　深圳市美集国际货运代理有限公司广州分公司与黄埔海关行政处罚强制执行纠纷案

该案中,法院认为,《最高人民法院关于执行〈中华人民共和国行政诉讼法〉若干问题的解释》第 95 条规定:"被申请执行的具体行政行为有下列情形之一的,人民法院应当裁定不准予执行:(1)明显缺乏事实根据的;(2)明显缺乏法律依据的……"本案中,被执行人深圳美集广州分公司于 2014 年 4 月 17 日经工商行政管理机关核准注销登记,其民事主体资格终止,申请执行人黄埔海关仍于 2016 年 10 月 17 日对已被注销登记的被执行人深圳美集广州分公司作出埔关缉查字〔2016〕12××××号《行政处罚决定书》,缺乏事实根据和法律依据,依据上述规定,应

---

① 广东省博罗县人民法院(2018)粤 1322 行审 587 号行政裁定书。
② 河南省新乡市中级人民法院(2016)豫 07 行审 16 号行政裁定书。
③ 北京市第三中级人民法院(2016)京 03 行审复 7 号行政裁定书。

不准予执行。①

案例16.225　四川省广安盟宇燃气有限公司利民气站与广安市国土资源局行政处罚强制执行纠纷案

该案中,法院认为,行政机关作出行政处罚决定时所依据的事实应当清楚,认定行政违法行为的事实不仅要有确凿的证据,还要在最后作出的行政处罚决定书中对违法事实进行认定。复议申请人广安市国土资源局在作出的广市国土资罚决〔2017〕17号行政处罚决定书中,关于违法事实认定是:"我局于2017年5月25日依法立案调查你单位违法占地一案,你单位在未取得用地手续的情况下,擅自占用协兴镇八一村2组9990.51平方米集体土地修建液化充气站的行为,违反了《土地管理法》第43条和第44条的规定,属非法占地。"在违法事实部分并未对被申请人四川省广安盟宇燃气有限公司利民气站违法占用的集体土地的类型以及是否符合土地利用总体规划进行认定,作出涉案处罚决定明显缺乏事实根据,一审法院裁定不准予执行正确,应予维持。②

案例16.226　徐克远与莱州市住房和规划建设管理局行政处罚强制执行纠纷案

该案中,法院认为,经再审审查查明,莱州市教育路小区105号楼102室的原所有权人是徐克远,该房屋已于2005年11月1日变更所有权人为徐伟亮,徐伟亮系徐克远之子。本案行政处罚的主体确定为徐克远有误,因此对原审申请人作出的行政处罚决定应当裁定不准予执行,本院作出的(2010)莱州执字第669号行政裁定书错误,应予撤销。③

不过,如果属于上述情形系笔误所致,经行政处罚主体补正后仍可裁定准予强制执行。如《人民司法》研究组即认为:行政机关的行政处罚决定书如果将被处罚人姓名写错,仅系笔误的,不属于认定事实不清,而是属于轻微的行政瑕疵,人民法院应通知申请强制执行的行政机关作出决定,补正行政处罚决定书中的笔误。法院在接到补正决定后,经审查确认行政处罚决定合法的,应予以强制执行。但需注

---

① 广州铁路运输中级法院(2017)粤71行审10号行政裁定书。
② 四川省广安市中级人民法院(2018)川16行审复1号行政裁定书。
③ 山东省莱州市人民法院(2015)莱州行再字第1号行政裁定书。

意,在申请强制执行的行政机关补正决定未作出之前,人民法院不宜采取强制执行措施。[①]

有法院因处罚对象已被注销工商登记主体资格,因而裁定不准予执行。

案例 16.227　长兴县国土资源局与长兴龙门建材有限公司行政处罚强制执行纠纷案

该案中,法院认为,本案行政处罚决定的被处罚对象长兴龙门建材有限公司已注销工商登记,申请人的申请缺乏事实依据。根据《行政强制法》第 58 条的规定,应不准予执行。依照《行政强制法》第 58 条第 1 款的规定,裁定如下:不准予强制执行申请执行人长兴县国土资源局于 2008 年 4 月 17 日作出的长土罚决字〔2008〕第 9 号行政处罚决定确定的内容。[②]

但如果处罚对象仅仅是被吊销或进入破产程序但尚未被注销最根本性的主体资格的,法院并不会因此而裁定不准予执行。

案例 16.228　淄博海关与山东天鹤塑胶股份有限公司行政处罚强制执行纠纷案

该案中,经法院听证,被执行人对申请执行人提供的上述证据均无异议,但称被执行人自 2017 年 9 月 12 日进行破产重整程序中,公司还未注销。申请执行人于 2017 年 10 月 16 日已向破产管理人进行了债权申报,其中包含了涉案的行政处罚款。法院认定申请执行人提供的上述 1-20 号证据来源形式合法、客观真实、符合证据的法定要求,确认为有效证据,以上证据均证明申请执行人中华人民共和国淄博海关作出的淄关缉违字〔2017〕1 号行政处罚决定书,认定的事实清楚、证据充分、程序合法、适用法律正确,是合法的行政行为。法院认为,申请执行人中华人民共和国淄博海关申请强制执行的淄关缉违字〔2017〕1 号行政处罚决定书正确合法且已发生法律效力,根据《行政强制法》第 53 条规定,被执行人在法定期限内不申请行政复议或者提起行政诉讼,又不履行行政决定的,没有行政强制执行权的行政机关可以自期限届满之日起 3 个月内申请人民法院强制执行,本案符合该条规定的

[①] 载《人民司法》1999 年第 4 期。
[②] 浙江省长兴县人民法院(2017)浙 0522 行审 634 号行政裁定书。

申请执行人民法院强制执行的情形。据此,依照《行政诉讼法》第 97 条,《行政强制法》第 58 条的规定,裁定准予执行。①

第三种情形,法院认为行政处罚明显缺乏法律、法规依据的,裁定不准予执行。有法院对申请执行案件以处罚适用了失效的法律依据为由裁定不准予执行。

案例 16.229　深圳市交通运输委员会与李建欣行政处罚强制执行纠纷案

该案中,法院认为,根据《最高人民法院关于执行〈中华人民共和国行政诉讼法〉若干问题的解释》第 95 条第(2)项的规定,被申请执行的具体行政行为明显缺乏法律依据的,人民法院应当裁定不准予执行。本案中,被申请执行的深交罚决字第 L1009×××号《深圳市交通运输行政处罚决定书》中载明"违反依据:《危险化学品安全管理条例》第 35 条;处罚依据:《危险化学品安全管理条例》第 65 条",但我国现行有效的《危险化学品安全管理条例》即《危险化学品安全管理条例》(2011 年修订)中的第 35 条、第 65 条的规定并不适用本案之情形,即并不能作为本案之违反依据、处罚依据。综上所述,被申请执行的具体行政行为明显缺乏法律依据的,依法应当裁定不准予执行。②

有法院对申请执行案件以遗漏适用法条中的罚种为由裁定不准予执行。

案例 16.230　乐清市市场监督管理局与洪建兵行政处罚强制执行纠纷案

该案中,法院认为,法律明确规定未取得食品生产经营许可从事食品生产经营活动,没收违法所得的同时没收用于违法生产经营的工具、设备、原料等物品,乐清市市场监督管理局作出行政处罚决定时仅罚款及没收违法所得,而遗漏没收物品相关处罚内容,在适用该条款时存在错误,原裁定以处罚决定缺乏法律、法规依据为由援引《行政强制法》第 58 条第 1 款第(2)项的规定裁定不准予执行,处理得当。③

有法院对申请执行案件以适用法律依据不明晰为由裁定不准予执行。

---

① 山东省淄博市高新技术产业开发区人民法院(2017)鲁 0391 行审 30 号行政裁定书。
② 广东省深圳市中级人民法院(2014)深中法行非诉审字第 808 号行政裁定书。
③ 浙江省温州市中级人民法院(2016)浙 03 行审复字 1 号行政裁定书。

案例 16.231　深圳市交通运输委员会与蔡旭明行政处罚强制执行纠纷案

该案中,法院认为,根据《最高人民法院关于执行〈中华人民共和国行政诉讼法〉若干问题的解释》第 95 条第(2)项的规定,被申请执行的具体行政行为明显缺乏法律依据的,人民法院应当裁定不准予执行。本案中,被申请执行的深交罚决字第 B0019×××号《深圳市交通运输行政处罚决定书》中载明"违反依据:《道路危险货物运输管理规定》第 10 款;处罚依据:《道路危险货物运输管理规定》第 48 条",该处罚决定在适用法律上存在两方面问题:一是"违反依据"未载明是哪一条的第 10 款;二是现行有效的《道路危险货物运输管理规定》即《道路危险货物运输管理规定》(2013 年修订)第 48 条之规定并非处罚条款,并不能作为本案之处罚依据。综上所述,被申请执行的具体行政行为明显缺乏法律依据的,依法应当裁定不准予执行。①

有法院对申请执行案件以适用法律依据不当为由裁定不准予执行。

案例 16.232　咸阳海民面粉有限责任公司与咸阳市食品药品监督管理局行政处罚强制执行纠纷案

该案中,法院认为,依据《国务院关于加强食品等产品安全监督管理的特别规定》第 2 条第 2 款"对产品安全监督管理,法律有规定的,适用法律规定;法律没有规定或者规定不明确的,适用本规定"。本案复议申请人申请执行的处罚决定,其处罚理由是被申请人生产的食品标准粉中滑石粉不符合《食品安全国家标准食品添加剂使用标准》规定的标准要求,对食品安全问题,法律有规定,只有在没有法律规定的前提下,才可适用《国务院关于加强食品等产品安全监督管理的特别规定》,故复议申请人适用法律不当。综上所述,复议申请人申请复议的理由不能成立,对其复议申请本院不予支持。原审对其申请裁定不准予执行并无不当,应予维持。②

有法院对催告内容或强制执行内容与行政处罚决定不一致的,以明显缺乏法律依据为由裁定不准予执行。

---

① 广东省深圳市中级人民法院(2014)深中法行非诉审字第 633 号行政裁定书。
② 陕西省咸阳市中级人民法院(2017)陕 04 行审复 05 号行政裁定书。

案例16.233　宁晋县住房和城乡建设局与宁晋县西城管理区校区行政处罚强制执行纠纷案

该案中,法院认为:复议申请人宁晋县住建局宁建罚字(2017)14号行政处罚决定书中载明:到期不缴纳罚款,每日按罚款数额的3%加处罚款。根据上述加处罚款的内容,被申请人河北省宁晋县西城管理区校区逾期不缴纳罚款,应该被加处罚款。但涉案宁晋县住建局宁建催字(2017)20号行政决定履行催告书中催告内容为"缴纳罚款本金338,000元及滞纳金338,000元",故原审以复议申请人宁晋县住建局作出的催告书内容与处罚决定内容不一致为由,裁定不准予强制执行宁建罚字(2017)14号行政处罚决定正确。遂裁定驳回复议申请,维持原裁定。①

但更多的法院针对催告内容或强制执行内容与行政决定不一致的,是在受理审查阶段裁定不予受理。

案例16.234　大悟县住房与城乡建设局与湖北伟进房地产开发有限公司行政处罚强制执行纠纷案

该案中,法院认为:申请执行人向被执行人发出的《履行行政决定催告书》与其作出的《行政处罚决定书》的内容不一致,故申请执行人大悟县住房与城乡建设局申请强制执行该行政处罚决定,不具备《最高人民法院关于适用〈中华人民共和国行政诉讼法〉的解释》第155条第(5)项规定的申请执行条件,遂裁定不予受理。②

案例16.235　漳浦县国土资源局与杨志明行政处罚强制执行纠纷案

该案中,法院认为:被执行人杨志明未经许可建工棚,其后果已经或者将造成环境污染或者破坏自然资源,申请人作出要求杨志明履行"恢复原种植条件"的行政决定,符合代履行的条件,即本案申请人拥有代履行职权;且申请人申请对杨志明强制执行拆除其在江口村的工棚与决定的内容不一致。综上,申请人漳浦县国土资源局的申请不符合受理条件,遂裁定不予受理。③

---

① 河北省邢台市中级人民法院(2018)冀05行审复7号行政裁定书。
② 湖北省大悟县人民法院(2020)鄂0922行审1号行政裁定书。
③ 福建省漳浦县人民法院(2018)闽0623行审47号行政裁定书。

第四种情形,法院认为行政处罚有其他明显违法并损害被执行人合法权益情况的,裁定不准予执行。

案例 16.238 深圳市交通运输委员会与龚高良行政处罚强制执行纠纷案

该案中,法院认为,根据申请执行人提供的证据材料,对被执行人的调查询问内容为搭载乘客,对乘客的调查询问内容为运输货物,向被执行人告知的处罚依据是《道路货物运输及站场管理规定》第63条第(3)项,而处罚决定适用的法律依据为《道路货物运输及站场管理规定》第63条第(1)项,因此在案件事实和法律适用方面,均存在不一致,属于《行政强制法》第58条第1款第(3)项所规定的明显违法并损害被执行人合法权益的情形,依法应不准予执行。①

案例 16.237 肇庆海事局与黄江强行政处罚强制执行纠纷案

该案中,法院认为,申请执行人在没有听取被执行人陈述申辩的前提下作出行政处罚决定,损害了被执行人的陈述申辩的权利,违反了《行政处罚法》第31条的规定,行政处罚不能成立,应不准予执行。依照《行政处罚法》第31条、第41条、《最高人民法院关于执行〈中华人民共和国行政诉讼法〉若干问题的解释》第63条第1款第(14)项、第93条、第95条第(3)项的规定,裁定如下:不准予强制执行肇海事罚字〔2016〕050003号行政处罚决定。②

案例 16.238 葫芦岛市连山区锦郊龙王庙刘志刚熏鸡厂与葫芦岛市连山区畜牧兽医局行政处罚强制执行纠纷案

该案中,法院认为,法院审理行政案件,应当对行政行为是否合法进行审查。作为畜禽屠宰行政主管部门,被申请人葫芦岛市连山区畜牧兽医局依法行使职权于2016年7月28日、8月1日、8月3日到再审申请人处检查,均发现该厂存在没有屠宰许可证而私自屠宰的行为,并于同年8月9日、11日、12日依据同样理由作出三个行政处罚。从证据上看,再审申请人违法屠宰的事实存在应受行政处罚,但再审申请人系在明知其没有屠宰许可证的情况下多次实施多个性质完全相同的违法屠宰行为而触犯同一个法条,属同一违法行为人违反同一法律的同一违法行为,符合

---

① 广东省深圳市中级人民法院(2015)深中法行非诉审字第2236号行政裁定书。
② 广州海事法院(2017)粤72行审1号行政裁定书。

一个行政违法行为的构成要件,应以一行为依法从重论处,故葫芦岛市连山区畜牧兽医局作出三个行政处罚违反了《行政处罚法》第24条"对当事人的同一个违法行为,不得给予两次以上罚款的行政处罚"之规定。《最高人民法院关于执行〈中华人民共和国行政诉讼法〉若干问题的解释》第95条规定:"被申请执行的具体行政行为有下列情形之一的,人民法院应当裁定不准予执行:(1)明显缺乏事实根据的;(2)明显缺乏法律依据的;(3)其他明显违法并损害被执行人合法权益的。"鉴于葫芦岛市连山区畜牧兽医局对葫芦岛市连山区锦郊龙王庙刘志刚熏鸡厂作出的行政处罚决定违法,依照《行政诉讼法》第76条、第86条、第87条、第89条第1款第2项,《最高人民法院关于执行〈中华人民共和国行政诉讼法〉若干问题的解释》第95条第3项规定,裁定:一、撤销葫芦岛市连山区人民法院准予执行的行政裁定;二、不准予强制执行葫芦岛市连山区畜牧兽医局作出的葫连屠罚决字〔2016〕第(03)号行政处罚决定。①

案例 16.239　宋香平与晋城市城市管理行政执法局行政处罚强制执行纠纷案

该案中,法院认为,复议申请人晋城市城市行政管理执法局作出晋市城执罚字〔2016〕79号行政处罚决定书,没有履行《行政处罚法》第38条"对情节复杂或者重大违法行为给予较重的行政处罚,应当集体讨论决定"的程序,也没有履行该法第31条、第32条、第42条"行政机关在作出行政处罚决定之前,应当告知当事人作出行政处罚决定的事实、理由及依据,并告知当事人依法享有的权利",而且同一违法事实,作出两个生效的行政处罚决定,不符合法律规定。在给被处罚人宋香平送达相关行政法律文书时,没有核实宋香平是否委托过潘会霞处理该行政处罚事宜,处罚程序明显违法并损害被执行人合法权益,符合不准予执行的情形。故晋城市城市行政管理执法局提出的复议申请理由不成立。②

案例 16.240　北京市政建设集团有限责任公司与新郑市水务局行政处罚强制执行纠纷案

该案中,法院认为,经再审发现申请执行人作出的新水罚决字(2015)第101号水行政处罚决定书存在错误,即提出行政诉讼的期限应为自收到决定书之日起6个月内,而不是3个月内,该决定书不能作为申请执行人新郑市水务局申请强制执行

---

① 辽宁省葫芦岛市中级人民法院(2018)辽14行再3号行政裁定书。
② 山西省晋城市中级人民法院(2018)晋05行审复4号行政裁定书。

的合法依据。本院基于该决定书作出的(2015)新行审字第53号裁定确有错误,应予纠正。依照《行政诉讼法》第92条第1款之规定,本案经院长提交本院审委员会讨论决定,裁定如下:撤销本院(2015)新行审字第53号裁定书。对申请人新郑市水务局作出的新水罚决字(2015)第101号水行政处罚决定书不准予执行。①

案例 16.241 陕西省安康市城乡建设局与周瑞智违章建筑行政处罚强制执行纠纷案

该案中,申请执行人城乡建设局在处罚决定作出前告知当事人拟作出立即停工的决定,而事后作出的却是限期拆除违章建筑的行政处罚。法院认为,该行为剥夺了被执行人周瑞智的陈述、申辩权,属程序违法,其限期拆除处罚决定依法不能成立,遂裁定对城乡建设局的申请不准予执行。②

案例 16.242 兴国县市场和质量监督管理局与刘禹祯行政处罚强制执行纠纷案

该案中,法院认为:被执行人经营的超过保质期的食品货值金额10元,该违法行为社会危害性较小,未造成社会危害后果,被执行人能配合申请执行人查处违法行为,根据《中华人民共和国行政处罚法》第4条第2款、第27条的规定,应当依法对被执行人减轻或者不予罚款行政处罚。申请执行人作出"处以罚款5万元整"的行政处罚决定,处罚畸重,属于明显不当。申请执行人作出的该项行政处罚明显违法并损害被执行人合法权益,遂裁定不准予执行。③

第五种情形,法院认为行政处罚不具有执行性的,裁定不准予执行。但这种情形并非法律及司法解释明确规定的情形,但根据法理及实际情况,也必须作出这种裁定。当然,"行政处罚不具有执行性"与《最高人民法院关于适用〈中华人民共和国行政诉讼法〉的解释》第99条第(3)项规定的"行政行为的内容客观上不可能实施"一语之意涵是类似的。其实,不得强制执行的行政处罚决定还远不止上述几种情形,典型的情形还应包括:一是因财物涉及公民生存保障或属于个人尊严或荣誉象征物而不得被行政强制的情形。如根据《行政强制法》第23条的规定,不得查封、扣押公民个人及其所扶养家属的生活必需品。再如《最高人民法院关于人民法

---

① 河南省新郑市人民法院(2015)新行再审字第01号行政裁定书。
② 陕西省安康市汉滨区人民法院(2005)安汉行执字第69号行政裁定书。
③ 江西省兴国县人民法院(2018)赣0732行审2号行政裁定书。

院民事执行中查封、扣押、冻结财产的规定》第3条明确下列的财产不得查封、扣押、冻结:(1)被执行人及其所扶养家属生活所必需的衣服、家具、炊具、餐具及其他家庭生活必需的物品。(2)被执行人及其所扶养家属所必需的生活费用。当地有最低生活保障标准的,必需的生活费用依照该标准确定。(3)被执行人及其所扶养家属完成义务教育所必需的物品。(4)未公开的发明或者未发表的著作。(5)被执行人及其所扶养家属用于身体缺陷所必需的辅助工具、医疗物品。(6)被执行人所得的勋章及其他荣誉表彰的物品。(7)根据《中华人民共和国缔结条约程序法》,以中华人民共和国、中华人民共和国政府或者中华人民共和国政府部门名义同外国、国际组织缔结的条约、协定和其他具有条约、协定性质的文件中规定免予查封、扣押、冻结的财产。(8)法律或者司法解释规定的其他不得查封、扣押、冻结的财产。但《行政强制法》并没有明确规定不得采取行政强制措施的财物最终也不得强制执行,这属于该法的一个缺陷,应予完善。二是因已被依法强制而不得被重复强制的情形。如根据《行政强制法》第23条的规定,当事人的场所、设施或者财物已被其他国家机关依法查封的,不得重复查封及没收。三是因法律规定或司法解释规定对某些财产权利不得执行或只有具备一定条件才能强制执行的情形。主要有:(1)信用证开证保证金;(2)证券经营机构清算账户资金;(3)证券、期货交易保证金;(4)银行承兑汇票保证金;(5)旅行社质量保证金;(6)粮棉油收购专项资金;(7)封闭贷款;(8)社会保险基金及社会基本保障资金;(9)国防科研试制费;(10)金融机构存款准备金;(11)军费;(12)征用土地补偿费、安置补偿费;(13)住房公积金;(14)财政预算外资金;(15)国有企业下岗职工基本生活保障资金;(16)股民保证金;(17)职工建房集资款;(18)金融机构的营业场所、运输工具等;(19)国家机关行使管理职能不可缺少的财物和预算内行政经费;(20)企业工会经费;(21)学校、医院、供水、供电、供暖、铁路、交通、广播传媒等为完成公益事业正在使用的或不可缺少的设施或财产,但清偿以该物担保的债权时除外;[①](22)外交豁免及领事豁免的财产。四是因财物性质而不得被行政强制的情形。如宗教或祭祀用品等。[②]

案例16.243 孙薇与莱州市住房和规划建设管理局行政处罚强制执行纠纷案

该案中,法院再审认为,本案执行的小房系11间小房中的一间,该小房与其他小房相连系同时建设一体的建筑物,因此只拆除其中的部分小房无法执行,也不符

[①] 更详细阐述请参见江必新主编:《民事强制执行操作规程》,人民法院出版社2010年版,第70~74页。

[②] 更详细阐述请参见晏山嵘:《海关行政强制研究》,中国海关出版社2013年版,第77~78页。

合合理行政原则,因此本院作出的(2010)莱州执字第673号行政裁定书错误,应予撤销,依照《最高人民法院关于执行〈中华人民共和国行政诉讼法〉若干问题的解释》第78条、第95条的规定,裁定如下:一、撤销本院(2010)莱州执字第673号行政裁定;二、对莱州市住房和规划建设管理局作出的莱建行处字第(2009)第106号建设行政处罚决定书本院不准予执行。①

案例16.244　伊通满族自治县国土资源局与陈生行政处罚强制执行纠纷案

该案中,法院认为,(一)复议申请人申请执行的行政处罚决定缺乏事实依据。根据被执行人提供的证据及原审法院依职权调取的证据,能够证明被执行人所占用的土地不仅用于建设住宅,同时还建有从事养殖需要的棚舍,且被执行人占用的土地在建设前经过了镇政府工作会议决定及营城子村河南屯村民大会同意,办理了相关的临时占地手续并有相关的土地流转合同,且土地流转合同均在有效期限内。故复议申请人认定被执行人占用的土地均为违法占用与事实不符。(二)复议申请人所作的行政处罚决定第一项,即责令被执行人将非法占用的土地退还集体经济组织,不具有执行性。2003年,营城子镇政府及营城子村两级组织规划土地来源,倡导建设牧业小区,营城子村10户村民按照规定办理相关手续,缴纳相关费用,建造了养殖棚舍及住宅,现建设完工已达10余年。村民经本村村委会允许使用土地,不应认定侵犯村集体经济组织对土地的所有权和使用权,如土地管理部门认为被执行人改变土地用途违法建设,可与规划部门联合认定该建筑是否违反城乡规划,对违反城乡规划的建筑,城乡规划部门可以处罚,且按照《最高人民法院关于违反城乡规划的违法建筑物、构筑物设施等强制拆迁问题的批复》的规定,已将违法建筑的强制执行权确定由行政机关依照行政强制法行使,法院不受理此类案件的强制执行申请,城乡规划部门可依法自行采取强制执行措施。综上所述,原审法院裁定对复议申请人作出的行政处罚决定不准予执行,并无不当。②

此外,目前法院就非诉执行案件依法不审查行政处罚的合理性。

案例16.245　安庆市国土资源局与五横小学行政处罚强制执行纠纷案

该案中,安庆市国土资源局因安庆市宜秀区五横中心小学不履行其于2014年

---

① 山东省莱州市人民法院(2015)莱州行再字第6号行政裁定书。
② 吉林省四平市中级人民法院(2014)四行非执复字第6号行政裁定书。

9月12日作出的庆国土资罚〔2014〕14号行政处罚决定书所确定的义务,于2014年12月9日向一审法院申请执行。一审法院认为:安庆市宜秀区五横中心小学为解决留守儿童的就学问题,在支付40,000元征地补偿款对被征地农户进行了补偿但未办理用地审批手续的情况下,于2013年8月开始建设幼儿园及附属设施,现已建成幼儿园教学楼一栋二层以及厨房和厕所各一个,建筑面积约800平方米,并已交付使用。在长时间的建设施工过程中,有关职能部门未予有效监管,现其已建成使用,却申请强制拆除,行政行为虽然合法但确有明显不合理及不宜执行的情形。一审法院裁定对上述行处罚不准予执行。二审法院认为一审法院的裁定无法律依据,认为上述行处罚应准予强制执行。因此,裁定撤销了撤销一审法院的行政裁定并准予强制执行上述处罚决定。[①]

(四)特别程序

《行政处罚法》第67条至第71条规定,作出罚款决定的行政处罚主体应当与收缴罚款的机构分离。除依法当场收缴的罚款外,行政处罚主体及其执法人员不得自行收缴罚款。当事人自收到行政处罚主体送达的处罚决定之后的15日内,到指定的银行或者通过电子支付系统缴纳罚款。银行应当收受罚款,并将罚款直接上缴国库。依照本法第33条的规定当场作出行政处罚决定,有下列情形之一的,执法人员可以当场收缴罚款:(1)依法给予100元以下的罚款的;(2)不当场收缴事后难以执行的。在边远、水上、交通不便地区,行政机关及其执法人员依照本法第33条、第38条的规定作出罚款决定后,当事人向指定的银行缴纳罚款确有困难,经当事人提出,行政处罚主体及其执法人员可以当场收缴罚款。行政处罚主体及其执法人员当场收缴罚款的,必须向当事人出具国务院财政部门或者省、自治区、直辖市人民政府财政部门统一制发的专用票据;不出具财政部门统一制发的专用票据的,当事人有权拒绝缴纳罚款。执法人员当场收缴的罚款,应当自收缴罚款之日起2日内,交至行政处罚主体;在水上当场收缴的罚款,应当自抵岸之日起2日内交至行政处罚主体;行政处罚主体应当在2日内将罚款缴付指定的银行。

《行政处罚法》第74条规定,除依法应当予以销毁的物品外,依法没收的非法财物必须按照国家规定公开拍卖或者按照国家有关规定处理。罚款、没收的违法所得或者没收非法财物拍卖的款项,必须全部上缴国库,任何行政机关或者个人不得以任何形式截留、私分或者变相私分。罚款、没收的违法所得或者没收非法财物

---

① 安徽省安庆市中级人民法院(2015)宜行非执复字第00005号行政裁定书。

拍卖的款项,不得同作出行政处罚决定的行政机关及其工作人员的考核、考评直接或者变相挂钩。除依法应当退还、退赔的外,财政部门不得以任何形式向作出行政处罚决定的行政机关返还罚款、没收的违法所得或者没收非法财物拍卖的款项。

《行政处罚法》第75条规定,行政机关应当建立健全对行政处罚的监督制度。县级以上人民政府应当定期组织开展行政执法评议、考核,加强对行政处罚的监督检查,规范和保障行政处罚的实施。行政机关实施行政处罚应当接受社会监督。公民、法人或者其他组织对行政机关实施行政处罚的行为,有权申诉或者检举;行政机关应当认真审查,发现有错误的,应当主动改正。

实践中,有的行政处罚主体因违反罚缴分离原则被法院认为构成程序瑕疵。

案例16.246 南某诉甲局行政处罚案

该案中,法院认为:被上诉人要求缴款至劳动局监察科,违反《行政处罚法》第46条关于罚缴分离的规定。被上诉人在涉诉行政处罚决定书中载明的履行方式确实存在瑕疵,应当在行政处罚执行过程中予以补正,以保证执行程序和执法措施的合法顺利进行,但该瑕疵并不足以影响行政处罚决定的整体合法性。[①]

有的行政处罚主体在不符合当场收缴罚款条件的情形下当场收缴罚款被法院认为构成程序违法。

案例16.247 黄佩珍诉江门市公安局新会分局行政处罚案

该案中,法院认为:根据《治安管理处罚法》第104条"受到罚款处罚的人应当自收到处罚决定书之日起十五日内,到指定的银行缴纳罚款。但是,有下列情形之一的,人民警察可以当场收缴罚款:(一)被处50元以下罚款,被处罚人对罚款无异议的;(二)在边远、水上、交通不便地区,公安机关及其人民警察依照本法的规定作出罚款决定后,被处罚人向指定的银行缴纳罚款确有困难,经被处罚人提出的;(三)被处罚人在当地没有固定住所,不当场收缴事后难以执行的"的规定,被告对原告作出行政处罚决定,不符合当场收缴罚款的情形,被告收缴原告罚款1000元,程序不合法。[②]

[①] 江苏省南京市中级人民法院(2011)宁行终字第4号行政判决书。
[②] 广东省江门市新会区人民法院(2014)江新法行初字第24号行政判决书。

有的行政处罚主体因不当行使了法院强制执行的权力被法院认定为违法。

案例 16.248　杨家强诉重庆市南川区国土资源和房屋管理局行政处罚案

该案中,法院认为:本案系土地行政处罚案,属于《土地管理法》调整的范围,根据《土地管理法》第 83 条的规定,南川区国土房管局并不具有强制执行权,其在被诉限期拆除非法占地建筑物决定书中援引《土地管理法》第 83 条和《重庆市城乡规划条例》第 77 条的规定赋予自己强制执行权,与前述法律、法规相悖,其适用法律、法规错误。①

---

① 重庆市第三中级人民法院(2013)渝三中法行终字第 00031 号行政判决书。

主要参考文献

1. 章剑生:《现代行政法总论》,法律出版社2014年版。
2. 章志远:《行政法学总论》,北京大学出版社2014年版。
3. 徐继敏:《行政证据制度研究》,中国法制出版社2006年版。
4. 徐继敏:《行政证据学基本问题研究》,四川大学出版社2010年版。
5. 蔡小雪:《行政诉讼证据规则及运用》,人民法院出版社2006年版。
6. 甘文:《行政诉讼证据司法解释之评论——理由、观点与问题》,中国法制出版社2003年版。
7. 晏山嵘:《海关行政处罚实务指导》,中国法制出版社2011年版。
8. 晏山嵘:《海关行政强制研究》,中国海关出版社2013年版。
9. 杨解君:《秩序·权力与法律控制——行政处罚法研究》,四川大学出版社1995年版。
10. 汪永清:《行政处罚运作原理》,中国政法大学出版社1994年版。
11. 胡锦光:《行政处罚研究》,法律出版社1998年版。
12. 应松年:《行政处罚法教程》,法律出版社2012年版。
13. 冯军:《行政处罚法新论》,中国检察出版社2003年版。
14. 曹康泰:《行政处罚法教程》,中国法制出版社2011年版。
15. 王学辉:《行政处罚法教程》,重庆出版社2001年版。
16. 崔卓兰:《行政处罚法学》,吉林大学出版社1998年版。
17. 杨小君:《行政处罚研究》,法律出版社2002年版。
18. 肖金明:《行政处罚制度研究》,山东大学出版社2004年版。
19. 关保英:《行政处罚新论》,中国政法大学出版社2007年版。
20. 何建贵:《行政处罚法律问题研究》,中国法制出版社1996年版。
21. 林锡尧:《行政罚法》,元照出版有限公司2005年版。
22. 李惠宗:《行政罚法之理论与案例》,元照出版有限公司2005年版。
23. 黄俊杰:《行政罚法》,翰芦图书出版有限公司2006年版。
24. 洪家殷:《行政罚法论》,五南图书出版股份有限公司2006年版。

25. 蔡志方:《行政罚法释义与运用解说》,三民书局股份有限公司2006年版。
26. 廖义男:《行政罚法》,元照出版有限公司2008年版。
27. 蔡震荣等:《行政罚法逐条释义》,新学林出版股份有限公司2008年版。
28. 蔡震荣:《行政执行法》,元照出版有限公司2008年版。
29. 陈清秀:《行政罚法》,新学林出版股份有限公司2014年版。